VOTRE ENFANT

DE LA NAISSANCE
A LA GRANDE ECOLE

Penelope Leach

VOTRE ENFANT
DE LA NAISSANCE
A LA GRANDE ÉCOLE

Traduit de l'anglais
par Caroline Rivolier

Albin Michel

Édition originale anglaise :
The Revised *Baby and Child*
A Dorling Kindersley Book
Copyright © 1977, 1988 by Dorling Kindersley, Ltd., Londres.
Texte © 1977, 1988 by Penelope Leach
Photographies par Camilla Jessel

La première édition française de cet ouvrage,
traduit par Françoise Jaeger et Caroline Rivolier,
a été publiée en 1979
par les Éditions Albin Michel

Traduction française :

Copyright © Éditions Albin Michel, S.A., 1990
22, rue Huyghens, 75014 Paris

ISBN 2-226-03960-0

A tous les enfants
d'hier, d'aujourd'hui et de demain

Un livre comme celui-ci est nourri de tant de sources différentes que des remerciements nominaux seraient impossibles. Ma dette est grande envers les chercheurs du monde entier, mes collègues, les parents et les enfants qui pendant toutes ces années ont partagé des moments de ma vie. Je suis particulièrement reconnaissante à tous ceux qui m'ont donné, sur la première édition de ce livre, des avis qui m'ont servi pour cette nouvelle version.

Mon apprentissage du métier de parent s'est fait au sein d'une grande famille très unie, au fil des naissances et de l'éducation de mes propres enfants, et il se poursuit encore dans une maisonnée où se côtoient trois générations et demie. Je remercie spécialement mon mari, Gerald, ma mère, Elisabeth Ayrton, et ma sœur, Prue Hopkins. Merci aussi à ma jeune sœur, Freja Gregory, de nous avoir donné Alexander : il a apporté à Melissa et à Matthew une expérience des bébés dont manquent la plupart des adolescents et m'a permis de garder la main !

Je tiens aussi à exprimer ma gratitude à Camilla Jessel pour ses nouvelles photographies et à Dorling Kindersley qui a tant fait pour rendre possible la réédition de ce livre.

Enfin, j'aimerais remercier Sybil del Strother qui, après avoir travaillé comme assistante sur la première édition, s'est servie du livre pour élever ses propres enfants et a assuré la réalisation du présent volume.

PENELOPE LEACH

Sommaire

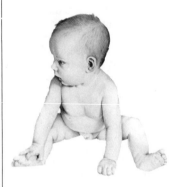

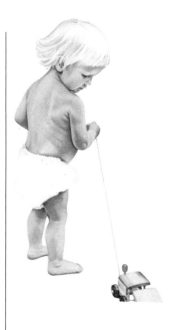

Informations médicales
413-466

Classés dans l'ordre alphabétique, tous les renseignements utiles sur la santé, la maladie et la sécurité, ainsi que de nombreux conseils pratiques.

Réflexions sur l'éducation
326-333

Introduction

Pour écrire ce livre, je me suis mise à la place de l'enfant. C'est ce point de vue en effet qui me paraît le plus important, bien qu'aucune mode éducative n'en ait encore jamais tenu compte.

De la naissance à l'âge de cinq ou six ans, bien des événements ont lieu. Des étapes se succèdent, que l'enfant doit parcourir. Les vagues fugaces des pensées et des émotions se soulèvent et s'apaisent. L'enfant en effet vit dans l'instant, minute par minute, heure par heure et c'est en ces brèves unités de temps que vous allez devoir fractionner votre journée. Les actes traduisent les personnalités : plus vous observerez et comprendrez ceux de votre enfant, plus vous saurez les situer par rapport aux stades successifs du développement infantile, plus vous vous y intéresserez. Or l'intérêt entraîne l'attention et l'attention est payée de retour.

C'est pourquoi ma façon de voir ne vous désavantage pas. Vos intérêts sont les mêmes que ceux de votre enfant. Vous êtes tous deux dans le même camp : le camp de ceux qui veulent être heureux ensemble. Et le bonheur que vous lui donnerez, il vous le rendra. Mais s'il est malheureux, vous ne pourrez pas ne pas en tenir compte, quel que soit votre désir de ne pas vous laisser influencer par ses états d'âme. Moi aussi, je suis dans ce camp-là et, bien que souhaitant vous être utile en écrivant ce livre, je ne cherche pas à vous dicter une façon d'agir. C'est votre bébé qui doit vous l'enseigner.

Élever un nouveau-né « d'après un livre », en appliquant des principes ou des idées préconçues, ne peut donner de bons résultats que si, par le plus grand des hasards, vous choisissez les règles qui conviennent à votre enfant. Mais la moindre erreur coûte cher. Prenons l'exemple de la toilette quotidienne. Il est d'usage d'admettre le bien-fondé du bain et certains bébés l'apprécient. Ils y trouvent du plaisir et vous donnent en même temps la satisfaction de les savoir propres. Mais il y a des enfants qui expriment violemment leur peur intense de la nudité et de l'eau. Et dans ce cas, aussi adroite que vous soyez, ses hurlements de panique feront trembler vos mains et vous serreront le cœur... car vous vous surprendrez à agir d'après un livre aux dépens de votre bébé. Si c'est l'enfant qui compte pour vous et non le livre, abandonnez le bain et servez-vous d'un gant de toilette : vous ferez deux heureux.

Aimer autrui, c'est concentrer sur lui son attention et sa sensibilité. Aimer ainsi son enfant est un investissement sans égal qui paie dès le début des intérêts solides. Cet enfant, c'est vous qui l'avez créé, c'est vous qui l'avez fait. En l'observant, en l'écoutant, en réfléchissant, en vous adaptant à lui, vous allez façonner une personne humaine et bâtir une amitié qui ne se démentira jamais. Personne au monde ne sera jamais aussi proche de vous que votre bébé, pas même votre mari ou votre compagnon. Personne ne vous aimera de la même manière que lui. Vous entamez une relation exceptionnelle, qui peut devenir exceptionnellement gratifiante.

L'amour entre un enfant et sa mère est comme un cercle qui se referme, une sorte de rétroaction : plus vous donnez, plus vous recevez et plus vous recevez, plus vous avez envie de donner... Cela commence dès les premières semaines. Tout en vous occupant de lui, vous parlez à votre nouveau-né. Un jour, vous remarquez qu'il écoute. Sachant qu'il écoute, vous parlez davantage et lui, vous entendant, écoute plus attentivement et pleure moins. Et puis, comme par magie, il fait un rapprochement entre les sons qu'il entend et votre visage et, ô merveille, il vous sourit. Le fait qu'il pleure moins et sourie davantage vous incite à prolonger ce bavardage qui semble tant le charmer. Et voici refermé le cercle bénéfique.

Il en est de même pour tout le reste. Si votre enfant qui commence à se traîner à quatre pattes essaie de vous suivre chaque fois que vous quittez la pièce et si son envie de vous suivre ne fait que renforcer votre désir de le laisser où il est, chacune de vos allées et venues va déclencher son désespoir et vous faire gravir tous les degrés de l'irritation, de l'agacement à l'exaspération, pour aboutir à la claustrophobie. Mais si vous admettez son désir et, volontairement, l'attendez et l'aidez à vous suivre, il vous remerciera par sa bonne humeur et transformera ces déplacements nécessaires en un jeu qui vous amusera tous les deux. Plus tard, à l'âge préscolaire, votre enfant va bavarder indéfiniment avec vous. Si vous écoutez d'une oreille et répondez par monosyllabes, votre dialogue paraîtra et même deviendra ennuyeux et vide. Mais si vous écoutez vraiment et répondez à propos, l'enfant parlera davantage et de façon plus cohérente, ce qui vous incitera à participer plus attentivement à la conversation. La communication s'établira. Ainsi, ce livre n'a pour but que de vous aider à être heureux ensemble. Si vous considérez le plaisir de l'enfant comme le vôtre et votre bonheur comme le sien, bien des problèmes s'évanouiront.

J'ai entrepris cet ouvrage dans cet esprit, parce que mes rapports avec mes enfants et ceux des nombreuses familles qui m'ont permis d'étudier leurs interrelations me rappellent sans cesse que c'est le plaisir qui compte avant tout dans le fait d'avoir des enfants. Le plus souvent, nous avons des enfants parce que nous le voulons, et nous les assumons, tant bien que mal, parce que nous les aimons et sommes heureux qu'ils nous aiment. Il doit toujours en avoir été ainsi, sinon pourquoi nos lointains ancêtres, qui ne disposaient pas de nos moyens contraceptifs et ne partageaient pas notre respect de la vie humaine, n'auraient-ils pas abandonné leur progéniture à la minute même où ils découvraient la charge que cela représentait ? Aujourd'hui, on suppose — souvent à tort — que tout couple stable désire des enfants, mais on oublie parfois que le plus important, c'est de les aimer et de s'intéresser à eux. Nous risquons fort d'éliminer la joie pour ne ressentir que la culpabilité et le surcroît de travail. Il y a des femmes qui se sentent coupables d'aimer rester à la maison avec leur bébé alors qu'elles « devraient faire quelque chose de plus valorisant » et d'autres qui n'aiment pas rester à la maison et se sentent coupables de travailler à l'extérieur parce que leurs enfants ont besoin d'elles. Il y en a même qui, après s'être battues pour mener de front les deux tâches, se sentent coupables parce qu'elles réussissent à travailler et à s'occuper de leur bébé tout en ayant l'impression de ne bien faire ni l'un ni l'autre. Les pères ne sont pas mieux lotis. Lorsqu'ils ne sont pas convaincus que « les bébés, c'est l'affaire des femmes » et qu'ils veulent partager la vie et l'éducation de leur enfant, il leur est difficile de le faire parce que, quels que soient les idéaux qu'elle défend, la société accorde une place prédominante à la vie sociale et professionnelle. Et même quand tout se passe bien, il y a des couples qui se tourmentent à l'idée de ne pas être de « très bons parents ». Mais qui pourrait citer un exemple de « bons parents » ? cette notion relève du mythe. On a poussé les parents dans une situation sans issue, dans une impasse.

Les enfants n'ont que faire de parents parfaits, surhumains. Ils se sont de tout temps contentés d'assez bons parents : les leurs.

Ce livre cherche à vous aider à trouver le courage de refuser une culpabilité inutile en adoptant une ligne de conduite qui favorise votre enfant et non votre autocritique. La culpabilité est le plus destructif de tous les sentiments. Elle fait regretter le passé mais n'a aucune influence sur l'immédiat et l'avenir. Quoi que vous fassiez et quelles que soient vos difficultés, si vous êtes attentive, vous trouverez toujours quelque chose à *faire* pour résoudre un problème. Par exemple, si votre nouveau-né n'arrête pas de pleurer quand on le met dans son berceau, à quoi cela sert-il de vous accuser d'« incompétence » ? Écoutez-le. Voyez dans quel état vous met son désespoir. Il n'y a aucune joie là-dedans. Où était-il heureux ? Sur votre dos ? Alors reprenez-le. Ce n'est peut-être pas très commode pour vous, mais c'est plus agréable que de l'entendre hurler. Et c'est seulement lorsque vous aurez tous deux retrouvé votre calme que vous pourrez réfléchir posément à une solution plus durable. De même, si votre enfant de trois ans est pris de panique quand vous éteignez la lumière de sa chambre, arrêtez-vous et réfléchissez. Où est son repos et votre tranquillité dans tout cela ? Rallumez sa lumière, et vous serez tous deux contents. Inutile de vous demander si c'est « normal » qu'il ait peur du noir : la seule chose importante, c'est qu'il a vraiment peur.

Élever un enfant de cette façon souple et réfléchie demande du temps et des efforts. Cela implique un dur travail, mais aussi de grandes satisfactions. N'est-ce pas là le fait de toute activité valable et créatrice ? Or les soins qu'on donne à un enfant représentent l'une des activités les plus valables, les plus créatrices et les plus sous-estimées de toutes. Car vous tentez de façonner un nouvel être humain et de l'aider à devenir une personne.

Cependant tout créateur est aussi un artisan. Comme tout bon ouvrier, il apprend à se servir des outils de son art. Vous aussi, vous pouvez apprendre votre métier de parents. Une fois que vous aurez décidé que c'est le bonheur qui doit primer dans vos rapports avec votre enfant, vous constaterez qu'il y a des manières faciles ou difficiles, efficaces ou inefficaces de s'attaquer aux problèmes. C'est pourquoi une grande partie de ce livre est consacrée à vous aider à choisir les solutions qui vous conviendront le mieux. Certaines m'ont été enseignées par ma mère ; j'en ai découvert moi-même quelques autres en m'occupant de mes enfants, mais la plupart viennent de tous les parents qui m'ont permis de les observer... La vie quotidienne avec un bébé est tissée de centaines de minutes de petits détails. Plus ces minutes s'écouleront calmement, plus les opérations comme le lavage des cheveux, la préparation des repas ou le coucher seront faciles ; vous gagnerez du temps et une plus grande disponibilité d'esprit. Il ne faut donc rien négliger. Il y a dix manières d'installer un berceau, mais la meilleure est celle qui permet de tenir le bébé au chaud mais pas trop, douillettement couvert mais pas gêné dans ses mouvements, c'est celle aussi qui respecte sa position de sommeil favorite. Il y a diverses possibilités de rangement pour les jouets, mais la meilleure est celle qui rendra la pièce nette à vos yeux tout en laissant les jouets à portée de main du bébé.

Je n'énonce pas de règles parce qu'il n'y en a pas. Je ne vous enseigne pas ce qu'il faut faire parce que je ne sais pas ce que vous devriez faire. Je me contente de vous transmettre un ensemble de traditions, de réflexions et de propositions. J'espère que vous les apprécierez. J'espère aussi qu'elles vous permettront d'éprouver davantage de plaisir en regardant grandir votre bébé, en vous occupant de lui et en l'aidant à se développer. Si cet ouvrage peut faciliter votre relation avec votre enfant et la rendre plus heureuse, il aura été utile.

Le bébé grâce auquel vous lisez ce livre n'est peut-être pas votre premier enfant. Les seconds bébés ont la réputation d'être plus « faciles » mais leurs premiers mois semblent parfois pénibles et décourageants, surtout si l'aîné a déjà dévoré la plus grande partie de votre temps et de votre énergie au cours des deux années qui viennent de s'écouler. S'il avait tant besoin de vous, pourquoi un nouveau bébé se contenterait-il de moins ? Et comment supporter de priver l'aîné de tout ce que vous donnez au second ? Il va falloir l'aider à accepter le nouveau venu (voir p. 237) mais, avant l'accouchement, vous pouvez en vouloir au futur bébé, qui est encore pour vous un étranger, des réactions qu'il suscite chez l'aîné que vous aimez et connaissez bien. Après la naissance, il est possible que vos sentiments basculent de façon tout aussi excessive. Vous savez que l'aîné ne peut pas ne pas être jaloux mais vous défendez votre nouveau-né comme une tigresse. Vous heurtez les sentiments de l'aîné en étant hyperprotectrice et après, vous lui en voulez.

La puériculture démontre que, contrairement à ce que l'on croit, le temps et l'énergie peuvent s'accroître pour satisfaire les besoins. Vous en ferez autant pour le second enfant que pour le premier et ne léserez ni l'un ni l'autre. Non que les seconds enfants soient plus faciles à élever, mais la situation est différente.

Les premiers enfants ont la responsabilité peu enviable de transformer un couple en parents. On découvre alors tous les aspects pratiques, techniques, de l'art d'être parents : il faut apprendre à enlever une couche sale sans avoir à se changer soi-même ensuite, à donner un biberon, à assurer une tétée au sein en tenant le téléphone de l'autre main, à enregistrer mentalement la largeur des encadrements de porte de façon à ne plus cogner la tête du bébé au passage. Pendant quelques heures, un nouveau-né paraît incroyablement petit et fragile, c'est vrai, mais, lorsque vient le second, vous savez tout cela. C'est comme monter à bicyclette : une fois qu'on a appris, c'est pour la vie.

Un premier bébé accapare tous vos instants parce que, quand vous ne vous occupez pas de lui, vous attendez qu'il se réveille et pleure. Votre deuxième enfant, vous savez qu'il pleurera quand il aura besoin de vous et, loin de vous soucier de lui tant qu'il ne se manifestera pas, vous saisirez toutes les occasions de consacrer du temps à l'aîné. Vos journées seront bien remplies (vous vous priverez peut-être de quelques siestes), mais la première fois, elles paraissaient tout aussi remplies et vous vous sentiez tout aussi fatiguée.

Votre aîné exigeait vraiment une attention totale parce qu'il n'avait pas seulement besoin de soins, il avait aussi tout à vous apprendre. Un second enfant mobilisera autant votre attention (il aura parfois à la détourner de l'aîné) et la présence d'un plus grand l'amusera beaucoup. Vous avez laissé votre fille dans sa chaise après le déjeuner : le bébé sera captivé par les dessins qu'elle réalise avec le doigt trempé dans le yaourt et tout aussi intéressé par vous tandis que vous nettoyez son gâchis. Vous alliez toujours promener l'aîné après sa sieste, le second devra apprendre plus tôt à s'occuper tout seul, à explorer les ressources du bac à sable et les jeux de balançoire. Et si vous devez passer l'après-midi à la maison, parce que le petit frère a un rhume, cela peut constituer un changement pour sa sœur et non une privation injuste. Pour un aîné, la situation peut être dure à supporter pendant quelque temps mais lui, il vous avait toute à lui pour compenser le fait de vous servir de cobaye et il est peut-être content de vous voir clouée à la maison par un nourrisson avant même de commencer à apprécier lui-même sa présence. Car, avec un peu de chance, un jour, il l'appréciera.

S'occuper de jumeaux (ou davantage) représente un apprentissage beaucoup plus ardu que d'avoir à prendre soin de deux enfants d'âge différent, bien qu'après quelques mois l'habitude rende la tâche plus aisée. La difficulté vient de la totale dépendance des nouveau-nés humains, en particulier de leur inaptitude à tenir leur tête ou à se tourner pour saisir un mamelon. Il faut deux mains pour soulever un nouveau-né, le porter de façon à le sécuriser et le tenir pour qu'il puisse téter et respirer en même temps. Si vous avez deux bébés, il vous faut réellement deux bras supplémentaires. Le deuxième parent est l'assistant idéal mais s'il n'est pas disponible, sachez que vous aurez besoin de quelqu'un pour vous aider. Quelqu'un qui ne sera pas obligé de s'impliquer ou de prendre des responsabilités (seuls ses bras vous seront nécessaires), mais qui sera à vos côtés, au moins pendant les premières semaines.

Des jumeaux partagent le même utérus, les mêmes parents, leur compagnie mutuelle et presque tous les événements qui jalonnent l'enfance de la naissance à l'entrée à l'école. Ni eux ni les autres n'oublieront qu'ils sont jumeaux et différents des autres enfants. Prenez soin que leur individualité ne souffre pas de leur gémellité. Il vous sera plus facile de les traiter comme deux enfants ordinaires et non comme un couple si vous vous rappelez qu'être juste ne consiste pas à les traiter de la même manière mais à vous donner autant de mal pour satisfaire les besoins de chacun d'eux. Et vous aurez parfois du mal à le faire admettre à votre entourage.

Pour ceux qui ne s'en occupent pas, un bébé est un bébé... Si vous n'en avez qu'un, vos amis et votre famille n'auront pas besoin de l'étudier de près pour l'identifier comme le David annoncé sur le faire-part de naissance. Si vous avez des jumeaux, incitez vos visiteurs à faire l'effort nécessaire pour distinguer Matthieu de Marc. Ne prenez pas le risque de voir les gens, par paresse, les appeler « les jumeaux », et quand vous entrez dans une pièce, un seul bébé dans les bras, faites en sorte que vos amis sachent à qui ils disent bonjour. Des faux jumeaux ne se ressemblent pas toujours, ils sont frères, sœurs, ou frère et sœur, voilà tout. Même des vrais jumeaux ne sont pas absolument identiques durant les premiers mois en raison de leur différence de poids ou de la manière dont leur naissance s'est passée. Plus vous obligerez vos amis à voir qu'ils sont différents, plus il leur sera facile de les considérer comme des personnes séparées dotées de personnalités distinctes.

Les divisions de cet ouvrage correspondent, en gros, aux différents stades de la vie d'un enfant. Il commence par la naissance telle que le bébé la vit, et se termine, cinq chapitres plus loin, aux abords de son cinquième anniversaire. Bien que la durée de chaque étape varie d'un enfant à l'autre, leur succession est la même pour tous les êtres humains. Que votre fils, ou fille, ait atteint ou non l'âge que j'indique pour le stade « Grand bébé » ou « Enfant d'âge préscolaire », vous saurez que vous pouvez passer au chapitre suivant s'il a réalisé à peu près tout ce que je décris pour la période qu'il traverse.

On peut dire que c'est un gros livre. Mais le sujet traité est vaste. J'espère que vous retrouverez décrits dans le texte principal tous les événements de votre vie quotidienne. Les situations moins courantes, comme les maladies et les accidents, sont regroupées par ordre alphabétique à la fin du volume, où vous trouverez également une section consacrée à des idées de jeux et de jouets. Un index séparé permet de retrouver dans l'ouvrage les informations concernant un point particulier.

Dans ce livre, je m'adresse à « vous » parents, qui vivez en couple, ou à « vous » père et mère, qui élevez seuls votre enfant. Mais ce « vous », le plus souvent au féminin, s'applique aussi à toute personne, grand-parent, nourrice, parent adoptif, qui s'occupe avec continuité et ferveur, pendant une longue période, d'une nouvelle petite personne. Un bébé n'a que faire des liens du sang, il ne tient compte que des soins qu'on lui donne.

Je ne fais de distinction entre les sexes que lorsque cela s'impose. Sinon, les termes « nourrisson », « bébé » ou « enfant » s'appliquent indifféremment aux deux sexes : à votre enfant, depuis sa naissance jusqu'à l'âge de la relative indépendance marquée par l'entrée à l'école.

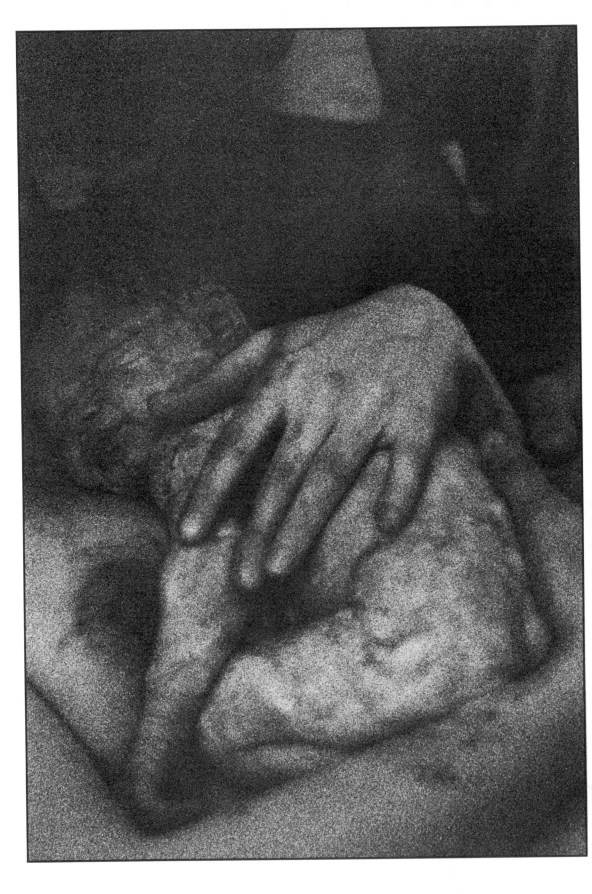

LA NAISSANCE

Une naissance se fait à trois. Pour la mère et, de plus en plus de nos jours pour le père, l'arrivée du premier enfant représente une expérience bouleversante. Mais il y a quelqu'un d'autre pour qui ce jour est vraiment essentiel, c'est la troisième personne : le nouveau-né.

Un fœtus vit confiné dans une nuit tiède et délicieuse. Il baigne dans son environnement et se confond avec lui. Sa peau est enduite d'une matière visqueuse. Il flotte dans le liquide amniotique qui comble l'utérus. Il ne connaît ni frottement, ni changement, ses yeux sont prêts à voir, mais ils n'ont rien à voir. Il n'a pas besoin de respirer, de digérer. Aucune sensation ne lui vient de ses organes. Il perçoit, très amortis et étouffés, les bruits et les mouvements. Il est à l'abri du monde, préservé, intouchable.

Mais, bientôt, l'utérus va le rejeter et il va être obligé de vivre par lui-même, sous l'avalanche de stimuli dont va l'accabler le monde extérieur. Il lui faut se préparer à naître.

Il va sortir de l'utérus par un étroit passage élastique, formé par le col dilaté et le vagin. La place dont il disposera, limitée par le squelette du bassin, sera suffisante, mais tout juste. Aussi, de même qu'un pieu entre mieux dans le sol lorsque son extrémité est taillée en pointe, de même le bébé progressera plus aisément si c'est le pôle le plus étroit de son corps qui se présente le premier. Il va donc se placer la tête en bas.

Comme les os du crâne ne sont pas encore soudés, il existe entre eux des espaces, les fontanelles, qui permettent à la tête de se réduire un peu et cette réduction se fait mieux si le visage du bébé est tourné vers votre dos. Donc, lorsqu'il sera prêt à naître, le bébé se placera la tête en bas, orientée vers l'arrière.

Vers la fin de la grossesse, l'utérus descend dans l'abdomen et la tête de l'enfant s'engage dans le petit bassin, appuyant sur le col utérin encore fermé. A partir de ce moment, le bébé va se tenir tranquille et, lorsque vous serez dans votre bain, ses mouvements ne feront plus glisser le savon

Au moment où la grossesse touche à son terme, le bébé est confiné dans l'obscurité confortable de sa prison. Pour lui, rien n'est bon, rien n'est mauvais, tout est pareil...

Son environnement a la même consistance et la même température que son corps. Sa peau est visqueuse ; l'espace entre son corps et les parois de l'utérus est rempli de liquide. Il ne ressent ni frottements ni sensations. Ses yeux sont prêts à servir, mais comme il n'y a rien à voir, ils ne lui envoient aucun message. Il n'a besoin ni de respirer ni de digérer, aussi n'éprouve-t-il aucune sensation viscérale. Il est sensible au bruit et au mouvement ; peut-être entend-il le battement de son cœur et du vôtre, mais atténué par son environnement liquide.

Mais le bébé devient trop grand pour l'espace où il s'est formé. Bientôt, l'utérus va le rejeter. Le rôle du placenta, qui lui a apporté l'oxygène et la nourriture tirés de votre sang, et l'a débarrassé de ses déchets, pour qu'ils soient évacués avec les vôtres pendant les longs mois de son développement, touche à sa fin. L'enfant doit se préparer à naître...

Pendant les dernières semaines qu'il passe en vous, son corps perfectionne les différents systèmes qui devront bientôt assurer son indépendance...

Ses poumons s'apprêtent à respirer, son appareil digestif se prépare à accepter la nourriture. Son foie et ses reins doivent être en mesure de trier et d'évacuer les déchets. Sous sa peau s'accumule une couche de graisse qui empêchera sa température de tomber après l'expulsion et lui permettra d'affronter l'immense et froid monde extérieur...

Les muscles qui l'avaient maintenu enfermé en sécurité pendant la grossesse vont maintenant se relâcher pour lui permettre d'aborder sa vie post-natale. Nous connaissons la première partie du travail du point de vue de la mère, de ceux qui s'occupent d'elle ou qui l'observent. Mais nous ne pouvons qu'imaginer les sensations du bébé...

D'heure en heure, mues par les contractions puissantes et régulières, les parois de l'utérus se referment sur lui. Coincé la tête en bas, le col de l'utérus se dilatant lentement sous la pression de sa tête, il ne peut rien faire pour faciliter ou ralentir sa progression vers une nouvelle existence. Mais il est probable que la neutralité de son environnement, qui faisait son confort, diminue.

La poche des eaux se rompt ; à ce moment, son crâne entre directement en contact avec cette barrière qui cède lentement mais l'empêche encore de sortir. Le liquide qui contribuait à l'isoler s'écoule, le laissant sans protection. C'est alors que les contractions s'accélèrent, durent plus longtemps et atteignent leur puissance maximale ; le rythme de son cœur nous indique que son corps subit une agression...

Une fois le col totalement dilaté, il n'y a plus d'obstacle. Mais sa progression dans les quelques centimètres de ce passage constitue certainement le moment le plus difficile. L'orifice est exigu. Il se distend mais est limité par les os pelviens. La place est suffisante, mais tout juste...

C'est l'arrière de son crâne qui se présente en premier. Tel un bélier, sa tête doit ouvrir la voie au reste du corps. Des espaces — les fontanelles — protégés par des membranes résistantes permettent aux os du crâne de se rapprocher pour réduire son volume si le passage est trop étroit. Poussé par les puissants efforts d'expulsion, il arrive à le franchir. Mais ce qu'il ressent tandis que sa tête est déformée, allongée par la pression, on ne peut que l'imaginer...

Et l'on peut se réjouir lorsqu'on voit apparaître à l'orifice vulvaire le haut de son crâne, avec ses cheveux humides et foncés, car c'est le signe que l'épreuve touche à sa fin...

Quand la tête du bébé devient visible et n'est plus cachée par la marge distendue des tissus vaginaux, quelques secondes seulement le séparent de notre monde. Son corps est encore dans l'utérus, et sa tête dans le vagin, mais grâce à la poussée des muscles, la tête va bientôt apparaître. Au moment où elle émerge, elle pivote toute seule, pour se présenter de face et permettre aux épaules de se faufiler l'une après l'autre.

C'est alors que nous faisons la connaissance de ce petit être qui a lutté pour naître. C'est alors aussi que sa figure plus ou moins chiffonnée nous donne une idée de ce que cette lutte lui a coûté... et en même temps, nous voyons dans ses yeux étroitement clos une défense contre le monde inconnu qui l'attend.

Pourtant, tout n'est pas encore terminé. Il n'est plus en sécurité à l'intérieur de votre corps, mais il n'est pas encore en sécurité à l'extérieur. Il est suspendu entre son monde et le nôtre, en attente...

Le cordon ombilical est encore relié au placenta, même si la fonction vitale de celui-ci est terminée. Il se détache de la paroi utérine. Le bébé ne recevra plus d'oxygène par son intermédiaire, sauf ce qui reste dans le sang qu'il contient. Mais le nouveau système respiratoire ne fonctionne pas encore. Jusqu'à ce que la respiration commence, c'est le néant...

Mais nous sommes là pour lui venir en aide ; il ne sera pas obligé d'achever le parcours tout seul, ni de subir totalement les coups des dernières contractions qui l'expulsent. Nos mains peuvent désormais l'aider doucement à sortir ; à achever son voyage...

Que trouve-t-il une fois arrivé au but ? Encore un effort à faire, effort qu'il ne peut reconnaître mais qu'il peut ressentir ; que ce soit douloureux ou non, selon la notion que nous avons de la douleur, effrayant ou non, selon notre idée de la peur, cela semble douloureux et effrayant pour lui. Ce nouvel effort, c'est sa première respiration.

Ses poumons ne se sont jamais gonflés jusqu'alors ; ses voies respiratoires étaient remplies de liquide. Il lui faut donc commencer ce mouvement rythmique de soufflet qui ne se terminera que le jour de sa mort, et débarrasser ses voies respiratoires pour les ouvrir à l'air extérieur. Peut-être va-t-il faire tout cela en douceur, et verrons-nous ce petit être immobile au teint bleu s'agiter et rosir, avant même que nous ayons commencé à nous occuper de lui...

Lorsqu'il commence enfin à respirer, nous pouvons, et même devons le protéger des sensations nouvelles qui l'assaillent. Ce n'est pas seulement son appareil respiratoire qui se met en route. Ses sens et son système nerveux reçoivent aussi leurs premières impressions. Protégez-le de tout votre corps, pour lui offrir un peu de réconfort dans ce monde qui doit lui sembler fou...

Soulevé doucement d'entre vos jambes, il peut trouver sur votre ventre un bien-être proche de celui qu'il connaissait dedans. Il est même possible qu'il ressente une familiarité sécurisante dans votre chaleur, votre odeur, les bruits de vos organes et de votre cœur...

Votre utérus l'a expulsé, mais il ne doit pas se sentir rejeté. Il vous a été enlevé, mais vous pouvez le ramener à vous...

sur votre ventre ! Comme l'utérus appuie moins sur le diaphragme, vous avez moins de mal à respirer à fond.

Quand le travail commence, tous les parents, même les mieux préparés, ont tendance à être pris de court. Ce n'est pas que le début du processus soit difficile à reconnaître : c'est que les mots, aussi précis qu'ils soient, sont impuissants à décrire la nature essentiellement physique de l'accouchement. C'est une impression extraordinaire, que de sentir son corps pris en charge par des forces incontrôlables. Toute notre éducation nous a appris à nous maîtriser dans la plupart des domaines, à attendre pour aller aux toilettes, à nous retenir de bâiller, de tousser, d'éternuer ou de nous endormir en public... Mais l'accouchement triomphe de toute contrainte. Une fois le travail commencé, votre bébé viendra au monde, avec ou sans votre coopération. Les contractions se produiront à leur rythme et avec la force nécessaire, jusqu'à la dilatation complète de la filière pelvi-génitale et pousseront ensuite irrésistiblement le bébé vers l'extérieur. Impossible de demander un répit, de donner un coup de téléphone, d'attendre le médecin ou de changer d'avis. Il vous faut subir l'expérience. Car en réalité ce n'est pas vous qui êtes concernée, mais l'enfant : votre corps n'est rien d'autre que l'instrument de sa naissance.

Il vous est impossible de le voir retourné, poussé, pressé par les contractions douloureuses qu'a déclenchées le travail. Vous ne pouvez observer son lent cheminement le long de ce passage où l'entraîne la poussée convulsive et involontaire de votre corps. Vous ne savez pas s'il a mal, s'il a peur. Mais c'est lui, le but du travail. C'est lui, et non vous, le héros du spectacle. Tout votre corps s'emploie à réussir son entrée dans le monde. Pensez à lui pendant les poussées, pensez à ses sentiments, au moins à partir du moment où il émerge : cela l'aidera sûrement.

L'accouchement est une expérience qui peut paraître accablante. Le corps a un travail à faire et le fera, mais l'esprit et la sensibilité, réduits à l'impuissance, se révoltent parfois. Au lieu de vous laisser aller, vous vous raidirez peut-être à chaque contraction en essayant de reprendre le contrôle de votre corps, au lieu de lui obéir. Le résultat peut être douloureux et épuisant. C'est pour cela que la préparation à l'accouchement est très utile, car en le débarrassant de tous ses mystères, elle vous apprend à coopérer. Et si votre compagnon, qui l'a suivie aussi, est là pour vous assister, tout peut être changé. Certes, le père est concerné sur le plan affectif, mais il ne souffre pas physiquement. Sa présence rassurante peut vous aider à vous abandonner. Lorsque la douleur vous fait perdre la tête, il est là pour vous rappeler ce qu'on vous a enseigné. Il peut vous frictionner le dos, vous humecter les lèvres. A mesure que le travail progresse, vous entraînant de plus en plus profondément dans les affres de l'accouchement, il peut devenir la personne la plus importante de votre entourage. Les sages-femmes et les médecins vont et viennent, s'occupant de vos besoins physiques ; mais lui est là pour vous aider moralement. Quand votre vision du monde se brouille sous l'effort, son visage reste clairement visible, ses paroles sont les seules que vous puissiez encore comprendre. Au moment où le bébé apparaît, aucun père ne peut plus douter de l'importance de son rôle. Le bébé sera bien à vous deux depuis le début.

Quoique de plus en plus de couples désirent rester ensemble pendant l'accouchement et que les pères soient admis maintenant dans les salles de travail, il y aura toujours des hommes qui ne supporteront pas l'idée d'assister à un accouchement difficile et des femmes qui préféreront vivre seules cette expérience, mais ils pourront quand même essayer d'en parler ensemble plus tard.

Quant à vous, mère de fraîche date qui venez de traverser une extraordinaire expérience, une épreuve physique et affective intense, il est presque certain que vous éprouverez le besoin de revivre ce moment, d'en évoquer chaque détail, de l'assimiler, de méditer sur ce que vous avez ressenti. Certains petits détails seront restés vagues, et vous voudrez les éclaircir avant d'abandonner le sujet : comment se fait-il que la nuit soit tombée sans que vous le remarquiez ? Combien de temps s'est-il écoulé entre votre entrée dans la salle d'accouchement et la naissance du bébé ? Et d'autres questions plus personnelles : les sages-femmes ont-elles compris pourquoi vous vous tourmentiez ? Tout le monde est-il fier de vous et pouvez-vous être fière de vous-même ? Jusqu'à ce que vous l'ayez revécu dans le détail, votre accouchement restera présent à votre esprit, ne vous laissant pas libre de vous consacrer sans arrière-pensée à votre tâche de mère. Ce sont les femmes qui n'ont personne à qui parler, ou celles qui ont été trop secouées par l'expérience pour pouvoir l'évoquer, qui sont poursuivies par ce souvenir. L'accouchement devient un événement qu'elles voudraient oublier, mais qu'elles ne peuvent chasser de leur esprit. Or il est essentiel de faire place nette, car votre bébé a maintenant besoin de toute votre attention. Son épreuve a été plus dure que la vôtre. Comme nous ne pouvons savoir exactement ce qu'il ressent, nous faisons comme s'il était encore insensible, ne nous souciant que de sa sécurité et laissant pour plus tard les considérations de bien-être et de bonheur. Mais le développement technologique actuel permet d'assurer au nouveau-né à la fois sécurité et bien-être. Aussi, lors de la naissance, convient-il de ne pas perdre de vue ses sensations probables...

Brutalement arraché à son havre obscur de douceur, de tiédeur et de calme, et poussé à travers un passage étroit vers un monde de lumière, de bruits et de sensations, le bébé sent son système nerveux tout entier réagir au choc. C'est le choc de la naissance qui l'incite à faire le douloureux effort de respirer. Le placenta, qui fournissait son oxygène sanguin à partir de votre sang, a achevé sa tâche, mais le sang qui bat encore dans le cordon ombilical, donne un répit au nouveau-né. Il faut qu'il respire, mais désormais, il doit assumer seul cette fonction vitale. Aujourd'hui, nous n'accompagnons plus ce moment de transition d'une claque sur les fesses, nous pouvons attendre paisiblement et peut-être découvrir la beauté d'une première respiration sans cri.

Pour qu'il respire facilement, il faut débarrasser son nez et sa bouche du liquide amniotique et des mucosités. Mais s'il peut les expulser tout seul, pourquoi le tourmenter avec des sondes ? Nous sommes si habitués à la routine de l'aspiration que nous oublions encore parfois la sensation qu'elle peut produire.

Sa respiration mise en route, le nouveau-né a besoin de se reposer et de découvrir que bien que votre utérus l'ait rejeté, il existe encore du bien-être dans son univers. Votre ventre doux et maintenant relâché lui fait une couche idéale. Il se sent dessus presque aussi bien que dedans. Là il peut se reposer.

Mais il n'y a pas de détente possible avant que cessent les bruits de fond. Tout va bien maintenant. Éteignez les lumières. Elles font mal aux yeux du bébé. Il n'a jamais vu la lumière.

Il n'y a plus rien à faire qui soit urgent. Que la pièce soit silencieuse, pour que les bruits soudains ne lui fassent pas peur. Jusqu'à présent, les sons lui parvenaient atténués par son environnement liquide.

Dans la pénombre et le calme, la chaleur et la paix, le nouveau-né peut enfin se détendre après cette épreuve terrible. Sa respiration va se régulariser, son visage chiffonné se défriper et ses yeux vont s'ouvrir. Sa tête se soulèvera un peu et ses membres remueront contre votre peau. Mettez-le doucement sur votre poitrine nue, peut-être se mettra-t-il à téter, découvrant ainsi une nouvelle forme de contact humain, qui lui permettra de se sentir un peu moins seul. Ce sont là ses premières impressions : faites en sorte qu'elles ne soient pas douloureuses. Ce sont là ses premiers moments de vie, faites qu'ils s'écoulent en paix.

L'enfant doit être pesé. Mais faut-il vraiment le peser tout de suite ? Son poids sera le même dans une demi-heure. Il doit être lavé. Mais pourquoi maintenant ? La substance qui a enduit sa peau pendant des mois ne va pas devenir nocive simplement parce qu'il est né. Il doit être vêtu, mais pourquoi tout de suite ? Votre chaleur, une légère couverture et la température de la pièce lui suffisent. Il doit avoir des gouttes dans les yeux, un pansement ombilical, un examen médical, un berceau. Vous-même, vous devez être lavée et changée, transportée dans un lit ; vous avez besoin de boire et de dormir. Certes, toutes ces choses sont indispensables, mais aucune n'est urgente. Le bébé est né, il mène son existence indépendante. Le moment de technologie et de soins efficaces est passé. Jouissez donc tous les trois de cet instant de douce et paisible intimité.

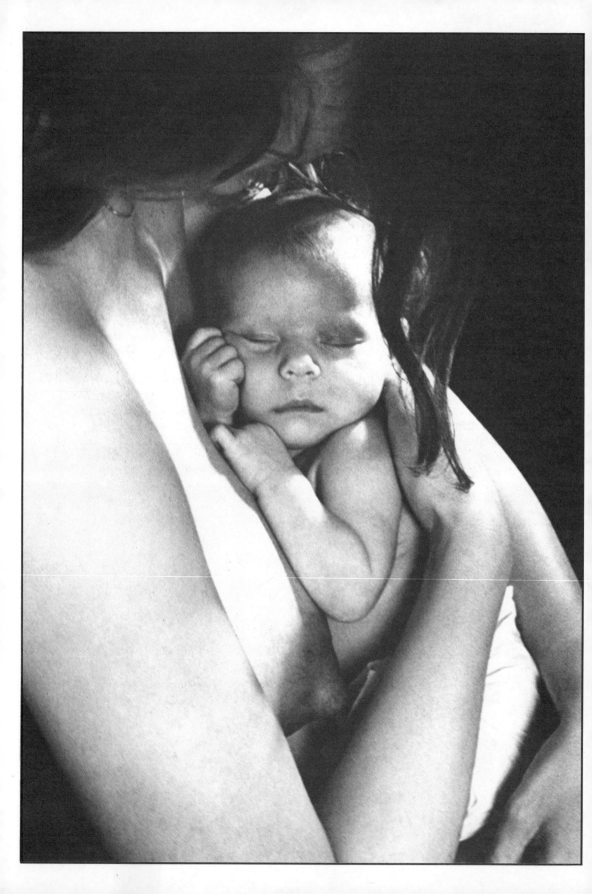

PREMIÈRE PARTIE

LE NOUVEAU-NÉ

Les premiers jours de la vie

La naissance apparaît comme l'aboutissement de longs mois d'attente. En réalité, c'est tout le contraire. Votre but n'était pas d'accoucher, mais d'avoir un bébé. Vos efforts lui ont permis de naître, et il n'y a pas de pause entre le moment extraordinaire où l'on devient des parents et celui où l'on doit commencer à agir en tant que tels. N'attendez donc pas trop de vous-mêmes pendant les premiers jours. Il s'agit pour vous trois de faire un énorme effort d'adaptation. Vos sentiments et votre comportement d'aujourd'hui ne sont pas ceux que vous aurez le mois prochain, car vous aurez alors changé : votre bébé se sera habitué à sa nouvelle vie, et vous à votre rôle de parents.

La plupart des couples se souviennent de cette période comme d'un moment d'émotion et de confusion intenses. Toutes les sensations sont amplifiées : la douleur et le plaisir, la responsabilité et l'orgueil, l'égoïsme et l'altruisme. Vous êtes terriblement fatiguée. Votre équilibre hormonal n'est pas encore rétabli ; la montée de lait n'est pas encore régulière, le col n'est pas encore fermé, votre corps cherche son équilibre. Quant à votre compagnon, s'il n'a pas de séquelles physiques comme vous, il doit surmonter une épreuve affective. Il lui faut vous laisser le rôle le plus important, car c'est vous qui avez peiné et pourtant, il doit vous faire comprendre que l'enfant lui appartient autant qu'à vous, que lui aussi est profondément concerné. S'il accorde trop d'attention au nouveau-né, il risque de vous donner à penser que vous ne représentez plus pour lui l'essentiel. Mais s'il ne se soucie que de vous, il risque d'être accusé de se désintéresser de son enfant. Beaucoup d'hommes se plaignent que, les jours qui suivent la naissance, tout ce qu'ils font est mal interprété.

Quant au bébé, ce qui l'attend est unique dans l'expérience humaine. Pendant la grossesse, votre corps avait pris le sien en charge. Il lui fournissait nourriture et oxygène, le débarrassait de ses déchets, le gardait au chaud et à l'abri, tenait le monde à distance. Maintenant qu'il est séparé de vous, il doit se débrouiller tout seul. Il lui faut téter, avaler de la nourriture et de l'eau, les digérer, rejeter ses déchets. Il doit distribuer à ses organes l'énergie fournie par la nourriture et équilibrer sa température. Il doit respirer pour avoir de l'air, tousser et éternuer pour libérer ses voies respiratoires.

Et en même temps, le monde déverse sur lui un véritable torrent de stimulations sensorielles. Tout à coup, il sent de l'air sur sa peau, il découvre le chaud et le froid, la texture des choses, les mouvements, les limitations. Il y a la lumière et le noir, des choses que son œil perçoit un instant avant qu'elles ne se brouillent de nouveau. Il y a la faim et la sensation de vide, la tétée qui le comble, le rot. Il y a des bruits, des odeurs et des goûts. Tout est neuf, tout est différent, tout est déroutant.

Un nouveau-né a des instincts, des réflexes et des sens, mais il n'a ni connaissance ni expérience. Il réagit à certaines excitations mais n'a pas conscience de son corps, ne sait pas que sa main est une main et qu'elle lui appartient. Il ne sait pas non plus que vous êtes des personnes. Il est programmé pour faire attention à vous, pour regarder vos visages, écouter vos voix, téter quand vous lui offrez un sein ou un biberon. Il est programmé pour survivre, mais il ne sait rien. Son comportement est imprévisible.

Il peut pleurer de faim toutes les demi-heures pendant six heures, puis dormir sans interruption les six heures suivantes. Ses « faims » du matin n'annoncent pas celles de l'après-midi, car son besoin de nourriture n'a pas encore pris son rythme. Sa digestion n'étant pas encore organisée, il ne sait pas reconnaître les signes de la faim, mais réagit aux sensations du moment. Il en va de même pour son sommeil qui n'est pas encore réglé. Des périodes de cinq minutes la nuit puis cinq heures d'affilée le jour suivant ne donnent aucune indication sur son sommeil du lendemain. Il peut crier sans que vous sachiez pourquoi et s'arrêter tout aussi soudainement et inexplicablement. Ses pleurs n'ont guère de signification parce qu'à part la douleur physique, il n'a pas encore découvert la différence entre le plaisir et le déplaisir.

Quand vous commencez à vous occuper de ce petit être, il vous manque ce qui est essentiel pour mener à bien votre tâche : des bases. Ce bébé est tout nouveau. Vous savez peut-être des quantités de choses sur les enfants en général, mais, de lui, vous ignorez tout. Comme vous ne savez pas encore comment il manifeste son bien-être, vous ne pouvez déceler quand il se sent mal, ou savoir quelle quantité de pleurs est « normale » chez lui, parce qu'il n'a pas encore acquis d'habitudes. Il n'est donc pas aisé de déterminer si tels cris indiquent que quelque chose ne va pas. Vous ne connaissez pas encore la quantité de nourriture et de sommeil dont il a besoin, aussi ne pouvez-vous juger si tel jour il a suffisamment — ou trop — mangé et dormi. Et pourtant son bien-être dépend de vous. Même si vous êtes inexpérimentée, vous êtes obligée de procéder à des appréciations et des réajustements, pendant cette période où vous apprenez à connaître votre bébé, tandis qu'il apprend, lui, à connaître la vie. Vous avez tous deux bien des choses à assimiler. Il se peut qu'au bout d'une semaine vous vous sentiez aussi sûre de vous que lui se sent à l'aise. Mais cela peut aussi prendre un mois. Il a fallu quatre-vingts pages de ce livre pour traiter des données essentielles, et ce sont les plus terre à terre et les plus difficiles. Quand vous aurez assimilé ces bases, que vous aurez choisi une ligne de conduite et fait tous deux connaissance, la vie deviendra tout à coup beaucoup plus agréable. Vous n'aurez plus affaire

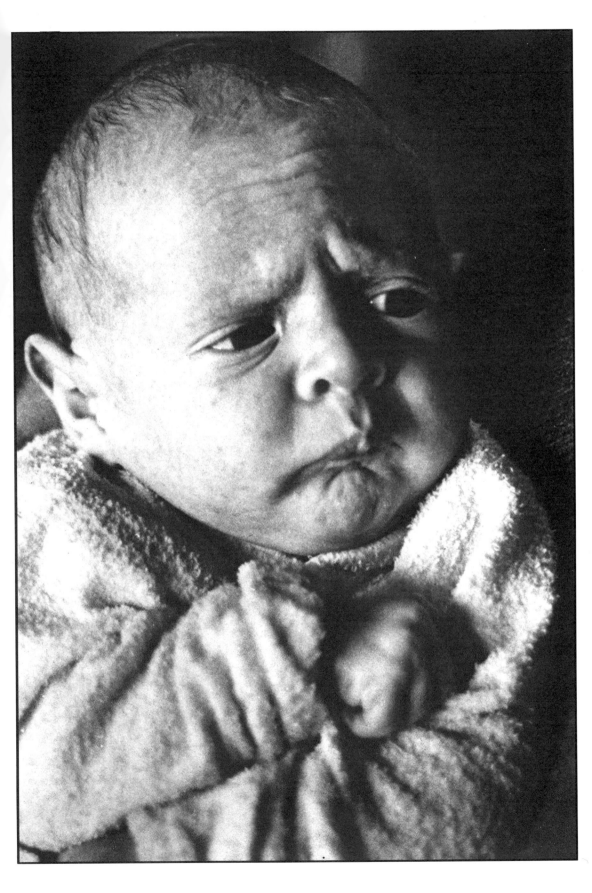

à un nouveau-né mais à une petite personne et les pages qui suivront vous paraîtront bien moins ardues. Pendant cette période d'adaptation, ne vous tourmentez pas si ce que vous éprouvez pour votre bébé ne ressemble pas à de l'amour. Quand certains parents voient leur enfant pour la première fois, quelques instants après la naissance, toute leur attente et leur désir se focalisent, en un éclair de reconnaissance, sur ce bébé qui, dès sa sortie du ventre de sa mère, paraît s'être glissé dans ses bras et dans son cœur d'un seul mouvement. On appelle cela le « bonding » ou le lien corporel mère-enfant, et ce processus a été tellement monté en épingle ces dernières années que les mères chez lesquelles cet élan ne se produit pas ont parfois peur qu'il manque quelque chose de fondamental à leur relation avec leur enfant. Il ne faut pas oublier que, si on insiste sur ce point, ce n'est pas à l'attention des parents mais à celle du personnel des maternités, de façon qu'il ne s'interpose pas dans le trio père-mère-enfant et ne risque pas de le perturber en entreprenant des tâches de routine tant que les membres du trio n'ont pas disposé du temps nécessaire pour établir un contact affectif. Certes, ce lien est important, mais il n'est pas toujours instantané. S'il ne se produit pas pour vous, rappelez-vous que dans les générations précédentes, peu de femmes ont tenu leur bébé contre elles avant qu'il soit lavé, pesé et habillé, et qu'en raison des anesthésies, d'innombrables mères n'ont vu leur enfant qu'une fois réveillées et conscientes. L'amour n'a pas manqué cependant entre ces femmes et leurs enfants et il serait absurde de penser que vos relations avec votre enfant pourraient être altérées ou incomplètes parce qu'aucun coup de foudre ne vous a liés l'un à l'autre sur la table d'accouchement.

L'amour viendra, mais en son temps. Quelle que soit votre définition du mot, elle doit comporter la notion d'échange entre des gens qui se connaissent, s'apprécient et désirent se connaître davantage. Aimer implique donner et recevoir en retour aide et affection. Un bébé qui vient de naître ne peut ni aimer ni être aimé. On ne peut pas vraiment l'aimer, parce qu'il ne présente pas encore les caractéristiques qui feront de lui un individu incontestablement unique. Vous pouvez l'aimer en le voyant parce que c'est votre enfant : l'aboutissement peut-être d'un projet ou d'un rêve ; mais vous ne pouvez encore avoir pour lui l'amour que ressent un être humain pour un autre. Il n'aura de véritable personnalité qu'au terme de cette adaptation. Quant à lui, il n'est pas capable d'aimer parce qu'il n'est pas conscient de sa propre existence et encore moins de la vôtre. Il va pourtant apprendre à vous aimer d'une passion violente et inébranlable qui n'a pas son équivalent dans les relations humaines. Mais il lui faudra du temps.

Les sentiments mêlés que vous éprouvez à son égard n'annoncent en rien ceux que vous aurez plus tard. La vague de tendresse qui vous submerge, alors que vous soutenez sa tête trop lourde, peut se transformer soudain en exaspération s'il se met à crier. Votre fierté maternelle peut être balayée par une brusque angoisse à l'idée que vous êtes liée à lui pour la vie et que vous ne serez plus jamais tout à fait libre.

Si vous le laissez faire, c'est votre corps qui, le premier, va aimer le nouveau-né. Quelles que soient les réactions de votre esprit et vos habitudes bien enracinées, votre corps, lui, est prêt à l'accepter. Sa peau est douce contre la vôtre. La forme de sa petite personne s'adapte parfaitement à celle de votre ventre, de votre poitrine, de votre épaule.

Votre joue est là pour que sa tête dure et chaude s'y frotte et votre pouce s'offre à l'étreinte maladroite de ses petits doigts.

En tirant un plaisir physique de votre contact avec le bébé, vous hâterez le moment où il pourra ressentir cette chose essentielle qu'est l'amour. Il ne restera pas passif, attendant que vous fassiez les avances : serré tout contre vous, il vous en fera aussi. Son intérêt pour vous est vital parce que vous êtes indispensable à sa survie. Il fera en sorte d'éveiller votre amour.

Pendant ces tout premiers jours, laissez-vous guider par votre corps et les réactions physiques du bébé. Les principes d'éducation sont encore inutiles. Ils ne peuvent être jugés que sur leurs résultats ; or, il est impossible de faire quoi que ce soit de conséquent avant que le nouveau-né ait trouvé son équilibre.

Ce dont il a besoin, c'est d'être traité de façon que sa nouvelle vie ressemble le plus possible à son existence intra-utérine. Ses besoins sont simples, répétitifs, immédiats. Il a besoin de nourriture et d'eau telles qu'elles sont combinées dans le lait, de la chaleur et du bien-être que procurent des bras caressants, de couvertures douces, d'un berceau douillet ; il lui faut juste assez de propreté pour que sa peau ne s'irrite pas, et il a besoin de se sentir protégé. C'est tout. Les bains, les tables à langer, les poudres et les lotions, les brosses et les chaussons qui vous tentent dans les magasins sont amusants à acheter maintenant et lui serviront plus tard. Pour le moment, couvrez-le chaudement, tenez-le contre vous, maniez-le doucement, nourrissez-le quand il a faim, parlez-lui quand il vous regarde, lavez-le quand il est sale et donnez-lui le temps de s'adapter à la vie. Sa satisfaction tranquille indique que vous agissez bien. Mais s'il a l'air malheureux, c'est que vous êtes dans l'erreur ou qu'il a un problème. Laissez-vous guider par ses réactions et par votre instinct.

Si vous arrivez à réaliser cela, le bébé comprendra peu à peu quels sont ses besoins, et constatera qu'ils sont satisfaits au moment où ils se présentent. Lorsqu'il sera devenu une véritable petite personne qu'on commence à connaître et à aimer, il se rendra compte qu'il est bon de vivre. Et c'est ce que vous pouviez faire de mieux pour lui.

Le poids de naissance

Le poids de votre enfant est en général la première information que l'on vous donne, après son sexe. Pourquoi donc attache-t-on tant d'importance à ce qu'il pèse, alors que la taille et la carrure des nouveau-nés varient énormément ? Parce que le poids de naissance, quel qu'il soit, est le point de départ de la croissance.

Bébés moyens   Le poids de naissance moyen est d'environ 3,2 kg. Mais cette moyenne comporte de nombreuses variantes. Les garçons sont souvent un peu plus gros que les filles, et les aînés pèsent la plupart du temps quelques grammes de moins que leurs jeunes frères et sœurs. Habituellement, les parents bien en chair ont de gros bébés et les parents minces de plus petits. Ainsi le vôtre peut être tout à fait dans les normes, même s'il n'atteint pas ou dépasse la moyenne.

Le poids de naissance, c'est le point de départ de la croissance

Gros bébés Vous serez sans doute très fière de vous si vous donnez naissance à un bébé de 4,5 kg. Il sera aussi probablement plus beau et plus solide que les autres nouveau-nés du service, à cause de sa couche de graisse, mais ne soyez pas surprise si les médecins gardent un œil sur lui pendant un jour ou deux, car cet excès de poids vient parfois — quoique rarement — du fait que la mère souffre de diabète, ou de pré-diabète. Il leur paraît donc important de s'assurer que le vôtre n'est replet que parce que la nature l'a voulu et non parce que son métabolisme a été perturbé pendant la grossesse et que son poids exceptionnel est dû à une rétention d'eau.

Bébés menus Si votre nouveau-né n'atteint pas le poids moyen, mais pèse plus de 2,5 kg, il sera traité comme un bébé normal, mais sans doute nourri plus souvent. Il est probable que vous êtes vous-même menue et que votre bébé, bien que petit, est en parfaite santé. S'il pèse entre 2,3 et 2,5 kg, on le mettra probablement dans un incubateur, même s'il semble en excellente santé, parce que certains enfants très petits ont des difficultés à respirer, à téter et à assurer leur régulation thermique. Ainsi, pour plus de sûreté, surveille-t-on *tous* les bébés qui n'atteignent pas ce poids. Considérez ceci comme une simple précaution. Ne vous hâtez pas de croire que quelque chose ne va pas. S'il n'y a pas de problème, on le sortira de la couveuse et il sera dans son berceau près de vous quelques heures plus tard.

Les bébés menus restent en général à l'hôpital jusqu'à ce qu'ils aient regagné leur poids de naissance ou atteint 2,5 kg. Néanmoins, la décision de vous laisser le ramener à la maison est plus souvent fondée sur son adaptation à sa nouvelle vie.

Si votre nouveau-né pèse moins de 2,3 kg, il est sans doute au-dessous de son poids normal. Plus il est petit, plus il aura besoin de soins spéciaux. Ces soins diffèrent selon qu'il est prématuré ou seulement en deçà du poids moyen.

Bébés prématurés La plupart des enfants menus le sont parce qu'ils sont nés avant le terme des quarante semaines de grossesse. Ils n'ont pas eu le temps de grossir et de se préparer à une vie indépendante. Plus il leur manque de semaines, plus ils auront de difficultés. Après trente-six à trente-huit semaines de gestation, un prématuré aura probablement seulement besoin qu'on lui facilite les choses en le mettant dans un incubateur où il bénéficiera de plus de chaleur et d'oxygène et où on lui donnera, à intervalles rapprochés, de petites quantités d'aliments faciles à digérer. Mais un bébé plus « jeune » exigera davantage de soins. Il faudra peut-être le décharger de certaines tâches pendant quelque temps, par exemple en le nourrissant à l'aide d'une sonde nasale parce qu'il n'est pas capable de téter et d'avaler.

Bébés trop menus pour leur âge La croissance de ces bébés n'a pas été suffisante dans l'utérus même si les quarante semaines de grossesse sont complètes, ou bien ce sont des prématurés plus menus encore qu'ils ne devraient l'être par rapport à la date initialement prévue pour leur naissance.

S'ils sont nés à terme, les premiers soins seront les mêmes que ceux que l'on donne à un prématuré, mais les médecins chercheront à déterminer la durée exacte de la gestation, pour savoir de combien leur poids est inférieur à la normale. Ils vont sans doute vous questionner sur la date de vos dernières règles et réexaminer d'anciennes échographies de votre dossier. Vous vous êtes peut-être trompée. Si votre enfant pèse 1,8 kg après quarante semaines, il est vraiment petit pour son terme ; mais si vous vous êtes trompée d'un cycle, la grossesse n'a duré que trente-six semaines et, dans ce cas, il est prématuré.

Un bébé trop petit pour son âge n'a probablement pas reçu assez de nourriture pendant la gestation. Cela vient peut-être du placenta qui n'a pas joué son rôle ou du fait que vous ne vous êtes pas assez reposée ou que vous avez trop fumé, ou encore de votre santé qui n'a pas été bonne et qui vous a empêchée de lui donner tout ce dont il avait besoin pour se développer. Si les médecins arrivent à connaître la raison de sa petite taille, ils l'aideront d'autant mieux à prendre le dessus.

Incubateurs L'incubateur est ce qui se rapproche le plus d'un utérus. Le bébé a quitté votre corps et ne peut donc plus compter sur lui pour le prendre en charge. L'incubateur représente l'intermédiaire entre la complète dépendance physique et l'autonomie. Si votre enfant se comporte bien tout de suite après la naissance, l'appareil ne sert qu'à lui apporter une chaleur constante, une isolation paisible, une humidité contrôlée et peut-être un peu d'oxygène supplémentaire. Mais s'il a des problèmes, l'incubateur peut l'assister dans presque toutes ses fonctions. Qu'il en reçoive peu ou beaucoup d'aide, le nouveau-né y est en sécurité. Pendant tout le temps qu'il y passera, il sera sous la surveillance de puéricultrices, de pédiatres et de néo-natologues qui veilleront sur lui, tandis que des instruments sophistiqués enregistreront tout changement dans son état et déclencheront des signaux à la moindre alerte.

Même si vous êtes convaincue que votre bébé ne peut être mieux, pour le moment, que dans cet incubateur, vous serez sans doute désolée de l'y voir. Après cette longue grossesse et ces heures de souffrance, il ne vous sera pas possible de prendre votre enfant dans vos bras ou de l'avoir près de vous ; vous ne pourrez que le regarder, étranger et irréel, prisonnier de cette machine qui paraîtrait plus à sa place dans un laboratoire spatial.

Tout votre être aspire à un contact physique avec lui, mais le processus qui a commencé par la conception, s'est poursuivi par la grossesse et la naissance, et aurait dû culminer dans les premières étreintes, a été interrompu. Tout votre corps désire cet enfant. Une semaine de plus, ce n'est pas long pour les autres gens, mais pour vous qui pleurez, accoudée à l'incubateur, cela semble une éternité. N'oubliez pas, cependant, qu'à ce moment un bouleversement hormonal vous rend hypersensible. Votre agitation va se calmer un jour ou deux après l'accouchement et vous vous sentirez davantage capable de faire face à ce qu'il vous faut affronter. La période que le bébé passe dans l'incubateur est pénible pour vous ; mais vous pouvez faire un certain nombre de choses pour l'adoucir :

Parlez à la puéricultrice et au pédiatre. Dites-leur que vous voulez être tenus au courant de tout ce qui concerne votre enfant. Quand vous saurez exactement quels sont ses problèmes et à quoi servent les tubes et autres dispositifs branchés sur lui, vous n'aurez plus l'impression désagréable qu'il appartient plus à l'hôpital qu'à vous, ses parents.

Dites bien clairement que vous voulez passer un maximum de temps avec lui. Si l'incubateur est dans le même service que vous, vous en aurez sans doute le libre accès. S'il est dans un service de soins spéciaux dans le même hôpital, votre infirmière pourra organiser pour vous de fréquentes visites en fauteuil roulant jusqu'à ce que vous puissiez marcher.

Si votre enfant a été transporté dans un autre hôpital, parce que celui-ci n'était pas convenablement équipé, il doit vous être possible de l'y rejoindre. Sinon, vous devez être autorisée à le voir dès que vous serez en état de faire le trajet.

Expliquez que vous désirez aider. A moins que votre bébé ne soit vraiment très fragile et doive recevoir le moins de stimulations possible,

Considérez l'incubateur comme votre allié : il est indispensable à votre enfant. Cette machine ne remplace pas votre utérus, mais elle vaut mieux que le monde extérieur.

on vous incitera à le toucher en plaçant vos mains dans les hublots de l'incubateur. Bientôt, vous pourrez participer aux soins, changer ses couches dans l'appareil. S'il est en bonne forme, vous serez certainement autorisée à le sortir de l'incubateur et à le prendre un moment dans vos bras.

Ce qui sera sans doute le plus utile au nouveau-né, et à tout le monde, c'est que vous conserviez votre lait. On donne aux très petits bébés du lait maternel dès qu'ils peuvent supporter le lait. On les nourrit alors à la sonde ou au compte-gouttes. Même si le vôtre ne prend pas encore de lait, il en aura besoin quand il sera plus fort. En attendant, vous pouvez vous préparer à l'allaiter.

Les infirmières vous apprendront à vous servir d'un tire-lait, qui est beaucoup plus efficace que la main (voir p. 49). Si votre lait ne peut servir tout de suite à votre enfant, on vous demandera sans doute de le donner à une banque de lait qui fournit les nouveau-nés prématurés ou malades.

Si vous rentrez à la maison en laissant votre bébé dans une unité de soins spéciaux, il vous sera sans doute possible de revenir tous les jours tirer votre lait pour lui. Même si vous ne pouvez pas venir tous les jours, cela vaut quand même la peine de le tirer : le fait de vider régulièrement vos seins vous assurera une lactation suffisante pour le nourrir plus tard (voir p. 56).

Considérez cette période comme un prolongement de la grossesse. Une fois que vous avez surmonté le choc et la déception de ne pas avoir votre enfant près de vous tout de suite, vous pouvez considérer cette attente comme une sorte de passerelle entre la naissance et l'exercice de la maternité.

Bien qu'il soit né officiellement, comme tout le monde, le jour où vous l'avez mis au monde, essayez de vous habituer à l'idée que sa vie ne commencera réellement que le jour où, à l'hôpital, on le trouvera assez fort pour sortir. S'il est né après trente-quatre semaines seulement de gestation et si vous le comparez à ceux qui sont nés à terme la même semaine, il vous paraîtra très en retard dans son développement. Il aura beaucoup à faire pour les rattraper.

Le « blues » Le « blues » du 4e jour ne survient pas fatalement, mais il est très fréquent. Que votre bébé vous soit enlevé pour être placé dans un incubateur ou qu'il ait le moindre petit problème de santé, une jaunisse par exemple (voir Inf/ICTÈRE), et voilà le « blues » qui vous envahit.

Même si tout s'est bien passé, si votre bébé est beau et en parfaite santé et si vous n'avez aucune raison d'être triste, vous pouvez soudain éclater en larmes. Ne vous inquiétez pas, ne pensez pas que si vous pleurez, c'est forcément parce que vous êtes malheureuse. Ces larmes-là sont dues aux perturbations émotionnelles et physiques consécutives à l'accouchement et à un bouleversement hormonal : votre corps a du mal à s'adapter au fait que vous n'êtes plus enceinte et qu'il lui faut fabriquer du lait. Laissez couler vos pleurs. Mieux, pleurez abondamment sur l'épaule de votre mari ou de votre compagnon. Vos larmes se tariront aussi soudainement qu'elles ont jailli.

Le retour Cela va vous sembler sans doute plus pénible et moins excitant que *à la maison* vous ne le pensiez. Tout impatiente que vous ayez été de le quitter, l'hôpital vous apparaîtra comme un havre de sécurité dès que vous vous trouverez livrée à vous-même. Votre corps est fatigué après le travail et l'agression que représente une grossesse. A cette épreuve physique s'ajoute l'appréhension d'introduire un nouvel être dans votre vie et dans votre famille. Vos premiers jours à la maison risquent d'être gâchés par la dépression et son cortège de fatigue et de pleurs irraisonnés.

Aussi mal à l'aise que vous soyez maintenant, sachez que dans quelques semaines votre nouvelle personnalité, votre nouvelle famille et vos nouvelles responsabilités vous paraîtront tout à fait banales. Soyez patiente et tolérante envers vous-même. Appuyez-vous le plus possible sur votre compagnon ou sur toute personne prête à vous aider. Laissez-les s'occuper de vous, comme vous-même vous occupez du bébé. Et ne vous lancez pas dans des travaux physiques. Laissez s'épanouir vos sentiments ; exprimez-vous, laissez votre compagnon en faire autant ; jouez avec votre aîné, et gardez le bébé près de vous.

La dépression Ne confondez pas la dépression du post-partum avec les fugaces idées *du post-partum* noires qui peuvent vous agresser tout de suite après l'accouchement. Cette forme de dépression peut vous terrasser à tout moment pendant les premiers mois, et pour longtemps. C'est un état que n'importe quel événement grave de la vie peut déclencher : deuil ou divorce, déménagement, accumulation de problèmes, et l'on finit toujours par s'en remettre. Mais lorsque l'événement est une naissance, il faut bien s'occuper de l'enfant. Votre bébé a besoin de vos soins et si vous êtes déprimée, vous ne pourrez les lui dispenser.

Une dépression prive la vie de joie et de couleur, sape la force et la confiance en soi, vous retourne contre vous-même. Même si vous trouvez l'énergie de satisfaire les besoins du bébé, la dépression vous retirera tout plaisir et empêchera donc le bébé de vous combler. Il ne vous restera que le poids des responsabilités. Si vous subissez cette dépression du post-partum, vous avez besoin d'un soutien affectif, psychologique et peut-être médical.

Comment s'en sortir ? Quand on se sent complètement dévalorisée, on ne s'estime pas digne de l'attention d'un médecin. Lorsque s'habiller exige déjà un effort surhumain, aller raconter à quelqu'un ce que l'on ressent paraît insurmontable. Compagnons, grands-mères et amis doivent être prévenus de la survenue possible d'une dépression de façon à retenir leur « Allons, allons, ressaisis-toi » et à proposer leurs services. Si une jeune mère n'a pas suffisamment d'énergie pour solliciter de l'aide, il faut que quelqu'un le fasse à sa place. Sages-femmes, puéricultrices, assistantes sociales, infirmières ou médecins de famille doivent être à l'écoute et se montrer chaleureux et compréhensifs.

Particularités physiques du nouveau-né

La physiologie d'un nouveau-né diffère de celle d'un bébé plus âgé, d'un petit enfant ou d'un adulte. Il faut quelque temps à ce nouvel organisme pour s'adapter à l'existence. Pendant cette période, il peut lui arriver de présenter toutes sortes de changements de couleur, des taches, des rougeurs, des enflures, des sécrétions. Ce sont des phénomènes très particuliers. La plupart seraient inquiétants s'ils affectaient des personnes plus âgées, mais ils sont normaux, ou en tout cas banals, lorsqu'ils apparaissent dans les premières semaines de la vie. Les médecins y sont accoutumés et comme ils les savent sans gravité, ils oublient souvent de prévenir les parents qui s'en effraient, sans raison. Vous trouverez décrits, ci-après, les phénomènes les plus courants, leur raison, leur signification. Si vous désirez quand même être rassurée, ou si vous n'êtes pas sûre que ce que vous voyez correspond à ma description, consultez votre médecin, mais n'oubliez surtout pas que ces choses ne sont normales ou sans importance que pour un nouveau-né de moins de deux ou trois semaines. Au-delà, il faut absolument les signaler à quelqu'un de compétent.

Peau

Mains et/ou pieds bleus. *Le sang n'irrigue pas correctement les extrémités, en particulier quand le bébé dort ou reste longtemps tranquille. Elles reprennent une coloration normale quand on remue un peu le nouveau-né.*

Moitié rouge, moitié pâle. *Le sang s'attarde dans la partie inférieure du cors qui rougit, tandis que le haut est pâle. Là aussi, il s'agit d'une circulation encore mal réglée. La différence de couleur disparaîtra si vous remuez ou tournez l'enfant.*

Taches bleues. *On les appelle « taches mongoliennes » ; ce sont des accumulations temporaires de pigment sous la peau. On les constate le plus souvent chez les enfants d'ascendance africaine ou mongole, mais aussi chez les bébés d'ascendance méditerranéenne, ou tous ceux dont la peau deviendra relativement sombre. En dépit de leur nom, elles n'ont rien à voir avec le mongolisme et ne sont ni une meurtrissure ni un signe de maladie du sang.*

Macules. *Les nouveau-nés en ont de toutes sortes. Celles qui inquiètent généralement le plus les parents sont rouges avec un centre jaunâtre. C'est une urticaire néo-natale. Elle provient de ce que la peau et les pores ne fonctionnent pas encore très bien. Elle ne demande aucun traitement, n'est pas infectée malgré son apparence et disparaît vers le quinzième jour.*

Tache de naissance. *Il y en a de toutes sortes. Seul un médecin peut vous dire si elle est définitive ou si elle disparaîtra. Rappelez-vous toutefois que les marques rouges proviennent souvent d'une pression au moment de la naissance et sont fugaces.*

Desquamation. *La plupart des bébés pèlent un peu les premiers jours ; cela se produit surtout à la paume des mains et la plante des pieds.*

Desquamation du cuir chevelu. *La peau y desquame de la même façon qu'ailleurs ; cela n'a rien à voir avec des pellicules et n'indique pas un manque d'hygiène. Parfois, les squames recouvrent la tête, en couche épaisse : ce sont les croûtes de lait.*

Cheveux *Toutes les variétés de chevelure, depuis la quasi-calvitie jusqu'à la tignasse, sont normales. Les enfants qui naissent en retard ont souvent d'abondants cheveux raides, qui ne tardent pas à tomber et à être remplacés. La couleur des nouveaux cheveux peut être totalement différente.*

Poils. *Dans l'utérus, les bébés sont recouverts d'une sorte de duvet. Les prématurés, en particulier, en ont encore des traces, le plus souvent sur les omoplates et le long de la colonne vertébrale. Il disparaîtra par frottement au cours des deux premières semaines.*

Tête **Bizarreries de forme.** *Elles sont presque toujours dues à la pression subie au cours de l'accouchement mais s'effacent en quelques mois. Par ailleurs, la tête peut s'aplatir un peu si l'enfant dort toujours sur le même côté. Tournez-le régulièrement, en attendant qu'il le fasse de lui-même.*

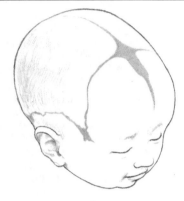

Fontanelles. *Ce sont les parties molles situées entre les os non soudés du crâne. La plus importante se trouve sur le dessus et vers l'arrière de la tête. Elles sont recouvertes d'une membrane très résistante et ne risquent rien quand on manie le bébé normalement.*
   Lorsque celui-ci a peu de cheveux, on perçoit un battement sous la fontanelle. C'est tout à fait normal. Mais si celle-ci s'affaisse et se déprime, c'est le signe que le nouveau-né est déshydraté (ce qui est dû en général à la chaleur ou à *la fièvre). Il faut alors lui donner de l'eau ou un jus de fruit très dilué.*
   Une fontanelle trop tendue et bombée peut être un signe de maladie ; on doit donc faire venir le médecin.

Yeux **Tuméfaction, bouffissure, striures rouges.** *Ce phénomène apparaît immédiatement après la naissance ; il est dû aux pressions subies pendant l'accouchement et disparaît rapidement. S'il se reproduit, il faut le signaler sans délai au médecin.*

Écoulement jaunâtre, ou/et croûtes sur les paupières et les cils. *C'est le résultat d'une infection. Les paupières de l'enfant sont souvent collées le matin. Ce n'est pas grave, mais il faut montrer le bébé au médecin ou à la sage-femme qui vous indiqueront un produit pour lui laver les yeux.*

Strabisme. *Beaucoup d'enfants dont les yeux sont parfaitement normaux semblent loucher les premiers jours. En les observant de près, on s'aperçoit que cette impression est due aux replis cutanés qui bordent les angles internes des yeux. Ils sont normaux et s'effaceront en quelques semaines.*
   Jusqu'à ce que le bébé ait acquis assez de force, et qu'il ait appris à contrôler les muscles moteurs de ses yeux, il lui arrive souvent d'avoir des difficultés à les maintenir parallèles de façon à diriger son regard sur un seul objet. Quand il vous regarde, l'un des yeux peut tout à coup dévier. Ce genre *de strabisme se corrige en général de lui-même avant six mois. Mais signalez-le au médecin. Lors d'un véritable strabisme, l'enfant ne peut jamais faire converger ses deux yeux sur le même objet. Au lieu de la double fixation suivie d'une déviation de l'un des deux, il n'y a jamais parallélisme. Signalez tout de suite ce strabisme au médecin. Il est essentiel de le soigner dès le plus jeune âge, les résultats seront meilleurs (voir Inf/OEIL).*

Oreilles

Écoulement. S'il est normal que les oreilles du bébé produisent du cérumen, tout autre écoulement est suspect. En cas de doute, voyez le médecin. Si c'est du cérumen vous serez rassurée. Mais si par hasard c'était du pus, il faudrait agir immédiatement.

Oreilles décollées. Si vous avez l'impression que votre enfant a les oreilles décollées, dépliez bien l'oreille sur laquelle il dort quand il est couché sur le côté. Puis attendez, pour voir si le défaut se remarque moins au fur et à mesure que la tête grandit et que les cheveux poussent.

Bouche

Filet de la langue. L'attache de la langue d'un nouveau-né est beaucoup plus longue que celle d'un adulte. Chez certains, ce frein est tellement long qu'il ne reste presque plus de langue libre et mobile. Autrefois, on parlait de « langue liée », et l'on croyait que si on ne coupait pas ce filet l'enfant ne pourrait ni téter ni parler correctement. Nous savons maintenant qu'une langue véritablement « liée » est extrêmement rare. Pendant sa première année, la langue d'un bébé grandit essentiellement par son extrémité, si bien qu'au bout de ce laps de temps, elle est tout à fait mobile. En attendant, cela ne l'empêche pas de téter, manger et babiller.

Langue blanche. Tant qu'ils ne sont nourris qu'au lait, les nouveau-nés ont souvent la langue blanche. C'est absolument normal. Une infection ou une maladie ne rendent pas la langue blanche mais produisent des taches sur une langue restée rose.

Phlyctènes de la lèvre supérieure. Ce sont des « bulles de succion » qui sont simplement dues au fait de téter. Elles peuvent apparaître à n'importe quel moment tant que le bébé n'est nourri qu'au lait et disparaissent parfois entre deux tétées. Elles sont sans importance.

Seins

Une poitrine gonflée est normale pour les enfants des deux sexes les trois ou cinq premiers jours. Ce phénomène est provoqué par un afflux d'hormones fournies par la mère juste avant la naissance. Les seins peuvent contenir une infime quantité de lait à laquelle il ne faut surtout pas toucher. Toute tentative pour le faire sortir en pressant peut provoquer une infection. Le gonflement disparaît en quelques jours, à mesure que le nouveau-né élimine les hormones.

Abdomen

Hernie ombilicale. On ne peut pas considérer comme « normale » une petite protubérance près du nombril qui ressort davantage quand le bébé pleure, mais c'est un phénomène fréquent, causé par une légère défaillance musculaire de la paroi abdominale, qui laisse son contenu former une petite poche. La plupart de ces hernies disparaissent en quelques mois. Les médecins pensent généralement qu'elles guérissent plus vite si on les laisse sans pansement. Il est très rare qu'elles nécessitent une opération.

Le nombril. A la maternité, l'infirmière vérifie si la cicatrisation de l'ombilic s'effectue normalement. A la maison, si vous remarquez une rougeur ou une infection (pus), signalez-le aussitôt au médecin.

Organes sexuels

Chez les garçons aussi bien que chez les filles ils sont plus gros, par rapport au reste du corps, qu'à aucun autre moment jusqu'à la puberté. Les premiers jours, ils peuvent même paraître énormes, à cause des hormones de la mère qui ont traversé le placenta, envahi le sang du bébé et provoqué un gonflement temporaire. Le scrotum et la vulve peuvent aussi être rouges et enflammés. Bref, ces organes peuvent vous sembler volumineux et bizarres. Mais ne vous inquiétez pas ; le docteur ou la sage-femme qui étaient présents à l'accouchement ont vérifié leur normalité. Inflammation et enflure vont disparaître pendant la période d'adaptation du nouveau-né et, avec la croissance, ces organes vont acquérir des proportions normales.

Testicules non descendus (cryptorchidie). *Les testicules se développent dans l'abdomen du fœtus et descendent dans le scrotum juste avant le terme normal de la grossesse. Parfois, le médecin ne les sent pas au cours de l'examen du nouveau-né parce qu'ils sont rétractiles : il peut les faire descendre dans les bourses mais ils retournent se loger dans l'abdomen. Puisqu'on peut les faire descendre, ils descendront tout seuls un jour. Au contraire, on ne peut faire descendre dans le scrotum un testicule véritablement non descendu et, chez un prématuré, un testicule ne descend jamais dans le scrotum avant la date prévue pour la naissance normale. Si vous ne sentez pas les testicules de votre fils en palpant son scrotum, prévenez votre médecin qui l'examinera de nouveau à l'âge de six semaines.*

Phimosis. *Le pénis et le prépuce du fœtus se développent à partir d'un unique bourgeon génital. Ils sont encore solidaires à la naissance, et ne se clivent qu'au cours des premières années du garçon. Il est donc impossible qu'un bébé souffre de ce que son prépuce est trop serré. Vous ne pouvez pas le repousser pour le nettoyer à fond, car c'est impossible à cet âge. La circoncision (ablation chirurgicale du prépuce) n'est médicalement nécessaire que chez un très petit nombre d'enfants. Lorsque l'opération est indispensable, c'est souvent parce qu'on a essayé de forcer le prépuce à se rétracter alors que ce n'était pas encore possible (voir Inf/CIRCONCISION).*

Élimination et sécrétions

Méconium. *C'est une substance verdâtre et visqueuse qui emplit les intestins du fœtus pendant la gestation et s'élimine avant que s'établisse la digestion normale. La plupart des bébés l'évacuent au cours des premières vingt-quatre heures. Si l'accouchement a lieu à la maison et qu'au bout de deux jours il n'a rien évacué, il faut le signaler à la sage-femme ou à l'infirmière, car cela pourrait être le signe d'une occlusion intestinale.*

Sang dans les selles. *Il arrive de temps en temps qu'on trouve du sang dans les selles les deux premiers jours. C'est en général le sang de la mère que le nouveau-né a avalé pendant l'accouchement. Gardez la couche pour la montrer à la sage-femme ou à l'infirmière.*

Urine rougeâtre. *Les premières urines contiennent souvent des urates qui colorent la couche en rouge. Gardez celle-ci pour la montrer aux personnes compétentes, car cela ressemble à du sang.*

Urines fréquentes. *Une fois que les voies urinaires sont entrées en service, le bébé peut se mouiller jusqu'à trente fois par jour. C'est tout à fait normal. En revanche, si, à ce stade, un enfant reste quatre à six heures sans uriner, il faut en parler à l'infirmière ou au médecin. Il est possible qu'il y ait dans ses voies urinaires un obstacle à l'évacuation de l'urine.*

Saignement vaginal. *Il arrive souvent aux filles de perdre un peu de sang au cours de la première semaine. Cela est dû aux hormones œstrogènes d'origine maternelle.*

Pertes vaginales. *Quelques pertes blanchâtres ou aqueuses sont aussi tout à fait normales. Elles ne durent pas.*

Nez qui coule. *Beaucoup de nouveau-nés ont le nez encombré par du mucus. Cela ne signifie pas qu'ils ont pris froid ou souffrent d'une infection.*

Pleurs. *La plupart des enfants crient sans larmes jusqu'à quatre à six semaines. Quelques-uns ont des larmes dès le début. C'est sans importance.*

Sueur. *Elle est généralement abondante sur la tête et le cou et n'a aucune importance, sauf si l'enfant présente des signes de fièvre ou de malaise. Mais c'est une bonne raison pour lui laver fréquemment la tête, les cheveux et le cou car la transpiration irrite la peau.*

Vomissements. *Le rejet d'un peu de lait après le repas est normal. (Pour un exposé complet, voir p. 58.)*

L'alimentation

C'est à vous de choisir entre le sein et le biberon, car c'est de votre corps et de votre enfant qu'il s'agit. Personne n'a le droit de vous influencer, ou de vous juger, quelle que soit votre décision. Le lait maternel est physiquement meilleur pour le bébé, parce que c'est celui que la nature lui destine, et non celui qu'elle destine aux veaux. Mais on fabrique actuellement des laits qui sont presque aussi bons, et peuvent même être meilleurs pour lui — du point de vue psychologique — si vous préférez, vous, lui donner le biberon. Bien sûr, lui donner le sein vous procure un contact physique très doux avec lui mais ce contact peut aussi s'établir quand on utilise un biberon. Aussi, n'écoutez pas les arguments de parti pris. Considérez plutôt votre bébé, votre famille et vous-même :

Sein ou biberon ?

Quels sont vos sentiments ? Si vous vous réjouissez d'avance des contacts physiques que votre bébé désirera avoir avec vous, vous aurez sans doute plaisir à lui donner le sein. Il y a un lien naturel évident entre une bouche de nourrisson affamé et un sein gonflé. C'est à la fois très satisfaisant et très agréable.

Mais si la chose vous gêne, vous n'y prendrez sans doute aucun plaisir et, par conséquent, cela ne marchera pas bien. Le biberon conviendra donc mieux. Et si votre mari est hostile à ce que vous allaitiez — peut-être parce qu'il désire que vos seins ne soient liés qu'à la sexualité et l'érotisme —, son désaccord rendra les choses très malaisées pour vous. C'est donc à vous deux de prendre la décision.

Quel genre de vie voulez-vous mener ? Si vous avez décidé de rester à la maison pour consacrer quelques mois aux soins du nouveau-né, vous avez le choix entre les deux méthodes.

Si vous avez l'intention de reprendre un travail à temps complet après quelques semaines, le biberon paraît plus judicieux. Mais vous préférerez peut-être allaiter tant que vous en aurez la possibilité.

Si vous restez à la maison pour vous occuper du bébé, sachez que l'allaitement au sein présente quelques avantages pratiques. Visites, vacances ou sorties impromptues avec votre bébé seront plus faciles que si vous utilisez le biberon et tout le matériel qui va avec. Et si vous désirez sortir sans enfant ou vous décharger de quelques tétées de nuit il est toujours possible d'apprendre à tirer votre lait pour préparer d'avance des biberons et ne pas être complètement dépendante.

Hésitez-vous ? Si vous voulez prendre votre temps pour décider, commencez par nourrir au sein. Vous pourrez toujours passer au biberon, alors que l'inverse est impossible : sans une tétée régulière, votre lait tarira.

L'allaitement au sein : un bon départ

C'est le bébé, en tétant, qui stimule la montée laiteuse : vous aurez donc la possibilité ensuite d'opter pour le biberon si cette méthode ne vous convient pas. Il est vrai que donner le sein prend du temps et que c'est fatigant. De plus, le stress et la fatigue diminuent la lactation : il faut donc pouvoir vous détendre et vous reposer.

Au début, tout en stimulant la lactation par la succion, le nourrisson prend du colostrum, substance sécrétée par la glande mammaire. Ce colostrum lui apporte de l'eau et du sucre (administrés sous la forme

de biberons d'eau sucrée si le bébé n'est pas nourri au sein) mais il lui fournit aussi des protéines, des sels minéraux et des anticorps qui le protègent tant que son propre système immunitaire n'est pas constitué. Il n'existe aucun équivalent artificiel du colostrum, c'est pour cette raison que même quelques jours d'allaitement au sein donnent aux bébés un bon départ.

Si l'enfant a des problèmes de santé dans la période néo-natale — un ictère par exemple —, il a réellement besoin de lait maternel. Les nouveau-nés que leurs mères ont décidé d'avance de ne pas allaiter reçoivent souvent, s'ils sont malades ou prématurés, du lait maternel fourni par les banques de lait des hôpitaux, ou du lait dit « maternisé ».

Les premières tétées, avec les « coliques » utérines qu'elles déclenchent (voir p. 44), accélèrent le retour de l'utérus à la normale, même si vous ne poursuivez pas l'allaitement assez longtemps pour que votre silhouette bénéficie du fait qu'en nourrissant votre bébé, vous lui abandonnez les graisses que vous avez accumulées pendant la grossesse.

Premiers repas

Les nouveau-nés n'ont pas besoin de beaucoup de nourriture pendant les trois ou quatre premiers jours. Ceux qui sont mis au sein boivent le colostrum. Aux autres on donne de l'eau sucrée. Quand on leur donne du lait, c'est de l'eau de ce lait dont ils ont le plus besoin, quoique pas en grande quantité. Comme nous le verrons plus loin, les bébés doivent aussi apprendre à se nourrir.

Le fait qu'ils boivent peu provoque chez les nouveau-nés une perte de poids qui dure trois ou quatre jours. Puis ils commencent à grossir. Une perte de 225 g en cinq jours n'est pas excessive : elle est rattrapée au cours des cinq jours suivants. On peut donc s'attendre à ce que l'enfant ait retrouvé son poids de naissance au bout d'une dizaine de jours.

Quand le nouveau-né a soif ou faim, il se sent mal à l'aise et se met à pleurer. Mais à ce stade, il ne crie pas pour être *nourri*. Il ne sait pas que son malaise est causé par la faim, ou que le fait de téter lui fournira la nourriture qui le réconfortera. Seule l'expérience lui apprendra que téter = nourriture = réconfort.

Certains enfants comprennent étonnamment vite. Peut-être se sont-ils exercés en suçant leurs doigts avant leur naissance (on sait que certains bébés le font), et une fois nés, ils sucent tout ce qui se présente. Quand ces enfants se voient offrir un sein ou un biberon, ils le tètent aussi, d'où une sensation de bien-être ; et la leçon est apprise.

Mais d'autres réagissent différemment. Ils pleurent lamentablement de faim, mais quand leur mère leur met le mamelon ou la tétine dans la bouche, ils continuent à hurler. Même le goût du lait ou du colostrum ne les calme pas. Ils n'ont pas encore fait le lien entre ce goût et le réconfort apporté. Ces bébés rendent les premiers repas bien difficiles !

Toutefois, que votre nouveau-né soit prêt à téter ou non, vous pouvez être sûre qu'il possède tous les réflexes nécessaires. Si vous utilisez ces derniers, au lieu d'introduire de force dans sa bouche hurlante le bout du sein ou la tétine, il finira par s'y mettre.

Et quand il aura tété plusieurs fois et apprécié le réconfort que donne la nourriture, tout ira bien.

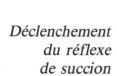

Déclenchement du réflexe de succion   Un nourrisson qui a faim tourne la tête *dans la direction* où il sent une caresse sur la joue. C'est pourquoi, si vous le tenez au creux de votre bras gauche pour lui donner le sein gauche, ou le biberon de la main droite, caressez sa joue droite avec un doigt ou le sein, et il tournera la tête vers vous.

En tournant la tête, il pincera automatiquement les lèvres pour accueillir la sensation suivante : celle du sein, de la tétine, d'un doigt ou de tout autre objet qui effleurera sa bouche arrondie.

Dès qu'il les sentira, il refermera les lèvres dessus et se mettra à sucer. Cela paraît simpliste, mais c'est ainsi. Vous devez prendre garde à ne pas provoquer de réactions contradictoires, en touchant les *deux* joues par exemple, en bouleversant l'ordre des sollicitations ou en lui faisant attendre le sein. Mais avant tout, ne le sollicitez pas trop. Vous ne pouvez pas le forcer ; donnez-lui les indications nécessaires et puis, faites-lui confiance.

Bonnes conditions pour les premiers repas

Si l'on respecte les réflexes de succion et si on les provoque dès les premières tentatives d'allaitement, l'enfant apprendra vite que téter = lait = bien-être. Mais on l'aide à apprendre, et même à aimer être nourri si ses repas se déroulent dans des conditions confortables et paisibles. Il n'est pas toujours facile d'organiser la vie de votre nouveau-né exactement comme vous le désirez, en particulier si vous êtes dans un service hospitalier surpeuplé. Voici, cependant, quelques situations à éviter :

N'essayez pas de nourrir un bébé hurlant. Il ne tétera pas bien. Il est dominé par ses sentiments et ne peut répondre à vos sollicitations. A l'hôpital, cela peut poser un problème. Les puéricultrices feront peut-être attendre votre enfant pour que vous ayez un peu de repos — surtout la nuit. En ce qui concerne les bébés nourris au biberon, elles peuvent donner elles-mêmes les repas à heure fixe. Si c'est vous qui allaitez, dites bien au personnel que vous voulez être réveillée chaque fois que le bébé a faim. Dans le cas contraire, insistez pour qu'on lui donne un biberon supplémentaire s'il a faim « à une mauvaise heure ». Mais si, malgré tout, on l'a laissé attendre et s'il pleure, il faut l'apaiser en le couvrant bien, en le berçant et en le promenant avant de le nourrir.

Ne laissez pas le bruit et le mouvement le distraire. Si vous êtes à la maison, isolez-vous pour les tétées, au moins pendant quelques jours. Si vous êtes à l'hôpital, penchez-vous sur lui de façon que votre visage surplombe le sien. S'il vous regarde, les autres choses l'intéresseront moins. Où que vous soyez, parlez-lui doucement : votre voix couvrira tous les autres sons.

Ne forcez pas un bébé qui a sommeil à rester éveillé. Tout au début, beaucoup de nouveau-nés sont trop ensommeillés pour téter longtemps. Si le vôtre s'endort après quelques gorgées, c'est sans importance. Il se réveillera quand il ressentira le besoin de téter davantage (voir p. 56). Mais il est très mauvais de le remuer, de le secouer ou de lui tapoter les pieds en essayant maladroitement de l'éveiller assez pour qu'il prenne la « bonne » ration. La tétée doit être un moment heureux.

Si vous voulez faire découvrir au tout petit que la succion lui apporte du lait et que le lait est agréable, il faut agir en conséquence. Si vous le nourrissez vous-même, et si votre sein a tendance à s'affaisser (en particulier quand il ne contient pas encore de lait, mais du colostrum) et à boucher ainsi le nez du nourrisson, celui-ci, au lieu de bien-être, va être pris de panique car il ne pourra plus respirer. Pour éviter cela, comprimez le sein avec les doigts de votre main libre juste au-dessus du mamelon pour libérer le nez de l'enfant (voir p. 47).

Dans l'allaitement au biberon, le nourrisson peut se voir offrir une tétine insuffisamment percée. Au lieu de boire avec plaisir, il doit peiner pour chaque gorgée, ce qui le décourage vite, surtout les premiers jours. Normalement, le lait doit couler du biberon retourné au rythme de plusieurs gouttes *par seconde*. Si le débit est plus lent, demandez une tétine avec un trou plus grand, ou, si vous êtes chez vous, agrandissez le trou avec une aiguille chauffée au rouge.

L'allaitement maternel

Celui-ci n'est pas toujours facile au début. De même que le nouveau-né doit apprendre peu à peu à utiliser ses réflexes de succion, de même bien des poitrines doivent s'adapter progressivement à leur nouvelle fonction. Beaucoup de primipares trouvent les premiers jours troublants, étranges et même désagréables ; c'est pourquoi un certain nombre d'entre elles abandonnent après une semaine. Attendez au moins d'avoir connu le moment merveilleux où tous ces problèmes ont disparu et où votre lait est là, comme par magie, chaque fois que le bébé en a besoin. Celles qui ont déjà allaité une fois savent, pour l'avoir vécu, que les bons moments vont venir et ne se découragent pas si vite : lorsque la montée de lait se sera bien établie, l'allaitement sera une joie.

Si vous avez des petits seins, n'ayez pas de complexe vis-à-vis des mères mieux pourvues. Il n'y a aucun rapport entre le volume des seins et leur aptitude à produire du lait. Celui-ci est fabriqué par des glandes logées très profondément et non par le tissu adipeux qui les enrobe.

Ne soyez pas étonnée ou découragée si l'allaitement se révèle difficile à l'hôpital. Un service hospitalier en pleine activité n'est pas le cadre idéal pour l'épanouissement d'un couple mère-enfant. Dans ce domaine, la proximité de gens expérimentés est rassurante mais guère utile. Aider une femme à persuader son nouveau-né de prendre le sein est un peu comme apprendre à quelqu'un à nouer sa cravate : vous pouvez le faire vous-même, ou le lui laisser faire, mais tenter de le réaliser à deux ne fait qu'embrouiller les choses. Tout ira sans doute mieux quand le bébé et vous serez tout seuls, chez vous, sans présence étrangère, et que vous profiterez de l'intimité pour faire votre apprentissage sans vous sentir ridicule.

Il faut compter trois à cinq jours après la naissance pour que s'effectue la montée laiteuse. Quand elle se produit, ne croyez pas que votre lait n'est pas bon parce qu'il est aqueux et très clair, comparé au colostrum jaunâtre et épais ou au lait reconstitué que boit au biberon le nourrisson du berceau voisin. C'est cela, le lait maternel. Le vôtre est parfait.

Pendant ces quelques jours, il faut mettre l'enfant au sein régulièrement, d'abord pour qu'il absorbe ce précieux colostrum, ensuite pour qu'il s'exerce à téter pendant que vos seins sont encore mous. S'il n'en a pas pris l'habitude, cela lui sera plus difficile quand vos seins, gonflés de lait, seront plus gros et plus durs.

Une fois le lait monté, vous pourrez rencontrer quelques problèmes mineurs et de courte durée, mais désagréables.

Engorgement Après la naissance, la sécrétion lactée est provoquée par une grande activité hormonale. Souvent, la montée de lait se fait en une nuit, si bien que votre poitrine grossit brusquement, gonflée à la fois de lait et d'un apport sanguin. Quelquefois, les messages chimiques reçus par les glandes mammaires sont excessifs. La poitrine devient dure, brûlante et douloureuse ; les aréoles, autour du mamelon, sont distendues.

Les seins sont alors le siège d'une sensation pénible et peuvent être très douloureux. Heureusement ce déséquilibre hormonal disparaît en quelques jours et vos seins ne deviendront plus jamais aussi gros et aussi douloureux, même quand vous donnerez trois fois plus de lait à un enfant plus grand et plus avide. Bien sûr, tout cela peut varier d'une femme à l'autre.

Pour désengorger les seins, il faut vider l'excès de lait. Votre nourrisson ne peut le faire, parce qu'il ne peut tirer parti de votre mamelon gonflé. Il faudra au préalable ramollir un peu vos seins en les baignant plusieurs fois dans l'eau chaude, puis en soutirant un peu de lait par la méthode indiquée p. 49.

Si votre enfant ne prend pas son lait assez souvent pour vous soulager, des enveloppements très froids ou des vessies de glace placées sur les seins vous feront du bien. Les analgésiques peuvent rendre service.

Mamelons irrités **N'utilisez pas de savon pour la toilette des mamelons** à la fin de la grossesse ou si vous allaitez. Ils sont naturellement lubrifiés par un ensemble de petites glandes bordant l'aréole, les tubercules de Montgomery. Ce lubrifiant est plus efficace que toutes les crèmes et beaucoup plus hygiénique.

Ne massez pas, ne triturez pas vos mamelons pour les durcir. Ils sont conçus pour l'allaitement : ils doivent être souples et élastiques, pas rigides.

Laissez-les sécher à l'air libre après les tétées. Si vous êtes pressée, séchez-les avec un sèche-cheveux.

Réservez les pansements protecteurs étanches à de rares occasions. Mouillés, ces tampons gardent les mamelons à l'humidité. Contentez-vous de compresses ordinaires et changez-les souvent. Vous pouvez aussi arrêter les fuites en appuyant sur le centre du mamelon avec le bout du doigt.

Ne retirez pas de force un nourrisson en train de téter. Attendez qu'il s'interrompe pour respirer, ou arrêtez l'aspiration en glissant doucement votre doigt dans un coin de sa bouche (voir p. 47).

Veillez à ce que le bébé ne « mâchouille » pas le mamelon. C'est sur l'aréole que ses mâchoires doivent se refermer, l'extrémité du mamelon se dirigeant vers le fond de la bouche.

Au moindre signe d'irritation, changez de position pour faire porter l'effort principal de succion sur une autre partie du mamelon.

Crevasses Si vous ressentez une douleur soudaine dans le mamelon au moment où la bouche du bébé se referme dessus, et si la tétée est douloureuse, vous avez sans doute une petite crevasse. Laissez votre sein au repos, et signalez la chose au médecin. Celui-ci prescrira sans doute une pommade cicatrisante qui évitera en même temps l'infection. La cicatrisation prend seulement un jour ou deux mais, en attendant, il faut nourrir le bébé seulement avec l'autre sein. Exprimez doucement le lait du sein douloureux (voir p. 49).

Boules dures et Il peut arriver que les canaux galactophores, qui conduisent le lait de
douloureuses la glande au mamelon, s'obstruent. Le lait s'accumule en deçà et ne
dans le sein peut s'écouler. Vous sentez alors une petite boule dure et douloureuse. Baignez votre sein fréquemment dans l'eau chaude et massez-le doucement avant de nourrir le bébé. Si la boule et la douleur disparaissent, c'est que le canal est dégagé. Sinon, voyez votre médecin le jour même. La grosseur est peut-être un abcès en formation et non un simple blocage.

Abcès du sein Il provient en général d'une infection due à une crevasse. Il y a sur le sein une région dure, rouge et très douloureuse. Vous vous sentez mal et avez de la fièvre. Il faut absolument voir votre médecin tout de suite. Mais que cela ne vous empêche pas de continuer à allaiter le bébé avec l'autre sein.

Immédiatement traité (en général avec des antibiotiques), un abcès n'empêche en général pas de nourrir le nouveau-né. Mais si l'abcès est négligé, vous risquez d'être obligée de réduire la tétée à l'autre sein pendant longtemps, et cela peut être fort douloureux.

Réflexe *d'écoulement* Ce réflexe aide votre nourrisson à faire venir le lait. La succion, ses cris affamés ou même sa seule présence quand les seins sont pleins provoquent le passage dans le sang d'une hormone, l'ocytocine. Celle-ci agit sur les fibres musculaires qui entourent les glandes mammaires, et les contracte, forçant ainsi le lait dans les canaux. L'ocytocine contracte aussi les muscles de l'utérus, provoquant chez certaines femmes une légère colique (arrière-douleur) ou des contractions utérines. Mais ces sensations disparaissent après deux ou trois jours.

Il arrive que ce réflexe provoque un écoulement de lait du deuxième sein, pendant que le bébé tète le premier, ou encore des deux ensemble s'ils sont trop pleins ou si la vue et le son d'un autre nouveau-né vous rappellent inconsciemment le vôtre. Vous trouverez p. 47 quelques suggestions pour parer à cela.

Production *et demande* Quelle quantité de lait avez-vous ? Combien de fois par jour faut-il nourrir le bébé ? Dans l'allaitement maternel, ces deux questions vont de pair, car vos seins produiront autant de lait que votre enfant en consommera. Plus il en prendra, plus vous en aurez. Cela explique le fait qu'une mère puisse assouvir un nourrisson de 2,7 kg aussi bien qu'un enfant de vingt-deux semaines.

L'allaitement au sein est un système à la demande. Il dépend donc du bébé si on le laisse se comporter normalement. Mais il échoue si on impose au nouveau-né un emploi du temps artificiel et rigide. Voici comment fonctionne le système naturel :

Qand les seins ont été vidés de leur lait, ils se remettent aussitôt à en fabriquer. Un bébé suffisamment nourri est satisfait pendant quelque temps, environ trois heures, au cours desquelles est sécrétée à peu près la même quantité de lait. Mais si l'enfant n'a pas pris assez de lait, il aura très vite faim et redemandera à téter. Si on le lui permet, il videra les seins qui seront stimulés pour produire davantage.

Plus souvent il videra les seins, plus ceux-ci produiront de lait. Finalement, au bout d'un jour ou d'une semaine, les seins fourniront assez de lait pour satisfaire plus longtemps le nourrisson. Celui-ci ne videra plus les seins que toutes les trois ou quatre heures et la production se maintiendra à ce niveau.

Permettez au bébé de téter dès qu'il a faim. Pendant quelques jours, il va peut-être exiger le sein jusqu'à dix ou douze fois par vingt-quatre heures. Si vous n'avez ni douleur ni crevasse et si vous avez la possibilité de considérer cette période comme un repos, peu importe le nombre de tétées que vous aurez à lui fournir.

Donnez les deux seins à chaque tétée et commencez alternativement la tétée par l'un ou l'autre pour que chaque sein soit vivement stimulé par la bouche avide.

Ne limitez pas strictement la durée des tétées. La composition du lait change au cours de la tétée : au début, le lait est plus dilué et étanche la soif. A la fin, il est plus concentré. Deux minutes à chaque sein peuvent fournir à l'enfant la quantité maximale qu'il est capable de boire sans lui fournir pour autant la quantité de calories dont il a besoin.

Ne lui donnez pas un biberon à la place du sein même s'il a tété si peu de temps auparavant que vous êtes sûre de ne pas avoir encore assez de lait. Vous en aurez toujours un peu ; si vous l'empêchez de boire, vos seins se rempliront plus lentement.

Ne complétez pas le sein par un biberon parce que ses demandes sont si fréquentes que vous pensez qu'il faut lui donner davantage à chaque repas. Cela empêchera vos seins de s'adapter à sa faim en produisant davantage.

Expression manuelle du lait

Au début, la demande du bébé est très variable parce qu'il n'a pas encore trouvé son rythme et ne sait pas encore bien téter. Il faut exprimer tout le lait qu'il laisse afin que vos glandes en sécrètent beaucoup pour la prochaine fois, il boira peut-être davantage.

Vous ne pouvez pas vider complètement vos seins car ils sécrètent au fur et à mesure. Arrêtez-vous quand le lait cesse de gicler et ne coule plus que goutte à goutte (voir la méthode p. 49).

Questions et réponses

Si vous vous inquiétez au sujet de la quantité de lait fournie, n'abandonnez pas tant que vous n'avez pas vérifié les points suivants :

Laissez-vous le nourrisson téter quand il a en envie ? Peu lui importe d'avoir à téter souvent pourvu que ses besoins soient satisfaits. C'est ainsi qu'il peut s'accommoder d'une insuffisance lactée temporaire.

Qu'est-ce qui vous fait penser que vous n'avez pas assez de lait ? Qu'il pleure souvent peut signifier qu'il veut être nourri plus fréquemment ou qu'il a envie d'être contre vous. Les seules preuves de manque de lait, c'est l'insuffisance de gain de poids (à chaque pesée, et non pas sur toute la semaine : par exemple, qu'il n'ait pris que 85 g au lieu des 225 g de la courbe « idéale ») et, tout simplement, la découverte que ses couches sont sèches deux ou trois heures après la tétée ou le fait de ne pas avoir à le changer au moins huit fois dans les vingt-quatre heures.

Pensez-vous que votre manque de lait est dû au surmenage ? Au retour de l'hôpital ou lorsque vous reprenez la charge de la maison et, peut-être, des aînés, il est très banal d'observer une diminution de la sécrétion lactée. Il vous faut de l'aide et du repos.

Allaitez-vous en présence de visiteurs, ou d'enfants plus âgés ? Au début, le réflexe d'écoulement peut être inhibé par la présence d'autres personnes, si bien que le nourrisson ne parvient pas à sucer le lait qui est pourtant là pour lui.

Doutez-vous de la qualité de votre lait ? Tranquillisez-vous ; le lait maternel est sans défaut. Si votre bébé a des boutons ou une indigestion, il ne serait pas mieux loti s'il était nourri au biberon.

Avez-vous commencé un traitement contraceptif oral ? Les hormones contenues dans les pilules contraceptives diminuent la sécrétion lactée. Vous avez raison d'adopter une méthode contraceptive lorsque vous reprenez des relations sexuelles après l'accouchement, parce que l'allaitement ne protège pas contre la grossesse, même si vos règles ne sont pas encore rétablies, mais choisissez, en accord avec votre médecin, une autre méthode que la pilule (Inf/PLANIFIER SA VIE FAMILIALE).

Avez-vous la possibilité de demander conseil ? Votre médecin, la sage-femme, la puéricultrice, l'assistante sociale ou une autre mère qui allaite peuvent être de bon conseil.

Débuts de l'allaitement maternel

Il nous vous faudra pas longtemps, à vous et votre nourrisson, pour trouver l'allaitement agréable, mais pendant la période d'adaptation, vous devez vous mettre tous deux à l'aise. Si vous portez des vêtements qui s'ouvrent devant, cela vous sera plus facile que si vous êtes obligée d'aller chercher votre sein par le décolleté d'un tricot ; cela donnera aussi au bébé une meilleure position.

L'écoulement régulier du lait, une chaise confortable et toute l'intimité possible vous aideront à passer ce bon moment.

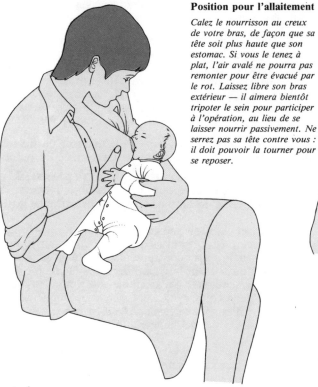

Position pour l'allaitement

Calez le nourrisson au creux de votre bras, de façon que sa tête soit plus haute que son estomac. Si vous le tenez à plat, l'air avalé ne pourra pas remonter pour être évacué par le rot. Laissez libre son bras extérieur — il aimera bientôt tripoter le sein pour participer à l'opération, au lieu de se laisser nourrir passivement. Ne serrez pas sa tête contre vous : il doit pouvoir la tourner pour se reposer.

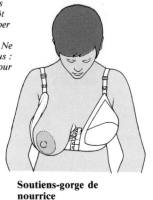

Soutiens-gorge de nourrice

Ils se ferment devant, chaque bonnet se rabattant séparément, ce qui vous permet de ne dénuder qu'un sein. Ces soutiens-gorge ou des « coussinets » spéciaux permettent aussi de réduire les pertes de lait.

Le confort des tétées

Il est important que vous soyez complètement relaxée. Le siège idéal est assez bas pour que vos pieds reposent à plat sur le sol, assez droit pour soutenir votre dos jusqu'en haut, et dépourvu de bras pour que vous ne risquiez pas de cogner la tête du bébé. Si vous allaitez étendue, entassez beaucoup de coussins derrière vous pour pouvoir vous adosser.

Ne vous accoudez pas, vous auriez vite des courbatures.

Éviter le mal de dos

Mettez des oreillers pour soutenir le bras qui porte le bébé...

ou pour soutenir le bébé afin de soulager votre bras.

Vous aurez mal au dos si vous essayez d'allaiter en vous penchant sur le bébé ou en le soulevant jusqu'à vous.

Il vaut mieux vous adosser contre un coussin et croiser les jambes pour rapprocher le bébé de votre poitrine, ou poser les pieds sur un tabouret.

De temps en temps, appuyez-vous au dossier pour reposer votre colonne vertébrale, avec le coussin sur vos genoux.

Mettre un nourrisson au sein

La technique de l'allaitement au sein vous paraîtra vite évidente, parce qu'elle est basée sur le bien-être du bébé : il vous sera facile de voir s'il ne se sent pas bien ! Au bout de quelques jours, il n'aura plus tellement besoin d'être encouragé ou stimulé parce qu'il aura appris que téter = nourriture = bien-être.

Mais il importe de prendre un bon départ.

L'aider à téter

Si votre enfant se contente de tenir le mamelon entre ses lèvres, il n'en tirera pas de lait. En suçant et en appuyant les lèvres, il va en fermer les orifices. Ses tentatives risquent de vous faire mal et de provoquer des crevasses.

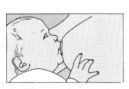

Le lait ne coulera que si l'enfant se sert de ses mâchoires pour presser régulièrement la base de l'aréole, tout en aspirant. Aidez-le à placer correctement le bout du sein dans sa bouche. Quand il tète, ses lèvres doivent arriver à la limite de l'aréole.

2. Cela lui fera tourner la tête vers vous. Après quelques jours votre sein nu contre sa joue provoquera le même réflexe.

Réflexes de succion

1. Quand vous êtes prête, avertissez le bébé en lui caressant doucement la joue qui est contre votre poitrine.

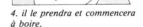

3. En tournant la tête, il va arrondir les lèvres. Si le sein les touche à ce moment...

4. il le prendra et commencera à boire.

L'aider à respirer

Votre bébé doit respirer par le nez pendant qu'il tète. S'il a l'impression d'étouffer, il s'affolera et pourra même refuser le sein. Si votre poitrine lui bouche les narines, changez de position ou compressez un peu le sein au-dessus de l'aréole pour lui donner un peu d'espace.

Diminuer l'écoulement

Il arrive que le réflexe d'écoulement fonctionne trop bien. Dès que le nouveau-né commence à téter, le lait s'écoule, ce qui l'étouffe et le fait tousser. Vous pouvez diminuer le flux en mettant l'index et le médius de chaque côté de l'aréole, juste au-delà des lèvres du bébé et en appuyant vers le haut. Enlevez-les quand le rythme de succion se ralentit.

Soins des seins

N'utilisez pas de savon, qui décape le lubrifiant naturel des mamelons. Ne les frottez pas pour les sécher. Baignez-les à l'eau tiède, ou vaporisez-les avec de l'eau (Évian, Vittel, Volvic…), et laissez-les sécher à l'air libre.

N'essayez pas de retirer le bébé pendant qu'il tète. Cela vous ferait mal. Attendez qu'il s'arrête pour se reposer, ou arrêtez l'aspiration en glissant votre index entre le mamelon et les lèvres.

Par quel sein commencer cette fois-ci ?

C'est le sein gauche qui commence. Vous souviendrez-vous de celui qui doit être le premier à la prochaine tétée ?

Si vous craignez d'oublier, utilisez un code : mettez une compresse dans votre soutien-gorge du côté où il a commencé.

La fois suivante, commencez par le sein qui n'a pas de compresse. C'est facile à retenir : l'autre coulera sur la compresse.

Soins des mamelons

Leur sensibilité varie. Il se peut que vous ayez à les ménager pendant toute la période d'allaitement ; mais si vous en prenez bien soin pendant les premières semaines, ils peuvent se durcir suffisamment. Préserver vos mamelons de l'irritation fait partie de la même routine qu'éviter les rougeurs sur les fesses du bébé. Comme celles-ci, vos bouts de sein sont soumis à des frictions continuelles qui peuvent les dessécher et les rendre rugueux, ou à une humidité constante qui peut les ramollir. La combinaison de la friction et de l'humidité peut provoquer des crevasses.

Voici quelques suggestions pour éviter ces ennuis :

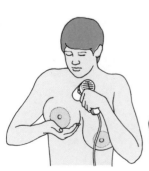

Laissez les mamelons sécher à l'air libre après les tétées. Un séchoir à cheveux peut accélérer les choses.

Gardez les seins qui coulent au sec à l'aide de compresses. Évitez les pansements imperméables à l'air.

Lavez les mamelons à l'eau pure sans frotter. Aspergez le sein à la main, ou utilisez un brumisateur.

Si vous avez des crevasses, voyez votre médecin. Il vous prescrira une pommade ou une lotion.

Expression du lait

Le lait est produit par des glandes réparties dans le tissu mammaire. Il s'accumule dans de petites poches, les alvéoles, et s'écoule par des canaux qui aboutissent à des sinus placés dans l'aréole. Il attend là que le bébé l'aspire en comprimant le mamelon entre ses gencives, et il s'écoule par les pores situés au sommet du mamelon. En aspirant, le nourrisson fait venir d'autre lait dans les canaux et suscite le réflexe d'écoulement.

Quand vous voulez tirer du lait sans l'aide du bébé, il faut remplacer la stimulation de la succion par un massage doux, suivi d'une pression sur le mamelon. Si vous voulez vous débarrasser d'un excès de lait, ou vider vos seins, faites-le au-dessus d'un lavabo. Mais si vous voulez le garder pour le bébé, il faut le recueillir dans un récipient stérile et le réfrigérer.

N'essayez pas d'exprimer tout le lait de votre sein, c'est impossible. Arrêtez-vous quand il cesse de jaillir.

Comment exprimer le lait

1. D'une main, empaumez le sein et de l'autre, frottez-le de haut en bas, jusqu'à l'aréole. Faites de même tout autour du sein.

2. Puis soulevez le sein de la main droite, en plaçant le pouce à peu près à mi-hauteur.

3. ... pressez-le fermement vers le bas.

4. Au moment ou le pouce atteint le bord de l'aréole, appuyez dessus et dessous. Le lait coulera du mamelon sans que vous l'ayez touché.

5. Ne pressez pas le bout du sein, cela fermerait les canaux. Appuyez au-dessous et au-dessus de l'aréole. Votre mouvement fera saillir le mamelon.

Tire-lait
Si vous avez du mal à tirer votre lait manuellement, utilisez un tire-lait. La force de l'aspiration paraît parfois désagréable.

Désengorgement des seins

Le sein de gauche est plein, prêt pour la tétée ; celui de droite est engorgé. Le bébé n'a pas de prise sur le mamelon distendu, et n'arrive pas à boire.

Quand les seins sont engorgés, ils laissent couler le trop-plein de lait mais leur gonflement empêche parfois le lait de s'écouler. Ils sont si douloureux qu'il est impossible de leur appliquer la technique habituelle d'expression manuelle. Aussi faut-il les baigner dans une eau aussi chaude que possible. Vous pouvez essayer un bain complet ; ou bien, faites un enveloppement avec des serviettes mouillées. Les seins laisseront peut-être spontanément couler le lait au bout de quelques minutes. Sinon, exercez une légère pression au-dessus du mamelon en alternant avec l'application de serviettes mouillées, jusqu'à ce que l'écoulement se déclenche.

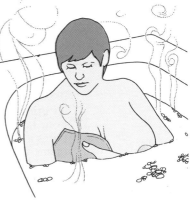

L'allaitement
artificiel

Il n'existe aucun produit pour remplacer le colostrum maternel ; aussi donne-t-on dès le début un lait industriel au nouveau-né nourri artificiellement, après peut-être un ou deux biberons d'eau sucrée. Il reçoit donc du lait plus tôt que s'il avait été nourri au sein, et il est possible qu'il en prenne très peu : il a plus besoin d'eau que de nourriture. Inutile de vous inquiéter.

S'il boit effectivement le lait qu'on lui offre, il peut prendre du poids dès le début, au lieu d'en perdre les premiers jours. Bien que cette perte de poids inquiète souvent les parents, ne vous réjouissez pas trop de chaque gramme qu'il prend. Il ne faut pas non plus qu'il devienne trop gros.

Choix du lait Le lait de vache est idéal pour les veaux, mais ce n'est pas la nourriture naturelle d'un bébé. Il contient trop peu de sucre et sa graisse n'est pas celle qui convient. Ses protéines font des caillots indigestes dans l'estomac du nourrisson et il comporte plus de sels minéraux — en particulier de sodium — que le lait humain.

Les bébés de moins de six mois ne doivent pas recevoir de lait de vache ou de chèvre non modifié. Ignorez donc toutes les formes de lait (en poudre, liquide ou concentré) vendus dans les crèmeries, les grandes surfaces ou les magasins de produits diététiques. Au nourrisson élevé au biberon, il faut un lait maternisé ou à formule étudiée.

Les laits modernes sont à base de lait de vache modifié de façon à se rapprocher plus ou moins du lait maternel. Ces laits, vendus en pharmacie ou en grande surface, constituent un aliment complet pour le bébé durant ses premiers mois et il ne faut leur ajouter que de l'eau.

A la maternité, on vous a sans doute conseillé une marque et la composition convenant le mieux à votre bébé.

Les laits à base de petit-lait ont une teneur en protéines et en sels minéraux très semblables à celle du lait maternel. Les laits à base de lait caillé (conseillés parfois aux bébés très avides) peuvent être de digestion plus difficile pour un nourrisson.

Les laits infantiles sont complémentés en vitamines et en fer. Demandez à votre médecin si vous devez néanmoins ajouter des gouttes polyvitaminées à ses biberons.

Les laits industriels varient tant par leurs facilités d'utilisation que par leur composition. La plupart des laits en poudre ou en granulés instantanés se mélangent très facilement à de l'eau à température ambiante (Volvic, Évian, Vittel...) en agitant le biberon.

Si aucun problème de transport ou de stockage ne se pose pour vous, il existe des laits infantiles prêts à l'emploi qui se présentent comme les briques de lait UHT longue conservation. Ou encore, nec plus ultra pour la facilité d'emploi, vous pouvez acheter des biberons tout préparés à emballage perdu ; leur usage devient de plus en plus courant, même dans les maternités, malgré leur prix sensiblement plus élevé.

La préparation Il ne faut pas la prendre à la légère, surtout pour un nouveau-né.
des biberons L'hygiène est importante, de même que le soin apporté à la réalisation du mélange.

Hygiène Il y a des germes partout. Nous en transportons sur nos mains et nos vêtements. Nous les respirons, les mangeons, les rejetons. La plupart d'entre eux sont inoffensifs. Et les germes pathogènes, pour nous rendre malades, doivent nous assaillir en très grand nombre pour vaincre nos défenses naturelles.

Le nouveau-né, surtout s'il est nourri au biberon, se défend mal contre les germes les plus communs. Il lui faut un certain temps pour s'immuniser. Dans une maison de propreté normale, il peut lutter contre les germes qu'il absorbe en suçant ses mains ou en respirant. Mais la nourriture pose un problème plus grave. Le lait, en particulier, quand il est à la température d'une pièce, constitue un bouillon de culture idéal et l'organisme du bébé n'est pas capable de se défendre contre l'énorme quantité de germes que contient un biberon de lait qu'on a laissé traîner dans une pièce chauffée. La gastro-entérite est encore une des causes les plus fréquentes d'hospitalisation des nourrissons.

Pour préserver le lait au maximum :

Lavez-vous les mains avant de toucher au lait et aux ustensiles, surtout si vous sortez des toilettes et si vous avez touché des animaux ou leur nourriture. Si d'aventure vous utilisez un lait concentré, ayez un ouvre-boîte spécial et stérilisez le dessus de la boîte à l'eau bouillante avant de la percer.

Stérilisez tout ce qui sert à mesurer, à mélanger, ou à conserver le lait : cuillers à mesurer, récipients, eau.

Stérilisez les biberons, les tétines et les couvre-tétines. Une tétine restera stérile jusqu'au moment d'être employée, à condition d'être recouverte par un couvre-tétine stérilisé.

Les bactéries qui échappent à ces précautions (en se posant sur la tétine stérile au moment où vous la placez, par exemple) ne peuvent se multiplier dangereusement tant que le lait est bouillant ou glacé. Ce sont les températures intermédiaires qui sont favorables à leur prolifération. Pour éviter cela :

Refroidissez rapidement le biberon préparé, de préférence en le mettant encore chaud au réfrigérateur.

Conservez-le au froid jusqu'au moment de la tétée. Ne tiédissez pas un biberon en attendant que le bébé s'éveille et ne le conservez pas au chaud s'il s'endort plus de quelques minutes pendant son repas. Ne mettez jamais du lait tiède dans une thermos ou un chauffe-biberon.

Jetez les fonds de biberon. N'essayez pas de garder le reste de lait pour la prochaine fois, et ne le reversez pas dans le récipient qui contient le lait stérilisé pour les futurs biberons.

Confection du mélange En combinant la poudre, ou le liquide concentré, avec de l'eau bouillie, vous préparez la nourriture et la boisson de votre nouveau-né. Si vous vous conformez exactement au mode d'emploi, vous obtiendrez un lait qui sera aussi près du lait maternel que sa formule le permet et apportera à l'enfant une quantité convenable de nourriture et d'eau.

Des chercheurs ont découvert que si tant de bébés ont des ennuis, c'est parce que les biberons sont souvent faits de façon approximative. *Suivez minutieusement les instructions fournies par le fabricant ou les conseils donnés à la maternité.* On ne fait pas un biberon comme on fait une tasse de café instantané. Vous ne le rendrez pas meilleur en lui ajoutant une pincée supplémentaire de poudre, ou plus désaltérant en le délayant avec de l'eau. Si vous mettez trop de poudre, le lait sera trop fort : le bébé prendra trop de protéines, trop de graisses, trop de sels minéraux et pas assez d'eau. Il sera gros, parce que vous lui donnez trop de calories, et assoiffé parce que vous lui donnez trop de sel. Cette soif le fera pleurer, et ses cris vous inciteront à lui donner un nouveau biberon. Si celui-ci est aussi trop fort, il sera d'autant plus assoiffé, et ainsi de suite... Au terme, vous aurez un nourrisson qui pleure beaucoup, n'a l'air ni bien ni heureux, grossit beaucoup et semble réclamer beaucoup de nourriture.

N'ayez pas peur d'offrir des suppléments d'eau minérale, mais n'ajoutez rien aux biberons de lait eux-mêmes sous le prétexte de les « améliorer ».

Ne mettez jamais de quantité approximative. Prenez la quantité exacte de poudre à l'aide de la petite mesure fournie avec la boîte ; remplissez-la à ras en enlevant le surplus avec un couteau (ne l'arasez pas avec le couvercle de la boîte ; ne la tassez pas avec une cuiller). Secouer la mesure enlève trop ou pas assez de poudre.

Pour le lait concentré, d'emploi exceptionnel, la bonne façon de faire consiste à le verser directement dans le biberon ou le récipient gradué que vous portez à la hauteur de vos yeux pour lire la graduation. Si vous regardez de haut, vous aurez l'impression qu'il y a moins de liquide qu'il n'y en a en réalité.

Mesurez très exactement la quantité d'eau : faites-la bouillir d'abord pour la stériliser et versez-la une fois refroidie dans votre biberon ou récipient gradué. Si vous mesurez l'eau d'abord et la faites bouillir ensuite, il y aura une perte par évaporation.

Une fois que vous aurez préparé les biberons en suivant scrupuleusement ces conseils et en résistant à la tentation d'ajouter une cuillerée de céréales dans l'espoir de passer une meilleure nuit, vous pourrez traiter le lait artificiel de la même façon que si c'était votre propre lait : le bébé prendra ce qu'il voudra. La précision scientifique avec laquelle vous faites le lait ne s'applique pas à son absorption.

Les débuts de l'alimentation au biberon

Les biberons, les tétines et les objets qui servent à préparer le lait doivent être l'objet de soins scrupuleux pour éviter toute contamination bactérienne. Le matériel nécessaire dépend du lait que vous utilisez et de la façon dont vous procédez à la stérilisation.

Les biberons et les accessoires représentés ci-dessous donnent une idée du choix disponible.

Ce dont vous aurez besoin
Il existe différents modèles de biberons et de tétines. Quel que soit votre choix, achetez une quantité de matériel suffisante et adaptée à votre méthode de stérilisation.

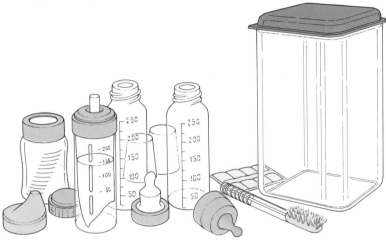

La stérilisation facile

Vous pouvez stériliser votre matériel en le faisant bouillir pendant vingt minutes. Les stérilisants chimiques sont plus commodes. Le mélange étant fait selon les instructions, ils peuvent mettre jusqu'à deux heures pour stériliser des objets déjà nettoyés. Tout doit être complètement immergé : un biberon qui flotte ne sera pas stérilisé. On peut laisser le matériel pendant vingt-quatre heures dans le produit stérile, ensuite la solution doit être renouvelée. Si vous avez suffisamment de biberons et d'ustensiles, vous pouvez les répartir dans deux stérilisateurs. Cela réduit à deux par jour les opérations de stérilisation et vous permet de disposer en permanence de biberons propres.

Le matin

Lavez les biberons, récipients, etc., qui ont servi la nuit. Utilisez de l'eau chaude, du détergent et un goupillon.

Retournez les tétines ; frottez-les avec du sel si elles sont visqueuses. Rincez le sel à fond.

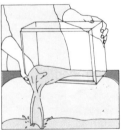

Videz le stérilisateur de son produit usagé ; remplissez-le d'un nouveau mélange.

Plongez-y les biberons nettoyés, les tétines, etc., de façon à les recouvrir complètement.

Ajoutez les sucettes, les jouets en plastique, les anneaux de dentition, etc. Le tout sera stérilisé le soir.

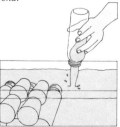

Le soir, une fois la stérilisation effectuée, sortez les biberons à mesure de vos besoins. Videz-les, ne rincez pas.

Après la tétée, rincez le biberon et la tétine. Laissez-les pour le nettoyage du lendemain.

Le soir

Stérilisez les biberons du lendemain, exactement de la même façon ; ils auront toute la nuit pour se débarrasser de leurs germes.

Le matin, prenez-les à mesure de vos besoins. Après usage, videz-les, rincez-les et laissez-les sur l'évier pour le lavage du soir.

Préparation des biberons

Mettez la quantité exacte de poudre, pour que le biberon contienne la quantité exacte de calories nécessaires. Utilisez la mesurette qui est dans la boîte et arasez-la avec un couteau. S'il faut ajouter du sucre, prenez une cuiller à mesurer de 5 ml et arasez-la.

Stérilisez l'eau en la faisant bouillir *avant* de la verser car il s'en évaporera un peu. Si vous voulez préparer les repas pour vingt-quatre heures, vous pouvez les conserver au réfrigérateur dans un récipient stérile ou dans des biberons préstérilisés.

Préparation du lait en poudre

Faites bouillir l'eau et laissez-la tiédir. Lavez-vous les mains.

Sortez du stérilisateur les biberons, les tétines, les protège-tétines et un couteau. Égouttez-les.

Versez l'eau dans le biberon. Vérifiez la quantité en le levant à hauteur des yeux.

Ajoutez le nombre nécessaire de mesures arasées de lait en poudre.

Placez les tétines à l'envers et les protège-tétines sur les biberons. Agitez pour bien mélanger.

Mettez tous les récipients au réfrigérateur jusqu'au moment de l'emploi. Tout surplus doit être placé dans un récipient stérile et couvert.

Si vous n'avez pas de réfrigérateur

Sauf si vous utilisez des biberons stérilisés tout prêts à emballage perdu, chaque biberon doit être préparé au fur et à mesure des besoins en lui ajoutant le lait en poudre ; il n'est pas prudent de laisser des biberons de lait déjà préparés à la température ambiante.

Préparation d'un lait concentré

Lavez le dessus de la boîte et stérilisez-le avec de l'eau bouillante. Percez deux trous avec un ouvre-boîte stérile.

Versez la quantité voulue dans le biberon ou dans le récipient gradué. Vérifiez en levant à hauteur des yeux.

Ajoutez de l'eau en vérifiant la quantité.

Couvrez... Mettez au réfrigérateur ainsi que la boîte de lait concentré si elle contient un reste de lait.

Comment donner le biberon

Le contact physique avec votre bébé est important, qu'il soit nourri au biberon ou au sein. Nourrissez-le toujours en le calant au creux de votre coude. Résistez à la tentation de le mettre en position de boire tout seul. Prenez une chaise qui vous soutient bien le dos et vous permet d'avoir les pieds à plat par terre. Mettez-la à proximité d'une table sur laquelle vous placez le biberon dans son chauffe-biberon.

Soutenez la tête du bébé en veillant à ce qu'elle soit nettement plus haut que son estomac, et prévoyez un appui pour votre bras.

Vérification de la température et du débit

Le lait froid ne peut pas faire de mal aux bébés mais la plupart le préfèrent tiède. Mettez le biberon dans un récipient d'eau chaude pendant quelques minutes, puis secouez-le et enlevez le couvre-biberon, retournez la tétine et vérifiez la température du lait sur la face interne de votre poignet. Il doit être juste tiède et couler à raison de plusieurs gouttes par seconde. Il faut développer le phénomène de succion, donc ne pas faire de trous trop gros.

Inclinaison du biberon

Assurez-vous que le bébé a le bout renflé de la tétine bien enfoncé dans la bouche. La tétine doit toujours être remplie de lait.

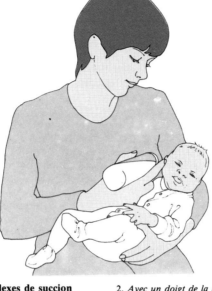

Réflexes de succion

1. *Mettez-vous à l'aise et préparez-vous avant d'attirer l'attention du bébé.*

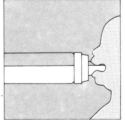

Ce biberon est tenu trop à plat ; la tétine est seulement à moitié pleine de lait, aussi le nourrisson avale-t-il de l'air.

2. *Avec un doigt de la main qui tient le biberon, caressez doucement la joue la plus proche de vous.*

En suçant, il aspire en même temps le lait et l'air du biberon. S'il n'y a pas de rentrée d'air, il se forme un vide, la tétine s'aplatit et le lait ne vient plus. Pour éviter cela, retirez doucement le biberon pour permettre à l'air d'entrer ; vous voyez des bulles monter vers le fond. Gardez tout le temps une prise ferme sur le biberon pour que la succion du bébé s'oppose à

3. *Il va tourner la tête vers votre main en tendant les lèvres.*

4. *Dès qu'il sent la tétine, il l'attire entre ses lèvres et commence à téter.*

votre mouvement. Si votre prise est trop lâche, ses efforts feront remuer le biberon au lieu d'en faire sortir le lait.

Le transport des biberons

Ne les transportez jamais tièdes. A cette température, ils forment un bouillon de culture idéal pour les bactéries. Transportez-les très froids, tels qu'ils sortent du réfrigérateur. Placez-les dans une glacière de pique-nique (qui garde le froid pendant huit heures) ou dans un sac de plastique rempli de glaçons (conservation quatre heures environ). Réchauffez-les en les plaçant dans de l'eau chaude tirée d'une bouteille thermos. Certaines thermos ont même une ouverture assez large pour recevoir le biberon ; pour les autres, il faut prévoir un récipient pour l'eau chaude. Si vous pensez avoir besoin de plus de biberons que vous ne pouvez en garder au frais, mettez la quantité de poudre (pas de liquide) dans chacun et fermez. Ayez toujours soin d'avoir un biberon de plus que prévu pour le voyage. C'est utile en cas de panne ou de retard.

L'offre et la demande

Quelle quantité de lait faut-il donner à un nouveau-né nourri au biberon et combien de fois par jour ? La meilleure solution consiste à le traiter exactement comme un bébé nourri au sein. Donnez-lui du lait chaque fois qu'il a l'air d'avoir faim, et laissez-le boire tant qu'il le fait avec plaisir. N'essayez pas de lui faire prendre plus qu'il n'en veut. S'il était nourri au sein, vous ne connaîtriez pas la quantité absorbée. Si vous respectez ce principe pendant les premières semaines, vous n'aurez jamais à vous demander s'il faut établir un horaire ou non, puisque c'est le système digestif du nourrisson qui s'en chargera.

Dans l'utérus, le fœtus est habitué à avoir ses besoins satisfaits en permanence par une « transfusion » de nourriture. Une fois né, le bébé doit désormais s'en charger lui-même ; il se sert pour cela de son estomac qui, une fois rempli, se vide peu à peu. Pendant la période d'adaptation à ce nouveau phénomène, il se peut qu'il demande à être nourri souvent et irrégulièrement. S'il pleure une heure seulement après avoir bu 85 ml de lait, vous êtes en droit de vous demander s'il est possible qu'il ait déjà faim. La réponse est que, bien que son estomac ne puisse être encore vide, il ressent le besoin de le compléter.

Si vous lui offrez à boire chaque fois qu'il paraît assoiffé, il ne prendra que ce dont il a besoin. S'il boit un biberon entier, c'est qu'il en avait besoin. S'il n'en prend qu'un peu, le plaisir de téter et d'être dans vos bras le réconfortera. S'il ne prend rien, qu'avez-vous perdu ? Un biberon de lait.

Si vous répondez de bonne grâce à ces demandes irrégulières, elles s'arrêteront d'elles-mêmes au bout de quelques semaines. Il faut plus longtemps à un bébé pour digérer un biberon qu'une tétée au sein, environ trois ou quatre heures. Les véritables pleurs de faim ne peuvent apparaître avant la fin de la digestion. Une fois que celle-ci est bien réglée et que l'enfant s'est habitué à la manifestation de la faim, il ne ressentira et n'exprimera aucune détresse avant d'avoir digéré son dernier repas, et, ainsi, ses demandes se conformeront au rythme de l'horaire conventionnel.

L'adaptation et la régularisation se feront exactement de la même façon si vous maintenez un horaire strict dès le début. Si on lui offre du lait à 6 h, 10 h, 14 h, 18 h, 22 h, il finira par attendre d'être nourri à ces heures-là. La différence réside dans ce que les premières semaines seront parfois pénibles pour tout le monde. Le bébé se réveillera et pleurera. Si vous ne le nourrissez pas parce que « ce n'est pas le moment », vous essaierez toutes les autres méthodes de réconfort, et ce sera dur. Rien ne sera efficace parce que, ce qu'il veut, c'est de la nourriture et qu'il aura de plus en plus faim. A la fin, vous serez la proie d'un mélange désagréable de culpabilité, de colère et de désespoir impuissant. Pour couronner le tout, quand ce sera enfin « le moment » et que vous lui donnerez son biberon, il est probable qu'il ne boira pas bien et ne prendra pas assez de lait pour tenir jusqu'au prochain repas. Tous ces pleurs l'auront fatigué, auront rempli d'air son estomac. Il s'endormira sans doute, épuisé, après quelques gorgées, et se réveillera une heure plus tard pour recommencer la même comédie.

Aussi ne tombez pas dans le piège qui consiste à penser que si vous nourrissez votre bébé à la demande, c'est-à-dire chaque fois qu'il a l'air d'avoir faim, il prendra l'habitude de réclamer trop souvent, car ce n'est pas l'habitude qui le réveille, mais la faim. Plus tard, quand il n'aura plus faim si souvent, il ne se réveillera pas et ne pleurera plus.

Le renvoi (rot) et l'évacuation de l'air

Il y a toujours de l'air dans l'estomac d'un bébé. Il en avale en pleurant, en respirant, en tétant. Si pendant son repas, il est maintenu dans une position presque verticale, le lait, plus lourd, descend au fond de l'estomac, et l'air, plus léger, remonte en surface. Quand son estomac est désagréablement distendu, il évacue un peu d'air.

Le renvoi au milieu du repas

Certains bébés avalent tellement d'air qu'ils sont oppressés avant la fin de leur repas. Ils ont besoin de faire un rot à mi-course. Dans le cas d'un bébé au sein, le rot se fera probablement au moment où on le change de côté. Un bébé nourri au biberon s'arrêtera de téter... Si vous le redressez un moment, il fera son rot et reprendra son repas.

Il n'y a aucune raison de retirer la tétine ou le mamelon de la bouche d'un bébé qui boit avec plaisir... S'il continue à boire, c'est qu'il n'éprouve aucune gêne ; laissez-le faire.

Le renvoi après le repas

Il faut aider votre enfant. Tenez-le droit contre votre épaule ; frottez-lui le dos, ou tapotez-le doucement et attendez. S'il n'a pas éructé au bout de trois minutes, c'est qu'il n'en a pas besoin.

Ne croyez pas qu'il est mauvais de le coucher sans avoir fait de rot. Il se peut qu'il n'ait pas ingurgité beaucoup d'air. Si cela devient pressant par la suite, il éructera, avec ou sans votre aide.

On conseille souvent de tenir le nourrisson bien droit contre soi pour faciliter le rot. S'il est assis, penché en avant, le menton dans votre main, veillez à ne pas comprimer son estomac pour que l'air puisse atteindre la surface du lait et s'échapper... Ne cherchez pas à faire sortir l'air de force : il serait accompagné par du lait.

Si votre enfant fait partie des rares bébés qui se sentent vraiment mal avant d'avoir éructé, mais s'il a du mal à le faire, vous pouvez hâter le processus en le couchant à plat ventre sur vos genoux. Dans cette position, il peut faire son rot quand il veut, et s'il a une remontée de lait avec l'air (voir ci-dessous), il ne peut pas s'étouffer.

Les renvois de lait

Presque tous les nourrissons rejettent de temps en temps du lait en éructant, en quantité généralement minime. Cela peut paraître impressionnant parce que le lait mêlé de salive se répand sur votre épaule ! Si ces renvois vous préoccupent, renversez quelques gammes de lait pour pouvoir comparer. Si cela vous *paraît* important, en voici les raisons probables :

Le rot

On surestime en général le problème de l'éructation. Votre bébé avale de l'air. Si vous le tenez droit, le lait, plus lourd que l'air, remplit le fond de l'estomac, et l'air remonte aisément. Mais s'il ne fait pas de renvoi, ne perdez pas votre temps à lui tapoter le dos. C'est peut-être tout simplement que son estomac n'est pas désagréablement distendu cette fois-ci. Il éructera peut-être dans son berceau par la suite ; de toute façon, c'est sans importance.

La meilleure position pour le rot ; le bébé est maintenu debout contre votre épaule. Il peut être bon de frotter ou de tapoter son dos.

Dans cette position, le rot entraînera certainement une remontée de lait, car l'air ne peut s'élever au-dessus du niveau du lait.

Dans cette position, l'estomac du bébé est comprimé, ce qui empêche l'air de remonter et de s'échapper.

Le nouveau-né a peut-être bu une quantité supérieure à ce que son estomac peut contenir et il ne fait que rejeter le surplus.

Vous l'avez peut-être tenu trop à plat. Essayez de le redresser.

Vous l'avez peut-être trop remué, ce qui a mélangé l'air et le lait, ou remis sur le dos avant que l'air ait atteint le pôle supérieur de son estomac. Maniez-le doucement après les repas.

Vous avez peut-être retardé son repas alors qu'il pleurait, ou vous l'avez fait pleurer à mi-repas pour qu'il fasse un rot alors qu'il voulait continuer à téter. En criant, il aura avalé de l'air.

Vous n'avez peut-être pas penché le biberon assez pour que la tétine soit toujours pleine de lait. Le bébé aura avalé des gorgées d'air avec son lait et le tout se sera mélangé dans son estomac.

Le trou de la tétine est peut-être trop petit. Le bébé est obligé d'aspirer très fort. Il avale de l'air avec chaque gorgée de lait. Vérifiez que quand vous renversez le biberon, le lait coule au rythme de plusieurs gouttes par seconde. Ne faites pas l'essai avec de l'eau : elle est plus fluide et coule plus vite.

Les bébés « régurgiteurs » — Les nourrissons régurgitent du lait à tous les repas ou presque — parfois plus d'une fois par tétée. Ils peuvent salir vos vêtements mais eux ne se font aucun mal. Si vous vous inquiétez, demandez conseil au médecin mais, sauf si votre bébé ne salit pas ses couches (sans recevoir de complément d'eau) ou ne prend pas de poids, ne vous faites aucun souci : il rejette seulement le lait qu'il ne peut pas digérer.

Les vomissements — Le lait rejeté par un bébé quelque temps après son repas est caillé parce que déjà attaqué par les sucs digestifs. Plus d'une heure après le repas, les matières rejetées sentent mauvais. Un vomissement peut être dû soit à la présence dans l'estomac d'un peu d'air qui, en sortant, a entraîné un peu de lait, soit à des troubles digestifs ; il peut marquer le début d'une maladie. Si l'enfant paraît souffrant, en particulier s'il a de la fièvre ou de la diarrhée, consultez votre médecin. S'il semble bien portant, contentez-vous de le surveiller.

Les vomissements violents — Ils sont tout à fait différents des renvois accompagnés de lait ou des vomissements ordinaires. Le bébé rejette du lait vers la fin de la tétée avec une violence telle qu'elle peut projeter le liquide sur le mur ou sur le sol à plus d'un mètre. Le nourrisson auquel cela arrive peut souffrir d'une sténose du pylore. C'est une hypertrophie des muscles de la sortie de l'estomac. On la rencontre plus souvent chez les garçons que chez les filles ; elle se corrige par une petite opération (Inf/VOMISSEMENTS).

Alimentation et croissance

Un nouveau-né a besoin d'autant de lait (maternel ou industriel) qu'il le désire et d'un peu d'eau bouillie tiède une ou deux fois par jour. Il n'a besoin de rien d'autre avant *au moins* trois mois (voir p. 112).

Une fois qu'il a retrouvé son poids de naissance, vers le dixième jour (voir p. 40), il va grossir de 25 à 30 grammes par jour. Il y aura, bien sûr, des variations journalières, mais la moyenne sera de 170 à 225 g par semaine.

Bien des parents ont de la peine à se résoudre à laisser le nourrisson décider de la quantité de lait qu'il veut prendre. Ils veulent absolument savoir combien il « doit » boire, pour être sûrs de l'alimenter suffisamment. Mais l'alimentation d'un tout petit n'est pas une science exacte car, tout comme les grandes personnes, chacun d'eux a des besoins différents. Celui qui a un métabolisme lent et efficace aura beaucoup d'énergie et grossira mieux avec moins de calories qu'un autre qui brûlera ses aliments plus vite, mais moins complètement.

La plupart des adultes adaptent mal leur alimentation à leur métabolisme particulier. Leur nourriture est liée à l'habitude, aux usages et à la gourmandise. Mais chez le nouveau-né, cette adaptation se fait presque toujours parfaitement — du moins jusqu'à ce que nous la troublions en lui apportant de la nourriture solide. Quelles que soient les quantités qu'il prend, vous pouvez être sûre qu'elles lui conviennent dans la mesure où il reçoit tout ce qu'il veut au moment où il veut. Il est actif quand il est éveillé et son activité croît avec l'âge ; il grossit régulièrement à raison de 170-225 g par semaine.

Si votre bébé est nourri au biberon, vous avez peut-être envie de savoir à peu près quelle quantité de lait il est censé prendre, ne serait-ce que pour faire vos provisions. On définit en général, *selon l'âge et non le poids du nourrisson*, le nombre de biberons par vingt-quatre heures ainsi que la quantité de lait à absorber. Mais cette information doit seulement guider votre façon de l'alimenter. S'il le désire, offrez-lui davantage, mais plus souvent, il prendra moins que cela. Rappelez-vous toujours que s'il était nourri au sein, vous ne connaîtriez pas la quantité absorbée, sauf si vous le pesez avant et après chaque tétée !

Le poids Si vous êtes préoccupée par le poids de votre nouveau-né ou si l'observation de son évidente bonne santé ne vous suffit pas, il faut que vous compreniez l'importance de l'accroissement régulier du poids considéré comme normal, par conséquent du poids qu'on peut attendre du bébé, donc de celui qu'il *devrait* avoir *en théorie*.

Le poids de naissance est le point de départ normal de sa croissance. Quel qu'il soit, le gain de poids de tous les nouveau-nés sera toujours à peu près le même. Son évolution suit une trajectoire déterminée ressemblant à celle d'une fusée qui, une fois lancée, se comporte selon des données établies à l'avance. Aussi longtemps que vous favorisez cette croissance en lui donnant une nourriture correcte et des soins attentifs, la courbe sera régulière. Si la maladie, le manque de nourriture, le manque de soins ou des troubles affectifs font tomber la courbe en dessous de la normale, il lui faudra une quantité supérieure de calories pour le remettre en selle. Si des biberons trop concentrés ou un apport de farine supplémentaire font faire à cette courbe des montées excessives, il faudra revoir la composition des repas pour modérer son rythme.

Le bébé doit donc être nourri en tenant compte du poids qu'il devrait avoir. S'il a gagné beaucoup moins de poids que prévu, on lui donnera une chance de rattraper rapidement son retard en le nourrissant comme s'il avait grossi normalement. S'il a grossi trop vite, on lui donne une chance de ralentir son gain de poids pendant un moment en lui donnant la ration correspondant au poids qu'il devrait avoir. Il est évident que s'il est nourri à la demande, sans restriction ni « forcing », il fera ces rectifications de lui-même. En revanche, si sa nourriture est limitée par une insuffisance du lait maternel ou un horaire strict, ou bien s'il est suralimenté par un lait trop concentré ou des aliments solides donnés trop tôt, il risque de ne pas être en mesure de faire le réajustement. Si vous partez du principe que le poids indiqué par la balance est celui qu'il est censé avoir, vous vous lancez dans un cercle vicieux.

Calcul	Exemple de poids « normal » en kg	
Point de départ : poids de la naissance	Poids de naissance	3,2
Soustraire 40 g par jour du 1er au 5e jour	Poids à cinq jours	3
Ajouter 40 g par jour du 6e au 10e jour	Poids à 10 jours	3,2
Ajouter 30 g par jour ou 170-230 g par semaine de 10 jours à 3 mois	Poids à 30 jours	3,7
	Poids à 2 mois	4,6
	Poids à 3 mois	5,5

Calcul approximatif du poids « normal »

La taille Le gain de poids n'est pas le seul témoin de la croissance du bébé. L'idéal n'est pas qu'il devienne de plus en plus gros, mais qu'il grandisse en même temps. Cependant, sa taille augmente beaucoup plus lentement que son poids et elle est beaucoup plus difficile à mesurer exactement. Quelle qu'elle soit à la naissance, elle croîtra environ de 2 cm par mois, soit un peu plus de 5 cm en 3 mois.

De même qu'il y a un poids « normal » pour chaque âge, de même il y a une taille « normale » par rapport à la taille initiale. Pour se faire une idée réelle de la croissance, il faut combiner les deux (Inf/CROISSANCE). Si tout va bien, les deux données évoluent parallèlement.

Variabilité de la croissance normale Cela dit, il faut savoir que les enfants n'évoluent pas ensuite tous de la même façon. Nous interférons dans le déroulement de leur croissance en les sur- ou sous-alimentant, en leur donnant de la nourriture solide tôt ou tard. La vie intervient aussi en rendant un nouveau-né plus vulnérable aux infections qu'un autre. Par la suite, les hormones s'en mêlent ; le démarrage de la croissance pré-pubertaire se fait à des moments et à des rythmes différents suivant les individus. Mais la plupart des enfants se conforment aux graphiques des p. 438 à 441, au moins pendant un an, sinon trois.

L'exception la plus répandue est le cas des prématurés (voir p. 30). Il arrive qu'ils soient très lents à accepter la nourriture, donc à grossir. Ils peuvent rester en deçà de la norme pendant longtemps.

Les enfants nés petits mais à terme (voir p. 30) peuvent effectuer une croissance spectaculaire les premières semaines, surtout s'ils avaient été très sous-alimentés dans l'utérus. Bien soignés, ces bébés peuvent passer du niveau tout à fait bas du graphique au sommet de la courbe des « petits ».

Ceux qui tombent malades tout de suite après la naissance ou pendant les premières semaines cessent souvent de grossir et même perdent un peu de poids. Là encore, des soins attentifs peuvent provoquer une « croissance de rattrapage » et, dans ce cas, la courbe se redresse fortement avant de retrouver la trajectoire normale.

Les nouveau-nés qui sont au biberon dès le début, et auxquels on donne trop de lait, peuvent ne pas perdre de poids les premiers jours et même grossir rapidement. La courbe peut grimper encore plus si on ajoute trop tôt à un lait trop concentré de la nourriture solide. C'est dans ces cas-là que le graphique représentant la taille et le poids devient intéressant : un nourrisson qui grossit plus vite que prévu ne grandira pas au même rythme. C'est le signe qu'il est en train de devenir obèse, au lieu de grossir normalement.

Un juste milieu Dans notre société, tout est prévu pour les bébés moyens. Si votre enfant n'en était pas un à la naissance, soyez-en consciente, agissez en conséquence. Les vêtements dont les tailles sont indiquées par âge peuvent tromper. Une grenouillère étiquetée « de la naissance à trois mois » est adaptée de 3,2 kg à 5,5 kg et sa longueur est en proportion.

Elle n'ira donc pas très longtemps à un bébé de 4,5 kg. Il en est de même des médicaments en vente libre, dont la posologie par âge, plutôt que par poids, peut conduire à des erreurs. A âge égal, un enfant petit a besoin d'une plus faible quantité qu'un gros.

Par-dessus tout, n'écoutez pas les adages concernant le gain de poids, qu'on va vous citer comme vérité d'Évangile. Celui-ci, par exemple : « Un bébé doit doubler son poids de naissance en six mois et le tripler en un an. » Est-ce vrai pour le vôtre ? Si vous regardez le graphique de la p. 438, vous constaterez que le bébé moyen, au milieu, doublera bien son poids en six mois et le triplera en un an, mais le bébé petit, en bas, le doublera en presque *trois mois* et le triplera en six. Pour qu'il se conforme à l'adage, il aurait fallu pratiquement l'affamer, tandis que le gros bébé, en haut, qui doublera son poids, comme prévu en six mois, mais sera loin de le tripler au bout d'un an, ne peut obéir à cette idée toute faite sans être quasiment obèse.

La température ambiante

Il est important de garder un nouveau-né au chaud. Si son environnement est à la bonne température, il ne dépense pas d'énergie pour se réchauffer et il se montre détendu et satisfait. Si son environnement se refroidit, il lui faut utiliser de l'énergie pour produire de la chaleur au lieu de la consacrer à vivre et à grandir. Il a alors tendance à être irritable et agité. Si on le laisse dans une ambiance trop fraîche, il risque de se refroidir dangereusement.

Température idéale

Tous les êtres humains se réchauffent de la même façon. Quand nous avons besoin de chaleur, notre métabolisme augmente, notre cœur bat plus vite, notre respiration s'accélère. Nous utilisons une partie des calories fournies par la nourriture pour produire de l'énergie sous forme de chaleur. Ce processus de réchauffement fonctionne dès la naissance, mais, contrairement aux adultes, un nouveau-né a du mal à conserver sa chaleur. Il la disperse aussi vite qu'il la produit et dépense donc constamment de l'énergie pour maintenir sa température, sauf si un apport extérieur le soulage de cette tâche.

L'expérience a montré qu'un nouveau-né nu ne cesse de consommer de l'énergie que lorsque la température ambiante atteint 29° C. C'est évidemment une ambiance beaucoup trop chaude pour une pièce d'habitation familiale, mais c'est celle dont devrait bénéficier la pièce où vous le baignez. Dans la journée, maintenez son corps à cette température idéale en le couvrant en conséquence. Trois couches légères de vêtements (par exemple une chemise et une couche, une grenouillère et un châle) le garderont suffisamment au chaud dans une pièce maintenue à 20-21° C.

Températures plus fraîches

La capacité de garder sa chaleur s'accroît avec l'âge et le poids de l'enfant ; celle d'épargner un peu d'énergie pour produire de la chaleur aussi. Un bébé né avant terme qui, au bout de quelque temps, pèse 2,7 kg ne doit pas sortir. Il ne doit être déshabillé que dans une chambre bien chauffée. En revanche, un bébé de trois mois d'environ 5,5 kg sait déjà emmagasiner de la chaleur et peut se permettre de dépenser un peu d'énergie à se réchauffer pendant un moment.

Entre ces deux extrêmes, des précautions élémentaires vous permettront de garder votre nouveau-né suffisamment au chaud pour qu'il se sente confortablement heureux. Ses passages dans une ambiance très froide doivent être brefs. Une petite promenade dans son landau par une température de +10° C ne lui fera aucun mal. L'isolation fournie par ses couvertures le gardera au chaud pendant quelque temps, et l'énergie qu'il fournira lui-même pendant le reste du trajet ne l'épuisera pas. Mais le laisser toute une matinée dans sa voiture au jardin est tout autre chose. Pourquoi l'obliger à préserver sa chaleur, alors qu'il recevrait autant de bon air frais devant une fenêtre ouverte ? Ne le laissez pas se refroidir pendant son sommeil. En état de veille ou de demi-sommeil, les mécanismes de production de chaleur se déclenchent dès que c'est nécessaire et lui évitent de se refroidir. Mais s'il est profondément endormi et ne ressent pas le froid, ces mécanismes régulateurs ne fonctionnent pas et l'enfant se refroidit sans lutter (voir ci-dessous). Dans une maison qui se rafraîchit beaucoup la nuit, il faut prévoir un chauffage d'appoint, au moins pendant quelques semaines.

Signes de refroidissement Un bébé qui arrive tout juste à garder sa chaleur, mais qui se sentirait mieux si la température ambiante était plus élevée, est en général agité. Sa respiration est rapide et il lui arrive de pleurer. Ses mains et ses pieds sont froids, mais sa poitrine et son ventre, protégés par les vêtements, restent chauds. Dès que vous le mettez dans un endroit moins frais (en le protégeant d'un courant d'air par exemple), il se calme et se décontracte.

Un enfant qui ne lutte plus se comporte différemment. Il reste silencieux et tranquille. Il ne pleure pas, épargnant ainsi son énergie. Ses mains, ses pieds et même la peau de sa poitrine sous les vêtements sont froids. Ne vous contentez pas d'ajouter des couvertures. Il souffre déjà de refroidissement et vous prouve qu'il lui est impossible de réagir. Des couvertures supplémentaires ne feront que maintenir le froid autour de lui. Il faut d'abord faire monter sa température, en le transportant dans une chambre chaude, en lui faisant boire quelque chose de chaud ou en le prenant dans vos bras, enveloppé dans une couverture. Ce n'est que par la suite que des couvertures supplémentaires maintiendront autour de lui la chaleur dont il a besoin.

Si on ne fait rien pour ce bébé, si on le laisse dormir sans aider son mécanisme producteur de chaleur, il peut atteindre un état appelé « syndrome néo-natal dû au froid », rare, mais dangereux. Les fonctions vitales se ralentissent, l'enfant devient léthargique, mou, difficile à réveiller et incapable de téter. Sa peau est très froide au toucher. Il aura alors besoin de soins médicaux urgents et d'un réchauffement progressif et extrêmement prudent.

Grosses chaleurs Les fortes chaleurs gênent rarement les bébés à condition qu'ils aient assez à boire, transpirent et portent des vêtements légers qui laissent la sueur les rafraîchir en s'évaporant. S'il fait très chaud, supprimez les culottes en plastique qui empêchent l'évaporation et abritez le bébé sous un parasol et non sous la capote de son landau ou de sa poussette qui emprisonne l'air chaud autour de lui. Si la chaleur l'énerve et l'empêche de dormir, si sa peau est sèche, humidifiez-la avec de l'eau tiède et éventez-le. Les coups de chaleur sont plus souvent causés par un excès de vêtements que par la chaleur atmosphérique. Ne laissez pas un bébé dormir dans un couffin de transport ni dans une nacelle étroite. Dès qu'il rentre de promenade, déshabillez-le, même si cela le dérange dans son sommeil.

Dans une pièce chauffée, ne le couvrez pas trop. S'il est déjà habillé, il n'a besoin ni de couverture ni de couvre-lit.

Par grosse chaleur, vous pouvez également l'enrouler dans une grande serviette humide (c'est un « enveloppement ») ou lui donner un bain plusieurs fois par jour, d'une température inférieure d'un degré à celle du corps.

Brûlures La chaleur directe est dangereuse pour les bébés. Jusqu'à ce que le frottement des vêtements, l'exposition à l'air, au vent et au soleil aient endurci sa peau, elle reste très fragile. Certes, il faut se méfier des accidents banals comme un coup de soleil ou la brûlure d'une bouillotte ; mais il faut aussi prévoir des situations moins courantes. Ne posez pas le nourrisson sur un tapis près du feu, ne le laissez pas près d'une ampoule allumée ou d'un radiateur.

Les soins quotidiens

Manipulation du bébé

Les nouveau-nés ont une crainte instinctive de tomber. Elle se déclenche lorsque leur tête bascule ou quand leurs membres incontrôlés s'agitent dans l'espace. A cet âge, un bébé ne peut ni tenir sa tête droite, ni contrôler ses muscles. Il ne se sent bien que quand on les lui soutient. Dans son berceau ou dans son landau, son matelas le soutient. Dans les bras d'un adulte, le corps de celui-ci lui sert de support mais quand on le soulève ou qu'on le repose, privé momentanément d'appui, il passe par une étape parfois angoissante, surtout s'il vous sent angoissée.

La solution consiste à lui assurer pendant un moment un double soutien avant de le priver de l'un ou de l'autre. Quand vous le prenez, mettez vos bras autour de lui, avant même de le soulever. N'essayez pas de le relever avant qu'il ait pu éprouver cette nouvelle sécurité. Pour le remettre au berceau, procédez en sens inverse : continuez à le soutenir de vos mains jusqu'à ce qu'il soit tout à fait couché, de façon qu'il sente le support du matelas avant d'être lâché. Cette façon de procéder met un certain temps avant de devenir machinale. Mais vous ne vous tromperez pas beaucoup si vous maniez votre bébé comme un colis mal ficelé : si vous l'attrapez par le milieu, les deux extrémités se défont. Si vous vous efforcez de soutenir la tête, les pieds vont ballotter. Agissez en sorte qu'il se comporte comme un paquet compact. Laissez-lui le temps de comprendre vos intentions, ne vous pressez pas, faites-lui faire des trajets aussi courts que possible. Par exemple, si vous le sortez du couffin où vous le transportez et que vous avez posé sur le sol, agenouillez-vous pour le prendre dans vos bras ; puis relevez-vous, le bébé serré contre vous.

Prendre et poser un bébé

Il est bon qu'il soit un moment soutenu à la fois par vos mains et par le matelas, avant d'être soulevé. Ne le prenez jamais sans avoir auparavant signalé votre présence par quelques paroles ou une petite caresse : aimeriez-vous être enlevée dans les airs par un géant invisible ?

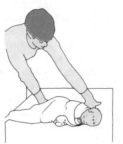

Mettez votre main gauche derrière sa nuque et la droite sous ses fesses. Écartez les doigts pour mieux le soutenir.

Baissez-vous de façon que vos poignet et avant-bras gauches soutiennent son dos jusqu'à la taille.

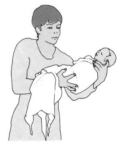

Soulevez-le doucement, vos bras le maintiennent dans la même position qu'auparavant.

Vos bras sont dans la bonne position pour l'attirer doucement vers votre épaule.

Vous pouvez même libérer votre main droite en le serrant contre vous avec le coude gauche.

Pour le recoucher, abaissez-le pour poser sa tête et son dos sur le matelas, en le soutenant sur votre avant-bras.

Soulevez ses fesses et libérez vos mains.

Habillage et déshabillage

La plupart des bébés détestent être habillés ou déshabillés. Exposés nus, à l'air, ils se sentent mal et exècrent être tiraillés de tous côtés. Déshabillez-les donc le moins possible et efforcez-vous de tirer sur les vêtements et non sur les bras. Au début, vous aurez l'impression de n'avoir pas assez de mains pour soutenir la nuque trop faible, tenir le corps mou droit et enlever ou mettre les vêtements.

Posez l'enfant sur un plan ferme (lit ou table à langer), pour vous occuper de la moitié inférieure de son corps. Il sera mieux que sur vos genoux, car le bébé sera bien soutenu et vos deux mains seront libres.

C'est le haut du corps qui pose des problèmes, plus ou moins importants selon le genre de vêtements que vous utilisez (voir ci-dessous). Prenez l'enfant sur vos genoux et croisez les jambes pour que la jambe supérieure lui soutienne le bas du dos. Vous aurez ainsi une main pour soutenir sa tête, et une autre pour manier les habits.

Déshabillage

Installez-le sur un lange sur vos genoux croisés, votre bras gauche autour de lui et sa tête contre votre poitrine.

Remontez le vêtement de dessus à hauteur des épaules. Plissez la manche en accordéon, et tirez-la de la main droite.

Avancez le bras gauche de façon à caler son cou avec votre poignet et écarter sa tête de votre poitrine.

Ouvrez bien l'encolure avec la main droite et le pouce de la gauche.

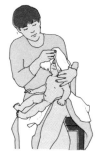

Tirez le vêtement par-dessus sa tête sans rien accrocher et sans lui basculer la tête.

Enveloppez-le immédiatement dans le lange qui est sur vos genoux et serrez-le contre vous.

La layette

Achetez des vêtements qui rendent l'habillage facile. Si, par exemple, tout ce que porte le bébé se ferme devant, vous n'aurez pas à le retourner pour vous occuper du dos.

Si toutes les manches longues sont raglan, vous pourrez, de la vôtre, aider sa main à s'y glisser, au lieu de forcer le petit poignet fragile dans une manche étroite.

Si aucun des vêtements ne comporte de rubans ou de lacets, vous n'aurez pas de nœuds à débrouiller au moment où vous serez pressée, et vous ne les retrouverez pas sucés ou coincés autour du cou du nourrisson.

Si tous les habits sont en tissu élastique, cela simplifiera bien votre tâche.

Habillage

Installez-le comme pour le déshabillage. Distendez l'encolure avec la main droite et le pouce de la gauche.

Enfilez-le-lui en l'étirant pour ne pas lui accrocher le nez ou les oreilles.

Pour les manches, passez votre main gauche dans la manche retournée, et attrapez sa main.

Puis, de votre main droite, faites glisser la manche le long de son bras, au lieu de tirer le bras dans la manche.

La propreté

Les nourrissons n'ont pas besoin d'être tenus aussi impeccablement propres que nous le croyons. Ce sont les adultes qui aiment l'odeur des poudres pour bébés. En lavant un nouveau-né, nous avons pour but de débarrasser sa peau de tout ce qui pourrait l'irriter ou la rendre douloureuse. Son épiderme n'aurait besoin de rien s'il n'était pas mouillé d'urine, souillé par les selles, éclaboussé de lait et sali par la poussière.

Les puéricultrices et les sages-femmes conseillent généralement de baigner les bébés tous les jours. Si vous décidez de le faire et y prenez plaisir, vous trouverez p. 129 une méthode assez commode. Mais si vous trouvez que le bain est une corvée autant pour vous que pour votre bébé, ne le croyez pas indispensable. Vous pouvez nettoyer parfaitement un enfant en traitant séparément le haut et le bas de son corps, et, qui plus est, sans vous faire passer par les affres d'une séance pendant laquelle vous essaierez de maintenir dans une baignoire pleine d'eau chaude une petite chose glissante et braillante.

La méthode de lavage par petits bouts permet de se concentrer sur les parties de sa personne qui ont réellement besoin d'être nettoyées : les yeux, le nez, les oreilles, la figure, les mains et le derrière. Cela réduit le déshabillage (et par conséquent l'habillage) à un changement de couches, et peut être effectué sans bousculer l'enfant.

Remarquez bien que cette méthode ne concerne aucune partie *interne* de son individu. Elle ne préconise pas non plus l'introduction de bâtonnets munis de coton dans son nez, l'exploration des oreilles ou le nettoyage interne du prépuce d'un petit garçon (Inf/CIRCONCISION). Tous les orifices du bébé comportent des muqueuses chargées d'éliminer les impuretés. Le léger écoulement de mucus de son nez le débarrasse des saletés, le cérumen protège ses oreilles, et peut être facilement enlevé en temps utile avec un morceau de coton ; les pleurs nettoient les yeux de façon permanente et beaucoup mieux que vous. Aussi, contentez-vous d'éliminer ce qui dépasse. N'allez pas à la recherche des impuretés au plus profond du nez ou des oreilles ; vous risqueriez de les enfoncer davantage. Un bon principe : ne vous occupez jamais des parties invisibles.

Utilisez toujours de l'eau bouillie tiède et un coton séparé pour chaque œil. Frottez de l'intérieur vers l'extérieur. Cela évitera de communiquer une légère infection d'un œil à l'autre.

La toilette

Posez le bébé sur un drap de bain étalé sur le lit ou sur une table à langer bien réglée à votre hauteur pour éviter les maux de dos. Préparez une cuvette d'eau *bouillie* — pour ses yeux — une autre d'eau chaude ordinaire, des morceaux de coton, des gants de toilette, une serviette douce, des couches propres, la crème, la poudre, etc.

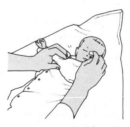

Lavez chaque œil avec un coton différent trempé dans l'eau bouillie. Agissez de l'intérieur vers l'extérieur.

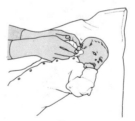

Avec un autre morceau de coton, lavez l'entourage des oreilles et le cou pour éliminer la transpiration.

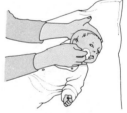

Avec un nouveau morceau, lavez-lui le tour de la bouche et les plis du menton pour éliminer le lait ou la salive.

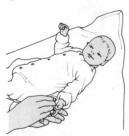

Prenez un gant propre trempé dans l'eau tiède pour lui laver les mains, en vérifiant l'état de ses ongles (voir p. 127).

Enlevez-lui sa couche. Si elle est seulement humide, passez un gant humide sur le derrière.

Si elle est souillée, enlevez le plus gros avec la couche, puis lavez en savonnant avec un gant et en rinçant avec un autre.

Essuyez chaque repli cutané. N'oubliez pas l'entre-fesses. Enduisez de crème si vous voulez.

Les couches

Les couches à jeter existent en toutes tailles, formes et qualités. Les supermarchés vendent parfois sous leur label des couches de luxe à des prix très intéressants. Sachez reconnaître une couche de qualité au lieu d'acheter une marque :

L'absorption ne va pas forcément de pair avec l'épaisseur. Certaines couches minces qui, à l'intérieur, comportent une épaisseur de « granules » absorbent davantage que la plupart des couches plus épaisses.

Une couche à sens unique placée contre la peau du bébé lui garde le derrière au sec alors que la couche est mouillée.

Une ceinture ajustable est indispensable.

Les couches à jeter

Elles sont encombrantes à transporter. Quand vous avez trouvé la marque qui vous convient, n'en achetez pas trop de la plus petite taille. Calculez : vos besoins sont d'environ huit couches par jour pour commencer et votre bébé va grossir d'environ 15 g par jour.

Ces couches sont « à jeter », certes, mais pas n'importe où. Vos voisins et les éboueurs apprécieront que vous rassembliez toutes les couches sales dans un sac en plastique avant de les mettre dans la poubelle.

Les couches lavables

Certains parents ne jurent que par les couches lavables en coton. Si vous êtes bien équipée (machines à laver, à sécher), elles vous coûteront moins cher à la longue mais elles donneront plus de travail que les couches à jeter.

Choisissez entre les triangulaires et les rectangulaires, celles qui s'épinglent ou celles qui sont garnies de velcro. Il vous faudra aussi des couches à sens unique et des culottes en plastique.

Les couches lavables doivent absolument être mises à tremper dans une solution de stérilisant. Ensuite, un simple rinçage suffit. La peau de certains bébés sensible aux détergents ménagers et aux adoucisseurs. Il vaut mieux utiliser des produits spéciaux pour couches.

Le change

Quelles que soient les couches que vous utilisez, changer votre bébé va rester pendant longtemps un acte fréquent de votre vie et votre tâche sera facilitée par l'organisation d'une « station-service » couche.

Une table à langer est plus commode que vos genoux parce qu'elle vous laisse les deux mains libres et préserve vos vêtements. Vous n'avez pas besoin d'un mobilier de luxe : un matelas de change en plastique posé sur une table ou une commode fera l'affaire à condition qu'elle soit à la hauteur qui convient à vos reins. Si vous n'avez qu'un divan, il vaut mieux vous agenouiller par terre que vous plier en deux.

Ayez à portée de main tous les objets nécessaires car une fois que vous aurez posé le bébé sur le matelas, vous ne pourrez le quitter pour aller chercher des épingles ou du coton.

Les bébés qui ne sont que mouillés n'ont pas besoin d'être lavés à chaque change. Entre les bains réguliers et les toilettes, une lotion pour bébé ou un peu d'huile sur un morceau de coton suffit. Si les fesses du nourrisson sont facilement irritées, n'employez pas de savon : quand il faut le laver, utilisez de l'eau pure.

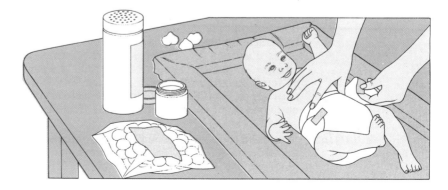

L'excrétion

Les selles « de transition » Une fois l'intestin débarrassé du méconium (voir p. 38), une fois l'enfant mis au sein ou au biberon, vous allez observer des selles « de transition », appelées ainsi parce que leur caractère assez spécial est dû au passage de l'alimentation fœtale à la digestion ordinaire.

Ces selles sont en général brun verdâtre, semi-fluides et fréquentes. Mais elles sont aussi parfois vert vif, pleines de grumeaux et de mucus, et sont expulsées violemment. N'en concluez pas que le bébé a la diarrhée. Ces selles bizarres sont caractéristiques des premiers jours.

Si l'aspect des selles vous inquiète, amenez votre bébé chez le médecin et apportez une couche souillée dans un sac en plastique pour lui permettre de vérifier que l'enfant ne souffre pas d'une gastro-entérite (ce qui est hautement improbable si vous l'allaitez). S'il est nourri au biberon, c'est possible, mais peu probable s'il paraît content et tète bien. Trois semaines et plus peuvent s'écouler avant qu'un bébé ait des selles « normales ».

Selles « normales » Tant que le nouveau-né ne prend que du lait maternel et de l'eau, ce qu'il expulse va sans doute être jaune-orangé et de consistance semblable à celle de la moutarde. Cela sent un peu le lait tourné. Mais il peut aussi avoir des selles verdâtres, striées de mucus ou bizarres, sans pour autant être malade. Ne vous intéressez pas trop à ses couches : concentrez-vous plutôt sur son bien-être général.

La fréquence des selles peut être telle que vous ne le changiez jamais sans que sa couche soit souillée. Ou, au contraire, il se peut qu'il ne se salisse que tous les trois, quatre ou même tous les sept jours. Ces deux extrêmes, et toutes les situations intermédiaires sont normales, comme il est normal qu'il passe de l'une à l'autre.

Un bébé nourri au sein ne peut pas être constipé. Même s'il se salit rarement, ses selles sont molles et faciles à évacuer. Il ne peut avoir de diarrhée s'il n'est pas malade. Aussi, tant que rien d'autre ne vous alarme, ne vous occupez pas de la consistance de ses excrétions.

Le lait maternel convient parfaitement au nourrisson, ce qui n'est pas toujours le cas du lait industriel. Si le lait que vous lui donnez ne lui convient pas, vous vous en apercevrez d'abord à ses selles mais ne passez pas sans arrêt d'une marque à l'autre sans demander conseil à votre médecin.

Les selles d'un enfant nourri au biberon sont plus solides et moulées, parce que les laits industriels laissent plus de déchets que le lait maternel. Elles sont brun pâle et en général moins fréquentes.

Constipation Si un bébé ne se salit pas pendant un jour ou deux puis a une selle dure et douloureuse, il souffre de constipation. La cause en est habituellement un manque de liquide ; donnez-lui des biberons supplémentaires d'eau. Si les selles restent trop fermes, le remède consiste à changer la quantité de sucre qu'il reçoit. Le sucre ramollit les selles, en fermentant dans l'intestin, activant ainsi le transit des déchets. Un petit jus de fruit dilué et légèrement sucré au milieu de la matinée ou de l'après-midi suffira sans doute à rétablir un transit normal.

Diarrhée Si un bébé élevé au biberon présente soudain une diarrhée, il faut voir un médecin. S'il vomit en même temps, ne veut pas boire et/ou semble fiévreux et malade, il faut consulter d'urgence. Une gastro-entérite peut être très dangereuse pour un nouveau-né en raison de la perte de liquide due à la diarrhée et augmentée par les vomissements (Inf/DÉSHYDRATATION). Il faut lui faire boire autant d'eau minérale (Évian, Volvic) qu'il en accepte.

Mais des selles liquides peuvent aussi êtres dues à l'alimentation. Si un petit apport supplémentaire de sucre peut corriger la constipation, un excès peut provoquer une diarrhée. Ajoutez-vous des céréales au biberon, alors que la formule ne le nécessite pas ? Donnez-vous trop de jus de fruit ? Trop d'eau sucrée ? Une sucette trempée dans quelque chose de sucré ?

La diarrhée peut aussi provenir d'un excès de graisse. Si votre bébé ne digère pas les graisses du lait, ses selles seront nauséabondes. Là encore, amenez le bébé (et une couche souillée) à votre médecin. S'il pense que la graisse que contient le lait du nouveau-né ne lui convient pas, il vous en conseillera un autre. Ne changez pas de lait sans avis médical.

Modification de couleur Avant même que votre bébé prenne de la nourriture solide, certains « extras » peuvent donner aux selles des couleurs inquiétantes. Certains médicaments en vente libre colorent les selles et, si votre médecin a prescrit du fer au bébé, elles seront noirâtres.

Urine Le fait qu'un bébé se mouille très souvent est sans importance, mais le contraire est inquiétant.

Un nouveau-né qui reste sec plusieurs heures doit être surveillé. Son organisme utilise peut-être davantage de liquide parce qu'il est fiévreux ; ou bien il en a plus besoin parce qu'il fait très chaud ou qu'il est trop couvert. Donnez-lui beaucoup de biberons supplémentaires d'eau ou de jus de fruit, et regardez s'il est toujours sec deux heures plus tard. S'il en est ainsi (ce qui est peu probable), appelez le médecin.

Le manque de liquide, surtout lorsque le temps est chaud ou si l'enfant a de la fièvre, peut rendre l'urine forte et concentrée. Si elle est vraiment forte, elle peut tacher la couche de jaune et irriter la peau du bébé. Là encore, il faut donner abondamment à boire.

Si l'urine continue à être trop forte quoique le nourrisson boive beaucoup et surtout si elle prend une mauvaise odeur de poisson, il faut amener l'enfant chez le médecin ; il peut s'agir d'une infection urinaire.

Bien sûr, si vous pensez qu'il y a du sang dans les urines, il faut consulter un médecin d'urgence. Mais commencez par réfléchir. Chez une fille, ce sang peut provenir du vagin aussi bien que de la vessie et des pertes sanguines sont tout à fait normales chez les petites filles les premiers jours (voir p. 38). Sur une couche humide, elles sont mêlées à l'urine. En revanche, le rouge qu'on voit sur cette couche peut fort bien ne pas être du sang, par exemple s'il apparaît après que le bébé a bu pour la première fois du jus de cassis.

Le sommeil

Votre nouveau-né dormira pendant le temps exact qu'exige sa physiologie. Vous ne pouvez pas le faire dormir moins ou davantage. Sauf s'il est malade, souffrant, ou mal à l'aise, il s'endormira où qu'il soit et dans n'importe quelles circonstances. Aussi votre influence en la matière ne peut être que très limitée. En le mettant dans de bonnes conditions, vous lui permettez de dormir aussi longtemps qu'il veut, mais s'il ne veut pas, vous n'y pourrez rien. En revanche, si vous vous trouvez dans un endroit où il n'a pas le confort nécessaire — dans un autobus par exemple — inutile de vous inquiéter parce qu'il reste éveillé. C'est qu'il n'a pas besoin de dormir.

Séparation du sommeil et de la veille

Un nouveau-né passe si progressivement de l'état vigile au sommeil qu'il est bien souvent difficile de savoir où il en est vraiment. Il peut commencer un repas très éveillé et vorace, et tomber peu à peu dans un état de béatitude au cours duquel seul le fait qu'il tète de temps en temps vous indique qu'il est encore un peu éveillé ; puis finalement, il passe à un sommeil si profond que rien ne peut l'en tirer.

De son point de vue, ce passage d'un état à l'autre n'a guère d'importance. Il fait simplement ce que la nature lui commande. Mais vous, vous avez intérêt à l'aider à les différencier.

Il sera beaucoup plus facile d'organiser votre vie si vous savez que le bébé est soit éveillé (et par conséquent heureux de recevoir un peu d'attention et de compagnie), soit endormi (auquel cas, il n'a besoin de rien). Les bébés qui apprennent très tôt à être bien éveillés, ou bien endormis, sont en général ceux qui dorment le plus la nuit.

Aussi, au lieu de le laisser somnoler sur les genoux de quelqu'un, prenez dès le début l'habitude de le « mettre au lit » quand il a sommeil, et de le « lever » quand il est réveillé. S'il est toujours couché dans son berceau ou son landau quand il a sommeil, il associera bientôt ces endroits avec le fait de s'endormir. S'il est toujours mis en présence de quelqu'un lorsqu'il est réveillé, il reliera bientôt les deux faits.

Troubles du sommeil

Inutile de faire le silence dans la maison quand le nouveau-né dort. Les bruits ordinaires de la vie familiale ne le troublent pas. Mais si tout le monde tourne autour de lui et chuchote pendant son sommeil, il peut devenir incapable de dormir sans ce bruit de fond. Il est donc important qu'il s'habitue à dormir avec le fond sonore habituel de votre maison, et non dans un silence qui vous brimerait tous.

A ce stade, il est surtout dérangé par des stimuli internes. La faim le réveille, de même que le froid s'il ne dort pas profondément ; une douleur aussi peut troubler son sommeil, par exemple une contraction intestinale ou un rot impérieux. Il lui arrive aussi d'être perturbé par des réflexes ou des mouvements nerveux de son corps qui se détend dans un sommeil profond. Bien sûr, il y a aussi les stimuli extérieurs, souvent dus à un changement d'ambiance : s'il s'endort au son de la télévision, il peut se réveiller en sursaut quand on l'éteint. Un enfant plus grand qui joue à proximité ne le dérange pas, mais peut le faire s'il pénètre brusquement dans la pièce.

L'aider à différencier le jour de la nuit

Tout le monde sait que les êtres humains sont des créatures diurnes qui dorment la nuit et s'activent le jour, mais il semble que les nouveau-nés ne sont pas tout à fait au courant de ces mécanismes et qu'ils ne sont pas programmés en conséquence : ils s'endorment et se réveillent de façon imprévisible. Il faut du temps pour arriver à les persuader de s'adonner au sommeil de préférence la nuit, et de rester éveillés le

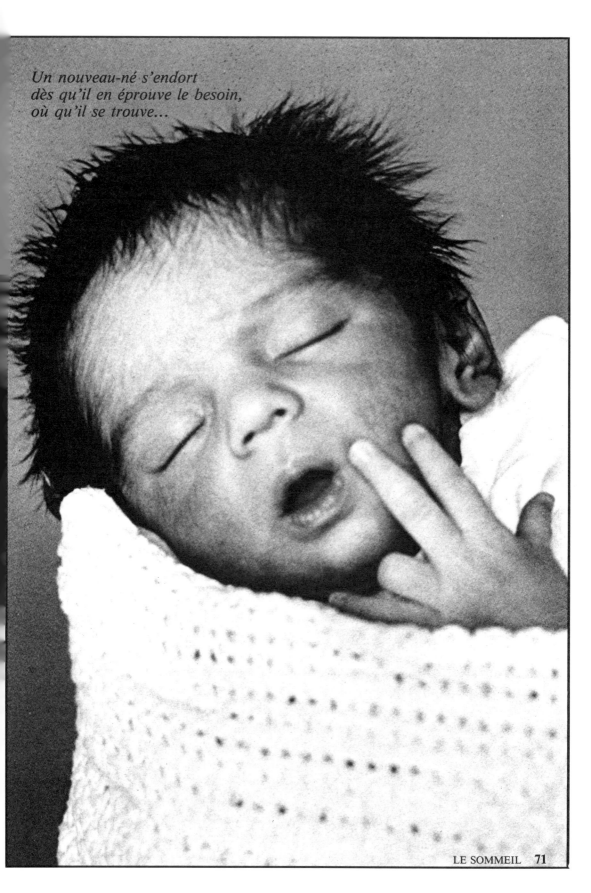

Un nouveau-né s'endort
dès qu'il en éprouve le besoin,
où qu'il se trouve...

jour. La plupart d'entre eux acceptent ce mode de vie assez rapidement, mais peut-être pas aussi vite que le souhaitent leurs parents.

Vous pouvez accélérer le processus en établissant dès le début une nette différence entre le coucher du soir et les siestes de la journée. La toilette du soir et l'habillage pour la nuit peuvent aider, de même que le fait de lui donner son dernier repas dans sa chambre. Surtout, couchez-le tout de suite dans le berceau où il va passer la nuit, au lieu de le placer dans son landau, à l'endroit de la maison où vous le mettez dans la journée.

Faites le maximum pour qu'il soit tout à fait à l'aise. S'il ne fait qu'une simple sieste, il importe peu qu'un rot le réveille peu après. Mais pour la nuit, il convient de s'assurer qu'il n'a plus d'air à expulser et que rien de prévisible ne peut le déranger.

Couvrez-le suffisamment (voir p. 80). Dans la journée, ce n'est pas grave si ses propres mouvements le réveillent au moment où son sommeil est le moins profond. Mais la nuit, il faut le couvrir si bien qu'il ne se réveillera pas, même pendant les périodes de sommeil léger.

Faites le noir dans la chambre. Il faut que l'atmosphère soit différente de celle du jour, et que, lorsqu'il ouvre les yeux (comme le font tous les bébés de temps en temps la nuit), son attention ne soit pas attirée par quelque chose de clairement visible. En revanche, vous pouvez laisser allumée une veilleuse (de 15 watts) de façon à pouvoir vous occuper de lui la nuit sans allumer une autre lampe.

Chauffez bien sa chambre. Le froid le réveillerait pendant les périodes de sommeil léger, et pourrait être dangereux pendant son sommeil profond (voir p. 63).

Faites en sorte que les tétées de nuit soient aussi courtes et calmes que possible. Le bébé s'éveille parce qu'il n'est pas encore en mesure de passer la nuit sans boire, mais il est bon qu'il se réveille le moins possible. Préparez soigneusement, avant de le quitter, tout ce dont il aura besoin pour la nuit. Évitez d'avoir à le transporter avec vous à la recherche d'une couche.

Quand il pleure, levez-le tout de suite, afin qu'il n'ait pas le temps de s'éveiller complètement. Ne lui parlez pas, ne jouez pas avec lui pendant la tétée. Caressez-le. Si les repas de la journée sont l'occasion d'échanges sociaux, les repas de la nuit sont exclusivement alimentaires.

Le sommeil des parents Le manque de sommeil, et surtout son fractionnement, c'est, pour beaucoup, le pire côté du métier de parents. Il n'y a pas que les nouveau-nés qui se réveillent parce qu'ils ont faim, *tous* les bébés se réveillent de temps à autre et la plupart réclament alors la compagnie d'un adulte et son réconfort. Vous pouvez toujours souhaiter que votre bébé soit du genre qui dort toute sa nuit, à partir de l'âge de six semaines, mais n'y croyez pas trop : un grand nombre de parents n'ont jamais réussi à dormir ensemble une seule fois sept heures de suite jusqu'à ce que leur enfant ait trois ans...

Il existe deux façons d'aborder ce problème, il faut donc essayer de choisir celle qui vous convient le mieux et agir en conséquence.

La première consiste à admettre que cette petite personne entre non seulement dans votre vie mais dans votre chambre et même dans votre lit. Un « lit familial » n'empêchera pas votre bébé de se réveiller et ne vous épargnera pas les tétées de nuit des premières semaines. Mais s'il partage votre lit, ses réveils et ses tétées vous dérangeront beaucoup moins que s'il vous faut vous lever pour aller jusqu'à son berceau. Comme il se trouve là où il préfère être — tout contre vous —,

il se rendormira plus vite et plus facilement. Faire lit commun est sans danger. Jamais vous n'étoufferez votre bébé et vos oreillers peuvent aisément être éloignés de lui.

Les bébés que leurs parents accueillent très tôt dans leur lit se réveillent beaucoup moins souvent, et plus tard, que les autres. En grandissant, quand ils se réveillent, ils ne cherchent pas à attirer l'attention de leurs parents. Pourquoi le petit enfant qui est dans votre lit pleurerait-il pour obtenir un câlin puisqu'il l'a déjà ou qu'il n'a qu'à se blottir contre vous ?

Mais cette solution présente des inconvénients faciles à prévoir. Une fois que vous avez pris votre bébé dans votre lit, ou même dans votre chambre, et lorsqu'il y a déjà plusieurs mois qu'il dort ainsi, il est peu probable que vous serez capable de le persuader, sans une longue et difficile bataille, qu'un berceau dans une chambre séparée est beaucoup plus agréable. Et bien que vous adoriez partager votre lit avec votre nourrisson de six semaines, il se peut aussi que vous déchantiez au fil des mois. La présence d'un petit enfant à vos côtés vous frustre de toute vie privée, et sa compagnie, de nuit comme de jour, peut, à la longue, vous donner le sentiment d'être complètement envahi.

La seconde manière d'aborder le problème consiste à considérer le bébé comme bienvenu dans votre vie mais à l'exclure de vos nuits, de votre lit et même de votre chambre. Il faut donc tout faire pour qu'il apprécie le fait de dormir seul : cela implique aller vers lui lorsqu'il pleure mais ne jamais le prendre dans votre lit ou l'y laisser venir quand il sera plus grand. Ce système vous laisse plus libre lorsqu'il dort profondément mais vous force à d'innombrables déplacements vers son berceau : quand ses dents percent, quand il fait des mauvais rêves. Plus tard, il faudra le remettre dans son lit chaque fois qu'il se lèvera.

C'est à vous de choisir. Il se peut que ce ne soit pas facile. Par exemple, vous avez adopté la seconde solution mais après une semaine difficile, vous prenez le bébé dans votre lit à trois heures du matin parce qu'alors rien ne vous paraît plus important que de dormir. Réfléchissez bien avant d'agir ainsi car la pire solution dans ce cas est celle du compromis : tantôt le prendre avec vous et tantôt insister pour qu'il dorme seul.

Si vous envisagez de le faire dormir seul, voici quelques idées qui vous permettront de gagner un peu de temps de sommeil durant les premières semaines où il vous faudra le nourrir la nuit :

Réveillez le bébé pour son dernier repas, au moment de vous coucher. Si vous attendez qu'il se réveille, vous abrégerez votre nuit. En effet, si vous vous couchez pour une heure et êtes réveillée par ses pleurs, vous perdrez un moment de sommeil. Cela ne lui fait aucun mal d'être nourri sans avoir éprouvé de sensation de faim.

Préparez tout d'avance pour la tétée de nuit. Si vous nourrissez au biberon, laissez-en un tout prêt dans le réfrigérateur et ayez à portée de main une thermos d'eau chaude ou un chauffe-biberon. Si une boisson chaude vous aide à vous rendormir, préparez-la dans une thermos. Si le fait d'avoir les pieds froids vous empêche de retrouver le sommeil, envisagez l'achat d'une couverture chauffante.

Nourrissez le bébé dès qu'il pleure. Ne le faites pas attendre. Il se rendormirait sans doute au bout d'un moment, après vous avoir tenus éveillés mais se réveillerait peu après, doublement affamé, juste comme vous venez de vous assoupir. Harcelés par ses cris, vous céderiez, mais, trop énervé et épuisé, il ne prendrait pas sa ration complète et demanderait sa tétée du matin bien avant l'heure prévue. Donnez-lui donc tout de suite son *lait* : l'eau sucrée, en effet, tromperait sa faim, mais pour peu de temps et votre paix serait de courte durée.

Couchez-vous et endormez-vous dès que vous l'avez mis au lit. Ne vous souciez pas des rots supplémentaires ou autres vérifications superflues. S'il a besoin de vous, il vous le fera savoir. Ne restez pas aux aguets.

Installez le bébé hors de votre chambre. Sa respiration, ses mouvements dérangent plus qu'on ne l'imagine et si vous allez le voir dès qu'il bouge, c'est lui que vous dérangez. Demeurez à portée de voix, mais pas à celle des petits bruits sans importance.

Décidez à l'avance qui d'entre vous se chargera de la tétée de nuit. Certes, au début, cette tétée fait partie de votre joie commune, mais n'oubliez pas que vous abordez une longue période de nuits trop courtes. La seule justification d'un double réveil, c'est un partage des tâches permettant de gagner du temps. Mais si la mère allaite, pense-t-elle vraiment que l'épuisement visible de son mari compense son plaisir d'une petite conversation nocturne ? La plupart des mères se débrouillent donc toutes seules et rattrapent leur sommeil en dormant l'après-midi et pendant le week-end. Quant aux biberons de nuit, chacun peut s'en charger tour à tour, bien sûr, mais comme bien des mères se réveillent de toute façon et ne se rendorment pas avant la fin de l'intermède, autant qu'elles s'en chargent elles-mêmes.

Pleurs et réconfort

Le plus cher souhait de bien des parents est que leur enfant ne pleure jamais. Mais sans ses cris, ils ne pourraient ni satisfaire ses besoins ni se détendre et penser à autre chose. Les cris sont, pour le nourrisson, un moyen de communication et il dispose de toute une gamme vocale pour nuancer ses messages (voir p. 133). Il pleure parce qu'il a besoin de quelque chose. Sachant cela, s'il se tient tranquille, vous pouvez être sûre que tout va bien. Pour qu'il souffre en silence, il faudrait qu'il soit très malade, qu'il ait très froid ou qu'il étouffe.

Les bébés ne crient jamais pour rien. Il est absurde de soutenir qu'ils pleurent pour « exercer leurs poumons ». Le nourrisson qui pleure a toujours une raison : il a besoin de quelque chose. Trouvez quoi. Satisfaites-le et il se taira. En général, son problème est simple : il a faim. Nourrissez-le et ses pleurs cesseront. Mais parfois, ce n'est pas si facile et les parents ont beau s'évertuer, son désespoir ne s'apaise pas.

Il est très difficile de s'occuper avec calme d'un bébé qui pleure sans trêve, car il semble repousser tous les efforts faits pour l'aider. On se sent alors impuissant, frustré, parfois même en colère, car on oublie souvent qu'il ne *peut pas* s'arrêter tant qu'il n'a pas été compris. De plus en plus crispés, les parents le manipulent moins doucement, aggravant ainsi les choses.

A ces désespoirs apparemment non motivés, on a pu parfois découvrir une cause très subtile : la perception par le nouveau-né à travers la façon de le manipuler, l'expression des visages ou le son des voix, d'une préoccupation, d'une tension, chez les personnes qui s'occupent de lui.

La liste ci-dessous des causes habituelles des pleurs ainsi que de leurs « remèdes » a pour but de répondre à la question que se posent tous les parents avec angoisse à un moment ou à un autre : « Qu'est-ce qu'il a ? Que puis-je faire ? » Vous trouverez sûrement dans ce chapitre au moins un indice qui vous permettra d'apaiser (ou de comprendre) votre enfant.

Causes et remèdes

La faim   C'est la cause de pleurs la plus fréquente. C'est aussi la plus facile à traiter. Des recherches ont prouvé que lorsqu'un bébé a faim, seul le lait arrête ses cris. Il peut se voir attribuer de l'eau bouillie, du jus de fruit ou une sucette ; il les prendra, mais recommencera à pleurer au bout de quelques secondes. Ce n'est qu'en remplissant son estomac de nourriture qu'on peut répondre à son besoin. Le seul fait de sucer, même s'il s'accompagne d'un goût agréable, est insuffisant.

La douleur   Dès les premières minutes de la vie, la douleur provoque les pleurs, mais il est souvent difficile de déterminer si le bébé qui crie le fait parce qu'il a mal, ou pour une autre raison. Il peut par exemple s'arrêter de pleurer quand on le prend et chasser de l'air par l'une ou l'autre extrémité de son tube digestif. Ce gaz lui faisait-il mal ? Avait-il provoqué une colique, une sensation désagréable d'estomac distendu ? Peut-être n'était-il en rien responsable des pleurs et l'élimination s'est produite par hasard quand vous avez pris le bébé dans vos bras (voir p. 57).

Certaines douleurs provoquent une réaction très nette : le bébé hurle désespérément si son biberon ou son bain ont seulement quelques degrés de trop. Il n'aimera pas non plus être piqué par une épingle de sûreté. Mais il ne réagira pas aux petits chocs pendant ces premières semaines, surtout s'ils concernent ses mains ou ses pieds. La myéline des nerfs n'est complètement développée que plusieurs mois après la naissance et le nouveau-né est moins sensible que l'enfant plus grand à certaines douleurs.

Surexcitation, chocs, frayeur

Toute stimulation excessive déclenche des pleurs. Un fracas soudain, une lumière trop vive, un goût amer ou acide, des mains froides, un gant de toilette brûlant, un rire trop bruyant, les chatouilles, les culbutes ou les embrassades ont le même effet.

Certains événements, surtout s'ils s'accompagnent d'une sensation de chute, peuvent provoquer un choc et une frayeur. Le bébé peut pâlir et trembler aussi bien que crier.

S'il lui arrive un petit accident, comme d'être cogné en passant une porte, les pleurs peuvent être dus aussi bien au choc causé par le coup qu'à la douleur.

Inopportunités

Dans quelle mesure une stimulation est excessive, c'est l'état et l'humeur du bébé qui en décident. Ce qui lui plaît quand il est éveillé, satisfait et bien nourri peut le faire pleurer quand il a sommeil, qu'il est énervé et qu'il a faim. Par exemple, les jeux physiques qui l'enchantent quand il est d'humeur sociable peuvent le réduire au désespoir si on les lui impose pour lui « remonter le moral » quand il est morose. Les nouveau-nés fatigués et tristes ont besoin d'être câlinés, non de jouer. Ceux qui ont faim ont besoin de nourriture.

Les repas mal planifiés le feront évidemment pleurer de faim, mais, s'ils lui sont donnés maladroitement, ils seront aussi cause d'ennuis. Si vous donnez le biberon trop lentement à cause d'une tétine mal trouée, ou si vous lui retirez le sein pour lui faire faire un rot, l'angoisse de la faim dominera le soulagement de la tétée offerte, si bien que le bébé qui pleurait parce qu'il avait faim, continue à avoir faim parce qu'il pleure trop pour téter !

Baigner ou changer un bébé affamé provoque ses pleurs, d'une part parce que cela retarde le repas, et d'autre part parce qu'il n'aime pas qu'on le tripote quand il est dans cet état. Il ne doit pas non plus être baigné après un repas, parce qu'en le remuant, on risque des régurgitations. Choisissez donc pour le baigner un moment où il est réveillé, ou bien réveillez-le. Le changement de couche après le repas ne peut pas faire de mal s'il est effectué sans secousse. Mais si votre enfant a en général besoin de faire un rot au milieu de la tétée ou s'il a tendance à s'endormir, changez-le à mi-repas.

Le passage de la somnolence à un profond sommeil est souvent difficile pour les tout-petits. N'aggravez pas les choses en modifiant son environnement au moment où il s'endort. Si vous devez l'emmener faire des courses, quittez la maison avant qu'il commence à dormir, afin que le bercement de la voiture l'y incite, ou alors attendez qu'il dorme à poings fermés avant de sortir.

Déshabillage

Lors de cette opération, beaucoup de parents attribuent les pleurs du nourrisson à leur inexpérience et à leur maladresse. Il est certain que l'habitude et l'habileté facilitent les choses, mais certains enfants crient tout simplement parce qu'on les prive de leurs vêtements. On voit poindre leur angoisse dès qu'on leur enlève leur brassière de laine et éclater leur détresse lorsqu'on les dépouille de leur maillot de corps. Ils n'ont pas froid. Le phénomène se produit quelles que soient la température de la chambre et la chaleur des mains qui les manipulent. C'est la perte de la sensation du tissu contre la peau qui bouleverse les bébés. Ils ont horreur de sentir leur corps exposé à l'air libre. Une fois rhabillés, ils se calment. Il arrive qu'on puisse leur éviter cette panique en protégeant leur poitrine et leur ventre, pendant l'échange de vêtements, avec une serviette, une couche ou un châle.

Le froid

Nous l'avons déjà vu (p. 63) : le froid fait pleurer les bébés. En général les cris se déclenchent la première fois qu'on les sort et qu'ils sentent l'air froid. Ce n'est pas grave : crier les réchauffe ; mais ils n'aiment vraiment pas cela. Les pleurs s'apaisent dès le retour en ambiance chaude.

Sursauts et crispations

La plupart des nouveau-nés, dans un état de demi-sommeil, s'agitent. Certains sont même dérangés par leurs propres mouvements. Ils pleurent, somnolent, sursautent, pleurent de nouveau, incapables de dépasser ce stade et d'accéder au sommeil profond.

Pour remédier à cet état de chose, il faut les couvrir soigneusement, ou les emmailloter (voir p. 80).

Le manque de contacts physiques

Un bébé qui crie jusqu'à ce qu'on le prenne, se calme tant qu'on le porte, et recommence à pleurer quand on le recouche, manifeste ainsi son besoin de contacts physiques. C'est un phénomène souvent mal compris. On dit aux parents qu'« il pleure parce qu'il veut qu'on le prenne ». Cela implique que sa demande est abusive et que, « si vous vous laissez faire », il va prendre de « mauvaises habitudes ». En réalité, c'est le contraire qui est vrai. Ce n'est pas le bébé qui est dans son tort, c'est vous. Il ne pleure pas pour demander qu'on le prenne, mais parce que vous l'avez recouché et privé de ce réconfort. C'est une réaction naturelle et instinctive chez les nouveau-nés que de se sentir mieux quand ils sont dans les bras de quelqu'un. Dans bien des pays (et pas seulement dans les sociétés dites « primitives »), les bébés sont portés presque en permanence. Les grands-mères et les sœurs aînées remplacent la mère quand elle doit se libérer ; mais bien des travaux sont effectués avec l'enfant sur le dos.

On calme presque toujours un bébé en le prenant et en le berçant. Si cela n'est pas suffisant, tenez-le contre votre épaule de façon que sa poitrine et son estomac s'appuient contre votre sein : il se sentira mieux. S'il continue à pleurnicher dans cette position, promenez-le un peu ; le balancement de la marche l'apaisera.

Vous ne pouvez sans doute pas porter et promener votre enfant pendant des heures, même si vous vous relayez tous les deux et utilisez un porte-bébé. Mais vous pouvez satisfaire ce besoin de contact rassurant en l'enveloppant dans un châle de façon à lui donner une impression identique de chaleur et de sécurité.

En enveloppant votre bébé dans un châle, vous faites un peu ce qu'on faisait autrefois en l'emmaillotant, mais sans penser que cela lui « maintient le dos droit » ou autres sornettes de ce genre. Il s'agit simplement de lui donner une sensation de bien-être en l'entourant d'un tissu chaud et souple qui le maintient doucement et empêche ses petits mouvements incoordonnés de le déranger.

Bien emmitouflé, il se calme, le plus souvent comme par magie. Mais un châle mal ajusté peut produire l'effet contraire. Il faut l'envelopper de telle sorte que ses membres restent dans leur position préférée, et que, s'il remue, il le fasse d'un seul bloc, au lieu de bouger bras et jambes à l'intérieur du châle. Si vous utilisez la méthode indiquée ci-dessous, ne craignez pas de serrer trop : c'est le bébé qui coince le châle et il n'est pas assez lourd pour serrer plus que ne le veut le confort.

Le tissu idéal pour envelopper le bébé est léger et assez souple pour épouser ses formes et suivre ses mouvements. Un châle ou une couverture tricotée feront l'affaire en hiver. Par temps chaud, un drap de berceau en finette conviendra mieux.

S'il fait très chaud, on mettra le bébé qui aime être enveloppé mais souffre de la chaleur dans une sorte de gaze.

La position normale du nouveau-né comporte les bras repliés et les jambes fléchies. Enveloppez-le comme cela, sans essayer de lui allonger les membres. Par-dessus tout, laissez les mains près du visage pour qu'il puisse les sucer s'il en a envie.

Le temps qu'un nourrisson aime à passer serré ainsi est très variable... Laissez-lui l'initiative : quand il en aura assez, il commencera à gigoter pour se libérer.

Vous pouvez aussi réduire au minimum les pleurs d'un bébé qui a besoin d'un contact réconfortant en vous assurant que toutes les surfaces sur lesquelles vous le posez sont douces et tièdes. Les plastiques vous facilitent sans doute la vie mais, au contact, ils sont affreusement désagréables. Vous devez donc recouvrir les matelas, coussins, etc., en plastique d'un tissu agréable comme l'éponge, ou même d'une simple couche.

Si rien n'y fait... Si vous avez envisagé toutes les causes de pleurs, essayé tous les remèdes, mais si votre bébé continue à crier inexplicablement et de façon insupportable, voici quelques autres méthodes à essayer :

Emmaillotement dans un châle

C'est une technique qui, lorsqu'il fait froid, donne aux bébés un maximum de contact avec une surface chaude et douce. C'est mieux qu'une couverture, l'ensemble formant obstacle aux courants d'air. Bien que le but de l'opération soit le plus souvent d'endormir l'enfant, cela l'aidera aussi à se sentir en sécurité quand vous le transporterez.

Posez-le sur un châle doux et léger, ou une couverture tricotée.

Levez un côté, au niveau de l'arrière de sa tête.

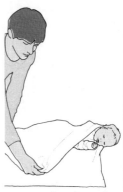
Descendez-le en diagonale sur son épaule, maintenez-le coude ; laissez la main libre ; passez-le sous les genoux.

Levez l'autre côté et tendez-le autant que possible sans faire rouler le bébé.

Rabattez-le.

Soulevez l'enfant pour que l'extrémité soit bien placée sous son dos.

Résultat : un petit paquet bien fait, chaud, détendu, et prêt à dormir.

Le rythme On peut venir en aide à un nouveau-né qui n'arrive pas à se calmer en le soumettant à des stimuli rythmés. Leur efficacité vient de ce qu'ils éliminent les sensations de malaise interne ou externe.

Vous dressez un mur apaisant de stimulations qui le coupent de toute autre perception. Cela ne marchera pas s'il a une bonne raison de pleurer qui vous a échappé, la faim, par exemple. Mais s'il ne souffre que d'une sorte de malaise général et diffus, ou d'un énervement qui l'empêche de s'endormir, vous parviendrez à le calmer.

Sons rythmés. Vous pouvez acheter un enregistrement de battements de cœur, tels que le bébé les entend dans le sein de sa mère, et le lui faire écouter quelques minutes. C'est très efficace.

Une musique douce et rythmée à la radio ou sur la stéréo fait à peu près le même effet, mais veillez qu'elle ne s'arrête pas avant qu'il dorme profondément. Sinon, le changement d'ambiance le réveillera.

Le ronronnement d'un ventilateur est excellent — de même que le son d'un moteur de voiture. La plupart des bébés dorment très bien dans les automobiles tant qu'elles marchent et ont tendance à se réveiller au moment où on arrête le moteur, aussi ne vous servirait-il à rien de faire, en dernier recours, un tour sur le périphérique aux petites heures de la nuit !

Mouvement rythmés. Bercer un tout-petit est un remède universel pour l'endormir. Si les parents n'y arrivent pas de cette façon, c'est qu'ils le bercent presque certainement trop lentement. Des études ont prouvé qu'il faut une moyenne de soixante mouvements à la minute, d'une ampleur d'une dizaine de centimètres. C'est une chose difficile à réaliser à la main, même si vous disposez d'un berceau qui se balance. Il existe divers systèmes mais vous préférerez peut-être marcher en tenant le bébé dans les bras. Chronométrez-vous, et vous constaterez que vous atteignez le bon rythme en faisant le tour de la pièce ; il est probable que ce bercement lui rappelle ce qui se passait dans l'utérus, quand vous marchiez.

Vous pouvez le bercer de cette façon et lui donner beaucoup d'autres sensations agréables, tout en vaquant à nombre d'occupations, en le portant sur votre dos. On trouve des porte-bébés dans le commerce, mais pour calmer un nouveau-né, il suffit de l'attacher avec un drap de berceau. Un porte-bébé rigide met une barrière entre son corps et le vôtre, tandis qu'un drap le maintient bien au chaud contre vous (voir p. 135).

Succion Le fait de sucer ne calme pas un bébé qui a faim, sauf s'il reçoit de la nourriture, mais il calmera presque toujours un nouveau-né qui n'a pas faim.

Sucettes. Il y a le pour et le contre (voir p. 134). Les bébés relativement satisfaits arrivent à s'en passer, et c'est très bien ainsi. Mais ceux qui sont souvent malheureux et difficiles à réconforter d'une autre façon y trouvent un apaisement. La bouche qui hurlait se referme sur la sucette, et toute son énergie est dépensée ainsi, plutôt qu'à pleurer. Par la suite le nourrisson s'endort. Même pendant son sommeil, la sucette le protège contre de nouveaux accès de pleurs : si quelque chose le dérange, il se remet à sucer sans se réveiller, à moins qu'il ne l'ait perdue...

Si vous décidez de donner une sucette à votre enfant, ne prenez pas l'habitude de la lui mettre à la bouche chaque fois qu'il crie sans chercher d'abord à savoir ce dont il peut avoir besoin et à le lui donner. Cela doit être le dernier recours, après avoir essayé tous les autres remèdes.

Les pouces et les doigts. Certains enfants les découvrent et les sucent avant même d'être nés : il les utilisent efficacement comme réconfort dès les premiers jours de la vie. D'autres ne trouvent pas leur main sans aide, avant plusieurs semaines (voir p. 141). Si votre bébé pleure trop et si vous êtes contre la sucette, vous pouvez adopter un compromis en l'aidant à porter sa main à la bouche, pour voir si cela le calme.

Chaleur supplémentaire Comme nous l'avons vu (p. 63), les nouveau-nés, quand ils sont éveillés et doivent se réchauffer eux-mêmes, ont tendance à être agités ; au contraire, ils s'épanouissent dans une atmosphère bien chaude. Si le vôtre pleure et si vous n'arrivez pas à le calmer, vous pouvez essayer un peu de chaleur supplémentaire pour l'aider à se détendre. Bien que la seule chaleur ne puisse remédier à ce qui le tourmente, sa réaction sera moins forte si vous pouvez élever de quelques degrés la température de la chambre et la maintenir ainsi jusqu'a ce que cela aille mieux.

Un nouveau-né qui est souvent malheureux et difficile à calmer s'apaisera plus vite si vous le gardez au chaud pendant les premières semaines. Couvrez-le bien quand vous le transportez. Ne le sortez pas de son landau quand il fait frais, et ne l'emmenez pas avec vous dans une automobile non chauffée.

Des coliques ? Il y a des pleurs qu'aucune des causes envisagées dans les pages précédentes ne peut expliquer. L'accès se présente en général ainsi : un bébé de trois ou quatre semaines semble pleurer le soir davantage et plus désespérément qu'à d'autres moments. Au fur et à mesure qu'il s'équilibre, les pleurs diminuent le jour et il est plus facile de le calmer mais les pleurs du soir deviennent de plus en plus réguliers et intenses jusqu'à exploser en véritables accès de hurlements, tard dans l'après-midi ou en début de soirée.

Un jour ou l'autre, vous emmenez votre nourrisson chez le médecin. Que signifient ces crises régulières de hurlements ? Pourquoi ne réussit-on pas à les calmer ? Que se passe-t-il ?

Le médecin va s'assurer qu'aucune raison physique — douleur, problème digestif — n'est responsable de cet état : le bébé pousse bien, il est en bonne santé. Cela vous rassure mais ne vous aide ni à comprendre ni à supporter ces crises.

Étiquetées « coliques des trois mois » ou encore « coliques du soir », ces « coliques » du nourrisson ne trouvent guère d'explications scientifiques. En médecine, les vraies coliques sont en effet un symptôme de maladies parfois graves nécessitant un diagnostic et un traitement. Dans le cas du nourrisson, ce n'est pas une maladie mais une manifestation de détresse sans cause connue, sans traitement et sans conséquences nocives — sauf pour les nerfs des parents. Or, il est bon pour vos nerfs de pouvoir donner un nom — même peu scientifique — à ce qui transforme un nouveau-né par ailleurs adorable en un paquet de hurlements, tous les soirs, pendant deux ou trois mois. Vous allez tout essayer, bien sûr, et tout va vous aider un peu à les supporter mais rien ne modifiera ces accès qui se termineront d'eux-mêmes après un certain temps.

Si votre bébé pleure trois soirs de suite à la même heure, ne vous empressez pas de faire un diagnostic de « coliques », vous risqueriez de manquer une raison plus évidente sur laquelle vous pourriez agir. Le tableau ci-contre doit vous aider à vous repérer.

Votre bébé souffre-t-il de « coliques » ?	C'est probable si...	C'est peu probable si...
	Il ne parvient pas à se calmer après son repas de la fin de l'après-midi ou du début de la soirée : il commence à pleurer tout de suite après la tétée. Ou alors, il s'endort pour se réveiller en hurlant moins d'une demi-heure plus tard.	*Il ne parvient pas à se calmer après son repas de la fin de l'après-midi ou du début de la soirée : il pleure et grogne longtemps avant de s'endormir. Un bébé peut être grognon pour de nombreuses raisons, jamais parce qu'il souffre de coliques.*
	Il ne crie pas, il hurle. Il relève les genoux vers son ventre et paraît souffrir le martyre.	*Il crie fort mais ce sont des pleurs ordinaires. Relever les genoux n'est pas un signe de coliques : les bébés le font toujours quand ils crient vigoureusement.*
	Tout ce qu'on tente semble l'apaiser pendant un moment. Il se met à téter et vous croyez avoir trouvé la raison de ses pleurs, mais il lâche le sein et la tétine pour recommencer à hurler. Il fait un rot, s'apaise, et recommence à crier. Vous lui frottez le ventre et il se tait. Mais le silence ne dure pas bien longtemps.	*Quoi que vous fassiez, vous allez l'apaiser en une demi-heure. Une tétée satisfait sa faim, une tétine son envie de sucer. Il ne souffre pas de coliques. S'il s'endort après un rot, c'est qu'il avait de l'air dans l'estomac. Si, calmé ou bercé, il s'apaise, c'est qu'il se sentait seul ou trop nerveux pour s'endormir.*
	Quand vous réussissez à interrompre ces cris épouvantables, le bébé reste tout tremblant et sanglotant, puis les hurlements reprennent.	*Quand vous réussissez à interrompre ses cris, il reste tout à fait calme tant que vous continuez à le cajoler et n'essayez pas de le remettre au lit.*
	Chaque épisode dure au moins une heure, parfois trois ou quatre heures.	*L'épisode dure moins d'une demi-heure et l'enfant s'endort ou reste calme pendant un quart d'heure au moins avant de recommencer à pleurer. Ce n'est pas une colique : juste une mauvaise journée pour lui.*
	Le même scénario se reproduit tous les soirs à peu près à la même heure et ne survient à aucun autre moment de la journée.	*Des hurlements peuvent éclater à tout moment du jour ou de la nuit. C'est pénible à entendre, mais ne traduit pas une colique.*

Vivre avec les « coliques »

On ne peut pas faire grand-chose pour un nourrisson qui souffre de « coliques ». Cette impuissance, jointe aux pleurs qui éclatent au moment de la journée où vous êtes le plus fatiguée et où tout le monde a besoin de repos, classe les « coliques » parmi les pires problèmes des jeunes parents.

Essayez d'accepter le fait que la cause en est inconnue. Si vous cherchez sans cesse des causes, vous finirez par bouleverser toute la vie du bébé, en le changeant de lait, de façon de le nourrir, de routine, sans résultat d'ailleurs. On a attribué les « coliques » à toutes sortes de choses : la suralimentation, la sous-alimentation, un lait trop riche, trop fort ou trop faible, trop chaud ou trop froid, qui coule trop vite ou trop lentement. On les a aussi attribuées à des allergies, une hernie, l'appendicite, des troubles de la vésicule biliaire, l'aérophagie, ou même à une dépression nerveuse de la mère ! Toutes ces explications contradictoires ont en commun la même erreur : si l'une d'entre elles est la bonne, pourquoi la crise n'a-t-elle lieu qu'après un seul repas de la journée ? Quelle que soit la façon dont vous nourrissez votre enfant, vous ne procédez pas différemment pour le repas de 18 heures. S'il avait un problème physique, celui-ci n'apparaîtrait pas une fois seulement, à une heure particulière de la journée. Et si c'est la fatigue de la mère qui est en cause, il ne se passerait rien quand le père donne le biberon...

Aussi, au lieu de vous inquiéter du pourquoi, des erreurs que vous pouvez commettre, d'une maladie éventuelle du bébé, tâchez de vous résigner au fait que vous avez quelques semaines pénibles en perspective. Bien que vous ne puissiez rien faire pour soulager votre enfant, vous ne pouvez pas non plus le laisser souffrir tout seul. Vous devez lui consacrer tout votre temps et votre attention pendant ses accès. Il faut donc organiser votre journée de façon à vous libérer totalement à ce moment-là. Et n'oubliez pas : aussi pénibles que soient les coliques du soir, elles ne se prolongent jamais plus de douze semaines.

Adaptation au comportement de l'enfant

Certains nouveau-nés demandent plus d'attention que d'autres. Vous ne pouvez pas plus choisir le tempérament de votre bébé que son sexe. Il peut aussi bien appartenir au « genre » d'enfants que vous comprenez facilement et avec lequel vos rapports sont sans problèmes qu'à celui qui exige de vous un comportement qui ne vous est pas naturel.

Les nourrissons en bonne santé ont beaucoup de points communs, mais chacun reste toutefois un individu unique qui a déjà accumulé des expériences personnelles pendant la grossesse, l'accouchement et la période néo-natale. Tout cela agit sur sa façon de s'adapter à la vie, ainsi que sur ses réactions à votre égard et à l'égard du monde extérieur. Vous aussi, vous êtes des individus uniques, riches d'expériences. Vous vous êtes fait une certaine idée de votre bébé et vous réagissez à son égard de façon particulière.

Si la réalité comble vos espoirs et si votre attitude spontanée convient à l'enfant, vous aurez dès le début des relations agréables et sans heurt. Mais si ce n'est pas le cas, vous devrez tous deux faire des efforts pour vous adapter. Supposons que cet enfant est votre second et que l'aîné, essentiellement calme et placide, aimait bien être stimulé par des jeux mouvementés. Vous allez sans doute commencer par traiter le cadet comme l'aîné ; s'il a les mêmes réactions, tout ira bien. Mais si par hasard c'est un enfant particulièrement sensible et nerveux, effrayé par tout ce qui dépasse une simple caresse, vos rapports ne seront pas faciles. Il faudra apprendre à vous connaître mutuellement. Son comportement influencera votre façon de le traiter, vous incitera à plus de douceur ; mais par ailleurs votre attitude aura aussi un effet sur son comportement et lui permettra de se détendre.

En ce tout début, il faut traiter votre bébé de la manière qui lui convient *maintenant*, en tenant compte du fait que certains comportements extrêmes sont, de sa part, des réactions à des expériences prénatales ou acquises lors de sa naissance et sont susceptibles de changer du tout au tout après sa période d'adaptation. Il faut le prendre comme il est aujourd'hui mais ne pas oublier qu'il peut être complètement différent dans un mois ou l'année prochaine. Il peut arriver qu'une mère dont le caractère est exubérant et énergique, mais dont le nouveau-né est nerveux, fasse des efforts énormes pour s'adapter à lui, puis s'habitue tellement à le considérer comme un paquet de nerfs qu'elle continue à le traiter avec mille précautions bien que, une fois dépassé le stade de la nervosité postnatale, il puisse être traité normalement. Si la mère ne conçoit pas que son enfant peut changer, elle risque de ne jamais lui donner de jouets bruyants, ou de ne pas pratiquer avec lui des jeux un peu mouvementés quand il aura six mois et elle le protégera, sans doute avec excès, des chutes et des chocs quand il apprendra à marcher. Cet enfant aura besoin de lutter pour son indépendance en grandissant.

Quel que soit le comportement de votre bébé maintenant, agissez donc de façon à le rendre heureux et calme. Mais tout en vous adaptant à ses besoins, évitez de le classer dans une catégorie quelconque. Vous n'allez pas tarder à évoluer l'un par l'autre ; la personnalité qui va naître de cet échange est encore un mystère. C'est une des choses qui rendent passionnant le fait de s'occuper d'un être humain tout neuf.

Les bébés qui refusent les calins

Quel que soit leur caractère, la plupart des nourrissons adorent les contacts physiques avec les adultes. Quand un bébé câlin est malheureux, nerveux, agité, on le console ou on l'apaise souvent rien qu'en le prenant dans les bras, en le cajolant, en le caressant, en lui chantant une chanson, en jouant, en dansant pour le bercer. Si tout cela vous est impossible, vous pouvez toujours lui procurer un sentiment de sécurité analogue en l'enveloppant dans un châle ou en le portant tout contre vous dans son porte-bébé.

Comportement typique : les bébés peu câlins semblent refuser et même détester les caresses. Ils ne cherchent pas à appuyer leur tête avec confiance contre l'épaule offerte ou à enfoncer leurs pieds dans les creux disponibles du corps de leur mère. Loin de les détendre, les contacts les mettent en rage.

Comment les traiter : ils aiment d'autres formes de contact. Ce sont des bébés physiquement actifs (souvent hardis) qui éprouvent très tôt du plaisir à gigoter et à se dépenser physiquement. Ils préfèrent les regards aux caresses. Si, en s'efforçant d'échapper à votre étreinte, votre bébé vous fait de la peine, installez-le sur un lit ou sur une carpette et penchez-vous sur lui pour qu'il puisse étudier votre visage. Il veut vous regarder et il commencera sans doute à sourire et à babiller très tôt. Si vous avez une furieuse envie d'embrasser les plis de son poignet ou les fossettes de ses reins, faites-le quand vous le changez, ou quand il s'amuse. Non seulement il acceptera vos jeux sensuels, mais il sera ravi que vous jouiez avec ses doigts, fassiez pédaler ses jambes et lui couvriez le ventre de petits baisers.

Les bébés câlins apprécient les regards et le son des voix autant que les contacts corporels ; les bébés peu câlins ont autant besoin d'être manipulés que de regarder et d'écouter. En quelques mois, votre bébé va apprendre à apprécier toutes les formes de contacts que vous lui offrirez, mais durant ces premières semaines, le fait de reconnaître son appartenance à l'une ou l'autre de ces catégories peut faciliter grandement votre vie et la sienne.

Les bébés malheureux

Tout comme certains adultes ne voient que le mauvais côté des choses, certains nouveau-nés sont enclins à être malheureux. Ce sont en général des enfants qui ont mis longtemps à trouver le rythme de vie équilibré consistant en une période de sommeil profond et réparateur, une période au cours de laquelle ils sont éveillés et affamés, puis après qu'on les a rassasiés, une période de satisfaction qui aboutit à un nouveau sommeil. Ils semblent vivre, pêle-mêle, de petits moments de chacune de ces périodes, ce qui rend leur comportement imprévisible et les empêche de commencer à profiter paisiblement de l'existence.

Comportement typique : Le bébé est fatigué et agité mais n'arrive pas à se détendre suffisamment pour s'endormir. Il pleurniche et somnole des après-midi entiers, ce qui l'irrite, l'affame et l'empêche de prendre du plaisir à téter. Il est souvent lent et difficile à nourrir. Après son repas, il est éveillé, mais pas très sociable. Il se fatigue vite d'être dans les bras de quelqu'un, ne semble pas accorder beaucoup d'intérêt au fait qu'on lui parle, mais n'est pas plus heureux de retourner dans son berceau. En général, il se réveille souvent la nuit.

Un bébé de ce genre grossit souvent plus lentement que les autres, et met plus longtemps à sourire et à jouer avec ses mains (voir p. 141). Il a fréquemment l'air malheureux.

Comment les traiter : Un tout-petit qu'on n'arrive pas à rendre heureux est très déconcertant. Comme le bébé qui crie sans raison apparente (voir p. 75), il risque de vous faire douter de vos aptitudes à l'élever. Si cette situation se prolonge, l'état d'insatisfaction va probablement vous gagner aussi, car vous couvrez d'amour et de soins un enfant qui ne vous rend rien en retour. Votre découragement est tout à fait naturel, mais essayez de vous en défendre. N'allez pas vous imaginer que son air malheureux est un reproche à votre égard. C'est la vie hors du sein maternel que votre bébé n'apprécie guère, et non votre personne. Il faut que vous restiez près de lui pour lui prodiguer les attentions douces, tendres et patientes qui finiront par le réconforter. Faites en sorte qu'il vous regarde, qu'il vous écoute, qu'il vous sourie. Quand vous l'aurez amené à vous répondre, les pires moments seront passés pour lui.

Tout en lui prodiguant votre amour — qu'il y réponde ou non — employez les moyens évoqués p. 75 à 82 pour calmer les bébés qui pleurent, et essayez les suggestions suivantes :

Gardez-le à la maison dans une chambre bien chauffée et voyez si cela le détend. Ne le sortez pas pendant un mois ; une simple fenêtre ouverte lui apporte une quantité suffisante d'air frais.

Fournissez-lui du lait en abondance, autant qu'il en veut, chaque fois qu'il semble le désirer.

Voyez s'il dort mieux quand il est bien enveloppé (voir p. 80). Il n'y a aucun inconvénient à l'entourer d'un châle pour dormir, jusqu'à ce qu'il commence à s'en débarrasser tout seul.

Voyez s'il semble plus heureux quand il a un contact physique. S'il aime être porté, prévoyez un système pour le mettre sur votre dos pendant le maximum de temps lorsqu'il est éveillé les premières semaines.

N'introduisez pas de nouveauté dans sa vie, jusqu'à ce qu'il semble accepter ce qu'il connaît déjà. Par exemple, ne lui infligez pas un nouveau porte-bébé, une première promenade en voiture, ou même un premier jus de fruit avant qu'il ait cessé d'avoir l'air malheureux.

Les bébés nerveux

Tous les nouveau-nés sursautent quand ils entendent un bruit, se détournent d'une lumière trop vive, jettent leurs bras en avant et crient s'ils ont l'impression de tomber. Les bébés nerveux poussent ce comportement à l'extrême. Il leur arrive de sursauter et de pleurer, de trembler et de pâlir dans le cas d'une stimulation minime. Ils ont l'air d'avoir peur de tout et peut-être est-ce le cas. Il est possible que ce soit la vie en dehors de l'abri sûr, chaud et obscur de l'utérus qui les effraie.

Comportement typique : Le bébé réagit avec excès à toute stimulation, qu'elle soit interne ou externe. La faim le pousse rapidement au désespoir. Ses propres petits mouvements l'empêchent de se détendre dans son sommeil. Il est angoissé quand on le prend, sursaute quand on le repose. Tout changement dans son environnement, si minime soit-il, l'alerte et l'effraie. Même la sonnerie du téléphone, dans une pièce voisine peut le faire réagir.

Comment le traiter : Ce n'est pas en lui faisant peur qu'on calmera un tel enfant. Ce n'est pas en malmenant son système nerveux qu'on l'habituera à s'adapter aux stimulations. Pour devenir plus calme, il lui faut à la fois avancer dans la vie et être traité avec tant de douceur qu'il aura de moins en moins l'occasion de s'effrayer.

S'occuper d'un bébé nerveux peut être considéré comme un véritable défi. Si c'est ainsi que vous le prenez, vous en retirerez un certain plaisir. Vous vous donnerez comme objectif de ne rien faire de toute une journée, ou d'une partie de la journée, qui puisse donner au nourrisson l'occasion d'avoir peur et de pleurer. Votre but est de maintenir les stimulations qu'il ressent au-dessous du niveau tolérable pendant que se poursuit la maturation qui lui permettra de les accepter plus facilement.

Ne vous pressez jamais en vous occupant de lui. Quand vous le prenez, par exemple, il faut le prévenir pour que ses muscles se préparent au changement de position. Quand vous le portez, marchez lentement et sans à-coups, en évitant de laisser sa tête basculer en arrière et en lui donnant le sentiment d'être bien maintenu.

Dérangez-le le moins possible. Un bébé nerveux détestera certainement être baigné et aura intérêt à être lavé par petits bouts jusqu'à ce qu'il soit plus calme. Il aura probablement horreur des promenades en landau, qui le secouent et lui donnent l'impression d'un grand vide autour de lui. Faites en sorte de ne le déplacer pendant quelque temps que de son berceau (ou sa voiture) à vos genoux et retour.

Diminuez les stimulations en l'enveloppant bien. Les changements de position et les déplacements seront moins angoissants pour lui s'il est bien enveloppé (voir p. 80). Faites-lui un cocon protecteur.

Assurez-vous que toutes les personnes qui s'occupent de lui sont douces et calmes. Vous désirez qu'il découvre que le monde et les gens sont sans danger. Un oncle jovial plein de bonnes intentions, au rire tonitruant, risque de terroriser un bébé nerveux au point de le couper encore plus de son nouvel environnement. Protégez-le ; il a tout le temps d'apprendre l'importance des contacts humains.

Les bébés qui dorment beaucoup Les bébés qui semblent avoir une capacité illimitée de sommeil sont probablement aussi inadaptés à la vie hors du sein maternel que les enfants malheureux ou nerveux. Mais leur réaction est différente : au lieu de protester ou de se replier sur eux-mêmes, ils se protègent de la vie en dormant tout le temps.

Comportement typique : C'est un bébé tranquille. Il n'exprime presque aucun désir et doit, la plupart du temps, être réveillé pour ses repas. Il lui est souvent difficile de rester éveillé assez longtemps pour boire une quantité suffisante de lait d'un seul trait. Et une fois qu'il s'est endormi, il est parfois impossible de le réveiller. Il n'a pas l'air de s'intéresser beaucoup à son environnement. Il pleure rarement longtemps de suite, mais n'a pas l'air non plus très heureux. Il semble engourdi, neutre.

Comment le traiter : Bien qu'un tel nouveau-né puisse vous décevoir par son atonie, il ne vous pose guère de problèmes. Profitez de cette période où il est peu éveillé pour reprendre des forces et vous préparer à jouer votre rôle de mère de façon plus active lorsqu'il aura un peu évolué.

Assurez-vous qu'il se réveille suffisamment pour téter. Un bébé nourri à la demande, s'il est particulièrement enclin au sommeil, risque de ne pas grossir comme il le devrait parce qu'il ne réclame pas assez de nourriture. Si vous devez le réveiller pour ses repas, il n'y a pas d'inconvénient à le faire quand cela vous arrange ; mais veillez que ce soit, en gros, toutes les quatre heures. Ajoutez un ou deux repas supplémentaires si sa somnolence l'empêche de téter plus de cinq minutes chaque fois.

Il se peut que votre nourrisson semble tout à fait disposé à dormir douze heures par nuit dès le début. Ne le laissez pas faire. S'il peut se passer de nourriture, il ne peut rester si longtemps sans eau. Réveillez-le au moment de vous coucher, et bénissez-le de ne pas vous réveiller au petit matin !

N'acceptez pas cet isolement somnolent. En d'autres termes n'acceptez pas son désir de rester tranquille dans son berceau pendant des heures. Multipliez les occasions de le prendre et de lui parler affectueusement. Essayez d'attirer son attention sur les choses, ou sur vos propos. S'il se rendort profondément après deux minutes passées sur vos genoux, remettez-le au lit mais essayez de nouveau à son prochain repas. Votre but est de lui donner du plaisir à être éveillé.

Les bébés très éveillés Dès le début de leur existence, les nouveau-nés n'ont pas tous besoin de la même quantité de sommeil. Certains dorment environ 16 heures sur 24. D'autres 22 heures sur 24. Pour un bébé très éveillé, le maximum de sommeil peut ne pas dépasser 12 heures, avec rarement plus de 2 heures à la suite.

Comportement typique : Ce bébé n'est ni malheureux, ni particulièrement nerveux. Rien de spécial ne « l'empêche de dormir », mais il ne fait pas dans la journée le nombre d'heures de sommeil qu'on attend d'un tout-petit. Après la tétée, il s'assoupit immédiatement, mais une heure ou deux plus tard, il est éveillé, non parce qu'il a faim, mais parce qu'il n'a plus sommeil. Comme il a les yeux ouverts beaucoup plus longtemps que les autres, il s'intéresse généralement plus tôt qu'eux à ce qui se passe autour de lui. Son développement dans tous les domaines se fait rapidement parce qu'il passe beaucoup plus de temps à regarder, écouter et apprendre.

Comment les traiter : Ce n'est pas le genre de bébés auxquels on peut se consacrer par moments, et qu'on peut oublier entre-temps. Il se rappelle à votre attention à longueur de journée, et souvent même, de nuit. Vos réactions à son égard dépendent, au moins en partie, de ce que vous avez à faire d'autre. Par exemple, un aîné très jaloux souffrira bien davantage de la présence d'un bébé éveillé que de celle d'un nourrisson qui sommeille dans son coin pendant la plus gande partie de la journée. L'ennui, avec ce genre de bébé, c'est qu'il est difficile à distraire quand il est réveillé. Il ne peut encore avoir de joujoux, il est trop petit pour les jeux physiques, ou pour être assis quelque part. Commencez par bien vous mettre dans la tête qu'il dormirait s'il en avait besoin ; efforcez-vous d'accepter son état de veille, et ne pensez pas qu'il « devrait » dormir. Si vous essayez de lui imposer le rythme de vie des autres nourrissons, vous perdrez beaucoup de temps à l'installer pour des sommes qu'il ne peut pas faire, et seul, dévoré d'ennui, il sera malheureux.

Trouvez le moyen de lui tenir compagnie. Peut-être pouvez-vous mettre son landau dans la cuisine ; dans ce cas, installez-le près de vous et prenez l'habitude de lui faire de temps en temps de petites causettes tout en vous activant. Si vous avez une nacelle portative, vous pouvez la poser à proximité pendant que vous lisez ou que vous regardez la télévision.

Trouvez des moyens commodes de le transporter. Bien qu'il soit évidemment impossible de le porter sans arrêt, il faut tenir compte du fait que les tout-petits adorent cela. Dans la maison, vous pouvez faire le ménage quotidien en le portant sur le dos. Un porte-bébé (voir p. 135) vous permet de l'emmener avec vous dans les magasins au lieu

de le laisser s'ennuyer dans son landau. A l'extérieur, n'utilisez pas de nacelles de toile. Elles ne sont pas assez chaudes pour un nouveau-né.

Aménagez différents coins prêts à le recevoir. Vous pouvez utiliser pour cela un matelas de landau ou de change que vous transportez de pièce en pièce. Il s'ennuiera moins s'il change de cadre.

Offrez-lui des choses intéressantes à regarder. Cela le distraira. Suspendez différents objets à la capote de son landau ou au-dessus de son berceau et changez-les fréquemment pour qu'il ait souvent quelque chose de nouveau sous les yeux. Faites-lui, ou achetez-lui, un ou deux mobiles, pour qu'il observe quelque chose qui bouge (voir p. 146).

Préparez-vous à le traiter comme un enfant plus âgé. Pendant toutes ces heures où il est éveillé, il va apprendre beaucoup de choses ; aussi convient-il que vous surveilliez de près son développement et que vous lui offriez de nouvelles distractions dès qu'il se montre prêt à les apprécier.

Développement physique

S'occuper d'un nourrisson, cela s'apprend et ce n'est pas facile. Il y a beaucoup à faire, surtout les premiers temps et l'on se surprend souvent à manipuler l'enfant non comme un être humain vivant, mais comme un objet précieux.

Mais il est bien humain et son développement s'effectue à chaque instant de la journée. Ne laissez pas les tétées de nuit et les couches sales vous obnubiler au point de vous empêcher de remarquer les changements fascinants qui se produisent en lui : les signes d'un début de croissance.

Attitudes et tenue de la tête

Un nouveau-né donne généralement l'impression d'être replié sur lui-même. Quelle que soit la position dans laquelle vous le posez, il va se pelotonner, son corps prenant position par rapport à sa tête. Cela vient de ce que, à ce stade, la tête est si grosse et si lourde qu'elle joue, vis-à-vis du corps, le rôle d'une ancre ou d'un pivot.

Tant que le reste du corps n'aura pas grossi jusqu'a rendre cette tête moins disproportionnée, et tant que le bébé sera incapable de contrôler les muscles de son cou, il ne pourra effectuer qu'un nombre restreint de mouvements volontaires. Dès le début, il peut relever un peu la tête, et la tourner pour éviter d'étouffer, mais les mouvements de ses membres sont limités par le fait qu'il est ramassé sur lui-même, et la position de sa tête, tournée sur le côté, l'empêche de voir ce qui est directement au-dessus de lui.

Le contrôle des muscles se fait en commençant par le haut, et gagne progressivement les extrémités (voir p. 136). Quand vous tenez le nouveau-né contre votre épaule tout de suite après la naissance, sa tête repose contre vous. Si vous ne la soutenez pas, elle retombe. Au bout d'une semaine, les muscles de son cou parviennent à la soutenir pendant une seconde ou deux. Quelques jours plus tard, il s'exerce à la relever de façon si continue que quand vous le portez, il a l'air de la cogner délibérément contre vous : elle se lève, retombe, se relève, retombe encore, etc. A trois ou quatre semaines, il peut tenir la tête droite pendant un instant à condition que vous restiez absolument tranquille. Mais il a encore besoin de vos mains quand vous le transportez et surtout quand vous le soulevez et le reposez.

Activités physiques réflexes

Pendant sa première semaine, le bébé, dont les muscles sont incapables de soutenir la tête, présente des comportements qui paraissent tout à fait évolués, au point de tromper certains parents qui s'imaginent avoir mis au monde un enfant qui va ramper ou même marcher à quelques semaines ! Cependant ces mouvements ne sont ni volontaires ni contrôlés. Ce sont des réflexes qui vont disparaître en quelques jours, pour être réappris des mois plus tard quand l'enfant aura atteint le stade de développement approprié.

Flexion-extension des membres

Quand le nouveau-né est sur le ventre, sa position naturelle de repli sur lui-même lui fait ramener sous lui bras et jambes, si bien qu'il donne l'impression de vouloir ramper. Il peut même s'agiter en froissant son drap. Pourtant, il oubliera ce mouvement quand il sera capable de s'allonger et de rester à plat (voir p. 137).

Ébauche de marche

Si vous tenez le bébé debout, les pieds posés à plat sur une surface dure, il fait quelques « pas », mettant correctement un pied devant l'autre, soutenu par vos mains. Mais cela aussi sera vite oublié. Au bout d'une semaine, il s'effondrera quand vous le mettrez debout.

Réflexe de préhension Pendant quelques jours, le nouveau-né agrippe les objets avec une force incroyable. En théorie, si on le suspendait par les mains, il les tiendrait suffisamment serrées pour ne pas tomber. N'essayez cependant pas : cette réaction disparaît d'un jour à l'autre... et vous risquez de faire votre expérience trop tard !

Mais, quoique le bébé perde une partie de sa force de préhension, il en garde, dans une certaine mesure, le réflexe. Si vous glissez votre doigt ou un hochet dans son poing fermé, les doigts se referment sur lui. Et quand vous essayez de le retirer, sa main serre plus fort, en une réaction instinctive pour s'y accrocher. Ce réflexe est déclenché par toute sensation sur la paume de la main. Il se maintient jusqu'à ce que l'enfant soit capable d'empoigner volontairement quelque chose. Ainsi, contrairement à celui de la marche à quatre pattes ou debout, il n'est pas oublié et réappris. L'action instinctive est simplement remplacée par l'action volontaire.

Cet acte instinctif, qui consiste à s'agripper à tout ce qui se glisse dans sa main, est peut-être un lointain héritage de l'époque préhistorique lorsque les enfants de nos ancêtres, proches du singe, se sentaient en sécurité lorsqu'ils s'accrochaient à leur mère. De nos jours, les petits humains ne peuvent se blottir contre un adulte en utilisant leurs mains, leurs bras et leurs jambes, comme le font les petits singes en empoignant la toison ventrale de leur mère. Et pourtant, on a l'impression qu'ils ont envie de le faire. Ils sont plus heureux et plus détendus quand vous les portez, tournés vers vous, à califourchon sur votre estomac, leurs bras autour de votre cou. Quand ils ne sont pas portés, le fait d'être bien enveloppés, ou même de sentir simplement contre leur poitrine le réconfort d'un tissu doux et chaud qui leur rappelle la chaleur du corps maternel, apaise l'agité et plaît au bébé calme.

Un rappel à la douceur... Si votre bébé qui voudrait s'accrocher à vous sent qu'on va le lâcher, il a un mouvement instinctif de peur, appelé le réflexe de Moro. Si vous le tirez brusquement en le tenant par les mains, vous verrez ses bras se tendre vers vous et ses jambes s'arrondir soudain en se relevant, comme s'il cherchait un corps auquel s'agripper. Par ailleurs, si vous le reposez sans précaution et si vos mains commencent à l'abandonner avant qu'il se sente en sécurité sur le matelas, il jettera en même temps bras et jambes en avant, puis les repliera violemment ; sa tête partira en arrière parce que ce réflexe lui aura fait perdre le contrôle des muscles qui la soutiennent et il se mettra probablement à hurler de peur.

Comme les autres, le réflexe de Moro a perdu son utilité initiale car, à l'inverse de ses ancêtres à fourrure, le bébé n'a pas la force musculaire suffisante pour éviter une chute en s'accrochant à quelque chose. Mais il s'agit là tout de même d'un réflexe important. Chaque fois que votre enfant aura cette réaction violente, vous saurez que vous l'avez manié avec trop de rudesse et de brusquerie, ou que vous ne lui avez pas soutenu la tête avec assez de soin. Le réflexe de Moro rappelle aux parents d'être plus attentifs.

Développement sensoriel

Chacun des cinq sens de votre bébé est prêt à fonctionner dès sa naissance. Il n'a pas besoin d'apprendre à voir, à entendre, à toucher, ou même à sentir et à goûter. Il a déjà en lui tout ce qu'il faut pour exercer ces activités. Ce qui lui manque, c'est l'expérience : il ignore à quoi ressemblent les choses, le bruit qu'elles font, ou encore quelle sensation, quel goût, quelle odeur elles produisent. Dès l'instant où il sort du ventre de sa mère, tous ses sens sont assaillis de stimuli divers et son éducation commence.

Il est très difficile de se faire une idée de ce que peut ressentir un nouveau-né, car il n'a aucun moyen de le faire savoir. Les chercheurs doivent imaginer des moyens d'étudier les réactions de l'enfant sans sa collaboration directe. Ils doivent souvent se borner à constater le plaisir de l'enfant, ou sa détresse, selon les stimulations. Si l'on prend par exemple le toucher, nous savons qu'un bébé manifeste sa satisfaction si l'on appuie doucement et fermement un objet chaud surtout sur le devant du corps. Nous savons qu'il accroche tout objet glissé dans sa main, nous savons qu'un attouchement sur la joue provoque un réflexe de succion. Mais nous ne savons pas exactement ce qu'il ressent et s'il apprécie la différence de sensation entre une plume et du papier de verre.

Le goût et l'odorat

On présume que le nouveau-né possède déjà le sens de l'odorat parce qu'on sait qu'il a celui du goût et que les deux sont intimement liés. Mais il serait vain d'essayer chez lui de séparer l'un de l'autre. Si on lui mettait sous le nez un œuf pourri et une jonquille, le bébé serait incapable de montrer s'il distingue l'un de l'autre et d'indiquer une « préférence ». Aussi pestilentiel que soit l'air qu'il inspire, il ne peut s'empêcher de le respirer, incapable de retenir volontairement sa respiration.

Le goût, en revanche, est plus facile à étudier. Si on lui offre quelque chose d'amer ou d'aigre, le nouveau-né fait la grimace, tourne la tête et/ou pleure. Il fait une différence entre de l'eau pure, un peu ou très sucrée car il tète avec d'autant plus d'ardeur que l'eau est plus sucrée. Il ne faut donc pas s'étonner qu'il soit si difficile de limiter la quantité de sucre que prend un enfant plus âgé !

L'ouïe et la production de bruits

Les seuls sons que profère votre nouveau-né pendant les premiers jours sont ses pleurs. Ceux-ci peuvent vous paraître toujours semblables, mais en réalité, il y a plusieurs sortes de cris qui correspondent à des sensations différentes. Que vous soyez capable ou non de les différencier, il est probable que chacun d'eux provoquera chez vous une réaction différente.

Enregistrés, les divers spectres acoustiques des pleurs montrent des différences de tonalité, de durée et de rythme (voir p. 133).

Le cri de douleur d'un bébé a une intensité et un rythme particuliers. En l'entendant, votre instinct vous commandera de grimper l'escalier quatre à quatre, et vous vous apercevrez que vous n'avez pu penser à rien d'autre qu'à vous précipiter vers lui.

Le cri provoqué par la faim est tout à fait différent. Il comporte une succession particulière de sons et de silences qui est la même pour tous les nourrissons mais sans rapport avec ses autres cris. Si vous l'alimentez au sein, cet appel peut déclencher le réflexe d'écoulement du lait, qui se mettra à couler avant même que vous vous leviez pour aller vers le bébé. Si vous le nourrissez au biberon, ce cri vous incitera à vous rendre à la cuisine pour lui préparer son repas. Dans ce cas, cependant, bien que vous ayez le sentiment que votre enfant a besoin de vous, vous ne ressentirez pas la même urgence qu'en entendant le cri de douleur.

Le cri de peur est encore différent : c'est un cri de profond désespoir particulièrement contagieux ; le temps de rejoindre votre enfant, votre pouls battra la chamade, et une bonne dose d'adrénaline inondera votre organisme, vous préparant à affronter les dangers qui le menacent.

A partir de quatre semaines environ, le nourrisson commence à produire d'autres sons que les cris. Il émet de petits gargouillements satisfaits après ses repas, et de petits grognements nerveux lorsqu'il se prépare à signaler sa faim. C'est l'évolution normale vers le stade du babillage.

L'ouïe Dès leur naissance, les nouveau-nés entendent, mais auparavant, ils étaient sans doute capables de ressentir des vibrations sonores. En tout cas, ils montrent un plaisir évident en entendant des enregistrements de battements de cœur, auxquels ils ont été habitués.

Les bruits forts et soudains font sursauter les bébés et leur réaction est d'autant plus violente que le son est plus perçant. Le tonnerre qui gronde au-dessus de la maison le dérange moins qu'une assiette qui tombe sur le sol. Mais autant ce genre de fracas lui déplaît, autant il paraît apprécier (ou du moins être calmé et détendu par) des sons au rythme répétitif. Il est charmé par la musique — mais aussi par le battement régulier d'un tambour, ou le ronronnement de votre aspirateur, dans la mesure où on peut en juger.

Mais si le nourrisson *entend* distinctement tous ces bruits, ceux auxquels il *prête attention* avec un intérêt évident sont les bruits de conversation. Il s'intéresse tout spécialement aux voix et aux sons vocaux. En fait, il est programmé pour s'y intéresser, car ils viennent des gens sans lesquels il ne peut survivre.

Si vous n'en êtes pas prévenue, il est possible que vous ne remarquiez pas à quel point votre enfant aime entendre votre voix, pendant ces premières semaines. A ce stade, il n'y a pas encore de lien entre sa vision et son audition. Il entend, mais n'a pas l'idée de chercher des yeux la source des sons, aussi écoute-t-il souvent votre voix sans vous regarder. Mais si vous l'observez attentivement, vous remarquerez ses réactions à votre bavardage affectueux. S'il est en train de pleurer, il se taira souvent quand vous approcherez de son berceau en lui parlant ; point n'est besoin qu'il vous voie ou vous sente le toucher d'abord. S'il est tranquille quand vous commencez à lui parler, il se trémoussera de joie. Et s'il est agité, il s'arrêtera et concentrera son attention sur votre voix.

Il faudra du temps pour que le bébé puisse comprendre vos paroles, mais dès les premiers jours, il va réagir à vos intentions et montrer du plaisir quand vous vous adressez à lui avec douceur et tendresse. Mais si vous parlez sévèrement à un autre enfant pendant que vous vous occupez de lui, il se mettra sans doute à pleurer et si quelque chose vous fait pousser un cri d'effroi quand vous le tenez, il sera aussitôt pris de panique.

La vue Votre enfant voit dès sa naissance. Si, éveillé, il a l'air de passer la plus grande partie de son temps à regarder dans le vague, vers une fenêtre très éclairée ou dans la direction d'un rideau qui bouge, ce n'est pas parce qu'il est incapable d'observer quelque chose de plus précis mais parce que vous n'avez rien mis à portée de sa vision.

Un nouveau-né peut accommoder pour voir nettement les objets placés à des distances différentes mais il ne le fait que rarement parce que ses muscles oculaires sont encore faibles et que cela lui est difficile. La distance de vision confortable pour un nouveau-né est d'environ 20 à 25 cm à partir de son arête nasale. Au-delà, il voit les objets troubles. Si, quand il est dans son berceau, il n'a rien à regarder, dans les limites de ses possibilités de vision, ses yeux se poseront plus loin sur une chose qu'il peut distinguer plus nettement que les autres. La lumière et le mouvement (comme peut en témoigner toute personne myope) sont les deux choses qu'il voit le mieux.

Sachant cela, si vous prenez soin de mettre des objets à portée de vue de votre bébé, il « décidera » de fixer son attention sur des images beaucoup plus subtiles que la lumière et le mouvement. Vous pouvez faire l'expérience de ce « choix » en lui présentant deux objets : il observera un simple hochet rouge vif s'il n'a rien d'autre à regarder mais si vous lui présentez une feuille de papier portant un dessin compliqué en noir et blanc, son attention se tournera plutôt vers celle-ci. Il regardera volontiers un cube mais si vous ajoutez une forme plus complexe, comme une passoire à thé, il contemplera cette dernière. Il est programmé pour s'attacher de préférence aux dessins et formes compliqués, parce qu'il doit s'habituer à un monde visuel complexe.

Sa distance focale n'est pas un pur hasard. Elle correspond au contraire exactement à celle qui sépare son visage du vôtre quand vous le portez et lui parlez, ou quand vous le nourrissez. De même que les voix sont, pour lui, la chose la plus importante à écouter, de même les visages représentent l'essentiel à voir et il a une tendance innée à les étudier intensément chaque fois qu'il en a l'occasion. Il est même possible que sa vision brouillée des objets plus lointains soit utile à son développement en lui permettant de se concentrer sur ces visages si importants pour lui.

Un nouveau-né ne sait pas que les gens sont des gens et, quand il vous regarde, il ne sait pas que c'est vous qu'il voit. Il accorde simplement toute son attention visuelle à un visage ou à ce qui ressemble à un visage. Les critères « visage » du nouveau-né ont été bien étudiés. Si l'objet ou l'image qui lui sont présentés ont une ligne d'implantation de cheveux, des yeux, une bouche et un menton, un bébé réagit comme à un visage. Si vous observez ses yeux, vous verrez qu'il commence par le haut, scrute la ligne des cheveux, descend lentement vers le menton et remonte vers les yeux. Une fois fixé sur ce stimulus, il continuera à le regarder plus longtemps que toute autre chose.

Il peut être intéressant d'observer sa réaction quand on lui présente une figure dessinée de façon succincte ou un ballon sur lequel on a peint des yeux et une bouche, mais il est bien préférable qu'il ait de vraies personnes devant les yeux. Quand il se sera habitué aux visages, vous recevrez votre récompense pour lui avoir offert patiemment le vôtre à étudier. Un jour prochain, cet examen attentif prendra fin comme d'habitude, mais il culminera dans un premier geste de sociabilité envers ce monde extérieur que vous représentez : il se terminera par son premier sourire.

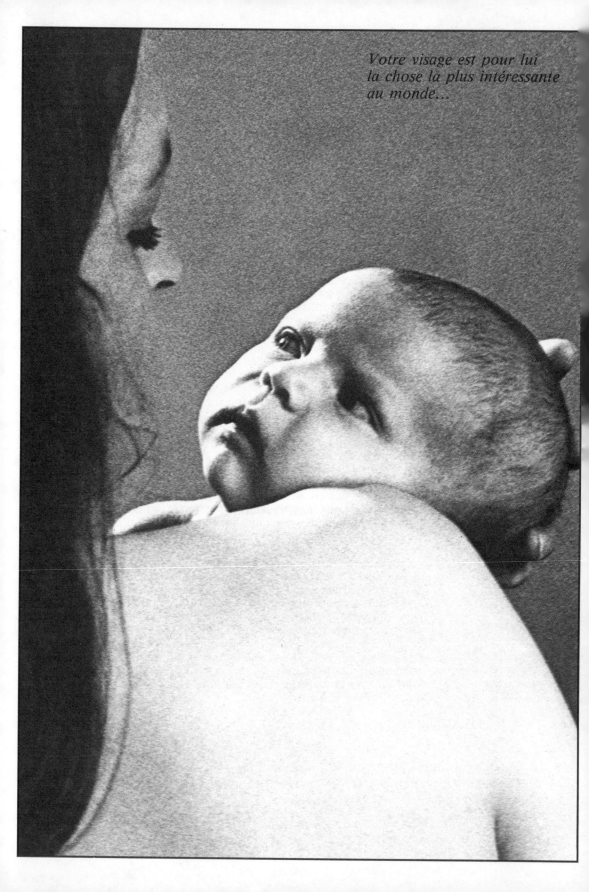

Votre visage est pour lui
la chose la plus intéressante
au monde...

DEUXIÈME PARTIE

LE BÉBÉ

Les six premiers mois

Un beau jour, vous allez vous apercevoir que vous ne considérez plus votre bébé comme une nouveauté mystérieuse et assez inquiétante, mais au contraire comme une personne qui possède des goûts, des préférences et des traits de caractère. Lorsque cela se produira, vous saurez alors que votre enfant n'est plus un nouveau-né et qu'il est installé dans la vie. Vous seule pourrez déceler ce moment. Il se produira tôt si la naissance a été facile et les premiers contacts satisfaisants, et si l'adaptation s'est bien effectuée entre ses besoins et l'idée que vous vous en faisiez. Mais il pourrait être retardé par une dépression du post-partum, des problèmes d'alimentation, ou le fait d'avoir été obligée de traiter votre bébé d'une manière qui ne vous était pas naturelle. Cependant, qu'il trouve son équilibre à deux semaines ou à deux mois, de toute façon ce moment viendra.

Quand votre bébé s'est adapté à la vie, vous êtes en mesure de résoudre ses problèmes. Même s'il se révèle un petit démon, c'est un petit démon que vous connaissez bien. Vous savez comment il désire être traité même si ce n'est pas comme vous souhaiteriez le faire. Vous savez ce que vous pouvez attendre de lui, même si c'est le pire. Vous savez ce qui l'effraie, même si presque tout lui fait peur. Et surtout, vous pouvez maintenant reconnaître ses moments de bonheur, aussi rares soient-ils, ou de détresse, aussi fréquents qu'ils soient. Bref, lorsque votre bébé a trouvé son équilibre, vous savez ce qui vous attend. Au lieu d'affronter les problèmes au jour le jour, et d'éviter de penser à ce qui se passera la semaine suivante, vous pouvez commencer à réfléchir et à organiser des compromis raisonnables entre ses besoins et ceux du reste de la famille.

Le bébé va vous faire clairement comprendre qu'il a avant tout besoin de compagnie, en l'occurrence de la vôtre puisque c'est vous qui l'avez pris en charge. Votre amour pour lui est peut-être encore problématique, mais de son côté, l'attachement qu'il est en train de développer à votre égard est une pure nécessité. Pour survivre, il faut qu'il s'attache à vous et qu'il soit assuré de vos soins. Au cours de ces premières semaines, on voit croître son intérêt pour les gens. Votre visage le fascine. Chaque fois qu'il le voit apparaître dans son champ visuel limité, il l'étudie intensément, de la racine des cheveux à la bouche, en terminant par les yeux. Il écoute avec attention votre voix, s'agite un peu en la reconnaissant, ou au contraire, se fige en essayant d'en localiser la source. Bientôt, il tournera la tête et les yeux pour voir qui parle. Quand vous le prenez, il s'arrête de pleurer et il est content quand vous le câlinez et le promenez. Quels que soient ses autres besoins et ses autres plaisirs, il est évident qu'il vous aime et qu'il a besoin de vous. Vous pouvez commencer à être fiers d'être les parents d'un nouvel être humain.

Mais au cas où ces réponses à vos soins attentifs ne seraient pas suffisantes pour vous encourager à persévérer, le bébé dispose encore d'un atout. Entre la quatrième et la huitième semaine, il va vous sourire. Un beau jour, tandis qu'il étudie votre visage avec son intensité coutumière, son regard sérieux s'attarde sur votre bouche et remonte vers vos yeux comme d'habitude. Puis, tandis qu'il vous contemple, sa figure s'épanouit peu à peu dans ce petit miracle que constitue un grand sourire édenté et qui le transforme complètement. Pour la plupart des parents, c'est alors que se produit le déclic : il est bien le plus beau bébé du monde, quand bien même sa tête *est* encore un peu déformée, et le plus adorable, malgré les nombreux réveils nocturnes. Peu d'adultes sont capables de résister au premier sourire d'un nouveau-né. On a même vu les visiteurs les plus réservés se glisser subrepticement près du berceau afin d'en provoquer un nouveau, pour eux tout seuls...

Le sourire d'un bébé apparaît comme un geste d'amour ; et pourtant, il ne peut pas encore vous aimer vraiment, car il ne fait pas de distinction entre les gens. Ses premiers sourires constituent une sorte d'assurance contre la négligence des adultes et un appel à leur attention bienveillante. Plus il sourit, gazouille et agite les bras dans leur direction, plus ils lui sourient à leur tour et lui parlent. Et plus ils lui accordent d'attention, plus il répond et les charme par ses mimiques émouvantes. Les sourires de l'un entraînant ceux de l'autre, vous créez ainsi une chaîne de bonheur.

Il n'y a pas de mal à penser que ces premiers sourires vous sont destinés personnellement. Ils le seront bientôt. C'est par des échanges agréables avec des adultes qui les trouvent « payants » et donc s'intéressent à lui que le bébé cesse d'accorder la même attention à tout le monde, et commence à préférer certaines personnes. Très vite il vous reconnaîtra. Cela ne se traduira pas par des sourires à votre égard et des grognements à la vue d'étrangers : il continuera à être aimable avec tout le monde. Mais il vous réservera ses faveurs, la quintessence de ses sourires. Et avec l'établissement de sa sociabilité s'affirmeront ses préférences. Il sera prêt alors à développer un attachement passionné et exclusif pour quelqu'un : et l'élue, ce sera vous.

Dans ce que nous considérons comme des circonstances familiales traditionnelles, les bébés conçoivent leur premier amour pour leur mère. Mais cela n'est pas dû à la voix du sang. Il s'agit d'un privilège que vous devez mériter. Vous en bénéficierez, non parce que vous êtes *sa mère*, mais parce que vous avez à son égard un *comportement maternel*, qui implique davantage que des soins purement matériels. L'amour qui est en train de naître n'est pas égoïste, basé uniquement sur le plaisir que procure la nourriture, il est dévolu à la personne qui s'occupe du bébé de tout son cœur, qui lui parle, le câline, lui sourit et joue avec lui. Si vous êtes obligée de vous faire aider par quelqu'un d'autre qui prend en main

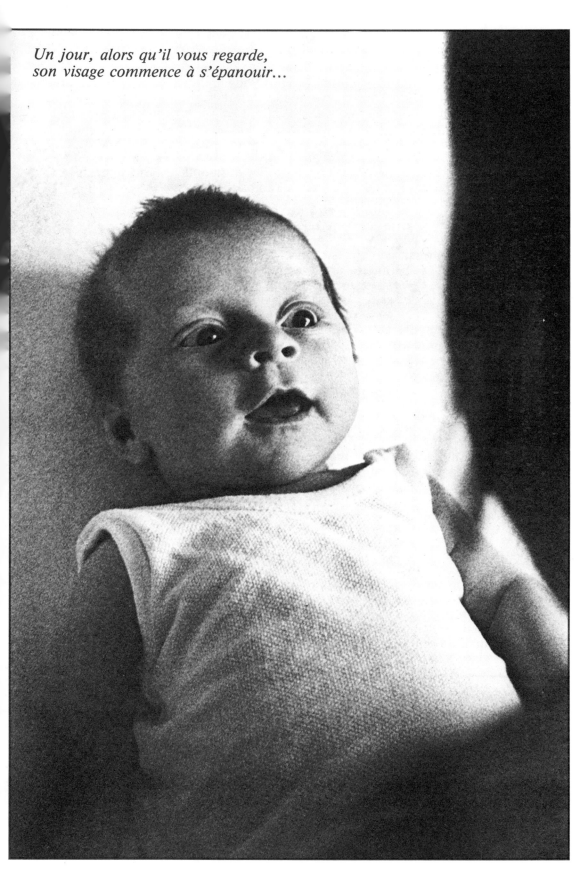

*Un jour, alors qu'il vous regarde,
son visage commence à s'épanouir...*

toutes les tâches matérielles, vous réservant le peu de temps libre dont vous disposez pour les échanges affectueux, vous ne perdrez pas votre place privilégiée dans sa vie. Mais si vous vous limitez à la satisfaction de ses besoins, laissant à l'autre personne le soin d'être son compagnon, c'est à cet adulte-là que le bébé s'attachera davantage. A trois mois, il a besoin que quelqu'un vienne quand il appelle à l'aide ou désire de la compagnie, quelqu'un qui remarque ses sourires et lui sourit en retour, qui l'écoute « parler » et lui répond, une personne qui joue avec lui, lui montre des objets et met à sa portée de petites parcelles du monde extérieur. C'est à partir de ces gestes-là que se construit l'amour.

Tout nourrisson a besoin de s'attacher au moins à une personne. Par l'intermédiaire de cette première relation d'amour, il fera son apprentissage du monde et des gens, et aussi l'expérience de ses premières émotions. Ce premier amour le rendra par la suite apte à des sentiments plus évolués et lui permettra un jour, encore lointain, d'accorder à ses propres enfants la dévotion qu'il réclame maintenant. Les bébés qui n'ont pas la possibilité de former un tel attachement, qui ne reçoivent rien d'autre que les soins corporels indispensables et manquent d'amour, ou qui passent de mains en mains, ne se développent souvent pas aussi vite ni aussi complètement que leur personnalité le permettrait. Mais pourvu qu'il ait formé au moins ce premier attachement, l'enfant peut s'intéresser à toutes sortes de gens. Sa capacité d'amour n'est pas plus limitée que la vôtre. L'amour engendre l'amour.

Même à notre époque, il est rare que les pères puissent être l'objet du premier attachement de leur enfant, car leurs obligations sociales, à commencer par leur travail, les empêchent d'être la personne toujours présente, toujours prête à répondre. Mais ceux qui acceptent, soutiennent et encouragent cette relation unique entre leur compagne et le bébé, s'apercevront par la suite qu'eux aussi bénéficient d'un lien privilégié avec lui. Il se forme un peu plus tard et se construit à partir du premier, mais il est tout aussi important pour l'enfant.

Si vous avez la chance de pouvoir vous occuper tous les deux de votre bébé, il réagira avec autant d'intensité (quoique différemment, puisque vous êtes des personnes différentes) à chacun de vous et sa vie affective sera à la fois plus riche et moins précaire que si elle est totalement centrée sur une seule personne. Si vous devez partager votre temps entre le bébé et votre profession, ou si vous le souhaitez, vous ne perdrez pas pour autant cette relation, pourvu que le bébé demeure votre principale préoccupation et qu'il le sente. Lui non plus n'y perdra rien, pourvu que la personne qui vous remplace à temps partiel soit une figure maternelle aimante.

A quatre ou cinq mois, un père qui ne peut être tout le temps présent et s'occuper constamment du nourrisson prend une importance particulière. Quand il rentre à la maison, ou quand il y reste pendant le week-end, son visage, ses paroles, ses jeux paraissent nouveaux et intéressants. Parce qu'il n'a pas passé sa journée à effectuer un certain nombre de corvées et à faire le nécessaire pour satisfaire les besoins du bébé, il peut répondre plus volontiers au grand désir de contact humain de celui-ci. Et à mesure que l'enfant grandit, devient capable de se souvenir et d'anticiper, le père peut bâtir un type de relation qui lui est propre. Au lieu d'entrer en

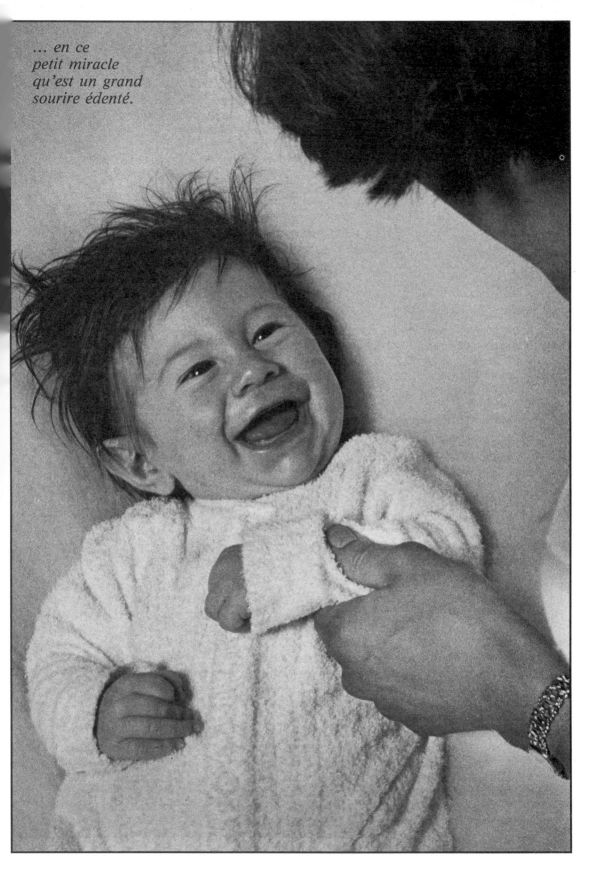

*... en ce
petit miracle
qu'est un grand
sourire édenté.*

compétition sur le plan des échanges tout à fait spéciaux mère-enfant, il peut en créer d'autres et occuper ainsi une place privilégiée dans les attachements de son bébé.

Beaucoup de mères apprécient énormément cette période. Le bébé vous accorde des attentions particulières qui vous donnent l'impression d'être un être à part, adoré, irremplaçable. Il a besoin de vous pour tout. Il lui faut des soins corporels, mais aussi de l'amour et une éducation : jeux, objets et tout ce qui l'aide à développer ses moindres capacités. Chaque fois qu'il découvre quelque chose de nouveau, il veut absolument s'y exercer, à vous de l'y aider. Cependant, aussi absorbants que soient les soins quotidiens, ils sont désormais relativement faciles. Le bébé n'a plus le comportement irrationnel et incompréhensible d'un nouveau-né mais il n'est pas encore éveillé la plus grande partie de la journée et intéressé par tout ce qu'il voit comme ce sera le cas lorsqu'il commencera à ramper, après six mois. Vous disposez encore de moments de repos et de tranquillité dans la journée, et il vous est encore possible de le poser quelque part en sachant que vous le retrouverez à la même place quand vous lèverez de nouveau les yeux.

Mais il y a aussi des femmes qui détestent cette période. Au lieu d'apprécier le fait d'être si nécessaires et si désirées, elles se sentent prisonnières et sont accablées par la dépendance de leur enfant. Leur souhait le plus ardent est que, pendant un moment, il n'ait besoin de rien. L'effort continuel pour comprendre ses sentiments, chercher ce qui lui manque et assurer sa sécurité d'un jour à l'autre, les épuise. Nourrir un bébé affamé ou le nettoyer sont peu de chose en regard de leur solitude et de leur impression d'ennui ou d'étouffement.

En guise de prévention, ou même de remède à ce sentiment, il ne faut pas avoir peur de surestimer votre importance. Tous les progrès essentiels que doit faire votre enfant ces quelques mois sont latents en lui : il a un chemin tout tracé à parcourir depuis ses premiers vagissements, ses premiers jeux de mains, ses premières tentatives pour se retourner, jusqu'aux vrais repas et aux grands éclats de rire. Mais chacune de ces étapes dépend aussi de vous. Vous pouvez l'aider à se développer et à apprendre, ou au contraire, vous pouvez le retarder en gardant vos distances. Il dépend donc de vous qu'il soit heureux, actif et éveillé, ou bien grognon, ennuyé et lent à se développer.

Si vous l'aidez effectivement, la famille entière y gagnera parce que le bébé sera gai, facile et une source de joie pour tout le monde — le plus souvent. Mais si vous limitez vos attentions, tout le monde en souffrira, et vous la première. Le nourrisson sera difficile et agité ; il troublera son entourage. Vous en serez malheureuse car, quoi que vous en pensiez, votre bonheur et le sien sont intimement liés. Si vous lui faites plaisir, sa joie vous touchera et vous aidera à poursuivre votre tâche. Mais si vous le laissez être malheureux, sa détresse vous déprimera et rendra toutes choses difficiles. Il est possible que ses pleurs vous agacent, de même que sa dépendance totale à votre égard. Mais en ignorant ses cris, vous le condamnez à crier encore davantage, et vous vous condamnez à entendre plus longtemps ses pleurs. Aussi, quand vous essayez de répondre à ses besoins, mettez-vous à son niveau, traitez-le comme il demande à l'être ; vous n'agissez pas seulement pour lui, mais pour vous-même : que cela vous plaise ou non, vous formez désormais une famille. C'est ensemble que vous flotterez, ensemble que vous sombrerez.

Alimentation et croissance

Au bout d'une quinzaine de jours, le mode d'alimentation — sein ou biberon — de votre nouveau-né sera décidé. Vous aurez alors dépassé la confusion des premiers jours, au cours desquels vous ne saviez ni l'un ni l'autre comment vous comporter.

Le bébé a besoin de manger. Or, il ne peut le faire sans votre aide. De votre côté, vous désirez le nourrir parce que vous savez qu'il doit manger pour se développer et être en bonne santé. Vous êtes donc tous les deux du même bord. S'inquiéter ou se battre pour des questions d'alimentation est un gaspillage d'énergie pour vous deux ; c'est aussi une atteinte à la joie de vivre.

Car le plaisir joue un rôle important. En observant un bébé au début de son repas, on voit bien qu'il a faim et que la sensation du lait qui arrive dans son estomac diminue le malaise créé par cette faim. Il est évident qu'il est heureux d'être blotti dans vos bras pendant qu'il tète, et que la succion elle-même est importante pour lui. Après trois ou quatre minutes de frénésie, il adopte peu à peu un rythme correct : il tète, reprend sa respiration, se repose un instant, puis recommence à téter. Bientôt, son visage revêt une expression de satisfaction intense. Puis le rythme se ralentit légèrement, les moments de repos se prolongent, il tète moins longtemps. Il est alors ivre de lait et de plaisir, presque endormi. De temps en temps, il boit encore une gorgée, comme pour s'assurer qu'il y en a encore.

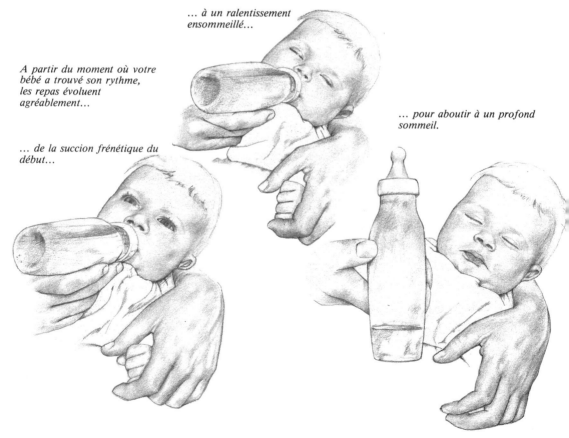

... à un ralentissement ensommeillé...

A partir du moment où votre bébé a trouvé son rythme, les repas évoluent agréablement...

... pour aboutir à un profond sommeil.

... de la succion frénétique du début...

Tout cela paraît très simple, et l'est réellement pour certains parents et certains bébés. Mais ce n'est pas toujours le cas. La période d'adaptation du nouveau-né se prolonge parfois plus longtemps que prévu, en particulier dans le cas des prématurés, ou des enfants qui ont des problèmes tout de suite après la naissance. Il se peut que le vôtre présente un comportement singulier et incompréhensible à l'égard de la nourriture, ou bien que vous soyez si anxieuse de bien faire que nous n'arrivez pas à croire que la chose est aussi simple qu'on le dit.

Si votre enfant semble satisfait la plupart du temps, grossit régulièrement et devient de plus en plus actif quand il est éveillé, vous pouvez être sûre qu'il n'a pas de problèmes d'alimentation, du moins de *son* point de vue.

S'il ne paraît pas s'épanouir harmonieusement, il faut consulter votre médecin, non sans vous être demandé d'abord s'il reçoit assez de nourriture chaque fois qu'il a faim.

Croissance   Après le premier trimestre, le taux de croissance de votre enfant va diminuer. Pendant les trois mois suivants, il va prendre de 140 à 170 g par semaine, et quelque 6 cm en tout. Nous avons déjà souligné que la *régularité* du gain est plus importante que le gain lui-même. Un bébé dont la courbe de poids, semaine après semaine, a suivi la moyenne (voir Inf/CROISSANCE), mais qui présente soudain un ralentissement, est peut-être sous-alimenté. Cependant, s'il a toujours grossi lentement, et si sa courbe de poids a toujours été en dessous de la moyenne, il s'agit sans doute tout simplement d'un enfant destiné à se développer lentement.

L'allaitement maternel

Sous-alimentation   Dans le cas de l'allaitement maternel, une sous-alimentation peut s'installer progressivement et elle est difficile à déceler immédiatement. Voici ce qui arrive souvent : pendant deux ou trois semaines, au début de l'allaitement, vous avez beaucoup de lait grâce au repos que vous prenez et (nous l'espérons) à une certaine distanciation par rapport aux autres problèmes ménagers. Le nouveau-né adopte peu à peu un rythme régulier de tétées (qui peut aller jusqu'à deux ou quatre tétées par heure !), et vous en concluez que sa demande est satisfaite.

Mais le moment arrive où vous devez vous remettre au travail. Beaucoup de mères sont alors prises d'une frénésie d'activité, au lieu de reprendre peu à peu leurs occupations. Que le nourrisson ait deux ou quatre semaines, cela ne peut que vous fatiguer, de reprendre l'ancien rythme avec, *en plus*, les soins au bébé. Cette fatigue a tendance à réduire votre production de lait. Or, le bébé continue de grandir et de semaine en semaine a besoin de plus de lait ; donc, si votre fatigue entraîne une diminution de votre lait, il va rester sur sa faim. Cette faim, il est facile de la satisfaire : il suffit de le laisser téter plus souvent. Mais une des causes de votre fatigue et de votre accablement est justement qu'il demande si souvent à téter. Plus vous avez envie ou besoin de faire autre chose, plus cela devient difficile de laisser le bébé téter quand il le désire.

Il n'est pas toujours facile de se rendre compte de la chose. Le fait que le bébé ait tendance à être grognon, à se réveiller deux heures après son repas et à réclamer deux tétées supplémentaires la nuit ne constitue pas un comportement *nouveau*. Cela ressemble à ce qu'il faisait tout au début, si bien que vous ne réalisez pas que, s'il était nourri à sa faim, il aurait déjà pris des habitudes régulières. Par ailleurs, vous pouvez aussi être abusée par le fait que vos seins sont gonflés le matin au point de laisser le lait couler et inonder votre chemise de nuit. Comment imaginer que votre bébé n'en a pas assez ?

Vous oubliez que votre sécrétion de lait a été abondante pendant que vous vous reposiez, mais la quantité diminue au fur et à mesure que la journée s'écoule. En réfléchissant à ce qui se passe, vous retrouverez sans doute toujours le même schéma : le bébé semble raisonnablement satisfait entre les repas, de 4 heures du matin à 16 heures environ, mais se montre de plus en plus impatient par la suite jusqu'à ce que vous ayez pu bénéficier de quelques heures de sommeil réparateur. Si vous avez plusieurs autres enfants, c'est la tétée de 6 heures du soir qui est la plus médiocre, car elle suit les deux heures fatigantes au cours desquelles il faut chercher les grands à l'école, les baigner, ranger la maison et préparer le dîner.

Tout dépend alors du désir que vous avez de nourrir votre enfant. Si vous y tenez vraiment, il faut alors lui donner la possibilité de se procurer davantage de lait, comme lors de vos premières tentatives d'allaitement (voir p. 42). La production de lait étant stimulée par la succion, plus vous mettrez le nourrisson au sein, plus vous aurez de lait. Lorsque ses repas fréquents auront suscité une quantité suffisante pour le rassasier, il tétera moins souvent. C'est un système merveilleusement simple, mais qui marche toujours. Cependant, n'oubliez pas qu'il faut au moins quinze jours avant que le résultat s'en fasse sentir. Pendant la première semaine, la demande du bébé stimule les glandes mammaires, et ce n'est que la deuxième semaine que vous pourrez avoir une bonne surprise en le pesant ; votre nourrisson sera alors plus calme et plus satisfait.

Comment garder son lait   Une fois que vous avez assez de lait pour satisfaire le bébé, il faut que la quantité se maintienne. Il faut avant tout mettre l'enfant au sein chaque fois qu'il a l'air d'avoir faim. Voici quelques autres « trucs » utiles :

Reposez-vous davantage, surtout en fin de journée. C'est très important. Efforcez-vous de prendre chaque après-midi un moment de repos, aussi difficile que ce soit d'abandonner les aînés et de laisser votre travail en suspens.

Débarrassez-vous du lait qui vous reste après les premières tétées, quand vous en avez trop. Si le bébé ne peut pas tout boire, il faut vider vos seins du surplus, afin qu'ils produisent davantage pour le prochain repas.

Prenez le temps et la peine de boire quand vous avez soif. Votre enfant ne va pas tarder à exiger plus d'un demi-litre de lait. Inutile de vous gorger de liquide, mais il est indispensable de boire suffisamment. Cela signifie que chaque fois que vous avez soif, il faut boire. Si vous n'avez pas le temps de vous faire une tasse de thé ou une orangeade, prenez au moins un verre d'eau.

Prenez le temps et la peine de manger correctement. La qualité de votre lait dépend de votre régime. Votre corps fait actuellement passer les besoins du nourrisson avant les vôtres, tout comme pendant la grossesse. Mais si vous ne mangez pas assez, vous risquez d'être privée des calories, protéines et vitamines qui passent dans votre lait. Cela vous rendra lasse et somnolente, et moins disponible pour les tâches qui vous attendent.

L'inquiétude. On n'explique pas encore très bien comment les soucis et l'anxiété affectent certaines fonctions physiques telles que l'allaitement, mais on ne peut nier leur influence. Certaines mères s'en rendent compte lorsqu'elles essaient de donner le sein dans un environnement où elles ne se sentent pas à l'aise : le sein est gonflé, le bébé tète, mais la tension de la mère empêche le réflexe d'écoulement et le lait ne vient pas.

Un horaire strict, même si l'enfant semble en avoir adopté un de lui-même depuis une ou deux semaines ; vos seins ont besoin d'être stimulés par des tétées supplémentaires, s'ils doivent produire davantage.

Les biberons de complément. Si vous lui donnez un biberon, il aura moins faim et ne communiquera donc pas à vos seins son exigence d'une plus grande quantité de nourriture. Le biberon complémentaire ne se justifie que si vous avez pris la décision de ne pas essayer d'augmenter votre quantité de lait.

Les biberons donnés par des baby-sitters. Des seins qui ne sont pas vidés assez souvent reçoivent le message suivant : « La production est trop forte, il faut la diminuer. » Lorsque votre quantité de lait sera stabilisée à un niveau suffisant, vous pourrez donner de temps en temps un biberon, mais pas maintenant. Il vaut mieux emmener le nourrisson avec vous quand vous sortez ou lui laisser du lait tiré à l'avance si vous préférez sortir seule.

Les remèdes qui prétendent accroître la quantité de lait. De même que les « toniques » et drogues diverses qui stimulent — soi-disant — votre activité sexuelle, ces remèdes sont, à quelques rares exceptions près, de simples potions magiques vitaminées. Ils ne vous feront sans doute aucun mal, mais aucun bien non plus, à moins que votre alimentation soit vraiment carencée en vitamines.

Pilules contraceptives. On sait qu'elles diminuent la production du lait. Envisagez avec votre médecin ou votre conseiller du planning familial une méthode différente (Inf/PLANIFIER SA VIE FAMILIALE). Si vous préférez la pilule, vous pourrez certainement la reprendre quand votre enfant aura quatre ou cinq mois. Si, à ce moment-là, votre allaitement est satisfaisant, la production sera bien adaptée à la demande et ne souffrira guère de la légère diminution due à la pilule. En outre, votre bébé aura sans doute déjà commencé à recevoir d'autres aliments et ne dépendra plus de vous seule pour toutes les calories dont il a besoin.

Si les choses
ne s'améliorent
pas...

S'il vous est possible de consacrer deux semaines à essayer de satisfaire la demande de votre nouveau-né, vous réussirez presque certainement à augmenter votre sécrétion de lait. Il est rare qu'une mère en bonne santé ne produise pas assez de lait, quels que soient la taille et l'appétit de son enfant, mais toutes les femmes ne peuvent pas y parvenir en menant en même temps une quantité d'autres activités. Certaines mères sont ravies de considérer leur rôle de « nourrice » comme une activité à plein temps pendant quelques semaines, d'abandonner toute idée d'« horaire des tétées » ou de « dormir une nuit entière », pour se consacrer entièrement à leur enfant. D'autres femmes ne le veulent ou ne le peuvent pas. Vous pouvez aussi avoir le sentiment qu'il vous faut garder une certaine disponibilité pour vous occuper de votre compagnon ou d'un aîné déjà un peu assombri par votre absence lors de l'accouchement et l'intérêt que vous portez au petit dernier. Si personne n'est là pour s'occuper de la maison, alors que vous traînez la plus grande partie de la journée avec le nouveau-né dans les bras, en train de téter ou de sommeiller, personne, chez vous, n'aura de vêtements propres ou de repas prêts et vous vous sentirez très vite seule et submergée. Et si vos mamelons sont douloureux, si la maison se referme sur vous, vous aurez peut-être l'impression que vous avez fait de votre mieux en nourrissant au sein mais que maintenant, cela suffit. Tout comme au début la décision d'allaiter au sein dépendait essentiellement de vous, celle de continuer vous appartient également.

Décidez en connaissance de cause, cependant. Des biberons complémentaires de lait industriel, tout en assurant au bébé tout le lait dont il a besoin, réduiront certes votre temps de présence, mais pas la qualité de votre présence. Cependant, une fois que vous aurez commencé à donner régulièrement des biberons, il est probable que la quantité de lait industriel que prendra le nourrisson augmentera progressivement, si bien qu'au bout de deux mois, il sera nourri complètement au biberon. Pour le bébé, ça n'a aucune importance, mais le moment venu, vous risquez de vivre cela comme une frustration.

Biberons complémentaires Choisissez un lait en poudre et préparez-en une dose, comme pour un bébé nourri au biberon (voir p. 50). Donnez le sein comme d'habitude, mais à la fin de chaque repas, quand vous n'avez plus rien à lui donner, offrez-lui le biberon préparé. Ce qu'il en boira correspondra, en gros, à ce qui lui manque. Parfois, il ne boira presque rien, mais d'autres fois il pourra prendre beaucoup.

S'il n'accepte le biberon qu'après certaines tétées (probablement en fin d'après-midi et le soir, quand vous avez le moins de lait), ne lui en offrez qu'à ces moments-là.

Il peut s'écouler plusieurs jours avant que le bébé accepte le biberon. Un nourrisson habitué au sein ne se met pas facilement aux tétines. Si le vôtre refuse tout lait industriel, il est difficile de savoir s'il n'en veut pas parce qu'il est rassasié par ses tétées au sein ou parce qu'il rejette le biberon. Le seul moyen de le savoir consiste à lui proposer le biberon pendant cinq jours au moins : s'il a faim, il cédera. S'il persiste dans son refus, il n'a probablement pas faim. Surveillez toutefois sa courbe de poids.

Inconvénients des biberons supplémentaires **Les biberons complémentaires ont pour effet de réduire la quantité de lait maternel.** Une fois que le bébé aura pris l'habitude de compléter ses repas avec un biberon, il aura moins souvent faim. Vos seins seront moins stimulés parce qu'il y aura moins de tétées, aussi vous sera-t-il difficile de maintenir, et encore plus d'accroître, votre quantité de lait.

Les biberons complémentaires risquent d'entamer votre résolution de nourrir vous-même votre enfant. Même s'il ne prend que quelques grammes par jour de lait industriel, vous êtes obligée de stériliser tout le matériel et de préparer le lait. Vous serez donc bientôt amenée à penser que vous subissez les inconvénients des deux systèmes, et que vous pouvez aussi bien cesser d'allaiter.

Les biberons complémentaires diminuent la motivation du bébé à l'égard de l'allaitement maternel. Même s'il les a d'abord acceptés à contrecœur, quand il a compris que le lait peut venir aussi bien des biberons que du sein, il a tendance à devenir « paresseux » en tétant, en particulier pour les dernières gorgées qui lui demandent un effort considérable. Dès que le lait ne coule plus facilement, il va chercher le biberon des yeux.

En théorie, vous pouvez nourrir au sein et donner des biberons complémentaires jusqu'au moment du sevrage. Certaines mères le font, surtout celles qui prennent un grand plaisir à allaiter. Mais la plupart s'aperçoivent que les biberons complémentaires entraînent peu à peu la fin de l'allaitement au sein et le passage au lait industriel.

Suralimentation Il est impossible de suralimenter un nourrisson au sein, tant qu'il ne prend rien d'autre que du lait.

Un bébé qui a bon appétit, mais n'est pas très actif et dont la mère a beaucoup de lait peut grossir plus qu'un autre, nourri comme lui au sein. Mais ne faites pas de comparaisons : il ne deviendra pas trop gros, à moins qu'on ne lui donne soit de la nourriture solide avant qu'il en ait vraiment besoin, soit trop de boissons sucrées (voir p. 108).

L'allaitement artificiel

Sous- Elle est rare chez l'enfant nourri au biberon, mais peut tout de même
alimentation se produire. Si votre bébé pleure beaucoup, s'il est généralement grognon et grossit trop lentement, c'est probablement parce qu'il n'est pas assez nourri. Vérifiez les points suivants :

Vous calculez peut-être trop juste la dose de lait nécessaire. Il ne faut pas se contenter de préparer la dose prescrite exacte, de la diviser entre les biberons de la journée, et d'attendre que ceux-ci soient vidés successivement.

En agissant ainsi, vous ne tenez pas compte du fait que, comme tout le monde, le bébé peut avoir plus ou moins faim selon les moments. Si, par exemple, ses besoins sont de 850 ml par jour, partagés en cinq repas de 170 ml chacun, et s'il boit bien les deux premiers, laisse 57 ml les deux suivants, et finit le cinquième, il aura perdu 115 ml sur sa ration journalière. Des biberons entièrement vidés sont plus un reproche qu'un remerciement. Comment savoir si le nourrisson n'avait pas envie d'un peu plus ?

Considérez donc le calcul de sa ration comme une simple indication. Mettez dans chaque biberon une soixantaine de grammes de plus que ce qu'il est censé prendre. C'est le seul moyen de s'assurer qu'il boit suffisamment et qu'il peut compenser, par exemple, un petit repas du matin par un énorme biberon à midi.

Votre emploi du temps est peut-être trop strict. La digestion d'un biberon complet prend environ quatre heures, si bien que la plupart du temps, le nourrisson ne demande pas à être nourri plus souvent. Mais son appétit peut varier ; il ne finit pas toujours sa ration. Si, après un premier repas insuffisant, vous ne lui donnez pas une petite collation complémentaire, mais le laissez attendre le prochain biberon, il est probable qu'il ne pourra consommer assez de lait pour compenser sa perte. Ainsi, en supposant qu'au premier repas il n'ait bu que 85 ml au lieu des 170 habituels, il aura de nouveau faim au bout de deux heures. Si vous le faites attendre jusqu'à midi, il ne sera pas en mesure d'ingurgiter les 170 ml *plus* les 85 ml qu'il a laissés le matin : son estomac est en effet incapable de contenir 255 ml de lait. Si cette situation se répète jour après jour, il va devenir nerveux et sa croissance se ralentira.

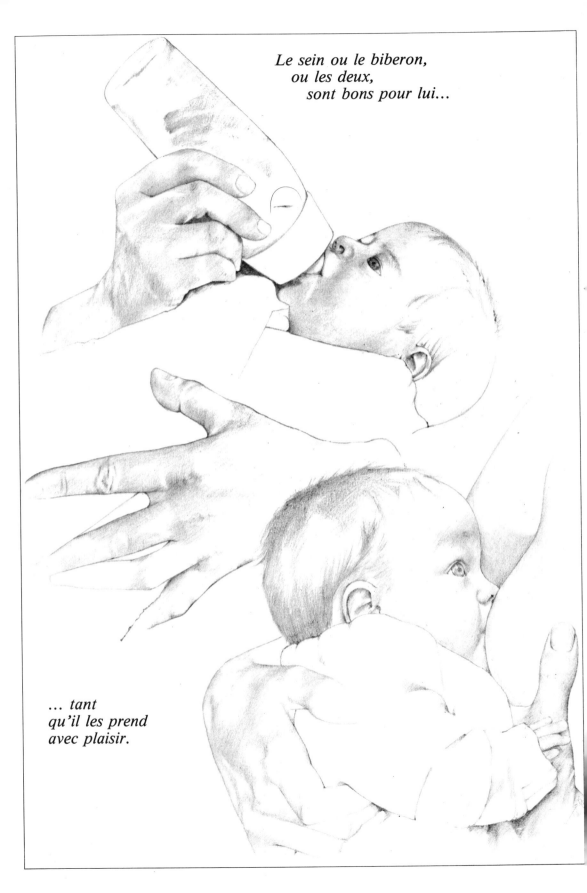

Le sein ou le biberon,
ou les deux,
sont bons pour lui...

... tant
qu'il les prend
avec plaisir.

La tétine est peut-être insuffisamment trouée. Un bébé qui a vraiment faim se donne de la peine pour téter, même s'il a du mal à obtenir le lait. Mais une fois qu'il a bu entre 60 et 85 ml, n'étant plus tenaillé par la faim, l'effort lui paraît excessif ; le repas traîne ; le nourrisson abandonne et s'endort.

Au bout de deux heures, il va se réveiller et redemander à boire. Et si la chose se reproduit, vous allez vous trouver devant un enfant qui demande souvent à être nourri, ne prend jamais beaucoup à la fois, n'est jamais satisfait très longtemps et ne grossit pas assez.

Il faut donc vous assurer que le lait coule normalement de la tétine quand vous retournerez le biberon. Par ailleurs, le bébé doit avoir bu au moins la moitié de sa ration au cours des cinq premières minutes.

Votre bébé dort peut-être trop (voir p. 86). Cela doit s'arranger en quelques semaines, à mesure qu'il grandit et devient plus actif. En attendant, ne comptez pas sur lui pour vous avertir et surveillez l'heure ; réveillez-le pour ses repas à intervalles raisonnables, et servez-vous des choses qui l'intéressent le plus — votre visage, votre voix — pour le maintenir éveillé pendant qu'il tète. S'il se rendort malgré tous vos efforts, n'essayez pas de le forcer à boire, c'est impossible. Il ne dépérira pas si vous le nourrissez peu mais souvent en attendant qu'il grandisse.

Suralimentation

Beaucoup de nouveau-nés nourris au biberon grossissent rapidement dès le début et sont déjà gras à six semaines. Ce risque d'obésité est souvent méconnu parce qu'on trouve les gros bébés mignons. Pourtant, il n'est pas bon pour votre enfant de grossir trop vite.

Ce qui rend les bébés obèses, ce n'est pas le fait de pouvoir boire autant de lait bien dosé qu'ils le désirent, au moment où ils en ont envie. C'est un mauvais dosage du lait industriel, ou bien l'addition d'aliments supplémentaires. A moins que votre médecin ne l'ordonne expressément, par exemple si votre enfant est particulièrement développé, les aliments « solides » ne sont pas nécessaires avant le début du quatrième mois (voir p. 113). N'oubliez surtout pas que, quand on lui donne ce nouveau genre de nourriture, il ne faut pas la dissimuler dans son biberon, mais la lui donner séparément, à la cuiller, de façon qu'il prenne toute sa ration de lait s'il en a envie, sans se trouver forcé d'ingurgiter une quantité de calories supplémentaires.

Dosez avec soin les biberons. Une trop grande quantité de lait en poudre ne change pas le nombre de millilitres de lait de liquide, mais augmente l'apport calorique.

Une prise de poids régulière est importante, mais un enfant gros n'est pas forcément en bonne santé.

Sachez qu'un bébé peut avoir soif sans avoir faim. Un peu d'eau permet de briser le cercle vicieux lait-soif-pleurs — un peu plus de lait — davantage de soif — encore plus de pleurs.

Rappelez-vous que les sirops de fruits à la vitamine C contiennent beaucoup de fructose, même s'ils sont garantis « sans ajout de sucre ». Le fructose est un sucre naturel de fruit qui apporte des calories. Comme les laits industriels sont maintenant souvent enrichis en vitamine C, votre bébé n'a pas besoin de ces apports complémentaires, d'autant plus que vous pouvez lui administrer des gouttes polyvitaminées. Si vous souhaitez lui donner des jus de fruit pour le plaisir, limitez-vous à un par jour et diluez-le bien.

Bien qu'un bébé puisse avoir toutes sortes d'autres raisons d'agitation que la faim, son mécontentement peut venir de la façon dont on le nourrit, même s'il grossit normalement.

Ce bébé bien nourri peut avoir faim. Cela semble paradoxal, mais ne l'est pas en réalité. Son gain de poids normal indique qu'il reçoit, en vingt-quatre heures, la quantité de nourriture dont il a besoin. Mais cela ne signifie pas qu'il n'éprouve pas, par moments, une sensation de faim qui le rend malheureux. On peut comparer son cas à celui d'un petit pensionnaire, nourri selon un régime dosé avec soin pour lui assurer une croissance normale et qui se plaint pourtant d'avoir toujours faim. Pourquoi ? Parce que ce régime comporte des repas à heures fixes et en quantités prédéterminées ; il est nourri en fonction de ses *besoins globaux* et non de son *appétit* immédiat. Si vous consentez à abandonner vos principes concernant la « bonne façon » de nourrir votre enfant, et lui donnez à téter quand il en a envie, il ne prendra probablement pas plus de lait qu'avant et grossira de la même façon. Mais il le fera en pleurant beaucoup moins souvent.

Ce bébé bien nourri a peut-être soif. S'il est alimenté chaque fois qu'il a faim, s'il grossit normalement mais paraît encore nerveux, cela provient peut-être d'un mauvais dosage de la quantité d'eau qu'on lui donne. Le lait représente à la fois pour lui nourriture et boisson. Pour le bébé qui a soif, il n'y a aucun autre moyen d'obtenir à boire. Ceux qui sont nourris au sein sont privilégiés par rapport aux autres parce que, comme nous l'avons vu, le lait maternel contient moins de sodium que le lait industriel ; or, c'est le sodium qui provoque la soif. De plus, le lait du début de la tétée étanche mieux la soif que le lait plus riche qui vient ensuite. Si votre bébé a soif, il sera désaltéré par une tétée au sein d'une ou deux minutes. Mais il faudra quand même lui proposer de l'eau beaucoup plus souvent s'il a de la fièvre, ou par temps chaud.

Tout nourrisson qui réclame le sein ou le biberon, qui boit goulûment pendant quelques secondes, puis s'arrête et se remet à pleurer, devrait se voir offrir un peu d'eau minérale (Évian, Volvic...).

En outre, il faut lui donner deux fois par jour de l'eau pure. Il n'y a aucun danger à lui en donner plus souvent encore. Il la refusera s'il n'a pas soif.

Les repas de nuit

La plupart des nourrissons nourris au biberon ont besoin de six repas par vingt-quatre heures jusqu'à au moins six semaines. Beaucoup d'entre eux en prennent encore cinq jusque vers quatre mois. Ce nombre peut vous paraître sans rapport avec la réalité si vous nourrissez au sein et ne distinguez pas une « vraie » d'une « petite » tétée. Tant que votre bébé est à six tétées, il faut vous lever une fois pendant vos heures de sommeil normales, mais vous pouvez éviter de le faire plusieurs fois ; et quand il passe à cinq repas, vous devez pouvoir profiter de six à sept heures de sommeil presque chaque nuit.

Le fait d'être réveillé toutes les nuits est extrêmement fatigant, bien plus que ne le pensent souvent les médecins, les puéricultrices, les amis de la famille. Ce n'est pas le sommeil perdu qui vous mine, car vous pouvez le rattraper en vous couchant tôt ou en faisant la sieste pendant le week-end : c'est la perturbation du déroulement de la nuit. Être réveillé, même pour quelques minutes, deux ou trois fois par nuit pendant des semaines vous transforme en somnambule !

Tricher
avec les horaires
pour dormir
davantage

Vous pouvez obtenir un maximum de repos pour vous et de satisfaction pour le nourrisson si vous abordez avec souplesse sa faim de la nuit. En le forçant à attendre la tétée ou à respecter un horaire, vous vous vouez inutilement à des semaines de nuits incomplètes.

Le secret qui vous permettra de maîtriser les repas de nuit, à la grande satisfaction de tous, consiste à abandonner toute discipline. Ne croyez pas que la suppression du sixième repas est « bonne » pour le bébé ; il n'a rien à y gagner. De même, n'ayez pas de complexe à le nourrir avant qu'il soit hors de lui, ou à lui donner quelques petits en-cas. Ce n'est pas le rendre « capricieux », c'est du simple bon sens.

Si vous acceptez cette idée, vous constaterez que vous pouvez anticiper et prévenir une demande de nourriture qui s'annonce pour une heure tout à fait inadéquate. Il suffit pour cela de réveiller le bébé et de lui donner à téter au lieu d'attendre qu'il se réveille. Pourquoi vous jeter, épuisée, sur votre lit à minuit, sachant que le nourrisson va se manifester vers deux heures du matin, *puis* à six heures, alors que vous pouvez le réveiller juste avant de vous coucher et vous assurer ainsi la tranquillité jusqu'à vers quatre heures ?

Pour de meilleures nuits
Voici comment un couple de parents s'est organisé pour n'être réveillé qu'une seule fois par nuit.
Quand le bébé est passé à cinq repas, ce programme leur a permis environ six heures de sommeil ininterrompu.

Le bébé avait un repas vers 21 h 30. Il se réveillait ensuite entre 1 h et 2 h du matin, puis à 5 h. Ses autres repas suivaient l'horaire habituel, soit en gros, 9 h 30, 13 h 30 et 17 h 30. Épuisés, les parents décidèrent de faire quelque chose...

REPAS DE NUIT
REPAS DE JOUR
PÉRIODE DE PLEURS
PÉRIODE DE SOMMEIL DES PARENTS

Sans modifier la tétée de 21 h 30, ils n'attendaient pas que le bébé les réveille au milieu de la nuit : ils le réveillaient et le nourrissaient avant d'aller se coucher, vers minuit. Au bout de quelques jours, le nourrisson ne les réveilla plus qu'une fois par nuit, vers 4 heures.

Constatant qu'il pouvait passer à cinq repas, ils décidèrent d'avancer l'heure du coucher, et le réveillèrent un peu plus tôt chaque nuit, jusqu'à ce que le repas de minuit et celui de 21 h 30 se confondent en une tétée à 22 h. Cela leur donnait six heures de sommeil jusqu'à 4 heures du matin.

Se couchant plus tard et supprimant le repas du petit matin, ils auraient pu repousser la tétée de 18 h jusque vers 19 h, puis le laisser dormir jusqu'à 23 h ou minuit, et lui donner le repas du matin à 6 h, après avoir dormi six heures.

Passer la nuit *sans être nourri* Les vrais bébés ne ressemblent pas à ceux des manuels : bien peu acceptent volontiers d'abandonner leur sixième repas au bout de six semaines et tous n'acquiescent pas forcément vers trois ou quatre mois au désir qu'ont les parents de leur supprimer le cinquième. Si votre enfant est de ceux qui semblent avoir besoin de boire plus souvent la nuit que le jour et vous réveille encore alors qu'il ne « devrait » plus le faire, vous risquez de vous laisser déborder par la fatigue et de perdre patience. Conservez votre bon sens : le bébé se réveille (en général) parce qu'il a faim ; il pleure. Seule une tétée arrêtera immédiatement ses pleurs pour un temps assez long. Aussi ne vous croyez pas obligée de résister à cet appel. Ne vous imaginez pas qu'en lui donnant une boisson sucrée qui le rassasiera pour une demi-heure, vous réussirez à maintenir une discipline. Votre bébé dormira la nuit entière quand il sera en état de le faire. En attendant, toute méthode destinée à le *forcer* à se passer de repas de nuit ne fera que le rendre malheureux, et vous faire perdre encore davantage de sommeil.

Le laisser pleurer est un conseil stupide, qu'on donne communément. S'il n'a pas faim, c'est qu'il essaie de vous signaler un autre besoin et doit donc recevoir votre attention immédiate. S'il a faim, la réponse correcte, prompte et facile, consiste à le nourrir.

Plus vous laissez un bébé affamé pleurer, plus il aura faim et sera fatigué. Quand vous finissez par céder, sa fatigue peut l'entraîner à s'endormir après quelques gorgées seulement, et il se réveillera d'autant plus tôt.

Si vous refusez de céder et le laissez hurler pendant une heure ou davantage, il se rendormira, peut-être, épuisé. Mais votre victoire sera illusoire. Un somme d'une demi-heure lui redonnera des forces et ravivera sa faim. Il vous a empêchée de dormir pendant sa première crise de désespoir, et le voilà qui vous réveille de nouveau...

Ces combats dérisoires sont tout à fait inutiles. Il est impossible d'apprendre à un nourrisson à ne pas se réveiller la nuit. Pas plus qu'un adulte, il ne peut maîtriser son assoupissement et son réveil.

Des boissons peu nourrissantes peuvent l'amener à prendre quelques minutes de sommeil, si la faim était légère. Cependant l'eau sucrée et le jus de fruit, ainsi que la succion ne lui apportent que quelques calories, une sensation fugitive de satiété, et un petit moment dans vos bras. Il ne lui faudra guère plus d'une demi-heure pour découvrir que son estomac est toujours vide et, à peine viendrez-vous de sombrer dans un sommeil profond, il vous réveillera de nouveau.

Mais si vous êtes certaine (parce qu'il vient de prendre un repas) que ces pleurs de l'enfant ne sont pas dus à la faim, n'hésitez surtout pas à lui donner de l'eau : il a peut-être soif. Dans toutes les autres circonstances, ce qu'il y a de plus rapide, de plus efficace aussi, consiste à lui donner ce qu'il demande : de la nourriture.

Lui faire prendre un énorme repas le soir ne sert à rien, à moins que vous ne l'ayez sous-alimenté auparavant (voir p. 108).

Les fabricants d'aliments pour bébés essaient quelquefois de tabler sur le besoin de sommeil des parents pour leur présenter des publicités du genre : « Si vous voulez assurer une bonne nuit à votre bébé *et* à vous-mêmes, donnez-lui... » Malheureusement l'appétit et la digestion d'un enfant ne fonctionnent pas comme un moteur de voiture qui tourne d'autant plus longtemps que vous avez plus rempli le réservoir d'essence. Si le repas du soir est bien calculé, l'enfant prend juste la quantité qui lui convient et refuse le superflu. Si vous augmentez le nombre de calories qu'il reçoit en ajoutant une farine à son lait, le supplément de calories aura un effet sur sa silhouette, mais non sur son sommeil.

L'alimentation mixte

Le lait maternel ou le lait industriel donnent aux bébés toute la nourriture et la boisson dont ils ont besoin, à ceci près qu'il faut ajouter un peu de fer au régime de ceux qui sont nourris au sein, vers quatre mois. En théorie, votre enfant pourrait vivre à l'infini de lait seulement, mais ce n'est, évidemment, pas l'idéal.

Bien qu'il y ait suffisamment d'éléments nourrissants dans le lait, ceux-ci sont très dilués : le lait est essentiellement constitué d'eau. En grossissant, le bébé réclame davantage de calories, ce qui l'amène à téter davantage. Finalement, il en arrive à boire autant de lait que son estomac peut en contenir à chaque repas, mais ces 200 à 225 ml ne lui apportent pas, à la fin de la journée, le nombre de calories dont il a besoin. Puisqu'il lui est impossible d'ingurgiter davantage de lait par la tétée, la seule façon de lui fournir plus d'aliments serait de le nourrir plus fréquemment. Si vous n'aviez, pour l'alimenter, rien d'autre que du lait, vous le verriez redemander bientôt les repas de nuit tout juste abandonnés, et demander le biberon ou le sein de plus en plus souvent dans la journée. Heureusement, vous avez de quoi le satisfaire : la nourriture solide, qui contient beaucoup plus de calories que le lait. Même en petites quantités, elle apporte au bébé le supplément de calories dont il a besoin, sans distendre son estomac.

Il y a aussi des motifs sociaux pour donner à votre enfant des aliments solides. Vous éduquez un être humain, or les êtres humains mangent de la « vraie » nourriture. Il faut donc qu'il s'habitue à une grande variété de goûts et de consistances ; il doit aussi apprendre qu'un bon repas se trouve aussi bien dans une assiette que dans un biberon ou un sein. Et c'est seulement quand il aura compris tout cela qu'il pourra prendre place à la table familiale.

Quand le bébé atteint l'âge de la nourriture solide, il faut la lui donner à la cuiller, et non la mélanger à son biberon. Offrir à votre enfant un biberon qui contient un peu de farine équivaut à le forcer à manger, car il ne peut aborder sa ration habituelle de lait (et donc d'eau) sans la farine. Par conséquent, il ne peut refuser celle-ci sans se priver de lait. Au cas où vous seriez tentée d'ajouter quoi que ce soit dans le biberon, souvenez-vous que le lait maternel représente l'aliment idéal pour l'enfant et que vous ne pouvez pas lui ajouter de céréales...

Début La même règle n'est pas applicable à tous les nourrissons, mais il est déconseillé d'introduire de la nourriture solide dans leur régime avant quatre mois, à moins d'une nécessité d'ordre médical. Après cet âge, laissez-vous guider par son poids, son appétit et l'organisation de ses repas.

Il est bon de déterminer le moment où un bébé atteint la limite du régime purement lacté, afin de lui faire connaître, en très petites quantités, le goût des nouveaux aliments dont il va bientôt avoir besoin. On peut déceler ce moment chez un enfant de quatre mois élevé au biberon en considérant sa consommation de lait, le nombre de ses repas et son poids.

Consommation de lait. S'il boit 200 ml à presque tous ses repas, son estomac a atteint les limites de ce qu'il peut contenir. Pour qu'il soit nourri davantage, il faudrait que les tétées soient plus nombreuses et non plus abondantes.

Nombre de repas. Si le bébé ne peut pas boire plus de 200 ml par tétée, vous pouvez faire le calcul de ce qu'il prend par jour en multipliant ce chiffre par le nombre des repas. A cinq repas, cela donne environ 1 000 ml, mais, à quatre, il ne dépassera pas 800 ml.

Poids. Le besoin journalier de votre enfant est d'environ 85 ml par livre de poids. Il faut donc vérifier s'il prend la quantité requise au cours de ses quatre ou cinq repas. Un bébé de 4,5 kg, par exemple, a besoin d'environ 850 ml par jour. S'il a cinq repas (maximum 1 000 ml) cette quantité convient parfaitement, mais à quatre (maximum 800 ml), elle serait insuffisante.

Pour un bébé nourri au sein dont on ne sait pas exactement ce qu'il prend chaque fois, vous pouvez comparer son poids à son appétit pour déterminer le moment où il a besoin d'une autre nourriture. S'il pèse environ 5,5 kg, il doit avoir au moins cinq tétées par jour pour être nourri correctement. Le fait d'atteindre ce poids et/ou de réclamer un sixième repas vous indique qu'il ressent la nécessité d'avoir autre chose que du lait.

Un nouveau-né de poids moyen à la naissance et qui grossit normalement va sans doute dépasser 5,5 kg au cours de son quatrième mois. Comme c'est aussi l'âge auquel il peut supporter de plus longs intervalles entre les repas, ce peut être le moment d'introduire des aliments consistants. Un gros bébé peut atteindre ce poids (et son estomac ses limites pour cinq repas par jour) plus tôt. Demandez à votre médecin si la quantité de lait que vous proposez est suffisante. Un très petit bébé n'atteindra 5,5 kg que beaucoup plus tard ; néanmoins, il faudra probablement l'initier aux aliments solides dans le courant de son cinquième mois car si vous attendiez plus longtemps pour lui présenter cette forme d'alimentation, il risquerait d'avoir du mal à accepter ces goûts nouveaux et cette méthode différente. S'il est nourri exclusivement au sein, il peut avoir besoin de fer car le lait maternel ne lui en apporte pas assez.

Les premiers aliments solides sont des extras

Ils sont plus éducatifs que nutritifs. Quand vous commencez à les offrir à votre enfant, le lait suffit encore à le nourrir. Ils lui apportent un petit supplément, au cas où il en aurait besoin et le familiarisent avec une autre façon de se nourrir. Ils s'ajoutent à sa ration normale et ne sont pas destinés à la varier ou à la remplacer en partie. Le commencement de l'alimentation mixte n'est pas le début du sevrage.

Donnez très peu d'aliments solides et augmentez la quantité de lait. Ne croyez pas les fabricants d'aliments pour bébés quand ils disent que l'augmentation de la nourriture solide doit correspondre à une diminution de la quantité de lait offerte. Au contraire. Donnez très peu de solides tout en maintenant le régime habituel, et n'augmentez-les que si le bébé réclame.

N'obligez jamais un enfant à avaler de la nourriture solide. Offrez-lui des aliments différents, et laissez-le décider s'il en veut ou non.

Présentez-lui une très grande variété de produits. L'expérience vous permettra de déterminer ce qu'il aime. Même à un âge aussi tendre, il va montrer des préférences que vous devrez respecter.

Les aliments solides

Pendant quelque temps encore, le lait restera l'élément de base de son régime. Même quand il commencera à en boire moins parce qu'il voudra davantage d'aliments solides, le lait continuera à lui fournir presque toutes les protéines, les sels minéraux et les vitamines dont il a besoin. Les nouveaux aliments lui donneront essentiellement des calories — leur combustible — car ils en contiennent tous. Il n'est donc pas très important de savoir exactement ceux que vous allez lui donner, à condition qu'ils soient semi-liquides, que le bébé les aime et qu'ils ne lui donnent pas d'indigestion. Une farine « à forte teneur en protéines » ne lui apportera rien de plus qu'une farine ordinaire, car il n'a que faire des protéines supplémentaires de la première, mais a besoin des calories qu'elles contiennent toutes les deux.

Farines Ce sont, traditionnellement, les premiers aliments consistants offerts aux bébés. Elle sont spécialement fabriquées pour eux et sont faciles à mélanger à un biberon de lait industriel, de lait de vache ou de lait maternel.

Ces céréales ont l'avantage d'être riches en fer, ce qui est important pour les enfants nourris au sein. Elles ont aussi un agréable goût lacté qui les rend facilement acceptables. Cependant, beaucoup de nourrissons les refusent si on ne les sucre pas et, si vous le faites, même la plus petite quantité de sucre ajoute beaucoup de calories à la ration journalière de l'enfant. Mettez-en donc très peu : une seule cuillerée à café de farine mélangée à trois cuillerées de lait et 1/4 de cuillerée de sucre doivent suffire pour commencer.

Fruits passés Beaucoup de bébés les préfèrent aux céréales. Leur goût est plus surprenant pour eux, mais aussi plus intéressant et plus agréable. Si cela leur fait faire avec plus d'enthousiasme l'apprentissage de cette nouvelle forme de nourriture, n'hésitez pas à leur en donner. Le plaisir qu'ils y trouvent maintenant les incitera à les accepter d'autant plus volontiers quand ils seront devenus un élément indispensable de leur régime.

Légumes passés Si votre bébé les apprécie, c'est une excellente alternative. S'il aime leur goût naturel, tant mieux. S'il les refuse, résistez à la tentation de les sucrer. A tous les autres légumes, ils préférera sûrement les carottes qui sont naturellement sucrées.

Une fois que vous aurez fait admettre à votre enfant un ou deux aliments solides, offrez-lui-en une grande variété. Vous pouvez acheter des « petits pots » pour bébés, ou mettre d'infimes portions à votre propre cuisine dans un mixer ou une moulinette à légumes (voir p. 121). Si vous voulez qu'il apprécie ce que vous préparez, donnez-lui dès le début des mets cuits par vous. En effet, s'il s'habitue un peu trop aux repas toujours semblables qu'on trouve dans le commerce, il va peut-être refuser la nourriture moins fade que vous lui proposerez. Une vraie pomme râpée, par exemple, n'a rien de commun avec un « dessert à la pomme ».

Aliments cuisinés Puisque vous n'avez pas encore à vous soucier de fournir à votre enfant
à la maison une ration équilibrée d'aliments solides, il vous suffit de mettre dans votre mixer une toute petite portion de votre propre nourriture. Une cuillerée à café de purée de pomme de terre, allongée de lait ou de jus de viande, convient très bien, de même que des carottes, ou tout autre légume cuit à l'eau. Tous les fruits, sauf les fraises (qui peuvent provoquer des réactions allergiques), et ceux qui ont beaucoup de pépins, comme les framboises, sont bons pour lui, si on les faire cuire et qu'on les passe. On peut les alléger en leur ajoutant du lait ou de la crème anglaise.

Préparations A ce stade, il est absurde de donner à un nourrisson des aliments en
du commerce boîte ou en pot. Il ne peut en prendre plus d'une ou deux cuillerées à la fois, bien que le récipient contienne l'équivalent d'au moins trois

cuillerées à soupe. Ce qui reste ne peut servir pour les repas suivants, car on ne peut garder le contenu d'une boîte ouverte plus de vingt-quatre heures, même dans un réfrigérateur, et il n'est pas question de donner au bébé la même chose trois fois de suite.

Les aliments déshydratés peuvent être utilisés pendant un délai plus long. Achetez plusieurs boîtes différentes d'aliments à la fois sucrés et savoureux, de façon à faire connaître la variété à votre enfant. Vous pouvez aussi changer en ajoutant de l'eau ou du bouillon frais fait à la maison (et non des cubes du commerce trop salés) à la place du lait.

Les premiers vrais aliments solides

Il n'y a pas urgence. Allez doucement. Apprendre à manger des aliments solides est un effort important pour un nourrisson. Jusqu'alors, la faim était liée, dans son esprit, à l'idée de succion. Il lui faut maintenant apprendre qu'on peut la satisfaire avec autre chose que du lait et que cette nouvelle nourriture se prend autrement qu'en tétant. Pour commencer, il ne comprendra pas ce que vous cherchez à faire quand vous lui présenterez la cuiller. Il ne saura pas que ce que vous lui offrez est destiné à calmer sa faim et ne verra donc pas l'intérêt de coopérer. S'il est affamé, il réclamera le biberon ou le sein. Si vous le troublez ou le contrariez en mettant de force la nourriture dans sa bouche quand il la rejette, autant renoncer tout de suite à l'opération.

Tablez sur sa curiosité et son intérêt. Si vous avez attendu qu'il ait quatre ou cinq mois pour lui proposer sa première nourriture solide, votre bébé s'intéresse déjà probablement à votre façon de manger et aux aliments qu'il voit les autres apprécier. S'il assiste à votre déjeuner assis sur vos genoux et observe chacune de vos bouchées, faites-lui goûter (choisissez quelque chose d'acceptable !) sur le bout de votre doigt. Ce partage du repas familial est la meilleure façon de lui faire découvrir les aliments autres que le lait.

Utilisez sa capacité à jouer avec ses mains. A cet âge, l'aliment que le bébé tient à la main ne compte guère en tant que nourriture, mais il va beaucoup s'amuser avec. Saisir une croûte de pain et la sucer compense la passivité avec laquelle il subit l'alimentation à la cuiller, et le fait de porter lui-même l'aliment à sa bouche rend le goût et la consistance de celui-ci très séduisante, au lieu de déclencher sa fureur. Surveillez-le attentivement et soyez prête à intervenir si une croûte trop sèche se brise dans sa bouche : un fragment pourrait l'étouffer.

Le choix du repas. N'essayez pas de lui faire découvrir les aliments solides lorsqu'il attend son repas avec avidité. La première tétée du matin, par exemple, ne convient pas du tout. L'enfant est à peine réveillé, mais affamé ; laissez-le téter en paix.

Quel que soit le moment choisi pour lui donner ses premiers aliments solides, ne le nourrissez pas à la cuiller quand il a très envie de téter. Si vous le faites, il va se mettre à hurler de faim et de contrariété à chaque cuillerée. D'un autre côté, il ne faut pas attendre qu'il soit gorgé de lait : il sera alors trop ensommeillé pour faire l'effort que vous sollicitez. La meilleure méthode consiste à faire un « sandwich », c'est-à-dire à placer la nourriture solide au milieu d'un repas : un peu de lait pour apaiser le plus gros de la faim et lui faire comprendre que le sein ou le biberon est toujours à sa disposition, puis l'élément plus consistant, et enfin autant de lait qu'il en désire encore.

Administration du repas. Les bébés ont beaucoup de difficultés à apprendre à se nourrir sans téter, tant qu'ils n'ont pas compris comment procéder. Si vous mettez de la nourriture sur la langue d'un tout-petit, il ne sait pas comment la faire passer au fond de la bouche pour l'avaler et va la laisser ressortir. Si vous la lui remettez de force, il risque de s'étouffer et, par la suite, de refuser de manger à la cuiller, parfois pendant des semaines. La méthode qui donne en général les meilleurs résultats consiste à utiliser une très petite cuiller — du genre de celles dont on se sert pour la moutarde — et à la placer simplement entre les lèvres de l'enfant de façon qu'il puisse en sucer le contenu. La succion entraîne une partie de la nourriture vers le fond de la bouche ; elle est ainsi avalée. Si le goût lui plaît, il se montrera enthousiaste.

Savoir quand s'arrêter. En vous conformant à cette méthode, vous donnez au bébé la possiblité de vous « faire savoir » quand il veut s'arrêter ; il détourne la tête de la cuiller, ou serre les lèvres au lieu de téter. Au contraire, si vous lui mettez la nourriture directement dans la bouche, il vous est impossible de savoir quand il en a assez. S'il rejette sa soupe, s'étrangle, pleure, vous pouvez en conclure qu'il n'en veut plus, mais cela peut être le résultat d'une mauvaise technique ou de sa propre maladresse.

Digestion des premiers aliments consistants

La plupart des bébés de plus de quatre mois digèrent facilement une grande variété d'aliments. Les idées reçues concernant une nourriture « appropriée » pour eux ne reposent pas sur grand-chose.

Toutefois, il ne faut surtout pas ajouter de sel à la soupe du bébé, car il risque de fatiguer ses reins encore immatures. Il est bon aussi d'éviter les épices, les sauces exotiques qui pourraient lui irriter la bouche ou l'estomac, et il est essentiel d'éviter le thé, le café et l'alcool qui sont des toxiques. Par ailleurs, il peut essayer tout ce que mange la famille. Mais *peu à peu*. Présentez-lui à part toute nouvelle nourriture et ne lui en donnez qu'une seule cuillerée les premières fois. S'il n'aime pas certains aliments, vous saurez exactement ce qu'il faut éviter de lui donner pendant quelque temps.

Alimentation à la cuiller

Votre enfant ne sait pas s'il aimera les aliments solides. Aidez-le ! Il lui faut découvrir que les différents goûts sont agréables, et apprendre à faire glisser la nourriture au fond de la bouche pour l'avaler. Ce n'est que par la suite qu'il comprendra que cela apaise aussi la faim.
Ne le forcez pas. Laissez-le aspirer lui-même la nourriture ; cessez si ce goût le fait pleurer, si ses lèvres serrées vous signalent : « Assez ».

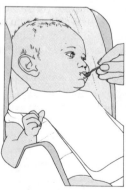

Mettez entre ses lèvres une petite cuiller, et laissez-le en téter le contenu, pour goûter.
Si cela lui plaît, il continuera...

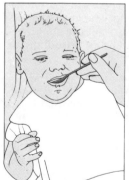

Si vous remplissez trop la cuiller ou si vous l'enfoncez trop profondément dans sa bouche, il sera obligé d'avaler ; il peut s'étrangler ; il ne peut vous signaler qu'il en a assez.

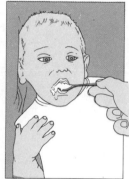

Si vous mettez la nourriture trop en avant sur la langue, elle ressortira tout simplement, car il ne saura pas la faire passez assez loin pour l'avaler. Ce sera décevant pour vous deux.

N'oubliez pas qu'il ne peut pas encore mâcher. Si vous lui présentez des morceaux, il les avalera tels quels. Broyez, passez ou liquéfiez ses premiers repas « solides », et rappelez-vous que les pépins ou les peaux dures ne disparaissent pas par un simple mixage. Comme il n'est pas encore capable de bien les digérer, il convient de passer tout aliment qui en contient.

Trop de sucre ou trop de graisse peut aussi perturber sa digestion. Il est habitué à un régime lacté parfaitement équilibré, et il lui faudra quelque temps pour s'adapter à un flan au chocolat sucré, ou au beurre dans ses légumes. Même quand il les digère bien, restez avare de graisses animales et de sucre pour le bien de sa santé future et de ses habitudes alimentaires.

Les allergies

Si dans votre famille on a tendance à l'allergie (asthme, bronchite ou rhume des foins), consultez un médecin avant de commencer l'alimentation mixte. Si le bébé a déjà montré des signes d'allergie, sous forme d'eczéma, par exemple, votre médecin peut vous conseiller d'éviter les causes probables d'allergies, comme le blanc d'œuf et les fraises. Sinon, ne vous inquiétez pas. Une réaction d'allergie à une minuscule quantité de nourriture ne sera certainement pas violente. Renoncez simplement à cet aliment jusqu'à ce que l'enfant ait grandi (Inf/ALLERGIE).

L'horaire des repas

Vers cinq mois, la plupart des bébés peuvent commencer à s'adapter aux horaires des repas familiaux, quel que soit le nombre des en-cas supplémentaires (sein ou biberon) qu'ils reçoivent dans l'intervalle. Un bébé ne peut pas rester sans nourriture du dîner au petit déjeuner familial et il faut lui donner une dernière tétée ou un biberon de lait tard le soir ou très tôt le matin. Si votre famille est matinale et si vous aimez vous coucher tôt, vous choisirez sans doute le biberon du matin. Si vous préférez vous coucher et vous lever tard, le biberon ou la tétée du soir vous conviendront mieux.

Vous trouverez ci-dessous trois façons d'organiser les repas, suivant vos habitudes familiales.

Horaires	Commentaires
Bébé réveillé tôt dans une famille matinale. *Le bébé a une tétée entre 5 et 6 heures du matin, puis se rendort. L'agitation matinale est passée quand il faut s'occuper de nouveau de lui : petit déjeuner à 9/10 h ; déjeuner tardif entre 13 h 30 et 14 h ; puis il doit tenir, avec l'aide d'une boisson dans l'après-midi jusqu'à son dîner qu'il prend avec le reste de la famille vers 19 h.*	*Tout repose sur la tétée du petit matin. S'il se met à dormir plus longtemps, il faut, soit le réveiller, soit le mettre à l'horaire ci-dessous.*
Réveil plus tardif dans une famille qui se couche tard. *Le bébé se réveille et prend son petit déjeuner avec le reste de la famille. Déjeuner à 12 h 30, puis goûter-dîner tout seul vers 17 h. Il se réveille ou est réveillé pour une tétée tardive au moment où ses parents se couchent.*	*Cet horaire permet au père de voir davantage le bébé, d'abord au petit déjeuner, puis à son dernier biberon. Il facilite la fin de journée de la mère puisqu'elle peut le coucher avant le souper familial, mais au contraire complique le début de la matinée puisqu'il faut assurer le petit déjeuner du bébé en même temps que celui du reste de la famille. Tout repose sur le biberon du soir. Si on le laisse dormir sans le lui donner, il ne tiendra pas jusqu'au matin.*

Les premiers repas solides

Vers cinq ou six mois, les enfants qui ont appris à apprécier des saveurs différentes savent que les aliments à la cuiller satisfont leur faim. Pendant longtemps encore, le lait au biberon restera très important, mais ils sauront aussi tirer du plaisir de la nourriture solide. Progressivement, ces bébés se mettront à manger à la cuiller ou à la main, et demanderont le biberon ou le sein de moins en moins souvent.

La méthode « sandwich » permet de déceler facilement ce stade. Préparez la nourriture solide, puis donnez à téter au bébé. En voyant son assiette, il va se dépêcher d'expédier cette première tétée, de façon à passer plus vite à la soupe. S'il aime ce qu'on lui donne, il mangera peut-être tout et ne voudra plus que quelques gorgées de lait pour finir.

Quand il commence à se comporter ainsi, vous pouvez augmenter sa ration d'aliments solides (par exemple passer d'une à trois cuillerées), et vous préparer à abandonner la méthode « sandwich » dès qu'il vous fera comprendre qu'il préfère commencer un repas par du solide, ou qu'il n'a plus besoin de sa deuxième ration de lait. Il est *en train* d'amorcer le sevrage en transférant peu à peu sa préférence du lait à de « vraies » nourritures. Mais il le fait de son propre chef, et non parce qu'on l'y oblige. Il est important de le laisser agir à sa guise. Il peut y avoir des jours ou même des semaines pendant lesquels il revient au lait uniquement, ou bien, à certains repas, il peut réclamer encore la tétée du commencement et de la fin. Si vous le laissez faire, vous pouvez être sûre qu'il aura les proportions de lait et d'aliments solides qui lui conviennent et qu'il n'absorbera que ce dont il a besoin.

Par la suite, vous verrez probablement s'organiser un programme. Au réveil, il voudra presque certainement boire avant de manger. Si ce repas du matin est le complément aux trois repas principaux, qu'il prend le matin plutôt qu'en fin de soirée, il est évident qu'il ne voudra rien d'autre que du lait. Mais s'il s'agit de son petit déjeuner, laissez-le boire autant qu'il veut, puis donnez-lui ensuite un aliment solide.

Au repas de midi, il sera sans doute impatient d'avoir du solide, et sera moins intéressé par une tétée. Présentez-lui un biberon ou le sein à la fin de son repas, mais s'il vous fait comprendre qu'il n'en a pas envie, faites-le un peu boire à la tasse.

Pour son goûter-dîner, il est possible qu'il ait besoin de boire un peu pour se calmer après le bain et les jeux. Ensuite, il sera prêt à manger, et il aura pour finir une longue tétée (peut-être dans sa chambre) pour le préparer au coucher.

S'il prend encore quelque chose en fin de soirée, ce ne doit évidemment être que du lait qu'il boira sans presque se réveiller.

Au cours de cette période intermédiaire, votre enfant apprend à s'adapter à des repas moins nombreux, mais plus importants qu'auparavant.

Cette initiation sera rapide et facile si vous lui rendez ces moments agréables. Par ailleurs, il aura souvent besoin d'un petit en-cas pour tenir d'un repas à l'autre. Plutôt qu'un supplément de lait, il préférera quelque chose qu'on peut prendre à la main et mâchonner. Plus il s'habituera aux aliments qu'il peut manger seul, plus vite il saura s'en nourrir vraiment et y trouver du plaisir. Il aura aussi envie de jouer avec sa nourriture, et il faut l'encourager à y mettre les doigts ou à y plonger sa cuiller, pour qu'il apprenne plus vite à manger seul. De toute façon, à cet âge, les repas heureux entraînent beaucoup de saleté. Aussi organisez-vous et équipez-vous en conséquence.

L'apprentissage de la nourriture solide

Dès que votre enfant commence à s'intéresser vraiment aux aliments consistants et à moins téter, il est temps de vous organiser pour que les repas soient rapides et faciles à donner autant qu'agréables à prendre. Il n'est plus le tout-petit que vous preniez sur vos genoux pour lui faire avaler une minuscule portion de purée. C'est quelqu'un qui s'apprête à savourer son repas. Pour téter, il a encore besoin d'être pris dans les bras, mais le reste du temps, il est mieux dans sa chaise, ce qui rend plus libre pour le servir et aller chercher ce que vous avez oublié !

Il va salir énormément ; au lieu d'essayer de l'en empêcher, il vaut mieux vous organiser pour que cela ne vous dérange pas trop. On vend toutes sortes d'objets destinés aux repas des bébés ; en voici quelques-uns. Faites votre choix avec soin : ils vont vous servir plus d'un an.

Bavoirs

Le bavoir idéal : le plastique raide ne peut étouffer le bébé.
Pas de cordons à nouer. Ce qui tombe est retenu dans la poche du bas.

Les bavoirs en tissu sont gracieux, mais doivent être lavés constamment.

Évitez la serviette en plastique souple ; les cordons s'embrouillent, le bébé risque de s'étouffer, s'il la porte à son visage.

Chaises et tables

Cette chaise, équipée de sa tablette verrouillable, est idéale pour les premiers repas.

Assiettes chauffantes

Elles comportent plusieurs compartiments et l'eau chaude du réservoir garde tiède la nourriture. Comme elles sont fixées par une ventouse, l'enfant ne peut les soulever. Les assiettes en plastique font aussi l'affaire, mais elles peuvent également servir de chapeaux.

La chaise haute

Il existe différents modèles de chaises hautes mais le modèle ci-contre avec support est confortable à cet âge et peut servir au moins un an. Décrochée, la chaise se pose par terre (voir ci-dessous). Laissez-la équipée en permanence d'un harnais et si vous avez peur des dégâts, étalez dessous une protection à l'heure des repas. Ainsi équipée, vous êtes dans les meilleures conditions pour vous amuser au maximum et salir au minimum...

Tasses

Une tasse inversable est facile à tenir, commode pour boire, et ne se renverse pas. Elle peut, au pire, laisser couler un filet...

Cette tasse permet au bébé de trouver la bonne inclinaison pour boire, mais elle est lourde et difficile à manier.

Une tasse sans couvercle ! Cela doit servir à verser...

Aidez votre bébé

Partez du principe que votre rôle consiste, non pas à le nourrir, mais à l'aider à manger. A partir du moment où on l'assied pour son repas, il aura certainement envie de se servir de ses mains, aussi bien que de sa bouche. Laissez-le barboter, éclabousser, plonger les doigts dans l'assiette et les sucer, et chercher à savoir à quoi sert une cuiller. Cela fait beaucoup de saleté, mais c'est très important pour lui. Plus il aura l'impression d'être concerné par son repas, au lieu d'être simplement gavé, plus il aimera ce moment. Et s'il y prend du plaisir maintenant, vous aurez moins d'ennuis plus tard, moins de caprices ou de refus. Le fait de bien s'exercer dès le départ lui permettra de manger seul très jeune.

N'essayez pas de le diriger. Sa peau est facile à laver, son bavoir protège ses vêtements, du papier préserve le sol. Laissez-le donc patauger et s'amuser.

Ne découragez aucune des méthodes qu'il emploie pour porter la nourriture de l'assiette à sa bouche. Ce qui compte, c'est l'enthousiasme.

Donnez-lui sa propre cuiller ; il peut apprendre à s'en servir rien qu'en jouant avec.

Quand il a compris à quoi elle sert, mais ne peut encore amener son contenu jusqu'à sa bouche, substituez la vôtre à sa cuiller vide.

Les aliments à prendre avec les doigts

Il est bon pour son moral de pouvoir empoigner des aliments : cela rend les repas plus faciles et amusants. Tout ce qui est dur est bon pour ses gencives, et un simple biscuit peut l'aider à attendre le prochain repas.

Une carotte crue, un quartier de pomme ou un os de côtelette cuite bien lisse ressemblent à un jouet, mais sont meilleurs que le plastique.

A force de les sucer, il apprend qu'il peut se nourrir d'une croûte de pain ou d'une biscotte. Elles l'occupent et apaisent un peu sa faim.

Puis, il peut manger avec les doigts des aliments solides en morceaux meilleurs que des cuillerées de purée grumeleuse. Tapez-lui dans le dos s'il s'étrangle.

Préparation des repas

A cet âge, tout ce qu'il ne peut manger à la main doit être réduit en purée. La plupart des bébés préfèrent la consistance d'une crème épaisse ; ils ont tendance à s'étouffer en avalant des soupes plus denses, se rapprochant de la purée de pomme de terre. Évitez de donner à votre enfant quoi que ce soit qui lui répugne.

Certains aliments ont seulement besoin d'être réduits à l'état semi-liquide. Vous pouvez utiliser un mixer et alléger la purée qui en résulte avec du bouillon, du lait ou de l'eau. Passez ce qui comporte des pépins, des fils ou des grumeaux, comme les framboises, le chou ou la viande hachée. On obtient ce résultat avec un simple moulin à légumes. Inutile de stériliser les assiettes, plats et cuillers, mais laissez-les égoutter (s'ils ne sont pas lavés à la machine), car les torchons sont des réservoirs de bactéries. Les tasses inversables peuvent garder des gouttes de lait dans leur bec ; lavez-les avec soin.

N'ouvrez pas les boîtes de nourriture pour bébés avec le même ouvre-boîte que les boîtes du chat ! Ébouillantez-en le couvercle d'abord. Lavez-vous les mains avant de préparer un repas, n'utilisez pas un plan de travail ayant reçu de la viande crue. Couvrez la nourriture quand elle est cuite, et tiédissez-la rapidement. Si vous servez des restes, portez-les à ébullition, afin de les restériliser.

Le sommeil

Le nouveau-né s'endort et se réveille au hasard : il traverse aussi parfois de longues périodes de somnolence. Mais le bébé plus âgé est beaucoup plus apte à faire la différence entre les deux états. Il reste endormi plus longtemps, mais une fois réveillé, il n'aura plus sommeil avant d'avoir été nourri. A trois ou quatre semaines, le sommeil et l'alimentation vont encore de pair. Si on le laisse faire, le bébé se réveille quand il a faim et se rendort quand il est rassasié. Ses périodes de veille se situent au moment des repas — pendant qu'il reçoit des soins corporels et une attention affectueuse.

Périodes de veille Vers six semaines, le lien entre l'alimentation et le sommeil commence à se relâcher. Le bébé a encore tendance à s'endormir quand il a fini son repas, mais son sommeil ne se prolonge pas jusqu'à ce que la faim le tenaille de nouveau. Il lui arrive de se réveiller parce qu'il a simplement assez dormi.

La plupart des bébés adoptent comme période de veille un moment particulier de la journée, en général en fin d'après-midi. L'enfant, après son petit déjeuner, dort pendant presque toute la matinée. Après son repas de midi, il fait une sieste, d'une durée trop courte pour que ce soit la faim qui le réveille. Elle dure environ deux heures. Beaucoup de mères encouragent cet emploi du temps parce que la fin de l'après-midi est un bon moment pour s'occuper du bébé. Il faut lui donner au réveil son jus de fruit quotidien, puis l'emmener se promener dans sa poussette ou lui accorder un moment de liberté sur le tapis, débarrassé de ses couches et gratifié de toute votre attention. Après une ou deux heures passées ainsi, il sera prêt à prendre son bain, puis son repas. L'exercice physique et les jeux l'auront fatigué, et il dormira sans doute profondément jusqu'à son biberon du soir.

Il y a bien sûr des enfants qui adoptent des horaires moins conventionnels. Si le vôtre a tendance à sommeiller après son petit déjeuner, puis à rester éveillé le reste de la matinée pour, finalement, dormir tout l'après-midi, vous pouvez modifier cet état de chose en changeant l'heure de ses repas. Donnez-lui donc un petit en-cas au milieu de la matinée, quand il se réveille, et il s'assoupira peut-être de nouveau. Si ensuite vous le laissez dormir jusqu'à un déjeuner tardif, il prendra peu à peu l'habitude de rester éveillé l'après-midi.

A trois ou quatre mois, l'enfant reste éveillé à deux ou trois reprises dans la journée. Il a toujours tendance à s'endormir après ses repas, mais à mesure qu'il grandit, ses siestes sont de plus en plus courtes.

Troubles du sommeil Il faut considérer à ce stade que les difficultés sont de votre fait, et non du fait du bébé. Son sommeil se conforme à ses besoins ; il est, en effet, encore incapable de rester volontairement éveillé, mais, pas plus que vous, il ne peut se réveiller sur commande. Inutile d'ajouter le souci de la quantité de sommeil qu'il prend à celui de la quantité de sommeil qui vous manque !

La nuit Si, la nuit, votre enfant ne dort pas profondément pendant des périodes suffisamment longues, il faut vous reporter à la p. 70 pour en chercher la raison. Il ne fait peut-être pas encore bien la différence entre le comportement de jour et celui de nuit, et a besoin d'être aidé à devenir une créature diurne.

Vous pouvez aussi vérifier s'il n'est pas perturbé par des causes extérieures. Si vous l'avez encore dans votre chambre, les bruits que vous

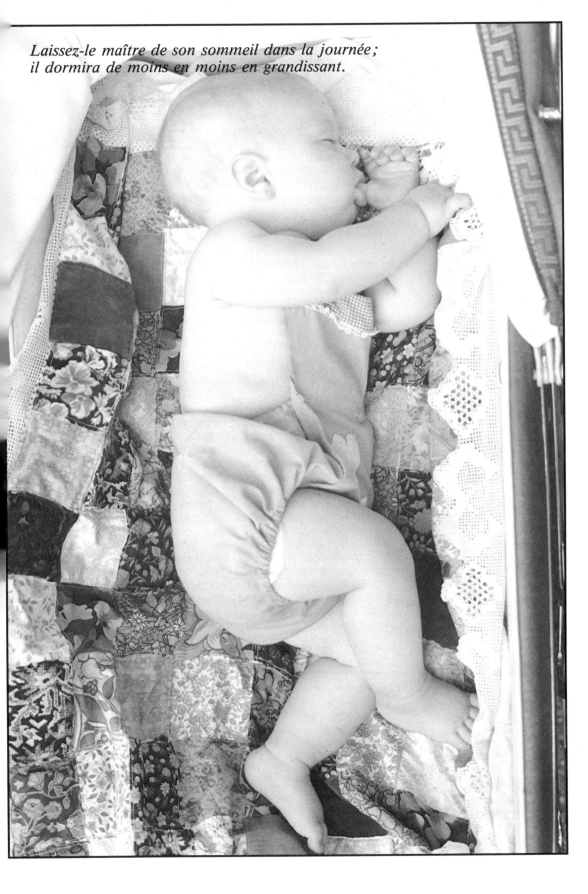

*Laissez-le maître de son sommeil dans la journée;
il dormira de moins en moins en grandissant.*

faites et vos mouvements peuvent le réveiller complètement quand il est dans une phase de sommeil léger. Et vous n'arrangez certainement pas les choses en allant tout le temps vous pencher sur son berceau ! S'il s'agite et se découvre, il risque d'être éveillé par une sensation de froid et d'inconfort. Habillez-le chaudement pour la nuit.

Les insomnies sont souvent dues à des « coliques » qui l'ont tenu éveillé tous les jours à la même heure (voir p. 83). Si ces « coliques » ont disparu, prenez-le à ce moment-là, câlinez-le un peu, puis remettez-le au lit. Comme il n'y a plus de douleur pour le gêner, il se rendormira très vite. Mais si son agitation nocturne n'a rien à voir avec une « colique », et si le bébé est encore entièrement nourri au sein, demandez-vous si vous lui donnez suffisamment de lait à l'heure de son goûter-dîner. Il a peut-être simplement besoin d'un petit supplément.

N'oubliez pas qu'en grandissant il a de moins en moins besoin de sommeil. Si un bébé dort la plus grande partie de la journée, il choisit forcément la soirée ou la nuit pour sa période de veille. Dans ce cas, il faut réviser ses horaires.

Un réveil très matinal signifie le plus souvent qu'il a eu son content de sommeil, même si vous ne pouvez en dire autant. Quand il est encore à cinq repas, la tétée du petit matin vous donne encore problablement deux heures de répit. Mais quand il sera définitivement passé à quatre repas, il vous faudra choisir entre des soirées paisibles sans bébé, ou un lever plus tardif. Bénéficier des deux sera impossible (voir p. 117).

Le jour Pendant les toutes premières semaines, il vous a peut-être été impossible de vous détendre ou de faire quoi que ce soit d'autre que de vous consacrer à votre nourrisson dès qu'il se réveillait. Il fallait attendre qu'il se rendorme pour que la vie normale reprenne son cours. Et s'il ne s'endormait pas, ou pas pour assez longtemps, vous aviez le sentiment en fin de journée de n'avoir eu le temps de rien faire. Cette attitude est tout à fait normale pendant les premières semaines, mais il faut s'en débarrasser le plus vite possible. Ce n'est que tout au début de sa vie que le sommeil est son état habituel, et que ses réveils sont rares. Mais il s'agit d'un être humain qui ne va pas tarder à veiller le jour tout en sombrant de temps en temps dans le sommeil. Il faut donc que vous appreniez à l'accepter comme un membre à part entière de votre famille. Quand vous serez parvenue à ne plus réserver toutes vos activités pour les moments où il dort, vous découvrirez que vous pouvez presque tout faire sans vous priver de sa compagnie. Si vous arrivez à le considérer comme une personne à qui on peut parler tout en pelant des pommes de terre, les soins à lui donner se fondront dans vos autres activités familiales. Vous vous apercevrez ainsi que vous pouvez faire deux (trois, ou même quatre) choses à la fois avec plaisir.

Préparez-vous des soirées agréables Tant que tétée et sommeil sont encore liés, le bébé continue à sucer sein ou biberon jusqu'à ce qu'il s'endorme et que le mamelon ou la tétine lui tombent des lèvres. Même lorsque vous le redressez pour son rot, il ne se réveille pas complètement et il dort quand vous le posez dans son berceau. C'est très agréable pour vous aussi car, le sachant profondément endormi, vous pouvez immédiatement vous tourner vers d'autres personnes ou d'autres activités.

Cependant, tout comme il est important de réfléchir à la façon dont vous voulez organiser les tétées de nuit (voir p. 109), il est important de programmer ce passage de la veille au sommeil. Un bébé qui s'endort en tétant ou pendant que vous lui tapotez le dos pour qu'il fasse son rot ne s'endort pas de lui-même : *vous l'endormez*. Et ce que vous appréciez tant maintenant, vous l'apprécierez beaucoup moins les deux ou trois prochaines années.

Pas mal de troubles du sommeil sont en effet dus au fait qu'un bébé attend qu'on l'endorme. Et il est facile de comprendre pourquoi : vous vous occupez de lui jusqu'à ce qu'il perde conscience de son environnement, vous le mettez au lit puis vous le laissez. C'est parfait tant qu'il dort, mais lorsqu'il se réveille (tout le monde se réveille de temps en temps), tout a changé. Il était dans vos bras, il se retrouve seul dans son lit. Naturellement, il ne va pas refermer les yeux, il se demande : « Que se passe-t-il ? Où es-tu passée ? » et il crie. Vous accourez, vous le prenez dans vos bras — ce qu'il veut — et vous le rendormez. Il prend ainsi l'habitude de s'endormir dans vos bras, il se peut même que vous soyez obligée de lui redonner le sein un moment pour qu'il se rendorme en tétant. Donc, il se rendort et vous le reposez dans son berceau. Quand il se réveille, la même scène se reproduit. De nombreux bébés d'un an ou davantage prennent ainsi le sein ou le biberon deux ou trois fois par nuit parce que leurs parents n'ont aucun autre moyen de les rendormir.

Vous ne pouvez cependant — et ne voulez pas — empêcher votre bébé de s'endormir en tétant ou refuser de le mettre au lit parce qu'il dort déjà. Mais que cela ne devienne pas systématique. Au moment de le mettre au lit, gardez-le dans vos bras, détendu et somnolent, mais conscient de ce qui se passe, ainsi que du confort douillet de son berceau et de votre départ. Il s'endormira, vaincu par le sommeil. Si vous aimez l'endormir le soir, profitez des périodes de sommeil de la journée pour le laisser s'endormir seul, même s'il vous faut retourner le voir plusieurs fois, le but étant de l'habituer à s'endormir seul le soir aussi. S'il commence à pleurer dès que vous le couchez, retournez le voir, plusieurs fois s'il le faut, jusqu'à ce que le sommeil le terrasse. Si tout cela vous paraît beaucoup plus compliqué que de l'endormir dans vos bras, pensez à l'avenir. Lorsqu'il sera sevré et capable de se tourner seul dans son berceau, vous serez bien contente que, tout comme vous, il se rendorme seul quand il se réveille la nuit. S'il ne sait pas s'endormir sans vous, il vous appellera au secours chaque fois qu'il se réveillera.

L'excrétion

Une fois que la digestion de votre bébé se sera stabilisée comme tout le reste, vous serez en mesure de déterminer le type de selles qui sont habituelles ainsi que leur fréquence. S'il est nourri au sein, il est peu probable qu'il aura des problèmes de digestion ; il ne risque pratiquement pas de souffrir de diarrhée ou de constipation. Ne vous inquiétez pas si, parfois, il a plusieurs selles par jour, puis reste quelque temps sans en avoir. La régularité n'a aucune importance. Même quatre jours sans selles ne signifie pas qu'il est constipé, si ce qu'il fait ensuite est mou.

Les laits à base de lait de vache donnent au nourrisson davantage de déchets à évacuer, aussi ses selles sont-elles plus solides et plus fréquentes (entre une et quatre fois par jour). Comme nous l'avons vu (voir p. 68), l'alimentation au biberon comporte un risque de gastro-entérite ; c'est pourquoi une diarrhée *soudaine*, avec des selles anormalement rapprochées et liquides, doit vous inciter à aller sur-le-champ consulter le médecin. Apportez-lui une couche souillée dans un sac en plastique fermé. Si, en outre, le bébé semble malade, a de la fièvre et/ou vomit, n'attendez pas un instant pour l'amener en consultation.

Une liquéfaction progressive sur plusieurs jours des selles du bébé provient le plus souvent de son régime, et non d'une infection. Amenez-le en consultation s'il est pâlot, sinon, reconsidérez la quantité de sucre que vous lui donnez. Peut-être lui avez-vous donné trop de jus de fruit ou d'eau sucrée. Si vous vous contentez de lui offrir pendant quelques jours du lait soigneusement dosé et de la simple eau bouillie, les selles redeviendront sans doute normales. Vous pourrez alors recommencer à lui donner du jus de fruit mais plus dilué que d'ordinaire.

L'alimentation au biberon peut aussi entraîner une constipation. Si l'organisme du bébé réclame une quantité supplémentaire d'eau (à cause d'une forte température extérieure, ou parce qu'il a de la fièvre, par exemple), il retiendra la moindre goutte de ce qui a été digéré, ce qui donnera des selles dures, sèches et difficiles à expulser. Faites-lui boire beaucoup d'eau pure et, si ces difficultés se prolongent, essayez de lui donner du jus de fruit dilué une ou deux fois par jour.

Début de l'alimentation mixte
Que votre enfant soit nourri au sein ou au biberon, ses selles vont se modifier quand vous commencerez à lui donner des aliments solides. Leur couleur change et de petits morceaux d'aliments indiquent qu'il n'est pas encore capable de digérer parfaitement les nouveaux produits. Si vous continuez à lui donner de minuscules portions, il s'adaptera vite. Si ses selles contiennent du mucus ainsi que de la nourriture mal digérée, cela veut dire qu'il n'est pas encore en état d'assimiler ce genre d'aliments, ou que ceux-ci n'ont pas été passés assez finement. Ne lui en donnez pas pendant deux ou trois semaines, puis recommencez avec des quantités plus faibles et passées avec soin.

Régularité des selles
Le fait de remplir l'estomac déclenche un réflexe qui fait passer les déchets dans l'intestin et le rectum. A partir du moment où le bébé est nourri régulièrement, il est possible qu'il expulse des selles pendant ou tout de suite après le repas. Ne vous laissez pas tenter de les « recueillir » dans un pot.

Les soins quotidiens

Manipulation du bébé

Quand on déshabille un tout-petit, il se sent vulnérable et angoissé. C'est pourquoi les changements de vêtements, les bains et d'une manière générale les soins indispensables, doivent être réduits au minimum exigé par l'hygiène. Mais à mesure qu'il prend confiance en son propre corps, son attitude change. Vous pouvez constater cela en l'observant quand vous ne vous occupez pas de lui.

Tout au début, il se recroquevillait comme s'il était encore dans votre ventre, et il aimait bien être enveloppé pour sentir sur sa peau un contact doux et chaud. Au cours des deuxième et troisième mois, il se détend et remue bras et jambes ; il se débarrasse de ses couvertures. Il aime se sentir libre et apprécie qu'on s'occupe de lui et qu'on le baigne.

Propreté

La toilette « par petits bouts » reste le meilleur moyen de garder votre bébé agréablement propre d'un bain à l'autre. Mais comme il est plus remuant, si votre matelas à langer est posé sur une table, gardez toujours une main sur le bébé.

Il touche beaucoup d'objets et se suce les mains, il faut donc les lui laver deux fois par jour en les frottant entre vos propres mains savonnées. Il trouvera cela agréable, mais détestera avoir du savon dans les yeux ou la bouche.

Il faut lui couper les ongles bien court par hygiène, mais aussi pour qu'il ne se griffe pas la figure en jouant avec ses mains. Utilisez de petits ciseaux à bout rond. S'il gigote trop, faites-le quand il dort.

Il trouvera désagréable d'avoir du lait ou de la soupe séchés sur la figure. Lavez-la lui à l'eau pure avec une lotion pour bébé, ou encore avec de l'huile si sa peau est sèche ou gercée. Il faut aussi lui passer un gant de toilette sur la tête, pour enlever la poussière et la sueur.

S'il a de la nourriture dans les cheveux, lavez-les avec un shampooing doux. Maintenez-le contre votre avant-bras, et mouillez-lui les cheveux avec un gant. Savonnez une fois, puis rincez en utilisant un pot à eau pour éviter de lui inonder la figure, ou avec le gant trempé plusieurs fois dans l'eau claire.

Le derrière des bébés doit être soigneusement nettoyé pour préserver la peau de l'urine ou des selles.

Érythème fessier

Cela peut aller d'une simple rougeur à une inflammation accompagnée d'écorchures et de pustules, l'une pouvant entraîner l'autre. La peau est entamée par l'humidité et la friction ou irritée par des traces de lessive restées dans les couches. L'acidité de l'urine démange et aggrave les choses. Des bactéries provenant des selles ou de couches non stérilisées infectent la peau. Pour éviter cela : stérilisez et rincez les couches avec soin et gardez autant que possible le derrière de l'enfant au sec en le changeant souvent, en lui mettant des couches qui retiennent bien l'urine et en le laissant à l'air au maximum. Quand la peau a tendance à s'irriter, lavez-la chaque fois que vous le changez pour éliminer l'urine et enduisez-la d'une crème à base de silicone ou d'un onguent à l'huile de ricin. Si l'irritation s'aggrave

et si des plaies ou des taches jaunes apparaissent, consultez votre médecin. Changez-le dès qu'il est mouillé ou qu'il s'est sali, et nettoyez-le avec de l'huile ou de la vaseline au lieu d'eau et de savon. Évitez les pommades protectrices jusqu'à ce qu'il aille mieux, car elles font écran entre l'air et la peau. Et soyez patiente avec un bébé qui ne peut qu'être morose tant que son derrière le fait souffrir.

En le traitant doucement,
vous le mettez en confiance...

S'il est confiant,
il aimera qu'on s'occupe de lui.

Le bain

Quand le nourrisson commence à détendre ses membres et à s'agiter, on peut être sûr qu'il va désormais apprécier son bain. Au lieu de rester crispé, au bord de la panique, il se sent flotter et cela lui donne une impression de légèreté, de liberté et de force. En le soutenant, l'eau lui permet de se démener. Vous allez avoir besoin d'un tablier imperméable !

Bien que ce ne soit pas indispensable, une baignoire d'enfant — sur son support, ou bien calée sur une table ou un lit — facilite l'opération. Si elle est transformable, vous pouvez la placer dans une chambre bien chauffée à une hauteur qui vous évite d'avoir mal aux reins. Mais si vous n'avez pas de baignoire, le lavabo ou l'évier peuvent faire l'affaire. Méfiez-vous toutefois des robinets contre lesquels vous risquez de cogner le bébé et qui peuvent le brûler si une goutte d'eau chaude tombe sur lui.

Vers trois mois, le bain peut devenir un des jeux favoris de votre bébé. S'il en est ainsi, laissez-le s'amuser, prenez votre temps. La meilleure heure est celle qui précède le repas du soir, et non le matin. Après avoir barboté avec entrain pendant un bon moment, il est détendu et prêt à manger et à se coucher.

Rassemblez tout ce qu'il vous faut. Déshabillez le bébé sur une serviette posée sur vos genoux. S'il s'est sali, enlevez le plus gros avec la couche, enveloppez-le dans le drap de bain pendant que vous vérifiez la température de l'eau (37° environ, ou sa tiédeur en y trempant le coude).

Rincez les cheveux, et lavez-lui la figure tant qu'il est encore sur vos genoux, bien enveloppé.

Enlevez la serviette, et tenez-le en plaçant le poignet et les doigts de la main gauche sous la tête, et la main droite sous les fesses et les cuisses.

Plongez-le dans l'eau et soutenez-le pendant qu'il s'habitue. Quand il s'est détendu, libérez votre main droite.

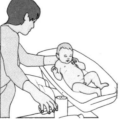

En soutenant sa tête avec le poignet gauche, les doigts sous son aisselle gauche, vous disposez de la main droite pour le laver et jouer.

Pour le sortir : les doigts de la main gauche sous son aisselle, passez la main droite sous son derrière, et maintenez sa cuisse gauche : attention, il glisse !

Enveloppez-le dans une serviette rabattue sur sa tête. Tapotez-le pour le sécher, et vérifiez que tous ses plis sont bien secs avant de le rhabiller.

Dans la grande baignoire

Il arrive un moment, entre trois et six mois, où le bébé remue trop pour continuer à être baigné dans une petite baignoire ; il faut donc se servir de la grande. Mais prenez des précautions. Il est possible qu'il soit effrayé de se voir dans une si grande quantité d'eau, et entouré de parois très hautes. Dans ce cas, pour l'habituer, il est bon de mettre pendant quelques jours la petite baignoire dans la grande, qui reste vide.

Il est plus difficile de le tenir solidement si bas. N'essayez pas de vous pencher, agenouillez-vous au contraire sur le sol, avec tout ce dont vous avez besoin près de vous. Un tapis de caoutchouc ou une vieille serviette de toilette au fond de la baignoire empêcheront le bébé de vous échapper et lui donneront un sentiment de sécurité. Mettez peu d'eau ; s'il y en a trop, il va flotter, et s'il vous échappe dans un bain d'une quinzaine de centimètres, il aura la figure recouverte d'eau. Vérifier que le robinet d'eau chaude est bien fermé.

N'oubliez pas que la baignoire est vaste. Si vous ne le tenez pas fermement sous l'aisselle en soutenant sa tête avec votre poignet, il risque de se retourner et d'avoir le visage dans l'eau.

Les bébés peu enthousiastes

Si, sans avoir vraiment peur, votre enfant manque d'enthousiasme pour le bain, vous pouvez faire un certain nombre de choses pour l'aider à se détendre et à être content... Bien sûr, si vous avez pris toutes les précautions indiquées ci-dessous, et s'il se montre toujours aussi malheureux, il faut le traiter comme un bébé peureux (voir plus bas).

Ce qu'il faut faire	Ce qu'il ne faut pas faire
Bien chauffer la chambre afin qu'il n'ait pas froid quand vous le déshabillez. Si vous le pouvez, montez le chauffage jusqu'à 21-22°C.	*Le baigner dans une chambre fraîche. Si vous ne pouvez faire monter la température au-delà de 18°C, renoncez au bain ce jour-là.*
Avec le poignet ou le coude, vérifier que l'eau est à la bonne températue (éviter de le faire avec la main qui est sans doute trop habituée à l'eau brûlante). Faites d'abord couler l'eau froide, que vous réchauffez ensuite.	*Utiliser de l'eau plus fraîche que votre poignet ou votre coude — elle lui paraîtrait glacée — ou risquer de l'eau trop chaude — cela lui ferait un choc.*
Le plonger dans l'eau dès qu'il est déshabillé. Le savonner de votre main libre, avec un gant de toilette si cela vous semble plus commode.	*Le savonner sur vos genoux et le mettre ensuite dans le bain pour le rincer. Il risquerait de se sentir glacé et poisseux pendant qu'on le savonne et il serait dangereusement glissant ensuite.*
Le laisser s'ébattre et vous éclabousser.	*L'éclabousser vous-même.*
Éviter de lui mettre du savon dans les yeux ; l'enlever aussitôt si on l'a fait, avec un gant de toilette humide.	*Essayer d'enlever le savon de ses yeux en les aspergeant d'eau.*
Soutenir fermement avec la main sa nuque et l'arrière de son crâne, comme on peut le voir p. 129.	*Le tenir à la hauteur des omoplates. Cela lui donne l'impression que sa tête va tomber en arrière dans l'eau.*
Le sortir rapidement de l'eau et l'envelopper dans un drap de bain souple et chaud. Le tapoter pour le sécher et lui donner le temps de s'habituer à être hors de l'eau avant de déplier la serviette pour voir s'il est bien sec jusque dans ses moindres plis.	*Le laisser avoir froid — ne serait-ce que quelques secondes pendant que vous cherchez le drap de bain ou que vous essayez de l'essuyer avec une serviette humide ou trop petite. Le frotter pour le sécher. Le laisser tout nu pendant que vous séchez ses plis.*

Les bébés peureux

Certains enfants mettent du temps à comprendre qu'un bain peut être amusant. Ceux qui n'aiment pas être déshabillés et laissés en liberté sur une grande surface n'aiment sans doute pas non plus le bain. Il faut les laver par petits morceaux jusqu'à ce qu'ils aient encore un peu progressé.

Même si votre bébé aime gigoter librement, il est possible qu'il déteste le bain. Ce n'est pas en l'effrayant davantage qu'on peut l'aider à surmonter sa peur. Ne le baignez pas. Ne vous mettez pas près de la baignoire pour le laver. Enveloppez-le dans une grande serviette sur un lit ou sur la table à langer, et lavez successivement toutes les parties de son corps. Il sera tout aussi propre, s'habituera à se sentir mouillé. Si vous résistez à la tentation de lui donner un bain pendant au moins un mois, cela laissera au bébé le plus peureux le temps d'oublier sa frayeur.

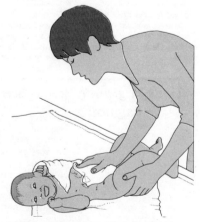

Alors, avec beaucoup de soins et de tact, vous pourrez essayer de nouveau. Peut-être aurez-vous la surprise de constater qu'il adore l'eau.

La dentition

On impute trop souvent la nervosité ou la maladie d'un bébé au fait qu'il perce une dent. Comme nous l'avons vu, il est très pénible de supporter un enfant qui pleure beaucoup et n'est jamais longtemps de bonne humeur. Il vous est plus facile de rester patiente et affectueuse avec votre bébé en attribuant à ses cris une cause physique, mais penser que cela vient des dents n'est pas toujours exact ou prudent.

Un bébé souffre rarement des dents avant quatre mois. Comme la première dent n'apparaît qu'entre cinq et six mois, il est absurde de penser qu'à trois mois cela le rend déjà nerveux.

Quand une dent est sur le point de percer, elle ne fait souvent rien de plus que de rendre la gencive douloureuse, de faire un peu saliver et beaucoup mâchonner le bébé. Les premières dents sortent très facilement. La véritable douleur n'apparaît qu'avec les premières molaires, vers un an. Mais tous les bébés ne réagissent pas de la même manière ; chez certains, les premières dents s'accompagnent de poussées de fièvre, de crises de rhinopharyngite et de fesses rouges.

En imputant tout comportement anormal à une poussée dentaire, vous risquez de négliger une maladie importante. Chaque année, les hôpitaux reçoivent un certain nombre d'enfants mal en point, dont les parents avaient confondu de véritables symptômes de maladie avec les troubles de la dentition et n'avaient, par conséquent, pas appelé le médecin à temps.

Une percée dentaire ne provoque ni fièvre, ni diarrhée, ni vomissements ou pertes d'appétit, ni convulsions, ni crises nerveuses. Vous devez donc appeler le médecin si votre enfant est malade, même s'il est en train de percer des dents. Si cela se passe bien, essuyez souvent son menton pour que la salive qui y coule continuellement ne l'irrite pas. Donnez-lui des biscottes dures ou des anneaux de dentition s'il a besoin de mordre quelque chose. N'appliquez pas de gels dentaires sur ses gencives, car la plupart contiennent des substances assez puissantes, frottez-lui simplement la gencive du bout du doigt.

Les bébés percent toujours les dents dans le même ordre, et à peu près au même âge. Cependant, le moment exact varie. Si un enfant est en avance sur l'âge moyen pour la percée dentaire, cela ne signifie pas qu'il est plus intelligent ou plus avancé qu'un autre. Le seul intérêt que présente la date exacte de la première dent, c'est qu'elle marque la fin de ce singulier sourire édenté...

Les dents et le besoin de mâcher

Les premières dents ne sont pas faites pour mâcher, mais pour mordre. Ce sont des incisives, qui ne servent pas plus que celles de l'adulte, à broyer les aliments. Ce sont les gencives du bébé qui font ce travail, et très correctement, bien avant l'apparition des molaires. Ne croyez surtout pas qu'un enfant qui n'a qu'une seule incisive ne peut pas mâcher : non seulement il le peut, mais il le doit.

Les nourrissons commencent à se servir de leurs gencives dès qu'ils sont capables de porter leurs mains à la bouche, ainsi que des jouets (voir p. 142). Il est important de leur donner tout de suite des *aliments* à mâcher, et ceci bien avant six mois.

Les enfants auxquels on offre uniquement ou presque uniquement de la soupe jusqu'à ce qu'ils aient leur molaires, vers un an, se refusent souvent à mâcher. Ils se sont tellement habitués aux purées que la nourriture vraiment consistante leur répugne et les étouffe. Mais si l'on donne au bébé des aliments durs à mâchonner quand, vers quatre à cinq mois, il entre dans la phase où il porte tout à la bouche, il se joindra bien plus facilement par la suite aux repas familiaux.

Il est bon pour la mâchoire de s'activer sur quelque chose de dur. Cela diminue les risques de traitements orthodontiques (appareils de redressement, etc.) ultérieurs.

Manger tout seul avec les mains longtemps avant de pouvoir se servir d'une cuiller encourage le bébé à l'indépendance pendant le repas. Aussi, dès qu'il commence à porter ses jouets à la bouche, il faut lui donner des aliments durs à sucer, comme par exemple des quartiers de pomme pelés, des croûtes de pain, des biscottes sans sucre ou des carottes crues raclées. Mais il ne faut jamais le faire quand il est couché. Il risque de s'étouffer, ou encore de se mettre la carotte dans l'œil. Il faut redoubler de vigilance après l'apparition des premières dents, même lorsqu'il est bien calé dans sa chaise. Les dents toutes neuves sont aiguës et capables, par exemple, d'arracher de tout petits morceaux de pomme qui pourraient l'étrangler. Si vous êtes dans la pièce, tapez-lui vite dans le dos pour lui faire cracher ce qui obstrue sa trachée-artère.

Les dents et le sevrage   Avant qu'elle sorte, la première dent de votre bébé apparaît comme une petite bosse sous la gencive. Quand elle aura percé, elle aura une pointe aiguë et vous pouvez considérer cela comme un avertissement pour hâter le sevrage. Cependant, il n'y a aucune raison d'avoir peur qu'il vous morde le mamelon car cette première dent, de même que la seconde qui la suit à deux ou trois semaines, sont sur la mâchoire inférieure.

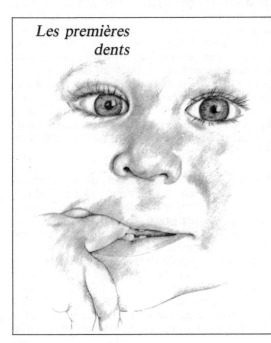

Les premières dents

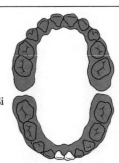

Après des mois de sourire édenté, on voit pointer les premières dents du bébé. La première à apparaître, en général vers six mois, est une incisive de la mâchoire inférieure, vite suivie par sa voisine. Si votre enfant fait ses dents très tôt, n'en concluez pas qu'il est très avancé pour son âge, pas plus qu'il n'est en retard si elles se font attendre. La percée des dents s'effectue toujours dans le même ordre, mais à des âges très variables.

Pleurs et réconfort

Certains enfants pleurent plus que d'autres. Même après la période d'adaptation, il y en a qui sont enclins à être malheureux ou nerveux, à être moins facilement satisfaits que les autres.

Au cours des deuxième et troisième mois, ces bébés « difficiles » évoluent et deviennent plus faciles à vivre et à aimer. Le vôtre pleure peut-être encore trop souvent dans la journée, mais ces pleurs ne se prolongent pas comme auparavant, sauf, naturellement, s'il souffre de « coliques » (voir p. 81). Vous êtes maintenant en mesure de le réconforter en le prenant dans vos bras et en lui parlant. S'il est très perturbé — par une douleur ou une grande faim —, il va peut-être recommencer à pleurer dans vos bras. Mais en général, il restera tranquille tant que vous le câlinerez.

Vous allez ainsi découvrir que votre présence a un effet magique, contrairement à la période précédente où il vous arrivait de vous sentir totalement impuissants.

De plus, ses cris sont maintenant plus faciles à interpréter. Si ses hurlements de faim n'ont pas changé, et s'il pousse encore parfois ces cris de douleur qui vous serrent le cœur, il a ajouté à son répertoire un « grognement », sorte de petit gémissement chagrin par lequel il commence la plupart du temps. Cela ne signifie pas « Au secours ! » ou « Je meurs de faim ! » mais seulement « Je me sens un peu triste en ce moment ». Et immédiatement après, il ajoute un cri de « colère » tout à fait différent des autres, une protestation indignée qui semble dire « Reviens ! » ou bien « Je le veux ! » ou « Ne fais pas cela ! ».

Il vous serait peut-être difficile de décrire chacun de ces cris, mais vous les reconnaissez immédiatement lorsque vous les entendez. Quand il se met à grogner, vous savez qu'il *commence* à avoir faim ou à s'ennuyer. Vous savez que vous devez vous occuper de lui, et il vous est plus facile de vous organiser.

Ainsi vous commencez à mieux interpréter ses pleurs, et vous êtes capable de les arrêter, au moins un moment. Mais que pouvez-vous faire pour le rendre plus heureux, pour qu'il *se mette* moins souvent à pleurer ?

Cris typiques

Le répertoire des cris du bébé s'accroît. Si on les enregistre, on peut constater ce qui distingue les trois principaux en volume, en hauteur, et en rythme. Ce qui est important, c'est que vous serez bientôt capable de les distinguer à l'oreille, et vous saurez alors ce dont le bébé a besoin.

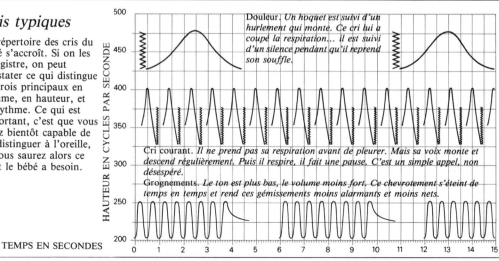

TEMPS EN SECONDES

Causes des pleurs et leurs remèdes

Toutes les causes et tous les remèdes que nous avons énumérés à propos du nouveau-né (voir p. 75) sont encore valables. Mais il faut en considérer de nouveaux.

Bébés suceurs Certains nourrissons ne se calment vraiment qu'en suçant quelque chose et il est parfois difficile de distinguer le besoin de sucer du besoin de nourriture. Lorsqu'un bébé est nourri à la demande au sein ou au biberon, et manifeste l'envie de sucer, il peut déjà avoir appris à porter sa main à la bouche. Aidez-le à plusieurs reprises et ne lui immobilisez pas les bras sous les couvertures. S'il doit sucer quelque chose, autant que ce soit sa main : toujours disponible et beaucoup plus hygiénique que tout ce que vous pourrez lui fournir. En général, il ne commencera que plus tard à trouver son pouce. La plupart des bébés ne réussissent pas à porter leurs mains à leur bouche et leurs doigts sont trop petits pour leur procurer le plaisir de sucer, mais un certain nombre y parviennent dès la naissance, et même avant...

Sucettes Vous pouvez lui en donner une s'il ne peut ou ne veut pas sucer sa main. Les nouvelles sucettes physiologiques peuvent avoir un effet miraculeux sur quelques enfants grognons ou nerveux. Voyons un peu le pour et le contre :

Avantages	Inconvénients
Si le bébé s'y habitue, elle l'aidera à s'endormir et à se calmer après une frayeur.	*Une fois qu'il en aura pris l'habitude, il risque de ne plus pouvoir s'en passer. Cela peut se prolonger pendant des années. Pourrez-vous le supporter ?*
S'il s'endort avec la sucette à la bouche, il se remettra à sucer s'il est dérangé (et ainsi se calmera tout seul et ne se réveillera pas tout à fait).	*Si, pendant la nuit la sucette lui échappe, il se réveillera et pleurera. Comme il ne peut pas la retrouver seul, il aura toujours besoin de votre aide pour se rendormir.*
Le fait d'avoir une sucette l'empêchera sans doute de sucer son pouce.	*S'il a souvent une sucette à la bouche, elle empêchera qu'il y porte ses jouets... ce qui lui est indispensable pour faire la connaissance des objets (voir p. 142).*
	A moins d'être soigneusement nettoyées, les sucettes sont tout à fait anti-hygiéniques.
	Si vous ne vous surveillez pas, vous aurez tendance à lui mettre la sucette en bouche chaque fois qu'il sera grognon, au lieu de chercher la cause de son chagrin.

Tout compte fait, il vaut mieux essayer de se passer d'une sucette ; mais si votre bébé paraît *vraiment* malheureux, vous pouvez pendant quelques mois lui en donner une à l'heure du coucher. Si les soirées et les nuits sont tranquilles, le moral de la famille entière s'en trouvera bien. Et si lui-même semble plus heureux de vivre, quand il aura atteint six mois, essayez de la lui supprimer avant qu'il soit capable de s'en souvenir et de la réclamer.

Quoi que vous décidiez au sujet de la sucette, n'adoptez *surtout pas* le compromis qui consiste à donner au bébé un modèle réduit de biberon rempli de boisson sucrée. Ces « mini-biberons » constituent le moyen le plus sûr de carier les premières dents ; de plus, vous courez le risque qu'il s'étouffe en dormant. Si vous voulez qu'il boive, prenez-le sur vos genoux pour lui donner un biberon.

Bébés actifs qui s'ennuient Les pleurs de votre enfant viennent souvent de ce que vous attendez de lui qu'il dorme plus qu'il n'en a besoin. Il est peut-être de ceux qui se contentent de moins de sommeil que la moyenne. Certains nourrissons de trois ou quatre mois ne dorment pas plus de douze heures sur vingt-quatre.

Si c'est un bébé très actif (ceux qui dorment peu le sont très souvent), il se sent frustré d'avoir ses mouvements entravés par les couvertures. Quand vous le laissez seul dans son berceau ou sa voiture, faites en sorte qu'il puisse gigoter librement. Par temps froid, une grenouillère bien chaude le maintiendra à une température agréable sans le gêner.

Mais même en ayant la possibilité de bouger, il finit par s'ennuyer si on le laisse trop longtemps seul quand il est éveillé. Pour préserver sa bonne humeur, il faut lui proposer des objets intéressants à regarder, à frapper et, plus tard, à tenir à la main (voir p. 146-147). S'il a toujours dormi sur le ventre, essayez de le coucher sur le dos dans sa voiture, sous un arbre, ou près d'une lessive qui s'agite dans le vent à proximité ; vous pouvez aussi accrocher des objets qui l'intéressent au-dessus de son berceau et les changer souvent.

Cependant, les objets les plus fascinants ne remplacent pas les humains. Si vous laissez de longs moments votre bébé alors qu'il est éveillé, il peut pleurer parce qu'il se sent solitaire. Un enfant qui *dort* au jardin ne souffre pas de solitude, mais il la ressent quand il est réveillé. Si vous l'invitez à partager la vie de la famille chaque fois qu'il cesse de dormir, ses pleurs vont sans doute s'arrêter du jour au lendemain. Votre bébé s'intéresse passionnément à tout ce que vous faites. Quand vous entreprenez des travaux faciles dans la maison ou au jardin, il aimera participer, arrimé sur votre dos en position bien surplombante. Si vous ne pouvez le porter, il existe d'autres façons de l'installer pour qu'il profite de vos activités, maintenant qu'il se tient assis. Prenez l'habitude de lui raconter ce que vous êtes en train de faire.

Vous pouvez l'adosser à un coussin dans sa voiture que vous amenez près de vous, ou le mettre dans un siège de bébé à côté de l'évier ou de la table de la salle à manger ou à tout autre endroit où vous avez à faire. Aussi ennuyeuses que soient vos occupations, elles ne le rebuteront pas. L'épluchage des pommes de terre l'intéresse, lui.

Quand il commence à être fatigué de la position assise, un tapis sur le sol constitue un terrain de jeu idéal, à moins que votre maison soit pleine de chiens et de jeunes enfants. Il est encore incapable de regarder la télévision, mais sera heureux de vous observer pendant que vous faites du yoga ou passez l'aspirateur. Cependant, la meilleure solution est sans doute de le mettre dans un harnais suspendu. Il s'agit d'un siège en tissu accroché par des cordes élastiques au chambranle d'une porte ou à un crochet dans le plafond ; il a ainsi la possibilité de voir tout ce qui se passe autour de lui et, d'une simple poussée du pied sur le sol, de se mettre à danser, tourner et sauter, avec une impression merveilleuse de liberté... Ces harnais réconfortent les bébés grognons, et enthousiasment ceux qui sont pleins d'allant. Dès qu'ils tiennent leur tête et leur dos bien droits, ils sont en mesure d'apprendre à voir le monde.

Développement physique

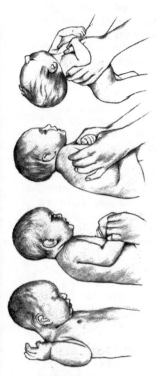

Comme nous l'avons vu (p. 89), les nouveau-nés contrôlent très mal leurs membres et leur corps, et les positions qu'ils prennent sont déterminées par le poids disproportionné de leur tête. Le contrôle musculaire commence par le haut du corps : tout d'abord, les muscles du cou soutiennent la tête, puis cela descend dans un ordre invariable. Vers six mois, l'enfant maîtrise suffisamment les muscles de son dos pour pouvoir s'asseoir. A la fin de la première année, il s'efforce de contrôler ceux des jambes pour se mettre debout.

Tous les enfants se développent de la même façon, mais chacun a son propre rythme. Comme les coureurs, ils partent en même temps et suivent la même piste, mais certains se précipitent puis flânent tandis que d'autres progressent régulièrement. Il arrive ainsi à des bébés tout à fait normaux d'avoir des semaines d'avance ou de retard, mais ils suivent tous le même apprentissage. Certains peuvent s'asseoir plus tôt ou plus tard que les autres, mais tous le feront avant de se mettre debout.

Le rythme de leur progression est si variable que les positions relatives de bébés du même âge changent continuellement. Votre nièce, par exemple, s'est peut-être assise des semaines avant votre fille, mais cela acquis, elle mettra éventuellement deux ou trois mois pour commencer à ramper. Votre fille, au contraire, après l'avoir « rattrapée » quant à la position assise, continuera sur sa lancée et rampera une semaine plus tard.

Tel un jalon, le fait de s'asseoir, de ramper, de se mettre debout, de marcher vous indique l'étape suivante, mais ne vous dit pas quand elle se fera. Comparer le niveau des bébés conduit à développer chez les mères un esprit de compétition qui n'apporte que jalousie et angoisse inutiles. Votre enfant n'est ni meilleur ni pire que celui de votre voisine parce qu'il a accompli un progrès plus tôt ou plus tard que lui. Il a sa propre individualité et choisit son allure. Le comparer à un autre est aussi stupide que de comparer une pomme à une orange, car *il est unique.*

A la naissance, sa tête est trop lourde, mais à six semaines il peut la relever un instant ; à trois mois, il la tient droite pendant que vous l'aidez à se soulever. Vers six mois, il essaie de la relever tout seul...

Le contrôle de la tête

Vers six semaines, la plupart des nourrissons contrôlent suffisamment les muscles de leur cou pour relever la tête, si on les tient sans bouger.

Mais si vous marchez en portant le bébé ou si vous vous penchez, sa tête retombera. Votre main doit soutenir sa nuque si vous le prenez et le reposez ou compromettez, ne serait-ce qu'un peu, son équilibre.

Pendant les six semaines suivantes, les muscles du cou se renforcent et le bébé arrive peu à peu à maîtriser ceux des épaules. A mesure qu'il grandit et grossit, la disproportion entre sa tête et son corps diminue. A trois mois, il la tient fermement, et vous n'avez besoin de la lui soutenir que lorsque vous le prenez ou le remuez vivement.

Positions

En même temps qu'il raffermit son port de tête, le bébé modifie toutes les positions qu'il prend spontanément. Il cesse peu à peu de se recroqueviller comme un nouveau-né (voir p. 89) et apprend à s'étendre sur le dos, la tête reposant sur le matelas, ce qui libère bras et jambes ; quand on le met sur le ventre, il allonge les jambes et tourne la tête des deux côtés au lieu de la garder toujours dans la même direction. Dans vos bras, il se tient droit, et ne se blottit plus contre vous, la tête au creux de votre épaule. Et quand vous l'aidez à s'asseoir en le tirant par les mains, sa tête reste en position, sans basculer en arrière ou en avant.

Ces petits progrès ont une énorme importance. Les positions que prend le bébé et le contrôle de ses muscles concernent l'usage qu'il peut faire de son corps et du monde qui l'entoure. Recroquevillé dans la position fœtale et la tête toujours tournée du même côté, il ne pouvait rien voir au-delà de son berceau. Maintenant qu'il est sur le dos, il distingue ce qu'il y a au-dessus de lui, et peut même élargir son champ de vision en tournant la tête. Il est désormais en mesure d'apprécier les jouets, les mobiles et les visages qui sont là pour lui faire plaisir. Ses membres étant libérés, il va découvrir les joies de l'activité physique.

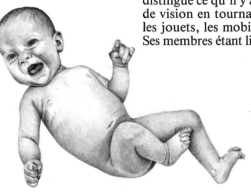

Détendu et plein d'entrain, le bébé de trois mois découvre le plaisir des jeux physiques.

Les mouvements des membres

La plupart des bébés prennent une position allongée avant trois mois. A ce stade, on a l'impression qu'ils se sentent bien dans leur corps et aiment apprendre à s'en servir.

Désormais, votre enfant se met à remuer dès qu'il est réveillé. Quand on le met sur le dos, il fait avec les jambes un mouvement de pédalage, qui est très différent des petits gestes nerveux qu'il effectuait auparavant. Il agite en même temps les bras. Nous verrons plus loin que ses mains, qu'il voit entrer dans son champ de vision et en sortir, vont devenir ses principaux « jouets » (voir p. 141).

Sur le ventre, il s'essaye à un autre contrôle de la tête : il l'éloigne du matelas, comme il le faisait quand il était contre votre épaule quelques semaines plus tôt. Bientôt, il est capable de la soulever pendant quelques secondes, puis il apprend à pousser sur ses avant-bras pour libérer non seulement sa tête mais aussi ses épaules.

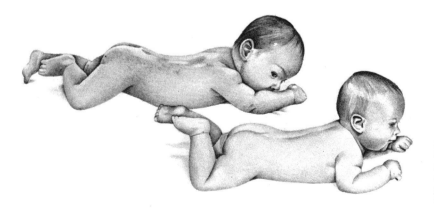

Une fois qu'il soulève la tête, il ne met pas longtemps à soulever aussi les épaules en prenant appui sur les avant-bras.

Changements de position

Dès qu'il a neuf ou dix semaines, le bébé est assez fort pour rouler sur le dos — position confortable — alors qu'on l'a couché sur le côté. A partir du moment où il est capable de le faire, il est inutile de le coucher sur le côté : il n'y resterait pas. Désormais, sa position de sommeil ne dépend plus de vous.

Vers trois mois, il aura appris quelque chose de beaucoup plus difficile — et qui est la cause de bien des chocs à la tête : rouler sur le côté quand il est sur le dos. Il ne sera plus question de le poser sur la table à langer entre deux changements de couches, car elle deviendra pour lui un endroit périlleux.

On peut imaginer combien ces petits progrès physiques peuvent amuser le bébé et lui donner un sentiment d'indépendance. Il se donne de l'exercice ; observe ses mains et ses pieds ; roule sur lui-même pour changer de position et modifier son angle de vision de ce qui l'entoure ; soulève la tête pour apercevoir des choses nouvelles.

Mais pensez aussi comme il est facile de lui gâter ces plaisirs. Des vêtements ou des couvertures trop serrés entravent ses membres ; un drap mal tiré l'empêche de rouler sur lui-même ; un mur blanc et nu ne lui apporte rien d'agréable à regarder. Pour qu'il progresse au maximum, il a besoin de vous.

La position assise

A partir du moment où votre enfant tient sa tête bien droite quand vous le portez avec précaution et la soulève nettement du matelas quand vous le couchez sur le ventre, il va commencer à apprendre à maîtriser les muscles de la partie supérieure de son dos. Si vous le tirez doucement pour l'asseoir, il ne va plus s'effondrer en avant jusqu'à toucher presque le sol de la tête ; il va redresser la tête et les épaules et ce ne seront plus que le milieu de son dos et ses hanches qui manqueront de fermeté.

Entre trois et quatre mois, il commence à adorer qu'on l'aide ainsi à s'asseoir : il suffit que vous lui preniez les mains pour qu'il essaie de se redresser tout seul en s'y accrochant. A ce stade il cherche à se relever, même sans l'aide d'un adulte. Quand il est sur le dos, après

A trois mois, il maîtrise sa tête et ses épaules, mais son dos est encore faible. Quelques semaines plus tard, la faiblesse se limite aux hanches.

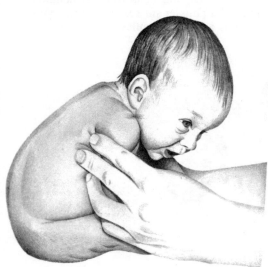
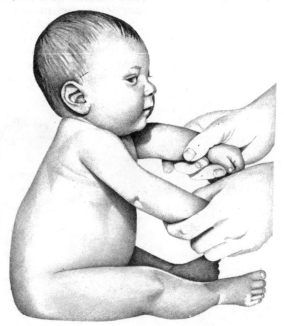

Redresser le bébé

Il est bon de redresser un bébé ; cela lui ouvre le cercle de famille et lui permet de voir ce qui se passe autour de lui. Penser que cela risque de le fatiguer est une erreur. Mais si on veut qu'il se sente bien, il faut l'asseoir avec soin en l'adossant complètement à une surface ferme et inclinée.

Les canapés et fauteuils capitonnés ne sont pas de bons supports. Son derrière glisse, son dos s'arrondit et sa tête est ramenée en avant.

Un oreiller sous le dos ne vaut pas mieux, mais placé sous le matelas, celui-ci prend la bonne inclinaison. Bébé est confortablement installé et voit bien.

Mais la meilleure solution est un siège inclinable tel que celui-ci qui le maintiendra dans la bonne position où qu'on le mette.

une bonne séance de gymnastique, il soulève sa tête. Un mois plus tard, il est capable de relever non seulement la tête, mais les épaules, et peut observer ainsi ses pieds sous un autre angle !

On peut conclure de tout cela que le bébé a besoin d'être redressé de temps en temps. Cela lui permet de participer à la vie familiale ; il peut observer ce qui se passe autour de lui ; les gens rencontrent son regard en passant et s'arrêtent pour lui parler un instant ; on le considère alors comme une personne à part entière.

Cependant, il faut prendre des précautions. Si on l'adosse à un canapé ou à un fauteuil, il glisse peu à peu, son dos s'arrondit de plus en plus et sa tête est poussée en avant. Mais il lui est impossible de se redresser tout seul. On peut, toutefois, l'installer confortablement, soit dans sa voiture, en mettant des coussins sous le matelas de façon qu'il soit adossé à une surface ferme et lisse, soit dans un youpala. La meilleure solution consiste à le mettre dans un siège pour bébé dont l'inclinaison peut être réglée des positions presque couchée à presque assise. Ce siège permet de suivre l'évolution du bébé. A deux mois, il se sentira très bien quand il sera réglé à peu près à mi-course. Au bout de quelques jours ou de quelques semaines, vous le verrez éloigner la tête et les épaules du dossier pour s'asseoir plus droit. Redressez le dossier d'un cran, et vous verrez le même processus se répéter. Choisissez un siège léger, transportable et stable, et posez-le dans un endroit qui permette au bébé d'être près de vous et d'observer ce que vous faites. Il est idéal aussi lorsque vous instaurez l'alimentation mixte. Plus tard, vous pourrez acheter le support et le plateau qui lui correspondent, le transformant en une chaise haute utilisable pendant toute la petite enfance (voir p. 120).

Vers cinq à six mois, la maîtrise musculaire a encore progressé. Si les hanches restent faibles, le dos du bébé, lui, s'est affermi. Quand vous l'aidez à se relever, il arrive qu'il fasse l'effort tout seul, ne se servant de vos mains que pour s'équilibrer. Lorsque vous le redressez, il n'a bientôt plus besoin de support que pour le bas de sa colonne vertébrale, et peut être assis dans sa voiture avec un simple coussin derrière lui. Vers six mois, vous devez pouvoir l'asseoir sur le sol et retirer vos mains un instant. Dans cette position, il n'a plus maintenant qu'un problème d'équilibre.

La marche à quatre pattes

Une fois que le bébé sait tenir sa tête et, couché sur le ventre, se soulever sur les avant-bras, il ne lui faut pas longtemps pour apprendre à ramener sous lui ses jambes et à soulever le derrière. Vers quatre à cinq mois, beaucoup d'enfants ont découvert qu'ils ont une meilleure prise sur le matelas ou le plancher en allongeant les jambes et en poussant avec les pieds plutôt qu'avec les genoux. A peu près au même moment, ils apprennent à soulever les épaules en prenant appui non pas sur les coudes, mais sur les mains. Ils sont ainsi dans la bonne position pour ramper, mais sont encore incapables de coordonner les deux mouvements, de façon à être à la fois sur les mains et sur les genoux.

Les bébés essaient souvent de réaliser cette coordination avec tant d'ardeur qu'ils donnent l'impression de se balancer : tête en bas, derrière en l'air — tête en l'air, derrière en bas. La véritable marche à quatre pattes, avec le ventre dégagé du sol, apparaît rarement avant six mois. Mais un bébé qui se balance fait parfois beaucoup de chemin, assez en tout cas pour tomber d'un lit ou rouler dans un escalier... Il ne se déplace pas encore de façon autonome, mais il est grand temps pour vous de prendre toutes les précautions de sécurité.

Certains enfants se passent de ces préliminaires parce qu'ils détestent qu'on les mette sur le ventre. Ce sont en général ceux qui aiment particulièrement regarder des objets ou avoir des échanges avec des personnes. Ils refusent qu'on leur diminue leur champ de vision, aussi s'efforcent-ils de se remettre sur le dos, et y arrivent parfois avant six mois. Cependant ils cessent de refuser d'être mis sur le ventre à partir du moment où ils peuvent le faire eux-mêmes, ce qu'ils parviennent en général à faire peu de temps après avoir appris à se retourner dans l'autre sens. Il n'y a aucune raison de penser que ce refus des préliminaires les retardera pour marcher à quatre pattes. Ils s'y mettront sans doute plus tard que les autres enfants, mais arriveront plus rapidement à coordonner leurs mouvements et à avancer.

La position debout

Son apprentissage se fait plus tard. La maîtrise des muscles s'acquérant de haut en bas, le bébé ne peut pas se servir de ses jambes avant d'avoir affermi son dos et ses hanches. Mais il s'y exerce très tôt.

Si, à trois mois, vous le mettez « debout » sur vos genoux, il s'affaisse lamentablement. Mais il commence bientôt à supporter une partie de son poids en poussant sur ses orteils dans un effort pour redresser ses genoux. Vers quatre ou cinq mois, cet allongement de la jambe se produit de façon rythmée, si bien qu'il a l'air de « sauter ». Quand il a atteint ce stade, il commence à refuser de *s'asseoir* sur vos genoux : il vous fait face, s'accroche à vos vêtements et s'efforce de se redresser. Debout, il peut se presser contre vous, voir votre visage et, par-dessus votre épaule, le monde environnant, en « sautant ». Vers six mois, vous pourriez penser que c'est un futur athlète qui vous prend pour un trampoline...

Derrière en bas, tête levée, tête en bas, derrière levé : le bébé qui se balance arrivera bientôt à coordonner les deux positions.

Vision et compréhension

Comme nous l'avons vu p. 92, les nourrissons ont un intérêt inné pour les visages, les formes et les dessins compliqués. Ils naissent avec cet intérêt pour les gens parce que ceux-ci doivent prendre soin d'eux, et pour les objets compliqués parce qu'il faut qu'ils apprennent à se débrouiller dans un monde complexe.

Pendant ces premiers mois, votre enfant va commencer à comprendre ce qu'il voit, apprendra à distinguer une chose d'une autre et à réagir différemment envers elles. Il ajoutera ensuite l'action à l'observation.

La découverte des parents Les premiers jours, le bébé étudie tout visage, tout objet, tout dessin selon l'ordre front-yeux-bouche. Mais il arrive rapidement à distinguer les vrais visages des faux. Quand il commence à sourire, vers six semaines, il s'adresse aussi bien à vous qu'à votre voisine ou à une figure dessinée. Mais vers huit semaines, il réagit plus vite et avec plus d'enthousiasme à vous ou à votre voisine.

Vers trois mois, non seulement il distingue les vrais visages des faux, mais il commence aussi à faire des distinctions entre les gens — notamment entre ceux qui lui sont familiers et les autres. Il continue à sourire et à « parler » à la gentille voisine, mais il est beaucoup plus aimable avec vous.

A quatre mois, il vous reconnaît et vous préfère nettement aux autres. Il n'a pas peur des étrangers — cela viendra plus tard — mais il est plus réservé avec eux, tandis qu'avec vous il est libre, confiant et joyeux. Avant six mois, son affection pour vous en tant qu'individu est tout à fait claire. Quand il est sur vos genoux, il se comporte comme si votre corps lui appartenait. Il explore votre visage, suce votre nez, met ses doigts dans votre bouche... Dans les bras d'un étranger, il est poli et distant, mais dès que vous tendez les vôtres pour le reprendre, il se répand en sourires et petits cris de joie. Il a compris que les gens qu'il voit à longueur de journée lui appartiennent, et vous force à en convenir en vous dédiant ses plus grands efforts de séduction.

La découverte des mains Le bébé met plus de temps à découvrir ses mains que votre visage qui traverse son champ de vision plusieurs fois dans la journée. Ses mains se trouvent rarement devant ses yeux jusqu'à ce qu'il puisse les diriger comme il veut.

Tant qu'il garde le poing fermé, il n'est pas en mesure de découvrir ses mains. Ce n'est que lorsqu'elles restent ouvertes une grande partie du temps que vous pouvez y mettre des objets pour l'amener à les regarder.

A six semaines, le nourrisson découvre ses mains par le toucher. L'une attrape l'autre et la tire, les doigts s'ouvrent et se ferment. Mais même à huit semaines, quand il ne les tient plus fermées en permanence, il se comporte comme s'il ne savait pas que ses mains lui appartiennent. Il se sert de l'une pour jouer avec l'autre. Si on lui donne un hochet, il le serre et le tripote comme il fait avec son « autre » main. Mais comme il agite maintenant les bras quand il est sur le dos, il fait du bruit avec son hochet. En cherchant la source de ce bruit, il aperçoit pour la première fois ses mains qui tiennent le jouet.

Dès lors, pendant deux ou trois semaines, les objets qu'il peut tenir facilement et qui font du bruit quand il les secoue vont être très importants, car ils attirent son regard et son attention sur ses mains. Ils lui permettent d'établir une relation entre ses mains qui s'agitent et ce qui se produit : du bruit.

Quand il atteint dix à douze semaines, le bébé n'a plus besoin de bruit, bien qu'il le trouve toujours plaisant. Il a désormais fait la connaissance de ses mains par la vue aussi bien que par le toucher. Il sait où elles se trouvent, joue constamment avec elles et les observe sans arrêt. Pendant de grands moments, il les rapproche, les écarte, puis les ramène, tire sur ses doigts... Il est aussi concentré qu'un enfant de cinq ans qui regarde la télévision.

Une fois qu'il a acquis la maîtrise de ses mains, vers trois mois, il va les explorer l'une l'autre aussi bien avec sa bouche qu'avec ses yeux : un doigt entre dans la bouche, il en ressort, est inspecté, remis dans la bouche en compagnie du pouce, observé encore, etc.

Après les mains, il va tout porter à la bouche. Celle-ci fait désormais partie de ses moyens d'exploration. Il ne connaît vraiment un objet qu'après l'avoir sucé. Si vous vous inquiétez des problèmes que cela pose en matière d'hygiène, il vous faut trouver des jouets qu'on peut aussi bien sucer que tenir et regarder. Il est vain — et même mauvais — d'essayer de l'empêcher de porter tout à sa bouche. Mieux

Pour un bébé de trois mois, les jouets les meilleurs sont ses mains. Elles vont et viennent, s'agitent, sentent bon, ont bon goût et sont toujours disponibles. C'est ce stade capital de l'apprentissage de l'adresse manuelle qui rend le petit de l'homme si différent des autres créatures...

vaut consacrer votre temps et votre énergie à laver régulièrement les jouets.

C'est parce que la bouche fait partie des moyens d'exploration du bébé que l'usage de la sucette est néfaste. Les nourrissons tristes et nerveux qui ont besoin de cette sucette à peu près tout le temps ne sont probablement pas mûrs pour jouer avec leurs mains. Mais la plupart des nourrissons, à cet âge, sont capables d'attendre l'heure du coucher pour avoir recours à elle, ce qui libère leur bouche en même temps que leurs mains à l'heure du jeu.

Guider ses mains　Comme nous l'avons vu, il n'y a pas de coordination entre les yeux et les mains des nouveau-nés. Ils tripotent un jouet sans le regarder, ou le regardent sans le toucher. Tant que cet état de fait se prolonge, ils restent passifs. Ils se contentent de regarder, sans que cela provoque de réaction. Pour participer à la vie qui les entoure, il leur faut faire la relation entre les deux choses : apprendre à approcher, à toucher et à prendre en main ce qu'ils voient.

Attraper un objet est une tâche difficile. Il faut le remarquer, en avoir envie, évaluer sa distance, puis faire des gestes compliqués pour en approcher la main. Au moment de l'atteindre, il faut faire preuve de précision pour s'en saisir. On appelle l'apprentissage de ces gestes la coordination sensori-motrice car elle comporte la conscience d'une relation entre ce que fait la main et ce que voit l'œil. Le développement de cette coordination pendant les six premiers mois est aussi important que le fait d'apprendre à ramper et à marcher pendant les six mois suivants. Une fois acquise, elle reste essentielle pendant toute la vie : c'est elle qui permet à l'enfant d'être un bon joueur de ballon et à l'adulte d'être un bon conducteur.

Amélioration de　Il est impossible de la lui *enseigner*. Le bébé ne commence à l'acquérir
cette coordination　que quand il a atteint le moment propice.

Vous pouvez alors lui être utile. L'expérience montre que les enfants qui passent beaucoup de temps seuls dans leur berceau à ne rien faire mettent très longtemps à apprendre à tendre la main pour saisir les objets. Mais dès que l'on s'intéresse un peu à eux, qu'on leur présente des choses à regarder et à prendre, la coordination s'accélère. Il est donc important pour les parents d'assurer à leur enfant ce genre de stimulation.

Il paraît parfois difficile d'apporter au bébé l'aide adéquate. Ce n'est pas par un manque de bonne volonté, mais parce que les stades de son développement ne sont pas toujours faciles à déceler. Si vous ne pouvez les déterminer, il vous est impossible de savoir ce que votre bébé aime faire. Nous allons donc examiner l'ordre dans lequel se produisent les progrès du bébé, l'âge qui correspond à peu près à chaque étape et ce que les parents peuvent essayer pour l'aider.

La coordination sensori-motrice

0-8 semaines Le nouveau-né, à cause de sa position recroquevillée et de sa myopie, ne peut pas voir grand-chose, à moins qu'on le prenne et qu'on lui présente un objet à 20 cm environ de son nez. Dans ce cas, il fixe l'objet, et montre, avec son corps tout entier, l'intérêt qu'il lui porte. S'il était tranquille, il s'agite ; s'il gigotait, il va s'immobiliser. Si l'objet bouge lentement sans sortir de son champ de vision, il le suit des yeux. Mais s'il se déplace trop vite, ou qu'on le place trop loin de lui pour qu'il le voie nettement, son intérêt retombe immédiatement. Dès qu'il disparaît de sa vue, le bébé oublie jusqu'à son existence.

Que faire pour l'aider ? Jusqu'à ce que le nourrisson ouvre ses mains (vers six semaines) et joue avec elles, il n'a pas vraiment *besoin* de jouets. Mais il est bon qu'il s'exerce à fixer des objets, un mobile au-dessus de son lit par exemple. N'oubliez pas que son foyer de convergence est à 20-25 cm et que vos visages sont d'un intérêt primordial pour lui.

Vers deux mois Le nourrisson commence à détendre son corps, à ouvrir les mains et à les regarder quand elles passent devant ses yeux. Il est encore très myope, mais il arrive plus facilement à fixer les choses qu'on lui présente. En outre, il les suit mieux des yeux et se met à tourner la tête pour les voir plus longtemps.

Ce que vous pouvez faire pour l'aider. Il faut placer des jouets dans ses mains ouvertes. Les jouets qui font du bruit (toutes les variétés de hochets) sont utiles. Le bruit dirige l'attention du bébé sur ses mains et lui permet d'établir la relation entre ce que voit son œil et ce que fait sa main.

Entre deux mois et demi et trois mois La plupart des bébés regardent leurs mains et jouent avec elles, ce qui les incite à établir le lien entre ce qu'ils voient et ce qu'ils font. Si vous observez attentivement un enfant de cet âge, vous constatez qu'il ne se contente plus de suivre des yeux un objet, mais qu'il a un mouvement vers lui. En général il le frappe de la main qui en est la plus proche. Il arrive aussi que son regard aille de sa main à l'objet et vice versa.

Ce que vous pouvez faire pour l'aider. Le bébé doit s'exercer à maîtriser ses mains et à estimer la distance qui les sépare de l'objet qu'il désire. Il a aussi besoin de faire le plus souvent possible l'expérience de sa propre force et de son pouvoir sur les choses. Il lui faut des jeux dont la leçon est : « Je vois ceci, je fais cela, et il se produit quelque chose. » Les meilleurs jouets, à ce stade, sont ceux sur lesquels on peut taper. Si on suspend, par exemple, une balle de laine au-dessus de son berceau, à environ 25 cm de sa figure, il fera des mouvements dans sa direction et, de temps en temps, sa main la rencontrera et la fera bouger. Un objet de ce genre, accroché à une petite branche près de sa voiture quand il est dehors, le rendra encore plus heureux. En touchant la balle, il fera remuer la branche en même temps. On peut varier le jeu en mettant un hochet à la même place, ce qui permettra au bébé de découvrir que ses gestes peuvent provoquer un bruit aussi bien qu'un mouvement.

De trois
à quatre mois

Le bébé continue à taper sur les choses, mais en général il regarde l'objet, puis regarde la main qui en est la plus proche, la tend dans sa direction, mesure de nouveau de l'œil la distance, et reprend ce manège jusqu'à ce qu'il arrive à ses fins. Il est rare, toutefois, qu'il parvienne à le saisir : il referme en général la main avant de le toucher.

Ce que vous pouvez faire pour l'aider. Les objets qui se balancent ne suffisent pas : le bébé veut non seulement frapper les choses mais les attraper. Si elles se dérobent, il est frustré. Le jouet idéal, pour jouer tout seul, c'est le portique. Il se fixe en travers du berceau ou du landau dans le champ visuel de l'enfant et à portée de sa main. Il y a aussi les stabiles. L'enfant passera de longs moments à chercher à les atteindre.

Il peut arriver à ce moment que les adultes qui présentent des objets au bébé gâtent l'exercice par maladresse. Le va-et-vient du regard entre le jouet et la main dure parfois si longtemps que l'adulte prend pitié du bébé et lui met le jouet dans la main. Soyez donc patients. Ne l'aidez pas avant qu'il ait réussi à toucher l'objet qu'il désire. *C'est alors* qu'il a besoin qu'on le lui mette en main afin que le plaisir de l'avoir touché soit encore accru par le fait de le *tenir* réellement.

On facilite ses efforts laborieux pour atteindre les choses en asseyant l'enfant, ce qui le soutient tout en libérant ses bras et ses jambes. Il sera ravi d'avoir des jouets sur le plateau de sa chaise haute, mais il aimera aussi tripoter des choses quand il est sur vos genoux : vos boucles d'oreilles, votre collier ou votre médaillon l'occuperont opportunément dans un autobus ou une réunion d'adultes.

De quatre
à six mois

Le bébé voit nettement les objets quelle que soit la distance, et les suit du regard dans toutes les directions. Il a de moins en moins besoin de faire aller son regard entre l'objet et sa main. Il sait où est sa main, il ne lui est donc plus nécessaire de quitter l'objet des yeux. A six mois, il tend directement la main vers la chose qu'il désire. Il garde la main ouverte jusqu'à ce qu'il entre en contact avec elle et la referme dessus. D'autres fois, il étend les deux bras pour prendre un gros objet et le ramène vers lui.

Ce que vous pouvez faire pour l'aider. Plus on offre au bébé des choses intéressantes à regarder et à saisir, plus vite il apprend à les atteindre sans regarder sa main et à tenir fortement ce qu'il touche. Il a besoin de beaucoup d'exercice, et y prend un grand plaisir. Mais faites attention à ce que vous mettez à sa portée : dès qu'il sera capable de tenir un objet, il s'en emparera et le portera à sa bouche, aussi bien les cigarettes et les ciseaux que les hochets et les biscottes.

Jouets pour la main et pour l'œil

Objets à regarder

Il existe des quantités de jouets qui peuvent aider votre bébé à établir une coordination visuelle et motrice. Mais à ce stade, il a davantage besoin de variété que de belles choses durables.

Un peu d'improvisation à partir d'objets usuels peut apporter de la variété à ses jeux et à ses exercices, sans pour autant provoquer dépenses et encombrement.

Jusqu'à ce qu'il soit capable de toucher les choses, votre bébé s'instruit en regardant. Il ne lui faudra pas longtemps pour connaître par cœur la rangée de canards en plastique accrochée à sa voiture ou le mobile suspendu au-dessus de son berceau. Voici deux idées pour les remplacer facilement :

Achetez 1 m d'élastique de 12 mm de large, et 6 à 8 pinces à dessin.

Enfilez les pinces sur l'élastique. Faites un nœud à chacune pour réserver des intervalles réguliers.

Accrochez l'élastique de chaque côté de la capote du landau ou tendez-le entre les deux côtés du lit.

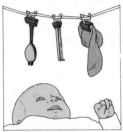

Suspendez des objets de couleurs et de formes variées : chaussette, passoire, balle, pompon, poupée de chiffon... Changez-les souvent.

A un petit crochet dans le plafond au-dessus du berceau, attachez une longue ficelle qui portera plusieurs « mobiles » différents.

Tout objet léger s'agitera dans un courant d'air : des ballons, des feuilles de papier d'argent, des serpentins, des moulins d'enfant.

On peut faire un mobile plus compliqué en accrochant à la ficelle un cintre garni de décorations de Noël.

Si vous ne voulez pas faire de trou dans le plafond, un portemanteau sur pied fera aussi bien l'affaire.

Jouets pour attirer la main

Très vite, votre bébé voudra toucher les choses qu'il regarde. Les objets qui sont à sa portée doivent être sans danger et solidement attachés pour le cas où il réussirait à en attraper un et à tirer dessus.

Stable

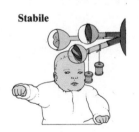

Un stabile de berceau comme celui-ci est intéressant et sans danger. Vous pouvez y ajouter quelques objets supplémentaires.

Mobile de berceau

Avec ou sans boîte à musique, un bras comme celui-ci vous permet d'accrocher soit un mobile tournant, soit un bon nombre d'objets différents.

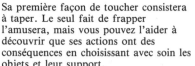

Jouets pour taper dessus

Sa première façon de toucher consistera à taper. Le seul fait de frapper l'amusera, mais vous pouvez l'aider à découvrir que ses actions ont des conséquences en choisissant avec soin les objets et leur support.

Le stabile de son berceau lui sera aussi utile : un hochet, une balle musicale, une série de clochettes feront du bruit quand il les frappera.

Suspendez une balle de laine, une poupée de chiffon, ou un anneau de plastique à une petite branche près de sa voiture. En frappant l'objet, il fait remuer tout le buisson.

Des figures découpées dans du papier alu ou dessinées sur des ballons changeront de physionomie en bougeant.

Jouets à attraper

L'habitude de frapper l'entraînera peu à peu à saisir. Cela se produira surtout quand il commencera à s'asseoir, mais il peut déjà s'y exercer dans son berceau, si vous lui donnez le jouet qui convient. Il ne faut pas qu'il soit dangereux. Son stabile n'est pas assez solide.

Portique

Vous pouvez acheter un portique que vous accrocherez en travers de son berceau. Le système d'accrochage des objets est calculé pour soutenir son poids même s'il s'y cramponne pour se hisser.

Vous pouvez utiliser du ruban adhésif pour attacher une série d'objets que vous remplacerez souvent. Les attaches seront très courtes car, comme elles doivent être assez solides pour supporter le poids du bébé, elles seraient dangereuses s'il s'entortillait dedans.

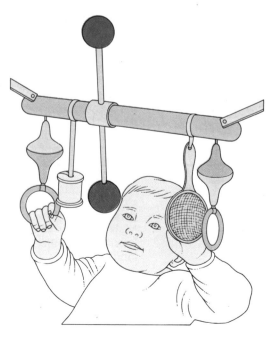

Audition et babillage

Vers quatre ou cinq semaines, votre bébé commence à faire la relation entre ce qu'il entend et ce qu'il voit. Au début, quand vous le changiez, il regardait dans le vague tout en écoutant attentivement votre bavardage. Puis du jour au lendemain, tout en écoutant, il s'est mis à chercher des yeux la source de cette voix.

En l'observant à ce stade, vous verrez apparaître son premier sourire volontaire. Celui-ci ne s'adresse pas à votre visage souriant, pas même à votre visage souriant qui parle, mais uniquement à votre voix. Cependant, quand il aura appris à regarder votre visage pendant que vous lui parlez, le sourire sera provoqué par la vue aussi bien que par le son. Et il ne faudra pas plus de deux ou trois semaines pour que la vue seule de votre visage, même silencieux, provoque ses sourires.

Durant son deuxième mois, le nourrisson commence à réagir à une plus grande variété de sons. Un bruit violent le fait toujours tressaillir, la musique l'apaise, mais des sons plus neutres prennent aussi de l'importance. Sa réaction dépend chaque fois de son humeur du moment. Si vous mettez en marche l'aspirateur quand il est grognon et sur le point de pleurer, ce bruit déclenchera la crise de larmes. Mais si vous le faites à un moment où il se sent heureux, il va sans doute se mettre à sourire et à se trémousser. Il semble que ces sons neutres ne font qu'accentuer l'état d'esprit dans lequel il se trouve au moment où ils commencent. Seules les voix lui plaisent sans réserve, quelles que soient les circonstances et son humeur.

Premiers sons volontaires L'enfant ayant un intérêt inné pour les voix humaines, il n'est pas surprenant qu'il émette ses premiers sons volontaires au cours d'une rencontre avec un adulte qui le porte ou joue avec lui. Très tôt, on a pu entendre de sa part autre chose que des pleurs, mais ces gazouillements de satisfaction après les repas, ou ces grognements qui précédaient les cris n'étaient pas volontaires. Ils sont la conséquence d'un état physique. Un estomac plein, un larynx détendu, une bouche entrouverte provoquent de petits bruits « satisfaits », qui se transforment en grognements quand la gorge est serrée et la respiration rapide.

Vers six semaines, le bébé répond aux sourires et aux bavardages par des sourires, des gestes des bras et des jambes et d'autres signes de satisfaction. A deux mois, les sourires et gesticulations que provoque la vue de votre visage s'accompagnent de petits vagissements, et deux semaines plus tard, il est capable de faire la distinction entre le sourire et la parole. Si vous souriez, il fait de même ; si vous parlez, il vous répond.

Les enfants à qui on parle beaucoup sont bavards ; ceux dont on s'occupe en silence et qui sont rarement pris dans les bras, ou par une personne qui parle à quelqu'un d'autre, s'expriment beaucoup moins. Mais les bébés ne parlent par seulement quand on s'adresse à eux, on les entend babiller aussi lorsqu'ils sont seuls dans leur berceau ou leur landau. Mais en général, plus ils ont d'échanges avec des adultes, plus ils « s'exercent à parler » quand ils sont seuls.

Ces premiers efforts vocaux ne sont pas des « paroles », en ce sens que le bébé ne cherche pas à exprimer quelque chose en particulier, cependant, ils constituent une « conversation », une manière de communiquer avec vous. Quand vous lui dites quelque chose, il vous répond, puis s'arrête, comme pour attendre la suite. Si vous lui parlez encore, il patiente jusqu'à ce que vous ayez fini pour émettre un son en réponse. On voit qu'il cherche à être « sociable » : en effet, seules les *voix* provoquent chez lui ce comportement. Les autres bruits sont sans effet. Des chercheurs ont étudié l'attitude de bébés dont chaque gazouillis était suivi du tintement d'une clochette. Celle-ci n'a suscité de « réponse » de la part d'aucun d'entre eux et ne les a fait parler ni plus ni moins que d'habitude. L'enfant « répond » parce qu'*on lui parle*, et non parce qu'il *entend un bruit*.

Même quand il est seul, son babillage suit le rythme d'une conversation. Il émet un son, puis s'arrête, comme s'il écoutait le bruit qu'il vient de faire, recommence et s'arrête de nouveau. Ce genre d'« exercice », qu'il combine avec les jeux de mains, est souvent sa distraction préférée quand il est seul. En fait, les nourrissons qui parlent beaucoup, à la fois aux adultes et tout seuls, supportent mieux la solitude que ceux qui sont plus silencieux. C'est une occasion de plus de constater que les bébés auxquels les adultes accordent beaucoup d'attention ont tendance à être plus heureux de vivre et moins exigeants que ceux dont les parents s'occupent rarement, de peur de les gâter (voir p. 157).

Babillage   Entre le troisième mois et le sixième mois, l'enfant est pris d'une frénésie de « babillage ». Il a atteint un stade de développement général qui le stimule et l'excite. Il s'agite et se retourne, joue avec ses mains, tape sur des objets ou les tripote, tout en bavardant sans arrêt et en poussant des cris de joie. S'il continue à vous répondre quand vous vous adressez à lui, il ne s'arrête pas quand il est seul.

Entre trois et quatre mois, les bébés sont incapables de prononcer autre chose que des voyelles. Ils font des « Aaah » et des « Oooh », et on dit souvent qu'ils roucoulent.

Les premières consonnes qu'il emploie sont le P, le B et le M. Cela fait davantage ressembler son babil à des mots. Ce que les parents remarquent le plus souvent est « Maaaa ». Certaines mères en concluent que leur petit essaie de dire « maman ». Il y en a même qui s'inquiètent parce qu'il dit « Maaa » et non « Paaa »... En fait, il ne s'agit absolument pas de nommer qui que ce soit. L'enfant dit « Maaa » parce que le M est la première consonne qu'il est capable de prononcer, et s'il ne dit pas « Paaa », c'est parce que le P n'apparaît qu'ensuite.

L'apprentissage des sons plus compliqués, en passant par toutes ces étapes, fait partie du développement du bébé. Bien sûr, il babillera davantage si on lui parle beaucoup, mais il s'exprimera de toute façon, même si on le néglige ou s'il n'entend rien parce qu'il est sourd.

Avant six mois, le fait de babiller et de faire des bruits ne signifie pas forcément que l'audition d'un bébé est normale. La voix ne trahit la surdité que dans les six mois suivants. On ne peut la déceler qu'en observant les réactions du nourrisson (ou son manque de réactions) aux bruits extérieurs. S'il ne tourne jamais la tête pour voir d'où vient votre voix et ne tressaille pas quand vous laissez tomber une casserole près de lui, même s'il babille beaucoup, consultez votre médecin.

L'attention   Quand votre bébé atteint quatre ou cinq mois, le fait qu'on s'adresse à lui l'incite non seulement à parler, mais aussi à s'essayer à des sons de plus en plus complexes. Quand vous vous adressez à lui, il vous écoute intensément, les yeux fixés sur votre visage. Si vous vous arrêtez un instant, il vous répond et, quand il est seul, il passe en revue son répertoire.

Beaucoup de parents croient que leur enfant apprend à parler en procédant par imitation. Ils simplifient donc les mots qu'ils emploient et insistent sur certains d'entre eux, dans le but de lui faciliter la tâche. Mais, comme nous le verrons (voir p. 212), les bébés n'apprennent pas à parler par mimétisme, aussi est-il sans intérêt d'en faire des perroquets. Quand vous vous adressez à eux, vous faites quelque chose de beaucoup plus important que de leur donner un modèle à imiter : vous les encouragez à émettre tous les sons qu'ils connaissent déjà et à en trouver d'autres.

Tous les bébés babillent de la même façon, quels que soient la nationalité, la langue et l'accent de ceux qui les entourent. Les sons étant universels, ils donnent parfois l'impression d'être des ébauches de mots, mais dans quelle langue ? Les parents français prennent les sons à consonance française pour des mots esquissés, et considèrent le reste comme du « simple babillage », tandis que les Italiens et les Japonais font de même pour d'autres sons... Mais en réalité, votre bébé n'essaie encore de parler aucune langue : il ne cherche pas à prononcer des mots. Il ne fait que babiller. Ses intonations ne commenceront à se différencier de celles des petits étrangers que lorsqu'il cherchera réellement à s'exprimer, vers un an.

En vous écoutant, le nourrisson ne cherche pas à vous imiter, mais à apprendre à reconnaître votre voix, ainsi que celle des personnes de son entourage, tout comme il s'efforce au même moment de les distinguer des étrangers (voir p. 141). A six mois, il sera capable de vous signaler, par son excitation, qu'il a entendu une voix amie dans l'entrée. Si vous parlez tout en pénétrant dans sa chambre, il commencera à sourire avant même de s'être redressé suffisamment pour vous voir. Mais à un étranger qui vient lui faire la conversation, il ne présentera qu'un visage attentif et méfiant.

L'aider à « parler »

L'aisance, la fluidité, la complexité du babillage sont étroitement liées à la facilité et la rapidité avec lesquelles il apprendra à parler. Pour le moment, ses capacités d'expression dépendent en partie des stimulations apportées par les adultes qui l'entourent et plus tard ses facilités d'élocution lui permettront d'aborder une grande variété d'apprentissages. L'acquisition du langage est une des responsabilités importantes qui incombent aux parents.

Tout le monde ne sait pas s'adresser spontanément à un nourrisson. Certaines personnes sont naturellement bavardes : elles parlent à tous ceux qui les entourent et, si par hasard elles n'ont que le bébé près d'elles, c'est lui qui bénéficie de leur conversation. D'autres sont conscientes dès le début de la personnalité de l'enfant : pour elles, ignorer un bébé qui s'ennuie, pendant qu'on lit ou qu'on regarde ailleurs, est aussi grossier que se comporter de même avec un ami. D'autres encore sont d'un naturel réservé, et peuvent se sentir ridicules de s'adresser à une petite chose incapable de leur répondre de façon compréhensible ; elles ont l'impression de parler toutes seules. Un goût naturel pour le bavardage est une qualité à rechercher chez une baby-sitter ou une nourrice, surtout si vous ne la possédez pas vous-même. Toutefois, il ne s'agit pas de « saouler » de paroles le bébé du matin jusqu'au soir.

Il ne sert à rien d'essayer d'avoir un comportement qui ne vous est pas naturel : on ne peut pas décider de devenir bavard si on ne l'est pas. Ce que vous pouvez faire, c'est provoquer des situations qui vous obligent à parler au bébé, et vous découvrirez peut-être que ses réactions à votre conversation vous incitent à vous adresser de plus en plus à lui.

Montrez-lui un livre d'images, en lui nommant les ╲ représentées comme vous le feriez pour un enfant de tr╲ lui expliquant à quoi elles correspondent. Le bébé appréci╲ ges et les explications, même s'il ne les comprend pas.

Expliquez-lui ce que vous faites quand vous vous occupez de lui. le déshabillant, nommez les vêtements que vous lui enlevez ainsi que la partie du corps qu'ils recouvraient. En le baignant, dites-lui le nom de la partie du corps que vous savonnez et celui des objets dont vous vous servez. Quand vous le faites manger, indiquez-lui ce qu'il y a dans sa soupe et ce qui viendra ensuite.

Posez-lui des questions. Il ne vous répondra pas avec des mots, mais peut-être par des intonations, des mimiques ou des gestes : « Est-ce que c'est agréable ? » « Où est passée cette chose ? » « Est-ce trop froid ? »...

Parlez-lui naturellement, sans simplification excessive. A ce stade, ce qui le stimule, c'est un bavardage continu. Si vous réduisez la conversation à des mots simples, une élocution lente et des sujets élémentaires, vous aurez l'air emprunté. Or, votre bébé répondra avec autant de plaisir à des commentaires sur la situation politique ou sur le prix du fromage qu'à une phrase soigneusement élaborée à propos du chien de la famille. Si un langage enfantin vous vient facilement, employez-le, sinon, parlez normalement. De toute façon, cela n'a aucune importance à cet âge.

Réservez-vous toujours un petit moment pour bavarder seul à seule avec lui. C'est particulièrement important si cela vous gêne de lui parler devant d'autres personnes, ou si vous avez un autre enfant qui a aussi besoin de conversation et qui sait beaucoup mieux la provoquer.

Par-dessus tout, écoutez votre bébé, et essayez de lui répondre par des mots chaque fois qu'il émet des sons à votre intention. Ce qu'il attend de vous, ce ne sont pas des commentaires interminables ou des monologues à longueur de journée, c'est une conversation. Si, d'une manière générale, vous avez des difficultés à entamer un dialogue, efforcez-vous tout de même de lui répondre lorsque c'est lui qui l'engage.

Jeu et apprentissage

Le jeu est plus qu'un simple plaisir pour un bébé : il lui donne l'occasion d'apprendre et de s'exercer, de découvrir des objets et de les étudier, de faire fonctionner son corps et ses sens, de développer sa réflexion et son intelligence. Il est bon que l'enfant s'amuse (sinon, il refuserait de participer), mais la distraction n'est pas le *seul* but du jeu. Un bébé tire, en effet, tout autant de plaisir des moments agréables de la vie quotidienne, depuis le changement des couches jusqu'au repas.

Quand vous décidez de jouer avec votre enfant, vous faites plus que l'amuser : vous l'instruisez. Les jouets que vous lui offrez maintenant sont aussi importants pour lui que son matériel scolaire quand il aura cinq ans. Les jeux que vous faites avec lui sont aussi enrichissants que le travail qu'il fera avec sa maîtresse à l'école maternelle. Vous ne pouvez certainement pas lui accorder autant de temps qu'il le désirerait, aussi cela vaut-il la peine de faire, pendant les moments que vous passez ensemble, un maximum d'expériences intéressantes et agréables.

Profitez au maximum des moments de jeu

Conformez-vous à l'humeur de votre enfant. Comme tout le monde, ce qu'il a envie de faire dépend de son état d'esprit. Quand il est en forme, il aime les jeux mouvementés qui lui donnent des joies physiques et le plaisir d'apprendre à contrôler progressivement son corps ; mais quand il est fatigué ou mal à l'aise, les mêmes jeux l'effraient et le perturbent. Il n'a pas l'impression d'être maître de son corps, mais au contraire d'être manipulé.

Quand il a besoin de calme et d'affection, il aime qu'on le câline et qu'on lui chante quelque chose. Mais s'il est plein d'énergie, cela l'énerve.

Enfin, rien n'arrive à le distraire lorsqu'il est fatigué ou malheureux, ou lorsqu'il a faim. Il ne veut alors rien d'autre que le réconfort de son lit ou de son repas.

Quand vous jouez avec lui, mettez-vous à son niveau. Les réactions de votre bébé sont beaucoup plus lentes que les vôtres, surtout quand vous l'amenez à la limite de ses possibilités. Si vous voulez qu'il participe vraiment, il faut vous astreindre à vous mettre à son rythme. Par exemple, si vous lui parlez, n'attendez sa réponse que cinq secondes, puis vous impatientez et passez à autre chose, vous lui avez volé son tour. Attendez. Il lui faut peut-être quinze secondes pour émettre un son en réponse.

Si vous lui tendez un jouet et attendez un peu qu'il entreprenne le processus laborieux qui lui permettrait de le saisir, puis vous impatientez, et, finalement, le lui mettez dans la main, vous l'avez privé de son rôle. Ne vous pressez pas. Donnez-lui le temps d'arriver au but, le temps de tenir sa partie dans le jeu.

Si vous lui souriez pendant quelques secondes, lui envoyez un baiser, puis lui tournez le dos, une fois de plus, vous l'aurez laissé hors du jeu. Il s'apprêtait sans doute à vous sourire en retour, mais vous ne lui en avez pas donné le temps. Et maintenant, perplexe, il sourit à votre dos.

Adaptez vos jeux à son tempérament. Chaque enfant a son propre besoin de stimulation — nécessaire pour éveiller son intérêt et retenir son attention sans qu'il se sente dépassé et ait envie d'abandonner.

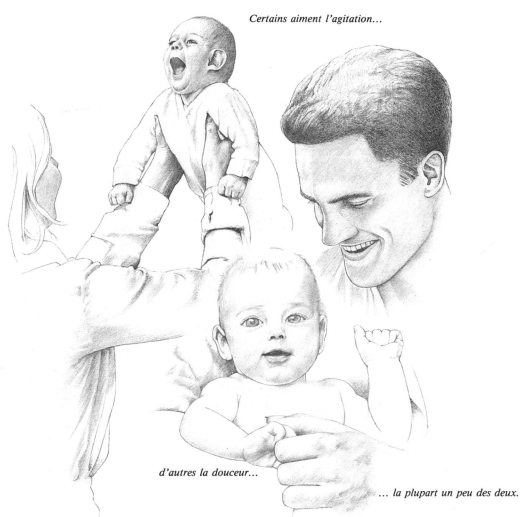

Certains aiment l'agitation...

d'autres la douceur...

... la plupart un peu des deux.

A cinq mois, être balancé peut faire hurler de joie un enfant et affoler un autre. Une petite berceuse provoquera un sourire de la part de l'un mais ne suscitera aucune réaction chez un autre. C'est finalement vous qui êtes le meilleur juge : en restant attentive aux réactions de votre bébé, vous pouvez trouver les jeux qui lui conviennent le mieux.

Déteste-t-il les bruits stridents ? Ne lui donnez pas une cuillère en métal pour taper sur une casserole, mais au contraire une spatule en plastique. Ne lui donnez pas non plus un canard en caoutchouc bruyant sans avoir bouché avec du ruban adhésif le trou du sifflet, que vous libérerez quand il se sera habitué à ce jouet.

Est-il craintif, physiquement ? Alors, ne le faites pas sauter sur vos genoux, mais trouvez des comptines qui font jouer ses doigts ou ses orteils.

Est-il au contraire très actif ? Ne l'abandonnez donc pas bloqué dans sa chaise avec un hochet ; posez-le par terre et aidez-le à « pédaler » avec ses jambes et à rouler sur lui-même.

Dosez avec soin les expériences nouvelles. Entre trois et six mois, les enfants sont très intéressés par les objets assez familiers pour qu'ils puissent s'en servir mais, toutefois, pas trop habituels. Ceux qu'ils connaissent trop bien les ennuient ; ils ont découvert tout ce qu'ils pouvaient en tirer. Pour faire plaisir à votre bébé, il faut lui donner un nouveau hochet, assez semblable au précédent, mais peut-être un peu plus grand, ou d'une couleur différente, un morceau de papier qui ressemble à celui de la veille, mais du papier de soie cette fois pour qu'il ait une autre consistance et qu'il se froisse en faisant un autre bruit ; une boîte à musique comme celle qu'il a déjà, mais qui joue un autre air ; un mobile garni d'objets différents ; un ballon allongé à la place d'un rond ; une bouteille au lieu d'un pot en plastique...

Offrez-lui la possibilité de découvrir son corps en le faisant jouer nu. Contrairement aux nouveau-nés, les nourrissons de deux ou trois mois adorent être déshabillés. On ne saurait trop recommander de faire jouer un bébé quand il est nu. Délivré de ses vêtements, il peut apprendre de nouveaux exercices physiques et découvrir des parties de son corps qui sont habituellement cachées sous les habits et les couches. En outre, il reçoit ainsi du monde qui l'entoure des sensations différentes : l'air ou le soleil caressent sa peau tandis qu'il s'ébat joyeusement. Les jeux physiques ou les caresses prennent aussi une autre dimension. Vous trouverez sans doute irrésistibles les fossettes de son dos nu !

Mais il faut qu'il ait chaud et soit en sécurité. Une serviette de toilette au centre d'un grand lit est un terrain de jeu idéal — au moins jusqu'à ce qu'il ait appris à rouler sur lui-même — et quand il fait chaud, il ne peut être mieux que sur un tapis à l'ombre d'un arbre.

Les jouets Pendant cette période, le meilleur jouet de votre enfant n'est autre que vous-même. Il se sert de votre corps pour faire sa gymnastique ; vous le soutenez pour l'aider à faire toutes sortes de choses qu'il serait encore incapable de faire tout seul ; votre visage et votre voix le fascinent ; ce que vous faites et les objets que vous utilisez le passionnent. En lui accordant votre attention, votre tendresse et votre aide, vous lui procurez ce qu'il peut avoir de mieux comme jeux.

Mais, peu à peu, il a besoin de découvrir les choses aussi bien que les gens qui l'entourent. Il lui faut des objets. Les jouets destinés à cet âge sont sans danger, colorés et conçus pour être faciles à prendre en main. Les meilleurs ont aussi pour but de lui faire connaître une grande variété de formes, de poids et de matières. On peut donc recommander l'achat de hochets et d'anneaux, de joujoux à caresser ou à presser pour qu'ils fassent du bruit, de mobiles et de balles.

Mais, à ce stade, les jouets qu'on achète ne sont pas suffisants. Le bébé ne fait pas grand-chose de ce qu'on lui met dans la main. Un objet ne l'intéresse que pour s'en emparer, le regarder, le tâter et le porter à la bouche. Cela fait, il est prêt à passer à un autre. Pour pouvoir acheter assez de jouets afin de lui permettre de satisfaire sa curiosité insatiable, il faudrait que vous soyez millionnaire et que vous disposiez d'une place énorme ! La bonne solution consiste à lui présenter une grande variété d'objets usuels pour compléter ses propres jouets.

Objets usuels pouvant servir de jouets Tous les objets sont nouveaux pour votre enfant, aussi appréciera-t-il tout ce que vous lui offrirez. Inutile de vous préoccuper de l'usage normal de la chose : il ne saura de toute façon pas s'en servir. Ce qui compte, c'est la couleur, la forme, le poids et la consistance. Les suggestions faites p. 155 concernent des objets que l'on trouve dans presque toutes les maisons : vous pouvez sans doute en découvrir bien d'autres (voir p. 467).

Du point de vue du bébé, tous les tiroirs, tous les placards sont remplis de jouets...

... et le supermarché est un magasin de jouets...

Partager avec lui les objets usuels — s'ils ne sont pas dangereux — transforme les corvées en partie de plaisir. Pour vous deux...

Attention. Il va tout porter à la bouche pour le sucer ou le mordre. Certains objets qui ne présentent pas de danger quand ils sont entiers sont dangereux cassés : les pots de yaourt en plastique, par exemple, sont coupants quand ils ont été déchirés. Il faut surveiller les jeux du bébé et inspecter régulièrement ses « jouets ». Il va apprendre à séparer les choses : faites attention qu'il ne s'étrangle pas avec un morceau de hochet bricolé par vous. Il va aussi tout faire tomber : évitez les objets lourds qui risquent de lui faire mal. Sucer le fait parfois avaler : évitez tout ce qui pourrait l'intoxiquer, comme le papier journal ou un fond de produit de nettoyage dans une bouteille plastique.

Faciliter
ses découvertes
En quelques mois, le bébé acquiert une grande adresse pour atteindre les objets mais il a encore du mal à les attraper. Il n'apprendra à utiliser son pouce et son index séparément, en réalisant une pince, qu'entre six mois et un an. En attendant, il trouvera plus facile de se servir de ses deux mains, coinçant l'objet entre ses poignets avant de le prendre dans ses paumes. Ce genre de jeu est plus facile s'il est assis, bien soutenu, les bras libres pour atteindre les jouets posés sur une table ou un plateau devant lui. Le mieux, c'est de l'asseoir sur vos genoux devant une table, mais vous pouvez aussi le mettre dans sa chaise haute ou sur son siège de bébé muni de sa tablette.

A cet âge, il ne peut s'occuper que d'un objet à la fois, et il reste incapable d'en choisir un si on lui en présente plusieurs ; un assortiment de joujoux ne ferait que le troubler. Il s'amuse mieux quand on pose une ou deux choses devant lui et qu'on les remplace dès qu'il a fini de s'y intéresser.

Si le bébé est en train de jouer avec un ustensile de cuisine dont vous avez besoin, il faut lui en offrir un autre pour pouvoir récupérer le premier sans problème. Il n'est, en effet, pas encore capable de le lâcher volontairement et sera furieux si on le lui arrache de force. Profitez donc de son incapacité à faire deux choses à la fois : offrez-lui une cuiller et il laissera tomber la casserole qui vous fait défaut.

Amour et gâterie

Exprimer votre affection et jouer avec votre bébé, vous mettre à sa place, penser à ses besoins et à ses humeurs, observer ses moindres gestes et cris, tout cela demande beaucoup d'attention. Est-ce raisonnable ? N'allez-vous pas trop le gâter ?

Les enfants plus âgés et les adultes qui ne pensent qu'à leur propre plaisir et se moquent de celui des autres se rendent odieux à tout le monde. Quand un garçonnet de quatre ans rejette sans ménagement un cadeau choisi avec amour par sa grand-mère ou hurle pour avoir une troisième glace quand la seconde est encore en train de fondre dans sa main, les adultes le considèrent comme un « affreux enfant gâté ». Horrifiés à l'idée d'être responsables d'un tel comportement, beaucoup de parents essaient d'y parer dès le début : « Il doit apprendre qu'il n'est pas seul au monde » déclarent-ils ; « La vie est dure, et il ferait mieux de s'y habituer tout de suite » ou même : « Maman n'aime *que* les gentilles petites filles... »

Mais ces principes que nous avons entendus toute notre enfance, et que nous appliquons sans trop réfléchir à notre bébé, n'ont aucune signification pour cette période de sa vie. Pour devenir un enfant gâté (ou, bien sûr, l'opposé : un parangon d'altruisme et de serviabilité), il faut être en mesure de *vouloir* des choses, et pas seulement d'*en avoir besoin*. Il faut être conscient de sa propre personnalité, des droits des autres aussi bien que des siens, et être capable d'imposer sa volonté. Tout cela est impossible à un petit enfant. Il ne peut rien faire de plus qu'exprimer un besoin quand il le ressent. Son intelligence n'est pas encore apte à concevoir des projets, ou à formuler des idées telles que : « Est-ce que je pourrais obtenir qu'elle me donne... », ou : « Si je fais une scène, est-ce qu'il va... », ou encore : « Ils m'ont laissé faire hier... et je veux recommencer aujourd'hui, aussi vais-je... » Ainsi donc, lorsque je dis que les bébés ne peuvent pas être capricieux, je n'affirme pas qu'ils sont naturellement « bons », je dis qu'*ils ne sont pas encore assez évolués et astucieux pour agir en enfants gâtés*.

Répondre aux besoins d'un bébé n'est pas toujours facile. Son évolution l'amène à signaler par moments, bruyamment, des exigences nouvelles. Si vous êtes prête à les satisfaire ou même à les prévenir, vous lui éviterez de se signaler si fort et si souvent. Mais si vous commencez à avoir peur de le gâter, il se peut qu'au lieu de chercher à comprendre ce qu'il veut et à satisfaire ses besoins, vous décidiez de lui résister. Les amis qui déclarent que votre bébé est « un petit malin », qu'il « vous mène par le bout du nez » et qu'il ne devrait pas exiger autant d'attention, peuvent saper non seulement votre confiance en vous et votre moral mais gâcher vos relations avec le bébé. Montrez-vous sûre de vous et ne changez pas d'attitude en fonction de votre entourage. Ne vous laissez pas persuader de confier le bébé une partie de la journée à une baby-sitter ou à une nourrice qui mette en application le principe : « Plus il me demande, moins je lui donne. »

Quand un bébé se réveille après une heure de sieste alors que vous espériez trois heures de tranquillité, levez-le et jouez avec lui. La peur d'en faire un enfant gâté vous dicterait la solution inverse : « J'avais l'intention de te sortir de ton lit à 2 heures mais puisque tu m'appelles à midi, tu attendras jusqu'à 2 heures et quart. Ça t'apprendra. »

Quelle leçon peut tirer de cela un bébé ? Quel message peut lui apporter votre comportement répressif ? « Inutile de m'appeler car je ne viendrai que quand je serai prête à le faire » ? « Ne me préviens pas quand tu es malheureux parce que cela ne m'intéresse pas » ? « Plus tu me demandes, moins je te donnerai » ? « Je ne m'occuperai de toi que si tu te tais » ?...

Dans ce cas, tout le monde est perdant.

Le bébé y perd parce que ses besoins ne sont pas satisfaits, ou alors avec un tel retard qu'il a cessé de croire qu'ils vont l'être. Il devient anxieux, pleure et s'agite plus souvent, met plus longtemps à se consoler. Alors qu'auparavant il acceptait de jouer tout seul dans son berceau, le fait d'y rester trop lontemps s'associe à l'idée de solitude et d'ennui. Il ne tarde pas à prendre l'habitude de pleurer dès qu'il se réveille.

Vous y perdez, parce que moins vous répondrez à ses besoins, plus il va les exprimer. A mesure que vous durcissez votre position, ses demandes vont devenir de plus en plus anxieuses. Vous êtes prise dans un cercle vicieux dont le résultat est exactement ce que vous cherchiez à éviter : vous avez finalement affaire à un bébé capricieux et grognon.

Le reste de la famille y perd, parce que des parents exaspérés ne sont pas faciles à vivre, pas plus qu'un bébé qui pleure tout le temps.

Si vous vous sentez déjà accablée et surmenée par les soins du bébé, il vous sera difficile de croire que le fait de vous occuper encore plus de lui va vous rendre la vie plus facile. Si vous êtes déjà épuisée bien que vous limitiez le temps que vous lui consacrez, vous croyez sans doute qu'en répondant systématiquement à ses appels vous allez perdre tout votre temps et votre énergie. C'est faux. Élever un bébé est certainement une lourde charge, mais les parents qui satisfont immédiatement et totalement les besoins de leurs enfants ont *moins* de travail, *moins* de peine et *moins* de tension d'esprit.

Il est facile d'en donner un exemple tout à fait probant. Le tableau ci-contre représente la nuit de deux mères d'un enfant de trois mois. Mme A croit qu'elle peut et doit économiser son temps et son énergie en limitant ses interventions auprès du bébé. Mme B n'est pas hantée par la peur de le gâter : elle trouve plus commode de faire ce qu'il semble désirer.

Quelle que soit votre opinion personnelle, vous pouvez constater que dans la réalité Mme A est vraiment perdante. Elle a passé la plus grande partie de sa nuit éveillée, ce qui n'est guère agréable. En faisant attendre la tétée, elle a provoqué une longue période de pleurs de frustration et de détresse, si bien que lorsqu'elle a fini par se laisser attendrir, le bébé n'était pas du tout content de la voir. Il était bien trop perturbé pour l'accueillir par un sourire. Et quand elle l'a enfin nourri, il a été incapable d'y trouver du plaisir. Ainsi Mme A n'a pas eu la satisfaction de le voir s'épanouir grâce à ses soins. Au contraire, le repas a été fatigant et décevant, il a duré beaucoup plus longtemps que si le bébé avait été calme, et celui-ci a été très vite terrassé par l'épuisement et la mauvaise digestion. Comme il n'est pas arrivé au bout de sa ration, elle peut s'attendre à ce qu'il se réveille au bout de quelques heures...

Personne *n'aime* donner les repas de nuit ; cependant, Mme B pouvait se rendormir avec l'agréable impression du devoir accompli, tandis que pour Mme A, la même opération avait été proprement dantesque ! Et en entendant l'appel de cinq heures du matin, elle ne pouvait qu'être mal disposée à l'égard de son bébé.

Il se peut que vous soyez convaincue de la sagesse de l'attitude que je préconise quand les besoins physiques de l'enfant sont en cause, et non quand « il n'a pas vraiment de problème, mais qu'il désire une présence ». Songez cependant que votre nourrisson n'est pas encore

3 heures du matin, les deux bébés s'éveillent et crient	Mme A *(qui ne veut pas le gâter)*	Mme B *(qui n'a pas peur de le gâter)*
	Se réveille, écoute, regarde l'heure, voit que le bébé n'a dormi que trois heures depuis son dernier repas. Met sa tête sous l'oreiller pour se rendormir, ce qui est impossible à cause du bruit. Se lève au bout de 20 mn de mauvaise humeur.	*S'éveille, écoute pour s'assurer que les cris se prolongent ; se lève, ensommeillée mais résignée.*
Temps écoulé avant de rejoindre le bébé	**22 minutes**	**2 minutes**
	Le bébé est dans tous ses états, trop perturbé pour sourire à sa mère. Sanglote pendant qu'elle prépare le biberon. Se met difficilement à boire. A besoin de nombreux rots parce qu'il a avalé beaucoup d'air en pleurant. Met 30 mn pour prendre 85 ml de lait.	*Le bébé s'arrête de pleurer en voyant entrer sa mère ; lui sourit quand elle le prend ; se met à téter frénétiquement ; a besoin de faire un rot au milieu du repas. Met 20 mn pour finir son biberon.*
Temps du repas	**30 minutes**	**20 minutes**
	A besoin de plusieurs rots supplémentaires et de deux interventions pour s'endormir.	*S'assoupit tout en tétant à la fin du biberon. Fait son rot en retournant au lit. S'endort immédiatement.*
Retour au sommeil	**15 minutes**	**2 minutes**
	La mère peut retourner au lit et se rendormir.	*La mère est libre de retourner au lit et de se rendormir.*
Durée totale de l'intermède	**1 heure et 7 minutes**	**24 minutes**

en âge d'avoir des désirs, mais qu'il n'a, pour le moment, que des besoins, parmi lesquels l'attention que peuvent lui accorder les adultes est aussi importante qu'une nécessité physique. Privé de nourriture et de chaleur, il est condamné à mort ; privé de l'attention des adultes, il ne deviendra pas un être humain équilibré.

Un bébé a besoin d'adultes attentionnés non seulement pour satisfaire ses besoins quotidiens, mais aussi pour le réconforter et le rassurer. Il a besoin de vous, ou de la personne qui vous remplace, pour lui enseigner les multiples gestes qu'il doit apprendre, et pour faire à sa place tout ce que son cerveau ou ses muscles ne peuvent encore entreprendre. Vous êtes sa compagne d'élection qui lui parle, qui l'aime et qui fait peu à peu de lui un être capable de parler aux autres et de les aimer.

Soyez heureuse et fière de lui être si précieuse. Il est sans doute la seule personne sur terre qui vous aime à 100 pour 100, sans réserve ni critique. Appréciez sa compagnie : lui seul ne désire rien d'autre que d'être tout le temps près de vous et ne vous préfère jamais qui que ce soit. Donnez-lui du bon temps, et il vous en donnera aussi.

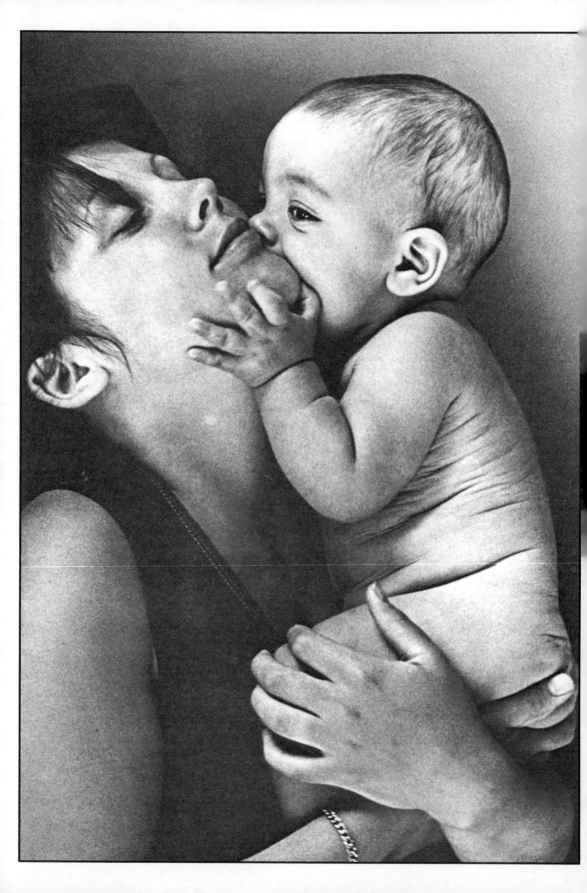

TROISIÈME PARTIE

LE GRAND BÉBÉ

De six mois à un an

Au milieu de la première année, votre enfant a acquis, non sans peine, le contrôle de son corps. Il ne va pas tarder à s'asseoir tout seul, marcher à quatre pattes, attraper tout ce qui est à sa portée et découvrir des choses passionnantes à faire avec les objets. S'il trouve une corbeille à papiers, il la vide, un livre, il en chiffonne les pages, mais il peut aussi mettre en marche la télévision ou manger la soupe du chat... Désormais, il ne va plus se contenter de rester dans son coin avec les jouets que vous lui donnez. Il va avoir besoin d'être constamment surveillé. Cependant votre présence ne lui est pas seulement indispensable pour des raisons de sécurité, mais aussi pour des raisons affectives, car personne n'est plus attaché à sa mère qu'un bébé de six mois — sinon le même bébé, trois mois plus tard !

Pour la plupart des bébés, ces six mois sont caractérisés par le développement d'un attachement de plus en plus intense pour les personnes qui comptent pour lui. Mais ces personnes sont aussi diverses que les familles. Nous avons vu que le bébé s'attache en premier à la personne qui partage la plus grande partie de son temps de veille. Pour un grand nombre d'entre eux, c'est leur mère, mais ce peut être le père et, pour d'autres, un substitut maternel, une mère adoptive ou une nourrice ayant ou non des liens de parenté avec lui. Si l'enfant n'a qu'une seule personne avec qui créer ce lien privilégié — une mère célibataire, par exemple, qui s'occupe de lui à plein temps —, l'attachement a des chances d'être particulièrement intense et, bien que profondément satisfaisant pour les deux parties, il peut aussi se révéler précaire : en effet, les bébés ont réellement besoin de ces liens, mais tout le monde risque d'avoir un accident ou de tomber gravement malade.

Un bébé n'a pas un quota d'amour fixé d'avance à donner, et l'amour qu'il accorde à d'autres personnes n'amenuise pas celui qu'il porte à sa mère. Si c'est elle qui s'occupe de lui le plus souvent, même si elle travaille à l'extérieur et le confie pendant ce temps à une tierce personne, elle restera probablement la personne qui compte le plus pour lui, même s'il aime beaucoup sa nourrice et apprécie les soins qu'elle lui prodigue.

Cela s'applique également aux familles où les deux parents s'occupent de l'enfant. Si la mère est constamment présente et partage les jeux, elle sera la personne qui compte le plus, mais si le père est affectueux et participe à la vie quotidienne de l'enfant, il bénéficiera, lui aussi, d'une place privilégiée. Si, en comparaison, la mère devient exigeante et ennuyeuse, vers un an l'enfant pourra préférer obéir à son père. Si le père s'occupe du bébé tandis que la mère vaque à ses affaires, ces premières relations seront probablement inversées. Et si les deux parents sont très attentifs mais, pris par ailleurs, partagent les soins du bébé avec une employée affectueuse, la vie affective du bébé n'en sera que plus riche.

Parmi les personnes auxquelles s'attache un enfant, il en choisit souvent une — supposons que ce soit vous et que vous soyez sa mère — comme héroïne de sa première (et plus importante) histoire d'amour. Le bébé a appris à vous connaître et à vous aimer mieux que qui que ce soit, et maintenant, il vous veut à lui tout seul et tout le temps. Il ne veut vous partager avec personne, déteste que vous vous intéressiez à qui — ou quoi — que ce soit d'autre. Son idéal serait de bénéficier de votre présence et de votre attention à longueur de temps. Mais sa passion pour vous est aussi physique. Il aime s'asseoir sur vos genoux, vous tripoter, vous caresser, vous mettre de la nourriture (ou pire) dans la bouche, bref, se comporter comme si votre corps lui appartenait.

Les exigences d'un amoureux sont délicieuses quand on partage son amour, mais odieuses dans le cas contraire. Il en est de même des relations physiques et affectives entre les enfants de cet âge et leur mère. Elles sont agréables aux femmes qui ont pris goût à la maternité, mais pèsent à celles qui trouvent leur bébé trop exigeant et craignent qu'il ne devienne capricieux s'il s'attachait encore davantage. Pour certaines, les démonstrations physiques de leur enfant sont tout à fait embarrassantes. Toute leur vie, on les a encouragées à garder le contrôle de leurs sentiments, à ne pas en faire étalage, à ne pas s'y abandonner, et les voilà confrontées à un petit être qui veut absolument être câliné, embrassé et caressé. Il tend les bras pour qu'on recommence, rit aux éclats quand on le chatouille, suce le nez de sa mère quand il est à sa portée, s'étire et ronronne comme un petit chat sensuel lorsqu'on le baigne ou qu'on le change.

Si vous acceptez l'importance primordiale que vous avez pour lui — et même en êtes fière —, vous découvrirez bientôt que vous pouvez partager avec lui le plaisir de ces relations privilégiées. Efforcez-vous de comprendre qu'il vous considère comme un être bon, chaleureux et aimant, digne de son attachement et prêt à l'aimer en retour. Cet effort est utile car le bébé est en train de faire l'apprentissage de l'amour. Tout l'amour qu'il donne et reçoit maintenant le disposera à être plus ouvert à ce sentiment sous toutes ses formes pendant le reste de sa vie. Ainsi il lui sera facile de répondre aux besoins d'amour de vos petits-enfants quand il connaîtra à son tour la paternité. Quant à vous, c'est l'admiration sans bornes que vous lui vouez qui va vous donner, plus que tout, la force de vivre les quelques mois difficiles, voire épuisants, qui vous attendent.

A six ou sept mois, son affection s'exprime toujours de façon positive. Il est aimable avec tout le monde, mais surtout avec vous. Ses sourires les plus larges et les plus spontanés, ses « conversations » les plus longues, ses premiers rires et ses premiers « chants » vous sont destinés. Mais bientôt va apparaître le revers de tout ce bonheur. Plus il aime vous avoir près de lui, plus il détestera vous voir partir. Vers huit mois, il en arrivera à essayer de ne pas vous perdre de vue de la journée ; et lorsqu'il échouera, il sera mal à l'aise, grognon ou même pris de panique.

Les psychologues appellent cette réaction « angoisse de la séparation », mais son apparition chez votre bébé dépend à la fois de son développement physique et de vos conditions de vie. S'il est déjà capable de se déplacer à quatre pattes quand il la ressent pour la première fois, il lui suffira de vous suivre pour ne pas vous perdre de vue. Si les pièces où vous vivez communiquent et sont sur le même plan, il ne vous verra presque jamais disparaître. S'il connaît cette angoisse avant d'être capable de se déplacer, la situation sera tout à fait différente. Comme il ne pourra pas vous suivre, il vous surveillera constamment, et commencera à pleurnicher dès que vous vous éloignerez de lui.

Il y aura des jours où vous aiderez volontiers votre bébé à ne pas vous perdre de vue. Vous vous arrangerez pour mener toutes vos activités en bavardant avec lui et en commentant ce qu'il fait sans interrompre vos occupations. Quand vous serez obligée de quitter la pièce, vous attendrez qu'il vous suive, ou bien vous le prendrez dans vos bras... Il peut arriver aussi que vous ne soyez pas d'humeur à supporter cette totale dépendance, que son attachement vous pèse et que votre énervement augmente quoi qu'il fasse. Si vous quittez la pièce et s'il se met à hurler, il vous faut revenir le réconforter avant de pouvoir reprendre votre repassage. Mais alors, il s'agite et rampe à vos pieds, manque de se faire assommer par le fer en tirant sur le fil et, ne voulant pas perdre votre attention au moment où une amie vient prendre une tasse de café avec vous, il insiste pour que vous le preniez sur les genoux et pousse toutes sortes de cris destinés à alimenter la conversation ou à l'interrompre. Pour couronner le tout, quand vous allez aux toilettes après le départ de votre amie, votre petit persécuteur martèle avec désespoir la porte de ses poings... Toutes les mères connaissent ce genre de journées. Elles ne sont pas drôles ; vous pouvez en limiter le nombre et la durée en essayant de les considérer du point de vue de l'enfant plutôt que du vôtre.

Il vous paraît abusif qu'il se mette à pleurer quand vous allez étendre le linge. Mais le fait que vous disparaissiez de sa vue est *important* pour lui. Vous êtes le centre de son univers, le miroir dans lequel il se voit et voit tout le reste, son intermédiaire entre lui et les choses. Lorsque vous le quittez, *vous* savez où vous allez, et pour combien de temps, mais, de son point de vue, vous pourriez tout aussi bien être partie pour toujours. Loin des yeux, loin du cœur. Il enregistre votre absence sans garder à l'esprit une image qui lui permette d'attendre votre retour avec sérénité et confiance. Quelques mois encore, et il découvrira la « permanence de l'objet », à savoir que les choses et les gens ne cessent pas d'exister dès qu'ils sont hors de portée de vue et d'oreille. Et, avec l'expérience, il apprendra que, où que vous alliez, vous en revenez toujours. Mais pour le moment, il ne peut que constater que vous avez disparu et qu'il se sent abandonné.

Si vous décidez d'ignorer ses sentiments, de ne pas répondre à ses appels, de dénouer les bras qui s'accrochent à vous, ou de le mettre dans un parc pour l'empêcher de vous suivre, son angoisse ne fera que croître ; et plus il sera angoissé, plus il s'accrochera à vous. Si vous essayez de vous glisser hors de la pièce en profitant d'un moment d'inattention, il s'occupera de moins en moins, afin de ne plus vous perdre de vue. Mais si vous tenez compte de ses sentiments et les considérez comme normaux à ce stade de son développement, l'angoisse de la séparation sera plus facile à assumer. Où que vous alliez dans la maison, emmenez-le ou laissez-le vous suivre. Quand vous êtes obligée de le quitter, trouvez une phrase, toujours la même, pour lui annoncer votre départ, comme par exemple : « A tout à l'heure ! » Il sera ainsi honnêtement prévenu et ne se sentira pas abandonné et trahi. Pour indiquer la fin de la séparation, utilisez une autre phrase, du genre : « Me revoici ! », expression qu'il apprendra peu à peu à reconnaître et à espérer après votre départ.

Cet apprentissage est nécessaire pour réussir de calmes séparations, mais pas forcément suffisant. Avoir compris que vous existez toujours et allez revenir ne signifie pas que l'enfant doive se réjouir de vous voir partir : il a horreur de constater que vous êtes une personne différente de lui, et qu'il vous est facile de le quitter. Vous ne pouvez l'empêcher de s'inquiéter, de pleurer, en refusant la séparation et de tendre les bras vers vous quand vous partez travailler. Vers neuf mois environ, vous pouvez éviter de lui infliger cette privation en le confiant à quelqu'un à qui il s'est aussi attaché. Il lui faut une autre personne qui jouera le rôle de sa « seconde moitié » en votre absence. Il lui est impossible de s'en sortir seul, ou avec un étranger, ou avec une vague connaissance, mais il s'arrangera de la présence d'une personne avec laquelle il aura noué des liens d'affection et, peu après votre départ, il émergera de son océan de désespoir pour s'accrocher à son radeau de sauvetage. Si vous vous tourmentez à l'idée de devoir le quitter (que ce soit pour la soirée ou cinq matins par semaine), demandez-vous si le bébé et la personne qui vous remplace se connaissent bien, se sentent bien l'un avec l'autre. Votre absence peut être compensée par une présence positive.

Vers la fin de la première année, votre bébé ajoutera sans doute l'angoisse de rencontrer des inconnus à la peur d'être séparé de vous. En général, ces deux sentiments vont de pair, car sa timidité apparaît le plus souvent au moment où vous souhaiteriez qu'il se détache un peu de vous. C'est le cas lorsque vous vous apprêtez à le mettre dans les bras d'une amie qui voudrait l'embrasser, ou d'une infirmière qui a besoin de le déshabiller en vue d'un examen, ou encore quand un inconnu s'approche de sa poussette pour jouer avec lui dans une librairie, alors que vous êtes totalement captivée par les ouvrages rangés sur les rayonnages.

Le plus souvent, son trouble n'est pas dû à la personne inconnue mais à ses actes. Il est disposé à parler et à sourire aux gens qu'il ne connaît pas s'ils se conduisent discrètement et gardent leurs distances. Par malheur, de nombreux adultes ne considèrent pas les bébés comme de véritables êtres humains. Ne respectant pas la dignité de leur personne humaine, ils ne leur manifestent pas la même courtoisie qu'aux plus grands. Les adultes sont plus ou moins réservés, mais les plus hardis seraient déconcertés de voir un inconnu se précipiter sur eux, les embrasser et les étreindre. Nous attendons de mieux connaître les gens pour accepter leur familiarité et leurs gestes d'affection ; il en est de même pour les bébés. C'est pourquoi il faut les protéger contre ceux qui les traitent comme des animaux familiers.

Si vous laissez votre enfant regarder à loisir les gens par-dessus votre épaule dans les autobus et les magasins, jouer à cache-cache avec vos amis sans s'éloigner de vos jupes et s'approcher d'eux quand sa curiosité devient plus forte que sa timidité, il sera de moins en moins farouche. Si vous lui faites faire dès maintenant l'apprentissage des relations sociales, il aura plus d'assurance et de curiosité pour les autres quand il sera un peu plus grand.

La crainte d'être séparé de vous et d'être entouré d'inconnus est une peur réelle. Comme les autres peurs, elle disparaîtra promptement si on lui donne peu d'occasions de se manifester. Votre bébé vous aime depuis trop peu de temps pour être sûr de votre amour. Si, pendant cette période, vous comblez son besoin d'affection et de sécurité, il finira par considérer votre amour et votre protection comme acquis. Et c'est à ce moment seulement qu'il pourra se tourner vers les autres adultes ou les autres enfants. Il a besoin de l'assurance que donnent de bonnes relations familiales pour avoir envie, en grandissant, de s'intéresser au monde extérieur.

Alimentation
et croissance

Croissance   Le gain de poids normal des bébés se ralentit entre trois et six mois.
Par la suite, il continue encore à diminuer. Entre six mois et un an,
le rythme normal est de 57 à 85 g par semaine, pour une poussée totale
de croissance de 8 à 10 cm.

Bien que l'allure générale de la courbe de poids des bébés suive
celle des courbes « moyennes » données sur les graphiques
(Inf/CROISSANCE), attendez-vous à observer des variations. Une
maladie peut se traduire par une stagnation du poids qui grimpera
ensuite d'un bond pour rattraper le retard. En outre, à partir du
moment où vous introduisez les aliments solides dans son alimentation, les préférences de l'enfant feront varier son gain de poids.
S'il se prend de passion pour certains plats nourrissants comme le
soufflé au fromage et en réclame pour son souper pendant une
semaine, il grossira plus vite que s'il devient un inconditionnel de
la soupe de légumes.

A moins que vous (ou votre médecin) ayez des inquiétudes au
sujet de sa croissance ou de sa santé en général, il est inutile de
continuer à le peser chaque semaine. Il suffit de le faire une fois
par mois.

Le lait   Vers six mois, on peut commencer à introduire le lait de vache ordinaire dans le régime d'un bébé. S'il est nourri au sein, mélangez le
lait de vache à sa soupe ou faites-le lui boire à la tasse. S'il est nourri
au biberon, remplacez le lait industriel par du lait frais, mais ne vous
pressez pas trop. Le lait pour bébé, enrichi en fer et en vitamines, est
bon pour son développement et vous pouvez continuer à lui en donner pendant presque toute sa première année tout en instaurant progressivement un régime alimentaire varié.

Si vous donnez à votre enfant du lait ordinaire, il faut qu'il soit
pasteurisé ou stérilisé et gardé au réfrigérateur. Ne lui donnez
jamais du lait « venu directement du pis de la vache » car vous ne
connaissez ni l'état de santé de l'animal ni l'hygiène de la laiterie.
En cas d'urgence, faites bouillir le lait, mais si vous devez vous
rendre dans une région où vous vous méfiez du lait, utilisez du lait
diététique.

N'abandonnez pas l'ancien lait si votre bébé a du mal à passer
aux repas solides ou s'il a des problèmes digestifs ou allergiques
(Inf/ALLERGIE). Avec du lait de vache ordinaire et peu d'autres aliments, il manquera de fer.

Si le reste de la famille boit du lait semi-écrémé ou écrémé, il
faut acheter du lait entier pour le bébé, qui a besoin des calories
et des vitamines solubles dans les graisses dont vous-même pouvez
vous passer. Si vous achetez du lait spécialement pour lui, pourquoi
ne pas choisir un lait en poudre, surtout si vous utilisez déjà un
lait infantile d'emploi facile. Les laits de laiterie ne sont pas supérieurs aux laits diététiques infantiles.

Le sevrage

Tant que votre bébé est à quatre repas et boit chaque fois 170 à 225 ml de lait (au sein ou au biberon), celui-ci constitue la base de sa nourriture. Vous pouvez considérer qu'avec 850 g de lait par jour, il reçoit suffisamment de calories et de protéines. La nourriture solide ne fait que lui apporter un petit supplément.

Peu après six mois, la plupart des enfants sont prêts à abandonner le quatrième repas — qu'il se situe tard le soir ou tôt le matin — et à adopter les trois repas habituels, avec ou sans quelques en-cas dans l'intervalle. Un repas en moins diminue de 170 à 225 ml la quantité de lait qu'ils reçoivent et augmente par conséquent leur besoin de nourriture solide.

Un sevrage progressif diminue aussi l'apport du lait. Le bébé abandonnera sans doute volontiers la tétée de midi pour la remplacer par une tasse de lait, mais avec cette nouvelle méthode, il boira moins. Si l'on s'efforce de lui faire perdre complètement l'habitude de téter, il ne voudra sans doute plus de lait du tout. Aussi faut-il procéder au sevrage avec précaution, sans oublier que la suppression du sein ou du biberon risque de le dégoûter complètement du lait.

Le sevrage des bébés nourris au sein

On peut nourrir au sein un bébé jusqu'à ce qu'il soit capable de boire à la tasse. Certes, il est possible d'utiliser des biberons pour donner du lait maternel tiré, de l'eau ou des jus de fruit, mais de nombreux bébés nourris au sein ne boivent jamais au biberon.

C'est à vous et au bébé qu'il appartient de choisir la date du sevrage. Certains enfants se lassent du sein et se servent d'une tasse avant que leur mère ait projeté de cesser de les nourrir au sein. Au contraire, certaines mères aiment allaiter et redoutent le moment de sevrer leur bébé. Tous les intermédiaires sont possibles : faites ce qui vous convient et convient à votre enfant.

Pour sevrer un bébé nourri au sein, il faut prendre son temps et le faire progressivement. Refuser soudain le sein au bébé pourrait lui faire penser que vous vous refusez à lui. De plus, cet abandon brusque vous procurerait quelques jours physiquement pénibles. Procédez doucement et vos seins et le bébé s'adapteront sans problème. Si, par exemple, vous décidez de lui donner son lait de midi dans une tasse, vos seins seront moins stimulés. Les premiers jours, vous aurez sans doute un surplus de lait au milieu de la journée, mais en deux ou trois jours, vos glandes mammaires s'adapteront à cette situation. Si, par la suite, vous offrez à votre enfant une tasse de lait aux autres repas et le laissez ensuite téter autant qu'il le désire, cela diminuera automatiquement votre quantité de lait. Au bout de quelques semaines, il ne prendra plus que quelques gorgées le matin, pour le principe, et le soir pour se réconforter avant de se coucher. En général, cette dernière tétée est préservée le plus longtemps.

Le sevrage des bébés nourris au biberon

Certains parents ont vis-à-vis du biberon une attitude très insouciante. Trop contents de le considérer comme un objet de réconfort et un récipient non renversable, ils le proposent parfois à leur enfant jusqu'à la période préscolaire. D'autres prennent la chose différemment : ils considèrent le biberon comme un mal nécessaire, mais sont impatients de voir leur enfant utiliser uniquement la cuiller et la tasse.

Ces deux attitudes ont leurs avantages et leurs inconvénients, mais vous devez en choisir une assez tôt car votre bébé sera très malheureux si vous commencez par le laisser agir comme il lui plaît avec le biberon pour ensuite l'en priver brusquement.

Si vous laissez faire le bébé, il va s'attacher à son biberon non en tant que dispensateur de nourriture mais comme objet de réconfort. Il est bon pour lui de l'avoir ; toutefois, il risque de le réclamer à toute heure du jour et de la nuit. Avez-vous envie de le voir aller et venir, plus tard, le biberon à la bouche ? Vous sentez-vous de force à lui dire « non » s'il réclame en hurlant un biberon quand il se réveille en pleine nuit ?

Si vous sevrez le bébé dès qu'il boit à la tasse, il va souffrir de ne plus téter. Cela vous est-il égal de le voir sucer son pouce ? La suppression du biberon du soir peut provoquer des problèmes au coucher, et la suppression des biberons de lait peut déclencher le refus du lait présenté dans une tasse. Tenez-vous assez à en terminer avec les biberons pour être prête à affronter ce genre de difficulté ?

Compromis entre les deux méthodes Les mères qui allaitent sont bien obligées de sevrer leur bébé dès qu'elles reprennent leur travail, mais si vous avez la possibilité de commencer le sevrage vers six mois et de le détacher progressivement du biberon pendant les six mois suivants, vous éviterez très probablement les inconvénients des deux méthodes. Il est conseillé, dans ce cas, de procéder par étapes :

Initiez-le à la tasse vers quatre ou cinq mois et habituez-le peu à peu à l'idée que le lait, les jus de fruits et même l'eau sont aussi bons dans une tasse que dans un biberon. A six mois, il acceptera sans doute toutes les boissons supplémentaires de cette façon.

Abandonnez le biberon de midi et remplacez-le par des aliments solides en donnant le lait à la tasse, après six mois ou dès que le bébé avale vraiment les cuillerées de nourriture au lieu de simplement les goûter.

Abandonnez le biberon de nuit (ou du petit matin) dès qu'il vous prouve, en dormant des nuits entières, qu'il peut passer à trois repas. Quand il demande quelque chose à manger entre les repas, offrez-lui à boire dans une tasse et donnez-lui à manger quelque chose à la main (voir p. 121).
Si tout va bien, il n'aura plus que deux biberons par jour, l'un après la partie consistante de son petit déjeuner, et l'autre à la fin de son souper, avant d'aller au lit.

Laissez-le prendre ces deux biberons aussi longtemps qu'il accepte de les boire sur vos genoux. Aux abords de son premier anniversaire, son besoin de bouger et d'être indépendant deviendra si fort qu'il aura horreur de rester tranquille. C'est à ce moment-là que vous pourrez montrer que vous êtes des parents conscients de vos responsabilités car, si vous ne laissez *jamais — pas même une fois —* le bébé découvrir qu'il peut emporter le biberon avec lui, de-ci, de-là dans la chambre, il finira par choisir de continuer à trotter, au lieu de téter. Il n'en souffrira pas, puisque le biberon sera à sa disposition s'il le désire, mais cela l'incitera à y renoncer peu à peu, pour pouvoir se déplacer librement.

Considérez le biberon comme si c'était le sein. Ne laissez jamais l'enfant emporter son biberon, même « pour une fois ». Si vous cédez — peut-être parce que vous êtes chez des amis et que vous voulez qu'ils voient sous leur meilleur jour vos relations avec votre enfant —, il ne va pas manquer de vouloir l'emporter le lendemain soir… et le surlendemain.

Evitez de mettre autre chose que du lait dans le biberon. Si vous avez l'habitude d'y mettre du jus de fruit ou de l'eau — parce que c'est plus commode, il protestera davantage la première fois que vous lui présenterez une tasse.

Achetez-lui une tasse avec un couvercle et un bec. Un bébé n'est pas capable de se servir d'un gobelet ordinaire avant un an. Même s'il arrive à s'en servir plus tôt, il le renversera en le reposant. Il est cependant important qu'il apprenne à se débrouiller seul. Il acceptera probablement plus volontiers le passage du biberon à la tasse s'il n'a pas besoin de votre aide pour la tenir. Un gobelet à bec ne coule que s'il le retourne, et le liquide ne se répand pas complètement s'il le laisse tomber. De plus, le fait de se servir du bec est un compromis entre la succion et l'action normale de boire. Cela constitue donc une bonne transition.

Les aliments solides

Quantité et qualité   Un bébé moyen de six mois a besoin d'environ 800 calories par jour. Un demi-litre de lait de vache en contenant à peu près 280, les quatre biberons de 225 ml qu'il prend dans la journée lui apportent donc 575 calories. La nourriture solide doit lui fournir les 200 calories complémentaires. Cela correspond à deux boîtes, ou pots, d'aliments pour bébés ou bien à un pot et à une assiettée de farine de céréales. Donc, si vous continuez à lui donner autant de lait quand il passe à trois repas avec deux sortes d'aliments solides, il va devenir trop gros, ou capricieux, ou les deux.

Au cours du sevrage, le bébé va boire de moins en moins de lait, et aura donc besoin d'augmenter sa ration d'aliments solides pour bénéficier du nombre de calories indispensables à sa croissance et à son activité. Tant qu'il se maintiendra à un demi-litre de lait par jour, il recevra suffisamment de protéines, de calcium et de vitamines B, mais il lui manquera du fer et les vitamines A, C et D. S'il mange presque tout ce que vous lui proposez, sélectionnez les mets riches en ces éléments particuliers. Mais si, comme chez la plupart des bébés, ses goûts sont limités et très personnels, rappelez-vous qu'une petite portion de farine de céréales enrichies pour bébés lui apporte le fer dont il a besoin et que vous pouvez lui donner sa ration de vitamines sous forme de gouttes polyvitaminées.

Il n'est pas obligatoire de lui faire prendre des aliments riches en protéines, mais coûteux, comme la viande ou le poisson, s'il ne les aime pas ou si vous ne voulez pas lui en servir : le lait lui suffit dans ce domaine. Inutile aussi d'acheter dans le commerce des aliments pour bébés à « haute teneur » en protéines. Il n'a pas besoin de plus de protéines que son corps n'en réclame. Donnez-lui donc ce qu'il préfère parmi ce que vous avez décidé de lui servir.

Si votre enfant refuse de boire du lait — peut-être parce que vous avez supprimé le biberon et qu'il accepte mal le lait à la tasse —, ses repas devront lui fournir des protéines (viande, poisson, dérivés du soja), des glucides (céréales, pains variés, pâtes), des produits laitiers (fromages, yaourts), des fruits et des légumes riches en vitamines. En fait, exactement les repas familiaux types mais sous une forme plus facile à manger et en petites quantités. Même s'il n'en boit jamais, le lait peut jouer un rôle important dans son repas, car il est facile à dissimuler dans un plat. Il en faut à peu près 60 ml pour donner à la farine de céréales la consistance que le bébé apprécie ; 30 ml pour écraser une pomme de terre en purée, préparer un œuf brouillé, une crème ou un flan.

Choix des aliments

Très peu de plats familiaux sont à déconseiller pour un bébé. Si vous évitez l'excès de sel, de sucre, de beurre et de crème, les épices, l'alcool, le café et le thé, vous pouvez lui donner la même nourriture qu'au reste de la famille. Vous verrez très vite ce qu'il aime ou non, ce qu'il digère facilement. Cependant, continuez à agir avec prudence (voir p. 116) en l'initiant à une seule nouveauté à la fois et en très petite quantité. S'il a des problèmes de digestion, vous en connaîtrez ainsi la cause, et s'il est allergique à ce que vous lui avez donné, la réaction sera minime.

Beaucoup de parents ne donnent à leur enfant de six à dix-huit mois que des « petits pots » du commerce. D'autres en revanche mettent un point d'honneur à ne jamais en utiliser. Ces extrêmes sont aussi injustifiés l'un que l'autre et le bébé se trouvera bien d'un compromis.

Ne vous privez pas des farines de céréales pour bébés. Riches en vitamines et en fer, elles se préparent avec du lait, sont beaucoup plus nourrissantes que les céréales du commerce pour petit déjeuner et ne font grossir que si on leur ajoute trop de sucre. Elles permettent de préparer un excellent petit déjeuner pour le bébé ou le jeune enfant, s'il les aime.

	Repas faits à la maison	Repas vendus dans le commerce
Commodité	*Ennuyeux à préparer si c'est pour le bébé seulement. Sans problème si vous prélevez un peu de ce que vous faites pour la famille.*	*Aucun problème de préparation.*
	Difficiles à transporter de façon hygiénique, ou à préparer ailleurs que chez soi.	*Faciles à transporter et à servir à l'extérieur.*
Valeur nutritive	*Variable. Les aliments qu'on vient de cuire sont excellents pour le bébé, mais non les restes.*	*Excellente et constante, bien que le goût ou l'apport en calories, par exemple, puissent varier selon les produits.*
Adaptabilité	*Peuvent être facilement adaptés à l'appétit, au goût et à la digestion du bébé. Peuvent être servis de différentes façons qui en changent l'apparence et la consistance. Des aliments variés pouvant être servis séparément, le bébé découvre ce qu'il aime et ce qu'il n'aime pas, puis choisit ce qu'il mange.*	*Impossibles à adapter. Un repas forme un tout dans lequel les différents éléments sont mélangés, si bien qu'un gros bébé ingurgite la totalité des hydrates de carbone, s'il veut avoir la viande : un bébé qui aime la variété aura toujours le même plat sous les yeux ; et un bébé qui aime goûter les choses ne pourra essayer séparément les carottes et les petits pois.*
	La nourriture familiale peut être facilement mangée avec les doigts ; quand le bébé grandit, on peut râper ou découper en cubes les légumes ou le fromage, au lieu de les écraser.	*Impossible à manger avec les doigts. Les variétés « avec morceaux » plaisent rarement aux enfants.*
	Les aliments peuvent être choisis en fonction des convictions et des goûts personnels des parents, ou des restrictions dues à des allergies et à des intolérances.	*Bien que certains mets végétariens et des plats sans gluten soient disponibles dans le commerce, le choix est trop restreint pour leur usage exclusif.*
Préparation aux repas familiaux	*Excellents. L'enfant s'habitue à toutes sortes de goûts et de consistances, et par la suite constate qu'il mange les mêmes choses que vous.*	*Mauvais. Tous les goûts sont atténués. Par exemple, le « dessert à la pomme » ne prépare pas le bébé à l'acidité des pommes cuites. Il risque de s'habituer à la consistance crémeuse des pots au point de repousser tout ce qui oblige à mâcher. Sa nourriture ne ressemble en rien à la vôtre.*

Les repas pour bébés vendus en pots, en boîtes ou en paquets, peuvent aussi vous dépanner, vous faire gagner du temps. Leur valeur nutritionnelle est indubitable car aucun fabricant d'aliments pour bébés ne se risquerait à leur adjoindre des additifs non autorisés ou des calories « vides ». La plupart des industriels au contraire font très attention à n'employer que des produits de première qualité et à limiter la quantité d'ingrédients indésirables comme le sucre ou les graisses animales. Un « dîner » tout préparé du commerce est aussi nutritif qu'un plat cuisiné par vous et il l'est davantage qu'un repas préparé avec des produits achetés au supermarché déjà coupés et préemballés. Mais essayez de ne pas priver le bébé de l'agrément et de la variété d'une bonne cuisine « maison ». Un repas acheté tout prêt est le même chaque semaine tandis que le plat que vous concoctez n'est jamais identique deux fois de suite parce que même si vous suivez la même recette, vos ingrédients varient. Très jeune, un bébé peut apprécier la saveur d'une tomate de saison ou d'une bonne sauce. Et il ne tardera pas à aimer un gratin croustillant ou une carotte râpée croquante au lieu de la sempiternelle purée...

Comment utiliser au mieux ces deux sortes de nourriture

La solution consiste à faire appel aux deux, selon les circonstances. Vous pouvez faire partager à votre bébé le menu familial chaque fois que vous avez préparé quelque chose qu'il aime, et qui est facile à adapter pour lui, soit en se servant avant de mettre l'assaisonnement, soit en réduisant sa part en purée et en y ajoutant du liquide.

Mais si le plat principal ne lui plaît pas, est difficile à digérer, ou si vous considérez qu'il n'est pas bon pour lui, remplacez-le par un œuf, un peu de fromage, ou un « petit pot » et vous pourrez lui donner les légumes de garniture.

Chaque fois que son repas doit être préparé à part, un pot, qui vous fait gagner du temps, est préférable à l'utilisation de restes. Pour le dessert, rien ne vaut les fruits frais, mais les compotes toutes préparées vous éviteront de faire cuire des quantités infimes, tandis que d'autres desserts en pots vous permettront de lui donner un dessert sucré quand le reste de la famille n'en a pas.

Quand vous êtes ailleurs que chez vous, les pots que vous achetez vous permettent de lui composer un repas satisfaisant tant du point de vue nutritif que du point de vue de l'hygiène.

Manger tout seul

Pendant quelques mois, les repas du bébé constituent souvent un problème pour les familles (voir p. 256). Vous pouvez toutefois faciliter les choses en adoptant depuis le début une attitude décontractée et permissive. En principe, votre enfant devrait considérer les repas comme un moment agréable *parce qu'il a faim, et qu'il aime manger* et non comme une corvée que vous lui imposez parce que *vous voulez* qu'il mange.

De six à huit mois, il reste encore assez passif quand vous le nourrissez parce qu'il ne peut se débrouiller tout seul. Mais cela ne lui est pas agréable. Demandez donc à quelqu'un de vous nourrir à la cuiller : vous constaterez que le rythme et le contenu ne sont pas ceux que vous auriez choisis vous-même et, qu'en outre, cela vous donne une pénible sensation de dépendance. Réduisez donc au minimum la période pendant laquelle votre bébé doit supporter cela en encourageant sa participation et en le laissant manger seul dès qu'il est capable de porter la nourriture de l'assiette à sa bouche, quels que soient la façon dont il le fait et le gâchis qui en résulte.

Donnez-lui une cuiller dès qu'il peut la tenir, même s'il ne fait que la mordiller et l'agiter. Laissez-lui la liberté d'en faire ce qu'il veut. Vers huit mois, il parviendra parfois à la plonger dans la soupe et à la sucer ensuite. Quelques semaines plus tard, il arrivera à s'en servir pour manger... de temps en temps. De votre côté, servez-vous aussi d'une cuiller que vous serez prête à échanger, pleine, contre la sienne, pour qu'il se remplisse la bouche pendant que vous remplissez votre cuiller.

Encouragez-le vivement à manger avec les doigts. Si, à six mois, vous le laissez tripoter sa nourriture, puis sucer sa main, il apprendra bientôt qu'il peut se nourrir ainsi. Vous pourrez alors intervenir moins souvent afin qu'il mange le plus possible tout seul.

Donnez-lui des aliments faciles à manger à la main. Il aime sûrement barboter dans son assiette et se sucer la main, mais il aura plus de plaisir encore à saisir des petits morceaux de pain beurré ou de carottes cuites, ou à prendre des pincées de fromage râpé. A six mois, ce qu'il mange avec les doigts lui permet de participer activement à son repas pendant que vous lui donnez sa soupe. A partir de neuf mois, il n'aura pratiquement plus besoin de purée. Il mangera avec ses mains, parfois avec une cuiller et votre aide se réduira au ramassage de ce qui reste dans l'assiette et qui échappe à ses doigts : sauce ou crème.

Ne lui imposez pas votre ordre des choses. S'il a envie de tremper son fromage dans la crème au chocolat, ou de remuer son flan avec un morceau de pain, quelle importance ? Chaque société a ses propres conventions concernant les repas. Il finira par adopter les vôtres.

Ne l'obligez pas à manger ce qui ne le tente pas. Beaucoup d'aliments sont bons pour lui, mais aucun n'est irremplaçable, ou même suffisamment important pour être imposé par la force ou la persuasion. Lorsqu'il est rassasié, le mieux qu'il puisse faire est de s'arrêter, ne l'obligez donc pas à rester à table, en espérant qu'il mangera encore.

Ne respectez pas à tout prix « l'ordre des plats ». Si vous exigez qu'il ait fini son plat principal avant de recevoir son dessert, il s'en passera le plus souvent, car l'envie qu'il en a ne l'aidera pas à finir la viande dont il ne veut plus. Par la suite, quand il comprendra votre attitude, il n'en désirera que davantage le plat défendu.

Attendez-vous à beaucoup de saleté, et parez-y à l'avance. Un bavoir vraiment efficace (un de ceux, par exemple, avec une poche en bas pour recueillir ce qui tombe ou ce qui a giclé) protégera ses habits. Une bonne couche de journaux, sur le sol, recevra le reste et pourra être jetée après le repas. S'il vous est impossible de le faire manger proprement en public sans lui tenir les mains éloignées de la cuiller, isolez-vous pour son repas. L'obliger à se tenir correctement est le meilleur moyen de le dégoûter de la nourriture.

Si vous trouvez qu'il ne mange pas assez

Attention ! Vous vous trompez certainement, car les bébés ont un instinct de survie et ne se laissent, en aucun cas, mourir de faim si on leur offre du lait et des aliments solides faciles à manger. En accordant trop d'importance à ses repas, vous allez finir par créer de véritables problèmes (voir p. 257). Faites-lui confiance dans ce domaine. Cependant, si vous n'y arrivez pas :

Observez sa croissance. Si ses courbes de taille et de poids restent constantes, c'est qu'il est suffisamment nourri.

*Une cuiller
avec laquelle
on joue...*

*... devient
bientôt efficace
pour manger.*

Observez son énergie et sa vitalité. S'il est vif et actif, c'est qu'il ne manque de rien.

Considérez la quantité de lait qu'il boit, en vous rappelant que le lait est nourrissant, et lui apporte presque tout ce dont il a besoin. Mais si vous pensez, malgré cela, que vous devez le forcer à manger, montrez-le d'abord à votre médecin ou parlez-en à une personne compétente. Même s'ils voient au premier coup d'œil que l'enfant est bien portant, ils seront heureux de vous rassurer, car ils savent combien il est important pour vous que le problème de la nourriture soit réglé avant que le bébé aborde la petite enfance.

Le sommeil

De même que les problèmes d'alimentation sont souvent provoqués par les parents qui veulent forcer leur enfant à manger, de même les difficultés du sommeil ont souvent pour origine le désir de le voir dormir davantage.

Le besoin de sommeil est très variable chez l'enfant. Après ses six mois, le comportement du vôtre sera sans doute le prolongement de celui qu'il a depuis le début de sa vie : si, comme nourrisson, il était un gros dormeur, il le restera. Mais s'il avait besoin de peu de sommeil, il ne dormira pas davantage. D'une manière générale, sa journée comprendra moins d'heures de sommeil. Bien qu'on dise souvent que les bébés de cet âge « devraient » dormir entre quatorze et seize heures par jour, les statistiques montrent que la durée moyenne de sommeil est de treize heures environ ; mais elle peut descendre jusqu'à neuf heures pour certains, ou se prolonger jusqu'à dix-huit pour d'autres.

Il y a encore une certaine relation entre le repas et le sommeil : le bébé continue à être somnolent après avoir bien mangé. Mais cette relation n'est plus constante ; il ne s'endort pas forcément après chaque repas. Il lui arrive maintenant de rester éveillé s'il est en train de faire quelque chose d'intéressant. Pendant les six mois à venir, ses heures de sommeil se répartiront entre dix et douze heures la nuit, avec ou sans un petit intermède éveillé, et deux « siestes » de jour qui peuvent durer de vingt minutes à trois heures.

Jusque vers six mois, le bébé continue à s'assoupir quand il a besoin de sommeil. Seules une faim aiguë, une maladie ou une douleur l'en empêchent. Vous pouvez donc être certaine qu'installé confortablement le soir pour la nuit et dans la journée pour ses siestes, il dormira s'il en a besoin. Mais s'il reste éveillé, c'est que le sommeil ne lui est pas nécessaire pour le moment.

Entre six et neuf mois, ce schéma change. L'enfant peut rester éveillé ou être maintenu éveillé, à cause de l'excitation, la tension ou par simple refus de prendre congé de son entourage, et bien sûr de vous. C'est à ce stade qu'il est vital pour le bébé de savoir s'endormir seul (voir p. 125). S'il compte sur vous pour cela, les difficultés sont inévitables.

Difficultés
d'endormissement

C'est un des problèmes les plus communs et les plus ennuyeux qu'on rencontre en élevant un enfant. Comme vous pouvez être sûre que cela se produira pour un au moins de vos enfants, inutile de penser que cela n'arrive qu'à vous, et qui plus est, par votre faute.

Le refus de se coucher le soir apparaît vers neuf mois, lorsque le bébé commence à pouvoir rester volontairement éveillé. A partir de ce moment, vous ne pouvez plus être sûre qu'il va s'endormir s'il est fatigué et que, s'il ne le fait pas, c'est qu'il n'est pas fatigué. Le contraire peut être vrai. Quand il est épuisé, il peut être si nerveux et tendu qu'il devient incapable de se décontracter assez pour s'endormir.

Les premiers troubles du sommeil suivent parfois un bouleversement. On a constaté, par exemple, qu'après un séjour, même très court, à l'hôpital, les bébés ont du mal à s'endormir à leur retour à la maison. Mais ce n'est pas toujours un traumatisme qui est à l'origine de ce phénomène. Les vacances peuvent briser les routines et susciter des difficultés quand la famille rentre à la maison. Une nouvelle chambre peut produire le même effet, ou même un changement dans son ameublement qui désoriente le bébé et l'empêche de s'assoupir facilement. Comme il est beaucoup plus aisé de prévenir les troubles du sommeil que d'y remédier, il est bon de bien réfléchir avant d'introduire un changement important dans la vie d'un enfant de cet âge. Les meilleures vacances à l'étranger risquent de vous apporter plus d'ennuis que de bons souvenirs !

Le plus souvent, cependant, les difficultés d'endormissement apparaissent progressivement et sans cause apparente. En fait, la raison profonde en est l'attachement passionné que votre enfant a pour vous. Dormir, c'est s'éloigner de vous. Pour empêcher cette séparation, il crie et pleure quand vous le quittez, pousse des cris de joie en vous voyant revenir, et se remet à hurler dès que vous repartez. Si vous vous asseyez près de lui, il reste tranquille, mais à peine esquissez-vous un mouvement vers la porte qu'il est de nouveau tout à fait réveillé. Il peut prolonger ce manège assez longtemps pour vous faire perdre patience : après tout, lui n'a rien d'autre à faire de la soirée !

Prévention des problèmes du coucher Aidez votre enfant à accepter peu à peu la séparation. Votre but est de lui faciliter le passage entre l'état de veille avec vous et le sommeil sans vous. Si vous l'arrachez brusquement à la pièce chaude et bien éclairée où il entend les bruits familiers des gens de son entourage pour le transporter à l'étage, dans une chambre fraîche, sombre et silencieuse d'où il écoute s'éloigner vos pas, il risque fort d'être pris de panique. On ne peut pas savoir ce qu'il pense exactement, mais ses sanglots déchirants semblent dire : « Tu t'en vas, tu es partie, je t'ai perdue, je suis seul pour toujours... »

Vous pouvez adoucir ce moment en réorganisant la routine du coucher. Par exemple, après son bain, il partage le souper familial, joue un moment avec les adultes, puis est mis au lit dans une pièce voisine dont vous laissez la lumière allumée et la porte ouverte pour qu'il continue à entendre les bruits de la maison. Il ne se sentira pas abandonné. Par ailleurs, au lieu de vous éloigner immédiatement, vous pouvez passer une dizaine de minutes à trier ses vêtements, à préparer les choses pour le lendemain et, d'une manière générale, à vous activer près de sa porte ouverte. Cela lui permettra de se calmer et de commencer à s'assoupir avec la certitude réconfortante de votre présence. Mais il y aura toujours un moment où vous le quitterez. Si vous êtes parvenue à le préserver de la panique et du sentiment d'abandon, il va peu à peu trouver un moyen de se rassurer *tout seul*. Cela l'aidera à accepter la séparation.

Habitudes de réconfort C'est un réconfort que le bébé trouve lui-même et pour lequel il ne dépend de personne. Il lui est impossible de vous forcer à rester près de lui ou à le prendre tout le temps. Le réconfort que vous lui apportez est donc limité. Mais celui qu'il se donne à lui-même ne l'est pas.

C'est cet aspect qui fait la force et la faiblesse des habitudes de réconfort. Elles sont bonnes pour l'enfant parce qu'elles lui donnent un sentiment de sécurité qui ne doit rien à personne, qu'elles lui permettent d'être un peu moins dépendant des autres, et en particulier du monde des adultes. Mais elles peuvent devenir néfastes si elles l'isolent de son entourage. D'une manière générale, on peut dire que le bébé qui se console ainsi du départ de sa mère, après son coucher, et se donne la possibilité de s'endormir paisiblement, ne peut se faire que du bien. Mais celui qui en abuse dans la journée en présence de sa mère, et cela malgré toutes les possibilités de jeu et de découvertes qui s'offrent à lui, a certainement quelque chose qui ne va pas. Bien sûr, il ne faut pas s'inquiéter s'il le fait occasionnellement. S'il se balance dans un coin de la pièce au lieu de jouer, cela n'indique sans doute rien de plus qu'une grosse fatigue ou, peut-être, un malaise physique. Cependant, si ce comportement devient habituel, cela pourrait indiquer un besoin de réconfort parce qu'il n'en reçoit pas assez. A la limite, un enfant qui se réfugie dans un balancement rythmé continuel vous fait savoir qu'il ne tire aucune satisfaction des gens et des activités qui sont à sa portée.

Sucer quelque chose est le moyen le plus courant de se réconforter. Depuis des mois déjà, peut-être, votre bébé suce ses doigts, son pouce ou une sucette. Mais cette action prend maintenant une signification nouvelle. Il peut désormais accepter avec calme votre départ à condition d'avoir la bouche occupée, mais non dans le cas contraire. Sa succion redouble au moment où vous le quittez : cela remplace les pleurs et représente une forme de réconfort qui vient combler le vide créé par votre éloignement. Cette habitude est devenue si fondamentale qu'elle peut s'accompagner d'autres petites manies.

Caresser. Les psychologues nomment objets transitionnels les objets doux au toucher — qui peuvent aller de la couche en tissu au jouet en peluche, en passant par la vieille couverture de berceau. Beaucoup d'enfants les adoptent avec passion à peu près à cet âge, et les tripotent tout en suçant, ou sans rien sucer. L'objet élu prend une très grande importance affective. C'est la chose préférée du bébé, celle qui lui apporte sécurité et bien-être, éloigne les ennuis et annonce votre retour. Parfois, il ne fait que le prendre en main et le tâter avec les doigts ; mais il peut aussi s'en servir d'une façon beaucoup plus élaborée. Il peut par exemple entortiller sa tête dans une écharpe et en tirer une extrémité devant son visage, pour sucer son pouce par-dessous.

Si votre bébé a adopté un objet de ce genre, celui-ci va devenir son bien le plus précieux ; c'est la chose entre toutes à ne pas oublier quand vous partez en vacances, ou s'il doit faire un séjour à l'hôpital. Il vous sera sans doute impossible de le laver aussi souvent que vous le désireriez. Ce souci d'hygiène suscitera des protestations véhémentes, car en le lavant, vous supprimez la bonne odeur familière ! Les parents prévoyants comprendront rapidement qu'il faut prévoir un double pour parer aux désastres possibles dans les années qui viennent. S'il s'agit d'une simple couche, vous pouvez en mettre deux ou trois de côté pour les cas d'urgence ; si c'est un jouet en peluche, vous feriez bien d'en acheter un second et de le mettre de côté. Dans le cas d'une couverture de berceau ou d'un bout de tissu, vous pouvez vous débrouiller pour en prélever un morceau sans que l'enfant s'en aperçoive, pour pouvoir le lui offrir le jour où les anciens seront devenus des haillons ou auront été perdus. Cet objet de remplacement ne fera pas tout à fait le même usage, car son aspect, sa texture et son odeur ne correspondront pas exactement à ceux de l'objet qui a partagé pendant des mois ou des années la vie de votre enfant. Ce sera toutefois mieux que rien.

Rituels. Ce sont des habitudes de réconfort que l'enfant élabore avec votre aide. Elles contribuent à rendre progressive la séparation du soir. Le rituel du coucher se construit à partir de gestes, toujours les mêmes, que le bébé exige chaque fois. Le seul « risque » que vous courez est que l'enfant vous entraîne à le compliquer de telle sorte qu'il passe de trois minutes quand le bébé a neuf mois à trente-cinq minutes à trois ans !

Vous procéderez sans doute en tenant compte de vos propres habitudes ; cependant le coucher d'un bébé se déroule toujours à peu près comme ceci : vous portez votre enfant dans sa chambre dont vous faites le tour pour qu'il puisse dire bonsoir à ses trois tableaux préférés. Puis vous le laissez choisir deux animaux en peluche sur son étagère. Ensuite, bébé et jouets sont mis au lit, embrassés l'un après l'autre, et le bébé a même droit à un baiser supplémentaire. Vous le couvrez alors, éteignez la lumière, l'embrassez une fois de plus, lui chantez une berceuse, mettez en mouvement son mobile et partez en laissant la porte entrouverte.

Si votre enfant adopte un tel rituel, il faudra en respecter chaque soir tous les détails. Ce sera certainement un peu fastidieux pour vous, mais bien plus agréable que de l'entendre hurler. Il est indispensable aussi que toutes les personnes qui auront l'occasion de le coucher sachent exactement comment procéder. On ne peut reprocher à la grand-mère qui le garde un soir d'avoir eu des problèmes jusqu'à ce qu'il s'endorme si on ne lui a pas mis auparavant tous les outils en main.

Rythmies. Quand votre bébé était tout petit, vous marchiez en le portant, le berciez et le tapotiez doucement lorsqu'il avait besoin d'être réconforté, et, quelle que soit la cause de son chagrin, il trouvait ces mouvements rythmés apaisants. En grandissant, la plupart des bébés continuent à trouver calmants ces mouvements rythmés et ils se les procurent eux-mêmes.

Certaines de ces habitudes rythmées anodines consistent à tirailler ou caresser quelque chose de doux, ou à tortiller une mèche de cheveux. Plus bruyante, mais sans conséquence grave, est l'habitude de se balancer sur les mains et les genoux, quoique cela puisse aboutir à déplacer le berceau dans la pièce. Plus ennuyeux et inquiétant est le balancement qui s'accompagne du heurt de la tête contre le fond du berceau à chaque oscillation.

Percussion de la tête. Si vous remarquez ce comportement tous les soirs, essayez de découvrir si le bébé recherche la régularité du bruit et de la secousse ou s'il se fait mal volontairement. Pour cela, fixez à la tête du lit plusieurs épaisseurs de carton (ne capitonnez pas le berceau parce que vous supprimeriez le bruit), cela l'empêchera de se faire mal.

Si ce coussin de carton suffit, ne vous inquiétez plus. Mais si le bébé ne réussit pas à se calmer ou s'il se cogne maintenant la tête contre un côté non protégé du berceau, demandez-vous pourquoi il cherche à se faire mal.

Est-il en colère contre quelqu'un et tourne-t-il sa colère contre lui-même ? Quelqu'un de son entourage, ou quelque chose, le frustre-t-il plus qu'il ne peut le supporter ? S'il a commencé à se heurter la tête quand son père est parti en voyage ou quand il a changé de nourrice, le retour du père ou une technique plus progressive de changement de « nounou » peut tout arranger. Si vous ne trouvez aucune explication, accordez à l'enfant beaucoup plus d'attention et jouez avec lui à des jeux agressifs où l'on tape et cogne, pour lui permettre de décharger sa tension intérieure.

Si, loin de cesser et de se limiter au soir, cette habitude s'étend à d'autres moments de la journée et ne se limite pas au berceau, et si

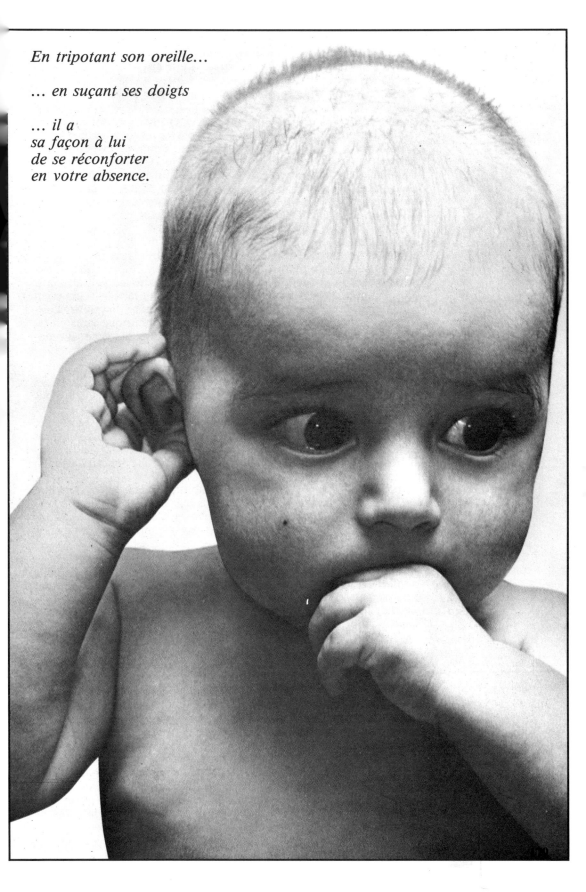

En tripotant son oreille...

... en suçant ses doigts

... il a
sa façon à lui
de se réconforter
en votre absence.

l'enfant commence à se blesser volontairement en se cognant aux murs ou aux meubles, voyez votre pédiatre. Ne croyez pas les gens qui vous conseillent de ne pas vous inquiéter parce qu' « un tas d'enfants font ça ». C'est faux et ceux qui le font doivent être aidés.

Masturbation. Si des couches ou des vêtements de nuit ne les en empêchent pas, certains garçons tiraillent rythmiquement leur pénis et certaines filles adoptent une méthode de balancement qui leur permet de frotter leur vulve contre le matelas ou les barreaux du lit. Même si vous pensez qu'il est naturel ou normal qu'un bébé, lorsqu'il les découvre, explore ces parties de son anatomie d'ordinaire dissimulées sous des couches, il peut vous arriver d'être scandalisée en surprenant votre bébé excité, haletant, les joues rouges, emporté par son mouvement.

Ne soyez pas choquée ou, du moins, ne le montrez pas. La masturbation ne fait aucun mal à l'enfant, ni maintenant ni plus tard, et la découverte du plaisir dès à présent ne signifie pas que l'enfant est hypersexué. Tous les bébés ont des émotions sexuelles (même si beaucoup d'adultes préfèrent le nier), et tôt ou tard ils découvrent que la friction de leurs organes sexuels leur procure du plaisir. Laissez l'enfant en paix. Le seul mal possible est celui que vous — ou tout autre adulte qu'il aime — pourriez lui faire en réagissant violemment.

S'il déteste aller au lit... Il peut arriver que, malgré toutes vos tentatives pour adoucir la séparation et votre bonne volonté dans le rituel et bien que vous favorisiez les habitudes de réconfort, le bébé continue à détester aller au lit. Partagée entre un bébé qui pleure et un dîner qui brûle, vous pourriez perdre de vue votre but ultime et réagir à la situation immédiate d'une façon qui risque de vous préparer des lendemains difficiles. Mieux vaut réfléchir au problème à tête reposée, dans la journée.

Quel est votre but ? Que le bébé s'habitue à être heureux dans son lit et se laisse agréablement glisser dans le sommeil, ce qui vous permettrait de vous consacrer à d'autres choses. Cela signifie que quitter un bébé hurlant dans son berceau n'est pas la bonne solution : il n'est pas heureux et le quitter ainsi va ancrer en lui le sentiment qu'il n'est pas prudent de vous laisser partir car il se pourrait que vous ne reveniez plus. D'autre part, rester avec lui, ou le ramener avec vous dans la salle de séjour, n'est pas non plus une solution valable à long terme : ce n'est pas ainsi que vous réussirez à conquérir la paix de vos soirées ; de son côté, loin de découvrir qu'il est sans danger de rester seul, le bébé va penser que vous êtes d'accord avec lui : rester seul dans son lit est quelque chose d'intolérable.

La solution qui donne à long terme le résultat désiré exige de vous quelques efforts immédiats : vous devez convaincre le bébé qu'il est sans danger de vous laisser partir parce que vous revenez toujours, mais que ce n'est pas la peine de demander à être sorti du lit parce que cela, vous ne le ferez pas. Vous lui donnez ce dont il a besoin, le réconfort, mais pas nécessairement ce dont il a envie — faire durer la récréation.

Essayez de rendre agréables les moments qui précèdent le coucher. S'il a été contrarié pendant son souper, ou s'il a dû se battre pour attirer l'attention de son père, cela suffira pour accroître son doute sur l'affection qu'on lui porte ou que lui-même ressent et, par conséquent, son appréhension à vous quitter. Ce n'est donc pas le bon moment pour faire de la discipline.

Faites-lui comprendre que l'heure du coucher approche. C'est possible si vous suivez tous les soirs la même routine : bain, jeux, souper, coucher.

Respectez son rituel du coucher ou inventez-en un. Si vous commencez, par exemple, par installer un ours en peluche dans son lit, vous lui donnerez envie d'aller le rejoindre.

S'il se met à pleurer malgré tout quand vous quittez la pièce, revenez. Dites-lui bien que vous n'êtes pas loin, embrassez-le encore et partez. Vous serez peut-être obligée de revenir un grand nombre de fois ; tant pis : c'est le seul moyen de lui faire comprendre que vous viendrez *toujours,* mais que vous ne le ressortirez *jamais* du lit.

S'il continue à vous appeler, essayez de le calmer de la voix. Il est possible que le fait de lui répondre suffise à le calmer, ce qui a l'avantage de vous permettre de faire le dîner en même temps et d'économiser vos jambes.

Réveils nocturnes La plupart des bébés dorment profondément douze heures par nuit. Mais il arrive que certains se réveillent, très brièvement, plusieurs fois. On a longtemps considéré cela comme une « mauvaise habitude » : lorsque cela arrivait, on affectait d'ignorer la chose, on grondait le bébé ou on lui donnait une fessée pour le « débarrasser de cette habitude ». Or un tout-petit ne peut s'éveiller volontairement. Si quelque chose le perturbe avant qu'il ait eu son content de sommeil, ou qu'il se réveille durant une phase de sommeil léger, ce n'est pas parce que vous l'aurez laissé pleurer qu'il ne se réveillera pas la nuit suivante pour la même raison — ou une autre. Autrefois les gens disaient : « Il apprendra vite à ne plus le faire » ; mais comment un bébé peut-il apprendre à ne plus faire une chose dont le contrôle lui échappe ?

Votre enfant traverse une période pendant laquelle il a besoin de beaucoup d'attention de votre part dans la journée. Si les nuits aussi sont constamment agitées, vous serez vite épuisée. Si donc son sommeil est troublé par une cause externe (voir ci-après), il faut y remédier. Mais si la perturbation est interne (voir p. 182) et si vous ne pouvez empêcher ces réveils nocturnes, il serait bon, maintenant que le biberon ne peut plus être utilisé pour calmer le bébé la nuit, de décider lequel d'entre vous se lèvera. Celui qui n'est pas « de garde » sera malgré tout réveillé, mais au moins il (ou elle) n'aura pas besoin de sortir du lit.

Perturbations exogènes A cet âge, bien des réveils nocturnes sont dus à des événements extérieurs. En effet, le bébé ne dort pas aussi profondément que quand il était plus petit. Vous ne pouvez plus compter sur le fait qu'une fois endormi, rien ne parvient à le réveiller.

Des bruits qui passent inaperçus dans le fond sonore de la journée peuvent prendre une importance imprévue dans le relatif silence de la nuit : circulation des voitures dans la rue, avion volant bas, trains proches.

L'enfant peut être aussi sensible à des allées et venues, même discrètes, autour de lui : invités qui viennent l'admirer, vos mouvements s'il partage votre chambre, murmures et bruits que vous faites en dormant.

Le froid est souvent la cause du réveil. Le fait de dormir dans une chambre peu chauffée est moins dangereux maintenant que quand il était petit, car il ne risque plus de glisser d'un profond sommeil dans un état grave de refroidissement, mais s'il se débarrasse de ses couvertures et commence à avoir froid, il va peu à peu se réveiller. Si personne ne vient le recouvrir, il s'éveille complètement et se met à pleurer.

L'insomnie peut aussi être causée par l'érythème fessier, sa peau étant irritée par l'urine quand il se mouille.

Essayez de le mettre la nuit dans un endroit plus calme. Si vous ne pouvez pas le changer de chambre, garnissez les fenêtres de doubles vitres, ou au moins, de rideaux épais.

Ne laissez personne entrer dans sa chambre à coucher et n'y allez vous-même que si vous avez de bonnes raisons de penser qu'il a besoin de vous. Laissez la porte entrouverte pour le surveiller de loin.

Faites en sorte qu'il ait bien chaud, même s'il se débarrasse de ses couvertures. Il convient peut-être aussi de chauffer sa chambre la nuit.

Protégez ses fesses irritées en lui mettant une bonne couche de pommade à base de silicone et des couches très absorbantes.

Perturbations endogènes — A cet âge, malheureusement, la plupart des pleurs nocturnes sont dus à des causes internes. Lorsqu'il traverse une phase de sommeil léger, le bébé peut reprendre conscience. S'il se réveille et se sent tout à fait bien, il se rendormira sans vous en avertir, dans la mesure où il ne compte pas sur vous pour se rendormir. Mais s'il est effrayé et anxieux, il va vous appeler en pleurant.

Il est fréquent que les bébés aient des cauchemars et des frayeurs. On ne peut évidemment pas savoir sous quelle forme cela se présente car ils ne peuvent s'exprimer, mais en se réveillant, ils poussent généralement un cri d'effroi. Bien qu'ils aient l'air d'avoir peur, ils se rassurent immédiatement en apercevant leurs parents et ne tardent pas à se rendormir. La même scène peut se reproduire plusieurs fois par nuit et cela pendant des mois. Ce comportement apparaît surtout chez les enfants que les parents craignent de rendre capricieux en les prenant dans la journée chaque fois qu'ils pleurent. On dirait que leur inconscient essaie d'obtenir la nuit les marques d'attention qu'ils ne reçoivent pas dans la journée, et de s'assurer pendant le sommeil d'un amour dont ils ne sont pas certains quand ils sont éveillés. Si votre bébé prend cette habitude, essayez de vous mettre à sa place et demandez-vous s'il n'a pas besoin de lutter pour attirer votre attention.

Agissez avec précaution chaque fois que vous risquez de le perturber. Si, par exemple, vous êtes en train de supprimer le biberon (voir p. 168), peut-être procédez-vous trop brutalement. En le laissant encore téter quelque temps, il est possible que vous retrouviez la paix.

Faites du coucher un moment détendu et agréable. S'il s'endort en ayant l'impression d'être aimé et protégé, il dormira peut-être profondément toute la nuit.

S'il prend l'habitude de se réveiller — Si votre bébé se réveille plusieurs fois par nuit et si ses pleurs commencent à vous transformer en zombie, le prendre dans votre lit dès son premier réveil peut le calmer, une fois pour toutes. Mais essayez de ne pas opter pour cette solution en désespoir de cause et à contrecœur (voir p. 73). Après avoir partagé le lit familial pendant quelques semaines ou mois de cauchemars, il ne se résignera pas aisément à dormir loin de vous parce que ses mauvais rêves ont cessé. Si vous ne voulez pas prendre l'enfant dans votre lit, allez à lui dès qu'il pleure. Il se calmera en vous voyant, en vous entendant ou en sentant vos caresses. Vous finirez par lui apporter ce genre de réconfort à moitié endormie, et retrouverez immédiatement le sommeil.

Réveils matinaux Le bébé ne tient pas compte de l'heure. Il se réveille quand il a assez dormi. Après la suppression de la tétée du petit matin, il est difficile de lui faire comprendre qu'il faut continuer à dormir.

S'il pleure et crie, cela ne sert à rien de l'ignorer. Comme il faudra de toute façon vous lever, autant le faire tout de suite. Mais il n'est pas nécessaire de le sortir du lit et de commencer sa journée.

Faites en sorte qu'il ait de la lumière et des jouets à sa portée. Si sa chambre est sombre le matin, laissez une veilleuse allumée. Mettez quelques jouets dans ou à côté de son berceau pour l'occuper, au moins pendant un moment.

N'hésitez pas à le mettre à l'aise en lui changeant ses couches et en le faisant boire. En perdant dix minutes de cette façon, vous avez des chances de gagner une heure supplémentaire de tranquillité.

Laissez un aîné — si vous en avez un — lui tenir compagnie. Si l'aîné dort dans la même chambre ou a la permission de le rejoindre quand il se réveille, ils vont sans doute se distraire l'un l'autre. Ils n'ont aucune raison d'être jaloux, puisqu'il n'y a a pas d'adulte à proximité ; le bébé étant en sécurité dans son lit, il n'y a pas à craindre qu'il tire les cheveux ou vole les jouets du « grand » auquel il dispense toutes les amabilités qu'il réserve d'habitude aux adultes, car il n'a pas d'autre interlocuteur. De plus, ces moments passés ensemble le matin donnent souvent naissance à une affection profonde et durable.

Les bébés très éveillés et le sommeil diurne Comme nous l'avons déjà vu, les bébés qui dorment peu donnent davantage de travail à leurs parents, mais ils font leur profit des heures supplémentaires qu'ils passent à regarder, apprendre, et avoir des échanges avec les adultes.

Même si votre enfant ne dort pas plus de vingt minutes deux fois par jour, il peut rester plus longtemps dans son lit, confortablement installé avec des jouets ou des choses intéressantes à regarder (voir p. 146). Il ne faut donc pas le priver de repos, sous prétexte qu'il ne dort pas.

Continuez à imposer un moment de repos le matin et l'après-midi. Ignorez ses protestations lorsque vous le quittez — l'affection normale d'un bébé pour sa mère lui commande de vous signaler qu'il préférerait que vous restiez. Mais il n'y a pas d'inconvénient à le laisser seul si au bout de quelques minutes il joue tranquillement, jase ou regarde quelque chose. Ce moment de calme lui est sans doute aussi précieux qu'à vous.

Allez le retrouver dès qu'il devient grognon par ennui. Si vous le laissez plus longtemps seul, il va se sentir prisonnier et refusera de retourner dans son landau ou son lit.

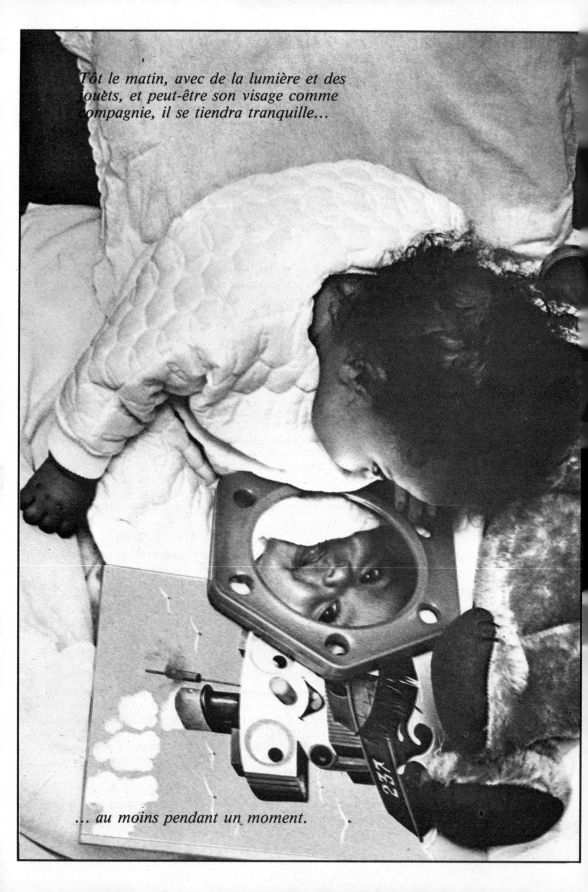

Tôt le matin, avec de la lumière et des jouèts, et peut-être son visage comme compagnie, il se tiendra tranquille...

... au moins pendant un moment.

Un bébé de ce genre a une vie beaucoup plus active qu'un enfant qui dort plusieurs heures par jour. Il vous faudra donc trouver le moyen de poursuivre vos activités tout en partageant les siennes, au lieu de profiter de ses heures de sommeil pour vivre votre vie d'adulte. Vous trouverez des suggestions dans les chapitres commençant aux pp. 219 et 226. En guise d'encouragement, vous pouvez considérer que votre bébé est certainement intelligent (la plupart des bébés actifs le sont) et que le temps que vous lui consacrez va lui permettre de devenir un enfant sociable et éveillé.

L'excrétion

A partir du moment où la nourriture solide et/ou le lait de vache viennent s'ajouter au lait maternel ou industriel, la digestion du bébé se fait plus lentement et comporte davantage de déchets. Il en résulte des selles moins fréquentes et plus épaisses, dont l'aspect et l'odeur rappellent ceux des selles d'une personne plus âgée.

Constipation La fréquence de l'évacuation des déchets varie d'un enfant à l'autre. Mais il ne lui est pas indispensable d'aller tous les jours à la selle. Votre bébé n'est constipé que si ce qu'il expulse est dur et sec au point de rendre la défécation pénible et douloureuse.

S'il en est ainsi, donnez-lui beaucoup à boire, en particulier des jus de fruits et de légumes qui sont efficaces par le petit supplément de sucre qu'ils apportent.

Ne donnez aucun laxatif sans avis médical. Cela n'est presque jamais nécessaire et c'est une grave erreur que d'essayer d'accélérer le rythme naturel de l'organisme.

N'utilisez pas de petits morceaux de savon ou des suppositoires sans l'avis du médecin ; les intestins du bébé se libéreront quand le besoin s'en fera sentir. Ne vous mêlez pas de cela.

Diarrhée Comme nous l'avons vu au chapitre précédent, l'enfant peut avoir pendant quelque temps de la difficulté à digérer les nouveaux aliments qu'on lui donne. Si ses selles contiennent de petits fragments non digérés, cela signifie qu'il faut agir plus progressivement. D'autre part, la présence d'un abondant mucus indique que la nourriture n'est pas suffisamment hachée et passée.

Une augmentation brusque de la ration de sucre ou de graisses peut rendre les selles liquides, mais ne peut pas le rendre malade... Par contre, si, en plus de cet ennui, il vous paraît mal à l'aise, ne veut pas manger, a de la fièvre, et/ou vomit, il faut l'amener le jour même chez le médecin, car il s'agit peut-être d'une gastro-entérite. Quoique celle-ci soit moins dangereuse à cet âge que lorsque l'enfant était plus jeune, une forte déshydratation peut le rendre très malade. Faites donc très rapidement appel à un médecin et, en attendant sa visite, donnez au bébé autant d'eau bouillie tiède qu'il en accepte. En outre, il faut exceptionnellement lui donner un petit supplément de sel : le quart d'une cuillerée à café par demi-litre d'eau aidera son corps à retenir le liquide (Inf/DÉSHYDRATATION).

On peut prendre des précautions pour éviter la gastro-entérite. En plus des « règles » d'hygiène qui s'appliquaient déjà au nourrisson (voir p. 51), en voici quelques autres :

N'utilisez pas pour lui le lait de la bouteille familiale si elle a traîné à la cuisine. Gardez sa bouteille, bouchée, au réfrigérateur.

Ne transportez pas de lait tiède dans une bouteille thermos. Transportez-le froid et réchauffez-le au moment de le lui donner.

N'achetez pas de produits laitiers dans un magasin sans étagères réfrigérées. Les gâteaux à la crème, le fromage blanc, etc., ont besoin d'être conservés au frais.

N'achetez pas de crème glacée au détail. La glace elle-même est assez froide pour être sans danger, mais il faut se méfier des moules et de ce qui a fondu. On court moins de risques avec une sucette glacée enveloppée dans du papier.

Le pot A la fin de leur première année, la plupart des bébés ont appris à s'asseoir tout seuls et vont régulièrement à la selle une fois par jour. Beaucoup de parents considèrent qu'ils peuvent aussi bien asseoir leur enfant sur un pot à ce moment-là : ils pensent ainsi le « dresser ». Sachez cependant que cela ne constitue pas un « dressage » : il se trouve tout simplement que le bébé est placé au bon endroit en temps utile, ce qui permet de recueillir ses selles dans un pot au lieu d'une couche. Il ne peut, en effet, commencer son éducation avant de savoir reconnaître son « besoin ». Avant un an au moins, la plupart des enfants ne se rendent même pas compte qu'ils sont mouillés ou salis, et très peu sont capables d'anticiper leurs besoins avant d'avoir bien entamé leur seconde année.

On peut considérer que le fait de recueillir les selles du bébé dans un pot ne peut pas lui faire de mal, même si cela ne sert pas à le dresser. Or c'est une erreur. A sept mois, il n'y verra pas d'inconvénient et ne trouvera pas cet endroit plus surprenant qu'un autre, pour s'asseoir. Mais deux mois plus tard, il va sans doute avoir horreur de cela, car entre-temps il aura appris à ramper, et il détestera rester assis une minute de plus que nécessaire. La position que vous lui imposez lui paraîtra, en outre, tout à fait inutile, car s'il fait le lien entre la chaise et son repas, la poussette et la promenade, il constate que, quand on l'assied sur le pot, rien d'autre ne vient que ces selles qu'il aurait eues de toute façon. Si vous cherchez à respecter ses sentiments, vous abandonnerez donc le pot que vous avez introduit trop tôt. Si vous insistez, vous allez déclencher des conflits, bien avant que votre enfant soit physiquement capable d'utiliser un pot.

Il y a bien d'autres raisons d'éviter de mettre un bébé trop tôt sur le pot. Un peu d'arithmétique peut vous prouver que, aussi efficace que vous paraisse votre méthode, elle ne vous fait économiser ni temps ni efforts. Des études sur ce sujet ont permis de constater que, de toute manière, un enfant n'est vraiment propre qu'au milieu de sa troisième année. Supposons que dès six mois vous l'avez mis six fois par jour sur le pot, vous aurez fait le geste 4 480 fois avant d'avoir atteint votre but : un enfant bien « dressé ». Chaque fois, il vous a fallu l'habiller et le déshabiller, et vous avez souvent raté le bon moment, si bien que vous avez eu quand même des couches souillées. Mais si vous renoncez à la période pendant laquelle on ne fait que « recueillir » les selles, et commencez une véritable éducation vers vingt mois, vous n'aurez à mettre votre bébé sur le pot que 2 000 fois pour obtenir le même résultat. Comme un changement de couches est plus rapide qu'une séance sur le pot, vous avez tous les deux intérêt à attendre. Ne prenez même pas la peine d'acheter un pot la première année.

Les soins quotidiens

Maintenant qu'il est plus grand...

A mesure qu'il grandit, votre bébé passe de plus en plus de temps par terre ; il se salit bien davantage quand il commence à ramper. Sa toilette est moins facile que lorsqu'il était petit et restait plus ou moins tranquille.

Il vous faut apprendre à laver la figure de quelqu'un qui lèche le gant de toilette dès qu'il s'approche de sa bouche, et à le changer pendant qu'il suce ses orteils. Cela n'est pas commode, mais si vous arrivez à conserver votre sens de l'humour, cela peut être drôle.

Sa peau n'est plus fragile ; vous n'êtes donc plus obligée de le tapoter doucement pour le sécher, ni d'éviter les savonnettes parfumées. Il apprécie une bonne friction. En fait, il aime qu'on le manipule et qu'on s'occupe de son corps. Le moment est venu d'essayer des vêtements extensibles ou à tester les derniers gadgets pour bébés.

Le bain

Le bain du soir devient presque obligatoire. Le matin, il suffit de lui laver le derrière et de lui passer un linge sur la figure et les mains, mais en fin de journée, il est sale de la tête aux pieds.

Votre bébé adorera sûrement le bain, mais vous risquez d'y gagner des crampes dans le dos. N'essayez donc pas de vous pencher au-dessus de lui, mais agenouillez-vous pour être à son niveau. A six mois il va vouloir se démener dans l'eau, fera des vagues, et se retournera dans vos mains comme un dauphin. Par la suite, il va s'efforcer de rester assis, en équilibre instable. A huit mois, il sera plus facile d'éviter les ennuis en le maintenant assis dans le bain. Ne le lâchez pas un instant : il glisse et la baignoire aussi.

A genoux près de la baignoire, le bras autour de ses épaules pour attraper son bras. Maintenez sa cuisse de l'autre main.

Profitez d'un moment où il tient en équilibre pour prendre ce qu'il vous faut avec la main qui retenait la cuisse. Posez ces objets sur le sol.

Il aime les jouets qui flottent ou se remplissent d'eau. Aidez-le d'une main, tout en le tenant de l'autre.

Attention au savon : ne le laissez pas le toucher, puis porter la main à la bouche (c'est mauvais) ou se frotter les yeux (ça pique) !

Le robinet brillant va l'attirer. S'il est chaud, entourez-le d'un linge pour éviter les brûlures.

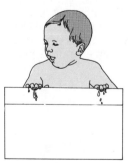

A neuf ou dix mois, il essaiera peut-être de vous échapper pour se dresser. Empêchez-le. La baignoire est trop glissante.

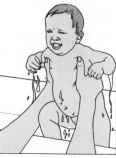

Pour le sortir, tenez-le fermement des deux mains sous les aisselles, car il est lourd, glissant, et probablement furieux.

N'essayez pas de vous redresser pour l'emporter, avant de l'avoir essuyé par terre.

Pour rendre le bain agréable et sans risques	Ce qu'il faut faire	Ce qu'il ne faut pas faire
	Rassembler tout ce dont on a besoin avant de commencer et le placer à la portée de la main qui se libérera.	Se retourner, ne serait-ce qu'une fois, pour prendre quelque chose quand il est dans l'eau. Il ne lui faut qu'une seconde pour glisser et avoir la tête sous l'eau.
	Mettre devant la baignoire un épais tapis pour s'agenouiller et poser les choses dessus.	Le baigner en restant debout, ou même assise sur un tabouret ; on ne peut bien le tenir que si on est à son niveau.
	Faire couler toute l'eau avant de le mettre. Envelopper d'un linge le robinet d'eau chaude, s'il est encore brûlant.	Rouvrir le robinet d'eau chaude quand il est dans l'eau ; en remuant, il pourrait mettre son pied sous le jet.
	Le laisser s'asseoir s'il en a envie, mais garder un bras autour de ses épaules. Avec l'autre main le laver et jouer.	Le laisser assis sans soutien, dans l'eau ; une perte d'équilibre risquerait de le dégoûter du bain pour des mois.
	Lui donner de quoi jouer dans le bain.	Se contenter de le laver sans le laisser jouer.
	Ne pas le mettre dans le même bain que des enfants plus âgés tant que le bébé n'a pas acquis suffisamment d'équilibre pour se maintenir sur une surface glissante.	Mettre dans le bain un autre enfant qui risque de le pousser ou de l'éclabousser plus ou moins volontairement. Ne le laissez même pas entrer dans la salle de bains si c'est possible. Le bébé a besoin de toute votre attention.

Les bébés peureux

Tout jeunes, ne pas les baigner. Lavez-les aussi bien que possible hors de la salle de bains. Puis, profitez de leur plus grande mobilité et de leur curiosité des choses nouvelles pour les habituer peu à peu à jouer avec l'eau. Vous pouvez asseoir votre bébé par terre sur une grande serviette, à côté d'une cuvette. Montrez-lui comment taper dans l'eau et faire des vaguelettes. Il va sans doute se mettre à jouer quand il aura les mains dans la cuvette. Donnez-lui un gobelet et un petit canard, et encouragez-le à jouer avec l'eau chaque fois que vous y plongez l'éponge. A partir du moment où il aura compris que l'eau peut être amusante, il va essayer d'y mettre le pied et d'éclabousser. Aussi, étalez du papier journal sous la cuvette.

Dès qu'il s'amuse, baignez-le dans une plus grande cuvette (son ancienne baignoire de bébé). Ne le mettez pas dans l'eau, laissez-le y entrer seul...

S'il veut entrer dans l'eau, c'est que vous avez chassé le plus fort de son appréhension. Quelques petits bains de ce genre et vous pouvez...

... transférer la petite baignoire dans la grande (restée vide) et le laisser, ici aussi, patauger.

Après quelques bains dans la petite baignoire, il acceptera volontiers de se baigner dans une petite quantité d'eau, au fond de la grande.

Le lavage des cheveux

Quelle que soit leur attitude à l'égard du bain, beaucoup de bébés, vers huit ou neuf mois, se mettent à avoir les shampooings en horreur. Cette aversion se prolonge souvent pendant toute la petite enfance, il vaut mieux essayer de l'éviter dès le début.

Le bébé a généralement peur de recevoir de l'*eau* dans les yeux. Ne commettez pas l'erreur de penser que c'est le savon qui le fait pleurer et ne cherchez pas à le lui enlever en l'éclaboussant. Il n'a probablement jamais rien eu d'autre dans les yeux que de l'eau, et si vous en rajoutez, il va sans doute penser que vous faites exprès de le tourmenter. S'il est évident qu'il redoute qu'on lui verse de l'eau sur la tête, ne cherchez pas à lui prouver, de force, qu'il n'y a pas de quoi avoir peur. Si vous tentez de lui laver et de lui rincer la tête pendant qu'il hurle et se débat, vous ne manquerez pas de lui mettre, cette fois, du savon dans les yeux et cela ne fera qu'aggraver les choses.

S'il résiste, n'insistez pas. Vous pouvez profiter de ce que le bébé a la mémoire courte : ne faites aucune tentative de shampooing pendant au moins un mois.

Enlevez avec une éponge la nourriture qu'il a pu se mettre dans les cheveux et brossez-les avec une brosse douce et humide pour les aérer et les dégraisser. Voici quelques conseils pour une nouvelle tentative de shampooing :

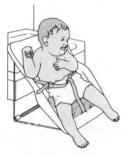

Asseyez-le, le dos tourné au lavabo, pour qu'il ne voie pas l'eau. Accrochez son siège à une chaise, ou prenez-le sur vos genoux.

Remplissez le lavabo d'eau tiède, mouillez-lui les cheveux avec un gant de toilette.

Mettez dans votre main un peu de shampooing doux, et frottez-lui la tête. Il n'aura pas peur : il ne sentira que le contact de votre main.

Rincez-lui la tête en trempant plusieurs fois le gant de toilette dans l'eau du lavabo. Evitez les coulures d'eau et les éclaboussures.

S'il continue à avoir peur...

Il peut y avoir d'autres façons de procéder, mais leur résultat n'est pas garanti. A vous de trouver ce que votre enfant déteste le moins. Ne lui lavez pas les cheveux dans le bain, car il sentirait autour de sa tête une grande quantité d'eau et son horreur du shampooing se muerait en une horreur du bain.

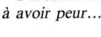

Infection oculaire

S'il a une infection oculaire, demandez à votre médecin une pommade et non des gouttes, que les bébés détestent en général et qui risqueraient de réveiller son horreur du shampooing.

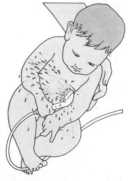

S'il joue souvent avec l'eau, il prend l'habitude de s'en envoyer dans la figure. La douche à main est très utile, à condition que la température de l'eau soit constante...

Un frère un peu plus âgé peut servir d'exemple. Même s'il n'est pas très amateur de shampooing lui-même, il acceptera peut-être d'aider à rassurer le bébé dont il peut très bien comprendre la peur.

On peut lui protéger la figure avec une visière qu'on achète ou fabrique à l'aide d'un vieux bonnet de bain. On peut aussi lui mettre des lunettes de plongée. Dès qu'il vous fait confiance, le problème est résolu.

Erythème fessier

Il est habituellement moins intense, l'épiderme du bébé étant plus résistant.

Mais certains enfants ont en grandissant d'autres problèmes.

La protection de la peau, la nuit

Les longues nuits de sommeil peuvent être à l'origine d'une irritation cutanée. L'enfant reste entre huit et douze heures sans être changé, mais se mouille plusieurs fois pendant ce temps. S'il porte une culotte en plastique par-dessus ses couches, très efficace pour protéger ses vêtements et sa literie, l'air ne peut circuler à proximité de sa peau humide, et son derrière, qui reste confiné toute la nuit au chaud et à l'humidité, finit par être irrité. En revanche, s'il ne porte pas de culotte en plastique, il mouille ses vêtements et son lit, ce qui lui procure froid et inconfort et vous impose une grande quantité de linge à laver.

Des couches jetables de bonne qualité, garnies d'une épaisseur à sens unique placée contre la peau et d'un renfort en plastique, le gardent bien au sec. Mais les élastiques autour des cuisses empêchent toute aération et conservent humidité et chaleur. Une étanchéité moins parfaite est parfois préférable de façon à permettre à l'air de circuler.

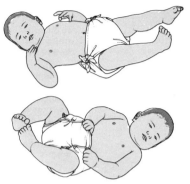

Les couches en plastique qu'on noue sont suffisamment efficaces et n'empêchent pas l'air de circuler. Elles ne préservent pas complètement la literie mais permettent une certaine évaporation. Si vous employez des culottes à pressions, ne fermez pas celles du bas, pour que les cuisses ne soient pas hermétiquement enserrées par l'élastique.

La protection de la peau, le jour

Comme nous l'avons vu (p. 154), il est bon pour les bébés de jouer par moments sans couches, ou même tout nus s'il fait assez chaud. Mais à partir du moment où votre enfant s'assied tout seul, et surtout commence à rouler sur lui-même et à ramper, son derrière va se frotter au tapis ou à la pelouse, ce qui risque de l'irriter. De même, le sable de la plage peut être agréable sur le moment, mais peut devenir gênant par la suite, en s'infiltrant dans les plis de son corps. L'urine et les selles vont alors lui brûler la peau, et déclencher un érythème. Une petite culotte en coton lui laisse la liberté de la nudité, tout en protégeant sa peau.

Son derrière est moins accoutumé aux rayons du soleil que le reste de son corps. Le bébé aimera certainement trotter tout nu à quatre pattes, mais cela se terminera, vingt minutes plus tard, par un bon coup de soleil sur les fesses.

Là encore, vous pouvez lui mettre une culotte en coton pour le protéger. S'il attrape tout de même un coup de soleil, une pommade à base de silicone empêchera l'urine de le brûler.

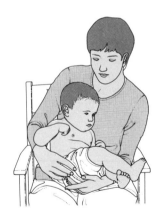

Propreté et hygiène

Quand votre enfant commence à se promener dans une pièce en ramassant des objets qu'il explore aussi bien de la bouche que de la main, il devient important de savoir distinguer la propreté de l'hygiène. La propreté s'oppose aux explorations du bébé : il ne peut pas à la fois partir à la

découverte en s'amusant et rester propre. Mais l'hygiène est indispensable à sa santé.

Vous pouvez trouver un équilibre dans ce domaine en étant très stricte sur la nourriture, mais relativement souple quant à la propreté de tout le reste.

Protection contre les germes

L'hygiène consiste à protéger votre enfant contre un excès de bactéries dangereuses. Il y a des bactéries partout, mais peu d'entre elles sont pathogènes, et son corps est capable de se défendre, à condition qu'elles ne l'assaillent pas en trop grand nombre. Cependant, elles risquent de se multiplier sur certains objets qui deviennent de véritables bouillons de culture.

Un objet *ne peut être dangereux* s'il est sec et dépourvu de traces d'aliments, même s'il est poussiéreux ou douteux. Le morceau de papier que le bébé sort de la corbeille n'a peut-être pas un aspect très engageant, mais il ne constitue pas un terrain favorable aux germes.

Mais il est *dangereux* quand il a été en contact avec de la nourriture (en particulier avec du lait), puis laissé à la température ambiante. Le petit morceau de gâteau à la crème, tombé par terre la veille, a peut-être encore l'air mangeable, mais il est sans doute rempli de microbes. Ceux-ci se multiplient à une vitesse étonnante.

Si l'hygiène de votre cuisine est impeccable, il est inutile de vous préoccuper du reste de la maison où une propreté banale suffit. Prenez cependant garde à ce qui suit : les bactéries considèrent comme d'excellents aliments les déchets alimentaires ; aussi devez-vous vous préoccuper de l'hygiène des W.C. et de la propreté des mains. Les selles contiennent des bactéries, et la moindre trace de matière fécale est un excellent bouillon de culture. Il est donc indispensable de vous laver les mains après votre passage ou celui du bébé aux toilettes, et de laver les siennes si elles ont été en contact avec son corps pendant que vous le changiez. Il faut aussi procéder à un nettoyage sérieux après un « accident » et enlever toute trace de lait que le bébé peut avoir rejeté.

Les germes se multiplient aussi dans les aliments pour animaux, et dans les excrétions de ceux-ci. Il faut donc que le bébé ne puisse avoir accès à leur écuelle et que les « accidents » qu'ils peuvent avoir soient rapidement nettoyés. Ne laissez pas votre enfant tripoter un chat ou un chien puis porter sa main à la bouche : la plupart des animaux se tiennent très propres, mais pas tous. Dans les parcs ou les jardins publics, méfiez-vous des excréments des chiens.

Garder les poisons hors de sa portée

Il ne faut pas que la peur des germes vous empêche d'envisager le danger plus courant que représentent les produits toxiques (voir Inf/INTOXICATION). Votre bébé n'attrapera pas une gastro-entérite en jouant avec un cendrier plein, mais les mégots de cigarette peuvent le rendre terriblement malade. Une bouteille d'apéritif ne lui donnera pas d'indigestion, mais l'alcool peut le tuer. Ce n'est pas la saleté d'une boîte de peinture qui doit vous inquiéter, mais la possibilité qu'elle contienne du plomb...

La dentition

L'apparition des dents s'accélère à la fin de la première année. La première incisive inférieure, qui perce vers six mois, est suivie de près par sa voisine. A sept mois environ, on voit sortir la première incisive supérieure, si bien qu'à huit mois le bébé possède en général les quatre dents du haut, tandis qu'entre neuf et dix mois sa mâchoire inférieure se garnit des deux dernières incisives. Il s'écoule ensuite un certain temps avant l'apparition des premières molaires : certains bébés en ont une pour leur premier anniversaire mais d'autres doivent l'attendre un mois de plus. En perçant ses premières dents, votre enfant ne ressentira probablement rien de plus qu'une douleur supportable et fugitive. De leur arête plate et pointue elles percent plus facilement la gencive que les molaires, plus tard. Donnez-lui beaucoup de choses à mordre. De toute façon, il va mâchonner ses doigts et ses jouets, mais d'autres objets durs et lisses (ainsi que relativement propres) peuvent lui faire du bien — et lui procurer un agréable changement. Après l'apparition des deux ou trois premières dents, le fait de mordre les objets en émousse la pointe terriblement aiguë.

Les dents et le sevrage

Comme nous l'avons dit plus haut (voir p. 131), ces premières dents ne sont pas faites pour mâcher, et leur apparition ne doit en aucun cas accélérer le processus de sevrage. Mais il peut arriver qu'un bébé qui possède deux dents en bas et deux ou plus en haut ait envie de mordre la tétine ou votre mamelon. Ne croyez pas pour autant qu'il est en train de vous forcer à le sevrer. Tant que la tétine ou le mamelon remplissent bien sa bouche, dans la bonne position pour téter (voir p. 55), il lui est impossible de mordre : les mâchoires ne sont pas en position pour le faire. Il ne peut donc mordre que quand il cesse de téter et commence à jouer. Enlevez-lui alors la tétine ou le sein en lui disant fortement « Non ! » Remettez-les-lui dans la bouche s'il veut recommencer à téter, mais ne le laissez pas s'amuser. Beaucoup d'enfants nourris au sein apprennent ainsi en une semaine à ne pas mordre.

Les soins dentaires

A partir du moment où le bébé a plusieurs dents côte à côte, il faut vérifier que des parcelles d'aliments ne se coincent pas entre elles, pour y stagner pendant des heures. Si vous apercevez un bout de carotte ou de pomme, enlevez-le tout de suite. Donnez-lui le goût de l'eau pure, car s'il reçoit par ailleurs assez de vitamine C, l'eau est meilleure pour les dents que les boissons sucrées, et elle permet d'éliminer de sa bouche toute trace de lait ou de nourriture.

Tout en prenant soin des dents déjà sorties, il faut aussi penser à la solidité de la future dentition. Le calcium et la vitamine D sont indispensable. Renseignez-vous sur la quantité de fluor que contient l'eau de votre région. Si elle est insuffisante, votre médecin vous conseillera sans doute de mettre des comprimés de fluor dans l'eau de boisson du bébé.

Pleurs et réconfort

Après six mois, les bébés pleurent en général moins qu'auparavant. Ils s'adaptent mieux aux événements de la vie quotidienne. Les bruits soudains et les mouvements rapides qui les alarmaient les font maintenant rire. Leur contrariété et leur frayeur se traduisent par des jeux de physionomie et des petits gémissements, mais ils ne se mettent à pleurer vraiment que s'ils ne reçoivent aucun réconfort.

Malgré tout, au cours des mois qui vont suivre, certaines circonstances leur donneront encore l'occasion de se désespérer, s'ils ne sont pas compris. Il est essentiel que vous sachiez déceler ce qui les perturbe ainsi, car cela va les tracasser pendant toute leur petite enfance. Si vous êtes attentive aux émotions et aux besoins actuels de votre bébé, votre vie en sera facilitée par la suite.

La peur Plus petit, votre enfant donnait l'impression d'avoir peur de presque tout. Il est maintenant plus assuré, mais continue à redouter certaines choses. Par exemple, les bruits assourdissants le laissent indifférent, mais l'aspirateur le terrorise ; ou bien, il adore les jeux mouvementés, mais déteste avoir les vêtements collés au visage quand on les lui enfile ou les lui enlève, quand on l'habille ou le déshabille ; il aime peut-être le bain et l'eau en général, mais il est pris de panique en voyant l'eau sale disparaître dans le trou de vidange.

Ces frayeurs paraissent souvent tout à fait irrationnelles. Il est difficile de déterminer pourquoi le bruit de l'aspirateur lui fait peur, et non celui de la machine à laver. Cependant, qu'elles soient rationnelles ou non, ces angoisses doivent être reconnues et respectées. Pensez donc à vos propres frayeurs absurdes. Nous en avons tous : pourquoi, par exemple, avez-vous peur des araignées et non des mouches ?

La meilleure façon d'affronter ces terreurs consiste à en éliminer la cause : servez-vous de votre aspirateur quand le bébé est endormi ou quand il est dans une autre pièce ; ne videz pas son bain avant de l'avoir sorti de la salle de bains ; évitez d'acheter des vêtements qui ne s'ouvrent pas à l'encolure. Moins il aura l'occasion de s'effrayer, plus vite il oubliera sa peur. Vous ne ferez que la renforcer si vous l'obligez à l'affronter.

L'inattendu Pendant cette période, l'enfant commence à attendre certaines choses des gens qui l'entourent et à aimer la répétition des gestes quotidiens. Il meuble aussi son esprit en apprenant des routines, des rythmes et des rituels. Mais quand ces habitudes fraîchement acquises sont contrariées, il s'effraie. Imaginons par exemple qu'il s'est habitué à ce que son père, ou sa mère, vienne lui dire bonjour et s'occuper de lui à son réveil. S'il voit apparaître un inconnu à la place de ses parents, son attente est déçue et il se met à pleurer d'angoisse. Et pourtant, le même inconnu, venant se joindre au thé familial, eût été gratifié d'un beau sourire. Ce n'est pas lui qui l'effraie, mais son apparition inattendue. De même, le bébé est habitué à ce que son biberon lui fournisse toujours la même forme de nourriture : si vous remplacez un jour son lait tiède par du lait glacé, le choc va le faire pleurer. Ce n'est pas qu'il déteste le lait froid, mais il a été surpris dans son attente.

Les expériences nouvelles peuvent produire le même effet que les événements qui ne correspondent pas à ce qu'il attend. La première fois qu'on le met sur une balançoire, qu'on lui donne de la glace à manger, qu'on l'approche d'un cheval, il fond en larmes. Il aimera probablement tout cela par la suite, mais il faut lui laisser le temps de s'y habituer.

Aider son enfant à affronter la nouveauté ou l'inattendu est une tâche importante. A mesure qu'il grandit, son horizon s'élargit. Ce sont les expériences nouvelles qui enrichissent peu à peu sa vie quotidienne. Vous allez découvrir que, même à six mois, un mot ou un geste peuvent le préparer à un événement inattendu. Il vous est possible de prévoir ce qui peut l'effrayer et d'attirer son attention sur votre présence rassurante, si bien qu'il vit l'expérience nouvelle avec et à travers vous. Si vous le balancez pour la première fois en le mettant sur vos genoux et en le tenant serré dans votre bras, si, en même temps votre voix familière et apaisante lui explique cette sensation inconnue, il va probablement adorer tout de suite la balançoire.

L'impuissance Les bébés éprouvent des émotions puissantes, mais ont peu de moyens d'expression. Autant que nous le sachions, leurs amours, leurs haines, leurs souhaits et leurs désirs sont aussi forts que les nôtres, mais, comme ils sont encore maladroits physiquement, et incapables de parler, il leur est difficile d'agir. Très souvent ce sont les pleurs qui remplacent l'action : le bébé se désole parce qu'il doit affronter une situation devant laquelle il se sent impuissant. Les pleurs sont sa façon d'appeler à l'aide.

Si vous sortez de la pièce, et si votre enfant a envie de vous suivre, mais en est empêché parce qu'il est encore incapable de se déplacer, ou parce qu'il est prisonnier soit de sa voiture soit de son parc, il ne peut encore vous demander clairement de l'emmener ; alors il pleure. Si, à un autre moment, alors qu'il joue tranquillement dans son lit, il voit son jouet préféré tomber hors de sa portée, il ne lui est pas encore possible de vous appeler pour le ramasser ; alors il pleure. De même, en promenade, si vous rencontrez une amie que le bébé ne connaît pas, et si elle lui tend les bras en disant : « Viens que je t'embrasse », il ne peut pas vous dire qu'il ne veut pas ; et il pleure.

Lorsque vous serez capable d'interpréter d'autre signes, plus subtils que les pleurs, il n'aura plus besoin d'y recourir aussi souvent. Quand, par exemple, vous lui avez bien expliqué que vous allez sortir de la pièce, il peut tendre les bras pour vous demander de le prendre. Si vous écoutez d'une oreille son babillage pendant qu'il joue dans son lit, un soudain silence atterré vous apprendra que son jouet est tombé, sans qu'il ait besoin de pleurer. Cependant, l'indépendance croissante que lui donne le fait de pouvoir se déplacer tout seul va contrebalancer son sentiment d'impuissance. La période pendant laquelle il marche à quatre pattes est certainement pénible pour vous, mais elle est très bénéfique pour lui. Car il peut enfin aller où il lui plaît, et chercher ce dont il a envie — du moins dans les limites de la liberté que vous lui consentez.

Colère
et frustration Les pleurs d'impuissance se font plus rares à mesure que le bébé acquiert de la mobilité. Mais ils sont le plus souvent remplacés par des cris de colère et de frustration qui, vers un an, sont à l'origine de la plupart des crises de larmes.

L'enfant qui rampe un peu partout s'attire sans arrêt des ennuis. Il faut le surveiller constamment, non seulement pour le protéger, mais aussi pour protéger les objets. L'arracher huit fois en dix minutes à la porte du réfrigérateur vous rend folle, mais cela le rend fou, lui aussi. Il a décidé d'ouvrir cette porte et n'est pas capable de comprendre qu'il n'en a pas la permission ou de se rappeler que vous ne le laisserez pas faire. Plus il grandit et découvre de nouvelles choses à explorer ou à faire, plus il est furieux d'être limité, soit par vous, soit par sa propre incompétence. Essayez de lui expliquer pourquoi vous le contrariez, même s'il est loin de pouvoir comprendre tout ce que vous lui dites.

Il n'est pas toujours possible, ni même souhaitable, de prévenir ce genre de pleurs. Vous êtes obligée de contrarier l'enfant quand ses intentions sont dangereuses ou destructrices. De plus, son éducation

Il ne peut pas comprendre pourquoi vous intervenez tout le temps.

comporte l'apprentissage de la difficulté et de la frustration. On ne peut donc éviter de provoquer quelques crises de colère. Mais si le bébé a l'impression d'être sans arrêt brimé par les adultes ou victime de sa propre maladresse, il ne progressera pas. Il faut donc trouver un équilibre entre l'excès et l'insuffisance de frustration.

Lorsque vous êtes obligée de contrarier votre enfant parce que ce qu'il s'apprête à faire est dangereux pour lui ou pour son environnement, vous pouvez vous servir du fait qu'à son âge, et pendant quelques mois encore, ce qui est « loin des yeux » est « loin du cœur ». Inutile de vous battre indéfiniment au sujet de la porte du réfrigérateur : faites sortir le bébé de la pièce ou bloquez la porte et, après un bref accès de fureur, il passera à autre chose. Il est encore très facile de le faire changer d'idée.

Quand il se met lui-même dans une situation qui le contrarie, à vous de juger s'il est capable de s'en sortir tout seul, ou si cela risque de se terminer par des hurlements de fureur impuissante. S'il s'efforce de soulever le couvercle de son coffre à jouets, il y a de fortes chances qu'il y arrive. Laissez-le faire : le résultat justifiera l'effort. Mais si vous pensez que c'est trop difficile pour lui, aidez-le. Il ne se sentira pas offensé par votre intervention, car il ne met pas encore son point d'honneur à faire les choses tout seul. Tout ce qui l'intéresse, pour le moment, c'est que ce couvercle soit ouvert.

Tout comme les nouveau-nés, les grands bébés pleurent plus ou moins selon leur tempérament. Certains supportent beaucoup mieux les contrariétés que d'autres : un échec qui rend l'un fou de rage, laisse un autre indifférent. Ces différences étant innées, les parents ne peuvent guère avoir d'influence dans ce domaine. Aussi est-il inutile de s'en inquiéter. Si vous êtes attentive aux réactions de votre bébé et si vous en tenez compte quand vous vous occupez de lui, vous agissez comme il convient. Ne vous mettez pas dans la tête qu'à six mois, le caractère de votre enfant est fixé pour la vie. Si maintenant un rien l'arrête, cela ne veut pas dire qu'il ne deviendra pas un garçon entreprenant ; de même, le fait d'être placide à six mois ne permet pas de présumer qu'il le sera aussi plus tard.

Mais bien que ce genre de pleurs soit inévitable, et que certains enfants y soient plus portés que d'autres, en additionnant la durée de tous ses moments de désespoir, vous pouvez vous rendre compte s'il est, ou non, heureux de vivre. S'il ne reste jamais plus de cinq minutes de bonne humeur, il faut prendre le temps de réfléchir à ce qui le contrarie le plus souvent. Si les pleurs ne sont causés ni par la douleur, ni par la maladie, ni par la faim, ils ne peuvent être que le résultat d'une frayeur, un appel à l'aide ou une explosion de colère. Si vous arrivez à déterminer lequel de ces sentiments provoque le plus souvent son désespoir, vous serez en mesure de lui fournir ce dont il a le plus besoin : une plus grande sécurité, une réponse plus rapide à son appel ou une plus grande liberté, ce qui le rendra plus heureux.

Développement physique

A six mois, un bébé donne généralement l'impression d'être heureux et bien dans sa peau. Il a acquis la maîtrise de ses quatre membres, aime bien tout ce qui est mouvement et vérifie sans arrêt les limites de ses forces en essayant de rouler sur lui-même et de soulever de plus en plus haut la tête et les épaules. Il a enfin compris que les différentes parties de son corps forment un tout et il s'en accommode très bien.

Comme nous l'avons vu, le contrôle des muscles se fait en descendant, si bien qu'à cet âge, il maîtrise le haut de son corps — tête, épaules, bras et mains — beaucoup mieux que le bas. Il se sert de ses bras et de ses mains pour attraper les objets, et tourne la tête pour les suivre des yeux. Mais il n'a encore aucun pouvoir sur ses hanches, ses genoux et ses pieds. Il va maintenant s'efforcer d'en maîtriser les muscles : c'est le début du combat qui doit lui permettre de devenir un quadrupède, puis un véritable bipède.

La position assise Si vous asseyez votre bébé de six mois sur le sol, lui écartez les jambes, assurez son équilibre puis enlevez lentement vos mains, il va probablement rester « assis » pendant un instant. La progression vers le bas du contrôle de ses muscles lui permet maintenant de rester droit depuis la tête jusqu'aux hanches, encore faibles. Mais il ne peut encore se mettre de lui-même dans cette position.

Vers sept ou huit mois, certains enfants gardent leur équilibre en se penchant en avant et en mettant les deux mains à plat sur le sol devant eux. Dans cette position, ils ont une certaine stabilité et restent assis un peu plus longtemps. Cependant, on ne peut appeler cela « s'asseoir tout seul », parce que cette position n'est pas utile à leur développement. Les deux mains, occupées à maintenir l'équilibre, ne sont pas disponibles pour jouer ou pour être sucées, et comme ils sont obligés de se pencher pour qu'elles restent à plat sur le sol, ils ne peuvent même pas regarder autour d'eux et ce qu'ils voient, penchés ainsi, n'est guère intéressant.

Mais vers huit ou neuf mois, l'enfant commence à rester assis sans l'aide d'un adulte ou de ses propres mains et il arrive à garder l'équilibre pendant plus d'une minute. Pourtant, il ne s'agit encore de rien d'autre que d'un exercice ; son équilibre est encore si précaire qu'il s'écroule dès qu'il tourne la tête ou tend la main. Il lui faudra s'exercer encore pendant un mois avant que la position assise fasse partie de sa vie courante.

Comment l'aider à s'asseoir L'envie de s'asseoir est innée. On n'a pas besoin de donner au bébé le *désir* de le faire.

Comme nous l'avons vu, entre six et sept mois, il est prêt à apprendre à se tenir en équilibre dans cette position, mais il ne peut le faire sans aide avant neuf mois. C'est à vous de l'asseoir pour qu'il puisse s'exercer.

Quand le bébé a envie de s'asseoir, il vous le fait clairement comprendre. Couché par terre, il fait des efforts désespérés pour soulever la tête et les épaules. Si vous vous agenouillez près de lui, il s'empare de vos mains et s'y accroche pour se redresser. Lorsque vous vous approchez de son lit ou de son landau, il vous tend les mains pour recommencer le jeu qui consiste à s'y agripper pour se soulever.

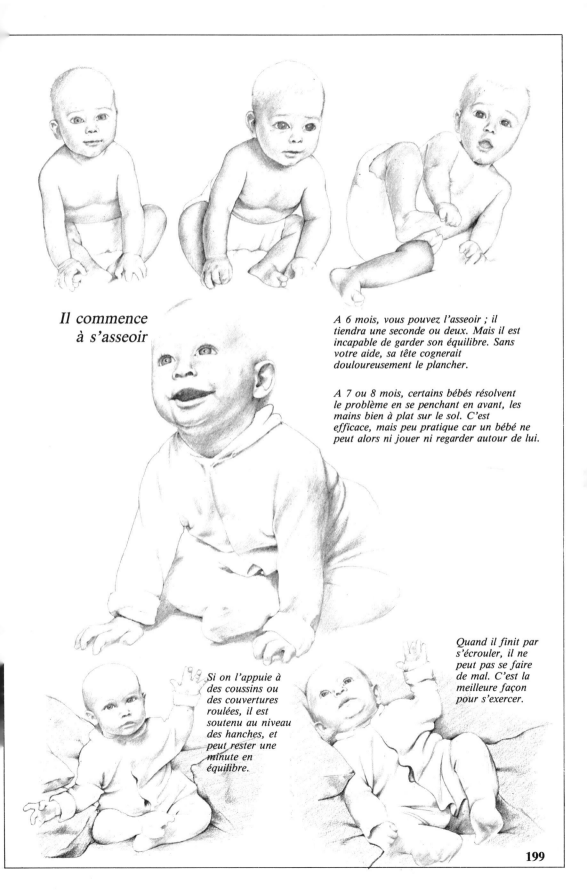

Il commence
à s'asseoir

A 6 mois, vous pouvez l'asseoir ; il tiendra une seconde ou deux. Mais il est incapable de garder son équilibre. Sans votre aide, sa tête cognerait douloureusement le plancher.

A 7 ou 8 mois, certains bébés résolvent le problème en se penchant en avant, les mains bien à plat sur le sol. C'est efficace, mais peu pratique car un bébé ne peut alors ni jouer ni regarder autour de lui.

Si on l'appuie à des coussins ou des couvertures roulées, il est soutenu au niveau des hanches, et peut rester une minute en équilibre.

Quand il finit par s'écrouler, il ne peut pas se faire de mal. C'est la meilleure façon pour s'exercer.

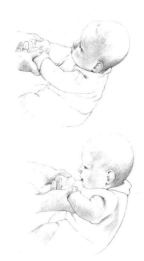

Comme vous ne pouvez passer tout votre temps à jouer avec lui, il faut qu'il puisse s'exercer seul. Mais il est important de savoir où et comment. On ne peut plus simplement l'adosser à un coussin dans sa voiture, ou l'attacher dans son siège de bébé. Ce sont encore de bonnes positions pour jouer, mais non pour apprendre à garder son équilibre, car son dos est trop soutenu. D'un autre côté, vous ne pouvez pas le laisser sans appui. Il faut trouver un compromis.

Le meilleur compromis consiste à asseoir votre bébé sur le sol, entouré de coussins, de couvertures roulées ou de couettes qu'on glisse ensuite sous ses fesses pour lui permettre, vers six ou sept mois, de rester en équilibre quelques instants en ayant le bas de la colonne vertébrale bien soutenu. Les coussins et couvertures amortiront le choc, lorsqu'il basculera en arrière ou en avant.

Cette protection peut éviter à votre enfant de mettre les mains en avant pour garder son équilibre ou, s'il a tendance à le faire, de le débarrasser rapidement de ce réflexe, sachant qu'il ne se fera pas mal en tombant. Quand, vers huit mois, vous constatez qu'il se tient mieux tout seul, vous pouvez placer les coussins de façon à l'entourer sans le caler. Ils seront toujours là pour amortir sa chute quand la joie d'être assis sans soutien lui fera agiter les deux bras !

Un mois ou deux plus tard, le bébé se tient assis tant qu'il reste tranquille, attentif à son équilibre. Mais rester tranquille n'est pas amusant et le rembourrage se montrera utile quand il se penchera en avant ou basculera en arrière parce qu'il aura fait un grand geste des bras.

La sécurité pendant l'apprentissage de la position assise

A partir du moment où votre enfant commence à vouloir s'asseoir tout seul, il va chercher à le faire en s'aidant de tout ce qu'il peut attraper et s'efforcera de garder son équilibre, où que vous le posiez. Cette situation nouvelle va rendre dangereux certains objets qui étaient jusque-là inoffensifs.

Attention aux landaus instables. Si en se réveillant le bébé se trouve tassé contre la paroi et qu'il s'accroche au bord de la voiture pour s'asseoir, il risque de la faire basculer. Par ailleurs, si vous le laissez sans surveillance dans une voiture de ce genre, le dos appuyé à des coussins, il peut se pencher en avant pour tenter de se passer de soutien. Au moment où il perdra l'équilibre et s'effondrera brutalement, les freins et le châssis seront mis à rude épreuve. Ces landaus peuvent être définitivement remplacés par une poussette.

Attention aux chaises trop légères. Avant six mois, le bébé est constamment appuyé au dossier de son siège (voir p. 138). Quand il cherche à se relever, il n'avance que la tête et les épaules, mais le bas du corps reste bien en équilibre. Maintenant, quand il essaie de se pencher en avant, il reste en équilibre quelques secondes, puis ses muscles se relâchent et il retombe si lourdement sur son dossier qu'il peut renverser le siège. Si celui-ci est posé sur le sol, la chute sera désagréable, mais sans conséquence. Mais s'il est posé sur une table ou un plan de travail, cela risque d'être grave.

Si vous voulez continuer à utiliser ce siège (voir p. 120), il faut vous procurer son support, qui le transforme en une chaise haute commode et bien équilibrée pouvant servir pendant toute la petite enfance. Le siège ne doit plus être employé tout seul, sauf, peut-être, au cours d'un pique-nique où vous ne le quittez pas des yeux. Si vous ne tenez pas à acheter le support, il faut que le bébé dispose soit d'une chaise haute stable, soit d'un siège bas, muni d'une tablette.

Mettez-lui toujours un harnais de sécurité. Le bébé a autant de risques de tomber de son landau ou de sa chaise que de les faire basculer. Il faut donc lui donner l'habitude de porter un harnais de sécurité chaque fois que vous le mettez dans un endroit où il ne peut avoir sa liberté de mouvement : siège, landau, poussette ou siège de voiture. C'est évidemment inutile lorsqu'il est dans son lit à barreaux ou son parc, parce qu'il lui faudra un certain temps pour apprendre à en sortir et qu'ils sont conçus pour lui assurer une certaine liberté sans qu'il coure de danger. L'usage du harnais sera moins ennuyeux si vous en avez plusieurs.

N'asseyez plus le bébé dans des fauteuils ou sur des lits. Il tombe tout le temps en s'exerçant à s'asseoir. Or, les chutes ne sont sans danger que quand il est par terre. Dégringoler d'un lit ne lui fera sans doute pas très mal non plus, mais le choc nerveux qui ébranlera sa confiance en lui peut ralentir ses progrès et gâter le plaisir qu'il avait à s'asseoir.

Ne laissez pas votre enfant tout seul par terre, surtout si vous l'avez entouré de coussins. S'il tombait la tête la première au milieu d'eux, il serait presque certainement capable de redresser la tête et de se libérer en roulant sur lui-même, mais si quelque chose entravait ses bras, il pourrait s'étouffer. Qu'il ait des coussins de protection ou non, votre bébé qui est sur le point de s'asseoir est aussi sur le point de ramper. Il ne faut jamais le laisser sans surveillance dans une pièce, même pas pour aller ouvrir la porte d'entrée.

La marche à quatre pattes

Elle s'apprend généralement en même temps que la position assise : les deux choses se suivent de près. A six mois, l'enfant peut rester assis un instant mais ne sait pas garder son équilibre ; de même, il peut se mettre en position pour ramper, mais ne sait pas avancer. A neuf ou dix mois, il est capable de s'asseoir correctement et de jouer dans cette position, mais il est aussi capable de se déplacer.

Quand ces deux progrès ne vont pas de pair, le bébé s'assied avant de ramper. Il ne faut pas s'inquiéter de voir qu'un enfant en est encore à la position assise à un an, surtout s'il a l'air de vouloir se mettre debout (voir p. 204).

Quand on dit que le bébé « rampe », on pense en général qu'il avance sur les mains et les genoux. Mais il peut trouver d'autres façons de se déplacer, soit avant, soit au lieu de marcher à quatre pattes. Il peut, par exemple, avoir trouvé très tôt une certaine mobilité en roulant sur lui-même et en terminant sa course par une glissade. Sur un parquet bien ciré, il peut arriver à avancer en utilisant seulement les coudes et en laissant ses jambes traîner derrière lui. S'il est satisfait de ce mode de déplacement, il va sans doute mettre plus longtemps à remonter les genoux pour s'appuyer dessus.

Les bébés qui s'assoient correctement relativement tôt adoptent quelquefois une autre façon de se déplacer : la « glissade sur les fesses ». Ils se servent d'une main pour se propulser sur le sol, excellente méthode, de leur point de vue. En procédant de la sorte, ils évitent d'avoir à passer de la position assise à celle qui leur permet de ramper, et vice versa. Par ailleurs, ils gardent une main libre, même pendant le déplacement, et voient mieux ce qui les entoure que lorsqu'ils sont à quatre pattes. Ces bébés n'utilisent parfois jamais ce dernier mode de déplacement et apprennent tout de suite à se mettre debout en s'accrochant aux meubles.

D'autres enfants commencent par ramper normalement, puis découvrent qu'ils vont plus vite en utilisant leurs pieds à la place de leurs genoux. Certains marchent ainsi « à la manière des ours » depuis le début.

Nous allons décrire ci-dessous la façon dont les bébés procèdent le plus fréquemment pour apprendre à ramper. Cependant, si le vôtre adopte un autre rythme de progression ou une autre méthode de déplacement, n'en concluez pas aussitôt qu'il n'est pas normal. Il faut qu'il apprenne à s'asseoir d'abord, à se mettre debout et à marcher ensuite. La façon dont il se déplace entre-temps n'a que peu d'importance.

Quand un enfant de six mois, à plat ventre par terre, veut attraper un objet qui est hors de portée, il ramène les genoux sous lui, se redresse sur les mains, et se débrouille souvent ainsi pour atteindre le jouet convoité. Pendant un instant, il est dans la bonne position pour ramper, mais il n'en profite pas. De même qu'il lui est encore difficile de garder son équilibre quand il est assis, il lui est encore impossible d'*avancer,* malgré l'envie qu'il en a.

Au cours des septième et huitième mois, les bébés montrent clairement leur désir de ramper. En les observant de près, vous pouvez constater leurs efforts : ils cherchent désespérément à « aller de l'avant » mais très peu d'entre eux y parviennent.

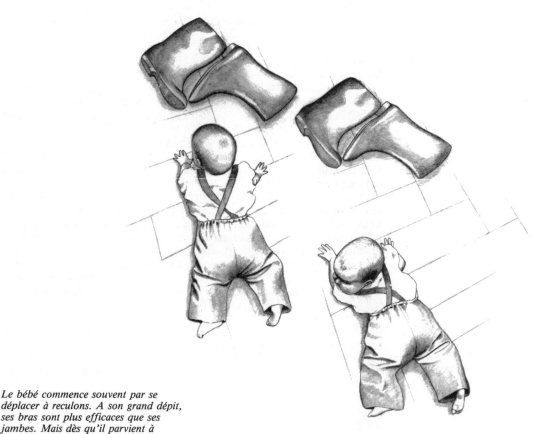

Le bébé commence souvent par se déplacer à reculons. A son grand dépit, ses bras sont plus efficaces que ses jambes. Mais dès qu'il parvient à ramper, il apprend vite à se diriger.

Vers la fin du huitième mois, le bébé ne reste plus à plat ventre. Dès qu'on le met dans cette position, qu'il se retourne tout seul ou qu'il tombe en avant après avoir été assis, il se met sur les mains et les genoux. Il a compris ce qu'il fallait faire pour se déplacer, mais il n'y arrive pas. Il se balance d'avant en arrière, tourne sur lui-même en essayant de vous suivre dans la pièce ou de poursuivre le chat. C'est à ce stade que, dans son ardent désir de bouger, il trouve toutes sortes de moyens de déplacement dont aucun ne correspond exactement à la marche à quatre pattes. A force de se balancer, de pivoter, de rouler sur lui-même et de gigoter à plat ventre, il arrive, d'une façon ou d'une autre, à traverser la pièce. Mais cela ne constitue pas plus un progrès que de mettre ses mains en avant pour garder l'équilibre quand il est assis. Il lui est encore impossible d'aller dans une direction déterminée, et si, au départ, il cherchait à atteindre un objet, celui-ci sera sorti depuis longtemps de son esprit avant qu'il ait fini de jouer les acrobates et qu'il songe à se reposer.

C'est au cours du neuvième mois que les bébés commencent à faire de réels progrès. A leur grand dépit, c'est souvent à reculons qu'ils se déplacent. Pour s'approcher d'une chose qu'il convoite, l'enfant fait de gros efforts. Comme il contrôle mieux le haut de son corps que ses jambes, il a tendance à pousser plus fort sur ses bras et ses mains que sur ses genoux. Aussi, au lieu de se rapprocher de l'objet qu'il désire, il s'en éloigne. Cela le met très en colère, mais pour peu de temps : à partir du moment où il est capable de ramper vers l'arrière, il va très vite apprendre à se diriger et à équilibrer les poussées de ses bras et de ses jambes.

Comment l'aider à ramper Un bébé n'a pas besoin d'être aidé pour apprendre à se mettre dans la bonne position. Il la découvre tout seul quand il est à plat ventre, ou quand il se penche, étant assis. Ce que vous pouvez faire, c'est lui donner des occasions de s'exercer. Il en aura beaucoup s'il passe la plus grande partie de sa journée sur le sol... Vous pouvez en outre l'encourager à ramper, en rendant l'exercice agréable et sans risques :

Protégez ses genoux. Sa peau est encore tendre et s'écorche facilement. Même en été, il est préférable qu'il porte une salopette ou un pantalon de coton quand il est à quatre pattes dans l'herbe ou sur un tapis un peu râpeux.

Prévoyez les dangers possibles. L'apprentissage du déplacement ne s'accompagne malheureusement pas d'un plus grand discernement. Les accidents sont provoqués par les marches qui séparent deux pièces, les escaliers, les planchers raboteux et les objets dangereux qui traînent (Inf/ACCIDENTS ET CONSEILS DE SÉCURITÉ).

Méfiez-vous de progrès soudains et inattendus. Même avant qu'il soit tout à fait capable de ramper, le bébé peut, tout en roulant sur lui-même ou en se tortillant, s'éloigner de l'endroit protégé où vous l'avez déposé, et se trouver en danger. Assurez la sécurité des pièces où il va vivre sans attendre qu'il soit vraiment capable de se déplacer (Inf/ACCIDENTS ET CONSEILS DE SÉCURITÉ).

N'oubliez pas que ce qui le fait avancer, c'est son désir d'attraper un objet. Une chose qui le fascine peut être déterminante pour amorcer le déplacement. Il ne faut pas que ce soit une boîte de cigarettes ou une pelote à épingles.

Ne le laissez pas libre de ses mouvements, tout seul dans une pièce. En restant seul il peut se mettre en danger ; dans son parc, il risque de se sentir frustré parce qu'il n'aura ni plaisir à se déplacer, ni but pour justifier ses efforts. De quoi a-t-il besoin ? D'un sol où il ne peut se faire mal, d'objets intéressants et d'une surveillance constante.

N'essayez pas de le garder propre. A la cuisine et aux toilettes, vous devez être pointilleuse sur l'hygiène, mais non quand votre bébé joue sur le sol (voir p. 191). La poussière normale d'une maison ne peut lui faire de mal, et la peau se lave très facilement. Ne lui mettez pas de beaux vêtements, si vous avez peur qu'il les salisse. Traitez-le comme un travailleur manuel : faites-lui porter dans la vie courante des habits qui ne craignent rien, et ne l'endimanchez que dans les grandes occasions.

Une fois qu'il sait ramper, il a besoin d'espace — et de liberté — à condition de ne courir aucun risque.

La station verticale Tandis que la position assise et la marche à quatre pattes s'apprennent ensemble vers neuf mois, la station verticale et la marche s'acquièrent plus tard.

A six mois, la plupart des bébés adorent être debout sur les genoux de quelqu'un, où ils se comportent comme sur un trampoline car ils « sautent » en pliant et redressant les deux jambes ensemble.

Pendant le septième mois, l'enfant commence à bouger les jambes séparément : il « danse » plus qu'il ne « saute » ; il met aussi souvent un pied sur l'autre, retire celui qui est dessous pour le mettre par-dessus, etc.

A cet âge, ses jambes ne sont pas capables de supporter son poids et il n'a pas non plus l'idée d'avancer, comme lorsqu'il cherche à se déplacer en rampant. Ce n'est généralement que vers neuf mois qu'il commence à avoir envie de se servir de ses pieds pour avancer. Il cesse alors de danser et de mettre un pied sur l'autre pour poser correctement un pied devant l'autre. Il fait ainsi quatre « pas » sur vos genoux avant de s'effondrer en riant. Il fera même quelques pas hésitants sur le sol si vos mains le tiennent solidement et prennent en charge la plus grande partie de son poids.

Vers dix mois, le bébé arrive enfin à contrôler les muscles de ses genoux et de ses pieds, qui sont maintenant en mesure de supporter son poids. Il tient correctement debout, les pieds posés bien à plat, les jambes droites, quoiqu'il manque encore un peu de fermeté au niveau des hanches. Il en est au même point, en ce qui concerne la station verticale, qu'à six mois pour ce qui était

de la position assise : il peut se tenir un instant mais n'arrive pas à garder l'équilibre.

Dès qu'il sera capable de supporter son propre poids et de se tenir bien droit sur le sol moyennant une aide pour garder son équilibre, il apprendra rapidement à se redresser en s'accrochant à quelque chose. La plupart des enfants y arrivent vers onze mois. Ils commencent à se hisser en utilisant les barreaux de leur lit ou de leur parc ; mais votre bébé peut aussi se servir de vous quand vous êtes assise par terre, s'accrochant à vos vêtements pour se redresser, et se retrouvant en fin de compte triomphalement debout, agrippé à vos cheveux pour ne pas tomber.

De même que les bébés qui commencent à ramper sont souvent troublés par leur incapacité à se déplacer autrement qu'à reculons, les enfants qui apprennent à se mettre debout découvrent qu'ils ne savent pas se rasseoir. Pendant deux ou trois semaines, votre enfant va sans doute trouver un appui pour se dresser chaque fois que vous le laisserez en liberté sur le sol, mais se mettre à appeler piteusement au secours une fois son but atteint parce qu'il est incapable de lâcher ce point d'appui pour se rasseoir. Cependant, aussitôt qu'on sera venu à son aide et qu'on l'aura remis par terre, il recommencera. Cette période risque d'être pénible, car il faut voler à son secours toutes les deux minutes, ce qui est fatigant et contrariant pour vous deux. Heureusement, cela ne dure pas longtemps. Ne vous contentez pas de l'arracher à son point d'appui et de le poser sur le sol, mais aidez-le à se baisser progressivement. Il sera bientôt assez sûr de lui pour se laisser tomber ou pour laisser glisser ses mains le long de son support jusqu'à ce qu'il sente le sol sous ses fesses. Quand vous aurez tous les deux assez de ce manège, une promenade en poussette vous fera du bien. Il n'en est pas encore au stade où il a envie de marcher lorsqu'il est dehors, mais sera, au contraire, heureux d'être assis pour regarder autour de lui, ce qui reposera à la fois ses muscles et vos nerfs.

Environ un mois après qu'il se sera assis pour la première fois, le bébé va apprendre la « marche avec appui ». Il se relève comme d'habitude et se trouve donc face à un sofa ou à un des côtés de son parc. Peu à peu, ses mains glissent ensemble le long de son support, et il les suit en avançant un pied ; il se retrouve ainsi les jambes écartées, et se rassied généralement, stupéfait de sa performance. C'en est une, en effet, car il vient de faire son premier pas : il est désormais un enfant qui marche.

Tant que ses mains prendront en charge une partie de son poids en s'accrochant à un support, il devra les bouger ensemble. Mais à force de s'exercer, il prendra de l'assurance : quelques jours, ou semaines, après avoir fait son premier petit pas de côté, il comprendra qu'il peut faire confiance à ses jambes. Il pourra donc s'éloigner un peu de son support et avancer une main après l'autre le long de celui-ci. Chaque fois qu'il fait glisser sa main, il fait un pas de côté et ramène l'autre jambe. Si vous l'observez de près, vous constaterez qu'il est inquiet au moment où il avance une jambe en reportant tout son poids sur l'autre. Cependant, son équilibre s'améliore progressivement. A un an, vous le verrez sans doute prendre ses distances par rapport à son support qui ne servira plus qu'à assurer son équilibre. Bientôt il sera capable de s'en passer tout à fait et de se tenir sans appui.

Comment l'aider à se tenir debout

Pour lui apprendre à s'asseoir, vous l'asseyiez. Pour lui apprendre à se tenir debout, il ne faut pas le mettre sur ses pieds, mais, tout en veillant à sa sécurité, il faut lui donner l'occasion de se mettre debout tout seul.

Ce n'est pas difficile. Laissé libre dans une pièce, il se servira des meubles ; dans son lit ou son parc, il s'accrochera aux barreaux ; à défaut d'autre chose, il s'agrippera à vos cheveux ou au chien de la maison. L'ennui est que la plupart de ces aventures se termineront par une chute, inévitable à ce stade ; et s'il tombe trop souvent de toute sa hauteur, non seulement il se fera mal, mais il risquera aussi de perdre sa belle assurance. Plus tard, lorsqu'il marchera correctement, il apprendra à mettre les mains en avant quand il se sentira tomber. Il ne se fera alors rien de plus que de légères écorchures aux mains et aux genoux. Mais actuellement, il ne sait pas encore se protéger parce qu'il a besoin de ses mains pour se tenir, et que son équilibre est si précaire qu'il tombe n'importe comment. C'est donc à vous de le protéger.

Attention au mobilier. Les meubles légers sont dangereux parce qu'ils tiendront pendant qu'il s'accroche et commence à se lever, mais culbuteront au moment où ses mains prendront appui pour supporter son poids. Il sera alors dans la plus mauvaise position pour tomber : ni debout ni assis mais entre les deux.

Les meubles les plus à craindre sont ceux qui sont à la fois hauts et légers, comme les petites tables rondes ou les supports de pots de fleurs. Non seulement ils basculent, mais ils tombent presque à tous les coups sur le bébé à cause de leur hauteur. Même légers, ils peuvent lui faire mal.

On peut fixer sur place certains meubles peu stables, et placer les autres hors de portée. Mais il y en a qu'il vaut mieux mettre de côté pendant quelques mois, jusqu'à ce que le bébé marche sans aide.

Faites aussi attention aux dangers qui menacent le bébé pendant qu'il se redresse. Les objets ne risquent rien tant qu'il est encore incapable de libérer une de ses mains (ce qui se produit vers un an), mais il peut essayer de se mettre debout en s'accrochant à la nappe ou à un fil électrique, et je ne pense pas qu'il est bon pour lui de recevoir une cafetière ou une lampe sur la tête !

Ne lui mettez pas de chaussures sous prétexte qu'il apprend à se mettre debout. Il n'en aura besoin que lorsqu'il marchera vraiment, et seulement pour sortir. A ce stade, les souliers sont plutôt un handicap pour trouver l'équilibre parce qu'ils empêchent l'enfant de sentir le sol sous ses pieds nus. Ils risquent aussi de glisser, provoquant ainsi des accidents.

Ne lui mettez pas de chaussettes sans chaussures, si le sol n'est pas recouvert d'une moquette. Les chaussettes transforment un parquet ciré en patinoire ; votre bébé risque donc de tomber, mais même s'il ne le fait pas, cela accroît ses difficultés à se mettre debout et peut le décourager. Il est plus en sécurité pieds nus. Si vous avez peur qu'il prenne froid, mettez-lui des chaussons-chaussettes composés d'une semelle antidérapante cousue à une chaussette de laine.

N'essayez pas de le faire marcher en le tenant par les mains. A cet âge, il n'aime pas marcher dans un espace ouvert en ne comptant que sur ses mains encore faibles. Il se sent plus en sécurité en s'accrochant à des objets solides. Si vous voulez qu'il s'exerce à se redresser sans le secours des meubles, profitez par exemple d'une promenade dans un parc pour vous agenouiller ou vous asseoir par terre afin qu'il puisse se servir de vous comme il se sert des objets.

N'essayez pas de brûler les étapes. La station verticale, la marche avec appui, puis la marche véritable dépendent autant de l'assurance que prend votre enfant et de ses motivations que de la coordination de ses muscles. En cherchant à le presser, vous risquez au contraire de ralentir sa progression par des chutes qui l'effraieront. S'il a atteint le premier stade qui consiste à se relever tout seul, mais ne semble pas pressé de se mettre à avancer ou à se tenir debout sans appui, c'est peut-être seulement parce qu'il n'a pas envie pour le moment de pousser plus loin le jeu de la marche. S'il a du plaisir à ramper partout, il ne voit sans doute pas la nécessité d'apprendre à marcher.

La plupart des bébés se tiennent debout et pratiquent une marche avec appui avant un an, mais il y en a un bon nombre qui attendent le début de leur seconde année pour cela.

Activité manuelle

Pendant ses six premiers mois, votre bébé a mis longtemps à découvrir que ses mains faisaient partie de son corps ; qu'elles étaient toujours là, même quand il ne les voyait pas, et qu'avec un effort de volonté de sa part, elles pouvaient atteindre les objets et les saisir (voir p. 141).

A six mois, tout cela est assimilé. Il a « découvert » ses mains une fois pour toutes ; il peut les agiter et les utiliser aussi bien que vous et moi pour s'emparer des objets.

Cependant, il a encore beaucoup à apprendre sur l'usage qu'il peut en faire. Il ne suffit pas d'être capable de prendre les choses, il reste bien d'autres mouvements compliqués à effectuer ; il faut aussi apprendre à distinguer les différentes parties d'une main.

Ces progrès sont difficiles à analyser, parce que cette évolution se fait presque imperceptiblement dans la vie quotidienne bien qu'elle soit énorme entre six mois et un an. En outre, la façon dont il va apprendre à contrôler ses gestes avec de plus en plus de précision dépendra des objets qu'on mettra à sa disposition et des occasions qu'il aura de s'exercer.

Toucher et prendre

Entre six et sept mois, l'enfant commence à comprendre qu'il peut étudier les objets autrement qu'en les attrapant et en les portant à la bouche. Instinctivement, il continuera à agir ainsi et à regarder ensuite le jouet, mais il se contentera parfois de le toucher, de le caresser ou de le tapoter de la main. Ce petit progrès est important, car il lui permet de faire la connaissance de choses qu'il ne peut prendre en main. A plat ventre sur le tapis, par exemple, il se met à le tâter de la paume, et en découvre ainsi la texture. Quelques semaines plus tôt, il se serait efforcé de saisir les fleurs qui y sont dessinées, mais aurait vite abandonné sa tentative en constatant qu'il ne pouvait s'en emparer.

Quand il aura réalisé que le seul fait de passer la main sur certaines choses le renseigne sur elles, il va s'intéresser de plus en plus aux différences de texture et aux sensations qu'elles procurent à ses doigts. Il va frotter sa paume contre le plateau de sa chaise ou contre une vitre, va tapoter ses couvertures, et peut-être même caresser vos cheveux au lieu de les tirer à pleine main !

Différenciation entre bras, main et doigts

A six mois, le bébé donne encore l'impression de considérer que ses bras et ses mains sont d'une seule pièce. S'il veut, par exemple, attirer votre attention sur quelque chose, il agite le bras dans cette direction en un grand geste qui part de l'épaule.

Il va, bien sûr, continuer à gesticuler, car il ne peut empêcher son corps tout entier d'exprimer l'intérêt qu'il ressent. Cependant, peu à peu, il apprendra à utiliser seulement son avant-bras, puis seulement sa main, si bien que vers huit ou neuf mois, il sera capable de dire au revoir d'un petit geste du poignet.

Tout en découvrant qu'il peut actionner séparément les différentes parties de son bras, le bébé prend conscience de ce que sa main elle-même comporte des éléments distincts. A six mois, il saisit les objets. Il les ramasse en se servant de sa main comme d'une pelle. Quand il veut prendre quelque chose de volumineux, il se sert de ses deux mains comme de pincettes. Mais au cours des septième et huitième mois, il commence à utiliser ses doigts et ses pouces ; à neuf mois, il les maîtrise suffisamment pour montrer ou toucher quelque chose de l'index seulement.

Opposition du pouce, « pince » et ouverture de la main

Pendant les trois derniers mois de sa première année, le fait d'être capable d'utiliser séparément les différentes parties de sa main amène progressivement l'enfant à prendre les objets d'une façon plus efficace. Au lieu d'essayer de ramasser les petites choses dans le creux de sa main, il apprend à les attraper entre le pouce et l'index, comme avec une pince. Cette façon de faire ne paraît pas changer grand-chose à sa vie quotidienne et à ses jeux, mais il ne faut pas oublier que c'est cette opposition du pouce, donnant une prise plus ferme sur les choses, qui a fait de l'homme le plus habile des mammifères. A la fin de sa première année, votre bébé sera sans doute capable de ramasser ainsi la plus petite miette.

En même temps qu'il acquiert plus de précision et de dextérité, l'enfant doit apprendre à lâcher les objets qu'il tient. A neuf mois, il en réalisc généralement la possibilité : si vous tendez la main en disant « donne-le-moi », il va vous tendre son jouet, comprenant parfaitement que vous désirez qu'il le lâche. Cependant, il a encore beaucoup de difficulté à ouvrir sa main pour s'en séparer. S'il reste un moment la main tendue sans desserrer les doigts, ne croyez pas que c'est pour vous taquiner. En fait, il ne sait comment faire. Cela ne lui est facile que s'il joue sur une table. Quand il sent sous sa main et sous l'objet une surface plane, il parvient mieux à desserrer les doigts.

La plupart des bébés savent ouvrir la main vers dix ou onze mois. Ils cherchent alors toutes les occasions de s'y exercer. Vous allez voir pendant des semaines les jouets tomber de son lit et la nourriture de sa chaise ; les gants de toilette et le savon passeront par-dessus le bord de la baignoire, et vos achats joncheront le trottoir derrière la poussette.

Comment l'aider à se servir de ses mains

Jusqu'à ce que le bébé commence à se déplacer, vers neuf mois, ce sont les grands qui font le lien entre lui et le monde extérieur. Il n'a pas encore la possibilité d'aller vers les choses et doit attendre qu'on les lui apporte. Donnez-lui beaucoup d'objets ; même s'il est trop jeune pour *s'en servir,* il pourra toujours les observer. Si vous ne lui offrez que des hochets, des anneaux et des balles, le tenant éloigné des ustensiles ménagers si intéressants, vous l'empêchez à la fois de jouer et d'apprendre.

A mesure que ses mains deviennent plus habiles, vous pouvez l'aider efficacement en lui permettant de s'exercer sans arrêt. Il n'est pas difficile de lui donner une cuillère au repas et un gant de toilette ou un petit jouet en plastique dans le bain ; vous pouvez lui apprendre à tirer sur ses chaussettes pour les enlever et à tourner les pages d'un livre cartonné ; il est capable de mettre les pommes de terre dans le casier à légumes ou ses cubes dans leur boîte, de taper sur le piano aussi bien que sur son tambourin, ou de lancer une balle au chien. Toutes ces activités constituent des expériences nouvelles pour lui. Elles sont distrayantes et instructives et lui donneront, en plus, l'impression d'être associé à ce que vous faites. Il n'a aucune envie de vivre en marge de la famille, de posséder des objets différents, de s'amuser à des jeux conçus pour lui seul. Il veut participer à tout, et si vous arrivez à vous mettre à son niveau et à accepter les dégâts qu'il peut faire, il n'en progressera que plus vite.

Donnez-lui beaucoup d'objets à examiner. A six mois, un bébé ne peut pas faire grand-chose de plus que saisir ses jouets, les sucer et les observer. Même s'il ne s'en sert pas vraiment, il apprend à les connaître. Donnez-lui donc un maximum d'objets différents, mais un à un (voir p. 156). Son attention ne peut se concentrer que sur une chose à la fois, quand bien même on lui offrirait deux jouets identiques, par exemple deux cubes rouges. S'il tient le premier dans une main quand on lui présente le second, il ne tend pas sa main libre pour le prendre mais, tout son intérêt se reportant sur le second, il laisse tomber le premier qu'il oublie aussitôt.

Encouragez son plaisir à toucher ou caresser les choses qui apparaît vers le septième mois. Faites-le jouer sur l'herbe, sur un tapis, une natte ou un plancher. Comme il commence à perdre l'habitude de tout porter à sa bouche, vous pouvez approcher de lui un petit lapin pour qu'il le caresse, ou lui faire passer la main sur une vitre.

Donnez-lui des objets plus complexes quand il commence à se servir de son pouce et de ses doigts. A sept ou huit mois, il aimera passer son doigt dans des anneaux ou des poignées, suivre de l'index le bord ondulé d'un objet ou le dessin qui orne un jouet. Au moment où il commence à être capable de faire cela, il arrive aussi à saisir deux choses à la fois. Si vous lui présentez deux hochets ou deux cubes, il en prend un dans chaque main, ce qui est un excellent exercice, mais il ne peut s'intéresser aux deux en même temps, car il n'a pas encore compris qu'en les combinant il obtiendrait quelque chose de plus amusant. Il s'écoulera quelques semaines avant qu'il découvre qu'en les frappant l'un contre l'autre, il peut faire plus de bruit.

Donnez-lui souvent l'occasion de voir les adultes se servir de leurs mains. L'enfant apprend beaucoup de choses sur les objets en les maniant, et le hasard lui permet parfois d'en découvrir l'usage : constatant que son hochet fait du bruit quand il le secoue, il agite délibérément le bras pour produire ce bruit. Mais il apprend aussi à quoi servent les choses en vous observant. A la fin du huitième mois, il est en principe capable de copier certains de vos gestes. Par exemple, si vous lui donnez un gros crayon et une feuille de papier et que vous vous mettez à griffonner sur ce papier, il va essayer de vous imiter, et quand il aura de nouveau un crayon en main, il recommencera. Il faudra désormais vous méfier des gribouillages sur le sol et sur les murs !

Les jouets munis d'une ficelle sont excellents pour faire progresser le bébé. A sept mois, s'il tire la ficelle accrochée à une petite voiture, ce sera par inadvertance. Même s'il voit la voiture avancer, il ne comprendra pas que c'est lui qui est responsable du mouvement. Mais six semaines plus tard, son visage va s'épanouir de surprise et il tirera la voiture vers lui, aussi longtemps que vous aurez la patience de la remettre à son point de départ.

Désormais son désir d'imiter ce que vous faites ne fera qu'augmenter. A vous d'en tirer parti, dans son intérêt et le vôtre. Si vous lui apprenez à dévisser les couvercles, à enfiler des anneaux sur un bâton, à pousser des petites voitures et à verser de l'eau, il fera de son mieux pour y parvenir, et s'appliquera à faire tout ce que vous lui suggérerez. Grâce à ces exercices, vous ferez progresser rapidement son habileté manuelle.

Bientôt, vous pourrez lui enseigner certains gestes utiles, comme manger tout seul, se laver les mains et se déshabiller. Si vous l'habituez très jeune à ces tâches en misant sur son désir de vous imiter, il ne fera pas de différence entre celles-ci et un véritable jeu. Cela vous évitera de vous battre avec lui, quand il aura trois ans, pour lui apprendre à se laver la figure à un moment où il aimerait mieux jouer.

Apprenez-lui à lâcher ce qu'il tient, en le faisant jouer avec de petits objets sur une table ou une surface lisse, en l'aidant à les laisser tomber sur votre main tendue, puis, quand il aura compris comment faire, vers dix mois, en lui donnant des jouets pour s'exercer.

Vous pouvez rendre moins pénible, et même éducative, la période pendant laquelle il jette tout par-dessus bord, qu'il soit dans son lit ou dans sa voiture, en attachant ses joujoux avec un fil de laine. Après les avoir jetés, il découvrira avec bonheur qu'il peut les récupérer en tirant sur le fil. Ne faites pas cela avec de la ficelle ou du ruban car il pourrait s'entortiller dans les fils. Seule la laine à tricoter se casse bien avant qu'il risque la strangulation. Attention à l'acrylique et aux autres fibres synthétiques.

A la fin de sa première année, il sera non seulement capable de laisser tomber les objets, mais aussi de les lancer volontairement, et de les remettre en place. Il lui faudra donc une balle légère qu'il s'amusera à lancer, et des cubes ou autres petits objets qu'il aimera sortir de leur boîte pour les y remettre aussitôt.

Attention et parole

Les six mois qui viennent sont essentiels en ce qui concerne le développement du langage, en dépit du fait qu'il ne prononcera sans doute pas un seul mot intelligible avant son premier anniversaire. Car l'apprentissage de la parole précède de beaucoup le véritable langage. Il faut que le bébé apprenne à écouter les gens et à comprendre ce qu'ils disent avant de pouvoir s'exprimer.

On a tendance à sous-estimer cet effort d'attention et de compréhension, parce qu'on surestime l'intérêt de ses premiers mots et qu'on essaie de lui en apprendre d'autres, par imitation. Cependant le fait de dire un mot ou deux ne constitue pas un langage : votre but est d'éduquer un enfant et non un perroquet. Essayez donc de ne pas être obnubilée par des sons qui ressemblent à des mots, par le souci de lui en apprendre d'autres et de détecter ses premières paroles véritables. Efforcez-vous au contraire de lui donner souvent l'occasion de vous écouter, de comprendre ce que vous dites et de recevoir une réponse immédiate et affectueuse à ses babillages.

Pourquoi les bébés apprennent à parler
On croit généralement que les enfants apprennent à parler afin d'obtenir ce qu'ils désirent ou ce dont ils ont besoin. Cependant, depuis leurs premières semaines ils savent très bien se faire comprendre de ceux qui s'occupent d'eux. Pourquoi donc voudraient-ils tout à coup se servir de mots ? Les premiers qu'ils emploient sont le plus souvent sans rapport avec leurs besoins. Ils ne commencent pas par dire « biscuit » ou « debout », mais par nommer les gens ou les choses qui leur tiennent à cœur.

Le développement du langage se fait peut-être à partir d'émotions agréables. Les bébés s'intéressent instinctivement aux voix humaines et ils ont leur façon bien à eux de s'exprimer (voir p. 148). Pendant les six premiers mois, votre enfant associe les sons doux et agréables qui viennent de vous à une idée de bien-être et de satisfaction de ses besoins. Quand il babille, les sons qu'il émet lui paraissent semblables aux vôtres, par conséquent il les associe aussi à une idée de plaisir. Comme cette association le rend heureux, il a d'autant plus envie de gazouiller et découvre peu à peu des sons plus complexes (voir p. 215). Ce n'est qu'ensuite qu'il apprend vraiment à parler (voir p. 321).

Il s'agit là, bien sûr, d'une hypothèse, mais celle-ci est étayée par de nombreuses observations. Les enfants sourds, par exemple, babillent normalement jusque vers six mois (voir p. 149), mais ce babillage, au lieu de se renforcer et de se compliquer, cesse peu à peu, peut-être parce que les enfants ne peuvent percevoir la réponse affectueuse qui donne envie aux bébés normaux de continuer. Sans aller jusqu'à cet extrême, on peut donner d'autres exemples en faveur de cette hypothèse. Ainsi celui d'une petite fille née affligée d'une surdité partielle, qui n'avait pas dépassé le stade du babillage. En l'observant, on a constaté que sa surdité était assez forte pour l'empêcher d'entendre les paroles douces, mais qu'elle percevait les éclats de voix et ses propres pleurs. Elle entendait ses parents lorsqu'ils étaient fâchés contre elle et entendait sa propre voix quand elle était malheureuse ; mais les mots affectueux et les gazouillements heureux ne lui étaient pas perceptibles. Un traitement ayant restauré son audition, elle a appris à parler sans difficulté.

Si vous écoutez votre propre enfant, vous pouvez constater que son comportement confirme cette hypothèse. Pendant les six mois qui viennent, il ne parlera à un adulte ou tout seul que lorsqu'il sera heureux et excité, ou tout au moins satisfait. Dans ses moments de mauvaise humeur, il ne babillera pas, il pleurera. Toutes les fois que vous l'entendez bavarder tout seul — émettre un son, s'arrêter comme pour écouter la réponse, parler de nouveau —, cela donne l'impression d'une conversation joyeuse et amicale, mais jamais d'un échange hostile.

Quand vient le moment où il commence à prononcer de véritables mots, c'est aussi dans un contexte heureux. Si « balle » est son premier mot, ce ne sera pas pour la réclamer avec véhémence, mais pour commenter un jeu. Si ce premier mot est votre nom, il ne l'emploiera pas pour signifier son mécontement, mais pour vous saluer joyeusement.

Développement des sons du langage

Au milieu de la première année, la plupart des bébés ont de longues conversations avec les adultes : ils émettent un son, puis attendent la réponse avant de reprendre. Ils continuent ainsi tant qu'on les regarde et qu'on leur parle directement. Mais ils sont encore incapables de s'adresser à quelqu'un qu'ils ne voient pas, ou de répondre si on les interpelle de loin.

Les sons qu'un enfant émet à cet âge se limitent à une sorte de roucoulement d'une seule syllabe (voir p. 149). Il dit « Paaa », « Maaa » ou « Bou-ou-ou », en s'interrompant sans arrêt pour rire et faire toutes sortes de bruits marquant sa satisfaction. Sa conversation est une explosion de joie. S'il n'est pas content, il ne parle pas ; vous pouvez donc en conclure, quand il gazouille, qu'il n'est pas malheureux.

Pendant son septième mois, le bébé a de plus en plus envie de faire la conversation. Il commence à vous chercher des yeux quand vous l'appelez de loin. Il essaie aussi de trouver l'origine de la voix qu'il entend à la radio, dans son désir de répondre à la personne qui parle.

Vers la fin de ce mois, il commence à compliquer les sons qu'il produit. Ses « roucoulements » se transforment en « mots » de deux syllabes par répétition. Il dit « Ala », « Maamamm » ou « Bou-bou ». Peu à peu, les mots deviennent plus distincts, et le babillage moins abondant entre eux. En même temps, il s'essaie à de nouveaux sons, moins roucoulants, plus exclamatifs comme « Imi ! », « Aja ! » ou « Ippi ! »… La découverte de ces nouveaux « mots » de deux syllabes semble très excitante. Une fois qu'il les aura inscrits à son répertoire, il va sans doute vous réveiller tous les matins par une joyeuse conversation au cours de laquelle il se comportera comme si vous étiez dans sa chambre, en train de lui parler : il poussera une exclamation, s'arrêtera, parlera de nouveau, s'arrêtera encore, etc., pendant plusieurs minutes de suite, pour occuper le temps en attendant que vous veniez le voir et participer à la conversation.

Pendant le huitième mois, le bébé se met à s'intéresser à la conversation des adultes, même lorsqu'elle ne lui est pas adressée. S'il est dans sa chaise et que vous vous parlez par-dessus sa tête, il tourne chaque fois la tête vers celui qui parle, comme s'il suivait une passionnante partie de tennis. Mais il ne peut résister à l'envie de se joindre à la conversation et apprend vite à pousser des cris pour attirer l'attention. Ce n'est pas un simple hurlement mais un appel délibéré qui est souvent son premier message.

L'étape suivante consiste à apprendre à chanter. Ce chant n'est évidemment pas très élaboré : il se situe sur quatre notes environ. Mais il s'agit bien d'un effort musical, provoqué généralement par une chanson que vous lui chantez, ou de la musique qu'il entend à la radio ou à la télévision.

Le neuvième mois comporte souvent de grands progrès, qui apparaissent brusquement. Le bébé est soudain capable d'émettre des sons plus complexes, avec de longues séries de syllabes comme « Lou-lou-lou-lou ». En même temps, il fait varier le ton et la puissance de sa voix, si bien que ce que ses parents entendent ressemble à des questions, des exclamations ou même des plaisanteries. Mais il va encore

A 8 ou 9 mois, le bébé peut prendre une part active à la conversation, même si on ne s'adresse pas directement à lui. Mais il n'écoutera pas longtemps passivement ; un mois plus tard il saura attirer votre attention par ses cris.

changer sa façon de parler et ne plus se contenter de répéter à l'infini les mêmes syllabes. Il va, au contraire, combiner toutes les syllabes qu'il connaît en des « phrases » longues et compliquées, du genre : « Ah-di-dah-bou-ma ». Lorsqu'il a atteint ce stade, dit de « jargon », il est sur le point de prononcer de véritables mots.

Pendant un mois encore, ceux-ci seront difficiles à identifier ; mais le babillage du bébé sera si chantant et varié, si expressif même, qu'il ressemblera à la conversation de quelqu'un qui s'exprime dans une langue étrangère... Ce jargon sera si près de la réalité que vous vous surprendrez parfois à lui dire : « Que disais-tu, chéri ? » si vous aviez l'esprit occupé quand il a commencé à parler, oubliant sur le moment qu'il est encore incapable de « dire » quoi que ce soit.

Le premier mot apparaît le plus souvent au cours du dixième ou du onzième mois. Comme il est très difficile à identifier au début, on ne peut pas le dater exactement. S'il s'agit, par exemple de « Maman », les parents ont peut-être déjà entendu le bébé dire « Mam » à sept mois, mais n'y ont pas prêté attention parce qu'ils ne s'attendaient pas à ce qu'il parle à cet âge. Or, si ce même bébé répète la même syllabe à dix mois, on se laisse facilement tromper, car on est alors à l'affût de ses premiers mots, que l'on cherche à identifier au milieu de son babillage. On oublie que ce que l'on considère comme un mot nouveau n'est rien d'autre qu'un son qu'il répète depuis plusieurs mois.

Identification des premiers mots

Essayer de les identifier à tout prix est une perte de temps. Que le bébé emploie ou non des mots à cet âge n'a pas d'importance. Son jargon expressif et abondant signifie qu'il va se mettre à parler dès qu'il sera prêt.

Mais si vous vous intéressez aux étapes que comporte l'apprentissage de la parole, vous pouvez l'aider à progresser. Cet intérêt vous poussera à l'écouter attentivement et à lui répondre dans le langage des adultes : c'est de cela qu'il a besoin.

Vers dix ou onze mois, le bébé va probablement avoir l'idée d'*employer* un son particulier pour désigner un objet déterminé, mais il peut mettre quelque temps à « décider » *quel* son conviendra à cet objet. Un certain enfant a, par exemple, choisi le mot « bon-bon » pour désigner sa balle, puis, un peu plus tard, a changé pour le mot « dan ». Chaque fois, il était parfaitement clair qu'il voulait cette balle et rien d'autre. Mais il semblait ne pas accorder d'importance au mot exact — n'importe lequel pouvant faire l'affaire.

Cette sorte de confusion se prolonge pendant une ou deux semaines puis le bébé commence à utiliser un seul son, toujours le même, pour désigner une chose en particulier. Mais il est possible que ce ne soit pas encore un véritable « mot » comme ceux qu'emploient les adultes. Cela peut être tout simplement un nom qu'il a inventé, mais que vous devez considérer comme un mot véritable *si vous en connaissez la signification*. Après tout, le but du langage étant de communiquer, si vous savez qu'il désigne un « autobus » quand il dit « gag », vous pouvez sans mentir dire qu'il vous parle.

Apprentissage des premiers mots

Entre huit et douze mois, les bébés ont un esprit d'imitation très poussé. Ils copient les gestes aussi bien que les mots. Cela incite beaucoup de parents à leur présenter des objets en répétant indéfiniment : « Dis chaussure, dis chaussure, dis chaussure, mon chéri », etc. Cela ne fait sans doute aucun mal aux bébés. Ils sont certainement ravis de cette longue « conversation », et entrent volontiers dans le jeu de l'imitation. Mais ce n'est pas ainsi qu'ils apprendront à parler. Comme nous l'avons indiqué (voir p. 213), on n'apprend pas à parler en se contentant de reproduire des sons.

L'enfant entend un mot comme « chaussure » à longueur de journée dans la vie quotidienne, à l'intérieur de phrases très différentes, telles que : « Où sont tes chaussures ? » ; « Quelles chaussures sales ! » ; « Enlevons les chaussures » ; « Regarde les belles chaussures neuves ». Toutes ces phrases n'ont en commun que le mot « chaussure », et il est toujours associé avec ces choses qu'on lui met aux pieds. Peu à peu, il va faire le lien entre ce son et ses chaussures, et quand il aura définitivement fait l'association : « chaussure = ce qu'on met aux pieds », il aura compris le sens du mot.

Votre enfant aura sans doute assimilé une bonne douzaine de mots avant d'être capable d'en dire plus d'un ou deux. Il va d'abord employer ceux qui se rapportent à quelque chose d'agréable ou d'excitant. Peut-être a-t-il compris depuis déjà plusieurs semaines le sens du mot « chaussure » sans l'avoir jamais prononcé. Mais le jour où vous l'amenez dans un magasin pour lui acheter une belle paire de pantoufles rouges, il est si fier de les voir sur ses pieds que cela peut l'inciter à s'exclamer « *Chaussures !* » Il peut aussi connaître le nom du chien de la maison, mais attendre pour crier « Toby » d'être submergé par un grand élan d'affection.

La parole progresse beaucoup plus lentement que la compréhension. Si votre bébé ne dit pas encore grand-chose à un an, n'en concluez pas qu'il n'apprend pas à parler. En fait, il écoute et cherche à comprendre.

Comment l'aider à écouter et à parler

On ne peut mieux l'aider qu'en ayant souvent de longues conversations affectueuses avec lui ; cependant, ces conversations peuvent être en même temps plus ou moins éducatives :

Adressez-vous directement à lui. Un bébé ne peut pas suivre une conversation générale et en tirer profit. S'il se trouve dans la pièce où toute la famille est en train de bavarder, il est submergé par la masse des sons qu'il entend. Quand vous parlez, il vous regarde, mais votre visage est tourné vers son frère. Celui-ci répond, puis sa sœur l'interrompt par une phrase qui se termine en un haussement d'épaules expressif, tandis que quelqu'un d'autre entame une conversation différente et qu'on a allumé la télévision. Les troisième et quatrième enfants — notamment dans les familles où les naissances ont été rapprochées — ont souvent du retard dans l'apprentissage de la parole parce qu'ils bénéficient trop rarement de longues conversations en tête à tête avec les adultes. Même si vous avez à vous occuper en même temps d'un bébé, d'un bambin qui commence à marcher et d'un enfant de quatre ans qui n'arrête pas de dire « Pourquoi ? », il faut vous efforcer de trouver quelques instants pour parler au bébé en toute tranquillité.

Ne vous attendez pas à ce qu'il apprenne aussi vite à parler avec une personne étrangère ou une succession de nourrices qu'avec vous ou un familier. Il comprend, en effet, peu à peu le sens des mots à force de les entendre répéter dans des phrases différentes par une personne dont les intonations, les expressions de physionomie ou les gestes varient selon les circonstances. Plus cette personne lui est familière, plus il lui est facile de comprendre ce qu'elle dit. Plus tard (voir p. 322), il peut même arriver qu'il soit incapable de saisir ce que dit un inconnu, parce que son ton et les expressions de son visage lui sont étrangers.

Prenez soin d'employer le mot exact qui désigne les choses, quand vous lui parlez. Le bébé distingue progressivement les mots clés qui reviennent constamment dans la conversation, comme, par exemple, le mot « chaussure ». Il faut donc dire, en les cherchant : « Où sont tes chaussures ? », et non « Où sont-elles ? ». Par ailleurs, il est essentiel que l'enfant reconnaisse son prénom. Car il ne pense pas à lui-même en tant que « moi » ou « je ». Comme nous le verrons plus loin (p. 382), la grammaire rend l'identification difficile parce que le mot correct à employer dépend de la personne qui parle. Je suis « moi » pour moi-même, mais « toi » ou « vous » pour un autre. Il faut donc, à ce stade, utiliser aussi son prénom, sans craindre que cela fasse « langage de bébé ». « Où sont les biscuits de Marie ? » direz-vous en ouvrant la boîte, et elle comprendra bien mieux que si vous dites : « En veux-tu un ? »

Parlez-lui des choses qui se trouvent près de lui, afin qu'il puisse *voir* de quoi il est question et faire immédiatement la relation entre l'objet et le mot clé. « C'était drôle, n'est-ce pas, ce chat qui grimpait sur l'arbre ? », aura beaucoup moins de signification pour lui que : « Regarde le chat. Le vois-tu ? Le chat va grimper dans l'arbre. Et voilà ! Un chat dans un arbre... »

Utilisez les livres d'images de la même façon. Les grandes images colorées représentant des bébés ou des personnes plus âgées faisant des choses familières le raviront : « Regarde, le papa fait la vaisselle... tu vois les tasses ? »

Parlez-lui des choses qui l'intéressent. Vous n'êtes pas obligée de mentionner sans arrêt des objets qu'il peut voir autour de lui. La relation détaillée d'une journée d'école de son grand frère comptera beaucoup moins pour lui que l'histoire du merle qu'il a aperçu le jour même au jardin public. Même s'il ne comprend pas tout ce que vous dites, il aura une idée du sujet de votre histoire et y retrouvera peut-être les noms de choses qu'il a vues, comme « merle » et « pain ».

Forcez sur les gestes et les expressions. Le bébé comprend beaucoup mieux si vous désignez les choses dont vous parlez ; indiquez l'objet que vous lui demandez d'aller chercher et, d'une manière générale, détachez bien les syllabes. Les enfants dont les parents sont expansifs comprennent et utilisent parfois d'abord les exclamations bruyantes et excitées, qu'ils entendent sans arrêt. Peut-être êtes-vous de ceux qui disent « Mon Dieu ! » chaque fois qu'il tombe et « Hop, debout ! » quand vous le sortez du lit ?

Efforcez-vous de comprendre les mots qu'il répète ou qu'il invente. Vous pouvez encourager ses efforts en lui faisant bien comprendre, par vos réactions, que vous vous intéressez à ce qu'il dit, que vous saisissez plus ou moins son message selon qu'il utilise le mot exact ou non, mais que, de toute façon, vous restez attentive et réagissez au moindre effort de communication. Un enfant de dix ou onze mois ne comprend pas clairement tout cela, mais il le sent confusément s'il vous voit toujours prête à l'écouter. Par exemple s'il dit quelque chose en désignant un objet depuis sa chaise, vous pouvez regarder dans cette direction et lui énumérer tout ce que vous voyez, pour déterminer ce qu'il montrait du doigt. Si vous tombez sur l'objet qu'il nommait, il en sera enchanté et répétera le nom qu'il lui donnait dans son jargon.

Quand vous constatez qu'il cherche quelque chose en répétant un mot sur un ton interrogatif, joignez-vous à lui pour chercher cet objet inconnu. Une fois de plus, la joie qu'il manifestera d'avoir été compris vous paiera de toutes vos peines.

Aidez-le à employer les quelques mots qu'il connaît dans des situations où ils ont une utilité. Si vous jouez à la balle, et si vous savez tous les deux où elle est tombée, demandez-lui de la chercher. Quand il revient, à quatre pattes, vous la rapporter, vous pouvez lui confirmer qu'il vous a bien comprise, en répétant le mot, tout en le remerciant : « Merci de m'avoir rapporté la balle. » Par la suite, quand vous jouerez à la balle, l'échange de mots et de gestes prendra une agréable signification pour lui et le mot s'imprimera dans sa mémoire.

Ne corrigez pas ou ne feignez pas de ne pas comprendre son jargon. Vous ne ferez que l'ennuyer si vous le corrigez ou si vous lui demandez de répéter le mot « correctement ». Il n'a pas envie d'améliorer sa diction, il a envie de passer à autre chose. De toute façon, vos corrections n'auront aucun effet parce que, comme nous l'avons vu, il ne procède pas par imitation mais par progression de son vocabulaire. Son jargon va se transformer en langage compréhensible quand le moment sera venu et vous n'y pouvez rien. C'est une erreur que de prétendre ne pas comprendre le bébé tant qu'il ne prononce pas « correctement ». En communiquant avec vous, en vous faisant connaître sa pensée, il a utilisé une forme de langage. Si vous refusez de le reconnaître, vous compromettez son apprentissage de la parole. Il ne peut pas prononcer correctement un mot qu'il n'a pas encore complètement assimilé. Pour le moment ce qu'il peut faire de mieux est d'employer un mot à lui. Il ne faut pas non plus oublier qu'au début, il est motivé par le plaisir, l'affection et l'excitation. Si vous refusez de lui donner son biberon jusqu'à ce qu'il dise « lait » au lieu de « babou », vous le contrariez et le mécontentez et, en guise de langage, vous n'obtiendrez que des pleurs.

Jeu et apprentissage

Cette période est physiquement importante : votre bébé va apprendre à s'asseoir tout seul, à se déplacer, à se mettre debout (voir p. 204). Il devra faire d'énormes efforts physiques pour réaliser tout cela, en répétant à l'infini chaque geste nouveau avant de pouvoir passer au suivant. Fort heureusement, son désir de réussite est instinctif. Dès qu'il est capable de ramper, il se met à le faire, et n'y renonce que si on lui rend la chose impossible. A peine peut-il se hisser sur ses pieds qu'il s'y exerce, et l'obstination avec laquelle il recherche toutes les occasions de se mettre debout, malgré son manque d'équilibre et ses chutes, est remarquable. Nous autres adultes réclamerions un fauteuil roulant au bout de deux jours, mais son instintc le force à persévérer.

Ces progrès physiques procurent au bébé une certaine indépendance. Il n'a désormais plus besoin des adultes comme intermédiaire entre lui et les choses qu'il veut découvrir : il peut s'en approcher tout seul. Il n'est plus obligé d'accepter passivement ce qu'on lui offre mais commence à savoir ce qu'il a envie de faire et avec quels jouets il désire s'amuser.

Et pourtant, cette indépendance physique qui se développe s'accompagne d'une dépendance affective croissante. L'enfant ne peut se passer d'un soutien constant et affectueux qui l'encourage à tirer profit des leçons que lui apportent les jeux.

Liberté physique et sécurité

S'asseoir, ramper, se mettre debout sont de véritables activités pour un bébé. A cet âge, il rampe autant pour le plaisir que pour se déplacer.

Ce qu'il lui faut donc pour jouer, c'est de l'espace et la liberté d'en user. Si la maison ne comporte pas encore d'aire de jeu, il va falloir en créer une : l'enfant doit disposer d'un coin convenable et disponible en permanence. L'idéal est qu'il puisse s'amuser non loin de l'endroit où vous vous tenez, dans un espace assez vaste et peu encombré (dépourvu, en particulier, de meubles délicats et instables), dont le sol est recouvert d'un tapis ou d'une moquette facile à nettoyer.

Certaines familles ont la chance d'avoir toutes ces conditions réalisées dans la chambre d'enfants déjà installée, dans la salle de séjour, ou même dans une grande cuisine. Pour les autres, il faudra trouver un compromis, ou inventer quelque chose.

Des carreaux durs et froids peuvent être recouverts en partie par de la moquette ou même par une natte en coco, qui n'est peut-être pas très agréable pour les genoux, mais protège bien la tête.

Une salle à manger qui donne sur la cuisine peut être aménagée pour le bébé, sans perdre son utilisation normale, si, tout en laissant la porte de communication ouverte, on interdit le passage en posant une petite barrière. Le bébé voit sa mère, mais ne peut affronter les dangers d'une petite cuisine. En revanche, une grande cuisine peut être aménagée, moyennant un peu de réflexion. Les couteaux dangereux, les produits de nettoyage, etc. peuvent être rangés sur des étagères élevées ou en haut d'un placard. Les appareils électriques seront hors de portée, les casseroles posées sur les brûleurs du fond de la cuisinière, les prises électriques camouflées.

Dans un petit logement, on peut facilement aménager un corridor ou une entrée, à condition de barrer l'accès à l'escalier. On peut aussi, au prix d'un peu de bricolage, agencer n'importe quel coin de jardin, de terrasse ou de cour.

Si le bébé dispose d'un espace suffisant non loin de vous, il y occupera la plus grande partie de sa journée à se déplacer, tout en étant conscient de votre présence. Cela vaut donc la peine de faire un effort pour rendre agréable et fonctionnel l'endroit où vous allez passer beaucoup de temps ensemble pendant plusieurs mois. Si vous vous contentez d'à-peu-près, vous en souffrirez tous les deux.

Une pièce, même très bien aménagée, à l'autre bout de la maison ne peut faire l'affaire. Si vous y enfermez l'enfant pour jouer, vous le condamnez à la solitude, à l'ennui et même à l'insécurité quand il sera sans surveillance. Bientôt vous serez amenée à l'en sortir pour le faire jouer dans la cuisine (non aménagée), ou à transporter dans sa chambre toutes vos activités, afin de lui tenir compagnie. Par ailleurs, il ne faut pas le laisser jouer dans la pièce où vit toute la famille, si un coin n'en a pas été soigneusement adapté pour lui, car il abîmerait et casserait inévitablement des objets comme les livres, les disques, les bibelots ou les plantes, et rendrait la vie intenable à tout enfant qui partagerait cet espace avec lui. Mettre son parc dans la salle de séjour n'est pas non plus une bonne solution. Le bébé peut s'y plaire, mais n'y fait pas tous les progrès dont il est capable lorsque vous le laissez libre de ses mouvements. Avec un peu d'imagination, vous devez pouvoir lui donner une certaine liberté sans empiéter sur celle d'autrui.

Bien sûr, le bébé a aussi besoin d'autres formes de jeu, mais il faut les réserver aux moments où vous pouvez lui consacrer toute votre attention, veiller à sa sécurité et lui enlever des mains les choses délicates. Il est important de changer son décor lorsqu'il change d'activité. Cela élargit son champ d'action et l'empêche de s'ennuyer. On peut se contenter de l'amener dans une autre pièce, mais on peut aussi rendre l'expédition plus compliquée. Par exemple, il adorera, à cet âge, s'ébattre un moment sur un grand lit, ou jouer sur le tapis du salon qui le changera du sol dur de la cuisine. Les promenades en poussette avec un petit arrêt sur une pelouse sont particulièrement bénéfiques. On ne le sort jamais trop, et ces courses matinales qui sont une corvée pour vous sont pour lui pleines d'expériences passionnantes.

Les jouets   Les véritables jouets sont moins importants pendant cette période que la liberté de déplacement et d'exploration. Il continuera à aimer la plupart des jouets qu'il possède déjà (voir p. 155) et qui lui paraissent différents depuis qu'il peut s'asseoir pour les manipuler ou ramper pour aller les chercher. Mais on peut lui offrir quelques objets nouveaux qui lui plairont particulièrement parce qu'ils sont adaptés à son niveau de développement.

A partir du moment où il sait se déplacer, il aime tout ce qui roule : balles ou jouets munis de roues. Il va les suivre, apprendre à les pousser et à les chercher. Choisissez-les assez gros, et assurez-vous que ses jouets en bois n'ont pas de reliefs pointus ou dangereux.

Une fois qu'il a appris à lâcher les objets, deux sortes de « jeux » deviennent possibles. D'une part, comme il aime jeter les choses, on peut lui donner des petits coussins et poupées-sacs, des palets ou des ballons peu gonflés qui rebondissent mal. D'autre part, comme il aime ranger les choses dans des boîtes et les en ressortir, on peut lui offrir des petits cubes dans leur boîte, ou des oranges dans un sac en papier.

Se tenir compagnie... sans se gêner...

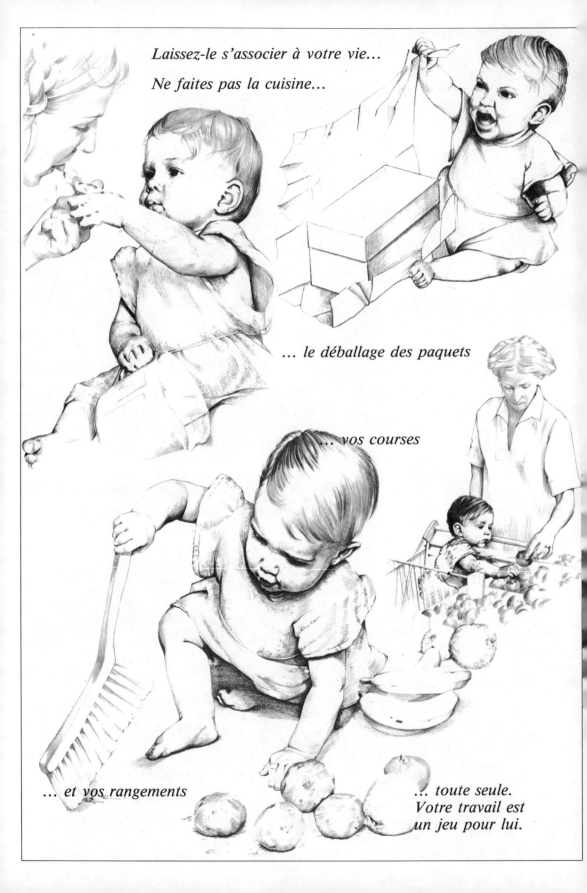

Laissez-le s'associer à votre vie...

Ne faites pas la cuisine...

... le déballage des paquets

... vos courses

... et vos rangements

... toute seule.
Votre travail est
un jeu pour lui.

Par ailleurs, il est en train d'apprendre les relations de cause à effet, et de découvrir son pouvoir sur les choses. Il aimera donc les instruments de musique simples : tambour, tambourin, maracas et xylophone. Il sera ravi du bruit qu'il fait (même si vous l'êtes moins !) et heureux de comprendre que c'est lui qui a produit le son, et qu'il peut recommencer à volonté.

Il ressentira la même satisfaction quand il aura en main des jouets actionnés par une ficelle ou un levier, comme un pantin ou un canard qui fait coin-coin lorsqu'il le pousse.

L'organisation des jouets

Pendant ces quelques mois, le bébé n'est pas capable de se souvenir de tous ses jouets, sauf s'il manque un objet qui lui tient particulièrement à cœur, comme son animal préféré. Lorsque vous lui retirez un objet, il l'oublie. Vous ne pouvez pas compter qu'il ira chercher une chose qu'il n'a pas sous les yeux. Mais, d'un autre côté, si tout ce qu'il possède jonche en permanence le sol, il n'y fera plus attention. Certains jouets cessent de l'intéresser, sans même avoir beaucoup servi parce qu'il y est trop habitué.

A ce stade, la façon la plus commode de ranger ses affaires est de les mettre dans un grand panier plat du genre de ceux des boulangers d'autrefois, ou dans un coffre. Si les jouets y sont en permanence, dans un coin de son domaine, le bébé saura vite où aller quand il a envie de quelque chose, et le rangement sera facile à faire.

L'enfant qui ne rampe pas encore doit avoir peu d'objets à la fois, qu'il soit dans sa chaise ou sa voiture, ou par terre. Mais quand il commence à se déplacer, c'est lui qui fait son choix. Aussi, lorsqu'on l'installe pour jouer après son petit déjeuner ou sa sieste, doit-on mettre à sa disposition quelques jouets qu'on changera lorsqu'il s'en lasse, tout en l'encourageant à aller se servir lui-même dans le panier.

Vous pouvez aussi réserver quelques jouets que vous rangez à part et que vous lui donnez plus rarement, par exemple ceux qui demandent une plus grande surveillance de votre part ou qui font un bruit que vous ne pouvez supporter longtemps. Le fait d'être utilisés rarement les valorisera.

Il est commode de disposer d'une boîte, ou d'un panier, dans lequel vous pouvez mettre tout ce qui vous paraît devoir plaire au bébé : objets que vous trouvez au hasard de vos courses, papiers, cartes et rubans de Noël, pots en plastique qu'on découvre en rangeant un placard et dans lequel on peut mettre un petit objet pour faire du bruit, pelle en plastique dont vous n'avez plus besoin, etc. Pour le bain, des boîtes en plastique ou des bouteilles d'eau minérale seront des jouets parfaits. Si vous savez vous débrouiller, il y aura toujours un jouet « nouveau » à la disposition du bébé pour les jours de mauvaise humeur, les après-midi pluvieux, ou les moments où un visiteur détourne votre attention de lui. Aucun jouet n'est jamais aussi important pour lui que votre présence, mais ces objets vous procureront tout de même quelques instants de liberté !

Associez-le à vos « jeux »

Vers huit ou neuf mois, le bébé arrive presque à se déplacer tout seul. Comme il vous est très attaché, il cherche à vous imiter et préfère souvent vos « jouets » et vos « jeux » à ceux qui lui sont réservés.

C'est en observant les activités des adultes et en les partageant que les enfants appréhendent le monde, ses habitants et ses objets. Mais, sauf si vous vivez dans une ferme, êtes cuisinière de métier ou élevez des chiens, la plupart de vos activités principales sont de celles que votre bébé n'est pas en mesure de partager. Il ne peut pas vous accompagner au bureau, et même si vous aviez la possibilité de l'y emmener, il ne comprendrait pas et s'y ennuierait. Même votre ordinateur ne le captivera pas longtemps.

Les activités qui l'intéressent par-dessus tout sont les travaux domestiques, et ces derniers correspondent si bien à l'éducation des jeunes enfants que les gens regroupent souvent les deux tâches comme si elles ne formaient qu'une seule et même activité. Pourtant, elles sont bien différentes : l'efficacité dans les tâches ménagères consiste à effectuer des obligations ennuyeuses le plus vite possible, alors que s'occuper d'un enfant consiste à ralentir le rythme de tout ce qu'on fait pour accorder du temps à l'enfant et lui faire une place près de soi.

Les enfants adorent faire la cuisine, qui leur apparaît comme un jeu où on peut se salir et jouer avec l'eau. Votre travail sera facilité si vous l'asseyez dans sa chaise près de vous et lui donnez des petits restes à mélanger, tripoter et goûter.

Le ménage deviendra une partie de plaisir, si vous êtes disposée à le faire en compagnie du bébé, le posant sur le lit que vous êtes en train de faire, jouant à cache-cache autour des meubles ou lui donnant le plumeau pour s'amuser. Faites cependant attention aux produits de nettoyage. Ils sont presque tous dangereux pour qui les boit ou s'en met dans les yeux.

Le jardinage aussi peut devenir un jeu, surtout si le bébé peut gratter la terre et s'ébattre sur le gazon. Là encore, il faut faire attention aux instruments tranchants et aux produits chimiques ; portez donc un tablier ou un manteau muni de grandes poches pour y garder outils et produits dangereux.

En revanche, la lessive et le repassage peuvent difficilement se transformer en « jeux » amusants et sans risques. Il vaut mieux les faire pendant la sieste.

Les courses, que ce soit chez l'épicier voisin ou dans une grande surface, peuvent être une joie pour lui. Il adorera prendre l'autobus, choisir les choses lui-même sur les présentoirs, ouvrir les paquets, explorer leur contenu... Acceptez donc l'inévitable et laissez-le, dès le début, s'emparer d'une petite chose comme un paquet de biscuits. Pendant qu'il sera occupé à l'ouvrir et à manger un ou deux biscuits, il ne dévastera pas les étalages et n'ouvrira pas tous les autres paquets !

Déballer à la maison le contenu de vos sacs sera son jeu préféré. Si vous arrivez à subtiliser rapidement les œufs et les tomates, il pourra sortir les conserves et les fruits, et les expédier dans toutes les directions...

Si vous travaillez à l'extérieur et laissez votre bébé à la maison avec une employée, ne croyez surtout pas que vous ne devez pas lui demander de faire le ménage pour qu'elle puisse consacrer tout son temps au bébé. Certes, des instants exclusifs de jeu avec un adulte sont très importants et l'employée doit toujours donner la priorité à l'enfant si celui-ci a exceptionnellement besoin qu'on s'occupe de lui tout un après-midi ou si tous deux ont longuement apprécié le beau soleil au jardin public. Mais les bébés trouvent ennuyeux les adultes qui ne font que les surveiller et indiscrets ceux qui s'efforcent sans cesse de se mêler à leurs jeux : ils aiment que les adultes, près d'eux, soient normalement occupés (voir p. 234).

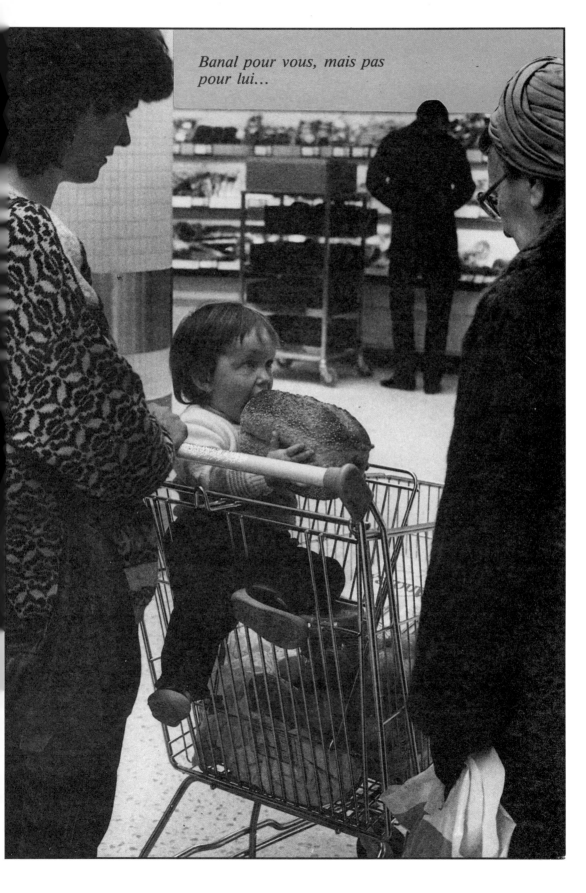

Banal pour vous, mais pas
pour lui...

Les premiers pas

Un enfant qui commence à se déplacer seul n'est pas toujours facile à vivre. Le fait qu'il puisse aller d'un bout à l'autre de la pièce accroît les risques qu'il court, et qu'il fait courir aux objets. Car s'il est plus indépendant, il n'en est pas plus raisonnable pour autant. Il faut le surveiller à longueur de journée, l'empêcher de faire ce qui est interdit, l'aider à faire ce qui vous paraît bon pour lui, et vous arranger pour qu'il dispose d'un espace suffisant sans trop empiéter sur celui du reste de la famille. Beaucoup de mères considèrent cette période de l'enfance comme la plus éprouvante ; aussi, cela vaut la peine de chercher comment rendre la vie quotidienne plus facile afin que les mois qui viennent ne vous laissent pas un souvenir de cauchemar.

Pour faciliter la vie de toute la famille Efforcez-vous d'organiser la vie matérielle au mieux de vos intérêts et de ceux du bébé, même si vous devez passer tout un week-end à bouleverser la salle de séjour pour mettre les livres et les objets fragiles hors de sa portée. Si vous ne le faites pas, vous passerez votre temps à lui enlever les choses des mains, ou à l'éloigner de ce qui est délicat.

S'il s'acharne à vouloir faire une chose que vous ne pouvez tolérer, rendez-la tout à fait impossible. Par exemple, s'il essaie sans arrêt de monter l'escalier, mettez une petite barrière en bas des marches. Il n'y aura plus ainsi ni danger, ni problème. S'il dévaste constamment le porte-revues, enlevez-le. Mais il arrive que la solution soit plus difficile à trouver. Si le bébé s'obstine à ouvrir la porte du réfrigérateur, vous serez peut-être obligée de la bloquer avec un système de sécurité. Ce sera gênant, mais moins ennuyeux que d'avoir à intervenir tout le temps.

Prenez toutes les précautions élémentaires. (Voir Inf/ACCIDENTS.) Vous serez plus tranquille si vous savez qu'il ne peut dégringoler l'escalier, s'électrocuter ou se brûler.

Ayez une attitude positive. Essayez de trouver un équivalent autorisé à toute action que vous interdisez. Si vous empêchez l'enfant de vider un tiroir, trouvez quelque chose d'autre à vider. Vous aurez en effet des ennuis si vous répondez « non » à tout désir de vider les tiroirs, tandis que la réponse « Pas celui-ci, celui-là » vous contentera tous les deux.

Profitez de ce que les enfants de cet âge manquent de suite dans les idées. S'il veut absolument jouer avec la corbeille à papier, retirez-la et donnez-lui autre chose. Il l'aura oubliée au bout de deux minutes. Si l'objet défendu ne peut être déplacé, c'est le bébé qui doit l'être. Cinq minutes passées dans une autre pièce lui auront fait oublier tout ce qui n'est pas le jeu auquel il se livre maintenant.

Décidez qu'une vie agréable vaut mieux qu'une maison bien tenue. Si vous vous mettez à balayer chaque miette et à ranger tout le temps, vous allez devenir folle. Procédez donc à un grand ménage à intervalles réguliers (que ce soit une fois par jour ou deux fois par semaine) et n'y pensez plus.

La colère et les punitions

Aussi bien organisée que soit votre vie, il y aura toujours des moments difficiles. Certains jours, tout ce que fera le bébé vous agacera et vous vous énerverez. Ne vous faites pas trop de reproches si vous vous apercevez que vous avez perdu votre calme. Il est souvent plus facile pour un enfant d'avoir affaire à des parents qui crient un peu de temps en temps qu'à des gens qui musellent leur irritation et se montrent alors silencieux et lointains. Votre bébé a besoin de votre attention chaleureuse. Si vous la lui retirez, il se sent perdu et abandonné, il souffre d'un vide affectif. Vous lui ferez certainement peur en criant, mais ce sera vite passé et il vous verra de nouveau prête à bavarder et à jouer avec lui.

Mais n'oubliez surtout pas qu'il est incapable de comprendre *pourquoi* vous vous mettez en colère et que vos reproches ne l'atteindront pas. Il ne peut pas savoir que ce dernier petit désastre a été « la goutte qui fait déborder le vase ». Il ne connaît guère vos sentiments ; il ne s'en soucie pas encore. Si vous le punissez corporellement en le secouant, en le frappant ou en le mettant brutalement dans son lit, il sera abasourdi et atterré, comme vous le seriez si le chien de la maison venait soudain vous mordre la jambe. Quelle que soit la façon dont vous exprimez votre colère, il n'en comprend pas la raison.

Supposons qu'il casse un cendrier. Vous justifiez sans doute votre mouvement d'humeur en disant que vous lui avez dit cent fois de ne pas y toucher, et qu'il aurait pu, de toute façon, agir avec plus de douceur. Mais réfléchissez un instant. Il s'est emparé du cendrier parce que sa curiosité instinctive lui a commandé de l'examiner, alors que sa mémoire et son intelligence ne sont pas encore assez développées pour lui rappeler que c'est interdit. Il l'a cassé parce qu'il n'a pas encore acquis assez de dextérité pour manier avec précaution les objets délicats. Dans ces conditions, peut-on le considérer comme *fautif* ? Vous le punissez donc pour être ce qu'il est : un bébé.

Autre exemple : il jette de la nourriture sur le sol que vous venez de nettoyer. Furieuse, vous lui dites qu'il « pourrait bien faire attention ». Mais qu'est-ce que cela signifie pour lui ? Quelques minutes plus tôt, vous l'aidiez à jeter des cubes par terre. Est-il supposé faire comme vous la distinction entre ce qui est « jouet » et ce qui ne l'est pas ? En ce qui concerne le sol, il vous a probablement vue en train de répandre de l'eau savonneuse dessus. Est-il capable de comprendre que cette eau savonneuse nettoie les choses et que la soupe les salit ? Une fois de plus, vous ne faites rien d'autre que de lui reprocher d'avoir son âge et de se comporter en conséquence.

Savoir se mettre à sa place

En tant que parents, vous devez être dans le même camp que le bébé, partager ses bons moments et adoucir ses ennuis. Mais cela n'est possible que si vous avez décidé de ne tenir compte que du bonheur d'être ensemble. Réjouissez-vous d'être assez habile pour le diriger sans qu'il s'en aperçoive, le distraire quand il est sur le point de pleurer, le protéger d'un danger. Efforcez-vous de voir les choses de son point de vue aussi bien que du vôtre. Par-dessus tout, donnez-lui beaucoup d'amour et acceptez l'attachement passionné qu'il a pour vous. Il n'a jamais pour but de vous déplaire, car vous, parents, êtes ses dieux. Mais il lui faudra encore du temps pour comprendre *ce qui vous fait plaisir*. Vous n'avez pas les mêmes joies que lui. Vous n'appréciez pas la soupe sur le plancher...

Les moments difficiles

Le métier de parent procure beaucoup de travail et d'émotions. Plus votre intimité avec votre bébé est devenue étroite pendant cette première année dominée par la dépendance quasi totale de l'enfant, plus vous avez tendance à vous tourmenter quand tout ne va pas parfaitement bien pour lui. Non seulement vous êtes bouleversée quand il est malade ou malheureux, mais vous vous sentez coupable pour tout ce que vous avez fait, ou laissé faire, qui a pu le rendre malheureux. La culpabilité qu'éprouvent si souvent les parents est un sentiment particulièrement inutile. Tentez donc de lutter contre et tout le monde s'en portera mieux.

Être parent ne vous transforme pas en être tout-puissant. Faites ce que vous pouvez, sacrifiez-vous si vous voulez, mais votre pouvoir sur le monde est limité. Vous voudriez que les petits voisins l'invitent à participer à leur jeux, que l'orage qui l'épouvante cesse, que les virus qui l'ont attaqué lâchent prise, que l'autobus vous dépose chez sa nourrice avant qu'il ne s'attriste de votre retard. Soit ! Vous pouvez toujours faire des vœux ; cela ne changera pas grand-chose. Vous ne pouvez que tabler sur la capacité de votre enfant à affronter les événements et chercher les moyens de l'aider à faire face.

Un séjour à l'hôpital

Voir son enfant victime d'une maladie ou d'un accident grave est toujours une épreuve très pénible pour des parents. Si l'accident est suivi d'une hospitalisation, vous allez sans doute vous sentir affreusement coupables, qu'il y ait eu ou non négligence de votre part. Si l'enfant est à l'hôpital en raison d'une maladie ou pour une intervention chirurgicale, vous allez vous sentir malheureux et furieux d'être incapables de le délivrer de son mal, de sa douleur et de sa peur. Et si la situation est critique, c'est votre propre peur inavouable que vous allez devoir affronter. L'empressement que manifestent de nombreux parents à confier leur enfant « aux personnes compétentes » et à « ne pas gêner » provient sans doute du désir parfaitement compréhensible de fuir et de se cacher jusqu'à ce que tout soit terminé et que l'enfant puisse rentrer à la maison.

Mais s'il y a des circonstances où les parents doivent se consacrer entièrement à leurs jeunes enfants et leur accorder une priorité absolue, c'est bien lors d'un séjour à l'hôpital. Quelle que soit la cause de son hospitalisation — brûlure, déshydratation, opération de l'oreille —, l'enfant a également besoin de soins personnalisés que vous seuls êtes en mesure de lui dispenser (Inf/HÔPITAL). L'étrangeté de l'endroit et des événements qui s'y déroulent, associée à la séparation familiale, peuvent provoquer un choc émotionnel chez un jeune enfant.

Si vous vous demandez s'il peut se débrouiller sans vous, demandez-vous si vous l'abandonneriez dans un home d'enfants pour une nuit. Si cette idée vous paraît absurde ou révoltante, ne le laissez pas seul dans un service hospitalier.

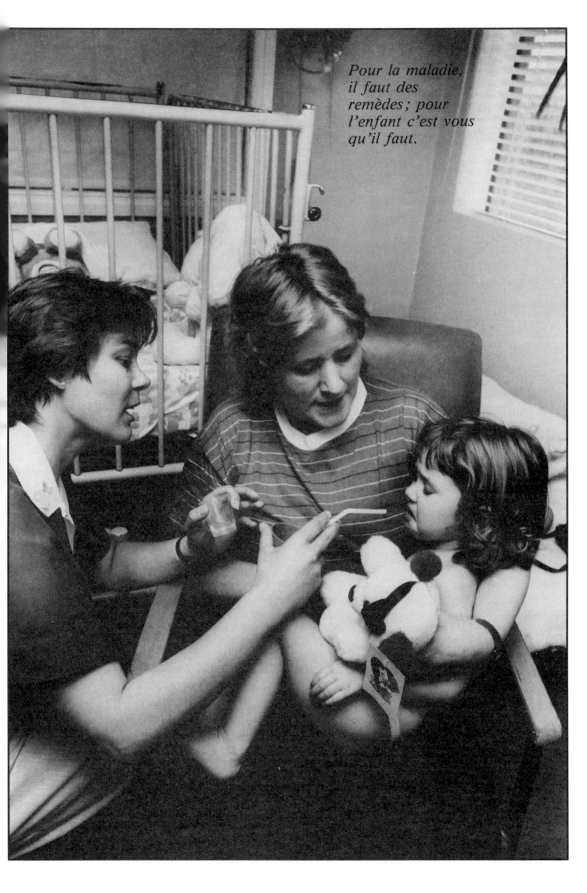

Pour la maladie, il faut des remèdes ; pour l'enfant c'est vous qu'il faut.

Si vous vous demandez si vos autres enfants peuvent se débrouiller à la maison sans vous, dites-vous qu'ils ne sont pas malades, eux, et qu'ils ne se trouvent pas dans un endroit inconnu. Quelqu'un doit bien sûr veiller sur eux pendant votre absence, mais puisque vous avez à choisir entre confier un enfant en bonne santé à une personne connue et laisser un malade seul à l'hôpital, vous ne devez pas hésiter un instant. Si l'enfant hospitalisé bénéficie de la priorité familiale qu'il mérite, ses deux parents sont concernés. Comme de nombreux hôpitaux accueillent les pères aussi bien que les mères, un couple peut toujours trouver moyen de se débrouiller pendant le temps nécessaire pour assurer au mieux une présence aux deux endroits en permutant selon les possibilités.

Si vous vous demandez si vous pourrez tenir le coup, dites-vous qu'il le faut et que vous êtes là pour tranquilliser l'enfant le plus possible. Regardez votre enfant, pas les aiguilles ou les pansements.

Une fois dissipée l'anxiété des premières vingt-quatre heures, vous allez sans doute trouver le temps long, surtout si l'enfant dort beaucoup ou si vous êtes tous les deux isolés dans un box. Il faut prévoir des jouets pour lui et, pour vous, des magazines, des livres, un ouvrage (couture ou tricot), une radio, des cassettes, etc. Et demandez qu'on vous rende visite à tous les deux.

Une séparation imprévue Les jeunes enfants se sentent en sécurité quand ils sont entourés de personnes connues qui effectuent des actes familiers dans des endroits où ils ont leurs habitudes. Si vous devez vous absenter en laissant votre enfant — pour un séjour à l'hôpital, par exemple, ou pour vous occuper de votre propre mère —, il se résignera mieux à votre absence s'il reste à la maison et si la routine habituelle continue. C'est pourquoi les grands-parents ou amis les plus précieux sont ceux qui acceptent de venir vivre chez vous, au lieu d'accueillir l'enfant chez eux.

Éclatement de la famille

Personne ne peut garder son sang-froid quand une catastrophe — décès, divorce — fait voler la vie familiale en éclat. Parfois, les parents s'efforcent à tout prix, pour le bien de l'enfant, de dissimuler leur chagrin ou leur colère. Lorsque, sous l'effet d'un stress intense, nous nous sentons comme hors de nous, nous ne pouvons nous conduire comme l'enfant s'y attend. S'il est assez grand pour comprendre les mots, partagez au moins votre tristesse avec lui : il sera moins terrifié. Et s'il doit vivre en compagnie de cette mère ou de ce père qui lui paraît si étrange et distant, il vaut mieux que cela se passe à la maison où tout le reste lui est familier. Si vous ne pouvez supporter de rester seul(e) chez vous avec vos enfants, il vaut mieux faire venir des amis pour vous tenir compagnie que d'aller habiter chez eux en remorquant vos enfants.

Après un décès ou un divorce, il se peut que vous ne vouliez ou ne puissiez continuer à vivre là où votre ou vos enfants ont toujours vécu. Faites l'effort cependant de leur donner le temps de s'habituer à la perte d'un membre de la famille avant de se trouver confrontés en plus à la perte de leur environnement familial. Si tout change en même temps, ils perdront d'un seul coup tous leurs points de repère et seront perturbés.

La perte d'un père ou d'une mère représente un choc terrible pour un enfant. Pour un adulte, il n'y a pas de commune mesure entre un deuil et une séparation ou un divorce. Pour un jeune enfant, il y a peu de différence parce qu'il réagit surtout à l'absence immédiate et à l'éclatement de la famille.

Séparation ou divorce : devenir un parent unique

Il n'est pas bon pour les enfants de servir de ciment à un mariage ; si les parents ne restent ensemble « que pour les enfants », ce n'est bon pour personne, et rares sont les cas où le temps qui passe permet d'arranger la situation. Une fois que des parents ont décidé de se séparer, qu'ils n'attendent pas des enfants, quel que soit leur âge, une approbation. Un divorce rend toujours les enfants très malheureux, même quand le père était très distant, ou exerçait sur eux des sévices sexuels, ou se montrait très violent vis-à-vis de leur mère. Seuls se sentiraient soulagés du départ de leur père les enfants qui vivaient dans la peur constante de violences physiques. Par ailleurs, dans la plupart des cas, après une séparation ou un divorce, c'est la mère qui a la garde des enfants.

Ne vous attendez pas qu'un jeune enfant croie à la séparation. Après vous être armés de courage pour aborder le sujet avec lui et avoir peut-être déclenché ses pleurs en réaction à la tension extrême qu'il perçoit, vous vous imaginez qu'il a compris. Mais le lendemain, il peut se montrer si peu perturbé que vous le trouvez bien insensible. Et la semaine suivante, quand il demande : « Où il est, Papa ? » ou bien : « Où elle est, Maman ? », il vous donne envie de crier. Il ne peut pas croire que son père — ou sa mère — soit parti parce qu'il ne veut pas qu'il en soit ainsi ; à trois ans, et souvent même encore à cinq ans, il croit à demi à son pouvoir magique de changer le monde par sa volonté. Il faut persévérer dans vos explications.

Tenez compte de ses sentiments de culpabilité. Une fois que l'enfant a compris que son père — ou sa mère — est parti, il va penser que c'est lui le responsable de ce départ. Les jeunes enfants sont le centre de leur propre vie et ils mettent des années à comprendre qu'ils ne forment pas le centre de la vie de leurs parents. La plupart des enfants de trois ans n'imaginent même pas que leur mère existe, mange, regarde la télévision, etc. une fois qu'ils sont endormis. Un enfant peut très bien se persuader que c'est à cause de lui — du bruit qu'il fait, de ses colères, de son impertinence — qu'il y a eu rupture.

Ses raisons sont parfois plus subtiles. Les petits enfants sont des êtres sexués qui, très tôt, rêvent de s'unir au parent du sexe opposé en prenant la place du parent de même sexe. Le petit garçon qui a rêvé d'éliminer son père croit, si son père s'en va, que son souhait s'est réalisé. La petite fille imagine, elle, que l'objet de son amour est parti parce qu'il ne pouvait pas aimer une enfant assez mauvaise pour désirer supplanter sa mère. Ce genre de culpabilité entraîne une anxiété qui tourmente les enfants dans les familles récemment éclatées. Si leur méchanceté a provoqué le départ d'un des parents, ces enfants peuvent-ils être sûrs que l'autre va rester avec eux ? Attendez-vous à ce que l'enfant s'accroche à vous, ne vous quitte pas des yeux et ne soyez pas surpris si sa conviction d'être indigne d'amour le pousse à se conduire comme si vous ne vous aimiez plus l'un l'autre, de manière à provoquer l'abandon qu'il pense inévitable. Il faudra des mois pour que l'enfant commence à penser que vous n'allez pas l'abandonner et se détende suffisamment pour cesser de vous surveiller.

Ne l'encouragez pas à « oublier tout ça ». Les pères sont psychologiquement et affectivement très importants, même quand ils ne sont pas physiquement présents. Un enfant a besoin de parler du père dont il est séparé ; n'essayez pas de fuir son chagrin, comme certains de vos amis fuient le vôtre.

Trop d'enfants de couples divorcés perdent en quelques mois, ou au fil des années, tout contact avec leur père. Dans la plupart des cas, ce n'est pas à cause du système des droits de visite mais parce que l'un des parents, ou les deux, déclarent un beau jour que ces visites perturbent trop l'enfant. Ne laissez pas le contact se perdre. Même s'il est difficile d'organiser des visites fréquentes et régulières — surtout lorsqu'il s'agit d'un très jeune enfant —, cela en vaut la peine pour son futur bonheur d'adolescent et d'adulte. Il faut montrer à un enfant que la fin de l'amour entre son père et sa mère ne signifie pas la fin de l'amour entre son père et lui, et que l'éclatement de la famille ne brise pas leurs relations. Cela peut exiger du père des efforts énormes et, de la part de la mère, une générosité presque inconcevable, mais il faut à tout prix essayer pour aider l'enfant perturbé par le comportement des adultes, incompréhensible pour lui.

Un enfant de moins de cinq ans ne peut entretenir avec quelqu'un des relations fondées seulement sur une promenade mensuelle au zoo. Il a besoin de voir son père au moins une fois par semaine et il lui faut un endroit calme pour bavarder, jouer et échanger des câlins avec lui ; errer sous la pluie en se bourrant de bonbons ne suffit pas. A deux ou trois ans, un enfant peut même ne pas avoir envie de quitter la maison avec son père, surtout s'il ne se sent pas en sécurité lorsqu'il perd de vue sa mère. Si des visites du père à la maison ne sont pas envisageables, le domicile d'un ami de l'enfant peut fournir un refuge. Dès que le père dispose d'un foyer, qu'il y ait ou non une femme avec lui —, il faudra que l'enfant le connaisse pour qu'il cesse de s'inquiéter pour son père, car à ses yeux, être banni de la maison familiale est un exil affreux. Une mère peut trouver difficile de répondre à des questions comme : « Qui va faire à manger à Papa ? », mais c'est un vrai souci pour l'enfant. Il ne sera capable de retrouver le bonheur que lorsqu'il verra, donc croira, que tout va bien pour son père et sa mère, et que tous deux sont encore en mesure de lui accorder du temps.

On considère les « foyers brisés » comme les responsables de bien des problèmes de l'enfant, depuis les difficultés scolaires jusqu'à la délinquance. Ce lien de cause à effet existe, mais il n'est pas inéluctable. De jeunes enfants peuvent surmonter cette pression extrême qu'exerce alors sur eux le monde extérieur si les parents ont la force de les aider à faire face. Personne ne met un enfant au monde avec l'intention de le confronter avec ce genre de rupture, mais si la situation se présente vous pouvez au moins soutenir l'enfant : ne perdez pas votre temps et votre énergie à vous tourmenter à l'idée de manquer à vos devoirs envers lui. Vous ne manquez pas à vos devoirs en vous séparant de votre mari : vous ne les trahirez que si votre enfant ne reçoit pas l'amour qui lui est dû.

Ce n'est pas parce qu'on est parent qu'on cesse d'être une personne, et ce ne serait pas souhaitable, parce que c'est une personne que votre bébé apprend à devenir. En tant que telle, on ne peut pas toujours donner la priorité absolue à son rôle de parent. Même si votre enfant s'est trouvé si longtemps au cœur de votre vie, il n'est pas toute votre vie et pour toujours. D'ailleurs ce ne serait bon ni pour son développement ni pour son bonheur.

Vous avez souvent à jongler avec vos obligations — professionnelles, amoureuses, amicales, familiales... — pour réussir à accorder à chacune une part de vous-même et il arrive parfois que la part consacrée à votre enfant ne le satisfasse pas. S'il se montre capable d'accepter de passer de temps à autre au second plan avec un calme raisonnable, agissez sans culpabilité. Lorsque votre enfant quittera le monde protégé des bébés pour les réalités et les stress d'un monde plus vaste, tout ce qu'il aura pour le soutenir, ce sera la force de votre amour. Et croyez-moi, c'est déjà beaucoup.

La reprise du travail

Bébés et petits enfants ne se développent bien que lorsqu'ils sont soignés par des personnes qu'ils aiment. Si c'est vous que votre enfant aime le plus, vous avez probablement raison de penser que vous allez lui briser le cœur en le confiant, demain, à quelqu'un d'autre. Cela ne veut pas dire que vous devez rester avec lui vingt-quatre heures sur vingt-quatre, mais simplement que le moment est venu d'aider votre bébé à s'attacher à une autre personne avec laquelle il acceptera sans difficulté de rester en votre absence. Que cette personne soit une grand-mère, une nourrice, une jeune fille au pair ou une puéricultrice n'a aucune importance si elle vous permet d'aller travailler sans que votre bébé soit malheureux. L'important, c'est que l'enfant l'aime et que vous acceptiez cet amour avec plaisir et non avec jalousie. Votre propre consentement compte beaucoup si vous voulez que l'enfant accepte les arrangements que vous lui imposez. Si les parents sont détendus et certains d'agir au mieux, les enfants peuvent accepter tous les systèmes de vie, même si ce système implique que le père s'absente toute la semaine pour ne revenir à la maison que les week-ends. L'enfant le plus attaché à sa mère s'habitue facilement à une nourrice ou à une puéricultrice affectueuse.

Le genre d'organisation que vous allez choisir dépend de votre profession et surtout de vos horaires. Si vous ne travaillez que deux ou trois demi-journées par semaine, au début du moins, c'est vous qui continuerez à assumer les soins principaux et l'éducation du bébé. La nourrice ou la puéricultrice aura pour rôle essentiel de lui faire traverser le vide de votre absence. S'il est bien surveillé et heureux avec elle, le fait qu'elle montre trop de sévérité ou d'indulgence n'a guère d'importance. Si votre travail, même s'il est officiellement à temps partiel, vous retient à l'extérieur de 9 h à 17 h tous les jours de la semaine, il va vous falloir accepter de partager l'éducation et les soins dont votre enfant a besoin.

N'imaginez pas que l'enfant va accepter sa nouvelle vie en une semaine. Il a besoin de temps pour faire la connaissance de la personne qui va s'occuper de lui. Les premiers moments doivent se passer en votre présence. Puis il faut lui ménager de courts moments avec elle, et sans vous, avant de les laisser ensemble pendant des périodes qui lui sembleront tout d'abord interminables.

Une fois qu'il aura accepté cette personne, il va l'aimer. Un changement de nourrice ou de puéricultrice ne signifiera donc pas seulement la nécessité de s'habituer à une nouvelle personne, mais aussi perdre quelqu'un qui est devenu important pour lui. Bien entendu, vous ne pouvez conserver une personne qui ne vous convient pas, mais envisagez toujours une organisation durable si possible et considérez les changements du point de vue du bébé. Certes, c'est agaçant, après le travail, d'arriver dans une maison sale et en désordre, mais si vous trouvez votre enfant de bonne humeur, bavard, passionné par ce qu'il est en train de faire, peut-être vaut-il mieux ne pas changer de nourrice et assumer vous-même le ménage. Les personnes dotées de toutes les qualités sont bien rares dans ce monde...

Faire garder son enfant chez soi

Si vous en avez les moyens, une employée à domicile peut paraître la solution idéale, celle qui vous laisse le plus de liberté. Attention, rien n'est parfait !

Les nourrices à domicile ne s'occupent souvent que des enfants. En rentrant du travail, il vous restera donc tout le ménage à faire, à moins qu'une autre employée ne s'en occupe. Cette solution présente un autre inconvénient : un jeune enfant supporte parfois difficilement d'être un objet d'attention à longueur de journée. Il paraît souvent mieux s'occuper et paraît plus heureux en compagnie d'un adulte qui a autre chose à faire (voir p. 224). Avant de choisir la personne qui va garder votre enfant, assurez-vous de ses qualités humaines, de sa compétence et de son état de santé. Demandez-lui de venir chez vous avant que vous ne repreniez votre travail, l'enfant a besoin de s'habituer à elle et de sentir que vous lui faites confiance. Par ailleurs, n'oubliez pas que votre nourrice aura les mêmes problèmes qu'une femme qui travaille : si elle ou l'un de ses enfants est malade, elle vous fera faux bond.

Les jeunes filles au pair peuvent être parfaites, mais même les meilleures d'entre elles restent rarement plus d'une année scolaire, ce qui signifie pour l'enfant une succession de pertes prévisibles. Mais elles peuvent aussi avoir le mal du pays (et donc, rentrer plus tôt que prévu, ou manquer de dynamisme), ou être immatures, donc trop jeunes pour assurer une présence vraiment maternelle auprès d'un tout-petit. Veillez à ne pas leur demander plus d'heures de présence qu'elles ne sont censées vous en accorder, elles n'auraient plus assez de temps pour travailler ou suivre leurs cours.

Faire garder son enfant à l'extérieur par une nourrice

Les nourrices agréées choisissent ce travail en général parce qu'elles veulent rester chez elles pour s'occuper de leurs propres enfants. Le nombre et l'âge des enfants qu'elles peuvent prendre en charge est contrôlé, ainsi que la sécurité et la salubrité de leur logement. Même si votre bébé et vous trouvez cette solution plus difficile que celle de l'employée qui vient chez vous, elle présente aussi des avantages certains.

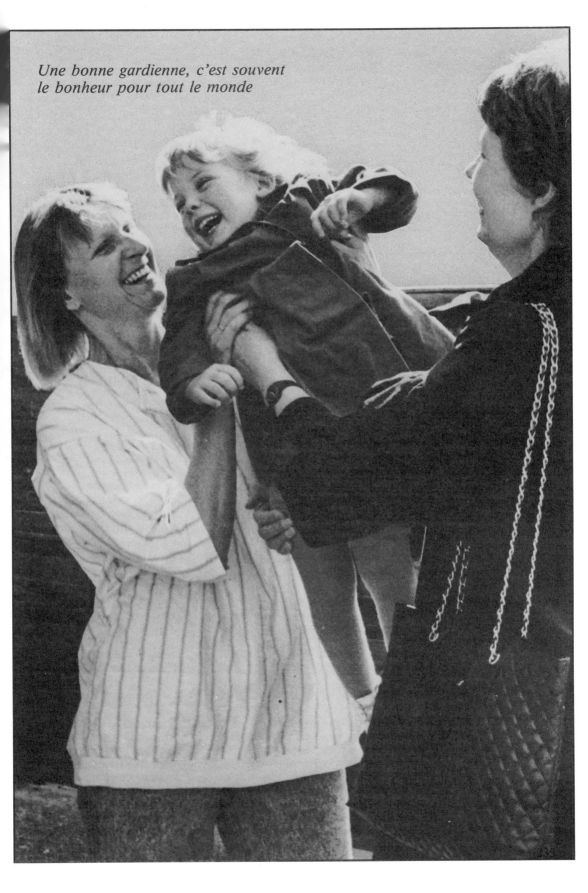

Une bonne gardienne, c'est souvent le bonheur pour tout le monde

Votre bébé s'intègre à une maisonnée qui tourne, sous la houlette de sa nourrice. Celle-ci a ses façons de faire et une routine dans laquelle l'enfant va très vite trouver sa place. L'endroit peut lui paraître beaucoup moins solitaire et bizarre que sa propre maison désertée par ses parents. Là, il joue, mange, dort, surveillé par quelqu'un et entouré d'autres enfants.

N'essayez pas de faire faire à la nourrice les choses à votre façon. Vous devrez lui faire confiance. Elle n'est pas votre employée mais la gardienne de l'enfant et cette situation implique davantage d'égalité et moins de difficultés relationnelles qu'avec une personne travaillant chez vous. Vous ne serez pas tentée de la renvoyer parce qu'elle n'a pas fait votre repassage pendant la sieste du bébé !

Les crèches et les haltes-garderies

Les crèches municipales sont peu nombreuses, et les listes d'attente sont longues. Dès que votre test de grossesse est positif inscrivez-vous. Votre mairie vous donnera les adresses des crèches de votre quartier.

Les crèches ont pour fonction de garder, pendant la journée, les enfants de moins de trois ans dont les parents travaillent. On s'y préoccupe autant de la santé psychologique de l'enfant que de sa santé tout court. C'est toute une équipe qui va prendre soin de lui, une équipe composée d'une puéricultrice diplômée, d'un pédiatre, et souvent d'une psychologue et d'une jardinière d'enfants, mais ce seront les auxiliaires de puériculture qui lui prodigueront des soins quoditiens dans des locaux adaptés aux besoins des enfants et lui proposeront des jeux et activités en fonction de son âge.

Attention, dès que votre enfant sera malade, il ne sera pas accepté, prévoyez donc des solutions de rechange ou des arrangements avec votre employeur !

Pour faciliter le passage de la maison à la crèche, la directrice vous proposera une période d'adaptation pendant laquelle vous ne confierez votre enfant d'abord que quelques heures. Ensuite, il est fortement recommandé d'entretenir des contacts étroits avec les puéricultrices qui s'occupent de votre enfant. La crèche n'est pas une consigne.

Les crèches parentales, sont comme leur nom l'indique, organisées et gérées par les parents, qui participent eux-mêmes à la garde des enfants, avec l'aide d'une personne qualifiée. Évidemment, elles n'existent pas partout, et il faut une sacrée énergie pour décider d'en créer une.

Les haltes-garderies peuvent servir de dépannage et d'initiation à la vie sociale pour votre enfant. Mais ne comptez pas l'y laisser une journée entière, même lorsqu'il y sera habitué. Elles n'accueillent que pour quelques heures d'affilée les enfants de moins de 6 ans.

Famille, amies et voisines

Si quelqu'un de votre famille ou de votre voisinage se propose de prendre soin, bénévolement ou non, de votre bébé, vos projets professionnels vont s'en trouver facilités. Mais soyez très prudente : on s'offre parfois à rendre ce genre de service dans l'enthousiasme et sans réfléchir. Votre « pas tous les jours », qui signifiait deux ou trois fois par semaine, a pu être compris comme deux ou trois fois par mois, ou devenir une ou deux heures par jour. Quand ce genre d'arrangement tourne court, l'enfant a du chagrin et doit recommencer à bâtir une nouvelle relation.

Un bébé ou un jeune enfant, pour bien s'adapter, doit pouvoir prévoir qui s'occupera de lui jour après jour et il est souhaitable d'organiser quelque chose de durable et de régulier si plusieurs personnes sont en jeu (deux grands-mères, plusieurs voisines...). Essayez de bien établir les termes de votre accord avec les personnes concernées et veillez à ce qu'elles ne se sentent pas exploitées. Proposez une rémunération, ou imaginez d'autres formes de dédommagement.

Un nouveau bébé

L'arrivée d'un nouvel enfant dans une famille est, pour l'aîné, l'événement angoissant par excellence. Mais ne perdez pas de temps à vous demander si c'est juste de lui imposer ça et si l'écart entre les deux enfants sera idéal. (Inf/PLANIFIER SA VIE FAMILIALE). Qu'il ait un an ou quatre ans lors de la naissance du petit dernier, il n'appréciera pas, mais il s'adaptera — les problèmes sont différents s'il a huit ou douze ans. Vous pouvez même vous attendre à ce qu'un jour il soit heureux que vous ayez pris cette décision.

Les parents qui aiment leur premier enfant et qui en attendent avec joie un second trouvent souvent insupportable de penser au ressentiment possible et à la jalousie de l'aîné. Comme ils sont heureux, ils veulent qu'il le soit aussi. Si humain que cela soit, ce n'est pas parce que vous vous persuadez que votre aîné doit se réjouir et aimer le nouveau-né que cela va se passer ainsi. Les choses peuvent peut-être vous apparaître plus clairement si vous admettez honnêtement que vous êtes en train de lui demander d'accepter d'être supplanté et que, tandis que vous lui présentez les faits, il se met à les considérer. En manière de plaisanterie, essayez d'imaginer que votre mari, en rentrant à la maison, vous annonce qu'il se propose de prendre une seconde femme et comparez ces paroles avec celles qui sont souvent employées pour annoncer à un enfant l'arrivée prochaine d'un nouveau bébé :

Les parents à l'enfant	Le mari à sa femme
Nous allons avoir un nouveau bébé, mon poussin, parce que nous pensons que ce sera amusant pour toi d'avoir un petit frère ou une petite sœur pour jouer.	*J'ai l'intention de prendre une seconde femme, chérie, parce que j'ai pensé qu'il serait agréable pour toi d'avoir de la compagnie et de l'aide à la maison.*
Nous t'aimons tant que nous ne pouvons plus attendre pour avoir un (e) autre merveilleux (se) garçon/fille.	*Je t'aime tant que je ne peux plus attendre pour avoir une autre merveilleuse épouse.*
Ce sera notre bébé : il sera à nous trois et nous en prendrons soin ensemble.	*Ce sera notre épouse : elle sera à nous deux et nous en prendrons soin ensemble.*
J'ai vraiment besoin de mon grand garçon (ma grande fille) pour m'aider à m'occuper du nouveau bébé.	*J'ai vraiment besoin que ma vieille épouse, si sûre maintenant, m'aide à m'occuper de la nouvelle.*
Naturellement, je ne t'aimerai pas moins ; nous nous aimerons tous	*Naturellement, je ne t'aimerai pas moins ; nous nous aimerons tous les trois.*

Il est probable que, dans cette situation, vous ne vous sentiriez pas particulièrement bien disposée. Quand nous aimons les gens, nous voulons être tout pour eux. Qu'ils désirent d'autres personnes nous rend jaloux, nous fait nous sentir exclus. Aussi, comprenez la jalousie de votre enfant et n'essayez pas de le convaincre de se faire une fête d'un événement qu'il peut à peine concevoir et que, s'il le comprenait, il envisagerait sans aucun plaisir. A la place, essayez de le préparer à la venue du nouveau-né, c'est-à-dire, autant que possible, assurer son bonheur et la fermeté de ses sentiments à votre égard, lui accorder le maximum d'indépendance de vie et de satisfactions, et faites votre possible pour éveiller son intérêt pour les bébés en général.

Avant la naissance

Si votre aîné a moins de dix-huit mois, et n'est encore qu'un bébé, parlez-lui pour le préparer à l'arrivée d'un nouvel enfant. Même s'il n'est pas en mesure de tout saisir, il comprendra pas mal de choses. Bien sûr, il sera stupéfait et sans doute furieux de vous voir le quitter puis revenir à la maison avec quelqu'un qui captera votre attention, mais un enfant de cet âge oubliera vite qu'il était le seul, l'unique. S'il devient soudain abominablement coléreux, vous vous demanderez, comme la plupart des psychologues, si c'est l'arrivée du nouveau-né, ou autre chose, qui l'a transformé. Ce sera difficile à savoir car il ne peut guère encore s'exprimer par le langage.

Effectuez tous les changements nécessaires longtemps à l'avance. Si, quand vous aurez deux enfants en bas âge, vous avez l'intention de vous faire aider à la maison, de quitter votre emploi ou de vous séparer de votre nourrice, organisez tout cela à l'avance. Une étrangère nouvellement installée augmentera l'angoisse à laquelle est soumis l'enfant, et il ne faut pas qu'il sente que vous restez à la maison à cause du nouveau-né alors que vous ne l'avez pas fait pour lui. Si vous avez besoin pour le bébé du petit lit que l'aîné occupe encore, ou si vous prévoyez de le changer de chambre ou de la réaménager, ne faites pas tout cela à la dernière minute.

Si l'enfant parle, souvenez-vous qu'il en sait presque certainement beaucoup plus qu'il ne le dit (voir p. 216) et que son langage va énormément s'améliorer durant les mois qui viennent. Parlez-lui du bébé, même s'il ne comprend pas la moitié de ce que vous racontez ; cette moitié vaut mieux que rien : tout vaut mieux que de ne rien dire.

Ne lui annoncez pas tout de suite. Durant les premiers mois de votre grossesse, parlez-lui de sa famille d'un point de vue général ; faites-lui remarquer les frères et les sœurs de ses petits amis et parlez-lui longuement des nourrissons que vous connaissez, l'idée étant de lui montrer que les familles ont souvent plus d'un enfant si bien que, lorsque la sienne s'agrandira, il prendra cela comme quelque chose de normal et non comme un châtiment, à lui spécialement destiné.

Dites-le-lui avant que quiconque le lui dise. Attendez le septième mois si vous le pouvez mais dites-le-lui plus tôt si vous pensez que vos amis ne pourront retenir allusions et commentaires concernant votre silhouette. Lui ne s'apercevra de rien tant que vous ne serez pas énorme au point de ne plus pouvoir vous traîner par terre avec lui.

Faites tout pour développer son indépendance. Si vous prévoyez une petite école et s'il doit atteindre ses trois ans au moment de la naissance du bébé, envoyez-le dès maintenant. Si vous n'avez pas de projet de cet ordre ou s'il n'a vraiment pas l'âge, employez-vous à lui constituer un éventail de petits camarades de jeu et de maisons amies où il aime aller jouer. Il lui faut d'autres sujets de préoccupation que vous-même et ce bébé, des endroits pour s'évader et les moyens de se prouver combien il sera différent d'un nourrisson.

Soyez prévoyante pour les semaines contemporaines de l'accouchement. Vous devez l'habituer dès maintenant aux arrangements prévus dont il devra supporter le stress. S'il doit séjourner quelque temps chez sa grand-mère, qu'il y passe au préalable quelques nuits et faites-en une fête. Si c'est son père qui doit s'en occuper, montrez-lui comment doser le cacao de quatre heures exactement comme l'enfant l'aime. Ces petits détails quotidiens compteront énormément lorsque vous lui manquerez.

Où que vous accouchiez, quelqu'un devra prendre soin de l'aîné, au moins en partie, une semaine ou deux. Lorsqu'il y a deux enfants, c'est vraiment commode d'être deux parents, mais rien n'est plus déprimant que d'entendre un petit enfant dire : « C'est Maman que je veux ! », lorsque son papa s'offre à faire quelque chose pour lui.

Expliquez-lui où est le bébé et faites-lui percevoir ses mouvements. Une fois qu'il a accepté l'idée, une preuve matérielle de l'existence du bébé va l'aider à faire face à la réalité et à s'intéresser à toute l'affaire.

Essayez de donner une réalité au bébé en discutant avec l'aîné de son prénom, de son sexe, mais n'en faites pas « un petit frère (ou une petite sœur) pour jouer » : ils ne joueront pas ensemble avant de nombreux mois. Insistez lourdement sur le fait que le bébé sera impuissant, qu'il pleurera et mouillera ses couches. Lui-même était ainsi lorsqu'il était petit. Trouvez d'anciennes photos, racontez-lui quelques anecdotes amusantes concernant ses méfaits : quand il avait fait pipi sur la robe de sa mamie ; vomi dans l'autobus ; mordu le médecin. Employez-vous à lui inculquer une attitude de supériorité amusée et tolérante.

Une quinzaine de jours avant l'accouchement, parlez-lui des arrangements prévus. Ne lui faites aucune promesse que vous ne sauriez tenir. Si vous lui avez dit que vous serez absente trois ou quatre jours, une semaine lui semblera une éternité. Ne prenez aucun risque, restez dans le vague.

Lorsque le travail commence, dites-lui au revoir, même s'il vous faut le réveiller. Qu'il puisse faire face à l'événement, au lieu de se réveiller le lendemain pour s'apercevoir que vous êtes partie.

Ne lui promettez pas qu'il pourra venir vous voir, même si les visites sont autorisées. Vous voir l'aidera beaucoup surtout si votre absence dure plusieurs jours mais si vous avez une perfusion branchée ou des points de suture qui vous font souffrir au moindre mouvement, il est préférable d'attendre.

Les difficiles premiers jours Quand vous rentrez chez vous, souvenez-vous que c'est vous, et non le bébé, qu'attend votre enfant. Bien sûr il va lui falloir supporter la présence du nouveau-né et les soins que vous allez lui dispenser, mais ne lui mettez pas le nez dessus. Entrez dans la maison les bras libres, en ayant confié le nourrisson à une tierce personne et donnez-vous toute à l'aîné. Durant les premiers jours, les quelques conseils ci-après vous permettront de l'habituer peu à peu à cette situation :

Ne donnez pas le sein devant lui les deux premiers jours, jusqu'à ce qu'il soit habitué à vous avoir de nouveau saine et sauve à la maison. La personne qui vous aide peut détourner son attention pendant que vous nourrissez le bébé. Après un ou deux jours, lorsqu'il ne veut plus se laisser berner, montrez-lui comment tète un nouveau-né et rappelez-lui qu'il le faisait aussi quand il était petit. Il se peut qu'il demande à téter : refusez si l'idée vous déplaît, mais essayez de ne pas paraître choquée. Permettez-lui de lécher un peu de lait sur vos doigts ; comme cela, il se rendra compte qu'il ne perd rien d'extraordinaire.

Dans la mesure du possible, faites autant de choses avec lui qu'auparavant. Si vous ne pouvez pas, n'en rendez pas trop souvent responsable le nouveau-né. S'il l'est manifestement, affrontez le problème et montrez à l'aîné que vous comprenez ses sentiments : « Je suis désolée, mais il faut que je nourrisse bébé d'abord. Je sais que cela peut paraître injuste, mais, au contraire des autres personnes, les nourrissons ne peuvent attendre leurs repas. Je dois le nourrir maintenant ; mais après il dormira et nous pourrons jouer tous les deux. »

Acceptez toutes les offres d'aide de la part de l'aîné, mais n'abusez pas du refrain : « Toi, tu es mon grand/ma grande. » Il se peut qu'il ne se sente pas grand du tout ; ou alors, qu'il ressente plutôt sa grandeur comme un sérieux handicap ; s'il était petit comme cet affreux bébé, on ferait plus attention à lui. Avoir à vous aider pour obtenir votre approbation serait un comble !

Permettez-lui de se conduire un peu en bébé et faites-lui sentir que, loin d'avoir à être grand pour vous satisfaire, il peut sans crainte de vous fâcher se montrer plus bébé encore que le nouveau venu. Vous pouvez le baigner dans la petite baignoire, lui donner un peu de talc. Vous pouvez le bercer, lui tapoter le dos et lui chanter des berceuses. Tout absurde que cela puisse vous paraître, de son point de vue, cela ne l'est pas. L'important, c'est qu'il se rende compte que, bien que le bébé reçoive bien des choses qu'on ne lui donne pas à lui, il n'obtient tout de même pas ce que lui, l'aîné, ne peut pas avoir : il obtient seulement ce que lui n'a plus parce que, ayant grandi, il n'en a plus besoin. L'important c'est qu'il pense : « Si je veux, je peux avoir un biberon, mais je suis assez grand pour boire mon jus de fruit dans un verre et c'est bien meilleur que ce lait pour nourrisson. »

Arrangez-vous pour que cette situation d'aînesse comporte quelques avantages pour en contrebalancer les inévitables désavantages. Le moment est venu d'instaurer quelques autres privilèges : l'argent de poche, un coucher plus tardif ou une promenade le samedi en compagnie de Papa — sans le bébé.

Les réactions de l'aîné peuvent être considérablement influencées par le père, si celui-ci s'est préparé à s'occuper des deux enfants, tant pour les soins matériels que pour les distractions ; lorsqu'il y a deux parents pour deux enfants, le père peut rendre certains des besoins de l'aîné moins criants et

Personne n'aime être supplanté...

douloureux s'il prend soin du bébé pendant que vous faites quelque chose avec le plus grand ou s'il se lance avec ce dernier dans une activité passionnante au moment où le bébé vous occupe entièrement. Bien des pères considèrent que cette période resserre leurs liens avec leur aîné qui, encore sous le choc de la naissance, a besoin de son père et se tourne vers lui parce qu'il se sent abandonné par sa mère, toute préoccupée du nouveau venu.

Ne culpabilisez pas l'aîné à cause de ses sentiments de jalousie. Ne lui demandez pas d'aimer le bébé. Il ne peut pas. Si vous le lui demandez, il va se sentir coupable et penser que vous le haïriez si vous connaissiez ses véritables sentiments. Acceptez le fait et même dites-lui que, bien qu'actuellement le bébé soit un vrai fléau pour lui, un jour, ils deviendront bons amis.

Ne le laissez pas frapper le bébé, il en retirerait une forte culpabilité même si vous avez été indulgente et avez prétendu croire à un accident. Empêchez tout acte agressif. Surveillez-le de près lorsqu'il s'approche du bébé pour éviter ces fameuses occasions « comme par hasard » qui voient une balle atterrir dans le landau.

Employez-vous à lui faire sentir que le bébé l'aime bien. Nous trouvons toujours tous plus facile d'aimer les gens qui paraissent nous aimer. Votre enfant trouvera plus aisé d'aimer son petit frère si les avances semblent venir de lui. Par bonheur, c'est assez facile. Le bébé sourira à son grand frère si celui-ci approche son visage assez près et lui parle. Une fois qu'il sourit, vous pouvez appuyer un peu : « C'est Charles qu'il préfère » pouvez-vous dire aux visiteurs. Et quand Charles vous dira : « Je vais le faire tenir tranquille, Maman, il va s'arrêter de pleurer, pour moi ! » alors vous saurez que vous avez évité le pire.

Avec de la chance, après deux ou trois mois de manipulations adroites et de nombreux témoignages de tendresse de la part de son père et de vous-même, votre aîné atteindra le stade où il pourra manifester vis-à-vis du bébé une condescendance amusée. Faites tous vos efforts pour qu'il en arrive là avant que le bébé se déplace.

Tant qu'il est dans son berceau, le nourrisson dérange l'aîné du point de vue affectif en ce sens qu'il polarise l'attention, mais dès qu'il va se déplacer en rampant et s'emparer des jouets, il va se montrer gênant d'une autre manière. Si l'aîné peut s'exclamer : « Qu'il est bête ! » ou « Il essaie de faire comme moi ! », leurs bons rapports résisteront. Sinon, vous allez avoir deux années difficiles à vivre.

Considérer équitablement leurs besoins Même lorsque les premiers feux de la jalousie sont éteints et que votre aîné a oublié comment était la vie lorsqu'il était l'« unique », vous devez vous préoccuper de satisfaire leurs besoins avec équité. Si l'aîné commence à fréquenter la grande école et le petit l'école maternelle, tous deux ont besoin de votre aide affective et vous devez la partager même s'il faut, pour cela, mobiliser vos réserves. Il est difficile d'adapter à leurs âges distractions, voyages, vacances ; difficile de soigner celui qui est malade sans négliger l'autre, de traiter avec justice celui qui réussit comme en se jouant et celui qui échoue en faisant mille efforts. Rappelez-vous que, tant qu'ils dépendront de vous affectivement, ils seront jaloux l'un de l'autre. La jalousie du plus jeune peut être tout aussi cruelle ; aussi ne vous montrez pas trop zélée pour protéger l'aîné de ce sombre sentiment en l'avantageant.

Ne prenez pas pour acquis qu'ils s'aiment, même lorsqu'ils grandissent. Les parents prennent si souvent cet amour fraternel comme avéré qu'ils continuent à affirmer que leurs enfants « s'entendent vraiment très bien » alors que des querelles continuelles et d'amers griefs suggèrent le contraire. Les deux enfants ont à se tolérer et à se conduire correctement mais pas à s'aimer et, étant donné les inévitables jalousies, ils ne s'aiment pas. Ne les forcez pas à rester ensemble. Si vous les laissez libres dans ce domaine, il pourra leur arriver de vous surprendre par leur loyauté réciproque et leur mutuelle affection.

Respectez la dignité de vos enfants. Si vous réussissez à les convaincre que vous aimez chacun d'entre eux en tant qu'individu et ne les diminuez jamais l'un par rapport à l'autre ou aux autres enfants, vous ne vous fourvoierez pas. Ne les comparez pas. Ils n'ont pas plus de points de comparaison qu'une pomme et une orange. Ils sont différents, c'est tout. Ne les donnez jamais mutuellement en exemple. Les bonnes manières, les habitudes d'ordre si aisément acquises par l'un peuvent être quasiment impossibles à apprendre à l'autre.

QUATRIÈME PARTIE

LE PETIT ENFANT

De un an à deux ans et demi

Votre enfant n'est plus un bébé qui se considère comme une part de vous-même et pour qui vous représentez un conseiller, un arbitre, un miroir dans lequel il voit son image et celle du monde. Cependant, il n'est pas encore prêt à prendre ses distances et à assumer la responsabilité de ses actes. Il commence à comprendre que vous et lui êtes des personnes différentes. Il affirme parfois cet individualisme de fraîche date en disant « Non ! » ou « Laisse-moi ! » et refuse votre aide quand il croit pouvoir se débrouiller tout seul. Mais à d'autres moments il s'accroche à vous, pleure dès que vous quittez la pièce, tend les bras pour être porté, ouvre grand la bouche pour être nourri.

Ce comportement de transition, qui vous paraît étrange, lui est douloureux. Il doit devenir un individu à part entière, mais il était bien agréable de s'en remettre à vous. Bien que cela lui facilite les choses, il doit renoncer à dépendre entièrement de vous. Il a besoin d'affirmer ses goûts et de vivre sa vie, même si cela provoque des conflits ; or, il a affreusement peur des conflits. Il continue à vous aimer passionnément et dépend encore complètement de vous pour son équilibre affectif. La nécessité de développer son indépendance s'oppose à son besoin d'affection.

Si vous attendez de lui qu'il reste ce qu'il était : un bébé dont les actes sont facilement prévisibles, il se verra obligé de vous affronter ouvertement. Il ne peut se passer de votre amour et de votre approbation, mais son évolution ne lui permet plus de les payer d'une trop grande dépendance. En revanche, si vous attendez de lui qu'il devienne soudain ce qu'il sera un jour : un enfant raisonnable, vous allez le troubler. Il a grand besoin de votre aide et de votre réconfort sans lesquels il ne peut pas progresser. Traité en bébé, il sera odieux ; et très malheureux si vous le traitez comme un grand.

Il y a une solution moyenne qui lui permet de s'enhardir, mais le protège des dangers ; qui l'encourage à faire des expériences mais le console de ses échecs ; qui donne des directives fermes pour un comportement correct, mais qui respecte son désir d'être son propre maître. Elle repose sur la compréhension et le refus de vous laisser tromper par les apparences. A bien des égards, l'enfant semble beaucoup plus mûr qu'il ne l'est en réalité. Il ne paraît pas très différent d'un enfant de trois ans dans sa façon de parler, de marcher ou de jouer. Pourtant, il n'a pas encore acquis la vivacité d'esprit et l'expérience qu'il aura à cet âge. En le traitant comme un bébé, vous l'empêcherez d'évoluer. Il faut qu'il fasse fonctionner son intelligence, qu'il accumule les expériences. Mais si vous le traitez en enfant d'âge préscolaire, vous exigerez trop de lui. Vous devez lui apprendre à raisonner, lui permettre de réussir ses expériences.

Pour le comprendre, il faut suivre de près les progrès de son intelligence. C'est son développement qui va réconcilier ses émotions divergentes et ses velléités maladroites, et qui lui permettra de devenir cet être conscient et éducable qu'on appelle un enfant.

Le bambin d'un an possède une mémoire, mais elle est encore trop courte. Lorsqu'il était bébé et agissait comme tel, cela n'apparaissait guère et n'avait pas d'importance. Mais maintenant qu'il voudrait avoir des activités plus complexes, ce manque de mémoire devient évident et gênant. Chaque jour, par exemple, il trébuche sur la marche qui sépare la cuisine de la salle de séjour. Exaspérée et soucieuse des bosses qui en résultent, vous vous demandez s'il apprendra jamais à faire attention. Oui, il apprendra, mais il lui faudra du temps. Il ne se souviendra de cette marche que lorsque la répétition continuelle de l'incident l'aura gravée dans sa mémoire. Quand il était petit, c'était à vous de lui faire remarquer l'obstacle. Mais pour le moment, tout ce que vous pouvez faire, c'est de limiter les conséquences douloureuses de cette série d'expériences, et de lui rafraîchir la mémoire. Il serait peut-être bon de capitonner la marche.

Si l'enfant a peu de mémoire, il lui est encore plus difficile de concevoir le futur. Quand il grimpe sur un escabeau, il ne se demande pas comment il en redescendra. Ses ennuis viennent souvent de ce qu'il ne sait ni se souvenir, ni prévoir. Il a été grondé mille fois pour avoir tripoté les boutons de la télévision, mais au moment où il s'en approche aujourd'hui, il a oublié les remontrances, et n'imagine pas qu'il va en mériter encore. Ces boutons l'attirent comme un aimant.

Son incapacité d'anticiper lui rend l'attente insupportable. La sucette dont il a envie, il la veut *tout de suite*, et se met à hurler alors même qu'il vous voit enlever le papier qui l'entoure. Son incapacité de patienter l'empêche aussi d'accepter la moindre gêne, même passagère, qui lui permettrait d'être ensuite à l'aise. Il pleure parce que la sucette l'a rendu tout collant, mais se bat pour éviter le gant de toilette qui va le soulager. Il ne peut vivre que dans l'instant.

Par ailleurs, le manque de maturité de son esprit suscite des problèmes dans ses relations avec les gens. Tout le monde vous affirme qu'il vous aime. Lui-même vous le dit aussi. Et pourtant, son comportement ne ressemble en rien à celui d'un adulte qui « aime ». Il est incapable de se

Ce n'est plus un bébé et pas encore un enfant;
à un an, il passe du bonheur au désespoir...

mettre à votre place et de voir les choses de votre point de vue. Il a horreur de vous voir pleurer, mais ce qu'il déteste dans ce cas, c'est le sentiment que cela éveille en *lui*, et non le souci de ce que vous ressentez. Le moment n'est pas encore venu pour lui de se préoccuper des autres ; il lui faut d'abord se trouver lui-même. S'il vous donne une tape et si vous la lui rendez pour lui « montrer l'effet que cela fait », vous lui infligez une leçon qu'il n'est pas encore en état de comprendre. Il se met à pleurer comme s'il ignorait encore totalement ce qu'est une tape, car il ne peut faire le lien entre son geste et le vôtre, entre ce qu'il ressent et ce que vous pouvez ressentir.

Ses propres sentiments lui sont souvent incompréhensibles. Comme il est incapable d'analyser ce qu'il éprouve aujourd'hui, qu'il ne se souvient pas de ce qu'il a ressenti hier, et ne peut prévoir ses réactions de demain, toute décision lui est très difficile. « Veux-tu rester avec moi ou aller te promener avec Papa ? » semble un choix simple et sans importance. Mais ce n'est ni l'un ni l'autre pour le petit enfant. Que va-t-il préférer ? Qu'a-t-il préféré la dernière fois ? Qu'a-t-il envie de faire en ce moment ? Il ne le sait pas et ne peut pas le découvrir. Il hésite et finit toujours par regretter la décision qu'il a prise. Il va falloir qu'il apprenne à se décider. On ne peut devenir responsable en laissant quelqu'un d'autre prendre toutes les initiatives. Au début, pour lui faciliter le choix, il faut lui présenter des alternatives dans lesquelles il n'a rien à perdre. « Par lequel des deux bonbons veux-tu commencer ? », est une question qu'il peut envisager sans angoisse. Il sait qu'il les aura tous les deux, que personne ne lui enlèvera celui qu'il ne prend pas, et que ses mains collantes pourront passer six fois de l'un à l'autre.

Quand le bébé commence à parler, il peut donner l'illusion de comprendre plus de choses qu'il ne le fait en réalité. Il utilise de plus en plus librement les mots qu'il apprend, mais ne saisit pas toujours complètement leur sens exact. Il ne peut pas comprendre, et encore moins tenir une promesse, bien qu'il lui arrive d'employer ce mot. Si vous lui permettez de jouer encore cinq minutes, à condition d'aller ensuite directement au lit, il vous le promettra volontiers. Pour lui ce mot équivaut à un acquiescement. Mais au bout des cinq minutes, il en réclamera cinq de plus, et ne comprendra pas le reproche qu'il sentira dans votre voix : « mais tu avais pourtant *promis...* »

L'apprentissage de la parole se fait aussi parfois au détriment de la vérité. Quand l'enfant commence à parler assez couramment, ses accusations et ses dénégations sont faites au hasard. Il dit ce qui lui passe par la tête. Cette flaque dont on l'accuse aurait aussi bien pu être faite par le chien, et il préférerait que ce fût lui. Il déclare donc que c'est le chien le responsable. Quand, au cours d'une dispute avec sa sœur, il tombe et se fait mal au genou, il l'accuse de l'avoir poussé. Or, elle n'est pas responsable de son écorchure, mais elle est responsable de sa contrariété. La vérité de l'enfant est différente de celle des adultes.

Plus tard, vous pourrez lui apprendre la valeur des promesses faites en connaissance de cause et loyalement tenues, de la vérité qu'on dit et des mensonges qu'on évite. Mais il est encore trop tôt. Ne l'accablez pas de concepts qu'il ne peut pas comprendre. Il fait de son mieux pour vous plaire, mais n'exigez pas de lui un comportement d'enfant plus âgé, car il n'en est pas capable.

... votre rôle consiste à maintenir un
équilibre entre son besoin d'indépendance
lorsqu'il saute dans l'eau et son besoin
de protection pour ne pas s'enfoncer
sous l'eau.

La loi qui régit l'évolution de votre enfant veut qu'il cesse d'être un bébé et qu'il commence à forger sa propre personnalité. Si vous continuez à le surprotéger, il s'opposera à vous à chaque instant et en fin de compte, il gagnera la partie parce que c'est inéluctable. Cependant, il devra payer très cher cette victoire, parce que beaucoup d'amour aura été gaspillé dans le combat.

Mais la loi de l'évolution ne lui a pas encore fait aborder la véritable enfance : vous n'arriverez donc pas à le discipliner comme vous le faites avec son aîné. Vous vous heurterez à une incompréhension qui ressemble à du défi et les conflits vous seront douloureux à tous deux. Ne soyez donc pas trop sévère et n'engagez pas la discussion. Votre petit sera « sage » s'il se trouve qu'il a envie de faire ce que vous lui demandez et s'il n'est pas, pour le moment, tenté par quelque activité que vous réprouvez. En réfléchissant un peu, vous pouvez organiser sa vie en général, et certaines circonstances en particulier pour vous donner à tous deux envie de faire la même chose au même moment... Si, par exemple, il a jeté ses cubes dans toute la pièce, ce qui nécessite un certain rangement, et si vous lui donnez l'ordre de les ramasser, il va sans doute refuser. En insistant, vous provoquerez un conflit où vous ne pourrez l'emporter. Vous aurez beau crier, le punir, le rendre aussi malheureux que possible, les cubes n'en resteront pas moins sur le sol. Mais si vous dites « Je parie que tu n'arriveras pas à mettre les cubes dans le sac avant que j'aie fini de peler les pommes de terre », vous transformez la corvée en un jeu. Il a maintenant envie de faire ce que vous désirez, et il va le faire. Son but n'est pas de « faire plaisir à maman », et encore moins d'être « sage ». Vous lui avez simplement donné envie de ramasser les cubes. Tout le secret est là. Vous pouvez diriger sa vie en prévoyant les obstacles et en les contournant, en évitant de donner des ordres directs auxquels il refuserait d'obéir, mais en l'amenant à faire ce que vous voulez parce qu'il n'a pas de possibilité plus séduisante.

Le résultat immédiat est une vie agréable au lieu d'un combat perpétuel. Mais le résultat futur est encore plus important. Cet enfant, encore incapable de distinguer le bien du mal, une bonne d'une mauvaise conduite, va grandir. Il viendra un moment où il pourra comprendre vos sentiments et vos exigences, où il se souviendra de vos recommandations et prévoira les conséquences de ses actes. A ce moment, il sera en mesure d'être « sage » ou « méchant » à son gré, et son choix dépendra surtout de ses sentiments à l'égard des adultes qui comptent pour lui. S'il commence cette nouvelle étape de son évolution convaincu de votre amour, de votre approbation et de votre soutien, il aura envie (la plus grande partie du temps) de vous faire plaisir. Il se comportera donc le plus souvent comme vous le désirez. Mais s'il est persuadé que vous êtes autoritaire, incompréhensive et hostile, il renoncera peut-être d'avance à chercher à vous plaire, en pensant que c'est impossible ; il ne sera pas troublé quand vous êtes fâchée parce qu'il en aura l'habitude et n'étant pas sûr d'être payé de retour, il trouvera trop dangereux de se laisser aller à vous aimer. Si, à l'âge préscolaire, il ne cherche pas l'approbation, refuse de coopérer et n'est pas assuré d'aimer et d'être aimé, c'est que vous l'aurez privé des bases nécessaires à une discipline librement consentie. Un petit enfant heureux est un enfant facile, et s'il est docile maintenant, il sera plus disposé à recevoir votre éducation, plus tard.

Alimentation et croissance

Après son premier anniversaire, le gain de poids de votre enfant va sans doute se ralentir et se situer entre 30 et 60 g par semaine. Mais il peut très bien grossir plus vite ou plus lentement sans que cela soit inquiétant, car, comme nous l'avons déjà signalé, il y a à tous les âges de nombreuses variations de part et d'autre de la « moyenne ».

Si le bébé n'a pas eu de maladie ou de troubles digestifs pendant sa première année, il est inutile de continuer à le peser une fois par semaine. Ce serait absurde car les pèse-personnes ne sont généralement pas assez précis pour indiquer les grammes et le seul fait qu'il soit allé à la selle avant ou après la pesée suffit à donner l'impression qu'il a plus ou moins grossi. Il est préférable de ne le peser et de ne le mesurer que tous les trois mois, de façon à contrôler à la fois son poids et sa taille.

Modification des proportions

Les proportions d'un nouveau-né ou d'un grand bébé sont tout à fait différentes. Elles vont changer encore davantage pendant ces années-ci. Quant le bébé se met debout pour la première fois, vers un an, les parents lui trouvent souvent une silhouette bizarre, encore trop grosse et son cou est presque inexistant. Les épaules sont étroites, le ventre proéminent, les jambes souvent arquées, les pieds plats. Le corps d'un bébé d'un an est encore adapté à la marche à quatre pattes. Mais vers deux ans, son corps aura évolué en fonction de la station debout. L'année suivante, il aura probablement minci et se sera allongé ; sa souplesse et ses longues jambes lui donneront l'allure typique des enfants d'âge préscolaire.

Alimentation

Dès le début de sa deuxième année, votre bébé est en mesure de manger la plupart des plats que vous préparez pour le reste de la famille et de prendre ses repas en même temps que vous tous.

Tous les aliments frais lui conviennent, moyennant une petite adaptation de dernière minute. Les viandes et les poissons, par exemple, peuvent être coupés en petits morceaux pour lui pendant que vous dressez votre plat. Les légumes peuvent être réduits en purée ou coupés en petits cubes, et les fruits cuits écrasés et passés s'ils contiennent des pépins. Les aliments que vous faites frire et qui seraient trop gras pour lui peuvent être cuits au gril, ou sans graisse dans une poêle qui n'attache pas et les sauces riches remplacées à la dernière minute par un simple bouillon.

Si vous ne faites pas beaucoup de cuisine pour le reste de la famille, vous pouvez continuer à employer les aliments pour bébés qu'on trouve dans le commerce. Par exemple, si vous ne préparez pas de petit déjeuner familial, une assiette de céréales pour bébés lui conviendra mieux que des céréales pour adultes (voir p. 170). Si vous n'avez pas l'habitude des desserts sucrés, les pots de crème au caramel ou les pots variés aux fruits vous éviteront de faire cuire une demi-pomme ou un minuscule riz au lait.

Il faut, cependant, être plus scrupuleuse en ce qui concerne les produits conservés pour adultes. La plupart des surgelés ont la même valeur nutritive que l'aliment frais, mais celle des produits en boîte ou déshydratés est souvent inférieure. Une assiettée de soupe à la tomate en sachet, par exemple, remplira l'estomac de votre bébé, mais ne lui donnera pas beaucoup de calories et fort peu de vitamines. Les soupes, plats ou sauces déshydratés contiennent en général beaucoup de sel. Bien que l'enfant supporte mieux le sel à cet âge, si on lui en donne trop, cela va tout de même fatiguer ses reins. De plus, ces produits contiennent souvent un certain nombre d'agents de conservation, de colorants et de parfums artificiels tels que le glutamate de sodium. Bien que, dans la plupart des pays, il existe une réglementation stricte concernant l'utilisation des produits chimiques dans les aliments, beaucoup de gens considèrent qu'il faut en consommer le moins possible. Ainsi, sans adopter une attitude extrême — votre bébé peut supporter une sauce contenant un cube de bouillon —, il est préférable que son régime comporte très peu de ce genre de produits.

Il faut prendre les mêmes précautions avec les boissons sucrées pour adultes. Si vous lisez les indications données sur l'étiquette d'une bouteille de jus de fruit, vous constaterez probablement que celui-ci contient une quantité d'édulcorants, de colorants et de parfums artificiels, et très peu de fruit. Cela ne fera aucun mal à votre enfant d'en boire de temps en emps, mais pour son usage courant et sa ration de vitamine C, continuez à lui donner du jus d'oranges fraîches ou des jus de fruits enrichis en vitamine C. Mais quand il a vraiment soif, rien ne vaut un verre d'eau.

Problèmes d'alimentation

Après avoir été bombardés d'instructions détaillées concernant la façon de nourrir un bébé, beaucoup de parents qui demandent des conseils sur l'alimentation d'un enfant d'un an s'attirent cette réponse : « Donnez-lui un régime équilibré et varié. » Et lorsqu'ils demandent des précisions, on leur dit : « Beaucoup de viande et de poisson, du fromage, du lait, des œufs et des légumes verts... » Constatant que leur enfant déteste et refuse la plupart de ces aliments, ils en viennent à se demander s'il est correctement nourri. Ainsi est semée la graine de l'anxiété (et par conséquent des problèmes alimentaires). Étudions donc d'un peu plus près ce « régime équilibré et varié ».

Qu'est-ce qu'un « régime varié équilibré » ?

Un régime quotidien équilibré comporte des aliments variés, combinés différemment. Ce qui fait son intérêt, c'est que la personne qui le pratique reçoit presque certainement tout ce dont son corps a besoin, dans toutes les circonstances. Si un aliment ne vous apporte pas tout ce qui vous est nécessaire, un autre vous le fournira. Si votre petit déjeuner n'a pas été assez nourrissant, la compensation se fera à midi. Vous n'aurez donc pas à vous inquiéter des problèmes de nourriture, si vous savez que votre enfant reçoit *effectivement* une alimentation variée. Il est même inutile d'essayer de comparer ce dont il a besoin avec ce qu'il absorbe, car l'équilibre se fait de lui-même au bout d'un jour, d'une semaine ou d'un mois.

Voilà le principal mérite de ce régime qui évite de faire des calculs compliqués. Pour chaque aliment, la quantité globale nécessaire varie d'une personne à l'autre, et pour la même personne d'un jour à l'autre. Par exemple votre propre régime, tout à fait adéquat en temps ordinaire, peut ne pas être en mesure de vous procurer la quantité de fer supplémentaire dont vous avez besoin après des règles abondantes. Par ailleurs, il est encore plus compliqué de calculer la valeur nutritive de portions de nourriture. On connaît la quantité de protéines contenue dans 170 g de bœuf maigre. Mais que veut dire exactement « maigre » ? On sait aussi combien de vitamine C fournissent 100 g de chou vert cru, cueilli au printemps, mais quelle en est la proportion qui aboutit finalement dans l'organisme après le transport, le conditionnement et la cuisson ? Si vous avez un régime varié, il est inutile de vous préoccuper de ces questions. En prenant de la viande, du poisson, du fromage, des œufs, du lait et/ou des haricots, des noix et des légumineuses, vous aurez votre content de protéines. Et finalement la perte de vitamine C qu'a subie le chou n'a pas beaucoup d'importance, car vous en trouverez dans les pommes de terre et les fruits.

On peut donc en conclure que la meilleure façon de nourrir un enfant consiste à lui offrir une grande variété d'aliments. Cela doit être votre but, en l'habituant progressivement aux repas familiaux, mais ne croyez pas que ce soit la seule façon de le nourrir correctement.

Le régime de votre bébé peut être satisfaisant et varié même s'il ne comporte pas obligatoirement des quantités normales de tout ce qui est considéré comme « bon pour lui ». La valeur d'un aliment réside dans l'usage que son corps peut faire de ses composants. Il n'existe pas de produit miracle qui ne vaut que par la somme de ce qu'il contient. Aucun aliment n'est donc indispensable, car on peut trouver ailleurs les éléments qui le constituent. Le lait en est un excellent exemple, parce qu'on dit souvent que les enfants ne « peuvent s'en passer ». Or cette affirmation est erronée. Le lait est un produit très précieux qui apporte de façon commode à l'enfant presque tout ce dont il a besoin. Mais les protéines, les matières minérales et les vitamines qu'il contient se trouvent aussi dans d'autres aliments.

Ceci nous amène à la manière de présenter la nourriture à votre bébé. En quantité modérée, les œufs sont bons pour la plupart des enfants, mais il n'est pas nécessaire de les leur servir à la coque ou au plat. L'œuf que vous avez mis dans la galette qu'il aime le nourrira autant que celui qu'il aurait pu manger à la coque au petit déjeuner.

Vous pouvez considérer que vous avez de la chance si votre enfant accepte un régime varié ordinaire car il reçoit ainsi tout ce dont son corps a besoin. Vous n'avez pas à vous préoccuper davantage de son alimentation et la fin de ce chapitre ne vous concerne pas. Mais, si ce n'est pas le cas, ne vous faites pas de souci. En lisant ce qui suit, vous découvrirez certainement que, quels que soient les aliments qu'il refuse, vous arriverez tout de même à lui donner ce dont il a besoin en combinant ceux qu'il aime.

Calories Tout aliment fournit des calories. Celles-ci sont nécessaires à la croissance et au fonctionnement de l'organisme, ainsi qu'à l'exercice physique. Même si l'enfant mange peu, on peut considérer qu'il en reçoit suffisamment s'il est bien portant et plein de vie et s'il pousse normalement.

Le taux calorique varie selon les produits. Ceux qui sont riches en graisses en contiennent plus. Une seule tranche de pain bien beurrée fournit plus d'énergie que deux tranches de pain sec ; une pomme de terre frite vaut trois bouillies. Un enfant qui semble donc avoir peu d'appétit a peut-être un régime trop riche en calories.

Hydrates de carbone Le sucre est un hydrate de carbone pur. Mais il y a aussi des hydrates de carbone dans tous les aliments consistants comme le pain (et tout ce qui est à base de farine), les pommes de terre, les pâtes et le riz. Notre énergie vient en grande partie des hydrates de carbone parce que nous en consommons beaucoup.

Dans la mesure où votre enfant mange normalement, c'est son appétit qui veillera à ce qu'il prenne assez d'aliments contenant les hydrates de carbone qui conviennent à sa vitalité et à sa nature. Quoique l'abus de sucre soit mauvais pour les dents et/ou la silhouette, n'éliminez pas complètement les féculents parce qu'« ils font grossir ». Les pommes de terre et le pain, par exemple, sont excellents pour lui.

Graisses Dans la plupart des familles, on sait maintenant diminuer la consommation de graisses animales ou saturées. Si votre enfant consomme du lait, des fromages et d'autres produits laitiers, ne vous souciez pas de lui donner à manger en plus des « graisses visibles » : il trouvera les acides gras qui lui sont nécessaires dans les aliments du commerce. Toutefois, s'il ne consomme pas de produits laitiers, il pourra manquer des vitamines solubles dans les graisses dont il a besoin. Il faudra alors les lui fournir sous la forme de gouttes polyvitaminées.

Protéines Les protéines sont importantes, car indispensables à l'élaboration des tissus. Cependant, la quantité nécessaire et la difficulté de se les procurer ont été exagérées par les fabricants de produits alimentaires. « Haute teneur en protéines » est devenu un slogan publicitaire. En fait, un enfant qui peut manger autant qu'il le désire manque rarement de protéines.

La confusion vient sans doute de l'emploi des termes « majeure » et « mineure ». Les protéines se composent d'un certain nombre d'acides aminés. Certains d'entre eux doivent être consommés déjà combinés, parce que l'organisme est incapable de les fabriquer à partir des autres. Ces acides aminés indispensables à la vie se trouvent au complet dans les protéines d'origine animale : viande, poisson, lait et laitages, d'où leur nom de « protéines majeures ». Mais ils existent aussi dans d'autres aliments. Les protéines végétales du pain, des pommes de terre, des haricots, des noix et des graines de céréales se complètent les unes les autres, si bien qu'une association bien conçue apporte à l'adulte les protéines nécessaires. Sans prôner un régime végétarien pour les enfants, on peut préciser que le pain (qui contient des protéines d'origine végétale) et le fromage (qui contient des protéines animales) apportent à l'enfant autant de protéines majeures que la tranche de rôti, hautement recommandée, mais qu'il déteste.

En partant de ce principe, il est facile de fournir à l'enfant son contingent de protéines. Il refuse de manger des œufs, mais adore les gâteaux et les flans qui en contiennent. Il déteste les grillades, mais aime le hachis, le jambon et les saucisses, les croquettes de poisson, les hamburgers et les steaks hachés. Les protéines qu'il reçoit ainsi ne sont pas aussi concentrées que dans la tranche de viande de boucherie, mais elles suffisent largement, ajoutées au total des autres protéines végétales.

Si vous n'arrivez pas à varier suffisamment l'alimentation pour combiner les diverses protéines végétales, et s'il n'aime pas les aliments contenant des protéines animales, pensez au lait. Tant qu'il en consommera un demi-litre par jour soit comme boisson, soit intégré à sa nourriture, il ne manquera pas de protéines, quel que soit son appétit.

Calcium Le calcium est indispensable au développement des os et des dents, au fonctionnement des muscles et à la coagulation du sang. Il se trouve dans le pain, la farine de blé et toutes les autres céréales, mais pas d'une façon suffisamment concentrée pour satisfaire aux besoins de l'enfant. En revanche, le lait en est très riche : un demi-litre par jour fournit à l'enfant une quantité suffisante. Même s'il n'en consomme pas autant sous forme *liquide*, beaucoup de ses aliments peuvent en comporter, comme le montrent les exemples suivants :

30 ml de lait par portion	60-85 ml de lait par portion	115 ml de lait par portion
Purée de pommes de terre	Céréales pour bébés	Soupe au lait
Œufs brouillés	Céréales du petit déjeuner	Lait chocolaté
Omelette	Sauce au fromage	Tasse de chocolat
Crêpes	Crème instantanée	Yoghourt
Sauce blanche	Flan	
Soufflé	Gâteau de riz	
Poisson en sauce	Glace	

N'oubliez pas que le fromage est aussi une excellente source de protéines. Si on leur en donne l'occasion, beaucoup d'enfants adorent le fromage : en cubes pour manger avec les doigts, râpé sur les légumes, dans les sauces ou tartiné sur du pain. Si la famille est végétarienne stricte (ni produits d'origine animale, ni lait, fromages ou autres produits laitiers), avertissez votre médecin qui prescrira sans doute à l'enfant des suppléments de vitamines.

Autres sels minéraux Les autres sels minéraux indispensables à votre enfant sont si répandus (comme le phosphore) qu'il en reçoit forcément des quantités suffisantes. Ou bien ils sont utilisés et réutilisés par son organisme (comme le fer), si bien qu'il n'a pas besoin d'apports quotidiens à condition d'avoir des réserves suffisantes.

Vitamines La plupart d'entre elles sont si répandues que l'enfant en reçoit automatiquement la quantité voulue. Pour plus de sûreté, on peut lui donner tous les jours des vitamines sous forme de gouttes ou de comprimés.

Vitamines A. On la trouve surtout dans le foie, le lait, le beurre et les margarines enrichies. Les carottes fournissent le carotène qui se transforme ensuite en vitamine A. Ces aliments lui en apportent probablement assez, mais il est prudent de leur ajouter des vitamines en gouttes.

Vitamine D. Elle est concentrée dans le jaune d'œuf et les poissons gras. Les peaux claires exposées au soleil la fabriquent mais un supplément est indispensable, surtout l'hiver.

Vitamine C. On la trouve en grande quantité dans les fruits et les légumes verts, mais il est difficile de fournir un contingent quotidien suffisant de cette vitamine essentielle, car elle est détruite par la lumière et la chaleur. Les légumes verts n'en contiennent plus guère après avoir été exposés en plein air et au soleil et avoir été coupés puis bouillis. Il faut donc les cuire rapidement, les servir immédiatement et utiliser leur eau de cuisson chargée de vitamines dans des soupes ou des sauces. Cependant, il est tout de même difficile de connaître la quantité exacte de vitamine C consommée. Dans les pommes de terre, par exemple, elle se trouve juste sous la peau ; elle sera donc encore en assez grande quantité dans les pommes de terre en robe des champs, mais aura pratiquement disparu dans tous les autres cas.

Les fruits constituent une meilleure source de vitamine C parce qu'ils sont mangés crus ou avec leur jus de cuisson. Les agrumes, qui sont protégés de la lumière par leur peau et se mangent toujours frais, en sont un fournisseur idéal. Une seule orange — ou son jus — donne à votre enfant la totalité de sa ration quotidienne indispensable. On peut obtenir le même résultat en lui offrant tous les jours des boissons fruitées du commerce enrichies en vitamine C. Mais attention à ne pas abuser des boissons trop sucrées, ou veillez à ne pas l'y habituer. Il n'y a pas d'inconvénient à lui donner en plus sa dose quotidienne de potion polyvitaminée.

Comportement à table Le régime du bébé a cessé de vous préoccuper, mais si vous persistez à vous faire du souci, c'est sans doute plutôt son *comportement* que son alimentation qui vous inquiète. Vous êtes peinée de le voir refuser une nourriture qui a coûté de l'argent et qui a été préparée avec soin et amour. La façon dégoûtante dont il joue avec les mets qu'il ne mange finalement pas vous paraît un gaspillage et va à l'encontre de tout ce que les adultes considèrent comme les « bonnes manières ». Son désir de descendre de sa chaise et de reprendre ses jeux interrompt le repas familial. Il l'empêche d'être un moment de détente agréable. Cependant, aussi légitimes que soient ces réactions, il ne faut en aucun cas les confondre avec des problèmes alimentaires. Vous nourrissez votre enfant pour qu'il grandisse et reste en bonne santé. Par ailleurs, vous essayez de lui inculquer quelques notions de savoir-vivre. Il s'agit là de deux domaines distincts, tous deux importants, mais sans lien entre eux.

Quand vous dites qu'il « doit » manger du chou, est-ce une question de vitamine C ou de discipline ? Comme nous l'avons vu, il y a beaucoup de sources de vitamine C : le chou n'en est qu'une parmi les plus riches. On peut considérer aussi qu'il y a de meilleures occasions de faire de la discipline.

Quand vous dites qu'il « doit » manger tout ce qu'il a dans son assiette, est-ce pour qu'il ait assez à manger ou pour ne pas « gaspiller la nourriture » ? Nous avons vu que c'est lui le meilleur juge en la matière. Quant à la nourriture, elle est autant gâchée si vous gavez un enfant réticent que si vous la donnez au chat.

Quand vous dites qu'il « doit » finir le plat principal avant d'avoir du dessert, est-ce parce que vous pensez que ce plat est plus nourrissant ou parce que vous savez qu'il préfère le dessert et que vous estimez qu'il doit le gagner en finissant d'abord viande et légumes ?

Bien sûr, les parents sont libres d'exercer leur autorité quand bon leur semble et de la façon qui leur convient, mais si vous choisissez le repas pour vous affirmer, cela risque de vous coûter cher. J'ai rencontré des gens dont les repas étaient devenus de tels cauchemars à cause du plus jeune, que toute la famille en avait été perturbée, parfois pendant des mois. Certains parents avaient interdit à table toute autre conversation que les petites histoires et les poésies destinées à distraire le bébé pendant que la mère le gavait. Certaines mamans consacraient régulièrement deux heures aux repas et passaient la plus grande partie du temps qui leur restait à mijoter des petits plats tentants en vue de la prochaine bataille.

Il est curieux que nous arrivions à nous mettre dans de telles situations, car l'enfant ressent la faim comme tout le monde. Quand cela lui arrive, son corps lui commande de manger et il le fait. Les ennuis naissent de ce que l'enfant n'absorbe pas ce que vous lui proposez, au moment où vous le faites et de la façon que vous approuvez. Plus vous essayez de lui imposer la bonne tenue à table, plus il réalise que les repas sont de parfaites occasions pour déclencher de grandes scènes. Il comprend vite que c'est le moment où il lui est facile d'attirer votre attention, d'être le centre de vos préoccupations. Il ne peut s'empêcher de profiter de la situation et d'affirmer ainsi son pouvoir sur les autres et son indépendance.

Comment éviter les problèmes de repas

Vous êtes beaucoup plus clairvoyante que votre enfant. Si vous sentez que les repas sont en train de se transformer en combats, vous pouvez toujours prendre les devants en refusant d'avance la bataille. Il faut être deux pour se disputer. C'est de vous et de vos réactions que dépend le conflit.

Il ne se laissera jamais mourir de faim, si on lui offre une alimentation équilibrée. Cette affirmation n'est pas une généralisation hâtive. Elle s'applique à tous les enfants, donc au vôtre. Il faut absolument que vous en soyez convaincue, sinon il vous sera impossible d'éviter les problèmes.

Pour vous rassurer, vous pouvez contrôler le poids de votre bébé et vérifier ainsi qu'il continue à grossir régulièrement. Si vous ne trouvez pas son gain de poids suffisant, montrez-le à votre médecin pour qu'il vous confirme le fait qu'il est en bonne santé et que sa nourriture est correcte. Faites-vous rassurer jusqu'à ce que vous soyez vraiment persuadée que votre devoir consiste à lui offrir de la bonne nourriture et non à l'obliger à manger. On a procédé, il y a déjà quelque temps, à une étude du comportement de bébés d'un an auxquels on offrait trois fois par jour une grande variété d'aliments, et qu'on laissait choisir librement. Cela a permis de constater que, si leur régime quotidien était rarement équilibré, il se faisait à la longue des compensations. Comme ces enfants, votre bébé peut avoir des lubies : ce sera le pain, puis la viande ou les fruits. Sa santé n'en souffrira pas. Faites-lui confiance et tout votre programme de prévention des conflits en découlera normalement.

Encouragez son esprit d'indépendance, en particulier aux repas. Offrez-lui une nourriture facile à manger seul et ne l'aidez que s'il vous le demande. Lorsqu'il veut de l'aide, ne lui mettez pas la nourriture directement dans la bouche. Remplissez sa cuiller et donnez-la-lui pour qu'il s'en serve lui-même. Faites en sorte qu'il ait toujours l'impression qu'il mange parce qu'il en a envie et non parce que vous l'y obligez.

Laissez-le adopter n'importe quelle méthode. Votre but est de lui faire comprendre que l'important est de se nourrir, et non pas de se servir correctement d'une cuiller. S'il se débrouille mieux avec les doigts, laissez-le faire.

Ne lui imposez pas un ordre de plats. Si vous refusez de lui donner sa crème avant qu'il ait fini la viande, il comprendra vite que vous accordez plus d'importance au plat principal qu'au dessert. Étant donné l'esprit de contradiction des petits enfants, cela lui fera trouver le dessert d'autant plus désirable. De même, si vous ne le laissez pas tremper son jambon dans sa bouillie, il décidera sans doute de ne manger ni l'un ni l'autre. Évitez donc de regarder ce qu'il fait si vous ne pouvez supporter ce mélange.

Acceptez qu'il s'arrête de manger quand il en a assez. Si vous lui faites confiance sur le choix de sa nourriture, cela implique que vous lui laissez aussi la liberté de décider s'il veut manger peu, beaucoup ou pas du tout. En faiblissant et en essayant de lui faire avaler quelques cuillerées de plus, vous anéantissez tous vos efforts précédents.

Rendez le moment du repas agréable. N'oubliez pas qu'il a horreur de rester tranquille et qu'il lui est difficile de suivre une conversation générale, qui ne s'adresse pas directement à lui et ne concerne pas son petit monde. Vous êtes presque sûre d'avoir des ennuis si vous le gardez à table jusqu'à la fin du repas des adultes.

Si vous voulez l'associer à ce moment familial, gardez-le à table le temps de manger ce qui lui plaît, puis laissez-le retourner à ses jeux. Au début, il reviendra parfois quémander une cuillerée de plus, mais il comprendra vite qu'une fois descendu de sa chaise, il doit considérer le repas comme terminé.

Si vous estimez que vous ne pouvez lui permettre de quitter la table avant les autres, faites-le manger à part. Vers trois ans (voir p. 340), il sera ravi de se joindre à vous et fera des efforts pour « bien se tenir » afin de mériter cet honneur.

Beaucoup de parents adoptent sans doute un compromis entre ces deux solutions. Vous prenez peut-être un petit déjeuner détendu avant que chacun gagne son travail ou son école ; à midi ne participent au repas que la mère et les enfants, et le soir on fait manger le petit avant les autres de façon que la famille jouisse d'un dîner tranquille, après le coucher du bébé.

Ne faites pas trop de cuisine pour lui. Il est évidemment très important de lui offrir un « régime varié équilibré » (voir p. 252), mais si vous dépensez beaucoup d'argent et prenez beaucoup de peine pour lui préparer sa nourriture, vous serez d'autant plus vexée qu'il la néglige. Par contre, si vous lui offrez des mets sans prétention, vous n'aurez aucune raison de lui en vouloir. Pourquoi lui faire du foie haché, trois légumes et un gâteau de riz quand vous savez qu'il ne les mangera pas ? Essayez de deviner ce dont il a envie : si c'est, pour la énième fois, « du pain, du beurre et du jambon », donnez-les-lui. C'est une nourriture tout à fait acceptable. Tant mieux s'il les mange. Mais s'il les laisse, ce ne sera pas une grande perte.

N'utilisez pas la nourriture comme récompense, punition, menace ou moyen de corruption. N'oubliez pas que l'alimentation du bébé ne doit rien avoir de commun avec la discipline. S'il a faim, il faut qu'il puisse prendre autant qu'il veut de ce qui lui est offert. S'il n'a pas faim, il ne faut pas le forcer à manger. La nourriture ne doit représenter ni une récompense ni une obligation : on ne doit pas non plus l'utiliser pour obtenir quelque chose, ou en guise de punition. Il a de la glace parce que c'est le dessert du jour, et non parce qu'il a été sage. S'il n'en a pas, ce ne peut être que parce qu'il y a un autre dessert ce jour-là, et non parce qu'il a été vilain.

Laissez-lui le plaisir de manger à sa façon. Tremper les haricots verts dans la glace peut paraître bizarre, mais si c'est ainsi qu'il les aime...

Sucreries Si vous n'aimez pas les douceurs et si votre enfant a peu de compagnons plus âgés que lui, vous pouvez lui laisser ignorer l'existence des sucreries jusque vers deux ans. Cela vaut la peine d'essayer. Si son régime est bien équilibré, cette période dépourvue d'excès de sucre sera bonne pour ses dents.

Cependant, aussi prudente que vous soyez, vous ne pourrez éviter ce problème après deux ans. Il ne tardera pas à remarquer les jolis paquets dans les magasins, sera sensible aux publicités à la télévision, conçues justement pour le tenter, verra d'autres enfants se partager et mâcher des chewing-gums, et aura envie de faire comme eux ; puis, quand il en aura fait l'expérience, il réclamera sa part.

Il est évident que tout ce qui est confiserie est mauvais pour les dents des enfants. Mais si l'on prend soin de bien choisir, cela peut ne pas faire plus de mal que bien d'autres aliments, et finalement ne pas constituer un problème majeur. Le sucre très raffiné produit un acide qui attaque l'émail des dents. Chaque fois que l'enfant en consomme, ses dents sont en danger. Selon la quantité qu'on lui en donne dans la journée, et le temps qu'il reste dans sa bouche, il provoquera plus ou moins de caries. Mais cela s'applique à tout ce qui comporte du sucre raffiné, et pas seulement aux bonbons. Un mini-biberon rempli de jus de fruit et sucé pendant des heures fait autant de mal que les pires sucreries, et un morceau de gâteau produit autant d'acidité que les moins dangereuses. Il serait donc absurde d'adopter une attitude stricte et d'exclure toutes les sucreries du régime d'un enfant nourri suivant les normes occidentales. Ce qu'il faut, c'est faire preuve de prudence en ce qui concerne la nourriture sucrée.

Les sucreries mangées rapidement ne font pas grand mal parce que l'acide qu'elles produisent disparaît de la bouche avant d'avoir pu attaquer l'émail. Un morceau de gâteau ou un carré de chocolat sont donc bien préférables à une sucette qui s'éternise dans la bouche de l'enfant. Les pâtisseries qu'il faut mastiquer et les caramels sont les pires de toutes parce qu'ils laissent entre les dents des fragments qui vont y rester jusqu'au prochain brossage. Il en est de même de certains produits « bons pour la santé » qu'on suggère souvent de donner à la place des confiseries : raisins secs, dattes et autres fruits secs — à l'unité ou sous forme de barres diététiques — qui collent aux dents et peuvent faire beaucoup de dégâts bien que le sucre qu'ils contiennent ne soit pas raffiné. Certains dentistes pensent même qu'il ne faut pas terminer tous les repas par une pomme, car les petits morceaux de peau qui se glissent entre les dents peuvent leur faire autant de mal que la pellicule de sucre censée être éliminée par la pomme.

Bref, quand votre enfant atteint la période de sa vie où il vous faut lui donner des sucreries pour éviter qu'il se sente différent des autres, vous devez choisir soigneusement celles que vous lui donnez, et surveiller la façon dont elle sont consommées. Donnez-lui des choses qui se dissolvent rapidement comme le chocolat ou les bonbons fondants. Encouragez-le à les manger d'un seul coup : il vaut mieux qu'il mange six bonbons en un quart d'heure, qu'un bonbon chaque demi-heure pendant tout l'après-midi. Efforcez-vous de lui faire boire un verre d'eau dès qu'il a terminé et veillez que ses dents soient bien brossées le soir même.

Tout en affrontant le problème sur le plan pratique, il faut absolument que vous révisiez aussi votre attitude à l'égard des friandises, car c'est le plus souvent à elles que vous devrez vos ennuis par la suite. On a pu prouver que même les nouveau-nés sont capables de faire la différence entre de l'eau sucrée ou non sucrée, et que la plupart d'entre eux boivent davantage d'eau sucrée que d'eau pure. Mais nous autres, qui consommons une grande quantité de sucre raffiné bon marché, au lieu de reconnaître simplement que les douceurs sont agréables, nous avons fait de leur achat et de leur dégustation l'un de nos rituels de plaisir. Dans bien des familles, la boîte de chocolat est associée à toutes les festivités. Les bonbons sont utilisés comme cadeaux et sont envoyés en remerciement ; ils constituent des surprises ou des consolations pour un genou blessé ou une déception. On les charge aussi d'exprimer l'amour, et c'est sous cet aspect que l'enfant les désire et les demande en pleurnichant ou en vous harcelant.

Si vous vous servez des sucreries comme récompense ou comme petit cadeau pendant cette période, quand votre enfant aura atteint l'âge préscolaire, il leur associera un élément affectif dépassant le goût qu'il a pour elles. Si, lorsqu'il s'écorche le genou, vous lui donnez un chocolat après l'avoir embrassé, il le considérera comme un réconfort, et en demandera chaque fois qu'il se sentira déprimé, qu'il aura mal ou sera fatigué. Si, lorsque vous êtes particulièrement contente de lui, vous lui achetez des bonbons, il ne pourra s'empêcher d'associer ces bonbons à l'affection que vous avez pour lui et il vous demandera de lui en acheter pour lui prouver que vous l'aimez. Si, lorsqu'il doit faire face à une situation désagréable, comme une piqûre, vous l'encouragez avec une sucette, il en conclut forcément que ces sucettes lui sont dues chaque fois qu'il lui arrive quelque chose de désagréable et ne tardera pas à se faire payer en sucettes pour accomplir tout ce qui lui déplaît. En revanche, si vous êtes capable de tenir les sucreries en dehors du domaine affectif et de les traiter comme n'importe quelle autre bonne chose, vous éviterez ces ennuis.

Collations

Beaucoup d'enfants ont besoin de manger entre les repas. Un petit en-cas au milieu de la matinée et/ou de l'après-midi peut être utile pour les mettre de bonne humeur et leur rendre la journée agréable. En donnant au vôtre quelque chose qui coupe sa faim, vous pouvez éviter qu'un repas tardif se transforme en désastre. Efforcez-vous donc de ne pas considérer ces en-cas d'un point de vue moral. Il est indispensable de se nourrir, et aucune loi de la diététique n'impose trois repas au lieu de deux ou six. C'est une question de bons sens et de commodité, le tout influencé par les conventions sociales.

En ce qui concerne les en-cas, le problème vient de la multiplication des friandises qui s'est produite depuis une dizaine d'années. Comme les sucreries, elles bénéficient d'une énorme publicité ainsi que d'emballages séduisants. Beaucoup de parents ont à leur égard une réaction tout à faire irrationnelle.

Ils disent : « Il n'y a rien de bon là-dedans, ce sont des saletés. » Mais en fait, ce n'est probablement ni plus ni moins nourrissant que les produits alimentaires que vous servez à table. Une pizza par exemple est bonne pour le régime de l'enfant. Une glace faite avec de la crème et venant de chez un fabricant sérieux est un excellent aliment, de même valeur qu'une crème faite à la maison ou qu'un flan. Même les pommes chips, trop salées pour être recommandées pour les bébés, ne sont rien d'autre que des pommes de terre déshydratées frites dans de l'huile végétale. Elles constituent une bonne source de protéines végétales et ne font pas plus de mal à l'enfant que les frites ordinaires.

On dit que ces à-côtés font grossir. Il est évident que toute nourriture fait grossir si on en prend plus que nécessaire. Un enfant qui mange normalement aux repas *et se* bourre de friandises est sûr de grossir, mais celui qui les mange *à la place* d'une partie de son repas, ne prendra pas trop de poids. Il n'y a dans ces préparations aucun élément qui fasse grossir davantage, calories pour calorie, qu'un aliment servi sur une assiette.

On dit aussi de ces friandises qu'elles « coupent l'appétit » aux enfants. Cela peut, en effet, se produire, mais pas obligatoirement. Si l'enfant a pris un léger en-cas alors qu'il n'avait pas vraiment faim, il peut ensuite refuser le « bon dîner ». D'autre part, l'enfant qui refuse son repas après avoir mangé quelque chose de nourrissant ne perd probablement rien. Cela dépend de ce que contenaient respectivement son goûter et son dîner. Ne bannissez donc pas systématiquement toute friandise ; comme pour les bonbons, le vrai problème est d'ordre affectif.

Les collations sont achetées, par définition, parce que l'enfant a faim, choisies par lui-même et mangées parce qu'il en a envie, et non sur l'ordre de quelqu'un. Elles échappent donc à l'aspect obligatoire de la nourriture qui, comme nous l'avons vu (p. 256), est souvent imposée aux petits enfants. Cela suffit pour les rendre beaucoup plus désirables que les « aliments ordinaires ». En outre, elles ont l'avantage de pouvoir être consommées sans s'asseoir à table. Même leur achat est plus amusant que le processus ordinaire des courses dans un supermarché, puis de la préparation du repas à la cuisine. Il n'est donc pas étonnant que, laissé libre de son choix, l'enfant préfère un paquet de chips ou de biscuits à son déjeuner.

On peut résoudre le problème en traitant ces produits comme de la véritable *nourriture* (ce qu'ils sont réellement), plutôt que comme une faveur (ce qui est à l'origine des ennuis). Les chips ne doivent pas plus le récompenser de sa sagesse qu'une portion de chou. Et il ne faut pas davantage le priver de glace parce qu'il a été insupportable que vous ne le priveriez de viande. Comme dans le cas des bonbons, si vous analysez froidement le problème, les difficultés seront faciles à surmonter.

La bonne solution consiste à offrir à l'enfant ce qu'il préfère au cours des repas principaux, et à lui permettre de manger des aliments plus simples entre les repas, quand il a vraiment faim. Au lieu d'attendre qu'il vous supplie de lui acheter une barre de chocolat pendant que vous faites votre marché, donnez-lui comme dessert deux carrés de chocolat accompagnés d'une pomme. Et plutôt que de repousser avec mépris une demande de chips, servez-les-lui de temps en temps à la place de l'éternelle purée.

Il arrivera encore parfois à votre enfant d'avoir faim entre les repas. Quand cela se présentera, donnez-lui quelque chose de simple, comme du pain beurré. S'il a assez faim pour l'accepter, cela justifie l'en-cas. Il ne le mangera pas par gourmandise, comme il l'aurait fait pour des biscuits, mais ceux-ci lui seront servis au souper pour qu'il les mange ou les laisse, à son gré. C'est ainsi qu'on dédramatise la situation.

Embonpoint Un bambin peut être bien en chair sans être obèse. Il est souvent difficile de savoir si son poids est excessif, rien qu'en le regardant. A cet âge, le visage est le plus souvent rond, et le ventre proéminent.

Si vous pensez que votre petit est en train de devenir obèse, observez ses bras et ses cuisses. S'ils sont boudinés au point que vous avez des difficultés à lui passer les manches et les jambes de ses vêtements, il est sans doute trop gros.

Pour peu que vous ayez continué à noter régulièrement son poids et sa taille, vous pourrez vérifier cette impression en étudiant le graphique. Le poids idéal progresse parallèlement à la taille. Si la courbe de poids se redresse beaucoup plus vite que la courbe de taille, c'est qu'il est sur la voie de l'obésité.

Que faire ? Un enfant gros consomme le plus souvent trop d'hydrates de carbone. Mais cela ne signifie pas que vous devez lui infliger le régime pauvre en hydrates de carbone et riche en protéines que vous adopteriez vous-même pour maigrir. Il a besoin d'aliments contenant des hydrates de carbone pour satisfaire son appétit, poursuivre sa croissance et entretenir son énergie. Mais il a aussi besoin de toutes les protéines, vitamines et matières minérales qu'ils contiennent.

Surveillez sa consommation de graisses. Vous pouvez diminuer de façon considérable l'apport calorique sans qu'il s'en aperçoive et sans le priver de quoi que ce soit d'utile, en supprimant de son menu les graisses et les aliments frits ou sautés en utilisant des produits « allégés » en matières grasses. Une tranche de pain (30 g) apporte 70 calories. Beurrée, elle en fourni 70 de plus, sans autre intérêt que de procurer de la vitamine A, celle-ci étant apportée à l'enfant de toute façon par ses gouttes polyvitaminées. Les pommes de terre rôties fournissent deux fois plus de calories et les frites trois fois plus que les pommes de terre bouillies ou en purée.

Surveillez ses collations. Il n'est pas dans votre dessein de le rendre malheureux en lui interdisant brusquement de manger quoi que ce soit entre les repas, mais s'il grignote à longueur de journée des friandises riches en calories, il peut arriver à doubler le contingent normal absorbé lors des repas. Substituez les fruits frais ou déshydratés aux sucreries, les biscottes et les biscuits maigres aux biscuits sucrés, le pain aux gâteaux et aux brioches.

Surveillez sa consommation de sucre. Si c'est un enfant qui boit beaucoup et qui est capable de consommer une grande bouteille de sirop concentré de fruit vitaminé en une semaine, il reçoit beaucoup plus de vitamines que nécessaire, et le sucre du jus de fruit lui apporte une quantité de calories supplémentaires. Il vaut mieux lui donner du jus d'oranges pressées, même additionné d'un peu de sucre s'il est trop acide. Dans la mesure où sa ration de vitamine C est assurée par ses gouttes quotidiennes polyvitaminées, ce qui lui conviendra le mieux pour ne pas grossir, ce sont les fruits écrasés très dilués tandis que s'il est déjà trop gros l'eau pure est la meilleure des boissons.
Lui donnez-vous beaucoup de « petits pots » de fruits ou de desserts ? Ils sont souvent très sucrés : les fruits frais ou cuits à la maison sont meilleurs.
Mange-t-il trop de sucreries ? Si c'est le cas, donnez-les-lui à table (une pomme avec un peu de chocolat, ou quelques « smarties » pour le dessert par exemple), et ne les lui montrez pas en dehors des repas. Si vous voulez tout de même lui donner des bonbons, mais qu'il réclame chaque fois le paquet entier, il suffit de diviser un gros sac de bonbons en petites portions et de les mettre dans des sachets cellophane. Il aura ainsi l'impression d'avoir « tout mangé ».
Donnez-lui de bonnes habitudes alimentaires dès le berceau : apprenez-lui à ne manger ni trop gras, ni trop sucré.

Surveillez sa consommation de lait. S'il continue à boire plus de 800 ml par jour, il faudrait réduire sa consommation jusqu'à un demi-litre environ, mais pas en deçà. S'il prend encore des biberons, remplissez-les un peu moins, et faites de même s'il boit à la tasse. Pensez, cependant, à lui donner de l'eau pour compenser.

La plupart des calories du lait se trouvent dans le gras de la crème, tandis que les protéines et le calcium sont dans le lait lui-même. Comme nous l'avons vu (voir p. 166), le lait écrémé ou demi-écrémé n'est pas recommandé pour les enfants de moins de cinq ans, mais si votre enfant est trop gros et si vous ne pouvez réduire sa consommation de lait sans le perturber beaucoup, posez la question à votre médecin qui, pourvu que l'enfant prenne ses gouttes polyvitaminées et qu'il ait par ailleurs un régime bien équilibré, pourra trouver judicieux de le changer de lait pendant quelque temps.

Surveillez sa vie quotidienne. Prend-il assez d'exercice ? Dispose-t-il d'un endroit où il peut jouer librement ? Le laissez-vous pousser sa poussette pendant une partie du trajet que vous faites avec lui, ou reste-t-il assis passivement ? A la maison, peut-il se déplacer sur le sol, ou est-il enfermé dans un parc ou assis dans sa voiture ? Si on lui en donne l'occasion, il sera toujours en mouvement et ce qu'il mange n'ira pas s'accumuler sous forme de graisse dans ses cellules : il le consommera sous forme d'énergie.

Le sommeil

A partir du moment où le bébé est trop grand pour être transporté endormi et trop intéressé par la vie et le monde extérieur pour s'assoupir de lui-même, il est inévitable que votre liberté en souffre. Mais vous pouvez prendre dès maintenant quelques décisions afin que cette restriction ne soit pas trop pesante.

La solution « décontractée »   Vous pouvez emmener le bébé avec vous, où que vous alliez. Il sera heureux de vous accompagner quand vous vous rendez chez des amis, ou que vous partez en week-end ou en voyage. Il aimera même être assis sur vos genoux dans un cinéma. Mais il faudra en payer le prix. Un enfant qui reste éveillé certains soirs n'ira pas volontiers se coucher à l'heure normale les autres soirs, même si cela vous arrange. Il va sans doute faire partie de ces enfants qui traînent toute la soirée autour des adultes et dont le sommeil est irrégulier dans la journée parce qu'il dépend de leur degré de fatigue.

Rien de tout cela ne lui fait grand mal (du moins jusqu'à ce qu'il soit assez grand pour devoir se conformer aux horaires scolaires) mais est-ce bien ce que vous souhaitez, vous ?

L'établissement d'une routine   Si vous tenez à la tranquillité et à l'intimité de vos soirées, et si vous voulez disposer dans la journée d'un moment pour souffler un peu, vous pouvez y parvenir. Le bébé acceptera facilement un horaire régulier pour sa sieste et son coucher, mais il faudra vous y plier vous aussi. Ce système n'a de bons résultats que s'il est respecté. Cela signifie qu'il faut mettre votre enfant au lit avant de sortir et trouver quelqu'un pour le garder. Cela signifie aussi qu'il faut être fidèle à l'horaire dans toutes les circonstances même pendant les vacances, et cela vous oblige donc à tenir compte de cet impératif lorsque vous organisez un voyage.

Le besoin de sommeil   Comme nous l'avons vu plus haut (voir p. 175), le besoin de sommeil varie selon les bébés. Si le vôtre a toujours été un gros dormeur, il va continuer à l'être. Mais s'il n'a jamais dormi plus de dix heures par jour, il ne va pas brusquement se mettre à dormir davantage.

Quelle que soit la catégorie dans laquelle il se range, la durée totale du sommeil ne va diminuer que très progressivement durant cette période. Entre un et deux ans, elle ne va diminuer que d'une heure environ.

Les habitudes de sommeil   La nuit, presque tous les enfants de cet âge dorment entre dix et douze heures, rarement d'une traite, hélas ! Le nombre total d'heures de repos dont ils ont besoin quotidiennement est complété par plusieurs siestes qui peuvent durer de vingt minutes à trois heures ou plus.

Au début de cette période, deux siestes par jour sont presque toujours nécessaires ; elles se situent à la mi-temps de leurs heures d'activité. Un enfant qui se réveille à 7 h 30, par exemple, se rendort vers 9 h 30 puis a besoin d'une autre sieste dans l'après-midi.

Vers 18 mois, la plupart des enfants traversent une phase spéciale : ils ont trop de deux siestes et pas assez d'une seule. Ils font bien comprendre qu'ils ne veulent pas être recouchés après le petit déjeuner, mais si vous vous laissez faire, vous constatez qu'ils ne peuvent tenir jusqu'à la fin de la matinée. Vers midi, au moment de manger, ils sont épuisés, grognons et insupportables.

Si vous considérez que, lorsqu'il est dans cet état, votre enfant est incapable de manger, et le couchez à 11 h 30, il s'endort aussitôt, mais recommence le même manège l'après-midi : après ce déjeuner tardif, il refuse de retourner au lit, mais a de la peine à rester éveillé jusqu'à l'heure du coucher.

Vers la fin de la deuxième année, le problème se résout de lui-même : l'enfant ne fait plus qu'une sieste en fin de matinée avant un déjeuner tardif, ou tout au début de l'après-midi après avoir mangé tôt. En attendant, vous allez peut-être devoir lui donner son déjeuner à 11 h 15, ou le coucher pour la nuit à 17 h 30 !

Cela peut même empirer ; certains enfants de deux ans sont si reposés par leur sieste que même un court assoupissement dans l'après-midi vous oblige à retarder l'heure du coucher jusqu'à une heure impossible. Vous vous retrouvez dans l'obligation de l'empêcher de faire la sieste et même d'éviter de l'emmener avec vous en voiture vers cinq heures de l'après-midi de peur qu'il ne s'endorme...

Le réveil des siestes

Si vous voulez respecter un horaire régulier, vous serez souvent obligée de réveiller votre enfant dans la journée, sinon il risque de dormir de 11 h 30 à 15 h 30 par exemple. Cela vous empêche de lui donner son déjeuner, d'aller faire vos courses ou chercher son aîné à l'école. Quand bien même cela vous arrangerait de le laisser dormir tout l'après-midi, cela ne serait pas raisonnable. Après avoir dormi si longtemps dans la journée, il n'aurait pas sommeil à son heure habituelle.

Mais il faut procéder avec beaucoup d'égards. Il sera sans doute furieux d'être dérangé et il faudra bien une demi-heure de câlins et de conversation affectueuse pour lui donner le courage d'affronter le monde. Si vous tentez de le lever ou de l'habiller tout de suite, il va se mettre à hurler, et si vous voulez le faire manger, il refusera. Et quand vous devrez vous précipiter pour chercher son frère à l'école, il se mettra à ronchonner et à pleurnicher et vous empêchera de consacrer votre attention à son aîné.

Réveillez-le donc largement à temps pour la transition entre le sommeil et la vie active, et pour que le passage entre son lit douillet et le tapis sur le sol se fasse progressivement.

Le surmenage

C'est un problème qui se pose souvent, surtout vers le milieu de la deuxième année, au moment où il faudrait à l'enfant une sieste et demie, ou à un peu plus de deux ans lorsqu'il a besoin d'une demi-sieste !

La vie quotidienne d'un bambin de cet âge est très fatigante. Pour apprendre à marcher et à grimper, il va jusqu'aux limites de ses forces, et cet apprentissage provoque maintes chutes, bosses, surprises et maux répétés dans la journée. Sa vie quotidienne ressemble à l'après-midi d'un adulte qui apprend à skier ou à patiner.

Comme tout le monde, l'enfant est de plus en plus maladroit à mesure qu'il se fatigue. Ses mouvements sont de moins en moins coordonnés, et il doit faire des efforts croissants pour arriver au bout de ce qu'il entreprend, ce qui l'épuise encore davantage. Vous pouvez en faire la constatation en observant un enfant dans un jardin public. Quand il arrive, frais et dispos après sa sieste, il se précipite sur tous les jeux et se débrouille très bien. Il remplit correctement son seau de

*Réveillez-le de sa sieste avec ménagement,
donnez-lui le temps
de se réadapter au monde.*

sable et arrive à franchir trois barreaux de l'échafaudage d'escalade. Une heure plus tard, il lui faut au moins dix minutes pour remplir son seau, le pâté de sable s'effondre, et ses mains glissent quand il essaie de grimper.

Parallèlement à ces efforts physiques, l'enfant fait aussi d'énormes efforts pour comprendre le monde et s'y intégrer. Le jardin public est bruyant, il y a beaucoup d'autres enfants, cela peut l'effrayer ou l'exciter, mais en aucun cas le détendre.

La fatigue physique, l'excitation et la tension peuvent finir par rendre un enfant de cet âge inconscient de sa lassitude, et par conséquent incapable d'arrêter pour se reposer et se détendre un peu. Il faut venir à son secours avant qu'il en arrive là. Ne vous imaginez pas qu'un enfant qui court dans tous les sens n'est pas fatigué : observez ce qu'il fait, et voyez s'il a autant d'aisance dans ses gestes qu'une demi-heure plus tôt. Si ce n'est pas le cas, c'est qu'il a besoin de repos. Ne croyez pas non plus que celui qui a de la peine à s'endormir (voir ci-contre) ne se fatigue pas dans la journée : il est possible qu'il aille au-delà de ses forces, et que ce soit la tension qui l'empêche de trouver le sommeil. La solution ne consiste pas forcément à le faire dormir davantage, mais à l'obliger à se reposer plus longtemps.

Le repos Il faut trouver le moyen d'amener l'enfant à se reposer physiquement
sans sommeil et à détendre son esprit, sans le mettre forcément au lit. Les occupations tranquilles, qu'il commence à aimer entre deux jeux mouvementés, vont être précieuses dans les années qui viennent. Elles vont vous servir à le calmer quand les circonstances l'exigent, soit que vous soyez en voyage, ou dans la salle d'attente du dentiste, ou encore que l'enfant soit malade.

Chaque famille a ses activités calmes favorites mais à cet âge elles sont essentiellement liées à ce que vous êtes disposée à faire avec lui. Aucun enfant de deux ans qui se respecte n'est capable de rester tranquille seul plus de cinq minutes.

Dessinez un cheval, lisez-lui une histoire, mettez un disque ou entreprenez un puzzle

... avec votre aide, il peut se reposer sans dormir.

Les problèmes de sommeil

Problèmes du coucher

Bien des parents sont persuadés que leur enfant est le seul à refuser chaque soir d'aller au lit. On croit en général qu'en étant gentil, mais ferme, on évite les ennuis. C'est un mythe. Quand des sociologues demandent aux parents de raconter comment cela se passe chez eux, il devient évident qu'au moins 50 pour 100 des enfants de un à deux ans font une scène lorsqu'on les couche. Soir après soir, on les berce, on s'assied près de leur lit, on les câline, on les ramène à la salle de séjour, on les met dans le lit des parents, on leur offre à manger, on leur donne une fessée ou on les gronde et on leur redonne à manger.

Il est donc vain de prétendre que la chose est facile ; mieux vaut affronter une réalité qu'un mythe. Et la réalité démontre que la scène du coucher gâte la soirée de la famille. Il y a le repas à préparer et à prendre ensemble ; il y a les autres enfants dont il faut aussi s'occuper ; il y a les nouvelles du jour à échanger et la fatigue qui pèse. La plupart des parents feraient n'importe quoi pour calmer leur petit. Ils savent bien que c'est une mauvaise solution que de le relever, mais si cela marche ce soir, c'est toujours cela de gagné — en attendant le combat de demain soir.

Mettre l'enfant au lit

Si vous avez toujours bercé ou câliné votre bébé pour l'endormir vous n'aurez sans doute pas à affronter de durs combats, mais vous allez probablement constater qu'endormir votre enfant exige de plus en plus de temps. Il peut rester éveillé dans vos bras tandis que la litanie des chansons s'allonge et, juste au moment où vous le posez délicatement dans son lit, il sort brusquement d'une apparente somnolence et se montre parfaitement réveillé. Comme la même scène se reproduit quand il se réveille la nuit, vous souhaitez peut-être lui apprendre à s'endormir seul même si, pendant un certain temps, cela doit empiéter sur vos soirées (voir p. 124). Plus vous continuerez à l'endormir, plus difficile sera l'apprentissage. Au bout de quelques mois, il ne se contentera plus de pleurer dès que vous faites mine de le quitter alors qu'il est encore conscient, mais il sanglotera pathétiquement : « Prends-moi, maman, prends-moi... », et donnera ses ordres : « Encore une histoire ! »

Certains parents pensent qu'à cet âge la méthode la plus efficace pour endormir l'enfant est de lui donner un biberon et de le laisser téter jusqu'à ce qu'il soit endormi (voir p. 289). Réfléchissez : s'il s'endort sur son biberon de lait, il va se trouver quasiment obligé d'en demander un pour se rendormir chaque fois qu'il se réveillera la nuit. A certains bébés, il en faut trois par nuit. Cela signifie au moins deux réveils pour les parents, sans compter l'effet du lait sur les dents, le poids de l'enfant et le risque, bien que faible, d'étouffement. Si vous pensez qu'il a simplement besoin de sucer entre le moment où vous le laissez dans son lit et le moment où il s'endort, une tétine fera mieux l'affaire. Mais il risque de hurler en pleine nuit s'il l'a perdue...

Le laisser pleurer

Si le bébé est habitué à s'endormir seul, mais refuse de le faire, on conseille en général de l'installer pour la nuit, puis de le quitter et de ne retourner dans sa chambre sous aucun prétexte ; et l'on dit aux parents que s'ils peuvent supporter un soir deux heures de hurlements, le lendemain ceux-ci ne dureront plus qu'une heure, le jour suivant une demi-heure, et qu'enfin ils auront la paix.

Cependant, beaucoup de familles ont expérimenté l'insuccès de cette méthode et, si l'on se met à la place de l'enfant, on ne voit vraiment pas pourquoi elle réussirait. Quelle conclusion peut-il tirer du fait que vous ne revenez pas ? Il pleure parce qu'il ne peut pas supporter de vous voir partir. En refusant de retourner vers lui, vous semblez dire : « Inutile de pleurer puisque je ne reviendrai pas, aussi triste que tu sois. » S'il interprète ainsi votre absence, il y a peu de chances pour qu'il se sente plus rassuré le lendemain. Cela ne peut que renforcer son idée qu'il n'est pas prudent de vous laisser vous éloigner.

En fait, les parents abandonnent vite cette méthode. Un bambin décidé peut rester éveillé et pleurer pendant bien plus de temps que ses parents et les voisins peuvent le supporter. Si vous devez être obligée d'aller le retrouver dans deux heures, alors qu'il sera convaincu que vous l'avez abandonné pour toujours, autant y aller tout de suite.

Rester près de lui La solution opposée consiste à lui céder en restant près de lui, ou en le ressortant de sa chambre. Bien que ce soit plus gentil que de le laisser pleurer, ce n'est pas plus recommandable, si vous réfléchissez, ici aussi, aux conclusions qu'il peut en tirer. Votre attitude semble lui dire : « Tu as peur qu'on t'abandonne, et tu as raison, c'est effrayant de rester seul, aussi je reste avec toi » ou : « Je te prends avec moi. »

Dans ce cas, comme précédemment, vous ne faites rien pour faciliter les couchers à venir. Comment un enfant peut-il accepter de rester seul dans son lit quand vous lui suggérez qu'il a raison de s'insurger contre cette situation ? Et comment peut-il accepter que sa journée se termine quand on le met au lit, alors qu'il connaît le moyen de la prolonger en pleurant ?

Le juste milieu Il est possible de trouver un compromis qui permette de ne pas laisser l'enfant se désespérer dans sa solitude, sans lui donner l'occasion de prolonger sa journée. Par votre attitude, vous lui signifiez ceci :

« Inutile de pleurer, je ne t'ai pas abandonné. Nous viendrons toujours quand tu auras besoin de nous. Mais ta journée est terminée et il est temps que tu dormes. »

Mettez-le au lit avec bonne humeur, en observant le rituel quotidien que vous achevez par votre « bonsoir » habituel (voir p. 177). S'il pleure quand vous le quittez, attendez un instant, pour voir s'il essaie de vous mettre à l'épreuve. Si les pleurs se prolongent, retournez dans sa chambre, et répétez votre « bonsoir », puis quittez-le de nouveau.

Malgré les pommes de terre qui commencent à brûler à la cuisine, relayez-vous avec son père pour répéter ce manège jusqu'à ce que l'enfant se calme. Tant qu'il pleure, il faut aller le retrouver toutes les cinq minutes, mais seulement pour les quelques instants que dure ce « bonsoir ». Cela signifie : « Je ne suis pas loin, mais ta journée est finie. »

Ne sortez pas l'enfant de son lit, ne restez pas dans sa chambre, mais ne le laissez pas pleurer plus de cinq minutes.

Efforcez-vous de lui faire comprendre que vous êtes toujours là, mais qu'à ce moment de la journée, il ne peut rien obtenir de vous.

J'ai pu constater qu'il faut parfois une semaine pour que cette méthode porte ses fruits, mais jamais plus longtemps, à moins que les parents faiblissent. Si un soir vous en avez tellement assez que vous laissez pleurer l'enfant, tout est à recommencer. Il en est de même si vous finissez par le prendre avec vous, parce que vous êtes las de faire l'aller et retour.

Les réveils nocturnes

L'enfant est maintenant assez grand pour rester éveillé volontairement, mais il n'est pas encore capable (et ne le sera jamais) de se réveiller sur commande. On ne peut considérer les réveils nocturnes comme une « habitude ». Il est impossible de l'en dissuader soit en l'ignorant, soit en le grondant. En fait, ce phénomène n'a rien à voir avec la discipline et les parents qui vous disent fièrement que *leur* petit est trop sage pour faire une chose pareille se font des illusions. Ne vous laissez pas berner.

Les réveils calmes

Tous les enfants se réveillent plusieurs fois par nuit en se retournant. S'ils ne voient rien qui les intéresse ou les perturbe, ils se rendorment aussitôt et l'intermède passe inaperçu. Mais si votre enfant vous appelle chaque fois, vérifiez les points suivants :

L'avez-vous toujours aidé à s'endormir ? Si oui, il continuera à vous appeler tant que vous ne lui aurez pas appris à s'endormir seul.

Allez-vous dans sa chambre chaque fois que vous entendez un mouvement ? C'est donc peut-être *vous* qui le perturbez ; s'il vous voulait, vous, il vous le ferait savoir.

S'endort-il hors de ses couvertures, et donc sent-il le froid au bout de quelques heures ? S'il a cette habitude, mettez-lui un pyjama bien chaud, ou gardez à portée de main une couverture pour le recouvrir sans le déranger quand vous allez vous coucher.

A-t-il peur du noir ? Dans ce cas, laissez-lui une veilleuse de 15 watts. Cela ne l'empêchera pas de s'éveiller, mais lui évitera de vous appeler.

A-t-il besoin d'un jouet ou d'un objet de réconfort ? Si oui, placez-en deux ou trois près de lui en allant vous coucher. Avec un peu de chance, il en trouvera un quand il se réveillera et n'aura pas besoin de vous déranger.

A-t-il faim la nuit ? Certains enfants sont tellement fatigués le soir qu'ils ne mangent presque pas ; d'autre part, le petit déjeuner est encore loin. Pendant quelques mois, il serait peut-être bon de lui faire prendre un copieux goûter-dîner dans l'après-midi et seulement du lait à l'heure du coucher.

A-t-il soif ? Il y a des parents qui croient que, même à cet âge, l'enfant se mouillera moins la nuit si on limite sa boisson du soir. C'est faux. Il faut le laisser boire autant qu'il le désire jusqu'à son coucher, sinon il aura soif pendant la nuit.

Les réveils effrayés

Ce sont les plus fréquents. Parmi les enfants que nous avons étudiés, la moitié au moins en souffraient. Le réveil est dû à une sorte de cauchemar, mais il est évidemment impossible de savoir ce que l'enfant a rêvé, pensé ou vu dans son sommeil.

Certains se réveillent, terrifiés, plusieurs fois par nuit, pendant une période, puis cela cesse pendant des mois. D'autres se réveillent trois ou quatre fois par semaine plusieurs mois de suite.

Le réveil peut prendre la forme d'une panique soudaine, si bien que vous trouvez l'enfant assis tout droit dans son lit, visiblement terrifié. D'autres fois, cela ressemble à un gros chagrin et vous le découvrez dans son lit, sanglotant comme s'il lui était arrivé un grand malheur. De toute façon, si vous agissez promptement, la scène ne se prolonge pas plus de trente secondes. Le fait de vous voir et recevoir une caresse rassurante l'aide à se rendormir aussitôt. Le lendemain matin, il a tout oublié. Mais il en est tout à fait autrement si vous ne vous pressez pas. L'enfant s'excite de plus en plus en entendant sa propre voix, effrayée, résonner dans le silence. Et quand vous arrivez enfin, il est tout tremblant, angoissé et sanglotant. Votre apparition et une petite caresse ne suffisent plus à le rassurer : il est dans un tel état qu'il vous faut le bercer et lui parler pendant au moins un quart d'heure avant qu'il puisse se rendormir.

Les cauchemars

Si votre bébé fait des cauchemars vous pouvez vous borner à accourir près de lui dès que vous l'entendez pleurer. Essayer de les éviter est plus difficile, mais c'est cette prévention que vous souhaiteriez réaliser après avoir été tirée du lit au petit matin pendant toute une semaine.

Essayer de fatiguer davantage l'enfant dans la journée ou lui donner un souper plus consistant, comme on le conseille souvent, se révèle rarement efficace. Une plus grande fatigue ou un estomac surchargé ne le feront pas mieux dormir, au contraire. Mais il peut être utile de procéder à une étude plus approfondie de son caractère. On ne sait pas exactement ce qui provoque les cauchemars chez les enfants et chez les adultes. Mais on sait qu'ils sont associés à l'angoisse et à la tension d'esprit. Si votre enfant trouve la vie difficile, efforcez-vous de l'aider dans la mesure du possible, et ses cauchemars seront peut-être moins fréquents.

Venez-vous d'avoir un autre bébé ou en attendez-vous un ? Vous êtes-vous remise à travailler, ce qui vous oblige à confier votre enfant à quelqu'un d'autre ? Son père est-il souvent absent de la maison ? Tout changement important dans son petit univers peut être une cause d'angoisse, manifestée ou non, dans la journée. Même si vous ne pouvez pas agir sur la cause, vous pouvez lui venir en aide en étant encore plus affectueuse et tolérante, et peut-être en parlant de ce qui le trouble. Même s'il a peu de vocabulaire, un enfant se rassure quand ses parents lui montrent qu'ils sont conscients de son angoisse et la comprennent.

Êtes-vous au plus fort de la bataille concernant les repas, l'apprentissage de la propreté ou son désir croissant d'indépendance ? Aussi contrariant qu'il soit quand il est éveillé, il reste en lui un peu du bébé qui détestait ces conflits. Il n'aime pas tellement prendre le risque de vous déplaire. Essayez donc d'être un peu moins exigeante avec lui pendant quelque temps, et efforcez-vous aussi de lui montrer que vous l'aimez toujours autant. Peut-être arriverez-vous ainsi à le guérir de son angoisse.

Revenez-vous de vacances ? A-t-il fait un séjour à l'hôpital, ou a-t-il été longtemps malade à la maison ? Des événements qui lui ont fait quitter provisoirement la maison ou ont brisé ses routines peuvent le perturber. En vous appliquant à respecter soigneusement les habitudes de la vie quotidienne pendant quelques semaines, vous lui donnerez le sentiment de sécurité que procure une vie bien organisée.

Toutes ces suggestions procèdent en fait d'une même idée : un enfant qui a beaucoup de cauchemars doit être traité pendant quelque temps comme s'il était plus jeune. Quelque chose l'inquiète et l'empêche d'affronter les difficultés de l'existence. Traitez-le un peu en bébé pour l'aider à faire face et vous verrez peut-être ses cauchemars disparaître.

Déambulation nocturne

A la fin de la deuxième année, apparaît généralement une autre raison de ne pas laisser l'enfant pleurer. S'il ne vous voit pas venir, il va aller vous rejoindre.

Il faut à tout prix l'empêcher de sortir de son lit la nuit, car c'est dangereux. Les côtés du lit sont hauts pour un enfant qui vient juste d'apprendre à grimper. Et s'il parvient à descendre sans encombre, le voici lâché, sans surveillance dans la maison. Même s'il ne se passe rien de désastreux, le seul fait qu'il ait découvert la possibilité de sortir tout seul de son lit, et de vous rejoindre, l'incitera à recommencer son exploit tous les soirs. Des quantités de familles sont exaspérées par ces apparitions nocturnes du plus jeune dans la salle de séjour, ou, ce qui est pire, dans la chambre des parents, plusieurs fois par nuit.

Prévenir les promenades nocturnes

Il ne suffit pas d'empêcher matériellement l'enfant de sortir de son lit, il faut lui enlever l'idée de le faire. S'il lui prend la fantaisie d'essayer d'escalader les côtés de son lit, persévérants comme le sont les petits enfants, il s'obstinera sans doute jusqu'à ce qu'il y arrive. Il faut donc que vous rendiez la chose tout à fait impossible et qu'il n'ait pas de bonnes raisons de vouloir se lever.

Si on vient toujours le voir quand il pleure, que ce soit au coucher ou pendant la nuit, il n'a aucune raison pressante de sortir de son lit. Ce qui l'incite le plus vivement à vous rejoindre, c'est le sentiment que vous refusez de répondre à ses appels.

Si vous ne l'avez jamais ramené dans la salle de séjour le soir, ou pris dans votre lit la nuit, il ne pourra se représenter les bons moments qu'il manque en restant dans son lit. Les enfants qui ont l'expérience des soirées familiales ou des moments passés dans le lit des parents sont les plus acharnés à sortir de leur lit.

Faire cesser les promenades nocturnes

Une fois cette habitude prise, il est difficile de l'arrêter autrement qu'en lui opposant des obstacles matériels. On peut, par exemple, fermer sa chambre à clé, mettre un filet au-dessus de son lit, l'attacher avec un harnais, mais toutes ces solutions comportent des risques. En outre, le fait d'être maintenu de force dans son lit rendra celui-ci haïssable aux yeux de l'enfant et il faudra renoncer aux couchers et aux nuits paisibles.

Les parents bricoleurs peuvent résoudre le problème en abaissant le fond du lit. L'enfant ne verra pas la différence et s'étonnera de ne pas pouvoir en sortir alors qu'il avait réussi la veille. Il existe aussi des lits de profondeur réglable.

En dehors de cela, la meilleure solution consiste à lui faire comprendre que ses exploits ne lui rapportent rien de plus que ce qu'il pourrait obtenir en appelant. En le remettant systématiquement au lit, vous finirez par le décourager d'en sortir.

Sans aller jusque-là, on peut trouver d'autres moyens de lui prouver que ses sorties sont inutiles. Dès qu'il apparaît à la porte de la salle de séjour, il faut le ramener dans sa chambre, sans lui laisser le temps de faire du charme, sinon vous lui donnerez envie de renouveler chaque soir sa performance.

En somme, il suffit d'un lit à barreaux et de parents qui viennent chaque fois qu'on les appelle pour que l'enfant reste au lit. Ce n'est donc pas le moment de le mettre dans un grand lit. Vous avez tout le temps pour cela (voir p. 347). Et si vous attendez un autre bébé, achetez ou empruntez un deuxième lit d'enfant.

Les réveils matinaux Les enfants de cet âge se réveillent en général plus tôt que les bébés, mais cela pose moins de problèmes. Le matin, ils sont d'excellente humeur, et à six ou sept heures, quand ils s'éveillent, on les entend plus souvent chanter à tue-tête que pleurer ou ronchonner.

Certains d'entre eux passent le temps en bavardant, en chantant, en secouant leur lit ou en jouant avec leur ours en peluche. D'autres s'amusent avec leurs aînés jusqu'à ce que le monde des adultes s'ouvre à eux. Si votre enfant insiste pour que vous veniez tout de suite, essayez les solutions suivantes :

Laissez près de lui quand vous vous couchez une petite boîte en carton remplie de jouets et de livres. Le seul fait de la vider l'occupera pendant un grand moment. Avec un peu de chance, vous y aurez mis au moins un objet avec lequel il a envie de jouer.

Posez à proximité un gobelet inversable contenant quelque chose à boire, ainsi qu'un ou deux biscuits. Il trouvera amusant de boire tout seul et comme de toute façon vous aurez à changer sa literie, les dégâts seront sans importance.

Assurez-vous qu'il y voit assez. En été, des rideaux légers laisseront passer assez de lumière. En hiver, laissez-lui une veilleuse.

Apprenez-lui à savoir quand c'est vraiment le matin. Il est capable d'identifier un signal qui indique que vous allez vous lever et venir le chercher : ce peut être la sonnerie d'un réveil ou la radio.

L'éducation de la propreté

Il est plus difficile d'apprendre à un enfant à aller sur le pot qu'à manger correctement ou à se coucher gentiment, parce que cela ne lui rapporte rien de tangible. Quand on l'assied dans sa chaise, il sait qu'il va manger. Quand on le couche, il peut se reposer. Mais quand on le met sur un pot, il ne se passe rien d'autre qu'un mouvement d'intestin qu'il aurait eu de toute façon ; c'est vous seule qui préférez que cela se passe ainsi. Sa récompense sera le sentiment de vous avoir fait plaisir et de se sentir « grand ». Mais cela reste vague, et ce n'est pas l'objectif principal d'un enfant de cet âge.

Ne commencez pas trop tôt. Si vous le faites avant que l'enfant soit physiquement prêt, vous lui demanderez un effort impossible. Cela provoquera donc des conflits. En exigeant qu'il coopère à un moment où il en est encore psychologiquement incapable, vous tenterez d'imposer votre volonté dans un domaine où vous ne pouvez gagner. Personne ne peut le *forcer* à utiliser le pot ; et si vous essayez de le dresser tout de même, vous ne pouvez que créer une opposition de sa part et irez à l'encontre du résultat recherché. L'éducation de la propreté ne consiste pas à forcer l'enfant à faire quelque chose *pour vous*, mais à l'aider à faire quelque chose *pour lui-même*.

N'oubliez pas que, quel que soit le moment où vous commencez le « dressage », un enfant ne peut être *totalement* propre, même de jour, avant sa troisième année. Plus vous vous y mettez tôt, plus l'expérience sera longue ; mais si vous attendez un peu, vous gagnerez du temps, puisque de toute façon le résultat sera obtenu au même âge : aussi lent qu'il soit à se contrôler, vous pouvez être sûre qu'il ne portera plus de couches quand il entrera à la grande école...

Le moment du pot

Jusque vers quinze mois, votre enfant se mouille et se salit automatiquement. Il ne peut pas le prévoir et ne se rend pas compte qu'il l'a fait. Observez-le quand il est tout nu et qu'il urine : il ne regarde même pas la flaque dont il est responsable parce qu'il ne fait pas le lien entre elle et lui. Cela prouve qu'il n'est pas prêt pour le pot.

Au cours de la deuxième année, cette relation essentielle lui apparaît tout à coup. Il voit maintenant la flaque et attrape la partie de son corps qui la produit. Il se rend compte de ce qu'il a fait, mais n'est pas encore capable de le prévoir. Le moment n'est pas encore venu d'utliser le pot, mais il est temps de l'introduire dans l'univers du bébé.

Divers genres de pot

Il faut que l'enfant ait une sensation de confort et d'équilibre, même quand il s'agite. Il doit lui être pratiquement impossible de renverser son pot, et celui-ci doit être, en outre, facile à laver.

Cependant, beaucoup d'enfants préfèrent une « chaise-pot ». Il leur est facile de s'y asseoir et de se relever ; et elle a, de plus, un dossier pour s'appuyer. Pour le nettoyage et les voyages, il suffit de sortir le pot du siège.

Les pots de fantaisie, comme ceux qui font de la musique, peuvent l'amuser, ou vous amuser, mais l'enfant comprendra vite que la musique se déclenche aussi bien s'il y jette un jouet que s'il y fait ce qu'il faut.

Le pot, objet familier

A ce stade, ce qui importe, c'est que l'enfant comprenne à quoi sert un pot. Pour nous, c'est évident, et pour lui aussi sans doute s'il a des frères et des sœurs aînés. Mais pour un enfant unique, ce peut être une découverte, car il vous a vue utiliser une cuvette de WC, et non un pot ; or ces deux objets ne se ressemblent pas du tout.

Montrez-lui un pot et expliquez-lui que c'est là qu'il déposera ses selles et son urine quand il ne portera plus de couches. Laissez ensuite l'objet dans un coin de sa chambre. Vous n'êtes pas obligée de l'encourager à s'en coiffer, mais laissez-le se familiariser avec lui. Lorsqu'il commencera à s'y intéresser, il installera peut-être son ours dessus ou demandera à s'y asseoir. Dans ce cas, n'insistez pas pour lui enlever ses couches. Il veut simplement voir ce qu'il ressent quand il y est assis, mais n'est pas encore prêt à l'utiliser.

Début de l'éducation

Il est temps de commencer quand votre enfant prend conscience du fait qu'il va uriner ou se salir, au lieu de ne s'en apercevoir qu'après coup. Il commence par remarquer qu'il se passe quelque chose dans ses intestins. On peut le voir s'arrêter net, se tenir le ventre et devenir tout rouge ; ou bien, il vous regarde et émet des bruits significatifs. Il a désormais la possibilité d'être mis sur le pot, au lieu de salir ses couches. Mais n'oubliez pas qu'il s'agit uniquement du contrôle intestinal, et que c'est à lui de décider.

Le contrôle intestinal

Il est plus facile à réaliser que celui de la vessie. La plupart des enfants vont une ou deux fois à la selle par jour, mais il y en a beaucoup qui ne vont pas jusque-là. Le plus souvent (surtout si on n'a pas tenté de les « dresser » trop tôt), cela se produit toujours à la même heure. Il n'est pas difficile à un adulte attentif de reconnaître ce moment. Sachant qu'il s'écoule toujours un laps de temps entre les premières sensations intestinales et l'excrétion elle-même, si votre enfant est prêt à accepter l'usage du pot, il vous est possible de l'aider.

Si vous savez qu'il fait en général immédiatement après le petit déjeuner ou en se réveillant de sa sieste, ne lui mettez pas tout de suite couches, culotte en plastique, pantalon ou autres vêtements. Attendez qu'il vous dise ou vous signale qu'il commence à avoir « besoin » pour lui suggérer de s'asseoir sur le pot.

S'il refuse, ne le forcez pas à s'y mettre. Mais si cela lui est égal ou même lui plaît, asseyez-le sur le pot, restez près de lui et félicitez-le calmement une fois l'opération accomplie.

En évitant ainsi de dramatiser la chose, et en vous y prenant au bon moment, il se peut que vous obteniez le contrôle des intestins en deux semaines. Mais si votre enfant se rebelle, soyez prudente.

Ne l'asseyez jamais de force sur un pot, même si vous savez qu'il va se salir. Les petits enfants ont un esprit de contradiction très développé. Plus vous insisterez, et moins il en aura envie, et comme on ne peut le dresser sans sa collaboration, il est inutile d'essayer d'imposer votre volonté.

Restez calme. Que vous soyez ravie quand tout se passe bien, ou déçue quand votre tentative échoue, ne laissez pas vos sentiments transparaître dans votre voix ou votre comportement. Et surtout n'attachez pas de valeur morale à l'usage du pot, en qualifiant l'enfant de « sage » lorsqu'il s'en sert, ou de « vilain » lorsqu'il refuse. L'usage du pot pour remplacer les couches n'est qu'une chose, parmi d'autres, qu'il doit apprendre. S'il fait dans le pot, cela mérite un petit compliment parce qu'il se conduit comme un « grand ». Mais s'il fait dans sa couche ou par terre, un petit commentaire suffit, lui suggérant d'utiliser le pot la prochaine fois.

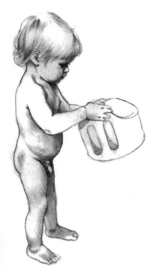

N'essayez pas de lui faire partager votre dégoût d'adulte pour les matières fécales. Il vient juste de découvrir qu'elles sortent de son corps et les considère comme une production intéressante qui lui appartient. Si vous le changez du bout des doigts d'un air dégoûté, vous précipitez pour vider le contenu du pot, ou vous fâchez quand il l'examine et le tripote, vous le blessez. Inutile de prétendre partager son intérêt pour ses excréments — la découverte que les adultes ne jouent pas avec fait partie de son éducation — mais ne lui dites pas qu'ils sont sales et répugnants, car il en conclura que vous le trouvez, lui aussi, sale et répugnant.

N'intervenez pas pour stimuler ses intestins. Les laxatifs destinés à « faciliter » les choses, les suppositoires ou les « petits savons » qui font venir les fèces au moment opportun constituent une erreur. Il s'agit de son corps ; si vous cherchez à forcer la nature, il aura l'impression que vous le manipulez.

Aidez-le à devenir indépendant dans ce domaine. Si vous avez attendu la fin de sa deuxième année pour l'habituer au pot, il sera capable d'y aller de lui-même, de se déshabiller presque tout seul, de s'asseoir et de se relever sans votre aide. Plus il se sentira responsable de l'opération, moins elle l'ennuiera.

Le contrôle vésical A peu près à l'âge où il comprend ce que signifie le mouvement de ses intestins, l'enfant commence à ressentir le besoin d'uriner, mais il n'est pas capable d'en tenir compte.

Entre le moment où il sent son besoin d'aller à la selle et celui où il lui obéit, il a largement le temps de s'installer sur le pot. Mais il n'y a aucun délai entre la sensation d'être le le point d'uriner et l'acte lui-même. L'exclamation « J'ai envie... » vient généralement trop tard. L'enfant est encore trop jeune pour être éduqué dans ce domaine.

Mais il va apprendre que le pot peut aussi être utilisé pour uriner, parce qu'il le fera en même temps que le reste. S'il acquiert sans problèmes le contrôle de ses intestins, il sera prêt à coopérer pour acquérir celui de sa vessie, dès qu'il en sera physiquement capable.

Les débuts du contrôle vésical Le premier signe d'évolution consiste à faire ce que les plus grands appellent « se retenir » pour retarder le moment fatal. Le bambin réalise juste à temps qu'il est sur le point d'uriner. Il serre donc les muscles qui entourent l'urètre et l'anus pour s'empêcher de le faire. Cependant ces muscles sont placés trop bas dans son corps pour qu'il les contrôle bien à cet âge ; la pression de l'abdomen est trop forte ; l'urgence est trop grande, il ne peut se retenir qu'un instant et seulement s'il se fige, jambes croisées. Tandis que le moindre contrôle est signe de progrès, cette attitude n'est pas utile, car il va uriner dès qu'il esquissera un pas en direction du pot.

Mais aux abords de son second anniversaire, l'enfant va commencer à se préoccuper plus tôt de son besoin : lorsqu'il se rend compte que sa vessie est pleine, il contracte les muscles de son abdomen. Cela lui permet de se retenir pendant plusieurs minutes et de marcher sans perdre son contrôle musculaire. Il lui est donc possible d'aller jusqu'au pot — s'il le veut bien.

Que faire pour l'aider ? Même si votre enfant est capable de reconnaître son besoin d'uriner à temps pour aller jusqu'à son pot, il ne sera pas « propre » sans un long et pénible apprentissage. Cela lui arrive si souvent dans la journée qu'il y aura beaucoup d'accidents, en particulier quand il sera si absorbé par son jeu qu'il ne sentira pas ce qui se passe dans sa vessie. Par ailleurs, le fait de ne pas pouvoir se réveiller à temps l'obligera à garder l'habitude des couches pendant la nuit, et peut-être même aussi la sieste. Il vous faudra faire preuve de beaucoup de délicatesse et de douceur pour éviter qu'il se décourage.

Tout d'abord, il faut l'aider à obtenir quelques « succès ». A partir du moment où vous savez qu'il est capable de se retenir quelques minutes, choisissez un jour où il ne s'est pas mouillé pendant la sieste pour ne pas le rhabiller tout de suite. Suggérez-lui de se mettre sur le pot, mais s'il refuse ou s'assied et se relève sans avoir rien fait, ne dites rien. Laissez-le simplement le derrière à l'air, avec le pot à proximité et encouragez-le à s'asseoir dessus s'il en ressent le besoin. S'il s'en sert effectivement, félicitez-le sans excès et remettez-lui ses couches comme d'habitude. Si par contre il s'absorbe dans ses jeux au point de s'oublier, essuyez la flaque sans commentaire et rhabillez-le. Il est évidemment excellent de pouvoir le laisser tout nu par temps chaud, car le fait de se sentir et de se voir uriner l'aide à faire la relation entre ce qu'il ressent et ce qui se passe ensuite.

Après quelques jours ou quelques semaines de succès épisodiques, enlevez tout à fait les couches quand il est *à la maison et éveillé*. N'en faites pas toute une affaire si vous ne voulez pas qu'il se sente humilié quand vous les lui remettez pour la sieste ou la nuit, ou quand il dort. Faites-lui seulement remarquer que cela doit être plus agréable pour jouer, et que, s'il a envie d'uriner, le pot est à proximité. Soyez bien consciente du fait que vous aurez souvent à éponger le sol et montrez-vous compréhensive devant ses accidents fréquents : « Dommage que tu aies trop attendu, n'est-ce pas ? Essuyons donc cela... »

Quand il en sera à utiliser un pot une fois sur deux, vous pouvez lui acheter des culottes en tissu éponge doublé de plastique. Elles n'absorbent pas toute l'urine, mais limitent les dégâts dans la maison ; de plus, elles sont agréables à porter, et faciles à mettre et à enlever. Continuez à lui mettre des couches la nuit, pour les siestes ou en voyage, et ne le laissez pas se décourager devant ses nombreux « échecs ».

A ce stade, il est bon d'apprendre à l'enfant à se servir aussi bien des toilettes que du pot. Si vous réussissez, vous vous libérerez de l'obligation d'emporter un pot, où que vous alliez, pendant les six mois qui viennent ! Il sera sûrement flatté d'aller au même endroit que vous, mais il faut lui mettre un tabouret ou une caisse solide pour lui permettre d'accéder au siège et de descendre facilement ; il faut aussi acheter un petit siège adaptable, pour qu'il ne tombe pas dans le grand. Attention à la chasse d'eau ! Beaucoup d'enfants en détestent le bruit et sont impressionnés de voir les choses disparaître, aspirées. Ils ont si peu le sens des proportions qu'ils peuvent même avoir peur d'être aspirés, eux aussi. Laissez-le donc tirer la poignée s'il en a envie, sinon attendez qu'il soit sorti pour le faire.

Être capable de faire le lien

... entre ce qu'il ressent

... ce qui arrive

... et ce qui en résulte

... est un progrès important.

A partir du moment où il est à peu près propre dans la journée, abandonnez les couches sauf pour la sieste, s'il le demande, ou la nuit. Il se produira encore un certain nombre d'accidents, mais cette suppression des couches est importante, car, tant qu'il en porte, l'enfant ne réalise pas que *chaque fois* qu'il sent sa vessie pleine, il faut qu'il aille sur le pot. Vous ne pouvez pas lui demander de raisonner ainsi : « J'ai besoin de faire pipi, est-ce que j'ai mes couches ou non ? »

Pour la plupart des enfants, tout se passe bien à partir de ce moment. Ils s'oublient de moins en moins et, un beau jour, on s'aperçoit que la serpillière est devenue inutile. Cependant, il faut éviter de tomber dans certains pièges :

Ne le harcelez pas pour qu'il n'oublie pas d'aller sur le pot. Vous avez intérêt à ce qu'il se sente mieux dans une culotte que dans des couches, et qu'il se rende compte qu'aller sur le pot dure moins longtemps que le change. Si vous l'importunez tout le temps, il pensera au contraire que la vie était plus agréable quand il portait ses bonnes vieilles couches. De toute façon, les rappels à l'ordre ne sont pas éducatifs. Ce qui est important, c'est qu'il soit conscient de son besoin, et qu'il agisse en conséquence. Si vous passez votre temps à lui en parler, vous pensez à sa place et vous risquez de retarder le moment où il se prendra en charge.

N'essayez pas de le faire uriner quand il n'en a pas besoin. Il n'en sera pas capable avant trois ans et le passage aux toilettes avant la promenade pour qu'il « n'ait pas à le faire plus tard » est parfaitement inutile, de même que le fait de le gronder s'il a un accident au supermarché, en lui reprochant « de ne pas y être allé avant de sortir... »

Soyez prompte à repérer les WC. A partir du moment où votre enfant a envie d'être propre, il compte sur vous pour lui trouver des endroits pour faire ses besoins où que vous vous trouviez. Prenez l'habitude d'emporter un pot chaque fois que votre sortie risque de se prolonger et de repérer les toilettes dans les grands magasins et dans la rue. Ne soyez pas excédée d'être obligée de descendre en hâte d'un autobus ou de vous précipiter à la maison. C'est vous qui, la première, avez désiré que l'enfant cesse de se mouiller, et lorsqu'il y est enfin arrivé, il lui est très désagréable de le faire quand même, au terme d'une longue attente.

Le vocabulaire Notre langage est plein d'euphémismes pour désigner les cabinets et ce qu'on y fait. Les adultes adaptent sans peine leur vocabulaire aux circonstances, mais l'enfant adopte les mots qu'on emploie quand on commence à l'inviter à se servir d'un pot ; et il leur reste fidèle pendant des années, quelles que soient les circonstances. Il n'est donc pas inutile de réfléchir un peu sur le choix de ces mots, car s'il n'est pas du tout ridicule de désigner d'un nom fantaisiste le besoin d'aller à la selle quand l'enfant a deux ans, cela peut devenir stupide quand il a quatre ans et poser ensuite un réel problème à sa maîtresse d'école maternelle. Il serait évidemment plus logique d'utiliser la terminologie exacte depuis le début, mais on imagine le fou rire de la maîtresse et des camarades en entendant votre enfant dire : « J'ai besoin d'uriner... »

On ne peut pas donner de solution unique à ce problème mineur, car la terminologie varie selon les milieux. Où que vous viviez, les gens feront la distinction entre un vocabulaire trop précieux et les expressions ridicules, entre ce qui est correct et ce qui est grossier. Ce serait peut-être une bonne idée d'écouter sur le terrain de jeux les mots que les enfants du quartier emploient entre eux.

Les soins quotidiens

Soyez attentive et non dominatrice

En ce qui concerne les soins corporels, n'oubliez pas que bien qu'il soit votre enfant, son corps lui appartient et qu'il vous faut agir avec tact. Il n'est pas capable de se débrouiller seul, mais il a horreur d'être manipulé comme un objet ou comme s'il vous appartenait. Prenez donc votre temps et faites preuve d'imagination. Si vous n'êtes pas pressée, vous ne serez pas tentée de faire les choses à sa place. De plus, avec un peu d'imagination, il est facile de transformer les gestes que vous devez faire pour lui en jeux, ou en une collaboration entre vous deux.

Vos efforts ne seront pas inutiles ; il ne va pas tarder à se montrer contrariant et révolutionnaire. Si vous vous laissez entraîner dans des batailles quand il s'agit de s'habiller ou de se laver la figure, cela aboutira à trois querelles par jour et ces querelles vous feront dépenser beaucoup plus de temps et d'énergie que si vous aviez fait preuve d'un peu de délicatesse.

Il est normal que les enfants de cet âge se salissent beaucoup. Si, en fin de journée ils ont les vêtements, les mains, la figure et les genoux propres, cela signifie, ou bien qu'on les a emmenés se baigner, ou bien qu'ils se sont ennuyés. Bien sûr un bambin impeccable et bien coiffé est un plaisir pour les yeux, mais il faut garder cela pour les grandes occasions.

L'aspect de votre enfant entre deux toilettes ne doit pas avoir d'importance, dans la mesure où cela ne porte atteinte ni à sa santé ni à son confort. Considérez-le comme un travailleur dont la tâche consiste à se développer dans tous les domaines. Comme tous les travailleurs, il est propre en début et en fin de journée, mais dans l'intervalle il lui faut des vêtements pratiques et de la liberté d'action. Si les gens regardent de travers votre petit poulbot, n'essayez pas de le débarbouiller avec votre salive ou de le peigner avec vos doigts : dites-vous seulement qu'ils ne savent pas ce qui est bon pour un enfant...

Le lever

Au matin, votre bambin est à la fois trempé et bouillonnant de vitalité. Vous ne pouvez pas le laisser libre de ses mouvements avant de l'avoir changé, mais ne vous attendez pas à ce qu'il reste tranquille pendant cette toilette succincte. Enlevez-lui sa culotte pendant qu'il est debout sur son lit dont les draps ont sûrement besoin d'être changés aussi. Laissez-le ensuite aller, le derrière à l'air, jusqu'à la salle de bains. Debout sur le tapis de bain devant la glace, il voudra bien se laisser laver les mains, la figure et le derrière. S'il tient à le faire lui-même, vous pouvez le mettre sur un tapis de caoutchouc dans la grande baignoire vide, et l'aider à se servir du gant de toilette.

L'habillage

Il est plus facile d'habiller le haut de son corps que lorsqu'il était plus petit parce qu'il est maintenant assis ou debout et si vous orientez convenablement ses manches, il est capable d'y engager sa main. Mais cela ne sera sans doute pas de tout repos : il prendra un malin plaisir à vous échapper, pour vous obliger à le poursuivre, sa chemise à la main, et n'acceptera de la passer que quand vous l'aurez attrapé.

Le faire rester tranquille sur le dos pour lui mettre les couches est plus délicat, car il va probablement rouler sur lui-même, ou se mettre à sucer ses orteils...

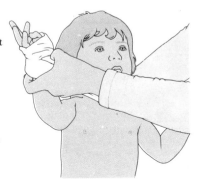

Les couches

Si on utilise les couches en tissu, la solution consiste à le distraire : posez-le sur la couche déjà préparée, puis donnez-lui un jouet très intéressant que vous gardez spécialement pour cette occasion. Il se tiendra tranquille le temps de l'examiner à fond. Faites attention cependant aux épingles, car il va exprimer sa joie en gigotant !

Les couches à jeter sont plus faciles à lui mettre en le tenant sur vos genoux ou en le maintenant debout par terre entre vos genoux.

Le bain

Le bain vespéral est le meilleur moyen de le débarrasser de sa crasse du jour. S'il déteste qu'on le frotte avec un gant de toilette, essayez les produits moussants pour bébé qui le nettoient et laissent ensuite la baignoire impeccable.

Vous n'avez plus besoin de le tenir dans l'eau, mais ne vous éloignez tout de même pas, et ne sortez pas de la salle de bains : un enfant d'un an peut tomber en cherchant à se mettre debout dans une baignoire glissante. A deux ans, il est capable d'ouvrir le robinet d'eau chaude. L'un et l'autre peuvent se noyer dans une dizaine de centimètres d'eau, car ils n'ont pas encore appris à retenir leur respiration quand ils ont la tête sous l'eau. S'ils glissent et sont submergés, ils prennent une grande respiration pour hurler, mais à la place de l'air, c'est de l'eau qu'ils aspirent.

Un bain à deux peut constituer un gain de temps, mais attention aux réflexes de jalousie et aux poussées qu'on donne « sans faire exprès... »

Si le fond de la baignoire est très glissant, garnissez-le d'un tapis de caoutchouc, et entourez le robinet d'eau chaude d'un linge s'il a tendance à rester brûlant.

Tout en le surveillant, donnez au bambin toutes sortes d'objets qui flottent et des gobelets pour s'amuser en se lavant.

Il s'agit de sa figure, aussi n'insistez pas pour la laver comme si c'était la vôtre. Donnez-lui un gant de toilette, et laissez-le faire puis terminez avec un autre gant.

Les enfants peureux

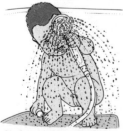

La plupart des petits enfants adorent le bain qu'ils considèrent comme un jeu dans l'eau chaude, mais certains en ont peur. Il ne faut pas les forcer, mais employer la méthode indiquée p. 189 pour les habituer peu à peu à l'eau... En même temps, il faut les laver comme on peut, car ils ne sont plus en âge de rester tranquilles sur un drap de bain.

Efforcez-vous de découvrir ce qui effraie votre enfant. Si c'est seulement la grande baignoire, il suffit de le baigner dans un autre récipient et dans une autre pièce. Si c'est la quantité d'eau, vous suffira peut-être d'utiliser une baignoire plus petite ou la douche.

Si c'est seulement l'eau qui l'effraie, mettez-le dans la baignoire, lavez-le et laissez-le enlever le savon avec la douche à main.

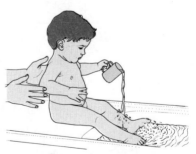

Si c'est le bain qui l'effraie, asseyez-le sur une serviette de toilette, sur l'égouttoir de l'évier. Pour lui, celui-ci est associé au lavage et il s'amusera sûrement à faire barboter ses pieds sales.

Le shampooing

Beaucoup de petits enfants détestent qu'on leur lave la tête. Vous ne trouverez peut-être pas ici la solution miracle pour y parvenir, parce qu'elle n'existe pas, mais vous pouvez suivre les conseils donnés p. 190 et leur ajouter quelques idées qui s'appliquent à des enfants plus âgés : est-il vraiment indispensable de faire des embryons de tresses à votre petite fille qui est si malheureuse quand on lui lave ou lui brosse les cheveux ? Coupés court, ses cheveux seraient faciles à laver à l'éponge, s'entretiendraient sans peine et deviendraient plus sains et plus épais.

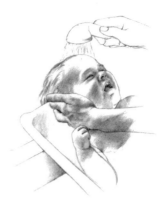

En amenant votre enfant à la piscine, vous l'habituez à avoir de l'eau sur la figure, ce qui facilite les choses au moment du shampooing tout en lui faisant du bien et en l'amusant. Vous pouvez, en outre, profiter des douches chaudes pour lui laver rapidement la tête avec un produit pour bébés : il est déjà mouillé, et trouvera agréable la chaleur de la douche, ainsi que votre participation au jeu.

Votre petite fille aime sans doute vous accompagner chez le coiffeur. Profitez donc de sa passion nouvelle pour le jeu « Si j'étais... » pour imaginer un salon de coiffure hebdomadaire à la maison. Il n'est pas difficile de l'installer la tête en arrière devant le lavabo. En mettant à « Madame » un plastique sur les épaules, en lui offrant un choix de shampooings et en accompagnant l'opération de grands commentaires sur la façon de se coiffer et la température de l'eau, vous pourrez sans doute procéder sans problème avec la douche à main. Si ce jeu lui plaît, c'est le moment d'en profiter pour couper les petites mèches qui dépassent.

Il en est de même si elle vous a vue avoir affaire à une manucure : elle acceptera aisément de se laisser couper les ongles. Une grande toilette peut ainsi se transformer en un jeu hebdomadaire. Mais ne poussez pas votre avantage jusqu'à vouloir lui sécher les cheveux au séchoir, si votre enfant, comme tant d'autres, en a peur. Une fois bien essuyés, ses cheveux sécheront très vite, le temps d'écouter une histoire dans une pièce bien chauffée.

Les mains et les ongles

L'hygiène exige des ongles bien taillés et des mains lavées avant les repas et après l'usage du pot ou le changement de couches auquel l'enfant a participé.

Coupez-lui les ongles avec des ciseaux courbes. Intéressez-le à l'opération en lui faisant nommer le doigt qui vient ensuite et indiquer la bonne longueur. Ne coupez pas les ongles trop court : il faut en laisser assez pour qu'ils suivent la courbe naturelle du doigt. Si vous n'y arrivez pas avec des ciseaux, essayez les pinces et, si l'enfant est réticent, apprenez-lui à se servir d'une lime en carton. Il vous aidera bientôt.

Un petit enfant aime bien se laver les mains en les mettant entre vos mains savonneuses. Très vite, il a envie de faire lui-même des bulles de savon. Au début, il faut l'aider et veiller qu'il ne se frotte pas les yeux avec des doigts pleins de savon, mais avant trois ans, il se débrouillera très bien tout seul. Vous pouvez même lui donner encore plus d'indépendance en lui permettant de monter sur une caisse ou un escabeau analogues à ceux qui lui permettent d'accéder aux toilettes. Il est ainsi à la bonne hauteur au-dessus du lavabo. Méfiez-vous, une fois de plus, du robinet d'eau chaude. S'il est capable de le tourner tout seul, il faut réduire la chaleur de l'eau : 50 à 55° C sont supportables, mais non 65 à 70° C.

Vêtements

Ne laissez pas les questions de vêtements envenimer vos rapports. Votre enfant s'intéresse beaucoup à ce qu'il porte. Il veut (et doit) se sentir à l'aise, mais — fille ou garçon — il vous surprendra peut-être par le souci qu'il se fait de son apparence.

Les habits doivent protéger sa peau et le garder au chaud et/ou au sec. Il ne faut jamais qu'ils soient raides et lourds ou qu'ils entravent ses mouvements. Il ne faut pas non plus qu'ils l'obligent à « faire attention ». Écartez donc tout ce qui ne se lave pas facilement et demande un repassage soigneux.

N'essayez pas de faire des économies en lui achetant des vêtements trop grands ; neufs, ils ne lui vont pas, et quand ils sont enfin à sa taille, ils sont usés. Achetez-lui au contraire des vêtements bon marché : ils ne durent pas très longtemps, mais il grandit plus vite qu'ils ne s'usent.

Vêtements d'extérieur

Ne gaspillez pas votre argent à acheter un « bon » manteau d'hiver. Il sera trop petit l'année prochaine, et aura besoin d'être nettoyé à sec ; de plus, il gênera ses mouvements et ne pourra être utilisé par tous les temps.

Achetez-lui plutôt un anorak à capuchon bon marché, imperméable et de couleur gaie. C'est un vêtement confortable et chaud qu'on peut rendre encore plus chaud en mettant des tricots supplémentaires dessous. Il se lave à la machine et sèche en une nuit.

Pour affronter la boue, il faut un équipement spécial. La plupart des enfants détestent les cirés, qui sont raides. Mais ils peuvent être parfaitement préservés par une combinaison imperméable, ou un pantalon assorti à l'anorak, qu'on glisse dans des bottes courtes en caoutchouc.

Vêtements courants

Les vêtements élastiques comme le jersey ou les synthétiques, sont commodes pour vous deux. Ils sont confortables pour l'enfant, et pour vous ils représentent une économie (en s'étirant à mesure que l'enfant grandit) ainsi qu'un gain de temps, puisqu'ils n'ont pas besoin d'être repassés. Ils existent dans un grand nombre de coloris, mais vous préférerez sans doute les moins salissants.

Les enfants des deux sexes, qui rampent et tombent souvent, se sentent plus libres et mieux protégés en pantalon. Les salopettes et les combinaisons leur évitent de se sentir serrés à la taille, ou d'avoir un espace nu entre le haut du pantalon et le bas du tricot. On en trouve qui ont des boutons-pressions à l'entrejambe pour les enfants de cet âge. Cependant les pantalons retenus par un élastique à la taille s'imposent quand l'enfant commence à se servir d'un pot : les combinaisons et les fermetures à glissière sont alors trop compliquées pour lui. Les survêtements et jogging sont idéaux. Évitez les gros chandails surtout ceux dont les cols engoncent. Quand il fait froid, il est préférable de superposer des tricots légers. N'achetez pas des quantités de vêtements différents pour l'habiller selon les circonstances. Ils deviendront pour la plupart trop petits avant d'avoir servi plus de deux ou trois fois. Achetez au contraire des vêtements qui se prêtent à toutes sortes d'activités, et qui seront usés au moment où ils deviendront trop petits. Une combinaison, par exemple, peut être son vêtement « habillé » au début, servir ensuite dans la vie quotidienne, et terminer sa carrière, trop petite et tout usée, pour le protéger quand il fait de la peinture. Réfléchissez avant d'acheter ce qui ne peut se mettre à la machine avec le reste du linge.

Sous-vêtements

Il est d'usage qu'on mette aux enfants un tricot de corps, et lorsqu'ils ne portent plus de couches, une culotte. Les fibres artificielles empêchent l'évaporation de la transpiration : le coton est plus agréable à porter, quoique moins facile à laver.

Mais vous pouvez abandonner ce genre de sous-vêtements et adopter des culottes et tee-shirts de couleur vive. C'est aussi joli et pratique que les vêtements de dessus que vous pouvez enlever ou renforcer, selon la température extérieure. A la plage, ce genre de vêtement est souvent mieux adapté qu'un maillot de bain : le tee-shirt protège les épaules, dans l'eau ou hors de l'eau (Inf/ACCIDENTS : Coup de soleil).

Chaussures et chaussettes

Ne mettez pas de chaussures à votre enfant avant qu'il marche hors de la maison. Il est plus en sécurité pieds nus, car ses orteils lui servent à garder l'équilibre et il se sent ainsi plus à l'aise, à moins que le sol ne soit vraiment froid. Si cela vous pose un problème, mettez-lui des chaussons-chaussettes, qui sont de grosses chaussettes de laine montées sur des semelles antidérapantes. Ne lui mettez jamais de chaussettes sans chaussures : elles glissent sur le sol.

A partir du moment où il doit porter des chaussures, il est essentiel de s'assurer régulièrement que ses pieds y sont à l'aise. L'enfant est incapable de vous signaler qu'elles sont devenues trop petites ou trop étroites : les os de ses pieds sont encore si malléables qu'ils peuvent s'adapter sans qu'il en souffre, mais il garderont la trace. Adressez-vous à un magasin ou à un rayon spécialisé dans les chaussures d'enfants, et faites mesurer aussi bien la largeur que la longueur du pied. Faites vérifier tous les trois mois que ses souliers ou ses bottes sont encore à sa taille. Dans la mesure où il s'y sent bien, ils n'ont pas besoin d'être en cuir de grande qualité, ou de comporter un soutien spécial : ce sont les muscles qui soutiennent le pied. On peut aussi lui mettre des sandales de toile, à condition qu'elles ne le serrent ou ne le blessent pas.

Les vraies chaussures nécessitent le port de chaussettes pour protéger le pied et absorber la transpiration. Il faut qu'elles soient exactement à la taille du pied : les chaussettes trop serrées infligent aux orteils de mauvaises positions. Méfiez-vous du coton qui rétrécit. Lorsque l'enfant est debout, la chaussette doit dépasser le gros orteil d'au moins 3,5 mm ; d'une manière générale choisissez-les de

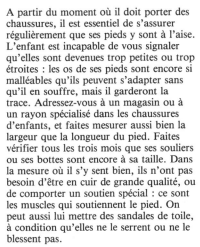

La longueur et la largeur doivent être mesurées, l'enfant étant debout et son poids reposant sur le pied. Si les chaussures ne correspondent pas à ses mensurations, ne les achetez pas, aussi jolies soient-elles.

la même taille que les chaussures. S'il s'agit de chaussettes valables pour trois tailles, ne les prenez pas si c'est la plus grande qui correspond à celle de votre enfant. Achetez plutôt la taille la plus petite du modèle au-dessus.

Quand vous achetez des chaussettes d'une taille supérieure, éliminez les anciennes. Il n'est pas bon d'avoir deux paires de bonne taille et quatre paires trop petites...

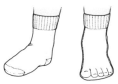

La dentition

Pendant presque toute sa deuxième année, l'enfant « fait » ses dents. Celles dont la percée sera sans doute la plus douloureuse sont les prémolaires qui apparaissent entre 12 et 15 mois et les molaires qui poussent entre 20 et 24 mois.

Cette poussée dentaire ne le rendra pas vraiment malade, mais mal à l'aise et irritable. Il aura la joue rouge et chaude, et le fait de sucer ou de mordre pour obtenir un soulagement peut parfois provoquer une douleur. Son sommeil peut être perturbé parce que l'enfant a mal quand il suce son pouce.

On ne peut pas faire grand-chose pour l'aider, d'autant que ses ennuis ne se prolongent jamais plus de quelques jours pour chaque dent. Voici tout de même quelques suggestions :

Mordre dans du froid peut lui faire du bien. Il existe un anneau de dentition spécial contenant un produit qu'on peut glacer en le mettant au réfrigérateur. Cela peut apaiser la douleur, mais veillez que votre enfant (qui a largement dépassé l'âge des anneaux de dentition) ne perce pas le caoutchouc en le mordant.

Frotter la gencive du bout du doigt peut aussi le soulager ; cela lui donne en tout cas le sentiment que vous vous efforcez de lui venir en aide.

Boire au biberon risque de provoquer des douleurs intolérables. Donnez-le-lui tout de même s'il y tient vraiment, mais offrez-lui aussi à boire dans une tasse, pour remplacer ce qu'il laisse dans ce biberon qui le fait souffrir.

Le vent froid semble souvent aviver la douleur. En hiver gardez-le un jour ou deux à la maison, ou bien mettez-lui un capuchon ou une écharpe.

S'il semble avoir vraiment très mal, il souffre peut-être d'autre chose que de la poussée dentaire. A cet âge, les maux d'oreilles s'ajoutent souvent aux maux de dents. Si l'enfant porte souvent la main à sa joue, s'il perd l'appétit et le sommeil, consultez votre médecin.

Les soins dentaires La solidité des dents dépend de ce qu'on mange. Comme les premières dents du bébé se sont formées avant sa naissance, c'est votre régime pendant la grossesse qui a été déterminant. Mais vous pouvez avoir une influence sur les dents qui poussent plus tard et veiller sur celles qui ont déjà percé :

Veillez qu'il absorbe une quantité suffisante de calcium et de vitamine D qui sont utilisés par son organisme pour renforcer les os et les dents (voir p. 255).

Assurez-vous de la quantité de fluor que contient l'eau qu'il boit. Cet oligo-élément est essentiel pour rendre l'émail plus solide et résistant à la carie. Si l'eau de votre région n'en contient pas assez, demandez à votre dentiste ce qu'il pense des suppléments de fluor.

Brossez-lui les dents régulièrement, surtout après l'apparition des molaires dont la surface irrégulière peut retenir des fragments d'aliments. Il faut veiller qu'il ne reste rien sur, ou entre les dents. Vous pouvez utiliser pour cela une petite brosse souple que vous animerez d'un mouvement vertical, et non horizontal. Lavez-lui les dents au moins deux fois par jour, la deuxième étant après le souper, afin que sa bouche soit nette pour la nuit. Utilisez une pâte dentitrice au fluor.

Les confiseries collantes et très sucrées qui séjournent longtemps sur les dents provoquent une acidité qui attaque l'émail. Si vous ne pouvez laver les dents de votre enfant après un repas, évitez donc un dessert de ce genre. Même une pomme ne peut être recommandée (voir p. 260). Un verre d'eau est préférable en fin de repas pour lui rincer la bouche.

Ne lui donnez pas de sucette, de mini-biberon ou de biberon normal remplis de lait ou d'une boisson sucrée dans son lit. Les sucettes trempées dans le sucre sont à l'origine d'un nombre incroyable de caries dentaires chez les moins de trois ans. Ne lui laissez pas prendre cette mauvaise habitude. Si vous ne la lui inculquez pas, ce n'est pas lui qui en aura l'idée.

Le mettre au lit avec son biberon est tentant quand il a de la peine à s'endormir (voir p. 269), mais le lait pur contient lui-même assez de sucre pour faire des dégâts s'il reste un long moment dans la bouche ; quant aux boissons sucrées, elles font autant de mal qu'une sucette trempée dans le sucre. Si vous tenez à lui donner quelque chose à sucer, donnez-lui sa sucette telle quelle ou un biberon d'eau pure.

Conduisez-le chez le dentiste avant ses deux ans. Certains dentistes savent bien prendre leurs patients et rendent ces consultations amusantes de façon à faire mieux accepter les traitements plus tard. Bien que les dents de lait doivent tomber, ces visites ne sont pas une perte de temps. Le bon état et la disposition des dents de lait sont essentiels pour la dentition définitive et, de plus, les dents de lait vont servir plusieurs années.

Bien que ces premières dents ne soient pas définitives, en les surveillant dès le début, on évite des pertes de temps, des ennuis et parfois de la souffrance...

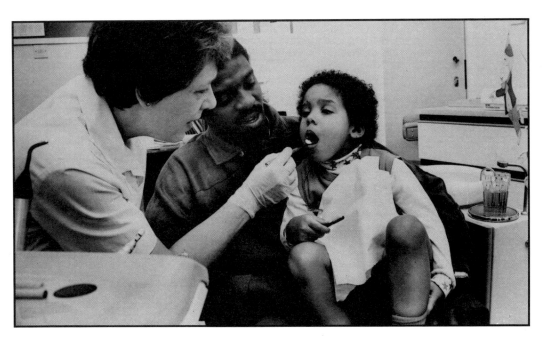

Pleurs et réconfort

Les petits enfants donnent l'impression d'osciller constamment entre l'anxiété et les pleurs d'une part, la frustration et la colère d'autre part. Ils ressentent les choses avec autant d'acuité qu'ils le feront plus tard, mais cette perception est toute nouvelle pour eux. Ils n'ont pas encore eu le temps de développer une carapace protectrice ; ils n'ont pas encore appris à analyser leurs sentiments et à les dominer. Ce sont les émotions violentes de cet âge qui incitent les parents à parler de la « crise des deux ans ».

A l'origine des contrariétés, des pleurs et des fureurs de cet âge, on trouve le plus souvent les sentiments contradictoires nourris à l'égard des parents. D'une part, l'enfant aspire à l'indépendance, veut se débarrasser du contrôle constant des adultes et devenir un individu à part entière ; d'autre part, il aimerait prolonger sa vie de bébé, bien protégée des agressions du monde extérieur. Il change d'attitude d'un jour, d'une heure, ou même d'une minute à l'autre. Tantôt il réclame son indépendance et crie : « Laisse-moi ! » ou « Va-t'en ! » Tantôt, en vous voyant partir, il redevient le bébé qui sanglote parce que vous avez quitté la pièce sans lui.

Vous ne pouvez maintenir un certain équilibre entre ces sentiments contradictoires qu'en restant muette et en vous adaptant aux changements d'humeur de votre enfant. Si vous adoptez une attitude trop protectrice, son besoin d'indépendance éclatera en crises de colère. Mais si vous lui donnez une trop grande autonomie, lui laissez prendre trop de responsabilités dans sa vie quotidienne, son besoin de protection se traduira par l'angoisse de la séparation. C'est à vous, parents, que revient la tâche d'harmoniser sa vie.

L'angoisse et la peur

Ce sont des sentiments normaux, mais bien désagréables. La plupart des adultes ont appris à affronter les situations qui les angoissent, ou à éviter celles qui les effraient. Mais les petits enfants n'ont aucune expérience ; ils n'ont pas davantage la possibilité de se débrouiller seuls, ou de forcer les adultes à agir à leur place.

Si votre enfant est angoissé quand vous le quittez le soir, il se sera sans doute déjà armé contre ce sentiment désagréable en prenant l'habitude de sucer le bras de son nounours ou de s'envelopper la tête d'une couche (voir p. 176). Mais il ne contrôle même pas complètement ces modestes moyens de défense. Si un grand frère jaloux cache l'ours en peluche, ou s'il égare sa couche au supermarché, il n'a d'autre recours que les pleurs.

S'il est angoissé quand vous sortez de la pièce dans la journée, il peut rendre cette angoisse supportable en vous suivant. Mais si vous allez aux toilettes et fermez la porte à clé, il reste impuissant. Il ne peut donc jamais se sentir totalement en sécurité.

Il est probable que cette angoisse se réveille aussi chaque fois que ses sentiments échappent à son contrôle. Sa colère, qui était destinée à vous effrayer, le terrifie. Si vous parvenez à changer son humeur, il se calmera de lui-même, mais il ne peut vous forcer à intervenir et il ne peut rien faire pour vous empêcher de répondre à sa colère par une colère égale, jusqu'à ce qu'il soit en proie à un paroxysme de fureur angoissée. Il est totalement la proie de ses sentiments et vous seule pouvez voir qu'il a besoin d'aide pour les maîtriser.

Pour lui apporter cette aide affective, la première chose à faire est de l'observer et de l'écouter attentivement afin de découvrir la raison de son état. Il peut se passer longtemps avant qu'il puisse vous prendre la main et vous dire : « Papa, j'ai peur du tonnerre », et c'est à vous de le découvrir bien avant qu'il vous le dise. Les parents ne remarquent pas toujours les indices les plus évidents. Dernièrement, j'ai passé l'après-midi dans un jardin public. J'ai assisté à trente-huit scènes de pleurs et de hurlements d'enfants clamant leur peur des aménagements de jeu tandis que les parents essayaient de les persuader : « Tu n'as tout de même pas peur de ça ! », « Mais non, ce n'est pas trop haut pour toi ! », « Je suis sûre que tu aimes ça ! ». Bien sûr, ces phrases ne sont que des « façons de parler » ; bien sûr, ces adultes ne voulaient pas réellement dire qu'ils savaient mieux que leurs enfants ce que ceux-ci ressentaient. Mais nos petits ne connaissent rien à nos bizarres « façons de parler » et ceux que j'entendais devaient croire que le monde des adultes refusait de comprendre leurs sentiments.

Les signes d'angoisse

Si votre enfant trouve la vie difficile, peut-être parce qu'il est soumis à une pression un peu forte par rapport à ce qu'il se sent capable d'assumer, cela se traduira de la façon suivante :

Il s'accrochera davantage à vous, préférera vous suivre hors de la pièce à rester seul, vous tenir la main à courir devant vous, s'asseoir sur vos genoux ou à califourchon sur votre hanche au lieu d'une chaise ou par terre.

Il sera sans doute plus sage que d'habitude. Comme il se sent terriblement dépendant de vous, il s'efforcera de faire tout ce qui vous fait plaisir, chaque fois qu'il s'en souviendra. D'autre part, le fait qu'il n'est guère entreprenant l'empêchera de faire des bêtises.

Il se montrera sans doute timide, quand il ne connaîtra pas les gens ou les lieux. Si vous l'amenez chez une amie pour prendre le thé, il se montrera farouche et passera l'après-midi la tête sur vos genoux. Si vous le promenez dans un nouveau jardin public, il restera blotti contre vous.

En prenant conscience de cet état d'esprit chez votre enfant, et en lui prodiguant pendant quelques jours ou quelques semaines affection, attention et protection, vous le verrez retrouver son équilibre. En l'ignorant, vous risquez d'aggraver son angoisse.

Il aura peut-être encore plus de difficultés à s'endormir. Cela l'amènera à renforcer le rituel du coucher, à ajouter encore quelques éléments au groupe d'objets de réconfort qu'il prend dans son lit, à pleurer lamentablement pour qu'on lui laisse la lumière allumée, et à vous rappeler indéfiniment quand vous l'avez quitté.

Il peut avoir des cauchemars (voir p. 272).

Il peut refuser de manger, préférant des aliments qu'on donne aux bébés, ne voulant plus se nourrir seul, comme il le fait d'habitude.

Si cette angoisse diffuse devient suffisamment forte pour perturber l'alimentation et le sommeil, elle provoquera aussi la peur de certaines choses, comme si elle avait besoin de prétextes pour s'extérioriser.

Que faire ? Quand les parents ne trouvent pas les peurs de leur enfant « déraisonnables », ils le consolent volontiers. Les cauchemars, par exemple, nous impressionnent tous ; aussi un enfant qui se réveille en hurlant, tremblant et couvert de sueur, est immédiatement réconforté affectueusement. Mais beaucoup d'autres peurs paraissent futiles aux adultes : au lieu de reconnaître et d'apaiser la frayeur sincère de l'enfant, ils se contentent de l'exhorter à ne pas se montrer « stupide ».

S'il se montre effrayé, croyez-le. Sa peur ne vous paraît peut-être pas raisonnable, mais ce n'est pas vous qui êtes concernée. Si vous êtes tentée de vous moquer de lui, pensez à vos propres peurs, demandez-vous si elles sont toujours « raisonnables » et ce que vous ressentiriez si vous ne pouviez les éviter. Aimez-vous, par exemple, les grosses araignées inoffensives ?

... qu'il ne veut pas caresser

Pour vous, c'est une mignonne petite tortue sans défense. Pour lui, c'est une chose inconnue et terrifiante...

... ou même regarder.

Et si vous lui dites qu'il est stupide d'avoir peur, vous ne l'aidez pas à dominer cette peur.

Dites à votre enfant qu'il n'a rien à craindre, mais ne lui dites pas de ne pas avoir peur. Si vous dites : « Cela ne te fera pas de mal, mais puisque tu as peur, viens près de moi », il se sentira compris. Mais en lui disant : « N'aie pas peur, petit sot ! », vous ne le rassurez ni ne le réconfortez.

La plupart des terreurs enfantines sont provoquées par une crainte naturelle et un réflexe de défense en face de l'inconnu. Votre enfant se méfie des nouveautés jusqu'à ce que vous lui ayez prouvé qu'elles sont inoffensives. Comme la plupart des choses qui l'entourent se révèlent sans danger ou disparaissent de sa vue, il se rassure aussi vite qu'il s'inquiète. Mais il arrive qu'une peur se prolonge, en particulier quand elle a été traitée à la légère. Au lieu de se familiariser avec l'élément inconnu et de l'intégrer à son petit monde, l'enfant est de plus en plus terrorisé par lui et sa peur se transforme en phobie.

Les phobies

Ce sont des phénomènes tout à fait courants chez les petits enfants, qui n'indiquent rien d'anormal. Le monde *est* un endroit effrayant pour eux. Il y a des quantités de situations qu'ils ne peuvent comprendre ou affronter. Il n'est donc pas surprenant que de temps en temps une angoisse diffuse se polarise sur quelque chose. Plus de la moitié des enfants ont une phobie entre deux et quatre ans, et c'est très souvent la même. En Occident, les chiens sont en tête de liste, suivis par le noir et toutes ses ombres mystérieuses, les insectes et les reptiles, en particulier les serpents et enfin les bruits stridents comme les sirènes de pompiers ou d'ambulance.

La phobie ne se présente pas comme une peur ordinaire. Puisque les chiens en font le plus souvent l'objet, prenons-les pour exemple. Un enfant simplement effrayé par les chiens ne manifestera sa peur que quand il en rencontrera un. Dès qu'il sort de sa vue, il l'oublie. Ce genre d'incident cesse quand l'enfant découvre que les chiens ne sont pas méchants. S'il ne s'en rend pas compte tout seul, vous pouvez l'aider en lui montrant par exemple les petits chiots exposés dans la vitrine d'un magasin d'animaux, ou le caniche du voisin, inoffensif au bout de sa laisse.

La phobie des chiens se développe dans l'imagination, toute neuve, de l'enfant. Le chien le terrorise non seulement de près, mais aussi de loin, sur une image ou même dans son imagination. Il refuse de se rendre là où il sait qu'il y en a un, mais aussi là où il craint qu'il y en ait. Si cette phobie s'aggrave, vous serez obligée de le promener en poussette, pour le cas où vous croiseriez un chien, de renoncer au jardin public pour la même raison et d'abandonner le livre d'images favori parce qu'il y a un chien page 4. Il vous faudra peut-être aussi retirer le singe en peluche de son lit, parce que, la nuit, il le prend pour un chien !

Que faire ?

On ne peut expliquer les phobies de façon rationnelle. Il est impossible d'amener votre enfant à dominer ce genre de peur en lui prouvant qu'elle n'est pas fondée. Si vous essayez en faisant, par exemple, avec lui une visite au charmant caniche des voisins, vous déclencherez en lui une panique qui ne fera que confirmer sa phobie. Ce n'est pas le chien réel qui le terrorise, mais celui de son imagination.

Comme ce qui perturbe l'enfant est sa propre angoisse, vous devez agir indirectement en vous efforçant de l'adoucir au point qu'il ne lui soit plus nécessaire de la concentrer sur un objet pour l'exprimer.

Aidez l'enfant à éviter ce qu'il craint, mais prenez bien soin de ne pas lui laisser croire que vous en avez peur, vous aussi. S'il insiste pour se promener en poussette, pour le cas où vous rencontreriez un chien, laissez-le faire, mais dites-lui bien que vous acceptez parce que vous savez qu'il a peur, et non parce qu'il y a un danger quelconque. La frayeur est très contagieuse. Si vous-même avez la phobie des insectes, efforcez-vous de le cacher à l'enfant. Si, à la vue d'un perce-oreille, vous attrapez votre petit et vous précipitez hors de la pièce, il en conclura que les insectes sont effroyablement dangereux, puisque vous-même, qui êtes son protecteur, les craignez.

Recherchez ce qui peut causer son angoisse (voir p. 272) et essayez d'y remédier. Vous ne pouvez évidemment pas vous débarrasser du bébé qui vient de naître, mais vous pouvez aider l'aîné à l'accepter (voir p. 237).

S'il ne vous semble pas qu'il y ait une raison particulière, traitez-le en bébé pendant quelque temps. Il est possible que son évolution ait été trop rapide, et qu'il soit un peu dépassé par cette indépendance toute neuve. La balance penche du côté de l'angoisse et de la peur et il vous faut lui redonner un sentiment de sécurité.

Si sa phobie domine sa vie, l'empêche de jouer, de se rendre dans des endroits qu'il aimait jusque-là et d'avoir des activités qu'il appréciait, il convient de demander conseil à votre médecin.

Courage et intrépidité

Les parents ont parfois de la peine à lutter contre l'angoisse, les peurs et les phobies parce qu'ils ne les considèrent pas comme normales chez un petit enfant. Ils vont même jusqu'à avoir honte d'avoir engendré un pleurnichard ou un poltron, et les garçons, en particulier, sont menacés de devenir des mauviettes.

Il est utile, cependant, de faire la différence entre le *courage* et la *témérité*. Être courageux, c'est faire face à quelque chose qui effraie. Vous pouvez demander à votre enfant de se montrer courageux quand on lui fait une piqûre, ou quand il entend un orage. Mais en faisant appel à sa force d'âme, le moins que vous puissiez faire est de reconnaître sa frayeur, de lui montrer que vous la comprenez et que vous appréciez son effort pour la dominer. Vous ne l'aiderez pas si vous refusez de lui laisser exprimer sa peur. Et vous ne l'inciterez pas à être courageux la fois suivante si vous déclarez qu'il n'y avait pas de quoi faire tant d'histoires.

Être téméraire, c'est être inconscient du danger. Par conséquent, moins l'enfant aura peur, et plus il sera hardi. Essayer de l'endurcir, de lui donner le goût de l'aventure et de le rendre intrépide en le forçant à affronter des situations qui l'effraient est contradictoire. Quand vous l'entraînez, hurlant, dans la piscine parce que vous ne voulez pas qu'il ait peur de l'eau, vous lui demandez en réalité de faire preuve de courage. Plus vous exigez qu'il se montre brave, plus il sera effrayé et devra prendre sur lui pour se comporter comme vous le souhaitez. En le faisant vivre ainsi dans la peur et dans l'angoisse, vous faites pencher de plus en plus la balance de ses émotions du côté d'un besoin accru de dépendance et le résultat obtenu est à l'opposé de ce que vous recherchiez. Finalement, il ne deviendra sans doute pas l'enfant intrépide et aventureux que vous désiriez : vous lui demandez de déployer tant de courage que son souci principal devient la recherche de soutien et de protection.

Indépendance et frustration

Le petit enfant prend rapidement conscience qu'il est un individu à part, avec ses droits, ses préférences et ses occupations personnelles. Il ne se considère plus comme une partie de vous-même et n'accepte plus aussi facilement que vous dirigiez toute sa vie. Il veut s'affirmer et c'est une bonne chose. L'expression de sa volonté montre qu'il est en train d'évoluer et qu'il se sent désormais assez sûr de lui pour se débrouiller tout seul.

Mais il rencontre beaucoup de difficultés dans sa vie quotidienne. Il ne comprend pas encore tout, et cherche souvent à faire des choses que le monde des adultes ne peut tolérer ; de plus, il est très petit et manque de force. Son aspiration à l'indépendance va donc inévitablement se heurter à des impossibilités. On ne peut lui éviter certaines frustrations, mais si elles se multiplient, son amour-propre va en souffrir et il perdra en colères inutiles le temps et l'énergie qu'il aurait pu consacrer à s'instruire.

Frustrations dues aux parents

Il est facile aux parents de contrecarrer le désir d'indépendance de l'enfant, son sentiment d'être un individu à part et son sens de la dignité.

Dès qu'il a l'impression d'être brutalisé, harcelé, manipulé, il se bute. Les conflits surgissent alors sans arrêt, que ce soit au sujet du pot ou de ses vêtements, de sa nourriture ou de son lit. Si vous insistez, il vous en voudra. Mais si vous lui laissez la responsabilité de ses actes il acceptera volontiers de se servir de son pot, mangera sans rechigner, restera dans son lit, viendra quand on l'appelle et s'en ira quand on le lui demande.

Comme vous êtes sans arrêt obligée de l'empêcher de faire des choses dangereuses pour lui ou pour les autres, il vous faut dépenser des trésors de tact, d'humour et de patience, et faire preuve en outre d'un talent d'acteur. Êtes-vous pressée de rentrer à la maison ? Si vous mettez votre bambin de force dans la poussette alors qu'il voulait marcher, vous allez déclencher une scène épouvantable. Faites au contraire comme si vous aviez tout le temps devant vous, suggérez-lui que vous êtes un cheval qui tire la voiture jusqu'à la maison : cela vous donnera la possibilité de courir tant que vous voudrez.

Frustrations dues aux objets

L'enfant a souvent du mal à se servir des objets, parce qu'il n'est pas encore très fort et que ses muscles ne sont pas encore bien coordonnés. Mais il n'est pas mauvais qu'il se batte un peu avec des jouets difficiles à manier. Il apprend ainsi ce qu'il peut ou ne peut pas obtenir d'une chose et cette information est essentielle pour lui (voir p. 311). Il peut être contrarié par exemple parce qu'il est incapable de faire passer un cube par un trou rond destiné aux vis de bois de son établi. Mais il faut qu'il apprenne qu'il est impossible de faire passer un cube par un trou rond : il n'y a aucune raison de le lui cacher.

Les petites aventures de ce genre inciteront votre enfant à faire des expériences qui l'instruiront. Cependant, il ne faut pas que cela aille trop loin. S'il s'attaque sans arrêt, tout seul, à des tâches irréalisables, il sera voué à l'échec et se découragera. Soyez donc prête à intervenir pour l'aider quand vous voyez (ou entendez !) qu'il s'énerve et devient de plus en plus maladroit. Efforcez-vous de comprendre son problème et de lui donner tout juste l'aide nécessaire pour qu'il arrive à ses fins ; cela ne servirait à rien de faire les choses à sa place.

Frustrations dues à son corps et sa petite taille

Quand un enfant comprend à quoi sert un objet et comment s'en servir, mais ne peut le faire parce qu'il est trop petit ou trop faible, il a besoin qu'on l'aide. Car une telle situation ne peut ni l'amuser ni l'instruire ; elle ne peut conduire qu'à des pleurs et à la frustration. Il est inutile de lui remplir sa chambre de jouets coûteux pour l'amuser, mais ceux qu'il possède doivent correspondre à ses possibilités. Il a peut-être envie de pousser la voiture de sa petite sœur (mais ses bras sont trop courts) ou de taper dans le ballon de football de son grand frère (mais il n'a pas assez de force). Si vous ne pouvez mettre à sa disposition une petite voiture à sa taille ou un ballon de plage léger, il vaut mieux remettre ces activités à plus tard. Il faut qu'il se sente aussi grand, fort et compétent que possible. Il est donc indispensable que tout ce qu'il possède soit à son échelle.

Les accès de colère

Il ne vous sera pas toujours possible de maintenir ses frustrations à un niveau supportable. Ses explosions de colère peuvent être aussi excessives que ses frayeurs. Ces rages proviennent d'un excès de frustration, comme les phobies d'un excès d'angoisse. Plus de la moitié des enfants de deux ans font des scènes une ou deux fois par semaine ; ceux qui atteignent trois ans sans aucune manifestation de ce genre sont très rares. Ce sont les enfants intelligents et actifs qui y sont le plus portés. Ils savent ce qu'ils ont envie de faire, entreprennent beaucoup de choses et sont furieux d'en être empêchés.

L'accès de colère peut se comparer à un court-circuit affectif. Le sentiment de frustration croît chez l'enfant jusqu'à devenir si accablant que seule une explosion peut le soulager. Pendant un moment, il perd la notion des choses, est submergé par sa colère en même temps que terrifié par la force de sentiments qu'il est incapable de maîtriser. Aussi désagréable que vous trouviez cet intermède, il est plus douloureux encore pour votre enfant.

Les crises de colère peuvent prendre des formes différentes, mais se présentent, en gros, de la façon suivante :

Votre enfant va peut-être se mettre à courir dans tous les sens en hurlant. Comme il est hors de lui, tout objet qui se trouvera sur son chemin sera jeté par terre. Si vous n'intervenez pas, il risque de se heurter aux meubles et aux murs. Il peut aussi se rouler par terre en donnant des coups de pied et en criant, comme s'il était possédé. Certains poussent des hurlements ininterrompus pendant si longtemps qu'ils s'en rendent malades, ou que leur visage devient bleu parce qu'ils n'arrivent pas à reprendre leur respiration. C'est quand la crise prend cette forme-là qu'elle impressionne le plus les parents. L'enfant peut rester si longtemps sans respirer qu'il devient gris et perd presque conscience. Cependant il ne court aucun danger : ses réflexes agiront en forçant ses poumons à se remplir bien avant que la situation devienne inquiétante.

Que faire ? Vous pouvez en éviter un bon nombre en organisant la vie de l'enfant de telle sorte que son sentiment de frustration ne dépasse pas la limite du tolérable. De toute façon, ces scènes sont aussi désagréables pour vous que pour lui. Lorsque vous l'obligez à faire une chose désagréable, ou lui interdisez de faire ce qu'il aime, agissez avec un maximum de délicatesse. Il est inutile de lui opposer des « Fais » ou « Ne fais pas » catégoriques, ou de le mettre dans des situations qui ne peuvent que provoquer sa fureur. Laissez-lui toujours une échappatoire.

S'il accepte que vous le preniez dans vos bras pendant sa crise de rage, ce sera un réconfort pour lui quand cette affreuse colère qui le submerge s'apaisera...

PLEURS ET RÉCONFORT **295**

Empêchez-le de se faire mal ou de causer des dommages à quelqu'un ou quelque chose. La colère qui le domine le terrifie déjà. Si, en outre, il découvre en retrouvant son calme qu'il s'est cogné la tête, qu'il vous a griffée ou qu'il a cassé un vase, il considérera ces actions comme la preuve que des forces maléfiques s'emparent de lui et constatera votre impuissance à les affronter pour le protéger.

Vous pouvez limiter les dégâts en le maintenant doucement sur le sol. Tout en se calmant, il sentira ainsi votre présence, et découvrira à sa grande surprise que rien n'a changé après cette tempête. Peu à peu, il se détendra dans vos bras ; ses cris se transformeront en sanglots, et le monstre furieux redeviendra un pauvre bébé qui s'est rendu malade à force de crier, se faisant peur à lui-même. C'est alors le moment de le réconforter.

Mais certains enfants ne supportent pas qu'on les touche pendant leur accès. Cette entrave à leurs mouvements ne fait qu'attiser leur colère et empirer les choses. Si le vôtre réagit de la sorte, ne cherchez pas à le maîtriser. Éloignez tout ce qu'il risque de casser et tâchez de l'empêcher de se faire mal.

N'essayez pas de discuter avec lui ou de lui faire la leçon : il va être, pendant un moment, tout à fait incapable de raisonner.

Ne criez pas plus fort que lui, si vous pouvez vous en empêcher. La colère est très contagieuse, et elle va monter en vous, parallèlement à la sienne ; efforcez-vous cependant de vous dominer, car vous ne feriez que prolonger la scène. Si l'enfant entend votre voix furieuse au moment où il commence à se calmer, il se remettra à hurler.

Ne le laissez jamais penser qu'il peut obtenir quelque chose grâce à une colère, ou être puni à cause d'elle. Il faut qu'il se rende compte que ces crises sont affreuses et qu'il ne change rien, en bien ou en mal, en s'y livrant. S'il fait une scène parce que vous ne le laissez pas sortir au jardin, ne revenez pas, ensuite, sur votre décision. En revanche, si vous étiez sur le point de l'emmener se promener quand il a commencé, n'y renoncez pas pour autant.

Ne changez pas d'attitude à son égard dans les endroits publics de peur de provoquer une crise. Beaucoup de parents redoutent les scènes en public, mais il ne faut pas que l'enfant s'en rende compte. Si vous hésitez à l'emmener à l'épicerie de crainte qu'il exige des bonbons, ou si vous prenez des précautions pour vous adresser à lui devant les visiteurs, il en sera très vite conscient. Et une fois qu'il aura compris que ces scènes, spontanées à l'origine, ont une influence sur votre comportement, il va apprendre à les utiliser, et à faire ces colères plus ou moins volontaires qui caractérisent les enfants mal élevés de trois ou quatre ans (voir p. 409).

Partez du principe que votre enfant ne fera pas sa crise ; comportez-vous comme si vous n'aviez jamais entendu parler de ces choses-là, et traitez-les, quand elles se produisent, comme un intermède sans conséquence qui interrompt le cours de la vie quotidienne. Et cela n'est vraiment pas facile. Récemment, alors que j'étais chez une amie, son fils de vingt mois est venu lui demander d'enlever la bâche qui recouvre son tas de sable. Elle lui a répondu : « Non, il est presque temps d'aller au bain. » Il a continué à la tirer par le bras, mais elle n'a pas réagi. Il s'est rendu alors au tas de sable et a essayé de le dégager. Comme il était fatigué, il n'a pas supporté cette contrariété : il a donc fait une scène. Après l'avoir réconforté, sa mère m'a dit : « J'ai été dure avec lui ; je ne me rendais pas compte qu'il avait tellement envie de jouer avec le sable », et elle lui a alors permis de le faire.

Le comportement de cette mère est facile à comprendre, mais c'est un excellent exemple de ce qu'il ne faut pas faire ! Elle a commencé par dire non sans réfléchir et elle n'a pas prêté attention aux efforts désespérés de son fils pour dégager le tas de sable, parce que son esprit était occupé ailleurs. Il a donc fallu cette crise de colère pour qu'elle comprenne cette envie et s'aperçoive qu'elle n'avait aucune raison de lui interdire le jeu. En lui donnant finalement la permission, elle a voulu se rattraper, mais il était trop tard. Que son refus ait été justifié ou non, elle ne devait pas revenir sur sa décision. Car elle a donné ainsi à son enfant l'impression que sa colère lui a permis d'obtenir ce qu'il désirait. Il aurait mieux valu pour tous les deux qu'elle l'ait écouté dès le début, au lieu de céder à ses cris.

Il n'est pas facile d'être un petit enfant, oscillant sans arrêt entre l'angoisse et la colère. Mais il n'est pas facile non plus d'être parents et d'essayer de maintenir un équilibre entre ces sentiments contradictoires. Le temps, cependant, travaille pour vous, et l'enfant aura en partie dépassé ces problèmes quand il abordera l'âge préscolaire.

Peu à peu, il va devenir plus grand, plus fort, plus compétent et acquérir une habileté qui réduira progressivement les occasions de frustration dans la vie courante. En même temps, il comprendra mieux ce qui se passe autour de lui si bien que sa vie lui réservera moins d'effrayantes nouveautés. Cette assurance qui se développe lui évitera d'avoir aussi fréquemment recours à vous pour être réconforté. Il va progressivement apprendre à parler librement non seulement de ce qu'il voit mais aussi de ce qu'il pense et imagine, et trouvera bientôt autant de réconfort dans vos paroles que dans vos caresses. Grâce au langage (voir p. 321), il va aussi apprendre à distinguer la fiction de la réalité, et sera désormais capable de comprendre à quel point certaines de ses peurs sont déraisonnables, et combien sont justifiées la plupart de vos exigences et de vos interdictions. Il est en train de devenir un être humain raisonnable et communicatif. Accordez-lui le temps nécessaire.

Développement physique

La marche  L'apprentissage de la marche représente une étape importante du développement humain. Les quelques pas hésitants qu'un enfant fait pour la première fois sans appui signifient qu'il a mis en œuvre une des fonctions les plus essentielles de l'être humain : il marche désormais sur ses membres inférieurs, libérant ses membres supérieurs pour faire autre chose.

Cet apprentissage, qui va du premier effort pour se mettre debout à sa première traversée de la pelouse, comporte plusieurs phases. Nous avons vu (p. 246) que les bébés commencent à se lever et à marcher à des âges très variés. Où qu'en soit votre enfant au moment de son premier anniversaire, n'essayez pas de précipiter son évolution. Il doit franchir toutes les étapes, et chacune d'elles peut lui prendre quelques jours ou quelques mois.

Phase 1. Au cours de cette première étape, le bébé, qui a déjà appris à se lever en s'accrochant aux barreaux de son lit ou aux meubles, apprend à se déplacer le long d'un support en glissant les deux mains sur le côté, ce qui le déséquilibre, puis en ramenant les pieds l'un après l'autre, jusqu'à ce qu'il ait retrouvé son aplomb. Il ne se fie pas à ses pieds pour supporter son poids, pas même en s'aidant d'une main.

Phase 2. Au cours de cette deuxième étape, sa marche assistée devient plus efficace. Le bébé prend un peu de champ par rapport à son support, ce qui le fait peser de tout son poids sur ses pieds, les mains ne servant qu'à assurer l'équilibre. Au lieu de glisser les deux mains ensemble quand il veut bouger, il fait passer l'une par-dessus l'autre. A la fin de cette étape, il coordonne ses mouvements de façon à s'appuyer sur un pied et à se maintenir d'une main, tandis qu'il avance l'autre pied et l'autre main.

Phase 3. La mobilité de l'enfant s'accroît parce qu'il s'enhardit à franchir de petits espaces sans support. Si le mobilier le permet, il est alors capable de faire le tour de la pièce en s'accrochant au canapé, puis au rebord de la fenêtre, et ensuite à une chaise... Il peut franchir tout espace qui ne dépasse pas l'écartement de ses deux bras, mais il ne lâche pas encore un appui avant d'en avoir d'abord trouvé un autre.

Phase 4. L'enfant fait son premier pas sans soutien. Il arrive à passer d'un support à l'autre, même s'il reste un instant privé de soutien : il se tient au premier support, déplace ses pieds vers l'autre, détache une main et fait un seul pas qui lui permet de s'agripper au support suivant avec l'autre main. Au moment où il parvient à réaliser cela, il est en général aussi capable de se tenir debout sans appui. Le plus souvent, il s'en aperçoit par hasard. Il peut, par exemple, être debout, accroché à une chaise quand il vous voit approcher avec son gobelet. Sans réfléchir, il se lâche, et tend les deux bras pour boire ; ce faisant, il ne se rend probablement pas compte qu'il n'a plus de support.

Comment l'aider à faire ses premiers pas

Phase 5. A partir du moment où l'enfant est capable de faire un pas entre deux supports, il est prêt pour l'étape suivante au cours de laquelle il recourt le plus souvent à la marche avec appui, mais parvient à faire deux ou trois pas sans support pour rejoindre le but qu'il s'est fixé.

Phase 6. Cette dernière étape constitue le terme de son évolution : la marche indépendante. Il ne fait pas encore de grands trajets sans trouver un support pour se reposer, mais quand il décide de traverser la pièce, il le fait en ligne droite, sans se demander s'il trouvera quelque chose pour s'accrocher en cours de route.

Ne le pressez pas et ne vous inquiétez pas, même si vous avez l'impression qu'il progresse lentement. Une fois qu'il est capable de se mettre sur ses pieds (phase 1), soyez sûre qu'il finira par marcher. S'il y avait quelque chose d'anormal dans ses jambes, dans la coordination de ses muscles ou son équilibre, il n'aurait pas dépassé le stade de la position assise et de la marche à quatre pattes et ne serait pas devenu un bipède. Laissez-le donc prendre son temps.

Donnez-lui des occasions de s'exercer à faire ce qu'il sait déjà. Il sera ravi si, quand il en est à la phase 3, vous arrangez les meubles de telle sorte qu'il puisse faire le tour de la pièce, et même passer d'une pièce à l'autre. Au cours des deux phases suivantes, il aimera « aller vers maman », jeu qui consiste à vous offrir comme support, et à l'inviter à faire un ou deux pas vers vous.

N'oubliez pas que, tout en faisant l'apprentissage de la marche, il a d'autres choses à apprendre sur le monde qui l'entoure (voir p. 310) et sur la façon de communiquer avec les autres (voir p. 321). Il ne dispose chaque jour que d'un nombre limité d'heures pendant lesquelles il est éveillé et il préférera parfois jouer au lieu d'apprendre à marcher. Si vous avez l'impression que ses progrès, dans ce domaine, ralentissent, demandez-vous s'il ne se consacre pas davantage à un autre aspect de son développement.

Protégez-le contre les chutes et les craintes qu'elles peuvent engendrer. Même s'il est habitué aux coups qu'il se donne en culbutant lorsqu'il est assis, le fait de tomber de toute sa hauteur peut l'effrayer, en particulier s'il se cogne la tête. Plusieurs chocs à la suite risquent de le dégoûter de la marche pour quelque temps, aussi devez-vous le protéger.
   Marcher sur des sols glissants est aussi difficile pour lui que, pour nous, marcher sur la glace. Ne le laissez jamais évoluer en chaussettes sur un plancher ciré. Il est mieux pieds nus, parce qu'il peut sentir le sol sous la plante de ses pieds et se servir de ses orteils pour assurer son équilibre. S'il fait trop froid, mettez-lui des chaussons-chaussettes (voir p. 285). Il est encore trop tôt pour les vraies chaussures.
   S'il y a des enfants plus âgés qui jouent au milieu des pièces, ils constituent un obstacle important. Veillez que le bébé puisse s'exercer à marcher sans risque d'être renversé.

Ne vous inquiétez pas s'il semble parfois régresser. Une fois que votre enfant a dépassé la phase 1, il progresse vers la marche indépendante, mais il peut donner par moments l'impression de régresser, tout comme, dans d'autres domaines, ses progrès se ralentissent parfois pendant des semaines ou des mois quand il se concentre sur autre chose ou passe par une période de nervosité.

Une maladie courte mais grave, comme la rougeole, ou une otite, peut provoquer pendant quelques jours une forte fièvre qui diminue l'appétit de l'enfant et son besoin d'exercice. A cet âge, la conséquence se fait immédiatement sentir sur sa force musculaire et son énergie, si bien qu'il peut reculer pendant quelques jours d'une ou deux phases. S'il en était déjà à la marche avec appui, il peut se remettre à ramper et à se redresser en s'accrochant aux meubles. S'il en était à faire deux pas d'un support à l'autre, il peut revenir à la marche avec appui. Il ne faut pas s'inquiéter. Il repassera très rapidement par toutes les phases.

Un choc affectif peut aussi faire perdre au bébé un acquis récent. Si une séparation ou la naissance d'une petite sœur sont la cause d'un retour au biberon, elles peuvent aussi provoquer une reprise de la marche à quatre pattes. Mais dès qu'il se sentira de nouveau en sécurité, il recommencera à progresser.

Les déplacements La plupart des enfants atteignent les phases 5 et 6 entre 14 et 16 mois. Le bambin peut faire au moins quelques pas, et à partir de ce moment les progrès sont toujours rapides. Mais il ne cesse pas pour autant de se déplacer le plus souvent en rampant, parce qu'il ne peut se mettre debout sans être allé d'abord à quatre pattes vers le meuble qui l'aidera à se relever. Il est rare qu'il puisse passer sans aide de la position assise à la station debout avant 16 ou 18 mois.

A ce stade, on peut l'aider en lui donnant un chariot de marche spécialement conçu. L'intérêt de ce « jouet » vient de ce que l'enfant peut se relever en s'aidant de la poignée sans le renverser et, une fois debout, il peut le pousser sans qu'il lui échappe. Il est évident que cet objet peut être utile, un chariot ordinaire ou une poussette de poupée se renversant s'il s'en sert pour se redresser et lui échappant quand il veut s'en servir pour marcher. Ce véhicule, au contraire, lui permet d'avoir toujours à portée de main un appui pour se relever et pour marcher. Il développe énormément la mobilité de l'enfant à la maison, au jardin ou dans un parc. Comme il continuera encore longtemps à servir de chariot, de poussette de poupée ou de brouette, il constitue un excellent investissement.

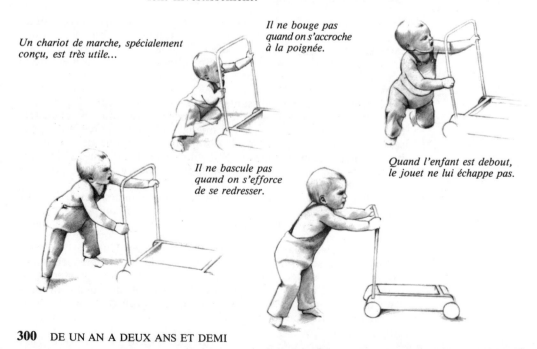

Un chariot de marche, spécialement conçu, est très utile...

Il ne bouge pas quand on s'accroche à la poignée.

Il ne bascule pas quand on s'efforce de se redresser.

Quand l'enfant est debout, le jouet ne lui échappe pas.

A cet âge, l'enfant contrôle difficilement sa marche : il n'a ni freins ni direction. Une fois qu'il a pris son élan, il ne peut s'arrêter brusquement pour ne pas tomber dans un escalier, ou tourner rapidement pour éviter un réverbère. A la maison, il est relativement en sécurité parce que l'espace est trop restreint pour qu'il puisse prendre de la vitesse. A l'extérieur, il sera ravi de trotter dans un parc, mais les rues très passantes et les magasins remplis de monde sont des endroits dangereux. S'il reste dans sa poussette pendant que vous faites vos achats et s'exerce ensuite à marcher dans le jardin public, tout se passera bien. Mais si ses sorties se passent toujours dans les rues, il doit être tenu. Lui donner la main n'est pas commode : votre bras, qui n'est pas assez long pour tenir sa main dans une position normale, tire son bras vers le haut. Par ailleurs, il lui sera impossible de s'arrêter pour regarder quelque chose qui l'intéresse, ou de courir devant vous. La meilleure solution consiste à le tenir en laisse ; celle-ci est souvent critiquée sous prétexte qu'elle prive l'enfant de sa liberté ; en fait, c'est ce qui lui en donne le plus.

A deux ans, l'enfant maîtrise mieux ses jambes ; il lui est facile de s'arrêter ou de changer de direction, et il est capable de marcher beaucoup plus longtemps (bien qu'on ne sache jamais la distance qu'il *voudra* bien parcourir). Il peut aussi se mettre en route et s'arrêter sans support.

Faire autre chose en marchant

Lors des premiers pas, toute l'énergie et l'attention de l'enfant sont concentrées sur l'opération, si bien qu'il ne peut rien faire d'autre en même temps. S'il veut prendre un jouet, il lui faut s'arrêter, s'asseoir, ramasser l'objet, puis trouver un support pour se relever. S'il veut écouter ce que vous lui dites, il s'arrête et, bien souvent, s'assied.

Mais à force de s'exercer, il va prendre de l'aisance. Vers 17 mois, il aura appris à se lever sans s'accrocher à un support et il sera devenu si sûr de lui qu'il pourra s'intéresser à autre chose tout en se déplaçant. Il parvient alors à se baisser pour ramasser un jouet qu'il emporte ensuite avec lui, à tourner la tête pour regarder autour de lui, à vous écouter quand vous lui parlez. Il commence aussi à pouvoir regarder par-dessus son épaule et à aimer traîner un jouet derrière lui.

Vers 19 mois environ, l'enfant est capable de marcher à reculons et de courir, ce qui l'entraîne à sauter à pieds joints.

A deux ans, il sera sans doute si habile et si sûr de lui que vous aurez de la peine à vous souvenir de ses premiers pas hésitants il y a six mois seulement. Il aimera que vous jouiez à le poursuivre : s'élancera, regardera si vous le suivez, fera un saut de côté pour esquiver votre main. Il pourra aussi participer à des jeux où l'on doit partir et s'arrêter brusquement comme « les statues » ou « Grand-mère, combien de pas ? » De même, il saura se lever si facilement qu'il pourra jouer aux « chaises musicales » ou au « mouchoir ». Il sera aussi capable de taper dans un ballon, à sa manière, car il n'aura pas encore assez d'équilibre, sur un pied, pour frapper fort.

L'usage de sa mobilité

Les adultes considèrent que la marche sert à se rendre d'un point à un autre, mais non les petits enfants. Il ne faut pas vous attendre à le voir utiliser sa mobilité de la même façon que les grands. Si vous comprenez les limitations et les particularités de sa démarche, vous éviterez bien des conflits.

Au début, il doit se tenir pour ramasser quelque chose, mais il est vite capable de s'accroupir, de porter des objets et même de taper dans un ballon...

Un adulte comme point fixe

Au début, l'enfant ne va pas dans une direction déterminée, mais au contraire, tourne autour d'un adulte. Il marche davantage si vous restez tranquille que si vous vous activez. On entend souvent les mères dire : « Il me rend folle ; ce matin, pendant que je faisais le ménage, il n'a pas cessé de pleurnicher et de s'accrocher à moi. Et maintenant que je suis assise, prête à jouer avec lui, il n'arrête pas de courir dans tous les sens. » C'est le comportement typique d'un enfant de cet âge. Le matin, il fallait qu'il vous surveille parce qu'il ne savait pas où vous alliez vous rendre. Mais maintenant que vous vous êtes arrêtée, il peut s'aventurer, aller et venir sans crainte. Il sait où vous trouver s'il a soudain besoin d'aide.

Les limites de ses déplacements

Si vous vous installez par exemple sur un banc dans un jardin public, l'enfant s'éloignera immédiatement de vous et marchera tout droit dans une direction quelconque. Mais il ne fera guère plus d'une cinquantaine de mètres. Inutile de vous lever pour le suivre : il sait exactement où vous êtes. Quand son expédition aura atteint les limites qu'il s'est fixées, il fera demi-tour et reviendra vers vous, quoiqu'en s'arrêtant souvent en chemin. Peut-être restera-t-il à quelque distance de vous pour examiner un buisson ou une feuille, avant de repartir sans même vous avoir jeté un regard. Ce manège se répétera probablement tout l'après-midi.

Déplacement du point d'attache

Ce besoin d'aller et venir est inné chez l'enfant. Il répond à une logique particulière qui n'a rien à voir avec la vôtre. Si vous changez de banc, ou si vous suivez le soleil, vous le déconcertez. Il voit parfaitement votre nouvelle place, et sait qu'il n'y a aucun obstacle à ce qu'il l'utilise comme base aussi bien que la précédente, et pourtant, cela lui est tout à fait impossible. Son instinct le ramène là où vous *étiez* et non là où vous *êtes*. Vous le voyez se figer sur place, et parfois même se mettre à pleurer. Vous avez beau l'appeler ou lui faire signe, il ne bouge pas. Il faut donc que vous alliez le chercher et que vous l'ameniez à votre nouvelle place pour qu'il puisse l'utiliser comme nouveau point de départ.

L'impossible « marche comme il faut ! »

L'enfant est incapable, avant trois ans, de suivre un adulte qui se déplace. Jusqu'alors, il demande qu'on le porte dès qu'il comprend qu'on va partir. Malheureusement, peu de gens réalisent que le petit qui se plante, bras tendus, devant sa mère, n'est ni paresseux ni capricieux, mais qu'il obéit simplement à son instinct. Il sait qu'il ne peut marcher au même rythme que vous. Si vous observez les singes au zoo, vous constaterez que, dès que la mère s'éloigne de son bébé, celui-ci se fige et se met à pleurer. Parfois la mère l'appelle impatiemment. Mais il attend qu'elle vienne le chercher et il ne l'accompagne que si elle le prend sur son dos.

Bien des fins d'après-midi au jardin public sont gâtées par le refus de l'enfant de rentrer à la maison à pied. Vous savez que ce n'est pas la fatigue qui en est la cause : il a couru dans tous les sens pendant des heures et peut encore très bien marcher. Mais en le forçant à le faire, vous ne pouvez vous attirer que des ennuis.

Si vous n'avez pas de poussette et ne voulez pas le porter, vous allez sans doute lui donner la main. Ce lien physique l'aidera à marcher à votre pas pendant quelques mètres. Mais lui tenir la main ne suffit pas. Vous allez avancer lentement et par à-coups. L'enfant ne cessera de s'arrêter, d'être tiré pour repartir, de pivoter dans la mauvaise direction avant d'être ramené dans le bon sens. Au bout de quelques minutes, vous en aurez tous les deux assez. Votre enfant se mettra continuellement devant vos pieds en tendant les bras pour se faire prendre. C'est alors que vous perdrez patience et le traînerez par la main ou que vous déciderez de continuer en le laissant suivre à son pas. En fait, il ne vous suivra pas, parce qu'il en est incapable.

Livré à lui-même tandis que vous vous éloignez, il va traîner, s'arrêter, faire des détours, et probablement finir par s'asseoir. Son comportement semble vous défier et c'est ainsi que beaucoup de gens le jugent, ce qui les incite à vous conseiller de persévérer, en disant qu'« il ne tardera pas à vous suivre quand il s'apercevra que vous ne cédez pas ». Cependant, même s'il en a envie, il ne sait pas comment s'y prendre pour vous suivre. Si vous vous éloignez vraiment, vous allez le perdre. Si, au contraire, vous avancez lentement, vous serez obligée de retourner sans arrêt en arrière pour le remettre sur ses pieds ou dans la bonne direction. Vous auriez donc gagné du temps en le prenant tout de suite dans vos bras. Mais la meilleure solution pour épargner votre temps, votre énergie et votre patience consiste à prévoir la poussette dans ces expéditions, en vue du retour. Car il ne veut pas être séparé de vous ; il a peur de vous perdre. Tout ce qu'il demande, c'est que vous l'aidiez à rester là où il est le mieux : à vos côtés.

Jeu et pensée

Pour le petit enfant, il n'y a pas de différence entre jouer et apprendre, entre ce qu'il fait « pour s'amuser » et ce qu'il fait pour « s'instruire ». Son éducation fait partie de sa vie quotidienne et il considère comme un jeu tout ce qui lui procure du plaisir.

Les jouets l'amusent — sinon il ne s'y intéresserait pas et n'en tirerait aucun enseignement — mais ils sont aussi des moyens de découvrir le monde environnant et d'acquérir toutes les aptitudes qu'on attendra de lui lorsqu'il sera devenu un adulte. Ces jouets et ces jeux ont une importance particulière pour ceux qui vivent en milieu urbain, hautement mécanisé. En les choisissant bien, on peut faire découvrir aux petits citadins bien des aspects du monde qu'ils ne peuvent connaître dans un appartement de ville.

Il y a cent ans, un petit campagnard appartenait à une famille dont les travaux et les distractions lui étaient parfaitement compréhensibles. On trayait les vaches pour que tout le monde (y compris le bébé) puisse boire du lait ; on faisait de la musique pour que tout le monde (et lui-même) puisse danser. Il pouvait voir, et bientôt comprendre, les soucis des adultes — le blé abîmé par le mauvais temps inattendu, ou le toit qui laissait passer la pluie. De plus, il pouvait « se servir » de la plupart des outils des grands, depuis les bêches jusqu'aux baquets. Au contraire, un petit citadin d'aujourd'hui est complètement coupé des éléments fondamentaux de l'existence. Le travail productif se fait loin de la maison dans un endroit mystérieux appelé « bureau » ou, plus mystérieusement encore, « en ville ». Au lieu de produire des choses utiles comme le lait, il fournit une chose incompréhensible nommée argent. Les distractions des adultes sont tout aussi mystérieuses pour l'enfant — cours du soir, réunions, dégustation de boissons spéciales — et leurs soucis parfaitement inexplicables quand ils concernent les licenciements, la promotion ou le loyer. A la maison, les grands utilisent sans cesse des appareils trop compliqués pour lui, ou alors trop délicats ou dangereux pour qu'on puisse les lui confier. Il ne peut ni comprendre ni toucher la vidéo ou la machine à laver.

Vous ne pouvez rien faire pour que votre appartement soit l'endroit idéal pour élever un nouvel être humain. Cependant, un grand nombre de jouets peuvent l'aider à comprendre ce qu'est le monde véritable enfoui sous le béton et les principes élémentaires qui le régissent. En lui offrant ces objets, vous lui donnez la possibilité d'apprendre des gestes qu'il ne voit pas faire autour de lui. Au moyen de ces affaires qui lui sont personnelles, vous permettrez à son évolution de se faire, malgré toutes les interdictions qui frappent les affaires des autres.

Il y a des milliers de jouets sur le marché, et on peut aussi en construire des milliers, à peu de frais, avec un peu d'imagination. Pour faire votre choix, il faut réfléchir à ce qui est bon pour l'enfant en tenant compte du rythme de son évolution et du stade qu'il a atteint aussi bien que de ce qu'il aime faire.

Le monde de l'enfant d'un an

Le monde de l'enfant d'un an est un monde concret qui se situe dans l'instant présent. Le domaine de l'imaginaire n'en fait pas encore partie, car l'enfant est trop occupé à comprendre ce qui *existe* pour envisager ce qui *pourrait exister*. Il ne tient compte ni du passé ni de l'avenir, ne peut se souvenir de la veille ou prévoir le lendemain. Sa tâche du moment consiste à s'adapter à des choses et des gens réels, tels qu'ils se présentent à ses yeux.

Ses cinq sens lui ont déjà appris énormément de choses sur ce monde-là. Il sait reconnaître les objets familiers, même quand ils se présentent sous un angle inhabituel, par exemple s'il voit son biberon le fond en avant, si bien qu'il n'aperçoit qu'un disque blanc. Il distingue aussi les sons familiers et reconnaît la voix de son père avant même de le voir. Sons sens du toucher s'est développé : quand sa main rencontre son objet de réconfort, elle le reconnaît au toucher, sans avoir besoin de l'aide des yeux. Une bonne odeur de gâteau qui cuit lui indique qu'il aura quelque chose de bon à manger, et son sens du goût lui permet de distinguer les biscuits au chocolat des ordinaires.

Cependant son interprétation du monde est encore assez floue. Son environnement lui réserve souvent des surprises, et le fait de voir les gens ou les choses sous un aspect inattendu peut encore le tromper. Par exemple, il connaît bien votre apparence, mais si vous changez brusquement de coiffure et que vous lui apparaissez coiffée d'un bonnet de bain, vous ne correspondez plus à l'image familière et il peut ne pas vous reconnaître. Ce mélange d'inconnu et de familier risque même de l'inquiéter. Autre exemple : s'il s'attend à voir apparaître son père à pied au coin de la rue, et s'il le voit sortir de la voiture d'un ami, il va peut-être continuer malgré cela à le guetter dans la rue. Même après l'avoir embrassé, il détournera les yeux avec surprise de son visage pour regarder l'endroit où il aurait dû apparaître. Mais il est désormais capable de supporter l'inattendu aussi bien que la routine.

De 12 à 18 mois : l'exploration

Vers le milieu de sa deuxième année, grâce à ce qu'il a déjà acquis, l'enfant est beaucoup plus disposé à apprendre. Il peut se déplacer pour aller examiner des choses que vous ne pouviez mettre à sa portée quand il ne pouvait que s'asseoir. Telle table, par exemple, qu'il connaît depuis longtemps peut désormais être observée de dessous.

Il est capable de prendre et de lâcher correctement les objets. Il s'empare sans peine des choses qu'il veut examiner. De plus, son jargon est extrêmement expressif. Il peut questionner et s'exclamer sans employer de véritables mots, et vous lui répondez ; parlez-lui, montrez-lui des choses et aidez-le. Bientôt, il sera capable de parler, lui aussi, et les mots l'aideront non seulement à comprendre, mais à se rappeler ce qu'il a découvert.

Son besoin de sommeil diminue un peu, et quand quelque chose l'intéresse, il peut rester volontairement éveillé. Il dispose donc de plus de temps pour s'instruire et c'est en explorant qu'il le fait. Quand vous le laissez libre de se déplacer dans une pièce, il va d'objet en objet, regarde, touche, goûte, sent et écoute. Il n'a pas de but déterminé. Il examine une chose comme un alpiniste grimpe sur une montagne : parce qu'elle est là. Mais il peut examiner ainsi une centaine de choses en une heure.

Parce que presque tout est nouveau pour lui, il s'ennuie rarement. Le moindre changement dans une pièce l'incite à reprendre à fond son exploration. La table de la salle à manger était nue ce matin, et maintenant elle est prête pour le repas ; ce cendrier était plein, mais quelqu'un l'a vidé et enlevé ; la corbeille à papier qu'il a vidée a été (sagement) cachée ; les cubes qu'il avait répandus ont été remis en ordre et il lui faut un moment pour reconnaître son camion renversé, qui a ainsi un aspect tout différent.

On ne lui laissera jamais trop de temps ou d'espace pour ses explorations. En ramassant les choses pour le plaisir de les ramasser, en les laissant tomber parce que cela l'amuse, ou en les mettant à sa bouche pour mieux les connaître, il s'amuse et s'instruit.

De l'exploration à la recherche scientifique

Après des mois d'exploration pure, l'enfant commence à faire aussi des expériences. Il continue à s'emparer des objets et à les porter à sa bouche mais il essaie maintenant de voir ce qu'il pourrait en faire, et se demande quel goût ils ont. Il tripote les choses, les laisse tomber, les presse de la main *pour voir ce qui va se passer*. Il se lance sans arrêt dans des expériences fondamentales.

Cela l'amène à comprendre peu à peu les lois qui régissent le monde. Il n'est donc pas exagéré de le qualifier de « chercheur scientifique », car la plupart de ces lois ont été étudiées et expliquées par les savants d'autrefois... L'enfant ne les comprend pas, mais il les découvre tout seul.

Quand il lâche une chose, elle tombe toujours vers le bas, jamais vers le haut... Il est incapable de saisir la notion de gravitation, mais il en découvre les conséquences. Quand il pousse une balle ou une orange, elles roulent — toujours ; mais quand il pousse un cube, il ne roule jamais. Il n'a aucune idée de ce que peut être la géométrie dans l'espace, mais il en trouve quelques lois.

Quand il renverse un gobelet d'eau, il se mouille ; quand il renverse un gobelet de sable, il n'est pas mouillé. L'eau pénètre ses vêtements, mais le sable s'en détache quand il se lève. Il ne pourrait vous énumérer les propriétés des liquides et des solides, mais il les a tout de même découvertes.

La découverte de propriétés communes

Tout en découvrant les propriétés des objets, l'enfant commence aussi à réaliser les ressemblances et les différences concernant leur utilisation ou leur aspect. Il peut avoir des cubes de tailles et couleurs variées, mais il s'aperçoit qu'il y a plus de ressemblance entre ces cubes qu'entre eux et d'autres objets. Les aliments aussi sont très variés, et pourtant une tranche de pain ressemble davantage à une tranche de jambon qu'à une éponge ou une feuille de papier. Il apprend donc progressivement à différencier les choses, ce qui est facile à constater si vous l'observez de près. Lorsqu'il commençait à ramper, il traitait le chien ou le chat comme un jouet : il se précipitait vers eux pour les attraper comme s'ils étaient une balle ou une voiture et il était tout surpris que les animaux aient un comportement différent des jouets en lui échappant précipitamment. Mais il a compris maintenant qu'ils ne sont pas des objets et il les traite différemment.

*Vers deux ans :
les premiers
concepts*

Une fois que votre enfant est capable de reconnaître les ressemblances et les différences et de classer mentalement les objets par catégories, il est sur le point de faire un progrès intellectuel essentiel. Les adultes organisent leur perception d'un monde extrêmement complexe en utilisant une version plus sophistiquée de ce même système de classement.

Chacun de nous se livre à un travail de tri, de comparaison, d'opposition, de regroupement qui s'applique à d'innombrables objets, faits, individus, sentiments et raisonnements. Après ce travail de classement de ce que nous connaissons de l'univers, notre esprit en tire des concepts abstraits qui nous permettent d'accroître encore les connaissances déjà accumulées et de communiquer facilement avec les autres sur la base de ce savoir partagé. Par exemple, si je parle d'un « insecte », vous saurez d'emblée à quelle sorte de créature je fais allusion. Je n'ai pas besoin de vous expliquer qu'un insecte est une créature vivante et non un objet fait par l'homme, ou encore qu'il est plus petit qu'un éléphant. Nous avons le même concept de l'insecte et notre conversation s'engage sur cette base. De même si vous voulez m'entretenir de la jalousie, je saurai que notre conversation concernera ce sentiment désagréable d'envie et de frustration. Vous n'avez pas besoin de m'expliquer le concept de jalousie, parce que nous le partageons déjà.

Comme nous utilisons des mots pour désigner nos concepts, il est difficile de suivre la progression de leur formation dans l'esprit de l'enfant avant qu'il soit capable de s'exprimer, si peu que ce soit. En l'observant et en l'écoutant avec attention, vous constaterez qu'au moment où il apprend à distinguer les « chiens » des autres objets, il apprend aussi le mot qui les désigne et l'applique au chien de la maison. Peut-on conclure qu'il a acquis le « concept » de chien ? Pas forcément. Il emploie d'abord le mot pour désigner une chose bien précise : un chien en particulier. Pour acquérir le concept, il faut qu'il groupe *tous* les chiens (le vôtre, ceux en peluche, des jardins publics ou des livres) en une seule catégorie mentale, et qu'il applique le mot « chien » à

Les premiers concepts peuvent être excitants ; ces deux animaux différents sont pourtant des « CHIENS » !

l'ensemble du groupe. Il doit avoir compris que, bien que tous les membres de ce groupe soient différents, ils se ressemblent plus qu'ils ne ressemblent à quoi que ce soit d'autre. Vous pouvez présumer qu'il a atteint ce stade quand il se détourne du chien de la maison pour prendre son livre d'images et désigner le chien parmi tous les autres animaux. Par la suite, vous en aurez la confirmation quand vous l'entendrez dire quelque chose comme « Chien, ouah-ouah, cheval fait niiih ». Il aura alors choisi l'un des traits qui différencient les chiens des chevaux (le bruit qu'ils font) et opposé les deux groupes (les chevaux n'aboient pas, les chiens ne hennissent pas).

A partir du moment où son esprit a atteint ce niveau, l'enfant consacre beaucoup de temps à trier et à classer en jouant. Mais ses concepts se limitent encore à un univers concret, visible et immédiat. Si vous lui montrez une page où il y a beaucoup d'images, ou lui présentez une boîte pleine de jouets, il trouvera sans peine tous les chiens et toutes les autos, mais il ne saura pas vous montrer toutes les choses « jolies », « lourdes » ou « rondes ». Il s'agit là d'abstractions qu'il n'est pas encore en état de concevoir.

*Troisième année :
apparition des
idées abstraites*

Les concepts abstraits, qui consistent à évoquer ce qui n'est pas réel ou visible, sont encore étrangers à un enfant de deux ans. Il peut, par exemple, avoir une vague idée de ce que signifie « plus » ou « moins », mais n'a pas la notion des nombres. Tout ce qui dépasse le chiffre un se traduit en général par « plein de ... ». Il comprend à peu près le mot « bientôt », mais ne peut concevoir un moment éloigné comme « la semaine prochaine ». Même le terme de « nourriture » dépasse son entendement, bien qu'il soit capable de le comprendre si vous l'expliquez avec des mots concrets : « les choses que tu aimes manger ».

Cependant, on constate qu'il commence à concevoir l'abstrait quand on le voit, dans ses jeux, prendre du champ par rapport à l'objet réel qu'il a dans la main ou sous les yeux. Il arrive à évoquer des objets familiers lorsqu'ils ne sont pas près de lui, à s'en souvenir et à faire des projets les concernant. Ce qui sort de son champ visuel n'est plus automatiquement oublié. Si on l'appelle pour manger alors qu'il joue au jardin, il est capable d'abandonner son jeu, de prendre son repas, puis de retourner à son jeu. Ce progrès n'est peut-être pas très spectaculaire, mais il indique une évolution permanente de sa pensée : il a gardé à l'esprit l'image de ce jeu, s'en est souvenu pendant tout le repas, a décidé de le reprendre et l'a fait spontanément.

*Troisième année :
les inventions*

A partir du moment où votre enfant peut penser de cette façon, il va commencer à imaginer et à inventer ; vous allez observer ses premiers jeux d'imagination. Ne rabaissez pas ses fantaisies nouvelles : le fait de se mettre une casserole sur la tête en guise de chapeau ne vous paraît peut-être pas follement original parce que vous avez souvent vu des enfants ainsi coiffés. Mais, lui n'a jamais vu cela. Il a inventé ce chapeau tout seul et pour sa propre tête.

Les premiers jeux d'imagination ressemblent parfois beaucoup aux jeux d'imitation qu'il pratique depuis des mois. Mais en l'observant de près, vous en verrez la différence. Un petit garçon de dix-huit mois que je connais adorait qu'on lui donne un chiffon pour aider son père à laver la voiture. Un an plus tard, il prenait une culotte sur le séchoir, la trempait dans l'écuelle du chien et s'en servait pour nettoyer sa voiture à pédales. Il ne s'agissait plus d'imiter son père présent mais de se souvenir d'un père absent. Il avait *inventé* son chiffon et son seau, avait fait *semblant* d'avoir une vraie voiture, et s'*imaginait* être son père.

*Son imagination
enrichit le
jeu d'imitation*

Apprentissage de son univers

Votre enfant joue avec tout ce qu'il trouve. Il a besoin d'objets à examiner et à essayer, mais il se soucie peu qu'ils proviennent d'un magasin de jouets, soient hérités d'un ami ou bricolés avec n'importe quoi.

Il est impossible de sélectionner, parmi les milliers de jouets qui existent, ceux qu'il faut lui donner. Cela dépend de ceux qu'il possède déjà et du temps qu'il aime passer avec eux. Vous trouverez dans cette liste le genre de jeux qui plaisent à un enfant de son âge. Pour qu'il comprenne le monde qui l'entoure avec les lois qui le régissent, il lui faut des matériaux naturels. La vie à la campagne ou en ville où il a la permission de se salir les lui fournissent automatiquement. Mais si vous vivez en ville, il pourrait mettre des années à réaliser que le béton est fait par l'homme et que l'eau ne provient pas uniquement des robinets...

Matériaux de base	Ce qu'il apprend	Pourquoi le donner à l'enfant
L'eau : pure, avec des bulles, colorée, chaude ; glace. 	*Elle se verse, éclabousse, s'infiltre ; elle donne une impression de chaud, de froid, de glace. Certains objets flottent, d'autres sombrent, d'autres encore se dissolvent. On peut la transporter dans des récipients non troués, mais elle s'écoule à travers une passoire ou les mains jointes...*	*Les jeux s'adaptent à la quantité d'eau dont vous pouvez disposer. Une piscine en caoutchouc est l'idéal, et la baignoire s'impose. Mais il s'amusera aussi avec une cuvette placée sur une bonne épaisseur de journaux et un petit récipient qu'il peut remplir et vider. Vous pouvez apporter un changement avec des cubes de glace, un colorant alimentaire, un fouet à pâtisserie.*

La terre : boue, glaise, pâte à modeler. 	*Il est agréable de la pétrir, la rouler, la taper, lui donner des formes, la mettre dans des moules. Avec de l'eau, elle est collante ; sans eau, elle est poudreuse. Elle se modifie en séchant. Elle se colle aux mains et aux cheveux, mais s'enlève avec de l'eau.*	*La glaise est difficile à manier et presque aussi salissante que la boue. La pâte à modeler et la plastiline coûtent cher et les couleurs se réduisent rapidement à un marron généralisé. Fabriquez-en vous-même (voir p. 473) ; mettez-lui un tablier, protégez la table et laissez-le faire*
Le sable : « lavé » ou « argenté ». Évitez le ciment ou les sables non naturels.	*Le sable humide se comporte un peu comme l'argile, mais avec des différences intéressantes. Le sable sec se comporte comme l'eau, mais aussi des différences. Un solide qui n'en est pas un : une substance qui a l'air liquide mais ne l'est pas.*	*La plage est un paradis, et un tas de sable un excellent investissement pour le jardin, mais on peut lui donner 1 kg de sable sur un plateau, même en hiver. A défaut de sable, la même quantité de sucre cristallisé est une extravagance valable. Évitez le sel : il s'en mettra dans les yeux.*
Cailloux, coquillages, feuilles, rameaux... 	*Il est trop petit pour faire de la botanique. Mais les pierres brillantes deviennent ternes en séchant, les rameaux verts sont souples, mais finissent par se casser. Le monde est plein de formes et de textures passionnantes.*	*Laissez-le découvrir les choses tout seul. Rapportez-les à la maison et gardez-les tant qu'elles intéressent. Ne les jetez surtout pas.*

Techniques de base

L'enfant doit apprendre comment les choses fonctionnent et comment il peut les *faire* fonctionner. Il doit découvrir les principes de base et la façon de manipuler les objets avec précision. Pour cela, il faut acheter certains jouets, car il a besoin d'un matériel léger, incassable et à la surface bien lisse, qui résiste aux conséquences de ses erreurs.

Choisissez des jouets de bonne qualité, car il est indispensable que quand il découvre que deux objets s'emboîtent, ils le fassent réellement...

Matériel à lui fournir	Ce qu'il apprend	Pourquoi le donner à l'enfant
Cubes 	*Renversez-les, et ils se mettent sens dessus dessous ; mettez-les bout à bout, ils forment une ligne ; empilez-les sur le plus petit, et ils s'écroulent, mais sur le plus grand, ils tiennent...*	*Les cubes sont parmi les jouets les meilleurs et les plus durables. Il lui en faut au moins soixante de différentes couleurs et de différentes formes. Ils doivent être à la même échelle : les plus petits étant le quart, et les moyens la moitié des grands. Si vous les fabriquez vous-même, poncez-les soigneusement. Si vous les peignez, utilisez de la peinture lavable, sans plomb.*
Jouets qui s'emboîtent 	*Des boules n'entreront pas dans les trous carrés ; les grands récipients n'entreront pas dans les petits ; les formes complexes ne s'emboîteront que dans la bonne position.*	*On peut à la fois les acheter et les fabriquer. Faites une première « boîte aux lettres » en pratiquant des trous dans une boîte en carton, qui aient la taille de cubes et de boules. Achetez-lui ensuite le même jeu, en plus compliqué. Donnez-lui des gobelets de plastique qu'il peut empiler ou utiliser dans son bain ou une poupée russe ou des petits bonshommes qui se placent sur des véhicules. Il faut beaucoup de jeux variés. Une simple planche découpée est le premier degré de puzzle. Fabriquez-la en découpant des carrés, des triangles, etc., dans un carton et en l'aidant à les mettre en place. Plus tard, il aimera les puzzles où les personnages entiers peuvent s'enlever en laissant leur silhouette en creux qui laisse apparaître une image, où il est facile de les replacer. Mettre une clé dans une serrure est aussi très amusant.*
Jouets qui s'accrochent 	*Les crochets entrent dans les anneaux. Deux crochets peuvent s'assembler, mais non deux anneaux.*	*Il s'amusera à attraper un anneau de caoutchouc avec votre parapluie, ou arrivera à constituer un train avec un système d'accrochage simple. Il y a aussi les chaînes en plastique, avec des maillons qui se joignent et se séparent facilement. Et votre porte d'entrée a peut-être une chaîne.*
Jouets qui s'enfilent	*Les anneaux ont toutes sortes de propriétés intéressantes. On peut par exemple les enfiler sur tout ce qui est plus long et plus fin que leur trou.*	*Commencez par des anneaux rigides à enfiler sur un bâton : un concombre et des caoutchoucs de bocaux de conserve peuvent faire l'affaire, ou encore un jouet qui a la forme d'une pyramide quand il arrive (enfin) à mettre les anneaux dans le bon ordre. Il apprendra à accrocher la laisse du chien à la grille et la brosse à dents à son support. Plus tard, il aimera enfiler les anneaux de rideau sur une ficelle ou un lacet, et sera ravi de porter ce collier.*

Apprentissage de la classification

L'une des tâches les plus importantes du petit enfant consiste à apprendre à différencier les choses et à les classer dans son esprit selon leur ressemblance. S'il peut s'y exercer manuellement aussi bien qu'intellectuellement, cela l'aidera et l'amusera. En l'observant de près, vous le verrez commencer ce classement de façon évidente, par exemple : les autos d'un côté, tout le reste de l'autre. Ensuite il s'amusera à séparer les oranges des pommes de terre. Plus tard encore, il se heurtera à des problèmes fondamentaux, du genre : « Ma pomme est-elle de la même catégorie que ma balle, puisqu'elles sont rondes toutes les deux ? ou que mon biscuit, puisqu'ils se mangent tous les deux ? »

Objets à trier et à grouper

Tout ce dont votre enfant a besoin, c'est de disposer d'objets petits et non dangereux. Vous pouvez lui donner des cubes de couleur, de gros jetons, des petites voitures, des animaux de ferme miniature, mais il sera tout aussi heureux et absorbé avec des objets plus communs comme des bobines de fil ou de gros boutons, ou encore des choses de la nature dont les ressemblances et les différences sont plus subtiles comme les pierres et les coquillages. Un sac d'épicerie (sans les œufs !) est aussi très amusant à trier.

Ustensiles à remplir et à vider

En dehors de l'habileté dont il doit faire preuve, il peut apprendre beaucoup de choses en jouant ainsi : combien faut-il d'eau pour remplir ce pot, combien de cubes peut-on mettre dans cette boîte, et qu'arrive-t-il quand on renverse le récipient ? Il va aussi approfondir sa notion de poids, et mesurer ses forces. Vous pouvez le voir transporter un demi-seau de sable parce qu'il s'est aperçu que le seau entier est trop lourd...

Au début, le simple fait de vider un récipient plein le fascine.

Un peu plus tard, il s'agit de remplir et de vider : une tasse se remplit, l'autre se vide.

Les systèmes de vidage et de remplissage peuvent ensuite se compliquer de plus en plus.

Le monde en miniature

En même temps qu'il apprend à reconnaître et à classer les objets appartenant au monde qui l'entoure, à observer leur comportement, à les manipuler, l'enfant devient aussi capable *d'imaginer* les lois de la nature. Bien qu'il soit le plus souvent l'acteur principal de ses jeux, il a besoin d'un monde en miniature dont il est le dieu. Quand on lui donne des petites voitures, des animaux de ferme, etc., il commence par les trier, mais, ensuite, il se met à inventer des situations et des désastres. Il imaginera que les agneaux gambadent dans un pré et que les voitures s'emboutissent sur une route.

Les jeux ménagers

Les corvées domestiques vous ennuient peut-être, mais elles font partie des rares activités des adultes dont l'enfant, qu'il soit fille ou garçon, comprend bien le but et auxquelles il peut se joindre. Au début il se satisfera d'un simple chiffon à poussière pour faire comme vous. Ensuite, il fera semblant d'être vous. Il lui faudra sa propre maison, où il fera son propre ménage. Si vous lui achetez une panoplie de ménagère, choisissez-lui ce qui ressemble le plus au matériel que vous utilisez.

Les déguisements

Vers deux ans, l'enfant s'amuse de plus en plus à « être quelqu'un d'autre ». Il s'imagine chauffeur d'autobus ou maçon, aussi facilement qu'il joue à vous imiter.

A ce stade, il n'a pas besoin de déguisements compliqués et restera indifférent à un costume de cow-boy. Il lui faut seulement le détail qui permet d'identifier la personne. Ce sont le plus souvent les coiffures, aussi est-ce une bonne idée que d'acheter un stock de casques de plastique, de chapeaux, de casquettes et de bonnets qu'on vend pour les écoles maternelles. Il s'emparera aussi de votre sac à main et de votre panier à provisions, de votre cravate ou de vos chaussures de sport, et utilisera toutes sortes de vieux habits. Une ancienne chemise de nuit devient robe de mariée ou de reine. Une vieille veste le transforme en un homme imposant.

Poupées et jouets en peluche

N'écartez pas la nuit les jouets en peluche sous prétexte qu'ils sont pour les bébés, ou les poupées parce qu'elles font efféminé. En plus de ses préférés qui lui tiennent compagnie la nuit, votre enfant s'entourera pendant encore longtemps d'une grande famille qui participera à des jeux d'imagination, depuis le thé mondain jusqu'aux voyages dans un train de chaises. Ces jouets seront aussi les confidents de ses mauvais moments, et l'aideront à exprimer ses sentiments. Il pourra passer sa colère sur eux et leur fera subir ce qu'il ne peut pas faire aux humains. Ne soyez pas surpris s'il les soumet à une discipline de fer, les bat, leur hurle des remontrances. Il impose à ses jouets aussi bien l'affection que l'exaspération qui caractérisent sa relation avec ses parents. S'il y a un nouveau-né dans la maison, un poupon assez ressemblant peut servir à être lavé ou noyé, aimé ou haï.

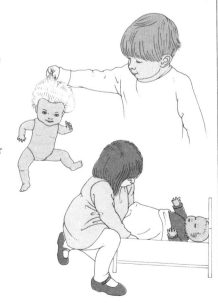

Activité physique

Il faut que votre enfant coure, grimpe, saute, se balance, pousse, tire, et d'une manière générale se donne du mouvement. Ce n'est qu'en exerçant son corps jusqu'aux limites de ses forces qu'il apprendra à le maîtriser et à le commander. Plus il prendra d'exercice, plus il deviendra agile, capable de coordonner ses muscles et sûr de lui au stade préscolaire. La dépense d'énergie que demandent ces jeux le détend après ses efforts intellectuels et l'attention qu'il doit consacrer aux activités d'adresse exclusivement manuelles. Un enfant trouve maintes occasions de se dépenser dans la vie courante, mais le mobilier n'a pas été conçu pour la gymnastique. Il risquera moins de se faire mal et d'abîmer vos meubles s'il dispose d'un équipement spécial.

Quoique vous ne puissiez lui offrir tout ce qui est indiqué ci-dessous, cette liste vous permettra de choisir ce qui vous paraît lui convenir, dans le cadre où il vit. Un vieux pommier est l'endroit idéal pour grimper, mais il vous est plus facile de fabriquer un échafaudage dans votre jardin que de planter un arbre s'il n'y en a pas.

Échafaudages d'escalade

Les enfants les aiment beaucoup et peuvent y pratiquer toutes sortes de jeux pendant des années. Le modèle pliant qui occupe environ 1 m³ peut être utilisé à l'intérieur comme dehors. Plus grands, ces échafaudages doivent être installés de façon permanente au jardin. Ils sont très solides s'ils sont en tube métallique, mais finissent par se rouiller quand la peinture s'écaille et sont désagréables au toucher lorsqu'il fait froid ou humide. En bois, il faut les protéger contre les intempéries. Et tous doivent être vérifiés chaque année.

Quand vous vous décidez à faire cette dépense, prévoyez le moment où votre enfant aura onze ans, et achetez le modèle le plus grand possible. Vous y adapterez toutes sortes d'accessoires pour se balancer, glisser ou grimper, lorsqu'il sera plus grand. Mais dès maintenant, vous pouvez le transformer en une tente ou une maison en le recouvrant d'une bâche. L'enfant s'y amusera en toute sécurité dans la mesure où personne ne le poussera ni ne le gênera ; laissez-le donc faire ce qu'il veut, mais pour avoir l'esprit tranquille, installez-le sur de l'herbe ou de la terre et non sur du béton.

Les escaliers

Il est important pour sa sécurité que votre enfant « apprenne » à monter les escaliers. Il trouve d'ailleurs cela amusant. Montrez-lui comment descendre à reculons en se tenant aux marches. Quand il commence à trouver cela trop facile, apprenez-lui à s'asseoir sur la marche du haut et à descendre de face, sur son derrière. Les escaliers pour adultes sont trop raides pour qu'il puisse les descendre debout. S'il n'y a pas d'escalier là où vit votre enfant, il faut l'amener dans des endroits où il en trouvera. Si vous ne le faites pas, il risque de dégringoler la première fois que vous vous rendrez dans une maison à étage.

Moyennant un peu de place, vous pouvez lui offrir un jeu plein de ressources en fabriquant ou en achetant une petite plate-forme munie de trois ou quatre marches de chaque côté. Elle peut servir de support à un toboggan, à une planche à bascule ou à une poutre. Elle pourra aussi représenter parfaitement un pont de navire.

L'équilibre

Le petit enfant a des difficultés à poser un pied devant l'autre, et non à côté. C'est un exercice pour lui que d'essayer de suivre une planche de votre parquet, ou une ligne de pavés.

On peut poser sur le sol une planche de 2 m de long sur 0,20 m de large, pour qu'il s'exerce à y marcher, mais c'est encore plus amusant quand elle repose sur deux piles de journaux. Cette planche est un achat utile, car elle servira pendant des années. Lorsque votre enfant aura deux ans, il sera capable de la gravir si on en pose une extrémité sur une chaise, ou de marcher dessus en vous tenant la main, les deux extrémités reposant sur des supports. Il peut aussi apprendre à sauter pour en descendre.

Une planche à bascule lui apprendra une autre sorte d'équilibre. Pour commencer, vous pouvez la placer sur une boîte solide, mais il faut veiller qu'elle ne se déplace pas.

Une fois qu'il a pris goût à ces jeux d'équilibre, il va vouloir marcher sur tous les petits murs que vous allez rencontrer. Il est dans son intérêt que vous l'aidiez le moins possible. S'il avance, agrippé à votre main, c'est vous qui le maintenez en équilibre, et non lui. Il risque donc de tomber. En revanche si vous ne lui offrez que le bout de vos doigts pour le rassurer, il s'efforcera de rester en équilibre, et n'aura probablement pas d'ennuis.

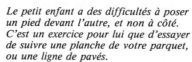

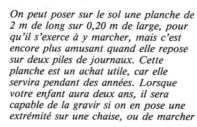

Les balançoires
Se balancer donne à l'enfant une impression de force et de liberté et répond en même temps à son goût instinctif pour le rythme.
La balançoire classique de jardin est un jouet passif, qu'il ne peut utiliser que lorsque vous êtes là pour le pousser. Plus tard, elle peut même être dangereuse quand il y a plusieurs enfants : les pieds de celui qui se balance causant la perte de bien des dents de lait ! A l'extérieur, une solide branche d'arbre, ou le cadre d'un portique ou d'un échafaudage d'escalade peuvent servir de support à des balançoires improvisées. Celles que les enfants préfèrent le plus souvent sont faites d'un pneu fixé au bout d'une corde. Dans la maison, de gros crochets plantés dans le plafond de la pièce de jeu permettront d'attacher tout un attirail qui évoluera à mesure que l'enfant grandira. On pourra y fixer son « trotteur » élastique de bébé ; puis une corde terminée par un gros nœud pour qu'il s'y assoie à califourchon ; plus tard encore, une échelle de corde, une petite balançoire, une corde à nœuds.

Jouets à pousser / tirer

Il lui faut beaucoup de jouets de ce genre. Un chariot de marche (voir p. 298) représente un bon investissement. Il est utilisable aussi bien dehors que dedans, pour les poupées, le sable ou les amis. L'enfant adore tirer quelque chose en marchant. Vous avez tous les choix possibles. Pourquoi pas un chien très réaliste en laisse ? Ne lui achetez ni landau de poupée, ni autre véhicule léger à roues libres jusqu'à ce qu'il soit vraiment solide sur ses jambes. Ce genre de jouet a pour habitude de se dérober ou de se renverser.

Jouets à enfourcher
Vers l'âge de deux ans, le meilleur achat est un jouet stable, monté sur roulettes pivotantes pour que l'enfant puisse s'asseoir dessus et pousser avec ses pieds. C'est une bonne préparation au tricycle, vers deux ans et demi. Méfiez-vous des jouets à roues fixes comme les chevaux etc., qui basculent facilement sur le côté.

Lancer et attraper

A cet âge, il est rare qu'un enfant soit capable de participer à un jeu de balle. Mais il aime taper dans un gros ballon léger et bien gonflé, le prendre dans ses mains et s'exercer à l'attraper. Les ballons qu'on gonfle soi-même l'amusent aussi. Mais on peut aussi fabriquer des balles avec des petits sacs de toile, qu'on remplit de riz ou de lentilles. Ils lui apportent un agréable changement, en ce sens qu'ils ne roulent ni ne flottent.

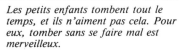

Acrobaties
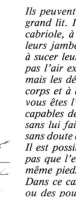

Les petits enfants tombent tout le temps, et ils n'aiment pas cela. Pour eux, tomber sans se faire mal est merveilleux.

Ils peuvent très bien s'y exercer sur un grand lit. Ils y apprennent à faire la cabriole, à regarder en arrière entre leurs jambes, à rouler sur eux-mêmes et à sucer leurs orteils... Cela n'a peut-être pas l'air extraordinaire ou très éducatif, mais les détend, les aide à connaître leur corps et à acquérir de l'assurance. Si vous êtes l'un de ces pères qui sont capables de jeter leur enfant en l'air sans lui faire de mal, cet exercice va sans doute devenir l'un de ses jeux favoris. Il est possible que vous ne supportiez pas que l'enfant s'amuse sur votre lit, même pieds nus et sans le dessus de lit. Dans ce cas, quelques grands sacs mous ou des poufs peuvent faire l'affaire. Et aussi, lorsque l'occasion s'en présente, n'oubliez pas combien il est agréable de se jeter sur un grand tas de feuilles ou une meule de foin.

Observation et attention

Vous avez sans doute l'impression que votre enfant déborde d'entrain à longueur de journée, mais il a pourtant aussi besoin de jeux calmes. Il est désormais possible de l'initier aux joies que procurent les livres et la musique. Bien sûr, il s'y intéressera davantage plus tard, mais il peut déjà les apprécier et en tirer profit si vous l'aidez à observer, comprendre et se concentrer.

Les livres

Les livres vont bientôt devenir essentiels pour l'éducation de votre enfant. Aidez-le à se familiariser avec eux, et à les respecter. Les livres d'images qui comportent de grandes illustrations détaillées représentant des scènes familières peuvent retenir son attention, même quand il est seul, si vous les lui donnez lorsqu'il doit rester tranquille (dans son lit, par exemple).

Les enfants aiment toujours beaucoup qu'on leur lise des histoires. Faites-le lentement, en simplifiant les mots difficiles et en donnant des explications au passage. Montrez-lui les images et laissez-le faire des commentaires. Si votre enfant n'est pas inscrit à la bibliothèque municipale ou locale, inscrivez-le. Il lui faut sans cesse des livres nouveaux, même s'il continue d'apprécier les anciens. La bibliothécaire vous aidera à choisir et la visite à la bibliothèque sera une sortie très appréciée.

Le dessin

Le dessin est le premier pas vers l'écriture. Dessinez sous ses yeux un chat sur un papier, sur un tableau noir, ou sur une ardoise en plastique avec un crayon feutre. Il va essayer de vous imiter, mais ce qu'il préfère, c'est peindre avec ses doigts, sans aucun instrument qui s'interpose entre sa main, les couleurs et les textures.

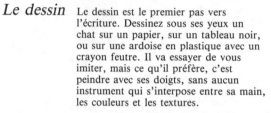

La musique

Tous les enfants semblent avoir des dispositions innées pour le rythme, mais on peut aussi développer chez eux le sens musical. Écoutez avec lui la musique que vous aimez, quelle qu'elle soit, ainsi que des chansons et histoires pour enfants. Encouragez-le à danser, à marcher en cadence ou à taper dans ses mains. Expliquez-lui comment la mélodie monte et descend et comment l'exprimer avec son corps. Aidez-le aussi à faire de la musique : il aimera tout ce qui est percussion, des couvercles de casserole aux tambourins, mais donnez-lui un instrument qui joue la gamme, comme un xylophone dont il se servira de temps en temps pendant des années. Vous verrez son évolution : il commencera par taper au hasard et finira par jouer un air.

Les spectacles

Les petits enfants tirent peu de profit de la télévision, du cinéma ou du théâtre parce qu'au lieu de s'adapter à leur rythme en s'arrêtant de temps en temps pour leur permettre de comprendre, le récit se déroule trop vite et ils perdent rapidement le fil. Mais il existe des programmes de télévision et des spectacles destinés aux tout-petits. Le vôtre les aimera certainement et en retirera des idées et des mots nouveaux, surtout si vous les regardez avec lui.

Si votre quartier offre en été des spectacles enfantins (marionnettes ou prestidigitation facile), votre enfant paraîtra sans doute fasciné et en sera sûrement très friand, en particulier s'il peut y participer en criant : cela constitue sa première expérience de la joie qu'on éprouve à faire partie d'un public...

Votre rôle,
votre aide

Si vous donnez à votre enfant assez d'espace, de matériel et de temps pour jouer, vous pouvez observer le développement de son intelligence. Il est à la fois un savant et un inventeur ; votre travail consiste seulement à lui fournir des laboratoires, des facilités et un assistant : vous-même. Ce qu'il fait de ce matériel que vous mettez à sa disposition est son affaire. Il a besoin de l'indépendance des vrais savants pour travailler à sa guise, et il vous associera ou vous présentera les résultats quand bon lui semblera.

Organisez son espace de jeu près de l'endroit où vous vous tenez. Il se sent mieux dans un coin de la cuisine ou de la salle de séjour que dans une chambre spécialement aménagée à l'autre bout de la maison (voir p. 220).

Si vous, ou d'autres enfants, utilisez le même endroit, assurez-vous qu'il peut jouer librement sans vous rendre fous. Ses relations avec un frère aîné de quatre ans se gâteront vite s'il lui vole ses crayons chaque fois qu'il veut dessiner. Si vous avez assez de place, le parc peut servir au grand de refuge contre les déprédations du petit (qui, lui, reste à l'extérieur). Vous y serez aussi plus tranquille pour taper à la machine ou coudre. Si vous manquez d'espace, vous pouvez vous réfugier derrière un séchoir à linge déployé.

L'enfant a aussi besoin de changer de cadre, surtout s'il ne sort pas beaucoup. Faites-lui faire les jeux salissants dans la cuisine ou la salle de bains, mais, au cours de la journée, laissez-le passer de petits moments dans les autres pièces : il peut écouter de la musique au salon ou faire des culbutes sur votre lit.

Il est important de le sortir là où cela vous est possible. Protéger le balcon n'est pas facile, mais on peut le faire en tendant un solide filet de nylon entre le mur et la balustrade, le fermant ainsi complètement. Si cette « cage » supporte votre poids, soyez sûre qu'elle supportera le sien, même s'il grimpe en s'accrochant au filet. On peut aussi protéger les cours et les jardins au prix d'un peu de bricolage, mais cela ne vous servira pas à grand-chose si vous habitez en haut d'un immeuble car votre enfant ne pourra sortir qu'avec vous. Si vous êtes au rez-de-chaussée, vous pouvez le laisser entrer et sortir librement en mettant un escabeau à l'intérieur et un toboggan à l'extérieur, ce qui constituera un jeu. Cependant, les parcs et la campagne lui procurent des expériences qu'il ne peut faire ni à la maison ni dans la rue. Il faut qu'il découvre le vent, la pluie et le soleil, l'herbe, la boue et les buissons, les flaques dans lesquelles on patauge, les buttes sur lesquelles on peut grimper, et surtout la liberté un peu effrayante des grands espaces libres.

Votre petit sera certainement très attiré par les terrains de jeu pour moins de cinq ans, mais réfléchissez avant de l'amener dans les endroits destinés aux plus grands. La foule et le bruit risquent de le fatiguer, le matériel est trop grand pour lui et trop dangereux, et il ne pourra pas faire ses petites expériences en paix. S'il est en train d'apprendre à faire des pâtés de sable, ses efforts seront vains si chacune de ses ébauches est piétinée.

Même les sorties ordinaires peuvent être amusantes. A son âge, il apprécie à la fois la routine et les petits incidents qui ponctuent la vie quotidienne. Les courses au supermarché voisin ne l'ennuient pas, contrairement à vous. Un jour, il voit un autobus, un chien, Mme Dupont ou un clochard ; le lendemain, ce sera un vélomoteur, Mme Durand ou le facteur. Laissez-le participer à ce monde qui change sans cesse, saluer Mme Durand, mettre le linge dans la machine de la blanchisserie automatique et donner le reste de sa tartine à un pigeon. Ce faisant, il s'amuse et s'instruit autant au cours de cette petite promenade quotidienne que lors d'une expédition au zoo longuement préparée.

Faites appel aux possibilités de votre ville et à votre imagination pour l'empêcher de s'ennuyer l'hiver. Sauf si vous vivez dans un pays très froid, l'hiver fait partie de son univers et il doit apprendre à le connaître. Avec une combinaison imperméable et des bottes (pour lui), beaucoup de vêtements chauds et de courage (pour vous), vous pourrez transformer les tempêtes et les déluges en aventures passionnantes.

Sans aller jusque-là, vous trouverez certainement des endroits en ville où lui faire faire des expériences inédites. Les enfants aiment toujours prendre l'autobus, le métro ou le train et observer le va-et-vient du terminus. Et puis, il y a les escaliers roulants des stations... Par ailleurs, les enfants sont émerveillés par les grands magasins : chauds, brillamment éclairés, remplis de gens et d'objets fascinants. De plus, on termine souvent les courses par un voyage en ascenseur. Les musées et galeries d'art sont moins fréquentés pendant la semaine. Ils peuvent offrir à votre bambin des mètres et des mètres de tapis pour y courir, bien au chaud, pendant que vous jetez un coup d'œil sur ce qui est exposé. Il vous fera peut-être la surprise de regarder aussi, par moments.

Et si l'hiver s'éternise, pourquoi ne pas faire des échanges avec vos voisines ? Quand elles viendront avec leurs enfants, vous aurez un grand désordre à ranger ensuite. Mais quand vous leur rendrez leur visite, cela fera autant d'après-midi agréables et *sans* désordre...

Organisez le rangement des jouets. Les jeux ne peuvent être satisfaisants si l'enfant doit partir à la recherche de ses jouets, pour n'en trouver, finalement, qu'une partie. Il faut organiser leur rangement, comme celui d'une cuisine ou d'un véritable atelier.

Les placards cachent le désordre aux étrangers, mais cachent aussi à l'enfant ses affaires et l'encouragent à les laisser traîner. Beaucoup de parents se plaignent que de nombreux jouets restent négligés. Cela est dû le plus souvent à ce qu'ils sont incomplets, cassés, ou tout simplement oubliés. Vous avez intérêt à placer des étagères là où l'enfant joue le plus souvent, et à opérer un classement : les gros objets en bas, pour qu'il ne se les fasse pas tomber sur les pieds, d'autres posés sur l'étagère pour faire joli, enfin, les collections de petits objets — voitures, cailloux, cubes, lego — dans des boîtes en carton, des boîtes isolantes de glace ou des bacs à fleurs. Si vous fixez à l'extérieur de chaque boîte un échantillon de ce qu'elle contient, l'enfant saura tout de suite où trouver ce qu'il cherche.

Les petits s'intéressent d'autant plus longtemps aux jouets qu'ils ne les voient pas tout le temps. Vous pouvez donner au vôtre l'impression qu'il possède davantage de choses en les répartissant en divers endroits. S'il a son propre tiroir d'« ustensiles de cuisine », il ne mettra pas les vôtres à sac. Vous pouvez avoir un panier de jouets pour le bain dans la salle d'eau et un autre pour les jouets de plein air sur le balcon ou dans le garage. Ses livres préférés, les puzzles et les disques seront certainement appréciés dans la salle de séjour, pour être utilisés avec l'aide d'un adulte, tandis que ce qu'il aime avoir dans son lit peut rester dans sa chambre à coucher. L'enfant est juste assez grand pour avoir des idées sur la façon dont il veut se servir de ses jouets et les combiner pour les rendre plus intéressants. Vous pouvez donc constituer un bric-à-brac de boîtes, de bouts de tissu, de rubans et de ficelles, de rouleaux de carton et de récipients en plastique, etc., pour être à même de fournir un nouveau garage-boîte de flocons d'avoine aux petites voitures dont il commençait à se lasser, ou une nouvelle robe à une poupée défraîchie.

Une judicieuse collaboration

Votre enfant veut être près de vous quand il joue, et il est content quand vous l'aidez et participez à ce qu'il fait. Mais il n'a ni besoin ni envie d'être dirigé. Ses jeux consistent à explorer, découvrir et faire des expériences. Si vous insistez pour lui montrer « à quoi sert » telle ou telle chose, pour lui expliquer « la bonne façon » de se servir d'un objet ou pour lui donner des réponses à des questions qu'il n'a pas encore posées, vous gâchez tout le processus. Quand on joue avec un petit, il faut lui laisser l'initiative.

Si votre amour-propre peut s'accommoder de ce rôle subalterne, vous serez en mesure d'enrichir considérablement ses activités.

Aidez-le matériellement. Il est encore petit et faible et ses projets sont souvent contrariés par son manque de force. Prêtez-lui vos muscles bien coordonnés, votre taille, votre poids, mais juste le temps de résoudre son problème. Il désirait que vous portiez l'arrosoir jusqu'au tas de sable, mais vous a-t-il demandé d'arroser ?

Offrez-lui de participer à ses jeux. Il a parfois besoin d'un partenaire — or vous êtes son partenaire préféré. Il ne peut jouer à chat si personne ne court derrière lui. Il ne peut pas non plus jouer au ballon tout seul.

Efforcez-vous de consacrer par moments un temps illimité à ces jeux. Beaucoup d'enfants ont besoin de harceler sans arrêt les adultes pour les forcer à jouer avec eux. Puis, pendant les dix minutes qui leur sont accordées, ils redoutent le fatal « ça suffit ». Vous ne pouvez, évidemment, jouer toute la journée, mais laissez à votre enfant de temps en temps croire que vous le faites volontiers et même que vous en avez envie, afin de lui donner pour une fois le plaisir de jouer jusqu'à ce que *lui* en ait assez. C'est par la répétition qu'il s'instruit. Si sa fantaisie du jour est de faire rouler un ballon, il est capable de le faire pendant une demi-heure.

Proposez-lui sans insister des explications ou des suggestions. Il les acceptera souvent, à condition qu'elles ne lui soient pas données sur un ton doctoral ou à un mauvais moment. Si, par exemple, il est en train de jouer avec des balles de ping-pong, et si vous avez par hasard sous la main le carton central d'un rouleau de papier hygiénique, ramassez une balle et montrez-lui comme il est amusant de la glisser dans ce tube. Il retiendra ou non la suggestion.

S'il joue avec du papier, montrez-lui ce qui se passe quand on gribouille dessus à la craie. Peut-être aura-t-il envie de vous imiter, peut-être pas. Mais ne vous affairez pas avec la balle ou la craie quand il est absorbé par ses cubes : vous sous-entendriez grossièrement que ce qu'il fait ne compte pas et peut être interrompu.

Aidez-le à se concentrer. Il lui est très difficile de concentrer son attention sur un problème pendant plus de quelques minutes, notamment quand cela l'oblige à rester assis tranquille. Il ne retirera donc pas beaucoup de satisfaction de ses dernières découvertes (puzzles ou jouets qui s'emboîtent). Si vous restez près de lui, l'aidez et l'encouragez, il tiendra un peu plus longtemps, et cela lui donnera peut-être la possibilité d'atteindre le but qu'il s'était fixé.

Aidez-le à s'entendre avec les autres enfants. C'est à vous que revient ce rôle, s'il ne fréquente pas la crèche ou une nourrice ayant la garde d'autres enfants. Il n'est pas encore prêt à partager ses jeux avec les enfants de son âge, mais il aura du plaisir (et glanera des idées) à s'amuser à leur côté. Préparez-vous à surveiller leurs activités. Ils ne sont pas assez grands pour qu'on les laisse « régler leurs comptes entre eux », « jouer sans tricher », ou « être gentil avec leur invité ». Il faut les protéger pour qu'aucun d'eux ne voie son « ami » détruire sa mystérieuse construction de cubes et d'éléments qui s'emboîtent, ou écraser son pâté de sable. Donnez-leur des jouets semblables et laissez-les en faire ce qu'ils veulent. Ils arrêteront de temps en temps leur jeu pour regarder ce que fait l'autre ; ils seront heureux d'être ensemble et de découvrir qu'il existe d'autres enfants dans le monde qui font les mêmes choses qu'eux, mais pas tout à fait de la même façon.

Les enfants plus grands peuvent aussi être d'excellents compagnons pour un petit, mais il leur est pénible de se livrer à des jeux à sa portée. Leurs activités sont différentes, mais aussi importantes que les siennes. Une fillette de huit ans acceptera de se laisser attraper trois fois de suite, mais la quatrième fois, son désir de gagner sera le plus fort, et le jeu finira dans les larmes. Il ne faut pas attendre des enfants plus âgés qu'ils s'occupent des petits mais ils le font parfois spontanément pendant un petit moment.

Lorsque les circonstances réunissent un groupe d'enfants d'âges différents, vous pouvez suggérer un jeu dans lequel le plus petit aura sa place. Il jouera à son niveau, et les grands au leur, et ainsi tout le monde sera satisfait. A la plage par exemple, jouer avec les vagues plaira autant au petit qui pataugera qu'aux grands qui plongeront. A la maison, tous les jeux de « papa et maman » ou de « docteur » donnent tout naturellement au petit son rôle de bébé ou de malade.

Jouer à côté d'un autre enfant est le premier pas vers la camaraderie. Mais chaque enfant doit avoir ses propres jouets, et vous devez être prête à intervenir pour maintenir la paix.

L'apprentissage
du langage

Votre enfant ne fera vraiment partie des humains que lorsqu'il comprendra et utilisera le langage. Jusqu'à ce moment-là, il appartient à la race des bébés à qui l'on « parle » avec des gestes particuliers, des petits mots et beaucoup de contacts physiques. Jusqu'à ce moment-là aussi, on n'est jamais sûr de ce qu'il cherche à exprimer. Il pleurniche : que veut-il ? Est-il fatigué ? A-t-il faim ? S'ennuie-t-il ?

Quand il est enfin capable de comprendre et de parler, on peut bavarder avec lui de ce qu'il a vu — comme ce vilain chien qui a volé le poulet sur la table — ou de choses qui ne sont pas présentes mais qu'il peut imaginer, par exemple Jeanne qui va bientôt rentrer de l'école, ou même qui ne seront jamais visibles, comme le tonnerre, l'électricité ou la joie.

Comprendre le langage

Le langage permet aux gens de communiquer entre eux. Il ne consiste pas simplement à prononcer des mots. La connaissance de quelques mots seulement n'est pas très utile, comme on en fait l'expérience à l'étranger quand on ne dispose que d'un lexique. Le manuel vous apprend à dire « Où est l'hôtel ? » mais il ne vous apprend pas à comprendre la réponse.

Pour le petit enfant, il est plus important de comprendre le langage que de parler. Une fois qu'il a compris, il communique avec vous. Si vous vous efforcez de lui faire répéter des mots dont il ne saisit pas le sens, vous le traitez en perroquet, non en être humain.

L'aider à comprendre

Comme nous l'avons vu, le bébé a un intérêt inné pour les voix humaines avec une tendance naturelle à écouter et à se concentrer quand on lui parle directement. Il faut continuer à vous servir de cela.

Parlez-lui directement le plus souvent possible. Regardez-le en lui parlant. Faites en sorte qu'il voie votre visage et vos gestes.

Faites-lui comprendre ce que vous dites, en faisant le geste correspondant. Dites par exemple : « Enlevons le tricot » en le lui passant par-dessus la tête, puis : « Et maintenant les chaussures », en les enlevant à leur tour.

Faites-lui comprendre ce que vous ressentez par vos jeux de physionomie. Il ne faut pas taquiner un enfant de cet âge. Si vous lui donnez un baiser en disant : « Qui est le vilain monstre velu de Maman ? », vous le déconcertez, car ce que votre visage exprime, c'est : « Qui est le merveilleux petit garçon de Maman ? »

Aidez-le à réaliser que toute conversation est un moyen de communiquer. Si vous bavardez toute seule sans attendre de réponse ou en donnant l'impression que vous n'en attendez pas, si vous ne prenez pas la peine de répondre quand lui ou un autre membre de la famille vous parle, il en conclura forcément que les mots sont des bruits inutiles.

N'utilisez pas des paroles comme fond sonore. Si vous aimez garder la radio allumée toute la journée, choisissez essentiellement des programmes musicaux, à moins que vous n'écoutiez vraiment, et dans ce cas faites-lui clairement comprendre que vous recevez un message de cette voix sans visage.

Faites-vous son interprète. Vous le comprenez mieux que quiconque, et lui-même comprend mieux vos paroles et celles des adultes qui lui sont familiers, que celles des étrangers.

Aidez-le à saisir le sens général de ce que vous dites. Il n'est pas important qu'il comprenne chaque mot. S'il vous voit faire la cuisine, mettre la table, enlever votre tablier, puis tendre les bras en disant : « C'est l'heure de manger », il comprendra que son repas est prêt et accourra. Il n'aurait sans doute pas compris vos paroles si vos gestes ne l'avaient pas mis sur la voie... Il apprendra peu à peu le sens des mots à force de les entendre répéter dans un contexte connu.

L'usage des mots Comme nous l'avons vu (p. 215), les premiers mots prononcés sont presque toujours des noms de personnes, d'animaux ou de choses qui comptent pour l'enfant. Ensuite, il y a de fortes chances pour qu'il nomme son aliment préféré. Il ne dit pas « manger » quand il a faim ; il se contente de grogner. Mais il apprend à nommer une chose qu'il aime ou lui procure une satisfaction particulière, comme « pomme » ou « biscuit ».

Puis son attention va probablement se tourner vers ses vêtements, en particulier ses chaussures, qui ont l'avantage de la nouveauté, puisque sa première paire est sans doute récente, et qu'il les a plus souvent devant les yeux que son tricot ou sa culotte !

Beaucoup d'enfants ne dépassent pas ce stade avant deux ans et demi. Les premiers mots sont lents à venir ; la progression ne dépasse pas une ou deux acquisitions par mois. Mais en même temps, l'enfant accumule des connaissances qui font tout à coup surface, vers 20 mois, environ. Il n'est pas rare qu'un enfant qui dispose de dix mots à 18 mois, en emploie deux cents au moment de son deuxième anniversaire.

La nouvelle série de mots se rapporte presque entièrement à l'enfant lui-même. Il est intéressé au plus haut point par tout ce qui le concerne, et c'est de cela qu'il a envie de parler. Il apprend le nom des différentes parties de son corps. Quand il prend la brosse à cheveux, il la nomme, de même qu'il nomme le gant de toilette qu'il cherche à éviter, ou son lit. Quand son vocabulaire commence à s'étendre à ce qui est hors de la maison, il arrive encore à trouver des choses qui *le* concernent. Il peut apprendre le nom de l'oiseau auquel il a donné des miettes, mais il ne s'intéresse pas à l'école qui est si importante pour son frère.

Bien que tous ces mots se bornent à désigner les objets familiers qui entourent l'enfant, celui-ci les utilise de façon de plus en plus variée, se préparant ainsi au prochain stade de la parole. Vous pouvez l'aider en prêtant attention, non seulement aux mots qu'il dit, mais aussi à ses intonations. S'il dit « Chien » en désignant celui de la maison, approuvez le nom qu'il lui donne. Mais si, une autre fois, il ajoute un point d'interrogation : « Chien ? » en le regardant traverser le jardin, dites-lui où va le chien... Il peut même exprimer un jugement moral avec un simple mot : voyant le chien abîmer votre massif de fleurs, il peut dire : « Chien ! » d'un ton désapprobateur. Faites-lui bien comprendre que vous avez saisi ce qu'il voulait dire devant cette conduite répréhensible.

Les phrases de deux mots — Une fois qu'il a appris un certain nombre de mots et qu'il les emploie en variant les intonations ou le sens qu'il leur donne, votre enfant va se mettre à les grouper par deux. Ne vous attendez pas à ce que ses premières phrases soient grammaticalement correctes. Le second mot est seulement destiné à compléter le sens du premier, et à le rendre plus précis. Il ne cherche pas à « parler comme il faut ». Ainsi, il ne passera pas de « balle » à « *la* balle » parce que l'article n'ajoute rien à ce qu'il veut dire au sujet de la balle. Il dira au contraire « Balle Jean » ou « Encore balle ». Ne le corrigez pas, car vous diminueriez le plaisir qu'il a à communiquer avec vous. Essayez au contraire de lui faire comprendre que tout effort qu'il fait dans ce domaine est précieux. Quand il dit « balle », cela peut être n'importe laquelle, mais quand il dit « Balle Jean », on comprend beaucoup mieux ce qu'il exprime, c'est-à-dire : « Est-ce la balle de Jean ? » ou peut-être : « Jean va-t-il jouer à la balle ? »

Les phrases de deux mots aident à suivre le processus mental de l'enfant. Vous pouvez constater, par exemple, qu'il commence à penser à des choses qu'il n'a pas sous les yeux (voir p. 308). S'il erre dans la pièce en disant : « Nounours, Nounours », vous pouvez en conclure qu'il pense à son jouet, mais s'il dit : « Où Nounours ? », vous savez qu'il le cherche. Il vous sera aussi possible de voir apparaître ses premiers concepts (voir p. 307). S'il en était au stade où tous les animaux étaient appelés « Minet », et qu'en rencontrant un énorme berger allemand, il dise d'un air surpris « Gros minet ? », vous pouvez constater que, quoique n'ayant pas encore le mot exact pour les chiens ou pour les animaux-qui-ne-sont-pas-des-chats, il a un concept exact du chat et se rend bien compte que ce gros chien ne cadre pas avec lui.

Les phrases et la grammaire — A partir du moment où il est capable de faire des phrases de deux mots, votre enfant ne va pas tarder à ajouter d'autres mots pour préciser son propos. Mais il ne le fera pas en imitant votre façon de parler. Son but étant uniquement de communiquer, il appliquera des règles de grammaire qui lui paraissent *logiques* et qui seront souvent très éloignées de la grammaire « correcte » que vous employez, quelle que soit votre langue.

Observez l'ordre de ses mots. Il est rarement dépourvu de signification. S'il veut dire à sa sœur qu'elle est vilaine, il dit : « Vilaine Marie ! » Mais s'il veut vous dire que sa sœur est vilaine, il dit : « Marie vilaine. » S'il veut vous signaler qu'il a vu une auto, il dit : « Regarde auto », mais s'il veut que vous veniez vite la voir passer, il dit : « Auto, regarde ! »

Voyez comment il utilise les verbes. Ceux-ci apparaissent dans son langage vers 18 mois, mais il ne maîtrise pas les temps. Il forme ses infinitifs (tiendre) ; un peu plus tard l'imparfait (vers 23 mois). Il confond les auxiliaires et vers la fin de la 2e année, alors qu'il emploie le « je », il dit aussi bien : « J'ai venu » que « J'ai éteindu ».

Voyez comment il construit ses pluriels : tous de la même façon, en mettant « les » devant. Les « chevals » et les « œils » sont alors monnaie courante.

Remarquez ses phrases, prononcées comme si elles n'étaient composées que d'un seul mot. Il ne peut pas les dissocier pour intercaler le terme voulu par la grammaire. Il disait : « Donne-moi » ; il dit : « Donne-moi-la ». Il disait : « J'ai soif » ; il dit : « J'ai soif beaucoup. »

Apprendre à parler correctement

L'enfant fabrique ses premières phrases dans un style télégraphique qui cherche à exprimer des choses intéressantes et non à imiter celui des adultes. Prenez par exemple le cas du petit garçon qu'on a emmené voir un match de football. Enthousiasmé par le spectacle, il s'écrie : « Regarde beaucoup monsieurs. » C'était la première fois qu'il employait cette expression qui ne pouvait être une réminiscence d'une phrase d'adulte, car celui-ci aurait dit : « Que de monde ! » Ces deux exclamations n'ont strictement rien de commun. Le petit garçon a inventé la sienne.

L'enfant parle son langage et vous écoute parler le vôtre. Si vous donnez rapidement une réponse adéquate à ce qu'il dit, il continuera à avoir envie de communiquer avec vous, et son langage se modèlera peu à peu sur le vôtre. Quand il se précipite à la cuisine en disant « Bébé pleure, vite ! » vous savez qu'il veut dire que son petit frère est en train de pleurer et que vous devez aller le voir tout de suite. Il faut montrer que vous avez compris, mais dans votre langage normal : « Jean pleure ? Je vais aller voir ce qu'il a. »

Si vous tenez absolument à corriger le langage télégraphique de votre enfant, et l'obligez à faire des phrases « correctes », vous l'ennuierez et retarderez son évolution. Il ne voit pas l'intérêt de redire autrement sa phrase, il veut passer à autre chose. Laissez-le parler à sa façon, et ne prétendez pas que vous ne comprenez pas.

D'autre part, si vous lui répondez en « langage bébé », vous retardez son évolution parce que vous ne lui apportez rien de nouveau. Il faut donc que chacun de vous parle à sa façon. Laissez-le demander un « biqui » si c'est comme cela qu'il le dit, et vous signaler qu'il l'a « téminé ». Quant à vous, vous lui offrez un « biscuit » et constatez qu'il l'a « terminé ». Ce qui importe, c'est que vous vous compreniez l'un l'autre et, surtout, que vous ayez beaucoup de choses à vous dire.

Dans la petite enfance....

Il compte sur vous pour lui expliquer
les paroles,
comme il compte
sur vous
pour lui expliquer
le monde.

le langage des inconnus
est toujours
difficile à comprendre.

Grâce à votre aide, il
peut répondre. C'est
ainsi qu'il deviendra peu
à peu capable
d'affronter le monde
sans votre
intermédiaire...

Réflexions sur l'éducation

L'éducation d'un enfant par ses parents commence dès sa naissance, même si les parents n'en ont pas conscience. Mais quand l'enfant sort des crises d'identité de la petite enfance et que son langage s'enrichit, vous allez sans doute commencer à réfléchir à son éducation au sens traditionnel du terme. Il est alors tentant d'accorder trop d'importance aux apprentissages qu'on dispense à l'école : lecture, écriture et calcul par exemple, et de se dire qu'on doit donner à son enfant un bon départ : « Quand mon enfant fréquentera l'école, il apprendra à lire et à écrire. S'il commence à apprendre à lire et à écrire à l'école maternelle, il sera d'emblée bon élève à l'école élémentaire. Mais s'il doit apprendre à lire et à écrire à l'école maternelle, il vaudrait mieux l'inscrire avant dans une crèche, une halte-garderie ou un jardin d'enfants pour qu'il s'adapte plus tard sans problème à l'école maternelle. Peut-être pourrais-je persuader la directrice de la maternelle de le prendre à deux ans, deux ans et demi, mais elle voudra savoir s'il est prêt, alors il vaut mieux que je l'inscrive d'abord à la crèche pour qu'il s'habitue à la vie collective... »

L'éducation, c'est cependant bien davantage que la lecture, le calcul et les talents qui en découlent. Vous et votre enfant serez plus détendus, votre enfant sera plus mûr, plus sûr de lui, si vous laissez chaque phase de son éducation s'accomplir en son temps. Les crèches et les haltes-garderies ne sont pas censées préparer les enfants à l'école maternelle ou leur enseigner quelque chose de précis en fonction d'un programme. Elles représentent une des façons d'aborder le stade de la vie infantile caractérisé par le jeu et d'habituer les enfants à la collectivité et à la vie sociale. L'âge légal qui a été fixé pour la scolarisation obligatoire correspond à celui que les pédagogues jugent le plus adapté, pour la majorité des enfants, à l'acquisition des premiers rudiments d'instruction.

Le jeune enfant ne fait pas de distinction entre le jeu et l'apprentissage. Toute activité dans laquelle il s'engage spontanément est jeu, parce qu'il aime l'activité pour elle-même plus que pour le prestige dont elle est investie par la puéricultrice et par vous-même. S'il poursuit cette activité — deux minutes ou deux heures —, c'est parce qu'il aime ça. Et s'il aime ça, il en tirera un enseignement, que vous attachiez ou non à son jeu une « valeur éducative ».

Si, à trois ans, il aime taper sur le piano, il sera très content quand vous lui montrerez comment tapoter un air qu'il connaît. Mais essayez de le faire travailler et vous verrez sans doute son intérêt pour le piano s'évanouir brusquement. A cet âge, il est également bien trop petit pour commencer à écrire.

Les enfants d'âge préscolaire veulent savoir, et c'est pour cela qu'ils interrogent. Ils veulent connaître le pourquoi et le comment des choses, c'est pourquoi ils observent et écoutent. Ils veulent faire, et c'est pourquoi ils imitent. Et surtout, ils veulent découvrir ce que font les choses et ce qui se passe quand on agit sur elles.

Et l'instruction à domicile

Si vous vous laissez guider par l'enfant, vous ne lui en apprendrez jamais trop, ni trop tôt. Mais si c'est vous qui menez la danse en le traînant derrière vous, vous risquez de le dégoûter à jamais de l'enseignement. A la question : « Qu'est-ce que je peux apprendre à mon enfant à la maison ? », la seule bonne réponse est : « Tout tant qu'il en redemande. »

A deux ans, un enfant ne va probablement pas vous demander de lui apprendre à lire avec une série de cartons éducatifs, mais il peut s'intéresser au courrier qu'apporte le facteur, s'irriter de voir les membres de la maisonnée disparaître derrière des journaux déployés et s'étonner de votre désir de vous plonger dans le livre non illustré qui vous passionne. Initiez-le au secret de la lecture et laissez-le libre, soit de l'accepter comme une information sur le monde des adultes, soit de l'expérimenter seul. S'il commence à s'intéresser aux panneaux de signalisation routière, jouez le jeu avec lui. De nombreux enfants d'âge préscolaire reconnaissent les mots « Sortie », « Stop » et « Toilettes », avant que quiconque leur ait *appris* à les lire. Une fois que votre enfant a compris que ces gribouillages ont une signification, qu'ils constituent pour les gens un code utile ou agréable, il peut chercher à suivre du bout du doigt le mot que vous lui lisez à haute voix et vouloir que son prénom soit écrit partout, de la porte de sa chambre jusqu'à son tee-shirt. Mais il peut tout aussi bien ne pas en avoir envie, cela n'a aucune importance. Ce qui lui donnera un avantage au départ, c'est l'intérêt qu'il porte aux mots écrits et à leur signification, et non pas le niveau de ses acquisitions.

Si votre enfant vous incite à lui enseigner des matières scolaires, essayez de le faire par le biais de découvertes intéressantes plutôt qu'en exerçant par le par-cœur sa mémoire encore déficiente. Réciter « Un, deux, trois, quatre, cinq... », ce n'est pas compter ; et cela restera une rengaine inutile et ennuyeuse jusqu'à ce qu'il comprenne la notion de nombre et de quantité. Qu'il commence donc par dénombrer les choses ; une cuiller pour lui, une cuiller pour vous, une cuiller pour Papa. Un jour, il trouvera le mot « trois » commode et découvrira que quatre vient après trois parce qu'on met une cuiller de plus pour sa grand-mère qui vient dîner. Quand l'enfant s'intéresse aux nombres, il ne se contente pas de compter, mais additionne, soustrait et divise (ou partage). Chaque fois que vous partagez une pomme ou une barre de chocolat entre sa sœur et lui, il fait « des fractions », parce qu'il voit un entier divisé en deux moitiés...

De nouvelles expériences

Les enfants ne peuvent ni s'intéresser aux choses qu'ils n'ont jamais vues, ni se tourner vers des activités auxquelles ils n'ont jamais pensé. Pendant les années qui précèdent la scolarisation, c'est à vous, si vous jouez votre rôle éducatif, de lui offrir ces opportunités, de lui montrer ce que le monde a à lui offrir, et c'est d'ailleurs ce que vous faites sans arrêt en lui achetant un jouet qu'il n'a pas réclamé parce qu'il ne sait pas qu'il existe.

Proposez-lui le matériel et laissez-le l'utiliser

Vous pouvez l'aider à déballer, lui expliquer la notice d'utilisation, lui faire une première démonstration pour lui en montrer le fonctionnement, mais n'insistez surtout pas pour qu'il l'utilise comme l'indique le fabricant ou pour qu'il joue avec un peu tous les jours sous prétexte que c'est un « jeu éducatif ». De la même façon, si vous lui faites connaître la bibliothèque et lui donnez l'idée qu'il peut disposer d'une quantité de livres nouveaux à regarder et à se faire raconter, vous pouvez espérer qu'il aimera les livres. Essayez de les intégrer à un rituel agréable, celui du coucher par exemple, mais n'obligez surtout pas l'enfant à écouter des histoires quand il préférerait une autre activité.

Vous pouvez lui apprendre bien d'autres choses. Il est incapable d'imaginer de lui-même un immense bassin d'eau froide dans lequel on puisse se plonger, mais si vous l'emmenez à la piscine et lui montrer quoi faire, il pourra adorer nager et apprendre à bien se débrouiller très tôt. Plus vous lui proposerez d'idées, d'activités, de techniques, plus grand sera l'éventail de ses choix dans la mesure où vous le laisserez véritablement libre et où vous n'exercerez pas de pression sur lui. Ce que vous proposerez à votre enfant dépendra aussi de votre personnalité, de votre caractère, des circonstances. Ne vous sacrifiez pas trop pour lui être agréable. Si passer un après-midi au zoo vous ennuie profondément et que vous vous sentiez exaspérée quand il regarde longuement les singes et les passants, tenez-vous-en au jardin public de votre quartier et aux pigeons...

Par ailleurs, un enfant ne peut découvrir le potentiel que recèle pour lui le jeu collectif que s'il y a d'autres enfants de son âge à la maison et dans le voisinage, ou si vous avez choisi de le faire garder dans des endroits fréquentés par... des enfants.

Groupes anglais de rencontre parents-jeunes enfants, crèches, haltes-garderies, maisons vertes

En Grande-Bretagne, les groupes de rencontre pour parents et jeunes enfants (ou pour mères et bébés) ne sont pas au départ organisés dans l'intérêt des enfants mais dans celui des adultes. Ils ont pour but de fournir aux pères, aux mères et aux responsables d'enfants un endroit agréable de rencontre et de bavardages pendant que les enfants jouent entre eux, ce qui permet aux adultes de se détendre un peu. C'est pour l'enfant une bonne introduction à la vie sociale, mais il demeure totalement à la charge du parent ou de l'adulte qui l'accompagne. Même si les autres adultes sont serviables et l'« hôtesse » parfois employée par le groupe compétente, votre enfant n'a pas à s'adresser à un autre adulte que celui qui l'accompagne. C'est lui qui réglera ses conflits ou soignera ses genoux écorchés, l'emmènera aux toilettes, le fera goûter.

Malgré leur dénomination, ces groupes ne fonctionnent pas comme tels en général. Il n'y a ni membres véritables ni cotisation, et les parents ont tendance à amener les enfants quand cela les arrange. L'enfant y trouvera donc des camarades de jeu pour l'après-midi mais il ne liera pas d'amitiés durables, ne saura pas ce que cela signifie de faire partie d'un groupe stable ou d'affronter des enfants avec lesquels il a des problèmes. Enfin, si les jeux et activités proposés sont les mêmes que dans les crèches, il n'y a pas de puéricultrice compétente pour les exploiter.

Les crèches municipales et parentales offrent aux enfants une structure beaucoup plus organisée avec un personnel compétent, qui favorise l'apprentissage de la vie en groupe. Bien sûr, les parents qui travaillent à plein temps ne pourront choisir une crèche parentale, parce que cela demande un investissement bien plus important que les groupes de rencontre parents-enfants anglais.

Les haltes-garderies, à la différence des crèches, n'accepteront vos enfants que pour de courtes séances. Ils ne retrouveront pas toujours les mêmes camarades mais s'habitueront à fréquenter des enfants de leur âge et des adultes. Du personnel qualifié veillera sur leurs activités.

Les maisons vertes ne sont pas des garderies. La première fut inaugurée place Saint-Charles dans le XVe arrondissement de Paris le 6 janvier 1979. Selon le vœu de Françoise Dolto, elles devraient précéder la mise des bébés en crèche, ou au jardin d'enfants ou à l'école maternelle. C'est un « lieu de loisirs et de rencontres où les bébés sont traités comme sujets ». « Le parent, qui accompagne l'enfant et ne quitte jamais le lieu tant que l'enfant y est, lui aussi se repose et s'occupe. Il rencontre ses semblables. L'équipe des trois adultes d'accueil, dont un homme au moins [...] sont simplement disponibles, à l'écoute et s'adressent aux enfants devant les parents. » C'est un lieu qui se veut « hors de l'emprise de tout pouvoir médical ou soignant et sans récupération ni directives éducatives ».

Jardins d'enfants, écoles maternelles

N'attendez pas que votre enfant vous paraisse prêt à entrer au jardin d'enfants ou à la maternelle pour l'y inscrire. Ces établissements, comme les crèches, manquent de place, surtout ceux qui jouissent d'une bonne réputation.

Si vous avez le choix, la décision peut être difficile à prendre. Certaines écoles maternelles publiques accueillent les enfants dès deux ans, deux ans et demi — quand ils sont propres — mais vous pouvez leur préférer un jardin d'enfants privé, moins surpeuplé, mais payant. La qualité de ces établissements tient à leur direction et à la qualification de leur personnel. Ils offrent souvent aux enfants des activités supplémentaires (musique, éducation religieuse s'ils sont d'obédience religieuse, pratique d'une langue étrangère), ou des méthodes d'éducation particulières.

Pour les enfants handicapés, il existe des établissements spéciaux. Renseignez-vous à la mairie de votre domicile.

Les écoles maternelles publiques acceptent souvent la présence à mi-temps des tout-petits qui, de toute manière, font une sieste en début d'après-midi. Elles ont un système de cantine pour le repas de midi et une garderie le soir après seize heures trente pour les enfants dont les parents travaillent. Certaines familles peuvent obtenir la gratuité ou la semi-gratuité des repas.

Attention, si vous avez opté pour le privé avec l'intention de mettre, plus tard, votre enfant dans le public, il risque de perdre ses camarades, et cela peut le bouleverser.

*Un groupe pour parents et tout-petits,
procure une détente...*

... mais dans un groupe de loisirs, c'est tout un monde qui s'ouvre à l'enfant...

Prévoir des passages en douceur Toute entrée à l'école maternelle ou au jardin d'enfants doit être préparée. N'hésitez pas à vous renseigner auprès des parents dont les enfants fréquentent les établissements auxquels vous envisagez de confier le vôtre. Prenez rendez-vous avec la directrice, puis l'institutrice de sa future classe. Certaines écoles organisent des journées portes ouvertes : n'hésitez pas à aller vous rendre compte par vous-même.

... un monde qui le mènera un jour à l'école.

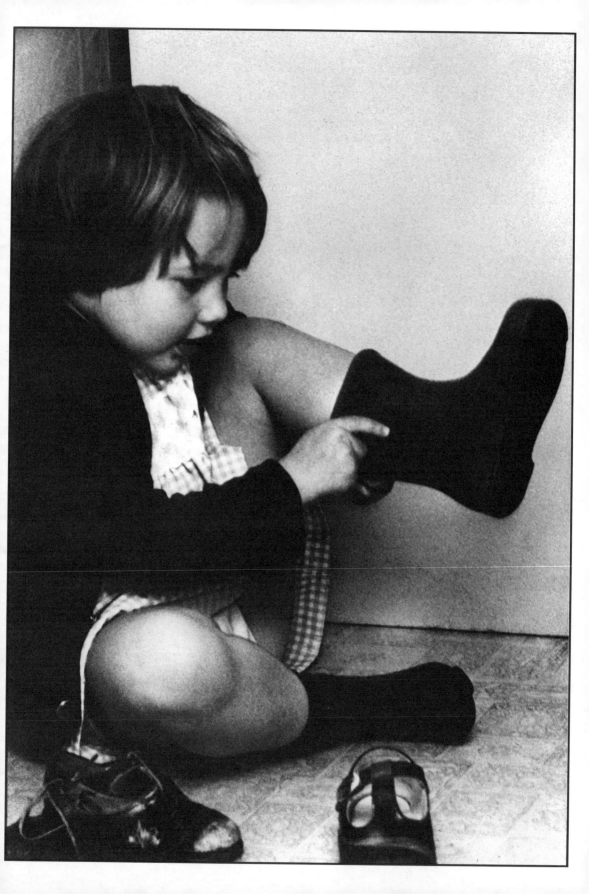

CINQUIÈME PARTIE

L'ENFANT D'ÂGE PRÉSCOLAIRE

De deux ans et demi à cinq ans

Ce n'est pas un jour donné, à un âge précis, que le tout-petit se transforme en un enfant d'âge préscolaire. Il le devient lorsqu'il cesse d'être une créature en devenir, fantasque, imprévisible, embarrassante et souvent révolutionnaire et vous apparaît comme un véritable être humain relativement coopérant et désireux de plaire si ce n'est en permanence au moins une bonne partie du temps.

Les enfants changent et grandissent peu à peu. Ils ne se métamorphosent pas sous nos yeux de chenilles en papillons, mais cette conversion, qu'elle ait lieu à deux ans et demi ou à cinq ans, est soudaine et comme magique. C'est un avènement, une révélation. Parvenu sain et sauf au terme de ses toutes premières années, l'enfant se présente au seuil de la véritable enfance. Certes, les transformations qui s'effectuent en lui entre deux ans et demi et trois ans et demi ne sont pas aussi spectaculaires que celles qui marquent sa seconde année, mais elles paraissent immenses car il devient tout à coup plus facile à vivre et à aimer.

Une grande partie de cette magie tient au langage : les grandes personnes agissent peu et parlent beaucoup. Nous utilisons des mots et non des actes, pratiquant l'autocritique et la critique à coup d'examens de conscience et de réprimandes plutôt que de horions et d'arrachages de cheveux. Nous verbalisons nos tourments au lieu de hurler, nous faisons des listes de commissions au lieu de nous déplacer dix fois de suite. Tous nos sentiments sont médiatisés par des mots. Les tout-petits, au contraire, parlent peu et agissent beaucoup. Ils s'expriment par des actes et en exigent de nous. Vous ne pouvez pas tout leur expliquer, vous devez leur montrer comment faire. Vous ne pouvez les envoyer, vous devez les conduire. Vous ne pouvez les contrôler verbalement, vous devez vous servir de votre corps.

Bien que les enfants d'âge préscolaire soient encore très « physiques » dans leurs réactions aux sentiments et au monde extérieur, encore capables de larmes et de colères, ils connaissent assez du langage et des pensées qui l'accompagnent pour s'en servir afin d'établir un contact. Vous pouvez enfin vous adresser à votre enfant en sachant qu'il vous écoute, vous comprend et accepte ce que vous dites et vous pouvez attendre de lui en retour quelque chose de sensé. Le grand obstacle à la communication a disparu et c'est cela qui, plus que toute autre chose, donne maintenant à votre enfant son statut de personne à part entière.

Comparé au tout-petit, l'enfant possède maintenant un bagage d'expériences et d'acquisitions. Il se peut laver la figure (si vous le lui demandez), mettre ses chaussures (si vous les laissez à sa portée), boire seul (s'il peut atteindre le robinet), grimper dans l'auto ou sur une chaise et en descendre. Votre travail diminue en raison inverse du développement de ses possibilités. Tandis qu'il organise lui-même son petit monde et s'intègre à lui, vous récupérez du temps et de l'énergie que vous pouvez consacrer à la tâche passionnante de lui ouvrir le vaste monde et ses idées.

En utilisant ses acquisitions, en les agitant mentalement comme les verres colorés d'un kaléidoscope pour former jour après jour les schèmes de sa pensée, il commence à les mettre en mémoire, à se servir aujourd'hui de ce qu'il a appris hier et à anticiper le lendemain. Concevant l'avenir, il devient capable d'attendre : la promesse que vous lui faites de jouer avec lui lorsque vous aurez fini ce que vous êtes en train de faire ne le met pas dans un état frénétique d'impatience parce que c'*est maintenant* qu'il veut jouer. Il peut apprécier de choisir, en se basant sur ce qu'il a préféré la dernière fois et en se demandant s'il retrouve le même plaisir. Il peut commencer à comprendre les promesses (mais pas à les tenir), à reconnaître (mais pas à la dire) la vérité, et à admettre les droits d'autrui (si ce n'est à les respecter).

Il peut commencer à vous concéder des droits parce que ses sentiments de l'individualité ont maintenant débordé sa propre personne. Il ne se voit pas seulement comme un individu séparé de vous : il vous voit aussi comme différente de lui. Vous n'êtes plus simplement son esclave ou un appendice dont toute activité non centrée sur lui est au minimum incompréhensible, au pire affreusement blessant. S'il ne peut pas comprendre pourquoi vous désirez bavarder avec vos amies, il constate que vous le faites ; voit que votre désir est comparable à son envie de jouer avec ses petits camarades ; admet le raisonnable de votre situation. Aussi est-ce l'âge des marchés et des trafics tant pratiques qu'affectifs. « Si je fais ceci, me donneras-tu cela ? » fait directement appel à son sens finement nuancé de la justice et permet de trouver une solution à presque tous les conflits.

Vous considérer comme une personne indépendante donne à l'amour qu'il vous porte une nouvelle dimension et le rapproche beaucoup des idées que se font de l'amour les adultes. Il devient capable de sympathie altruiste et sincère et de sollicitude ; capable d'offrir quelque chose plus parce qu'il pense que vous pourriez le vouloir que parce qu'il a envie de vous le donner. S'il vous voit pleurer, il n'est pas simplement effrayé et irrité par

Elle devine comment vous vous sentez et peut offrir son affection.

les sentiments que vos larmes éveillent en lui, mais désolé pour vous à cause des sentiments que vous exprimez en pleurant. Il voudrait vous aider, il aimerait vous apaiser. S'il vous serre dans ses bras, ce n'est pour détourner votre attention à son profit mais pour essayer de vous consoler. Maintenant, il donne aussi bien qu'il prend.

En vous observant, vous et les gens qui l'entourent ou qui occupent ses pensées, il essaie de comprendre les rôles et le comportement des uns envers les autres. C'est l'âge de l'identification. Votre enfant va « être » désormais toutes sortes de gens, depuis son petit frère jusqu'au facteur, mais par-dessus tout, il va essayer d'être « vous ». Tout attachée que vous soyez à garder à ses jeux et à ses activités un caractère de bisexualité, il va insister, durant cette période, pour adopter le côté le plus sexiste de la vie familiale, semblant toujours être impliqué dans les questions domestiques lorsqu'il est « maman » et dans des problèmes de mécanique lorsqu'il se prend pour « papa ». La justesse de ses observations a quelque chose de troublant. Quand votre fille regarde son père, vous pouvez lire sur son visage l'expression câline que vous portez parfois sur le vôtre, lorsque vous vous croyez sans témoin. Quand elle s'occupe de ses poupées, vous pouvez retrouver vos propres tournures de phrases et certains termes que vous n'êtes pas toujours fière de reconnaître comme vôtres.

C'est à travers l'idendification avec les adultes et surtout avec vous-même qui êtes son modèle que l'enfant de cet âge intériorise et fait siens l'enseignement qu'il reçoit de vous et vos exigences. Maintenant, il commence à se réprimander (lui, et ceux qui sont sous ses ordres) pour des négligences que vous n'aviez même pas remarquées. Il se conseille de ne pas faire des choses que vous ne saviez même pas qu'il avait l'intention de faire ; il essaie d'agir exactement comme il croit que vous le souhaitez. Comme il est très jeune et très inexpérimenté, il dépasse son but et paraît autoritaire et suffisant. Vous vous surprendrez parfois à regretter les humeurs plus insouciantes et moins vertueuses d'antan et même à être tentée de lui clore le bec lorsque, une fois de plus, il vous dira : « C'est bien, hein, Maman ? » ou « N'est-ce pas que je suis gentil ? »

Ce nouveau comportement, tout irritant qu'il est, représente une étape importante de son développement et une pierre de touche de vos relations avec lui. Il signifie qu'il désire, au moins consciemment, votre approbation, veut que vous soyez contente de lui et qu'il est maintenant prêt à faire quelque effort pour vous connaître. Vous saviez que votre tout-petit avait besoin de votre amour et de votre approbation, mais il ne paraissait pas accorder d'importance au fait de les obtenir et ne semblait jamais savoir comment les mériter. Maintenant, votre enfant vous demande clairement de lui dire ce qui les lui procurera et il est prêt à apprendre toutes les subtilités sociales que vous voudrez bien lui enseigner. Puisque c'est cela que vous attendiez depuis si longtemps, son désir évident de plaire devrait vous aider à être patiente et gentille. Il sait maintenant qu'il veut votre amour et il a appris à vous le demander. Donnez-le-lui sans compter.

Alimentation et croissance

Au cours de cette période, la croissance se ralentit. L'enfant, qui prend en moyenne 2,3 kg et 9 cm pendant sa troisième année, va tomber à 2 kg et 6,5 cm au cours de la cinquième. Ne vous inquiétez pas si ce changement graduel transforme votre petit boulot trapu de deux ans en une grande tige élancée de cinq ans et le fait paraître maigre pour un temps. Les rondeurs du tout-petit feront place à des muscles, mais pas tout de suite. En attendant, ses membres paraîtront grêles.

Pesée, toise   Vous n'avez pas besoin de le peser et de le mesurer souvent. Deux fois par an, c'est suffisant. Si les chiffres progressent (Inf/CROISSANCE), c'est que la croissance se déroule normalement. Si le poids augmentent plus vite, l'enfant grossit trop. Si la taille n'a pas visiblement augmenté depuis six mois, mesurez-la de nouveau après trois mois. Si vous ne constatez aucun changement, menez l'enfant chez le médecin. Apportez sa courbe de croissance. A certains enfants, il manque une certaine hormone indispensable à la croissance. On peut la leur administrer et la croissance reprendra mais il se peut qu'on ne puisse faire regagner à un enfant tous les centimètres que les mois passés lui ont fait perdre. Aussi, n'attendez pas trop longtemps.

Comment toiser l'enfant. Il est difficile de toiser exactement un enfant. N'essayez pas de le mesurer directement. Adossez-le d'abord contre un mur ou une porte, talons au sol calés dans l'angle du mur et du plancher, tête droite, regard fixé droit devant lui. Posez-lui sur la tête un objet plat et rigide (un livre) pour aplatir les mèches folles. Faites une marque sur le mur, puis mesurez avec un mètre ruban la distance entre le sol et la marque. Si vous utilisez toujours le même mur ou la même porte, vous pourrez dater et identifier vos marques afin de garder, d'année en année, un témoignage fidèle de « qui mesurait quoi et quand ».

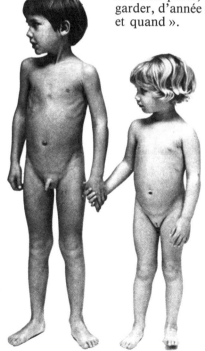

Agile et dégingandé, l'enfant d'âge préscolaire ne ressemble guère à son cadet, boulot, ou au bébé à grosse tête.

Se nourrir, manger

Si, dans son esprit, le domaine de l'alimentation n'a pas été mêlé avec ceux de l'amour et de la discipline (voir p. 256), un enfant de cet âge est souvent bon mangeur. Dépensant chaque jour une quantité d'énergie considérable, il mange pour la renouveler. Pour peu qu'il ait à sa disposition de la nourriture, l'enfant absorbera suffisamment de calories : sa faim y veille. Si la nourriture offerte est assez riche en protéines, en vitamines, en sels minéraux, l'enfant s'établira lui-même une ration alimentaire équilibrée qui couvrira ses besoins. Comme nous l'avons déjà vu, le refus d'aliments de valeur comme la viande, les œufs ou les légumes verts n'a guère d'importance s'il peut puiser les éléments équivalents dans d'autres sources comme le fromage et les fruits. En gros, sachez qu'un enfant qui mange à satiété la nourriture courante de sa famille, boit un demi-litre de lait et reçoit quotidiennement des vitamines, consomme tout ce qui lui est nécessaire.

Ausi ne lui servez pas des plats spéciaux et ne le privez de rien. Aucun mets servi à table ne doit lui être refusé. S'il aime le ragoût et que vous en avez fait, donnez-lui-en. Quelques rares aliments peuvent cependant être contre-indiqués pour lui, mais ne vous en souciez pas trop, sauf si votre médecin vous affirme qu'il est intolérant à l'un d'eux (voir Inf/ALLERGIES). Il ne se rendra pas malade non plus à force de manger. L'enfant qui aime manger sait s'arrêter où l'avidité fait place à la gloutonnerie.

Manger proprement Votre enfant aime manger parce que vous n'avez pas altéré en lui la relation spontanée entre la sensation de faim et le plaisir de se nourrir. Il est donc prêt à affronter les aspects sociaux des repas. Si vous changez brusquement d'attitude, exigeant du jour au lendemain une révolution de ses manières de table, vous allez lui gâcher son plaisir et vous créer des problèmes.

Enseignez-lui les bonnes manières par l'exemple plus que par des recommandations. Dans l'ensemble, il en arrivera à se tenir comme les autres membres de la famille, aussi, si vous vous irritez souvent de le voir manger avec ses doigts ou mettre les coudes sur la table, assurez-vous qu'il n'imite personne d'entre vous.

Donnez-lui les mêmes ustensiles que les vôtres. Il imitera plus aisément les adultes s'il est assis sur une chaise classique (ou plus étroite et un peu plus haute, spéciale pour les enfants) au lieu d'une chaise de bébé et s'il dispose du même espace à table que les autres convives. Il ne peut pas apprendre à manipuler le verre fragile et la porcelaine ou se servir d'une fourchette, d'une cuiller et, au besoin, d'un couteau, s'il n'a que du plastique à sa disposition.

Aidez-le à acquérir un sens de « l'occasion ». Peu de familles prennent ensemble tous leurs repas, élégamment servis à une table bien dressée : les journées ne sont pas assez longues pour cela... Mais si tous les repas sont pris sur le pouce à la cuisine, que la purée passe directement de la casserole dans les assiettes et que chacun mange à des heures différentes, votre enfant n'aura aucune chance de voir comment les gens se tiennent lors des grandes occasions et il est probable qu'il vous laissera choir lorsque vous souhaiterez qu'il se tienne bien. Dans les familles très occupées, cela peut être une bonne idée de rendre un peu plus cérémonieux un des repas du week-end. L'enfant contribuera à dresser une jolie table — en la décorant de fleurs ou en repliant les serviettes — et il se changera pour le repas. Si les adultes prennent l'apéritif, on lui servira une boisson particulière. Pendant le repas, la nourriture sera apportée dans des plats qui passeront de convive en convive, chacun se servant et offrant le plat à son voisin. C'est évidemment l'occasion de préparer un mets spécial et de choisir au moins pendant un moment un sujet de conversation pouvant intéresser l'enfant.

Ainsi l'enfant ne se sentira pas harcelé si vous lui recommandez une façon plus conventionnelle d'utiliser sa fourchette et de porter des petits pois à sa bouche. Il se sentira honoré d'avoir été invité parmi les adultes. Soyez réaliste : pourquoi ne mangerait-il pas ses frites avec ses doigts lorsqu'il est seul devant la télévision sans personne pour le voir ? Quelle importance cela a-t-il s'il est capable de se tenir correctement quand il le faut ?

Aidez-le à acquérir de nouveaux goûts. Si votre enfant sait, par expérience, qu'il sera forcé de manger tout ce que vous mettez dans son assiette, il est probable qu'il va refuser même de goûter tout nouvel aliment de peur de ne pas l'aimer. Il aura beaucoup plus envie d'essayer si vous lui permettez de goûter avant le repas ou de prendre un peu de nouveau mets avec une petite cuiller et de ne décider qu'ensuite s'il désire qu'on lui en serve.

Habituez-le aux nourritures qui vous facilitent la vie. Un enfant qui aime manger acceptera les nouveaux aliments si vous commencez par les servir à la table familiale. Habituez-le aux mets que l'on trouve à acheter dans les buvettes, les campings et les snacks routiers. Par-dessus tout, habituez-le à manger du fromage. Du pain, du fromage et une pomme font un repas équilibré que vous mettez trente secondes à préparer et dix à débarrasser. Il se transporte sans problème, se trouve partout en Occident. Si votre enfant en mange volontiers, nous n'aurons jamais à interrompre vos activités pour lui préparer son déjeuner.

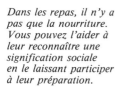

Dans les repas, il n'y a pas que la nourriture. Vous pouvez l'aider à leur reconnaître une signification sociale en le laissant participer à leur préparation.

« *Caprices* »
alimentaires

Les problèmes alimentaires qui existent à cet âge sont presque toujours le reliquat des années précédentes et ils doivent être envisagés de la même façon (voir p. 257). Mais bon nombre d'enfants que l'on qualifie de « capricieux » ou de « difficiles » essaient tout simplement d'exercer le droit, accordé aux adultes, de manifester leurs goûts personnels et le degré de leur appétit. Dans notre société surnourrie, nous préférons en général rester sur notre faim plutôt que de manger quelque chose que nous n'aimons pas. Cependant, parce que nous sommes adultes et que nous achetons nous-mêmes et préparons ce que nous aimons, nous nous trouvons rarement devant ce dilemme. Les enfants, eux, se trouvent placés devant la nourriture préparée par autrui et sont censés manger ce que l'on met dans leur assiette.

Tenez compte des goûts naissants de votre enfant : pourquoi les accepter lorsqu'ils s'accordent avec les vôtres et qualifier l'enfant de « difficile » lorsqu'ils en diffèrent ? Si personne de la famille ne mange de gras de jambon, vous le lui enlevez sans discussion ; mais si les autres le mangent, et s'il n'en veut pas, vous l'accusez de faire des manières.

Chaque famille peut évidemment avoir ses propres attitudes du point de vue alimentaire ; mais il existe un moyen terme qui peut grandement contribuer à éviter les conflits.

Le point de vue de l'enfant	Votre point de vue
Il est absurde de servir un aliment ou un plat si vous savez que l'enfant ne l'aime pas, puis d'être fâchée s'il ne le mange pas. Ne lui servez que ce que vous savez qu'il mange, même si cela vous force à remplacer le plat principal par un œuf ou du fromage.	*C'est absurde d'encourager les caprices. L'enfant doit manger ce qui lui est proposé aujourd'hui parmi les aliments qu'il mange d'ordinaire. Si le menu comporte du foie avec des lardons qu'il adore d'habitude, on ne doit pas lui permettre de demander une omelette à la place. S'il ne veut pas de foie, qu'il se contente des lardons.*
Vous ne l'aiderez pas à aimer un aliment en le forçant à l'avaler. Bien des adultes sont encore dégoûtés de certains aliments qu'ils furent forcés de manger pendant la guerre à cause des restrictions ou en d'autres circonstances.	*Il est absurde de donner à l'enfant la meilleure part du plat familial. S'il veut seulement la croûte dorée et croustillante du gratin, ne lui donnez pas du dessous. Mais ne lui donnez pas la part de croûte des autres.*
Il est absurde d'insister pour que l'enfant avale tout ce que vous avez mis sur son assiette. Permettez-lui de vous dire combien il en veut, ou de se servir lui-même. Il pourra en reprendre. C'est absurde d'insister pour qu'il mange, s'il vous dit qu'il n'a pas faim. Il peut avoir mal au cœur ou manquer d'appétit : il a le droit de ne pas manger, tout comme vous.	*Il est absurde de laisser l'enfant gâcher de la nourriture. S'il y a des petits fours glacés pour le thé et s'il veut seulement la glaçure, il a le droit de décapiter un gâteau : il en mange simplement la partie qui lui fait envie ; mais cela ne lui donne pas le droit de grignoter le dessus de toute une assiettée de petits fours.*

Manger
entre les repas

La plupart des enfants de cet âge ont réellement besoin de manger plus souvent que les adultes. Quand on dépense beaucoup d'énergie, on trouve le temps long du petit déjeuner au déjeuner et de midi jusqu'au soir.

Les enfants qui ont faim entre-temps ont besoin d'aliments-combustibles. Il est habituel de leur donner une collation à dix heures et un goûter mais des problèmes peuvent naître en raison d'une confusion entre faim et gourmandise. D'ordinaire, c'est notre faute.

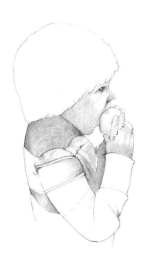

L'enfant dit qu'il a faim : on lui donne un biscuit au chocolat. La prochaine fois, il ne dira pas qu'il a faim mais qu'il veut un biscuit au chocolat. A-t-il faim ? Est-il gourmand ?

La façon la plus simple de résoudre ce dilemme est, une fois que l'enfant est assez grand pour comprendre, de laisser à la disposition de toute la famille de quoi manger pour calmer les fringales : ce peut être par exemple une boîte remplie de biscuits ordinaires et une coupe de fruits (pommes et bananes). Il peut aussi y avoir du pain et du beurre, du fromage, quelques grappes de raisin. Les réserves peuvent varier selon les goûts et les budgets des familles, mais le principe doit rester le même : ce sont des nourritures pour calmer la faim. Quiconque ne peut attendre le prochain repas peut se servir.

Si vous suivez ce principe, toute autre nourriture réclamée par l'enfant entre les repas peut être considérée comme une friandise et c'est à vous de décider si vous la lui accordez. Si vous venez de faire une bassine de beignets dont l'odeur ensorcelle l'enfant, à vous de voir si vous lui en accordez un fondant et tout chaud ou s'il doit attendre le goûter. Quoi que vous fassiez, cela n'a rien à voir avec une privation et une faim insatisfaite.

Les sucreries

Si vous considérez le problème des sucreries comme nous vous l'avons indiqué au chapitre précédent (voir p. 260), elles ne vont probablement pas vous créer de graves soucis. Mais parfois, quand l'enfant grandit, passe plus de temps en compagnie d'autres enfants et compare ce qu'il a avec ce qu'ont les autres, il peut survenir quelques difficultés. Si vous avez à établir une discipline, souvenez-vous que ce sont d'ordinaire les parents les plus rigides et sévères qui ont le plus de problèmes à ce sujet. Le rationnement strict, par exemple, tend à concentrer l'attention sur ce qui n'est pas permis. Les parents plus souples ont moins d'ennuis.

La conduite qui paraît la plus bénéfique est celle, très simple, de ne jamais avoir de sucreries à la maison. Si vous n'en avez pas acheté, vous pouvez le dire tout tranquillement et sans mentir à l'enfant qui vous en demande. Autre solution : acheter spontanément, de temps en temps, à l'enfant, un rouleau de bonbons les moins nocifs (voir p. 260), par exemple en rentrant à la maison après avoir fait les courses. L'enfant, sachant qu'il en aura tout à l'heure, va accepter avec plus de calme votre refus de lui en acheter sur-le-champ. Vous pouvez aussi banaliser les sucreries en les servant à table : le chocolat avec le gâteau de riz, les fruits confits comme décoration de gâteaux. Quand vous lui en donnez, vous pouvez aussi réduire leurs inconvénients en éliminant les plus nocifs (caramels et sucre d'orge ou sucettes) et en l'incitant à les finir tous en une fois comme il le ferait avec une tranche de pain d'épices.

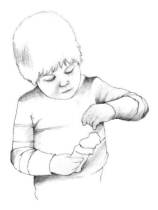

Votre attitude générale envers les choses spécialement bonnes à manger peut avoir une influence sur votre facilité — ou votre difficulté — à aborder ce problème. Si vous voulez que votre enfant considère les sucreries simplement comme une chose agréable dans une vie remplie de choses agréables, dont quelques-unes sont alimentaires, encouragez-le, parfois, à s'acheter lui-même quelque chose de bon à manger. Bon nombre de petits enfants n'ont l'occasion d'être clients que chez le confiseur, mais il est tout aussi amusant pour eux d'avoir la permission de choisir et d'acheter une belle pomme bien rouge chez le fruitier ou une brioche chez le boulanger.

Les enfants trop gros L'obésité est rare à cet âge, car les enfants ont plutôt tendance à s'allonger ; si bien qu'on la remarque. Les enfants obèses sont souvent la risée des autres, c'est pourquoi il faut essayer de les faire maigrir avant de les envoyer à l'école.

Essayez de ralentir la prise de poids de l'enfant pour que ses rondeurs s'atténuent lorsqu'il grandira. Les dix-huit mois qui viennent, il va prendre environ 13 cm. Si vous pouvez faire en sorte qu'il ne gagne que un 1 à 1,5 kg, au terme, il sera plus mince.

Vous pouvez commencer votre programme d'amincissement par une visite au médecin. Apportez-lui la courbe de croissance de l'enfant pour qu'il voie si son obésité est récente ou s'annonçait depuis longtemps. Il peut vous chiffrer le déséquilibre entre sa taille et son poids.

Mincir A cet âge, les moyens sont semblables à ceux applicables aux enfants plus jeunes (voir p. 263), à quelques détails près. La consommation de graisses alimentaires a probablement augmenté parce que l'enfant partage maintenant les repas familiaux, qu'il mange des aliments revenus, plus de pain frais ou grillé. Rappelez-vous que tout ce que vous servez revenu à l'huile ou au beurre peut être grillé ou frit sans graisse si vous vous servez d'une poêle spéciale (c'est une méthode bonne pour tous, adultes et enfants). Rappelez-vous aussi que beaucoup d'aliments qu'il aime croustillants peuvent être préparés au four, sans matière grasse (les chipolatas perdent ainsi presque toute leur graisse). Ce qui s'étale sur les tartines n'a pas besoin d'être gras et donc source d'embonpoint : l'enfant est assez grand maintenant pour étaler sur son pain autre chose que du beurre : crème de gruyère, fromage blanc...

Bien qu'il puisse boire moins de lait qu'auparavant, donnez-lui du lait semi-écrémé (voir p. 264). Il absorbe parfois un grand nombre de boissons gazeuses sucrées. Au repas, ne servez que de l'eau pure. Si c'est l'eau gazeuse qui lui plaît, mélangez des jus de fruits avec de l'eau gazeuse naturelle. Les glaçons ne sont là que pour l'agrément.

Bien évidemment, un enfant déjà gros ne doit pas manger de sucreries ou prendre d'en-cas entre les repas. Mais, si vous ne voulez pas le rendre malheureux, il va vous falloir du doigté pour supprimer les sucreries et autres douceurs. Un « truc », parmi d'autres, est d'acheter et de servir des petits formats : dix petits bonbons lui feront plus d'effet que trois gros. Trois mini-biscuits pour bébé ne contiennent pas les calories d'un seul biscuit de format normal. Vous pouvez aussi fabriquer vous-même des petits gâteaux enveloppés de papier.

Déjà, à trois ou quatre ans, un enfant trop gros peut être pris dans un cercle vicieux : il ne court pas beaucoup parce qu'il est trop gros, mais s'il est trop gros, c'est aussi parce qu'il ne se dépense guère. Où un tout-petit se montrera très actif pour peu qu'on le lui permette, l'enfant plus âgé peut se désintéresser de l'exercice : il a besoin d'amis pour courir avec lui et après lui, et pour le faire courir. S'il est seul, apprenez-lui à jouer à la balle et au cerceau et à sauter à la corde. Même à l'intérieur, vous pouvez favoriser les jeux physiques : la danse, les sauts à cloche-pied, les acrobaties.

Le sommeil

Chez les tout-petits, les problèmes au coucher sont très répandus. Il n'en est pas de même chez les enfants d'âge préscolaire qui se divisent — en gros — en deux groupes : ceux qui ne font pas d'histoires pour aller au lit et ceux qui se livrent à toute une comédie. Si votre enfant fait partie des premiers, vous avez de la chance : ne changez rien à votre façon d'être et faites des vœux pour que cela dure. Si votre enfant appartient à l'autre groupe, réfléchissez honnêtement à toute cette affaire d'heure du coucher.

Bien des enfants passent au lit, éveillés, beaucoup plus de temps qu'endormis. Les parents les mettent au lit le soir pour avoir la paix. Si vous admettez que c'est parce que vous le désirez que vous le couchez et non parce qu'il en a besoin, vous pourrez comprendre que c'est à vous qu'il incombe de lui rendre le lit et le fait de se coucher le plus agréable possible.

Rendre agréable l'heure du coucher

A cet âge, le sens de la propriété et de l'intimité se développe rapidement. Les enfants ont vraiment besoin d'un coin à eux. Si vous décidez de lui attribuer une chambre ou de passer un week-end à lui aménager un coin sommeil, consultez-le au sujet de ses nouveaux quartiers et qu'il soit clair pour le reste de la maisonnée que dorénavant cet endroit lui appartient. Ses frères et sœurs plus âgés n'auront pas le droit d'y accéder sans autorisation et il lui sera permis, s'il en a envie, de montrer son domaine aux visiteurs.

L'enfant va y passer au moins la moitié de son temps et vous devrez en assurer l'entretien, tout comme celui des pièces moins privées de la maison. Même s'il adore sa chambre, il est encore trop petit pour en assurer seul le ménage, car elle deviendrait rapidement si sale qu'elle perdrait toute séduction.

Le meuble principal est le lit. C'est le moment, par exemple, de passer l'enfant de son lit d'enfant à un grand lit. N'utilisez pas de lits superposés dans une chambre commune sauf si l'espace est vraiment restreint : un des deux enfants aura toujours le sentiment que l'autre est mieux couché et il est difficile d'avoir une impression d'intimité lorsque quelqu'un dort au-dessus de vous. Autre désavantage, la difficulté de soigner un enfant malade dans le lit supérieur si bien qu'à chaque indisposition, il faudra le changer de place. Les lits superposés sont aussi à l'origine d'accidents. Il vaut mieux utiliser deux lits séparés même s'ils encombrent la chambre. N'achetez pas de lit junior : votre enfant en déborderait bien avant de l'avoir usé. Achetez-lui un vrai lit d'une personne et, si l'absence de côtés le gêne au début, placez une barrière de sécurité provisoire.

Rendez son lit aussi attirant que possible. Ne décidez pas qu'il est inutile de lui acheter de jolis draps et des pyjamas élégants sous le prétexte qu'il mouille encore son lit : les jolies choses se lavent aussi bien que les guenilles. Lors de vos achats de literie, pensez aux couettes déhoussables et lavables. Elles satisfont l'instinct de blottissement de l'enfant et rendent le lit facile à faire. Dès que l'enfant se lève, le matin ou après la sieste, refaites convenablement son lit : personne n'aime se coucher dans le fouillis.

Vous pouvez installer autour du lit toutes ses possessions, de façon à lui arranger un mini-home vers lequel il retournera volontiers le soir et où il sera content de passer, éveillé, quelques moments le matin. Les goûts varient, mais il existe un certain nombre de choses qui rendent ces coins sommeil plaisants pour beaucoup d'enfants :

Une lampe, vissée au mur, à sa portée. Elle peut avoir une ampoule de 15 watts pour rester en veilleuse tout la nuit ou être munie d'un interrupteur que l'enfant peut manœuvrer lui-même.

Les jouets spéciaux pour le lit se divisent en deux catégories : les jouets en peluche pour les échanges affectifs, ainsi que les puzzles et les jeux de construction auxquels il est possible qu'il s'intéresse plus au lit que pendant la journée.

Des images au mur ou sur un panneau mural, des mobiles au-dessus du lit, suspendus dans le courant d'air venant de la fenêtre.

Une boîte à musique ou un lecteur de cassettes pour enfants. Cette source de bruit de fond familier peut être éteinte au moment où il s'endort jusqu'à son réveil.

Une table de chevet ou une étagère garnie de ses livres. Les livres d'images pour les enfants de cet âge sont très jolis ; les volumes de bandes dessinées sont aussi excellents parce qu'un enfant qui ne sait pas lire peut quand même suivre les histoires.

Le moyen de communiquer avec vous : le plus simple, une porte ouverte ; dans une grande maison, un interphone.

Un coin personnel L'important est d'organiser pour lui un endroit agréable où il se reposera, jouera, dormira. Mais tout ce bel ensemble s'écroulera si jamais vous l'utilisez à des fins de punition. N'envoyez jamais votre enfant dans sa chambre ou au lit parce qu'il a été désagréable. Ne le troublez pas en lui disant : « C'est la fatigue qui te rend idiot. Tu ferais mieux d'aller te coucher tôt ! »

A la place, faites au mieux pour que des choses agréables se produisent « chez lui » : si une carte postale ou une lettre arrive à son nom, posez-la sur son lit pour qu'il la trouve en entrant. Si vous lui avez acheté un chandail neuf, étalez-le là, prêt pour l'essayage. Découpez des photos dans les revues et donnez-les lui pour décorer son mur, écrivez-lui un mot de temps à autre, qu'il trouvera posé sur son oreiller en allant au lit. S'il demande — ce qui ne lui est pas permis d'habitude — à jouer avec un objet qui vous appartient (colifichet, cartes à jouer), prêtez-les-lui, pour jouer dans son lit.

Si vous tenez compte de tout cela et faites de son lit un endroit sympathique, vous tiendrez aussi à rendre agréable le moment du coucher. Prévenez l'enfant à plusieurs reprises lorsque l'heure approche. Comme pour les plus jeunes (voir p. 177), ce qui marche le mieux, c'est le rituel, mais, quelles que soient vos façons de vivre, n'attendez pas de l'enfant qu'il s'arrête net au milieu d'un jeu ou abandonne une émission de télévision pour gagner aussitôt son lit.

Quand il est couché, racontez-lui ou lisez-lui une histoire. Si vous la lui racontez dans la salle de séjour, l'histoire représentera une chose agréable à abandonner pour aller au lit. La lui raconter une fois qu'il est dans sa chambre lui révèle un des aspects plaisants de l'endroit.

Quand vous le laissez dans son lit, promettez-lui (et tenez votre parole) de revenir. Vous pouvez lui annoncer : « Maintenant, je vais dîner ; dès que j'aurai fini, je viendrai voir si tu dors. » L'enfant sait que s'il ne s'endort pas tout de suite, vous allez revenir bientôt. Aussi s'endort-il bien souvent avant que le laps de temps annoncé soit écoulé.

Une fois l'enfant couché, il n'est pas question qu'il se relève. Mais avant d'être absolument sûre d'être obéie, vous allez devoir patienter un peu. Si vous lui permettez de se relever pour boire, ne soyez pas surprise s'il découvre quelque chose de passionnant à vous raconter. Il doit être certain que, s'il a besoin de quoi que ce soit et appelle, une grande personne va venir à coup sûr. Vers trois ou quatre ans, il a des difficultés à uriner tout seul. Il peut se tracasser à l'idée de se mouiller ou peut utiliser son besoin d'aller au W.C. comme excuse pour se lever. Un vase de nuit, avec la permission d'appeler, une alèse sur le matelas et une attitude décontractée de votre part vis-à-vis des « accidents », éviteront en général ce genre de problèmes.

Troubles du sommeil

Tout séduisant que vous ayez rendu pour lui le moment du coucher, le sommeil, durant cette période de la vie enfantine, est souvent perturbé et vous seriez exceptionnellement privilégiée si votre enfant ne présentait aucun des troubles suivants.

Fantasmes effrayants
C'est une sorte de cauchemar semi-éveillé de l'endormissement. L'enfant lui-même ne sait pas très bien s'il dort ou s'il est réveillé. En général, après une longue période de silence (qui vous laisse supposer qu'il s'est endormi), il commence à pleurer et à appeler et se plaint de ne pouvoir dormir.

Il est parfois possible de lui faire dire ce qui le tourmente. Il peut vous expliquer qu'un monstre l'a attaqué et il se sentira mieux après en avoir parlé. Mais vos paroles rassurantes doivent être simples et catégoriques. S'il vous dit : « Il y a des vilains hommes... », assurez-lui que quiconque n'appartient pas à la famille n'a pas accès à sa chambre. Les portes sont fermées : il faut une clef pour les ouvrir ; les fenêtres sont trop loin du sol pour qu'on puisse les atteindre, même avec une échelle.

Prévention des fantasmes
Au contraire des cauchemars, les fantasmes effrayants trouvent souvent leur source dans des histoires que l'enfant a entendues ou vues à la télévision. C'est comme si son esprit lui rejouait l'histoire, puis, comme sa vigilance se relâche au moment de l'endormissement, sa puissante imagination l'emporte et commence à broder. Il est bon de censurer les histoires et les spectacles du soir et de s'assurer que l'enfant va au lit la tête remplie d'images et de pensées agréables plutôt que de scènes empreintes de tristesse ou de mystère.

Ce genre de fantasmes est aussi favorisé par des bribes de conversations de la vie de tous les jours : une conversation téléphonique mal comprise concernant l'opération de Jeanne ; une dispute entre son père et sa mère. Le spectacle de sa mère en larmes peut aussi bouleverser l'enfant et le submerger d'anxiété lorsqu'il se retrouve au lit. Dans ces cas-là, il peut être utile de parler et d'expliquer, mais non de mentir. S'il a surpris une querelle ou des larmes, admettez-les et donnez-lui des raisons qu'il puisse accepter. Il peut comprendre que ces disputes et ces aléas du quotidien ne portent pas à conséquence et que vous ne vous en aimez pas moins, son père et vous, si vous les comparez avec les disputes qu'il a, lui, avec ses camarades ou ses frères et sœurs et si vous lui rappelez que les adultes, eux aussi, peuvent pleurer.

Cauchemars	Le sommeil se compose d'une alternance de cycles de sommeil léger appelé sommeil « paradoxal » et de sommeil plus profond. Les rêves surviennent tout au long des phases de sommeil paradoxal, même si ceux dont nous nous souvenons en général sont les rêves pénibles ou effrayants que nous nommons cauchemars. Les rêves font partie de la vie intérieure. S'ils paraissent liés aux événements extérieurs, aux histoires, etc., c'est seulement parce que les événements réels servent de support aux fantasmes. Vous n'empêcherez pas un enfant d'avoir des cauchemars en lui interdisant de regarder un film d'épouvante à la télévision : le matériau du cauchemar vient de l'enfant et ne peut être influencé que par des mesures d'ordre plus général qui réduiront son niveau d'anxiété.

Les enfants font, presque tous, un cauchemar de temps à autre. Un enfant peut en avoir toutes les nuits pendant une période : ne vous inquiétez pas, sauf s'il paraît stressé dans la journée. Quand il commence à pleurer, allez vite dans sa chambre. Vous voir, vous entendre, vous toucher, va le calmer instantanément et le rendormir. Ce n'est que si ses propres hurlements l'ont terrorisé ou si une personne inconnue de lui est venue le réconforter que son cauchemar risque de devenir un événement mémorable capable de déclencher en lui la peur d'aller se coucher.

Terreurs nocturnes	Les terreurs nocturnes sont différentes des cauchemars et, par bonheur, elles sont beaucoup plus rares. Elles surviennent pendant le sommeil profond et ne sont pas causées par l'imagination mais par l'irruption d'une émotion : peur ou panique. La plupart des enfants n'en ont jamais ; très peu en ont plus d'une de temps à autre. Elles sont parfois dues à un événement traumatisant, une opération par exemple.

Quand vous répondez à ce hurlement sauvage qui signale une terreur nocturne, vous trouvez en général l'enfant assis dans son lit, yeux grands ouverts, « regardant » une « chose » invisible dans la pièce. Il paraît terrifié. S'il y a de la colère mêlée à sa peur, c'est une colère haineuse ; s'il y a du chagrin, c'est un chagrin désespéré.

Tout en paraissant éveillé, il n'est pas vraiment conscient et il est difficile de le rappeler à lui-même. Au lieu d'être immédiatement rassuré par votre présence, il peut ignorer vos tentatives d'apaisement ou tenter de vous faire partager un spectacle terrifiant. Il peut vous prendre pour un de ses ennemis et vous hurler : « Va-t'en, va-t'en ! » ou bien vous prendre pour compagnon de misère : « Regarde, regarde... » Il peut aussi, tandis que vous le serrez dans vos bras et essayez de le rendre conscient de votre présence, continuer à appeler désespérément : « Maman, je veux ma maman... »

Aborder une terreur nocturne	Une pareille frayeur est contagieuse et il y a aussi quelque chose de terrifiant chez un enfant qui paraît complètement réveillé mais a perdu contact avec la réalité. Vous vous sentirez certainement mal à l'aise et aurez à combattre l'envie de fixer, comme l'enfant, le coin qu'il a peuplé d'êtres et de choses horrifiantes.

Allumez toutes les lampes. Cela va calmer vos nerfs et modifier la pièce suffisamment pour commencer et dissiper les images que voit l'enfant. Même si la lumière ne le rassure pas tout de suite, elle le fera dès qu'il reprendra sa lucidité.

Ne discutez pas avec lui. Il n'est pas réveillé donc n'est pas accessible à des argumentations raisonnables concernant la présence dans la pièce de monstres ou de loups terrifiants. Répétez avec douceur : « Tout va bien, mon chéri, tout va bien. » S'il est conscient de votre voix, il en percevra la tonalité avant tout.

Ne tenez pas compte de ce qu'il peut dire de blessant. Il n'est pas conscient, il n'est pas responsable de ce qu'il raconte. S'il crie qu'il vous déteste et veut vous tuer, ignorez-le. Il ne s'adresse pas à vous mais à ce que vous représentez dans son monde de terreur.

Ne faites rien de particulier pour le réveiller tant qu'il reste dans son lit. Avec l'apaisement de sa terreur, il va probablement glisser dans un sommeil normal sans même se rendre compte de ce qui lui est arrivé. Vous aurez sans doute besoin d'un moment pour vous calmer, mais lui ne sera pas ému.

S'il est terrorisé au point de sortir de son lit, se sauve, se précipite à droite et à gauche, renverse les meubles, voyez si vous pouvez l'immobiliser sans accroître sa panique. Si c'est possible, attrapez-le et bercez-le de façon qu'il soit réveillé par la tiédeur confortable de vos bras et non par l'impact violent d'un montant de porte. S'il se débat, ne l'immobilisez pas de force mais suivez-le en allumant les lumières et prenez-le dès qu'il se laisse faire. Si tout échoue, passez-lui un gant de toilette humide tiède sur la figure : il est probable que la fraîcheur de l'évaporation le réveillera.

Si vous réveillez un enfant en proie à une terreur nocturne, surtout s'il s'est déplacé de pièce en pièce, il est probable qu'il va être très surpris : ne laissez pas votre soulagement de le retrouver « normal » dramatiser ce qui s'est passé. Dites-lui qu'il a fait un mauvais rêve, demandez-lui s'il veut boire quelque chose ou faire pipi. Il se peut qu'il soit si bien réveillé que vous aurez à le recoucher exactement comme si c'était le soir. S'il se souvient le lendemain de son réveil bizarre en pleine nuit, répétez sans vous appesantir : « Tu as fait un mauvais rêve. »

Personne ne sait exactement pourquoi certains enfants ont des terreurs nocturnes et où se situe exactement la frontière de celles-ci avec les cauchemars. Les enfants qui en ont semblent y être plus exposés lorsqu'une forte poussée de fièvre les fait un peu divaguer (Inf/FIÈVRE), quand on leur a administré un sédatif pour une raison quelconque et quand ils viennent d'être bouleversés par un choc physique et émotif (un accident de voiture par exemple). Les terreurs nocturnes ne peuvent être maniées que par les parents eux-mêmes ou par des adultes calmes et expérimentés. Ne laissez pas votre enfant à la garde d'une baby-sitter de quinze ans si les circonstances vous laissent supposer qu'il peut en être la proie cette même nuit.

Somniloquie Beaucoup d'enfants marmonnent en dormant (somniloquie). Quelques-uns articulent assez nettement pour qu'on puisse les comprendre. L'enfant peut aussi rire ou parler sur un ton qui suggère la taquinerie. Tout cela paraît étrange mais n'a pas d'importance, à moins que l'enfant n'ait un cauchemar ou commence une terreur nocturne.

Les enfants qui parlent calmement en dormant n'ont pas besoin d'être réveillés. Il vaut mieux ne pas leur raconter le lendemain les choses drôles qu'ils ont dites, car la plupart des enfants détestent l'idée de parler sans en avoir conscience.

L'enfant qui parle dans son sommeil peut réveiller son compagnon de chambre. Si celui-ci est très jeune, il peut être effrayé. Il vous faudra alors leur trouver un autre aménagement pour dormir. Une fois qu'un enfant a commencé à parler en dormant, il continue à le faire de temps en temps pendant son enfance.

Il arrive qu'un enfant se réveille sans raison après avoir dormi quelques heures. Il n'a pas rêvé — autant qu'il s'en souvienne —, il n'a pas peur, il n'a besoin de rien. Il est tout simplement réveillé et si stupéfait de se retrouver seule créature consciente d'une maisonnée silencieuse, qu'il éprouve le besoin de vous parler pour s'assurer que la maison n'est pas vide.

Allez le voir, permettez-lui de regarder un livre jusqu'à ce qu'il se rendorme. Mais si cela lui arrive souvent, il faudra lui expliquer alors que les gens aiment dormir toute la nuit et qu'il est peu charitable de les réveiller sans raison valable.

Vous pouvez réaménager sa chambre, comme pour un « tôt-réveillé », et l'encourager à se débrouiller seul. Mais il est possible qu'il ne supporte pas la solitude. Il peut avoir besoin de s'assurer que le monde est habité par d'autres que lui. Dans ce cas, vous pouvez essayer de faire dormir dans sa chambre un frère ou une sœur, en lui demandant de rester silencieux pour ne pas le réveiller. Il voit la silhouette endormie respirer et il sait qu'il n'est pas seul.

Si vous n'avez pas d'autre enfant, il existe d'autres formes de compagnie. Je connais des familles qui utilisent avec succès : un bocal de poissons rouges ; une tortue en hibernation ; une pendule animée de petits personnages amicaux qui en rythment le tic-tac ; un abat-jour pour la veilleuse clignotante, décoré d'étoiles ou d'images ; une photographie de groupe de toute la famille.

Si tout cela est inefficace et que l'enfant, réveillé, tient seulement à vous le signaler, ne vous levez pas si sa chambre est proche de la vôtre et si les portes de communication restent ouvertes. Échangez quelques mots avec lui : c'est souvent suffisant.

Réveils matinaux

Si votre enfant aime sa chambre et son lit agrémentés de tous ses trésors personnels, il est probable que se réveiller tôt n'aura pour lui pas d'importance. Il ne peut pas rester endormi uniquement pour vous faire plaisir. Aussi n'est-il pas très logique de vous agacer du fait qu'il se réveille. Ce qu'il peut faire toutefois, c'est jouer tranquillement sans vous déranger. Peu après ses trois ans, il deviendra capable de comprendre qu'il ne doit pas vous réveiller, sauf raison spéciale, jusqu'à ce qu'il entende la sonnerie de votre réveil, la radio, ou quelqu'un bouger.

Il peut évidemment lui arriver de vous réveiller sans le vouloir en bavardant avec ses frères ou sœurs, ses poupées ou son ours en peluche. C'est alors bien différent. Vous ne pouvez en effet attendre de lui qu'il reste parfaitement silencieux. Il ne vous reste plus alors qu'à vous mettre la tête sous l'oreiller et profiter de votre ultime demi-heure. S'il insiste et vous appelle, il est peut-être mouillé, ou a besoin d'aller aux W.C., a faim ou soif.

S'il appelle parce qu'il est mouillé, il ne serait pas très élégant de votre part de l'ignorer ou de le gronder : c'est un bon signe de se rendre compte qu'on est mouillé (voir p. 356). De plus, une fois qu'il commence à s'agiter, il se refroidit vite dans ses draps et son pyjama trempés. Vous devez répondre à son appel, mais point n'est besoin de changer tout de suite son lit. Aidez-le à enfiler un pyjama sec, couvrez son drap mouillé avec une alèze ou une épaisse serviette de toilette.

S'il a souvent faim ou soif, essayez de laisser à sa portée une boisson dans son gobelet inversable et deux ou trois biscuits ou biscottes. En même temps que vous satisfaites son besoin, vous l'habituez à manger seul. Ce mini-pique-nique a deux avantages : il calme sa faim et il constitue un bon entraînement.

L'éducation de la propreté

Bien des enfants sont capables d'utiliser les W.C. ou un pot pour uriner ou déféquer avant leur troisième anniversaire, mais certains ne le font pas. C'est seulement quand votre enfant parvient à ce stade que vous pouvez l'aider à étendre sa maîtrise à toutes les circonstances de la vie.

Les toilettes

Il est possible que votre enfant se serve des W.C. depuis des mois mais bien d'autres préfèrent leur pot. Maintenant, voici le moment venu de lui faire utiliser n'importe quels W.C. et de cesser d'emporter son pot partout.

Commencez par placer le pot dans les W.C. pour que l'enfant prenne l'habitude d'y entrer. Quand il en a pris l'habitude, achetez-lui un réducteur de W.C. qui s'adapte sur la cuvette et placez devant une caisse ou un petit banc qui lui permettra de se hisser à la bonne hauteur et de poser ses pieds une fois assis. Si vous achetez un marche-pied spécial, il pourra le tirer lui-même ensuite sous le lavabo. Encouragez-le à utiliser ce nouvel aménagement mais ne lui enlevez pas son pot tant qu'il ne l'abandonne pas de lui-même.

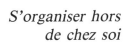

Une fois qu'il utilise sans problème les W.C. à la maison, vous devez favoriser sa curiosité naturelle pour les toilettes en général. Chez les amis, faites-les-lui visiter. Conduisez-le aux toilettes pour dames dans les magasins et à la piscine. Faites-lui connaître les toilettes publiques, beaucoup moins sophistiquées, pour qu'il ne soit pas trop surpris et effrayé en découvrant les lavabos malodorants des chemins de fer ou des stations-service routières. Il se peut aussi qu'il soit rebuté par les lavabos de son école, à moins qu'il n'ait déjà l'expérience d'un certain manque d'intimité et d'hygiène.

La plupart des enfants de trois ou quatre ans préfèrent qu'un proche les accompagne dans les toilettes inconnues, et ils doivent tous être accompagnés dans les toilettes publiques. Personne ne trouve jamais à redire au spectacle d'un petit garçon accompagné de sa mère dans les toilettes pour femmes, mais les pères accompagnant leurs filles ont à affronter une situation plus délicate, car ces rangées de messieurs inconnus debout devant les urinoirs peuvent être déconcertantes et propres à ajourner toute velléité. Dans certains pays d'Europe, il existe des toilettes publiques accessibles aux deux sexes : souhaitons que cela se généralise.

S'organiser hors de chez soi

Quel que soit le degré de confiance que vous accordez à votre enfant, il ne peut se retenir très longtemps. Chaque enfant doit apprendre comment se débrouiller hors de chez lui, s'il ne veut pas gâcher pour tout le monde les pique-niques ou les longs voyages en voiture.

Pour les garçons, ce n'est pas très difficile. Ils peuvent faire pipi contre un arbre ou même à côté de la voiture. Les filles sont désavantagées. L'une d'elles, partant en promenade avec un de ses cousins, se plaignait ainsi : « Pourquoi maman ne m'a pas donné à moi cette chose si utile en pique-nique ? »

Une très petite fille trouve parfois plus facile d'uriner si l'un de ses proches la soulève en position accroupie. A quatre ou cinq ans, elle préfère souvent enlever sa culotte complètement plutôt que de la tenir baissée. Mais à tout âge, il y a de quoi être débarrassée de toute envie, si on se retrouve accroupie au milieu des orties !

Positions La plupart des petits garçons urinent assis jusqu'à ce qu'ils commencent à imiter leur père, leurs frères aînés ou leurs amis. Il est bon d'habituer l'enfant à uriner debout avant son entrée à l'école. Si vous lui faites remarquer qu'uriner debout lui évite de se déculotter, il se rendra compte du temps gagné et de la commodité de la chose. Mettez-lui des pantalons et des shorts à taille élastique tant que ses camarades d'école ne lui ont pas révélé la fermeture à glissière. L'élastique est à la fois plus pratique et plus sûr. Une fois qu'il se tient debout pour uriner, apprenez-lui à lever au préalable le siège des W.C. Vous devez aussi pouvoir nettoyer aisément le sol : il ne vise pas toujours très bien.

Lorsqu'une petite fille voit un garçon uriner debout, elle essaie bien souvent de l'imiter. Déçue par ses échecs, elle peut essayer de s'asseoir à califourchon sur la cuvette, mais s'aperçoit vite que son corps fonctionne mieux lorsqu'elle s'assoit normalement. L'admettre fait partie de son acceptation de la condition féminine et des différences anatomiques entre les garçons et les filles.

Rythme des selles Les enfants n'ont pas besoin de libérer chaque jour leurs intestins. Certains le font, normalement, tous les deux ou trois jours, d'autres deux ou trois fois par jour. Ce rythme est personnel et il vaut mieux ne pas vous en mêler.

Si l'enfant semble vouloir aller à la selle après le petit déjeuner, cela paraît traduire un bon équilibre physiologique, le fait de s'alimenter le matin après le long jeûne de la nuit ayant déclenché un réflexe évacuateur. Mais il y a parfois une autre raison : beaucoup d'enfants détestent les W.C. de l'école, sauf pour les brefs passages obligatoires, et préfèrent utiliser ceux de la maison. Mais si ce n'est pas le cas de votre enfant, ne le forcez pas. Laissez-le agir à son gré, tout comme il urine lorsqu'il en a envie.

Se débrouiller seul A la maison, l'enfant se sent plus sûr de lui et indépendant. Il arrive cependant qu'il préfère encore que quelqu'un l'essuie après une selle, mais il faut peu à peu le laisser se débrouiller absolument seul de façon qu'il ne soit pas pris au dépourvu, plus tard, à l'école. Toutefois, ne le pressez pas.

On doit enseigner aux petites filles à s'essuyer de l'avant vers l'arrière : toute autre méthode risque de souiller les régions avoisinantes (vagin et urètre) et de provoquer des infections urinaires, plus fréquentes chez les filles.

Rester sec L'âge auquel les enfants parviennent à rester secs toute la journée varie beaucoup : si le vôtre n'y arrive pas, relisez le chapitre précédent (p. 277) et vérifiez s'il suit les étapes de l'apprentissage, même si c'est plus lentement ou avec un retard. S'il le fait, ne vous inquiétez pas. Tous les enfants, à moins d'être gravement handicapés physiquement ou mentalement, acquièrent ce contrôle. Le vôtre fera de même. Si vous en doutez, posez-vous la question suivante : a-t-on jamais vu un enfant aller à la grande école avec des couches ?

Le retard du contrôle vésical est souvent familial. Si vous et votre mari pouvez interroger vos mères sur votre comportement, leurs réponses vous rassureront. Il est aussi bien connu que les garçons sont souvent en retard sur les filles ; aussi, si votre inquiétude vient en partie de ce que vous comparez votre petit garçon avec une petite fille tout à fait propre au même âge, vous êtes dans l'erreur : il est impossible de comparer.

Si votre enfant perd son urine goutte à goutte en permanence si bien que sa culotte est toujours humide, il y a peut-être une cause organique : son sphincter fonctionne de telle sorte qu'il n'est jamais ni tout à fait ouvert ni tout à fait fermé. L'enfant ne peut apprendre à le contrôler dans cette position intermédiaire. Voyez votre médecin d'abord sans l'enfant pour que celui-ci ne soit pas humilié de vous entendre commenter l'état de ses fonds de culotte, puis amenez-le-lui.

Si l'enfant paraît parfaitement indifférent à tout ce qui est pot ou W.C. et même à sa propre urine, assurez-vous qu'il a bien compris ce que vous voulez de lui.

Ne lui mettez pas de couches dans la journée. Toutes ces épaisseurs de cellulose lui dissimulent peut-être le vrai problème.

Expliquez-lui bien que vous voulez qu'il utilise son pot ou les W.C. Vous êtes peut-être si anxieuse d'éviter de faire pression sur lui à ce sujet que vous avez complètement oublié de vous exprimer clairement.

Assurez-vous qu'il peut voir le reste de la famille et ses camarades utiliser les W.C. Vous ne devez pas trop insister sur le fait que tous les autres gens sont propres, mais leur exemple peut jouer.

Vous ne pouvez rien faire d'autre pour hâter les choses. Détendez-vous, aidez-le comme vous aideriez un enfant de deux ans (voir p. 278).

Les « accidents »

A trois ou quatre ans, les accidents ne sont pas rares. Même les cinq-six ans en ont assez souvent pour rendre nécessaires des réserves de culottes de secours dans les vestiaires des écoles.

Une fois qu'un enfant a acquis son conditionnement de base, il se trouve beaucoup plus gêné que vous lorsqu'il lui arrive de mouiller sa culotte. C'est aussi très inconfortable. Soyez compatissant.

Certains enfants, surtout les petits garçons, ont une vessie de capacité faible. Il leur faut uriner souvent jusqu'à ce que leur vessie ait acquis la maturité nécessaire pour contenir l'urine et pour la concentrer. Certains médecins pensent que vous pouvez aider l'enfant en lui disant de vous prévenir chaque fois qu'il a envie d'uriner puis de se retenir volontairement pendant quelques minutes. Quoique cette méthode soit parfois utile, elle dirige un fort potentiel d'anxiété et d'attention sur quelque chose qui devrait au contraire être considéré comme une part naturelle et banale de la vie. Il vaut sans doute mieux laisser la vessie de l'enfant poursuivre son développement sans intervenir.

Comme bien des adultes, les enfants urinent plus souvent lorsqu'ils sont agités ou énervés. Ne soyez donc pas surprise de voir le vôtre choisir pour se laisser aller aux « accidents » les moments les plus malvenus, comme les goûters d'anniversaire ou les week-ends à la campagne chez des amis. De plus, beaucoup d'entre eux ne sont pas conscients des avertissements de leur vessie lorsqu'ils sont pris par leurs jeux. Le leur rappeler gentiment peut éviter une inondation.

Il arrive, exceptionnellement, qu'un enfant, sous le coup d'une forte émotion, se retienne trop longtemps et ne puisse plus vider sa vessie trop pleine. Cela peut aussi arriver lorsque l'enfant est laissé contre son gré avec des étrangers et qu'il est bien décidé à ne pas utiliser les W.C. sans sa mère. Solution : l'eau. Ouvrez grand un robinet et le bruit libérera le flot. Ou alors, donnez un bain chaud à l'enfant. Il y urinera facilement.

Enurésie nocturne Beaucoup d'enfants ont besoin de couches la nuit même après leur troisième anniversaire. Si votre enfant urine encore toutes les deux heures dans la journée et se réveille trempé le matin, c'est qu'il n'est pas près d'être propre. Après tout, les mictions qui se produisent pendant son sommeil échappent à sa volonté. Vous ne pouvez dans ce cas lui apprendre à se retenir jusqu'au matin ou à se réveiller au signal que lui envoie sa vessie pleine. Il a besoin pour cela d'une maturité qu'il n'a pas. Dites-vous que les lits mouillés sont un problème plus ennuyeux que des couches mouillées. Patientez.

Suppression des couches la nuit Attendez qu'il se soit réveillé plusieurs fois absolument sec après une nuit complète de sommeil ou ait à plusieurs reprises passé trois ou quatre heures à la suite dans la journée sans uriner et qu'il se soit déjà réveillé tôt le matin en demandant à faire pipi. Mais, même devant ces signes avant-coureurs, vous ne devez pas insister pour supprimer les couches s'il préfère les garder. Si vous le rendez anxieux, vous récolterez un lit inondé...

Lorsque vous tombez d'accord avec lui pour supprimer les couches, enveloppez son matelas dans une housse imperméable. Les petites alèses font des plis et sont affreusement inconfortables ; il est rare, de plus, qu'elles soient assez grandes pour protéger toute la surface inondée. Montrez à l'enfant le matelas et son enveloppe et expliquez-lui bien que cela n'a aucune importance s'il fait pipi au lit.

Si vous venez de lui acheter un pyjama et des draps, insistez sur leur facilité d'entretien et, surtout, ne les destinez pas au « joli lit de ma grande fille toute propre ». Si jamais l'idée lui vient que faire pipi dessus va abîmer ces choses ravissantes, elle va être dévorée d'anxiété avant — et de désespoir après.

Devenir propre Ce sont deux choses différentes que d'essayer de garder sec le lit de l'enfant et de l'aider à ne plus se mouiller. Lever un enfant tard le soir ou très tôt le matin peut vous éviter des inondations, mais ne l'aide en rien à se contrôler. S'il se réveille pendant que vous le levez, il va se dire que c'est vous et non lui qui prenez la responsabilité de sa miction nocturne. S'il ne se réveille pas et urine à moitié endormi, vous favorisez ce que vous cherchiez à éviter : uriner en dormant. Il vaut sans doute mieux ne pas le lever, au moins jusqu'à cinq ou six ans, âge auquel, très ennuyé par son énurésie, il vous demandera sans doute lui-même de l'aider. Vous pourrez alors le lever, mais en vous assurant qu'il se réveille assez pour enregistrer la sensation transmise par sa vessie pleine.

Ne restreignez pas trop les boissons du soir : un enfant qui s'endort en pensant qu'il a soif d'eau a beaucoup de chances de mouiller son lit.

Si l'enfant se réveille parce qu'il a envie de faire pipi, c'est le signe qu'il commence à se contrôler. Mettez-lui un pot dans sa chambre et laissez-lui une lumière suffisante pour éloigner tous les croquemitaines censés se tapir sous son lit. Il peut aussi avoir besoin de compagnie. Sortir du lit tout seul effraie bon nombre de petits enfants. Si on ne lui permet pas d'appeler, il est possible qu'il se décide trop tard à se lever. Il est inévitable que lits secs et lits mouillés se succèdent. Ne faites aucun commentaire.

Les compliments pour les nuits sèches et le silence pour les autres sont presque aussi néfastes que les gronderies. Si vous lui dites qu'il est « gentil » quand il est propre, il en déduira tout seul qu'il est « vilain » lorsqu'il se mouille. Vous pourrez éviter compliments et blâmes en lui expliquant que la capacité de la vessie des gens se développe avec leur personne et qu'un jour la sienne sera assez vaste pour retenir son urine toute la nuit.

S'accommoder des lits mouillés

Les « accidents » nocturnes sont courants jusqu'à cinq ans et banals jusque vers sept ans, surtout chez les garçons. Ne vous hâtez pas d'affirmer que votre enfant est anormal.

Si vous vous inquiétez alors que votre enfant n'a que quatre ou cinq ans, décidez-vous : ou bien vous réussissez à vous dominer et vous le laissez tranquille en attendant qu'il grandisse un peu, ou bien vous devez demander de l'aide à un médecin.

S'il est mouillé parce qu'il perd continuellement des gouttes d'urine, il y a peut-être une cause organique et un examen médical devient utile.

Un enfant qui mouille son lit en est parfois très malheureux, surtout s'il entend des commentaires vexants d'hôtes ou d'invités de passage. Il peut avoir du mal à accepter, de votre part, l'assurance de sa prochaine délivrance et se fiera bien plus à l'autorité d'un médecin. Avertissez ce dernier et expliquez-lui bien qu'à vous, cela vous est égal, mais que c'est l'enfant qui est malheureux : il pourra rassurer l'enfant et lui promettre de l'aider plus tard si cela s'avère nécessaire.

Si l'énurésie s'installe brusquement alors que l'enfant est propre depuis des mois, elle peut traduire une réaction à une situation stressante : la naissance d'un petit frère peut lui donner le désir inconscient d'être de nouveau un bébé, bien que, consciemment, il ait envie de grandir pour être propre. Un séjour loin de vous, une hospitalisation, la perte d'un grand-parent adoré ou n'importe quel autre bouleversement, peuvent ébranler sa confiance en lui et le rendre momentanément incapable de faire face. S'il y a un stress évident, il doit vous être possible d'apaiser l'enfant en en parlant avec lui et en le câlinant. Si vous le voyez tendu et anxieux mais ne pouvez en déceler la raison, l'intervention de votre médecin devient souhaitable.

Encoprésie

Le contrôle intestinal est à la fois plus facile et plus définitif que le contrôle urinaire. Des « accidents » fréquents chez un enfant qui a été propre, ou une culotte continuellement souillée chez un enfant qui semble refuser d'utiliser les W.C., doivent être pris plus sérieusement que les accidents d'énurésie nocturne. Les selles sentent mauvais. A l'école, on va se moquer de l'enfant qui « fait dans sa culotte » et la situation ne va pas tarder à affecter l'image qu'il a de lui. On dit que l'encoprésie est le signe d'une perturbation affective : chez beaucoup d'enfants, c'est elle qui cause la perturbation affective (Inf/ENCOPRÉSIE).

Les soins quotidiens

Au cours de ces années, votre enfant doit devenir de plus en plus conscient de son individualité : cela se traduit ouvertement par un sens aigu de sa dignité physique. Il s'irrite de se voir bichonné et enrubanné comme un caniche.

Naturellement, vous êtes encore responsable de sa propreté, de sa santé et de son bien-être. Mais, plus vous lui apprenez à se débrouiller seul pour les détails, moins vous risquerez de heurter son sens de l'autonomie. Du point de vue pratique, cela sera bon pour vous deux. Chaque élément de cet

apprentissage est aussi une préparation à l'école où vous ne serez pas là pour le faire à sa place. Et les habitudes qui s'instaurent maintenant peuvent durer toute une vie.

N'attendez pas de lui qu'il apprenne vite. Ce train-train est ennuyeux et répétitif, mais il fera peu à peu des progrès. L'enfant qui, à trois ans, se lave la figure lorsqu'un parent est à côté de lui, se lavera seul à quatre ans quand on le lui ordonnera et, vers cinq ans, il pourra aller se laver spontanément, simplement parce qu'il s'est sali.

Faciliter les choses à la maison

Si vous attendez de lui qu'il fasse beaucoup de choses tout seul, rendez-les-lui matériellement possibles : dans une maison obscure, il refusera sans doute d'aller faire pipi tout seul, mais si vous éclairez les couloirs, cela devient possible. Pour aller aux toilettes, il doit pouvoir atteindre la poignée de la porte (mais pas le verrou). Regardez autour de vous en considérant sa sécurité par rapport à sa taille. L'eau chaude du robinet peut-elle l'ébouillanter ? Les tiroirs sont-ils trop lourds à manier pour lui ? Peut-il atteindre sa brosse à dents sans toucher aux rasoirs ou à vos médicaments, sa timbale sans casser vos plus jolis verres ? Ne lui demandez pas l'impossible, rien de ce que vous lui ordonnez ne doit être accompagné de « Fais attention » répétés : construire son indépendance est votre travail. S'il ne peut atteindre aucun portemanteau, comment voulez-vous qu'il accroche son anorak ?

Lui laisser le choix

Quand on grandit, on prend des décisions. Et votre enfant doit apprendre à décider lui-même au lieu de faire (ou de ne pas faire !) ce que vous lui dites. Mais au début, vous ne pouvez le laisser absolument libre car il pourrait prendre des décisions susceptibles de lui nuire (comme de « décider » de ne se laver les dents qu'une fois par semaine) ou inacceptables de votre point de vue (comme de « décider » de jouer dans la boue avec ses plus beaux vêtements). L'astuce, c'est d'organiser sa vie de façon à lui laisser une liberté totale de décision à l'intérieur de certaines limites. Il peut se laver les dents ou aller aux W.C. maintenant ou tout à l'heure : mettre n'importe lequel des vêtements qui sont dans son placard ; choisir entre les deux plats que vous avez préparés pour le dîner.

Lui donner des vêtements pratiques

Il commence à manifester un certain goût vestimentaire et déteste les habits lourds ou qui l'engoncent. Les tissus élastiques (stretch) sont très adaptés à son âge. Il vaut mieux lui enfiler plusieurs vêtements légers l'un sur l'autre qu'un seul gros pull-over qu'exècrent la plupart des enfants.

Remplacez les manteaux lourds par un anorak molletonné qui lui laisse toute la liberté de remuer et de se salir. Achetez-le-lui de sa couleur préférée en gardant toujours à l'esprit l'idée de son confort et de son indépendance.

Choisissez des boutons ou des systèmes de fermeture faciles au lieu de boutons-pressions ou d'agrafes. Jusqu'à ce qu'il vous réclame des braguettes à fermeture à glissière, mettez-lui des pantalons, shorts et jupes à taille élastique.

Réduisez au minimum les accessoires, gants et coiffures et attachez-les pour qu'il ne les perde pas. Achetez des chaussures à boucle, ou à fermeture velcro de façon à ne pas l'asservir aux nœuds de lacet ou à votre aide perpétuelle.

Les corvées nécessaires

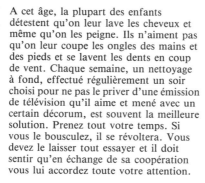

A cet âge, la plupart des enfants détestent qu'on leur lave les cheveux et même qu'on les peigne. Ils n'aiment pas qu'on leur coupe les ongles des mains et des pieds et se lavent les dents en coup de vent. Chaque semaine, un nettoyage à fond, effectué régulièrement un soir choisi pour ne pas le priver d'une émission de télévision qu'il aime et mené avec un certain décorum, est souvent la meilleure solution. Prenez tout votre temps. Si vous le bousculez, il se révoltera. Vous devez le laisser tout essayer et il doit sentir qu'en échange de sa coopération vous lui accordez toute votre attention.

Soins des ongles. Il ne peut les couper lui-même, mais peut vous donner des indications pour le faire. Laissez-lui utiliser une lime émeri pour parfaire votre travail ; les ongles des orteils doivent être coupés droit, non en ovale. Il peut se les nettoyer lui-même avec un bâtonnet.

Dents. Pour arriver à vos fins, faites un jeu de votre question : « Combien de fois t'es-tu lavé les dents cette semaine ? » Il adorera utiliser un dentifrice coloré qui teinte les dents et les gencives en rouge. Donnez-lui comme but d'enlever ces traces et vous serez certaine que les dents sont propres.

Shampooings. Il faut lui laver les cheveux, mais laissez-lui choisir la manière. Il peut décider d'utiliser certaines des astuces proposées pour les petits (voir p. 283) ; l'important est de le laisser choisir. Vous pouvez aussi lui offrir un choix de shampooings ou lui

permettre d'utiliser votre peigne. Au stade de la mousse, laissez-le frotter lui-même, se modeler des coiffures et se regarder dans la glace. Apprenez-lui à se rincer correctement en faisant glisser ses cheveux entre ses doigts. Une lotion de rinçage vous aidera pour le démêlage mais si vous avez des problèmes, il vaut mieux lui faire couper les cheveux court : c'est meilleur pour les cheveux et pour votre humeur.

Une fois terminé le récurage et enseignées bien des choses utiles, terminez ce grand nettoyage dans le luxe : un soupçon de

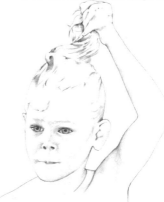

votre talc, un pyjama propre, une histoire pendant que ses cheveux sèchent… Ce ne sont pas des gâteries, mais un moyen de vous assurer de sa coopération pour la semaine prochaine !

La dentition

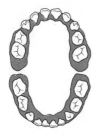

A deux ans et demi, l'enfant a sa complète dentition de lait : dix dents à chaque mâchoire. Par demi-mâchoire : deux molaires au fond, une canine (la dent de l'œil), deux incisives sur le devant.

Les deuxièmes molaires, celles du fond, sont les dernières à sortir et, tout comme pour les premières qui apparaissent vers un an (voir p. 286), leur sortie peut être douloureuse.

Prévenir les caries

Le fait que l'ensemble des dents soit au complet rend leur nettoyage encore plus important qu'avant : chaque dent maintenant a une dent contiguë et des débris de nourriture se coincent facilement entre elles. L'enfant peut les laver avec une petite brosse en frottant verticalement. Mieux encore, il peut se servir d'une brosse à dents sur pile qui rend l'opération amusante et nettoie plus à fond. Vérifiez que les dents du fond sont aussi propres que celles du devant. Vérifiez qu'il les lave après le dernier repas de la journée pour que des débris de nourriture ne restent pas coincés toute la nuit. Donnez-lui l'habitude de se laver les dents aussi après le petit déjeuner et, s'il ne déjeune pas à la maison, faites-lui donner un grand verre d'eau après le repas. Souvenez-vous que les aliments sucrés qui séjournent longtemps dans la bouche sont les plus nocifs et évitez les caramels, les sucres d'orge et les sucettes qui durent longtemps. Lorsque votre enfant a quelques sucreries, dites-lui d'en manger à satiété et de les finir en une fois au lieu de les grignoter.

Le fluor joue un rôle important dans la consolidation de l'émail dentaire. Il augmente sa résistance aux acides, qui, sinon, le rongent et laissent pénétrer les bactéries. Les taux de fluor dans l'eau de boisson diffèrent considérablement selon les régions et la fluorisation des eaux ne fait pas l'unanimité en raison de la faible possibilité de surdosage. Demandez à votre dentiste si vous devez fluorer l'eau de boisson de votre enfant avec des comprimés vendus en pharmacie. Mais il existe aussi des dentifrices fluorés. Ces produits auraient déjà fait baisser le nombre de caries chez l'enfant qui, inévitablement, en avale quand il se brosse les dents. Un dentiste peut aussi faire des applications locales de fluor sur les dents de l'enfant quand l'émail lui paraît particulièrement fragile.

Visites chez le dentiste

Durant sa seconde année, votre enfant a fait au dentiste une visite pour prendre contact (voir p. 287). A partir de deux ans et demi, il doit y aller tous les six mois pour faire vérifier ses dents.

La dentition de lait est importante. La seconde dentition ne commence à pousser que vers six ans, si bien que ces premières dents vont servir plusieurs années. Par ailleurs, elles préparent le terrain à recevoir les dents définitives et permettent aux mâchoires de poursuivre leur croissance. Aussi, considérez avec sérieux ces premières visites chez le dentiste. N'attendez surtout pas pour prendre rendez-vous que l'enfant ait mal. La douleur signifie que vous avez laissé passer le stade de l'atteinte superficielle et des soins aisés et indolores. Maintenant la pulpe est atteinte et la cavité plus vaste. Essayez de découvrir un dentiste qui aime (Inf/DENTISTE) les très jeunes patients. Si votre enfant a établi avec son dentiste de bonnes relations avant d'avoir eu besoin de ses soins, il sera plus tard beaucoup plus susceptible d'accepter les obturations avec confiance.

Premières
obturations
Qu'il aime ou qu'il n'aime pas son dentiste, l'enfant ne va pas du tout apprécier sa première obturation. N'en faites pas un drame, mais ne lui soutenez pas que ce n'est « rien du tout ». Une brèche superficielle de l'émail ne fait pas mal sous la fraise, mais une cavité qui atteint la pulpe est douloureuse. Même s'il n'y a pas douleur, le bruit et la pression de l'eau sont durs à supporter, surtout si la dent atteinte appartient à la mâchoire supérieure.

Expliquez à l'enfant à quoi sert la fraise et, avec l'aide de votre dentiste, montrez-lui sa cavité au moyen d'un petit miroir. Elle semble énorme lorsqu'on la fore : la voir si minuscule est tout à fait rassurant.

Aidez-le à se sentir relativement maître de la situation en demandant au dentiste de s'arrêter à un certain signal (si l'enfant lève la main par exemple), parce qu'il veut souffler un peu. C'est très important. S'il se sent impuissant et torturé, il peut être pris de panique, aujourd'hui ou la prochaine fois qu'il s'assiéra sur le fauteuil.

S'ils sont traités avec tact, la plupart des jeunes patients arrivent à tolérer les soins dentaires indispensables mais certains ne peuvent absolument pas s'y soumettre. Discutez chaque problème avec le dentiste : il ne peut travailler de force sur votre enfant, aussi devez-vous décider si vous pouvez laisser la cavité pendant quelques mois en espérant une amélioration de l'état nerveux de l'enfant, ou si le traitement est urgent et doit être effectué au besoin avec l'aide d'un sédatif ou d'une anesthésie légère.

Accidents
et dents
Les dents ne sont pas enracinées directement dans l'os de la mâchoire, mais dans un solide coussinet de tissu élastique qui absorbe les chocs. Il faut un très fort coup pour déloger une dent. Il peut arriver qu'un coup direct renfonce une dent de lait dans la gencive, d'où elle émergeait. Vous la verrez probablement, au moins son sommet, tout à fait comme vous la voyiez poindre lors de sa sortie. Dans la plupart des cas, la dent ressort d'elle-même peu à peu. Si le nerf a été touché, la dent peut « mourir ». Elle prend alors une triste couleur jaunâtre. Voyez le dentiste, mais ne vous inquiétez pas trop. Même une dent « morte » peut en général être laissée en place pour remplir son rôle jusqu'à ce que la dent définitive sorte à son tour.

C'est plus ennuyeux si l'enfant se casse ou s'ébrèche une dent. L'arête peut lui couper la langue quand il mange ou lui ouvrir la lèvre s'il tombe. Voyez le dentiste, qui peut meuler la cassure ou décider de couronner la dent.

Lorsqu'une dent est complètement délogée par un coup, reste attachée mais a basculé, amenez l'enfant chez le dentiste ou au dispensaire dentaire le plus proche de votre domicile. Si on intervient vite, il arrive qu'une dent de lait puisse être réimplantée et se consolide de nouveau. Si la dent ne peut être remise en place, le dentiste doit décider s'il faut laisser l'enfant brèche-dent jusqu'à ce que pousse la dent définitive ou s'il doit lui placer une dent de remplacement.

Faire face au stress

A cette période de l'enfance, les situations stressantes aiguës propres aux tout-petits sont laissées loin dans le passé ; mais la personnalité de l'enfant n'a pas changé. S'il était tendu, il reste tendu. S'il était frondeur, il ne peut être devenu docile et obéissant. Mais, quoi qu'il en soit, sa capacité de faire face aux stress quotidiens et aux sentiments provoqués par eux se sera améliorée.

Vous verrez très probablement cette amélioration à ses réactions lorsque vous vous séparerez de lui : il y a quelques mois, l'anxiété de la séparation l'accablait ; maintenant, bien qu'il vous soit plus que jamais attaché, il est capable de rester calme lors de courtes séparations. Les explications l'aident. Quand vous quittez la pièce en disant : « Je descends juste jeter un coup d'œil sur le linge », il comprend et peut vous imaginer inspectant la corde qui en est chargée.

Il commence aussi à acquérir la notion du temps. Si vous lui dites que vous serez de retour pour le déjeuner, il ne peut faire le compte des heures, mais il sait qu'elles vont s'écouler.

La connaissance d'autres grandes personnes lui fait paraître le monde plus familier. Il découvre qu'il existe d'autres gens gentils sur la terre. Une grand-mère peut raccommoder un genou déchiré, une baby-sitter lui apporter un verre d'eau fraîche, un enfant plus âgé lui tenir la main sur le chemin du manège.

Le développement de ses compétences le rassure. Il se sent capable de faire pour lui-même pas mal de choses. Il ne dépend plus de vous en tout et à longueur de journée. Il commence à apprécier les compagnons de jeu de son âge et, lorsqu'il joue avec eux, accepte que vous restiez à l'arrière-plan.

Mais sans doute est-ce le temps et l'expérience qui l'aident le plus à faire front. Il vous connaît maintenant depuis assez longtemps pour commencer à vous faire confiance. Mille fois vous l'avez laissé (pour une minute, une heure ou un jour) et mille fois vous lui êtes revenue. Et comme votre présence et votre indestructible affection lui donnent un sentiment de complète sécurité, il peut se permettre de détourner de vous un peu de son attention pour la concentrer sur le monde extérieur.

Si vous réussissez à le persuader qu'il n'y a aucun danger dans le fait de vous quitter de temps à autre, pour de petites échappées, vous lui fournirez les meilleures bases possibles pour cet avenir proche où son aventure se nommera « école ». Mais attention ! Sa capacité de se débrouiller sans vous n'est qu'un germe et celui-ci prend racine dans la sécurité. S'il sent que vous attendez de lui plus d'indépendance qu'il ne peut en assumer sans angoisse, ou si quelque chose lui arrive qui ébranle son sentiment de sécurité (un changement de nourrice, par exemple), toute son assurance s'évanouira et il régressera à un stade d'attachement anxieux.

Vous devez lui permettre toute l'indépendance qu'il souhaite sans exercer de pression sur lui et prévoir tout ce qui est susceptible de l'inquiéter sans manifester une hyperprotection qui le priverait de l'opportunité de se débrouiller seul.

Relations avec d'autres enfants

A deux ans, un enfant s'intéresse en général au spectacle d'autres enfants puis se plaît à jouer à côté d'eux (voir p. 320), mais ce n'est que pendant sa troisième année qu'il est prêt à partager leurs jeux. S'il a l'habitude de jouer parmi d'autres enfants, il pourra passer à la participation active de façon presque imperceptible mais s'il n'a jamais fréquenté d'autres enfants, vous risquez d'avoir des problèmes. Il lui faut apprendre les leçons de la vie : attendre son tour, partager, laisser la place. Il lui faut découvrir que cela en vaut la peine ; que bien des jeux sont plus amusants en groupe et que deux réunis réussissent souvent là où un seul échoue.

Avoir un comportement social coopérant, gentil, représente pour la plupart des petits enfants un effort énorme et ceux qui réussissent à l'acquérir sont durs envers ceux qui ne sont pas encore adaptés. Si un groupe vient de découvrir comment faire des châteaux de sable sans piétiner les réalisations de chacun, il se retournera vite contre un nouveau venu qui, chaussé de ses « gros sabots », ignore encore les règles. Aussi, n'attendez pas des autres enfants qu'ils soient gentils avec le vôtre. S'il y a des problèmes, ne gaspillez pas votre énergie à vous sentir blessé et en colère contre eux parce qu'ils se sont ligués contre votre rejeton. Observez-le. Voyez ce qu'il fait — ou ne fait pas — et qui le rend inacceptable pour le groupe ; apprenez-lui à mieux se conduire. C'est pour lui aussi facile d'apprendre à se comporter en groupe que d'apprendre les manières de table et des mots nouveaux.

Comportements qui créent des problèmes

Certains enfants, à cet âge, ont envers les autres enfants les comportements réprimés à la maison.

Si votre bambin de trois ou quatre ans mord, frappe, donne des coups de pied, attaque les plus jeunes, s'empare des jouets des autres et se rend haïssable comme camarade de jeu, observez-le à la maison. Frappe-t-il les autres enfants parce qu'il désire frapper son petit frère et n'ose pas ? Prend-il leurs jouets parce qu'il considère qu'il en a trop peu à lui ou parce qu'il sent que leurs jouets prouvent qu'ils sont aimés tandis que lui n'est pas sûr de l'être ? Trouble-t-il leurs jeux parce qu'il voudrait tant interrompre vos occupations lorsque vous êtes toute au bébé ?

Certains enfants sont tellement couvés à la maison qu'ils découvrent avec ébahissement ce qu'est la vie de plaies et de bosses d'un groupe. Si vous vous êtes toujours arrangée pour que votre gamin de trois ans gagne aux cartes, obtienne les plus grosses cerises et se croie plus fort que vous, vous ne l'avez pas préparé à accepter avec bienveillance de jouer avec d'autres enfants épris de réalité et de justice. « Mais je *veux* commencer le premier ! » s'exclamera-t-il, stupéfait que quelqu'un d'autre puisse briguer ce privilège « *Tombe* ! » commandera-t-il en poussant un robuste adversaire.

L'aider à créer des relations humaines

C'est quand il commence à sortir de la toute petite enfance qu'il est important de lui inculquer les principes de base du « Agis comme tu souhaiterais qu'on agisse envers toi ». Si vous pouvez l'aider à comprendre que tous les enfants veulent gagner mais qu'un seul gagne, que tous aimeraient commander mais qu'un seul commande, que tous voudraient la plus grosse part du gâteau mais qu'un seul l'obtient, il saura, à la fin, comment jouer gentiment, même s'il ne le fait pas tout le temps. Aidez-le à voir qu'il est important d'acquérir un comportement social correct. Il vous semble évident, à vous, qu'il est vilain de frapper autrui, mais pas à lui.

*Cela prend du temps
de comprendre
que les sentiments d'autrui...*

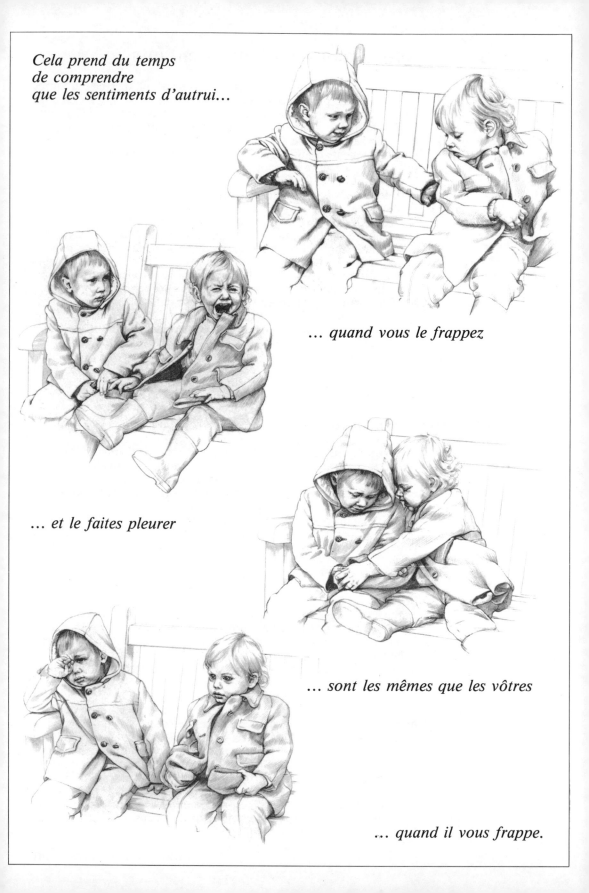

... quand vous le frappez

... et le faites pleurer

... sont les mêmes que les vôtres

... quand il vous frappe.

Il apprendra d'autant mieux si vous saisissez toutes les occasions de lui montrer que les sentiments éprouvés par les autres sont en général semblables aux siens. S'il se plaint par exemple d'un petit camarade comme d'une poule mouillée toujours dans les jupes de sa mère, cela suggère que l'enfant en question est timide et peu habitué aux autres enfants. Rappelez-lui le temps où il était un peu comme cela. S'il fait éclater le ballon d'un camarade et se fait houspiller, embrassez sa bosse, mais faites-lui remarquer que tout propriétaire de ballon aime le faire exploser lui-même.

N'espérez pas d'enfants de cet âge qu'ils jouent ensemble sans surveillance. Leurs règles sociales ne sont pas assez ancrées. Le sang-froid est précaire, la prudence toute neuve peut s'évanouir dans la chaleur du moment. Si un enfant ouvre la tête de son voisin d'un coup de raquette, tous deux seront malheureux ; aussi est-ce votre devoir absolu de protéger qui que ce soit de l'agressivité de vos enfants ou de celle des autres.

Mais la surveillance doit être subtile. Ne restez pas assise à les observer comme un agent de police. Trouvez quelque chose à faire dans leurs parages. Occupez-vous, mais soyez prête à intervenir avant que les choses tournent mal. Si l'un d'eux est armé d'une épée en plastique et si les combattants s'échauffent, ce n'est pas la peine de les exhorter à « faire attention ». Enlevez les épées et proposez un autre jeu.

L'aider à se faire des amis Il devient important pour votre enfant de créer des relations avec les enfants du voisinage et cette nécessité va s'accentuer. Aussi, réfléchissez bien avant de décréter que les enfants, qui habitent la rue — ou l'immeuble — ne sont pas fréquentables. Si vous n'acceptez

« Un par un » : bon principe pour apprendre à attendre son tour ; sage précaution quand plusieurs enfants utilisent une même installation.

pas pour lui l'environnement humain, peut-être vaudrait-il mieux déménager plutôt que de le condamner à une enfance isolée et solitaire.

Mais il se peut aussi que les enfants de vos voisins, avec lesquels votre petit bonhomme de trois ans essaie de jouer, soient trop vieux pour lui ; ou qu'il s'intègre mal à un groupe de camarades d'école, ceux-ci le tolèrent de temps à autre — comme esclave, celui qui est bon pour tourner la corde, jamais pour sauter — mais le rejettent durement la plupart du temps. Il a besoin de plus jeunes amis. Il se peut qu'il y ait d'autres jeunes enfants dans le voisinage mais qu'il ne les connaisse pas parce qu'ils ne fréquentent pas la même école ou le même jardin d'enfants. S'il en est ainsi, vous pouvez organiser une fête d'anniversaire ou un goûter auxquels vous convierez la mère *et* l'enfant quand vous les rencontrerez en allant aux provisions ou en les saluant par-dessus la haie de leur jardin.

S'il n'y a vraiment pas de petits camarades dans votre entourage, vous devez faire l'effort d'amener votre enfant là où ils sont : atelier, club du mercredi, jardin public. Si vous ne voyez aucune solution de cet ordre, vous avez une bonne raison d'envisager l'entrée au jardin d'enfants ou à l'école maternelle du quartier.

Une fois qu'il est assez grand pour passer la majeure partie de son temps à jouer avec des camarades, faites-lui comprendre que ceux-ci sont les bienvenus à la maison. S'il paraît préférer aller jouer chez eux, interrogez-vous. Peut-être sent-il que vous n'aimez guère avoir chez vous tous ces enfants qui entrent et sortent et que vous souffrez du bruit et du désordre. Il peut craindre aussi que vous l'embrassiez devant eux ou que la discipline à laquelle il est habitué leur paraisse trop sévère.

Pour qu'il garde un sentiment de sécurité et de bien-être dans sa petite communauté enfantine et sa rue, pendant toute son enfance, il est important de le lui donner dès à présent, tandis qu'il se fraie un chemin vers le monde extérieur. Il doit être fier de vous et de sa maison. Vous n'avez pas à être une grande dame ; la maison n'a pas à être luxueuse : mais votre enfant doit sentir qu'elle est véritablement amicale et ouverte à tous.

Vous ne pouvez créer les amitiés à sa place mais vous pouvez les favoriser...

Peurs et soucis-types

Chaque enfant a ses peurs et ses inquiétudes particulières mais certaines sont caractéristiques de cet âge et de ce stade de développement pour les enfants des deux sexes.

Peur des catastrophes L'enfant, quoi qu'il fasse, est mené par son imagination et est soumis à toutes sortes de peurs, commandées par des « si ». Là où un tout-petit n'a pas peur de se perdre sauf s'il en redoute l'éventualité immédiate, un petit enfant voit sa minuscule personne dans le vaste parc public et se demande à quoi cela peut bien ressembler, d'être perdu... De la même façon, il peut s'inquiéter au sujet de toutes sortes d'événements fort improbables comme l'incendie de la maison, la mort de ses deux parents, ou la folie furieuse de son chien.

Peur des blessures La prise de conscience de lui-même en tant que personnalité occupant un corps qui lui appartient a tendance à rendre l'enfant très anxieux au sujet des blessures. Cette peur intense concerne surtout ses organes génitaux. L'enfant est maintenant conscient de son sexe. Un petit garçon a le sentiment que son pénis est à la fois quelque chose de très précieux et de très vulnérable ; en dépit des explications, il trouve difficile de croire que les filles sont censées ne pas en avoir, aussi conçoit-il comme plausible l'éventualité de perdre le sien. Les petites filles, elles, sont très troublées par cette absence de pénis et un « trou spécial » bien caché semble une piètre compensation ; en dépit des explications, elles peuvent croire qu'on a déjà blessé leur corps en le leur ôtant. Ainsi, dans les deux sexes, la notion de blessure semble-t-elle éveiller de terrifiants fantasmes de morcellement du corps, de privation de quelque précieuse partie de celui-ci ou d'infirmité définitive.

C'est le sang qui souvent focalise les terreurs. Les petits enfants sont, plus que n'importe quel autre groupe d'âge, des consommateurs assidus de pansements adhésifs, parce qu'ils ne retrouvent pas goût à la vie tant que ce sang abhorré ne leur est pas dissimulé. Mais la douleur aussi est redoutée : une injection de routine, qui l'an passé n'a arraché qu'un cri bref, peut être appréhendée, évoquée avec horreur. Il se peut que vous ayez besoin de toute votre habileté et votre tact pour lui enlever une écharde du doigt.

Peur de la casse Cette peur de se blesser lui-même rejoint, chez beaucoup d'enfants, l'intense frayeur de blesser autrui. Votre enfant peut aussi être anormalement bouleversé lorsqu'il casse un objet. Si, de ses jouets, il exhume une poupée sans tête, il peut réagir comme vous le feriez devant une souris morte. Certains enfants n'aiment pas les puzzles, car ils détestent les images incomplètes et morcelées.

Peur des expressions des grandes personnes Bien que le langage permette à l'enfant d'exprimer ses peurs, il arrive que les progrès de sa compréhension lui en créent d'autres. Il surprend des fragments de conversation sans leur contexte et sans tenir compte de la dramatisation ou des raccourcis habituels au cours des bavardages. S'il vous entend répondre à un « Comment vas-tu ? », par un « Je suis morte de fatigue ! », il est épouvanté. Il peut aussi entendre et ne comprendre que partiellement des émissions de radio ou de télévision. Le spectacle d'enfants victimes de la guerre ou de la faim dans le monde peut confirmer ses craintes au sujet des dangers recelés par l'univers.

Peur de vous voir différente Le sentiment de sécurité éprouvé par votre enfant quand il est près de vous provient en grande partie de sa conviction rassurante de vous savoir là, pour lui, en esprit, et disponible physiquement. Un enfant peut se sentir séparé de sa mère si celle-ci a sombré dans la dépression après la naissance d'un petit frère (voir p. 34) et, même, si elle se trouve momentanément distraite par d'autres personnes. Un enfant peut se montrer beaucoup plus exigeant et « collant » en présence d'invités. Il se détendra et vous laissera beaucoup plus de liberté de mouvement s'il sait qu'il peut compter sur vous en cas de besoin. Plus il sentira entre vous une barrière, plus il la poussera.

Inquiétude liée aux endroits nouveaux et aux changements d'habitude Toutes les relations ont leur contexte et vous vous sentez plus disponible pour votre enfant quand, dans un lieu familier, vous effectuez des tâches familiales. Même si vous êtes physiquement à côté de lui et en harmonie affective avec lui, il peut être envahi par l'anxiété parce que quelque chose lui paraît étrange. Ne vous étonnez pas de le voir pleurnicher pour rentrer à la maison, alors que vous profitez enfin de vacances qu'il désirait ardemment. Le bonhomme de quatre ans, tout bronzé, qui déclarait : « C'est pas bon ici parce que c'est pas Maman qui fait à manger », n'est pas le seul à penser cela. Ne vous tourmentez pas outre mesure si un déménagement est pire que ce que vous imaginiez. La vie familiale pourra, comme c'était le but visé, se trouver finalement améliorée, mais il n'empêche que les débuts sont parfois difficiles.

Vous pouvez limiter la désorientation de l'enfant en laissant à sa disposition ses objets préférés. N'emballez pas ses jouets, ses vêtements, ses livres à l'avance et ne laissez pas les déménageurs le faire. Permettez à l'enfant de vous « aider » la veille à faire les paquets (comme cela, il saura — à peu près ! — où sont ses affaires et pourra les surveiller). Portez-les, avec lui, dans votre propre voiture ou prenez-les en bagage à main. Quand vous arrivez dans le nouvel endroit, essayez de lui aménager un coin confortable — avec un espace pour jouer —, et tentez de rétablir quelques habitudes (se laver les dents, raconter une histoire au moment d'aller au lit...).

En vacances, à l'hôtel, respectez autant que possible sa routine habituelle, sans trop vous priver vous-même du plaisir de rompre avec vos habitudes. Dans une nouvelle maison, n'oubliez pas que vous devez l'aider à reconstruire son environnement. Ne vous attendez pas à ce qu'il soit sûr que vous viendrez s'il appelle la nuit, comme vous l'avez toujours fait. Il n'a pas encore repéré l'emplacement de votre chambre et la disposition des lieux ; s'il ne vous voit pas, il ne sait pas où vous êtes. S'il est triste ce premier soir, ne le laissez pas dormir seul. C'est le moment ou jamais de faire une exception ; vous ne tenez pas à ce que l'atmosphère de sa nouvelle chambre soit assombrie par le chagrin. S'il n'a pas dormi avec vous depuis qu'il était tout bébé, invitez-le ce soir dans votre chambre « pour une fois, jusqu'à ce que nous soyons tous habitués... ».

Vivre avec les peurs de votre enfant Le mieux que vous puissiez faire, c'est le laisser autant que possible tracer son chemin vers l'indépendance. Vous l'aiderez aussi en exerçant un ferme contrôle sur lui et sa façon de vivre en lui faisant bien comprendre qu'il n'est pas question que vous le laissiez prendre en main sa sécurité : c'est encore votre tâche. S'il vous demande une permission — aller au terrain de jeu seul avec un camarade — et si vous voyez qu'il n'en paraît pas très désireux, répondez-lui « non » sans hésiter. Il sera soulagé de voir que vous ne le jugez pas prêt à le faire.

Quand il a peur, rassurez-le pleinement. Ne vous moquez jamais de lui ; ne laissez pas les autres le taquiner. Sinon, il pourrait prendre l'habitude de dissimuler ses peurs ou de les masquer derrière des fanfaronnades ; mais, même enfouies, elles le harcèleraient.

Votre enfant se débarrassera de ses peurs lorsqu'il aura assez d'expérience pour faire face à tout ce qui lui arrive. Il va découvrir peu à peu que la peau écorchée guérit, que tomber de son tricycle ne casse pas son corps en morceaux, que sa mère ne le perd jamais, ne l'oublie jamais, ne s'en va jamais sans le prévenir, que les méchants ne pénètrent pas la nuit dans la maison, qu'il est en sécurité et capable d'accomplir tout ce qu'on lui demande. Mais en attendant, moins il aura peur, plus vite il atteindra ce stade satisfaisant de la confiance en soi.

Les enfants d'âge préscolaire sont exposés à un grand nombre d'expériences nouvelles extra-familiales qui font normalement partie de leur découverte du monde extérieur. Comme c'est vous qui connaissez le mieux l'enfant, vous êtes la mieux placée pour savoir ce qui lui apportera un élargissement de son univers et pour lui assurer le soutien qui lui permettra de se débrouiller et d'en profiter sans trop d'angoisse. Ne lancez pas votre enfant dans une course pour l'indépendance. Il n'y a pas de quoi se vanter (il peut même y avoir des risques) d'avoir un enfant de deux ans capable d'aller partout et de tout faire avec tout le monde. Et il n'y a pas de honte à avoir un petit de trois ou quatre ans encore très attaché à vous, ou un enfant de cinq ans qui s'adapte lentement aux situations et aux personnes nouvelles.

L'entrée à l'école ou au jardin d'enfants

Avec l'approche du troisième anniversaire de votre enfant, vous pouvez envisager, si ce n'est pas déjà fait, de l'inscrire au jardin d'enfants ou à l'école maternelle (voir p. 326).

L'entrée dans un groupe n'est pas forcément une expérience stressante. C'est, pour certains, un plaisir qui élargit leur horizon. Mais ce peut être une angoisse pour d'autres parce qu'ils affrontent alors plusieurs expériences nouvelles simultanément. Si vous prévoyez que le passage sera difficile, organisez-vous pour consacrer du temps à la période d'acclimatation. Vous étant arrangée pour vous libérer, vous pourrez avoir l'agréable surprise de voir votre enfant s'éloigner joyeusement de vous dès le second jour.

Fréquenter un groupe d'enfants pour la première fois, et avec régularité (jardin d'enfants, école maternelle), signifie que l'enfant va être séparé de vous ou de la nourrice à laquelle il est habitué et, quelle que soit la gentillesse avec laquelle le groupe gère la séparation — même s'il vous invite à rester avec l'enfant les premiers temps, etc. —, l'enfant sait très bien que le but final est de le laisser là, sans vous : il voit bien que chacun des autres enfants n'a pas un adulte auprès de lui.

En se séparant de vous, votre enfant va devoir accepter l'aide et les soins d'adultes qu'il ne connaît pas encore et, s'il est timide, il va être très malheureux d'avoir à répondre quand on lui adressera la parole. S'il est tout juste propre, il va peut-être se mouiller et être consterné de voir une inconnue, ou presque, lui changer sa culotte.

Quels que soient les sentiments qu'éprouve un enfant envers les adultes responsables d'un groupe, les autres enfants peuvent se montrer pour lui l'origine de stress intenses. Il peut être si absorbé par ses relations avec les adultes qu'il ne voit pas les avantages qu'offre la présence de petits camarades. Et jusqu'à ce qu'il ait compris l'intérêt du jeu collectif, la nécessité des conventions sociales (« chacun-son-tour ») va sans doute lui échapper.

Bien des enfants de deux ans sont déjà habitués à tout cela parce qu'ils ont fréquenté une crèche ou une garderie ; néanmoins, le passage dans une autre structure ne se fera pas sans angoisse ni sans précaution. D'autres ne connaissent que certains aspects de la situation. Des nourrices successives ont déjà pu les habituer à recevoir des soins de différents adultes et à séjourner dans d'autres maisons que la leur, mais cela ne les a peut-être pas préparés à la surprise de se retrouver dans la même pièce que vingt autres bambins (ou plus).

Si vous croyez que l'entrée à la « petite école » va être stressante pour votre enfant, choisissez bien le moment favorable et les circonstances. Préparez-le à cet événement, parlez-lui-en longtemps à l'avance (voir p. 326).

Juger s'il est prêt pour l'école
Il est prêt s'il manifeste son envie de s'éloigner de vous et/ou de la maison pour de courtes périodes. S'il préfère encore passer toutes ses journées en votre compagnie, vivre sans vous lui paraîtra très dur.

La volonté de s'écarter de vous signifie probablement qu'il est capable de converser facilement avec d'autres adultes et qu'il n'a plus absolument besoin de vous comme interprète (voir p. 322). L'enfant qui a atteint ce stade trouvera plus facile de s'attacher à sa maîtresse que celui qui est encore désespérément timide.

Le fait qu'il s'intéresse aux enfants qu'il voit jouer au parc ou au terrain de jeu montre aussi qu'il est mûr pour la vie en groupe. Même s'il n'a pas encore eu l'occasion de se joindre à eux, l'intérêt qu'il porte à leurs activités signifie qu'il est prêt à engager des relations avec des camarades de son âge au lieu de réserver toute son attention aux adultes.

A côté de ces points de psychologie, vous devez aussi considérer d'autres aspects plus pratiques : bien qu'on accepte sans difficulté, parfois, dans les écoles maternelles, un faible pourcentage d'enfants qui ne sont pas encore propres, il n'est pas agréable pour un petit écolier d'ignorer encore l'usage des W.C. ou des pots.

Si vous jugez que votre enfant n'est pas prêt pour s'intégrer à un groupe (ou s'il n'y a pas de place pour lui), ne repoussez pas aux calendes grecques toute forme d'éducation préscolaire. A trois ans passés, un enfant a besoin de connaître d'autres enfants et de se débrouiller de temps à autre sans compter sur une personne qui lui est spécialement attachée. Et à quatre ans, il tirera un réel bénéfice de l'appartenance à un groupe. Pensez-y donc au moins un an avant de l'y envoyer.

Choisir un Même si l'établissement a de longues listes d'attente, ne vous contentez
établissement pas de vous renseigner sur sa réputation. Prenez rendez-vous et allez
voir, d'abord sans votre enfant mais pendant les heures de
fonctionnement. Rencontrez la directrice, bien sûr, mais si
l'établissement comporte plusieurs classes, rencontrez aussi la personne
qui sera responsable de votre enfant, lui parlera, le consolera, le fera
obéir. La trouvez-vous sympathique ? Paraît-elle aimer les petits, parle-
t-elle d'eux avec gentillesse et n'a-t-elle pas trop tendance à plaisanter
avec vous à leurs dépens ou à les éconduire d'un « Tous les mêmes,
à cet âge-là ! ».

Demandez l'autorisation d'assister aux activités. Les enfants
semblent-ils heureux ? Occupés ? S'expriment-ils librement ?
Bavardent-ils entre eux, parlent-ils aux adultes ? Paraissent-ils pouvoir
choisir leurs activités de sorte que celui qui ne veut pas chanter en
chœur peut jouer, au lieu de rester assis tout seul dans son coin,
comme en disgrâce ? Exerce-t-on une surveillance discrète pendant
le « temps libre » ou est-ce l'occasion de batailles, de chahut et de
larmes ?

Voyez les locaux. Le fait que l'immeuble est triste n'est pas une
raison suffisante pour écarter un établissement qui, par ailleurs, vous
paraît bon : ce sont les gens, et non les maisons, qui font les défauts
et les qualités de ces « petites écoles ». Mais si vous avez le choix,
préférez naturellement un groupe qui vous propose les aménagements
les mieux adaptés aux besoins de votre enfant : un terrain de jeu
n'est pas indispensable si vous avez un jardin, mais il peut compter
énormément pour un enfant qui vit dans un appartement haut perché.
Un établissement à gros effectif peut intimider un enfant timoré
mais être intéressant pour l'enfant sûr de lui qui a besoin de se
lier avec de nombreux camarades et de s'imposer à mesure qu'il
grandit.

Se préparer pour A trois ans, un enfant qui n'a jamais fréquenté de groupe ne peut pas
la rentrée se sentir « prêt » à aller à l'école sans... préparation. Cette importante
expérience est si neuve que vous ne trouvez rien dans sa vie à quoi
vous référer pour lui en parler, aucun souvenir que l'enfant pourrait
mettre en parallèle. Sauf s'il est particulièrement en avance du point
de vue du langage et de la compréhension, vous pouvez même tout
embrouiller en essayant de lui donner trop d'explications.

**Si vous êtes enceinte, arrangez-vous pour que sa rentrée se fasse
bien avant l'accouchement,** sinon résignez-vous à garder l'aîné à
la maison jusque plusieurs mois après la naissance. Si vous le
lancez dans une vie de groupe juste au moment où un nouveau
bébé arrive, il va se sentir exclu et rejeté. Si vous le faites peu
après, vous n'aurez pas le temps de l'aider pendant les premières
semaines. Si vous confiez à la directrice de l'établissement que vous
êtes enceinte, il est possible qu'elle accepte votre enfant bien avant
trois ans pour qu'il soit parfaitement inséré lors de l'arrivée du
nouveau bébé.

Organisez les trajets. Si l'établissement est proche de chez vous, vous
pouvez vous débrouiller seule, mais s'il est éloigné, ce double trajet
à 9 heures et à midi vous rendra enragée. Si vous le faites en voiture,
il y aura les jours où elle sera en panne. Il faut organiser un roulement
avec une amie ou prévoir au moins quelqu'un pour vous aider en cas

d'urgence. Ce peut être un très bon prétexte pour prendre contact avec les parents d'enfants qui fréquentent le même établissement. Tous gagneront à se connaître en privé.

Que l'enfant ait trois, quatre ou cinq ans, son entrée à l'école marque pour lui le début d'une nouvelle vie. Pendant au moins onze ans, l'école va désormais rythmer sa vie et ses horaires, ses grandes et ses petites vacances vont probablement dominer aussi la vôtre. Un bon début peut conditionner l'attitude d'un enfant envers l'école et l'atmosphère de vos lundis matin pendant les années à venir. Si vous commencez assez tôt, vous pouvez faire beaucoup pour que la rentrée scolaire soit un succès. Une semaine avant, vous pouvez équiper l'enfant de vêtements et d'un cartable : la confiance viendra plus tard.

La plupart des enfants qui n'ont pas commencé à aller à l'école maternelle à trois ans ont déjà l'expérience d'un jardin d'enfants, d'une halte-garderie, lorsqu'ils entrent à l'école pour la première fois. Si ce n'est pas le cas de votre enfant, vous pouvez le préparer à la vie communautaire en l'habituant à tolérer votre absence ou celle de sa nourrice habituelle, à se contenter pour un moment de l'attention partielle d'un adulte ou à se débrouiller en présence d'autres enfants. Assurez-vous qu'il connaît les règles régissant les relations sociales (« chacun-son-tour », voir p. 363). Et même s'il n'a jamais fait partie d'un groupe, arrangez-vous pour qu'il sache comment faire pour se montrer bon camarade (voir p. 361). S'il n'aime vraiment pas se trouver avec d'autres enfants parce qu'il ne sait pas ce qu'ils peuvent lui apporter, il sera peu motivé pour s'intégrer au groupe.

Apprenez-lui à se débrouiller seul jusqu'à ce que cela devienne pour lui une seconde nature. Le sentiment d'être capable de faire face à tout ce qui peut se présenter conditionne en grande partie notre confiance. Votre enfant ne sait pas ce qu'on attend de lui à l'école, c'est donc à vous de le savoir. Vous savez, par exemple, qu'on attendra de lui qu'il sache enlever sa culotte aux toilettes, même s'il y a des femmes de service pour l'aider. Vous pouvez simplifier ses vêtements, préférer les ceintures élastiques aux fermetures à glissière, aux bretelles, aux combinaisons à épaulettes ; lui acheter des chaussures qui s'enfilent, des paniers de goûter et des gibecières faciles à ouvrir. Vous pouvez lui apprendre à boire au robinet, à localiser un portemanteau marqué à son nom. L'enfant qui sait se débrouiller pour ces petites choses évite du travail et du dérangement au personnel de l'école, mais surtout, il n'est pas anxieux à l'idée d'avoir besoin d'aide et d'être forcé de la demander : démarche que les timides trouvent si pénible et embarrassante.

Favorisez les conversations de l'enfant avec des adultes hors de la famille. Quelques mois avant son entrée à l'école, apprenez-lui à accueillir les visiteurs qui viennent à la maison et à leur montrer sa chambre ou son cochon d'Inde. Il peut aussi effectuer seul certains achats (des bonbons, le pain) pour l'inciter à faire l'effort d'affronter des étrangers et lui apprendre à parler pour se faire comprendre, ainsi que d'écouter la réponse qui lui est faite et de la « décoder » quand la voix ou l'accent ne lui sont pas familiers.

Organisez quelques réunions d'enfants vraiment amusantes avant son entrée à l'école. Les jeunes enfants détestent souvent la foule, surtout quand elle est bruyante. Vingt écoliers dans une classe peuvent paraître une foule bruyante, surtout quand ils ne se connaissent pas et quand un nouvel élève lutte pour reprendre son sang-froid, ce sont souvent les groupes les plus bruyants dans le préau ou dans la cour de récréation qui finissent par le mettre en déroute. S'il a pris l'habitude de la piscine bondée, des cris stridents des spectacles de Guignol, de cirque ou de pantomime, il sera moins paniqué la première fois qu'il s'assiéra dans le réfectoire de l'école.

Il est important qu'un enfant fasse connaissance avec sa future maîtresse, sa classe et les lavabos, mais ce n'est pas assez. Il faut aussi qu'il sache que vous, qui êtes son repère et la personne en laquelle il a le plus confiance, connaissez l'école et la maîtresse et que vous les approuvez.

Les premiers jours La plupart des enfants de trois ans se jugent capables de faire face à toutes les situations pourvu que Maman soit présente ; aussi, si votre enfant entre dans un établissement dont le règlement autorise les mères à rester avec leurs enfants tant qu'ils ne sont pas habitués, vous ne devriez avoir aucun problème.

Avertissez l'enfant, à l'occasion, environ une semaine à l'avance, que le grand jour approche. Rappelez-le-lui la veille et répondez à toutes ses questions. Qu'il soit clair que vous resterez un peu avec lui. Si, par exemple, il vous demande comment seront les autres enfants, vous pouvez répondre quelque chose comme : « Je suis sûre qu'ils sont très gentils, mais nous verrons cela demain. »

Lorsque l'enfant aura fait entrer le monde de l'école dans son propre univers, vous pourrez penser que ce monde vous l'a enlevé parce que plus jamais vous ne connaîtrez ou contrôlerez tous les détails de ses journées. Mais, faire en sorte que son monde ne vous englobe plus représente une triomphante étape de développement, et votre enfant a besoin de sentir que vous l'épaulez et le transmettez avec confiance à la maîtresse. Au début, vous pouvez effectivement conduire l'enfant dans la classe et détacher sa main de la vôtre pour la mettre dans celle de l'institutrice. Puis, vous le ferez symboliquement, le conduisant jusqu'au vestiaire où il enlèvera son manteau et lui faisant au revoir de la main dans le couloir qui vous sépare de la maîtresse. Et même ensuite, vous continuerez longtemps ces rites, en pensée et en paroles, pour que la maison et l'école continuent à former un tout pour l'enfant et qu'il puisse vous quitter sans avoir le sentiment de vous perdre.

Donnez-lui à emporter quelque chose appartenant à la maison. Si l'établissement n'aime pas que les enfants apportent de chez eux des jouets de crainte de perte ou de vol, vous pouvez lui mettre dans la poche un de vos mouchoirs personnels ou lui choisir dans la coupe de fruits une pomme qu'il mangera à 10 heures.

Conduisez vous-même l'enfant à l'école, confiez-le à sa maîtresse et dites-lui que vous serez là, à la même place, à l'heure de la sortie pour le ramener à la maison. Cela afin de lui montrer qu'il passera directement des mains de sa maîtresse aux vôtres.

Revenez tôt les deux ou trois premiers jours. Il ne sait pas l'heure, bien sûr, mais vous devez vous astreindre à arriver avant la fin de la dernière activité de la demi-journée, avant même qu'il ait eu le temps de commencer à vous chercher des yeux.

Ne soyez pas en retard pour la sortie des premières semaines. Les enfants qui attendent sous la garde d'une maîtresse alors que tous les autres sont partis se sentent abandonnés. Et l'irritation de l'institutrice de service (justifiée, et que l'enfant perçoit très bien, si soigneusement dissimulée soit-elle) n'arrange rien. Votre enfant peut alors penser qu'il est vraiment peu sûr pour lui de commencer par vous laisser partir.

Ne lui racontez pas que des choses intéressantes sont arrivées pendant son absence. S'il apprend que des gens qu'il aime sont venus pour vous voir et sont maintenant repartis ou que vous, vous avez vécu des drames passionnants avec, comme acteurs, des plombiers ou des chiens perdus, vous lui ferez sentir ce qu'il manque en allant à l'école. Faites de l'ordinaire de votre vie un récit le plus banal possible. Vous pouvez éventuellement faire preuve d'astuce en lui signalant que, ayant réussi à terminer vos tâches les plus ennuyeuses, vous pouvez maintenant faire un gâteau ou jouer avec lui.

Une fois qu'il est habitué, ne prenez pas les larmes de la séparation trop au sérieux. Beaucoup d'enfants, bien qu'adorant la vie de groupe et s'en trouvant bien, jugent quand même la séparation dure à supporter. Une bonne institutrice vous dira honnêtement si votre enfant se déride et se joint aux autres dès que vous avez le dos tourné. Si vous ne la croyez pas tout à fait, jetez un coup d'œil par-dessus le mur de la cour ou par l'entrebâillement de la porte. Si votre enfant regarde tristement la porte en suçant son pouce, recommencez le lendemain : peut-être l'aviez-vous surpris dans un mauvais moment. Si vous constatez le même regard triste, parlez-en à sa maîtresse.

Mais il est beaucoup plus probable que votre espionnage vous montrera votre enfant joyeusement mêlé aux autres. Si c'est seulement l'« au revoir » qui le trouble, ne le laissez pas penser que vous prenez ses larmes très au sérieux : il pourrait en déduire qu'il est vraiment dangereux de vous laisser partir. A la place, essayez de faire le trajet avec un autre couple mère-enfant afin de permettre aux deux bambins de se précipiter ensemble à l'école. Si cette solution est impossible, essayez de voir s'il trouve plus facile de se séparer de son père, en vous ayant laissée à l'endroit auquel, d'après lui, vous êtes attachée : la maison. De toute façon, parlez-en à la maîtresse ; elle peut trouver à l'enfant un travail régulier à faire dès son arrivée, préparer les peintures par exemple. Le sentiment de son importance résoudra sans doute au mieux la question.

Développement physique

L'enfant de cet âge a gagné un combat : il se tient debout sur les deux pieds et, maîtrisant à peu près son corps, il est prêt à l'utiliser. Il *est* son corps. Son bras n'appartient pas seulement à son corps ; il est lui-même.

Parce qu'il se confond avec son corps, l'enfant ne scinde pas l'activité physique des activités intellectuelles et affectives. Agir l'aide à penser ; et penser le fait agir. Agir l'aide à comprendre ce qu'il ressent et à résister à la force de ses sentiments qui, en échange, le poussent aussi à agir. C'est pourquoi toute tentative pour modifier le comportement physique d'un enfant, par exemple utiliser sa main droite, alors qu'il a tendance à utiliser la gauche (Inf/DROI-TIERS ET GAUCHERS), entraîne souvent des troubles émotionnels et comportementaux.

Il remue sans arrêt. Mais tout en bougeant, il apprend. L'activité physique est tout aussi importante pour son développement et son intelligence que toutes les autres formes de jeu (voir page 393).

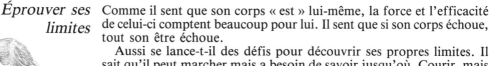

Éprouver ses limites

Comme il sent que son corps « est » lui-même, la force et l'efficacité de celui-ci comptent beaucoup pour lui. Il sent que si son corps échoue, tout son être échoue.

Aussi se lance-t-il des défis pour découvrir ses propres limites. Il sait qu'il peut marcher mais a besoin de savoir jusqu'où. Courir, mais va-t-il plus vite que ses camarades ? Grimper, mais dans quel arbre restera-t-il coincé ? Tandis qu'il cherche sa mesure en se défiant lui-même, il apprend, chose capitale, à maîtriser son corps. Il apprend où siège sa force. Il découvre, par exemple, qu'un lit qu'il ne peut déplacer en le tirant de la main, cède s'il le pousse de l'épaule et, s'il se couche par terre et lui applique, en y posant le pied, toute la poussée de sa hanche, bouge sans difficulté.

Il apprend aussi à ménager son corps pour en tirer le maximum. S'il porte quelque chose de lourd, les muscles de son bras se fatiguent. S'il change de main, les nouveaux muscles travaillent mieux. S'il change encore, il découvre que le premier côté est reposé et peut prendre le relais. Il décèle aussi ses points vulnérables ; il apprend à protéger sa tête avec ses bras quand il tombe et à laisser ses genoux prendre le choc au lieu de tomber à plat ventre. Il remarque avec douleur que ses organes sexuels exigent certains égards lorsqu'il escalade les bras des fauteuils ou les tubulures de son échafaudage de gymnastique.

Il se rend compte de mieux en mieux des possibilités — et des impossibilités — de son corps. Debout, pieds joints, il est assez consistant pour arrêter un ballon mais si ses pieds sont écartés, le ballon passe entre eux. Dans ses mains en coupe, il peut transporter du sable mouillé, mais guère de sable sec et encore moins d'eau. Son corps est sensible à la pesanteur ; il peut dégringoler les escaliers en courant et en sautant des marches, mais à la montée, il n'est pas très leste. Il ne cesse d'éprouver son équilibre ou ce qu'il voit plutôt comme des « tentatives pour ne pas tomber ». Il peut marcher sur un banc s'il garde les bras largement écartés, mais s'il veut se mettre une sucette dans la bouche, il chancelle. Il peut s'étirer assez par-dessus une balustrade pour atteindre quelque chose, mais s'il se penche trop, il perd l'équilibre et ne peut plus revenir en arrière. Vers trois ans, il peut se tenir sur un pied, mais seulement en se concentrant fortement : il lui est impossible de faire autre chose en même temps.

Son corps et ses sentiments Pour comprendre le monde qui les entoure, les petits enfants doivent utiliser leur corps autant que leur esprit. Lorsqu'il regarde la télévision, un petit bonhomme de quatre ans tue les méchants, ovationne les héros et galope avec les chevaux tout autour de la pièce. Il ne peut, ni ne doit, rester tranquille et s'il ne peut impliquer son corps en même temps que son esprit, il « débranchera » son cerveau, si ce n'est l'appareil de télévision.

Ses propres émotions l'affectent de la même façon. Il lui faut manifester sa colère en cris et trépignements, brailler sa souffrance en se jetant par terre et sauter et hurler de joie pour ne pas exploser.

Malheureusement pour les petits enfants, ces manifestations émotives choquent et embarrassent bien des adultes. Nous avons tendance à être fiers de nous maîtriser, d'utiliser des mots au lieu d'actes et de dissimuler nos sentiments. Aussi de nombreux parents essaient-ils d'imposer à l'enfant une scission entre son corps et ses sentiments, alors qu'il est à un âge où ils sont complètement intriqués. Lui imposer une pareille contrainte peut lui gâcher bien des choses : s'il ne peut rugir de rire ou taper des talons lorsque le clown entre en piste, il ne trouvera pas le cirque amusant. Ces restrictions peuvent aussi lui rendre ses sentiments plus difficiles à supporter. Si, soudain déçu, il se met à pleurer amèrement et que vous lui dites « Oh, ne pleure pas », il pourra penser que ce sont ses larmes qui vous désolent et non sa déception.

Si, au lieu d'étouffer les manifestations physiques de ses émotions, vous les acceptez et même les encouragez, vous l'aiderez à comprendre ses sentiments et à les assumer. Au lieu de dire à un enfant déçu de ne pas pleurer, vous pouvez lui dire : « Tu es triste, n'est-ce pas ? Viens ici, assieds-toi près de moi jusqu'à ce que tu n'aies plus envie de pleurer. Quand ça ira mieux, nous ferons quelque chose ensemble. » Vous montrez ainsi à l'enfant que vous acceptez l'expression de sa déception ; que ses larmes vous paraissent une réponse tout à fait adaptée ; que vous l'acceptez, lui, à travers ses larmes et ses sentiments ; et que lorsque les larmes se tariront, ses sentiments seront devenus maniables. A des moments plus détendus, vous pouvez même jouer avec lui à mimer des sentiments. L'enfant est un acteur-né. Il entrera de plain-pied dans un jeu tel que : « être une vieille dame très fatiguée ; un homme en colère ; un enfant qui a perdu sa poupée... ». Il va modifier son visage et son corps, mimer l'image-sentiment que vos paroles ont évoquée. Ce faisant, il apprend à comprendre les sentiments concomitants ; à les rendre familiers ; à les rendre inoffensifs.

Cet enchevêtrement corps-émotion rend le petit enfant particulièrement vulnérable. Presque tous les parents sont révulsés à l'idée d'abus sexuels — incestueux ou non —, mais il existe des sévices moins évidents et épouvantables qui n'en sont pas moins dommageables. Les châtiments, les contraintes physiques, par exemple, blessent profondément le sens du moi tout récent de l'enfant. Il ne peut même pas dire (comme certains prisonniers) : « Faites de mon corps ce que vous voulez, vous n'atteindrez pas mon âme », car, quoi que vous fassiez à son corps, vous le faites aussi à son âme. Naturellement, tout enfant peut avoir à être réprimandé pour l'empêcher de se faire mal ou de faire mal à autrui par exemple, et, bien évidemment, il peut arriver même au moins violent des parents de donner une tape. Si elle ne fait pas de bien (voir p. 407), elle ne fera pas grand mal si vous expliquez à l'enfant que vous avez perdu votre sang-froid et que vous regrettez votre geste : « Je suis désolée, j'ai perdu patience... »

Pour un enfant, être forcé à faire des gestes affectueux est presque aussi néfaste que de recevoir un châtiment corporel. L'enfant obligé d'embrasser sa tante Marie, qu'il déteste, se voit contraint d'exprimer une émotion qu'il ne ressent pas. Même un parent pourtant très aimé peut exiger d'un enfant trop de baisers et de caresses. La petite fille qui adore s'asseoir sur les genoux de son papa veut — et devrait — le faire quand elle en a envie. Si son père s'empare d'elle et réclame des baisers quand elle est occupée à autre chose, elle sent qu'il se sert d'elle pour son propre plaisir au lieu de prendre son amour quand elle le lui offre. N'exigez pas des enfants des manifestations d'affection. Si vous avez envie d'un câlin, demandez, et méritez-le.

Le corps de votre enfant et les sentiments qu'il éprouve sont à lui, et tout ce qui le concerne est son affaire personnelle. Un enfant a le droit de se masturber et il le fera sans doute, que vous vous en rendiez compte ou non (voir p. 180). Vous pouvez lui suggérer que les bonnes manières veulent qu'il se réserve ce plaisir pour un moment où il est seul, mais si vous lui faites honte ou le grondez à cause de l'activité elle-même, vous vous interposez entre son corps et lui. Un enfant auquel les parents inculquent dès le début cette valorisation de son corps et de l'intimité de celui-ci se défendra mieux contre de futures avances déplaisantes.

Votre corps et vos sentiments
Les petits enfants sont tellement en accord avec les corps et les comportements physiques qu'ils comprennent le langage du corps des adultes avec une surprenante subtilité. Alors qu'un tout-petit doit observer votre visage pour voir si vous êtes triste ou gaie, un enfant plus âgé déchiffrera votre mal de tête dans la voussure de vos épaules.

Il se trompera rarement sur les sentiments que *vous* éprouvez, mais beaucoup plus souvent sur ce que vous voulez qu'il sache d'eux. Si vous essayez de lui dissimuler une dispute sérieuse, un souci professionnel, une maladie, il sentira que vous êtes malheureuse. Votre sourire artificiel, forcé, ne l'abusera pas : il le troublera. Il sait que vous êtes triste et vous prétendez être heureuse ; vous le faites douter du message de ses sens. Plutôt que d'essayer de tout lui cacher, mieux vaudrait le rassurer en lui donnant une version simplifiée de la vérité. « Maman est triste parce que papa est malade » est moins angoissant pour un petit enfant que cette pensée : « Maman est bizarre aujourd'hui, je ne la comprends pas. »

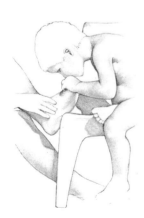

Un enfant qui décèle la tristesse de votre corps, utilisera son propre corps pour essayer de vous consoler. La meilleure consolation qu'il puisse vous offrir est celle qu'il souhaite pour lui-même lorsqu'il est malheureux : un gros câlin. Enfermée dans vos propres problèmes, vous pouvez vous sentir assez mal disposée à supporter ses caresses. Mais, à repousser ses tentatives trop souvent, vous risquez de décourager ses efforts. Acceptez plutôt de bonne grâce ce qu'il vous offre. Lui abandonner votre gros orteil à embrasser fait partie du métier de parents.

Protection contre les « étrangers »

Quand vous réfléchissez aux méthodes de protection contre les inconnus, ne pensez pas seulement à l'horreur de l'enlèvement, du viol et du meurtre. Certes, ces choses se produisent, mais elles sont beaucoup plus rares que les autres sévices sexuels et on ne peut pas grand-chose contre elles. Il vaut mieux réfléchir à la sécurité de tous les jours, pas aux tragédies qui font la une des journaux.

La consigne classique est : « Ne parle jamais aux inconnus. » Mais si vous vous mettez à la place de l'enfant, ce message n'est ni clair ni utile. Quels inconnus ? Vous voulez que votre enfant parle poliment à une infirmière ou à une vendeuse qu'il n'a jamais vues auparavant, vous voulez qu'il puisse demander au conducteur de l'autobus s'il doit donner un ou deux tickets ou sache se renseigner auprès d'un agent de la circulation. Et d'ailleurs, *parler* n'a jamais mis un enfant en danger. C'est ce qui suit la conversation qui compte. Et quand un enfant est en danger, c'est peu probablement avec un parfait inconnu. Plus de sévices sexuels ont lieu au domicile même de l'enfant qu'à l'extérieur, qu'ils soient le fait de parents, de connaissances ou « d'amis », et quand il y a sévices hors du foyer, ils sont beaucoup plus souvent le fait de relations de la famille ou de voisins que d'étrangers.

Évitez plutôt la notion d'« étranger » et tout essai de définition, ne dites pas que bavarder est dangereux, n'assenez pas à un esprit confiant et sociable une leçon capable d'engendrer la peur et la suspicion. Tout ce qu'il faut dire à un enfant de trois ans, c'est de ne jamais aller quelque part avec qui que ce soit sans prévenir auparavant la personne qui veille sur lui.

Cette consigne est facile à saisir à cet âge parce qu'elle s'accorde parfaitement avec la période de développement. Les petits enfants veulent toujours savoir où vous êtes — même si vous n'allez qu'aux toilettes — et il leur paraît logique que vous éprouviez les mêmes sentiments. La leçon se retiendra d'autant plus facilement que l'enfant l'appliquera banalement chaque jour et non de façon exceptionnelle. Vous êtes assise sur un banc et il joue sur la balançoire : qu'il vienne vous avertir s'il décide d'aller jouer dans le bac à sable. Vous savez qu'il est chez les voisins : qu'il vienne vous avertir si les parents des petits voisins emmènent toute la bande acheter des glaces.

Si votre enfant ne change jamais de programme ou de lieu d'activité sans prévenir la personne chargée de sa surveillance, personne ne pourra le faire monter dans sa voiture, l'emmener pour voir un petit chien ou l'entraîner en lui promettant des bonbons. Il n'a pas à juger s'il doit y aller et il n'aura ainsi pas à vous dire, avec désarroi : « Je croyais que je pouvais pasque c'est un ami de papa... », puisqu'il doit vous avertir de toute façon. Plus tard, vous lui expliquerez sans doute quels dangers il court et pourquoi on ne doit pas faire confiance à tous les adultes, mais pour quelques années encore, qu'il lui suffise d'appliquer cette règle et de savoir qu'il ne faut pas écouter quiconque tente de le persuader de ne pas aller vous prévenir.

Autres protections à prévoir

Avec les aventures physiques se multiplient les risques d'accident, mais bien que ce soit votre affaire d'assurer sa sécurité, ce l'est aussi de réduire le plus souvent possible votre surveillance. Si vous le harcelez sans cesse de : « Descends de là ! » ou « Donne-moi la main, tu vas tomber ! » vous vous interposez entre lui et son corps.

Vous l'empêchez de découvrir lui-même ce dont il est capable et incapable ; et en l'empêchant d'apprendre, vous risquez même de provoquer le genre d'accident que vous vous acharnez à éviter. Il est évident que vous ne réussiriez à coup sûr à éviter les accidents qu'en tenant votre enfant prisonnier, en le suivant partout et en le surveillant toute la journée. Aussi acceptez le fait que quelques plaies et bosses font partie de sa vie quotidienne. Préoccupez-vous des dangers réels et sérieux mais ne vous affolez pas à l'idée de tout ce qui peut lui arriver.

Faites confiance à un enfant qui joue seul. Il se limitera certainement. Il n'escaladera pas quatre volées de son échafaudage tubulaire tant qu'il n'en connaîtra pas très bien trois. Laissez-le progresser à son propre rythme. Rappelez-vous que ses muscles ne se développent que s'il les utilise ; que l'équilibre se perfectionne avec la pratique et que l'expérience du succès calme les nerfs.

Surveillez-le lorsque d'autres enfants le taquinent. Être traité de « bébé » peut pousser un enfant susceptible à se comporter stupidement. Il a besoin de vous pour lui rappeler — à lui et aux enfants avec lesquels il joue — les limites entre la bravoure et la folie.

Faites attention lorsque vous le laissez à la garde d'enfants plus âgés. Lui aura envie d'imiter leurs prouesses et eux trouveront plus commode de l'emmener avec eux à l'étang que de lui trouver une occupation inoffensive plus près de la maison et de venir le retrouver ensuite.

Méfiez-vous des machines. Au moment où il découvre les mécanismes de son propre corps, vous ne pouvez attendre de lui qu'il ait une idée claire du fonctionnement des machines dont le comportement varie selon les circonstances. L'enfant va être stupéfié par l'énorme différence de difficulté entre arrêter une auto à pédales à faible allure et à vitesse rapide. Il ne pensera pas toujours à écarter ses doigts des rayons des roues de son tricycle, ou ses orteils de celles de sa brouette. Les tondeuses à moteur, les cisailles à haie, sont extrêmement dangereuses, car il lui est encore très difficile d'établir une relation entre l'abaissement d'un interrupteur et la mise en marche à distance de lames circulaires.

Par-dessus tout, attention à la circulation. Tout attentif qu'il paraisse à l'enseignement qui lui est donné, il est absolument incapable d'apprécier la vitesse ou les intentions d'un véhicule en marche. Tout obéissant qu'il soit à vos instructions, il peut descendre du trottoir par distraction.

Vacances et voyages Beaucoup de petits enfants, qui sont capables à la maison de se préserver de la plupart des dangers, ont des accidents lorsqu'ils en sont éloignés. A nouvel environnement, nouveau danger. L'enfant, ne l'ayant jamais vu, ne peut l'anticiper ni même aller le reconnaître. Il faut le faire à sa place. Au bord de la mer, par exemple, les enfants du lieu sont au fait des marées et des dangers des tunnels dans le sable. Votre enfant ne les connaît pas. Il n'accordera aucune signification au rétrécissement du croissant de plage, à l'emprise d'un courant autour de ses jambes ou aux petits filets de sable qui commencent à ruisseler sur les parois du tunnel, annonciateurs de l'effondrement.

Quand vous emmenez votre enfant en vacances, vous avez hâte de le laisser courir librement, mais si sa liberté ne doit pas être surveillée, il faut choisir votre endroit avec beaucoup de soin. Un taureau dans le champ voisin de votre fermette de location, une plante vénéneuse dans la haie, un puits dans la cour, une fourche oubliée dans une meule de foin, sont autant de dangers potentiels.

Mettez-vous à sa place. Pensez à ce nouvel environnement et à tout ce qu'il contient et que votre enfant n'a jamais vu. Essayez de prévoir les dangers en puissance.

Faites une tournée d'inspection en arrivant. Imaginez votre enfant courant partout et essayez de déceler les pièges cachés qui l'attendent.

Laissez-lui l'initiative mais soyez pleine de bonne volonté, prête à l'accompagner sur les rochers ou au bain, dans la mer ou à la ferme. Avec vous comme chien de garde, il pourra jouir de toute sa liberté.

Fatigue et maladie

A cet âge, la vie exige sans cesse de votre enfant un effort maximal. Il est donc beaucoup plus susceptible d'avoir un accident lorsqu'il n'est pas en bonne forme physique. Plus il est fatigué ou patraque, plus il est susceptible d'être frustré. S'il a, tout l'après-midi, fait des efforts pour pédaler sur son deux-roues et que ses performances ne s'améliorent guère alors que l'heure du dîner approche, il va être furieux : « Je peux, je peux y arriver ! » rage-t-il, tout en essayant une fois de plus. Si vous le laissez essayer et échouer encore, sa contrariété augmentant, il va se montrer de plus en plus téméraire. Si vous ne voulez pas qu'il fasse une belle chute, trouvez le moyen de l'arrêter jusqu'à ce qu'il ait récupéré.

Les enfants sujets aux accidents

Quelques enfants semblent anormalement prédisposés aux accidents. les services d'urgence des hôpitaux en arrivent à bien les connaître et à les appeler par leurs prénoms, tant ils ont été recousus, plâtrés, ou gardés de nuits en observation.

Certains de ces enfants sont préoccupés, tourmentés, anxieux. C'est un long passé de tristesse qui les a rendus maladroits et indifférents à leur sécurité. Si vous sentez en votre enfant une tension et un tel fond malheureux, surprotégez-le tout en cherchant les raisons de son état d'esprit. Certains enfants, par manque de coordination, se font plus mal que d'autres en tombant. Aidez-les. Montrez-leur comment on escalade une échelle. Apprenez-leur à attendre d'avoir acquis assez d'équilibre avant de parcourir la crête d'un mur et à s'asseoir lorsqu'ils se sentent vaciller. Semez leur parcours à vélo de petits obstacles pour améliorer leur conduite.

S'ils paraissent vraiment empotés, ils peuvent retirer un bénéfice certain de cours d'éducation corporelle. Vous pouvez les inscrire à un cours de rythmique, de danse, de gymnastique ou de judo.

Certains enfants ne sont ni malheureux ni maladroits, mais d'une dangereuse intrépidité. Rien ne les effraie. Non seulement ils grimpent trop haut dans les arbres, mais ils en sautent et se cassent la jambe. La vitesse ne leur fait pas peur non plus, si bien qu'ils gagnent toutes les courses de vélo en semant des lambeaux de peau en chemin.

C'est le temps qui leur donnera sa leçon, mais, en attendant, veillez qu'ils la paient le moins cher possible. Ne les félicitez jamais pour leurs performances extravagantes même quand le soulagement vous donne envie de crier bravo. N'applaudissez pas leurs bonds de Tarzan, expliquez-leur que seule la chance leur a permis de réussir et qu'ils étaient stupides d'avoir essayé. Si vous réussissez à faire comprendre à votre enfant que vous vous souciez vraiment de sa sécurité, lui aussi s'en souciera et considérera sa témérité comme un enfantillage et une sottise.

Colère, agressivité Même les plus tolérants des parents ne peuvent supporter d'être frappés du poing ou du pied par leur enfant en colère. Son droit d'utiliser son corps pour exprimer ses sentiments ne lui donne pas celui de frapper autrui.

Bien des parents pensent qu'un enfant qui frappe délibérément doit être frappé en retour, l'idée étant que, une fois qu'il aura vu à quoi ressemble une bonne claque, il ne recommencera pas, sinon il sera puni.

Du point de vue de l'enfant, c'est un raisonnement parfaitement illogique. S'il vous gifle et si vous le giflez en retour, il ne voit qu'une chose : que vous avez agi comme lui. Il lui est impossible de vous prendre au sérieux lorsque vous accompagnez votre claque d'un : « Je ne *veux pas* que tu frappes les autres ! » Votre réponse sera beaucoup plus convaincante si personne, chez vous, ne frappe jamais qui que ce soit. S'il vous gifle, prenez-lui la main et dites-lui : « Non ! Je sais que tu es en colère, mais nous, nous ne frappons pas les autres : frapper fait mal, c'est une chose affreuse... »

Vous êtes plus grande et plus forte que votre enfant. Vous ne devez jamais le brutaliser pour l'empêcher de vous agresser. Si nécessaire, immobilisez-le jusqu'à ce qu'il se soit calmé. Suggérez-lui plutôt une autre façon de décharger sa fureur. Il l'acceptera sans doute. Certaines familles ont un oreiller ou un coussin spécial. D'autres encouragent la manifestation de signes accessoires de la colère, non brutaux, en disant : « Allez, crie ! Voyons combien tu peux crier fort ! », le point capital étant de bien faire comprendre que ce n'est pas la colère que vous désapprouvez mais seulement la façon, particulièrement pénible, que l'enfant a de l'exprimer.

Agressivité envers les autres C'est l'enfant qui a l'habitude d'user de violence physique pour en faire à sa tête, ou d'en être la victime lorsque les autres veulent lui imposer leur volonté, qui aura le plus tendance à frapper. Il peut accompagner son cri : « C'est à moi ! » par un coup pour appuyer ses dires, ou attaquer des enfants plus jeunes uniquement parce qu'il se sent bouillir de rage. Bien que des problèmes de ce genre puissent surgir quel que soit le soin avec lequel vous élevez votre enfant dans la non-violence, cela se produira moins souvent si vous lui enseignez qu'aucune circonstance, jamais, ne rend les coups licites et que toute brutalité involontaire exige des excuses. Il va sans dire que ce principe ne peut devenir effectif pour l'enfant que s'il le voit respecté en permanence par tous les membres de sa famille et envers eux.

Dès qu'il commence à s'intégrer à des groupes, à des ateliers de jeu ou à se mêler librement aux autres, vous rencontrez ce dilemme du « rendre coup pour coup ». Du point de vue de la morale, il est évidemment moins répréhensible de rendre un coup que de frapper le premier. Mais ce n'est guère constructif : A, qui frappe B, qui frappe A... Inévitablement A va frapper de nouveau et la bataille s'envenimer parce qu'aucun des deux enfants ne voudra jamais accepter de recevoir le dernier coup et de se retirer.

Il vous faut donner à votre enfant un principe de base, très simple, sur lequel il s'appuiera en grandissant, lui suggérer, par exemple que, tandis qu'une revanche ne constitue pas une bonne raison pour la violence, c'en est une que de frapper une brute pour lui échapper ou de repousser un agresseur pour se libérer d'une empoignade.

Différences entre les sexes Un enfant unique tient pour normale la forme de son corps. Il — ou elle — a tendance à supposer que les autres enfants sont faits comme lui. Papa et maman, eux aussi, vont de soi ; ils sont eux-mêmes, sans plus, et l'enfant ne voit aucune ressemblance entre leurs grands corps poilus et son petit corps lisse.

Les premières questions s'élèvent en général lorsque l'enfant voit un enfant du sexe opposé : « Qu'est-ce que c'est ? » Tout ce qu'il veut, c'est le nom — vagin — et peut-être le nom équivalent pour ce qu'il possède à la place : pénis.

Il n'y a aucune raison pour que le sujet s'alourdisse de gêne si vous l'abordez avec calme et si vous vous appliquez à donner des informations appropriées répondant exactement aux questions qui vous sont posées. Vous n'avez pas à « tout dire ». Il est mieux de laisser l'enfant se rendre compte seul de ce qu'il ne saisit pas et demander, en son temps, à combler ses lacunes. Il peut avoir six ou sept ans lorsqu'il pose la question cruciale : « Comment papa met-il la graine de bébé dans le vage... comment tu dis déjà ? Maman ? » Après des années de réponses fragmentaires et spécifiques, vous pouvez alors trouver facile de répondre : « En mettant son pénis dedans. »

Si vous laissez s'établir une atmosphère particulière, pesamment sérieuse, chaque fois que votre enfant parle de sexe, vous pouvez parfois vous voir plongée dans une farce grotesque. Un enfant se précipite à la cuisine : « Vite, maman, dis-moi d'où je viens, Julia veut savoir ! » Prenant sa respiration, la mère se lance dans un discours préparé de longue date, contemplée avec stupeur par sa fille qui l'interrompt : « Mais maman, j'ai seulement demandé d'où je venais ! Est-ce de Marseille, comme Julia ? »

Certains parents font en sorte de se laisser voir nus par leurs jeunes enfants pour leur permettre de voir d'eux-mêmes combien les sexes diffèrent chez les adultes. D'autres parents prennent au contraire beaucoup de soin à ne pas se montrer. Mais il est probablement mieux de ne rien faire ostensiblement dans ce domaine. Cela n'a pas d'importance que votre enfant vous voie nus si l'atmosphère est détendue et désinvolte. Aussi, conduisez-vous avec naturel et ne vous faites pas volontairement vieux jeu, ou hypermodernes.

Une exhibition délibérée ayant pour but de montrer aux enfants qu'ils sont faits exactement comme leur parent du même sexe peut manquer totalement son but. Aux yeux d'un enfant, il n'y a aucune commune mesure entre le corps d'une petite fille, lisse et glabre, et celui d'une femme adulte, pas plus qu'entre le corps d'un petit garçon avec son minuscule pénis et son scrotum presque inapparent et celui d'un homme. Observant son parent du sexe opposé, l'enfant peut se tourmenter à l'idée d'avoir un bébé avec quelqu'un fait comme cela. Si votre enfant fait quelque allusion à des préoccupations de cet ordre, rassurez-le en lui rappelant que toutes les parties du corps grandissent en proportion.

Mais à ce stade, il vaut mieux ne pas inciter un enfant à s'associer lui-même avec l'acte sexuel. Celui-ci est un des actes spéciaux que font les gens quand ils sont devenus grands. C'est pourquoi il vaut mieux éviter toute taquinerie sexuelle et toute plaisanterie allusive aux « petits amoureux » ou « petits fiancés ».

Le langage

La plupart des parents sont aussi fiers des premiers mots de leur enfant que de leurs premiers pas, mais croire qu'un enfant qui se tient sur ses jambes est désormais capable de marcher comme un adulte est tout aussi faux que de penser qu'une fois prononcés les premiers mots, les autres vont automatiquement s'ensuivre.

Lorsque l'enfant n'est plus un tout-petit, il lui devient plus difficile — et non pas plus facile — d'user du langage. Ses premiers mots étaient des étiquettes ou des commentaires concernant des choses intéressantes qu'il pouvait voir. Maintenant, il va utiliser le langage comme le font les créatures humaines : pour parler de choses qui ne sont pas dans la pièce mais dans les esprits et pour exprimer des pensées qui leur sont personnelles.

Les enfants de cet âge s'efforcent d'élucider le fonctionnement des choses, de découvrir ce qu'ils sont capables de faire, et de se placer, en imagination, à la place des autres. Plus leur langage est riche, plus vite leur pensée progresse. Mais plus ils pensent, plus ils se servent du langage. Aussi langage et pensée et même langage et intelligence sont-ils intimement liés. Un enfant très brillant sera — ou deviendra — très avancé du point de vue du langage ; il a besoin de celui-ci pour penser. Un enfant que l'on aide à bien parler utilise toute son intelligence à tirer du langage le maximum d'efficacité. Son vocabulaire nourrit son intelligence.

Comment l'aider

Plus vous parlez avec lui, mieux c'est. Mais pour être vraiment utile, la conversation doit être un vrai dialogue et pas seulement du verbiage. Si vous le laissez jaser à vos côtés en ne lançant de temps à autre que des « Ah ah ! » ou « C'est vrai, ça ? » il n'y a pas communication authentique. Par ailleurs, vos monologues ne lui sont guère utiles non plus. Si vous ne faites pas de pause lui permettant d'intervenir, si vous ne l'écoutez pas et ne réagissez pas, vos paroles ne représentent qu'un bruit de fond, comme une radio jacassante à laquelle personne ne prête attention. Il va bientôt réaliser que vous ne lui parlez pas réellement, qu'il vous est indifférent qu'il écoute, comprenne ou ne comprenne pas ce que vous dites ; et il va cesser ses efforts.

Mais si vous poursuivez un dialogue avec lui, vous pouvez lui fournir, juste au moment où il en a besoin, des noms pour les choses et les idées. Qu'il ait un vocabulaire réduit ou déjà étendu, il a constamment besoin de l'enrichir.

Supposons qu'il s'efforce de traîner vers son bac à sable un sac de sable propre. Il a physiquement besoin d'aide mais vous pouvez aussi en profiter pour lui donner une leçon de langage en l'aidant à verbaliser ses problèmes. Si vous lui dites seulement : « Laisse-moi t'aider ! » il n'apprendra rien de nouveau. Si vous lui dites : « Laisse-moi t'aider à porter ce sac de sable, il est trop lourd pour toi », vous lui fournissez plusieurs nouvelles idées. Il se peut qu'on ne lui ait jamais dit que du sable dans un sac se nomme « un sac de sable ». De plus, il n'a sans doute pas réalisé que s'il ne peut pas le porter, c'est parce qu'il est « trop lourd ». Vous venez de lui donner des mots pour la notion de poids qu'il ressentait mais ne pouvait exprimer.

Vous pouvez faire de même avec toutes sortes d'autres idées. Vous atteignez quelque chose à sa place parce que vous êtes « plus grande » ; vous enlevez un peu de ketchup de son assiette parce qu'il en a « trop pris » ; vous avez lâché un plat parce qu'il était « très chaud » ; et vous vous débarrassez d'un de ses pull-overs parce qu'il est devenu « trop petit ».

De la même façon, vous pouvez lui fournir des noms de couleurs, de formes, de nombres. Si vous lui présentez un sac de bonbons et s'il en choisit un rose, vous *pourriez* dire : « C'est celui-là que tu veux ? » Ce serait gentil mais peu utile. Au contraire si vous lui dites : « C'est ce rose-là que tu veux ? » vous lui donnez le nom d'une couleur que de toute évidence il aime mais dont il ne connaît pas le nom. Avec deux bonbons, vous pouvez compliquer les choses : « Deux bonbons ! Un pour cette main-ci et un autre pour cette main-là. Deux bonbons pour deux mains... » Si les deux sont roses, mais l'un rond et l'autre ovale, vous pouvez ajouter ce renseignement à vos commentaires.

Les jeux d'imagination vous donnent aussi l'occasion d'enrichir son vocabulaire. Ganté et armé d'un grand parapluie, il annonce : « Je suis Papa. » Il sait que son père part souvent et il est de toute évidence en train de jouer en imagination à « Papa s'en va ». « Papa va-t-il au bureau ou va-t-il se promener ? » pouvez-vous lui demander, lui donnant ainsi deux étiquettes pour les endroits où peut se rendre son père. Vous l'avez aidé à structurer sa pensée au sein de son propre jeu.

Vous pouvez mettre en œuvre ce processus, qui n'a rien de difficile ou de factice, presque chaque fois qu'il vous adresse la parole. Vous pouvez le faire automatiquement si vous écoutez vraiment ce qu'il vous dit, ce qu'il essaie de vous transmettre. C'est le contraire des remarques « Ah bon ! » ou « Tiens, tiens ! » Il dit : « Regarde ! Gros chien ! » C'est une exclamation. Il a certainement vu en ce chien quelque chose de remarquable. Essayez de deviner quoi et offrez-lui une interprétation à la fois de ses pensées et des mots pour les exprimer : « Oui, un bien gros chien ! Et regarde comme il court vite ! » Il se précipite vers vous, montrant son genou écorché, pleurant : « Gros boum ! Gros boum ! » Un pansement et des consolations peuvent s'accompagner de : « Pauvre canard, tu t'es cogné le genou ? Ce n'est pas très grave ; cela fait seulement un peu mal. Tu vois, il n'y a pas de sang, juste une bosse... »

Bien que votre enfant n'ait sans doute plus besoin de vous comme interprète lorsqu'il s'adresse aux autres gens (voir p. 322) vous pouvez encore l'aider à tirer le maximum de ces conversations. Si son père rentre à la maison et lui dit : « Qu'as-tu fait aujourd'hui ? » sa question est pure rhétorique. Sans vous, jamais l'enfant ne pourra répondre car la question est trop générale pour lui. Vous pouvez l'aider. « Tu racontes à papa le gros merle que nous avons vu au parc ? » S'il se lance dans un discours, son débit va être haché et incorrect mais vous pouvez aplanir les difficultés et faciliter le déroulement du récit en intervenant :

« Le merle a venu... peur... je dis *ooh*.

— Oui, il est venu, tu as dit *ooh* et puis, qu'est-il arrivé ? Le merle s'est envolé dans... ?

— L'ARBRE ! » explose l'enfant, rayonnant.

Utilisation
des pronoms Ainsi l'enfant apprend rapidement les noms pour nommer les choses, les adjectifs pour les qualifier et les verbes pour exprimer ce qu'elles font. Mais il trouve les mots comme « je » « vous » « lui » très trou-

blants parce que leur sens dépend de celui qui les emploie et que vos commentaires l'embrouillent. « *J'écris* ce livre pour que *vous* le lisiez. » Mais si vous en parlez à quelqu'un d'autre, vous direz : « *Je* lis le livre qu'*elle* a écrit. » Je suis encore moi et vous êtes vous, mais je est devenu elle et vous êtes devenue je ! C'est à cause de ces complications que l'enfant, bien qu'il utilise les noms propres (le sien et ceux des autres), évite d'employer les pronoms. « Charles emporte Nounours » au lieu de : « Je l'emporterai. » Essayer de le corriger vous plongerait tous deux dans une inextricable confusion. Si vous dites : « Écoute, chéri, dis : j'emporterai Nounours », l'enfant va vous regarder stupéfait et répéter sa phrase : « Charles emportera Nounours. » Ce qu'il veut dire, c'est que ce n'est pas vous qui emporterez Nounours, mais lui. Et cependant vous avez dit : « Je ». Quelle histoire !...

N'essayez donc pas de lui faire employer les pronoms mais faites attention, vous-même, à les employer correctement. Dites : « Puis-je t'aider ? » et non « Maman peut t'aider ? ». Peu à peu, il apprendra à les utiliser lui-même.

« *Qu'est-ce que c'est* » *et les* « *pourquoi* »

A trois ans, l'enfant sait qu'il a besoin de plus en plus de mots et vous en réclame continuellement : « Qu'est-ce que c'est, ça ? » Il vous demande de lui dire ou de lui rappeler le nom de la chose, aussi ne vous lancez pas dans des explications répondant à un autre genre de questions : « C'est pour quoi faire, ça ? » qui l'embrouilleraient. S'il montre la machine à laver, répondez-lui : « C'est une machine à laver. » Ne vous lancez pas dans : « C'est une machine spéciale pour laver le linge... »

Bientôt vont commencer les « Pourquoi ? »

Plusieurs centaines de « pourquoi » par jour, du genre « Pourquoi je ne peux pas ? » « Pourquoi c'est chaud ? » « Pourquoi Papa est parti ? » peuvent être épuisants. Mais rappelez-vous que l'enfant questionne parce qu'il a *besoin de savoir*. Il est en train d'accumuler des connaissances, des moyens de comprendre et il le fait de la façon la plus efficace possible, en utilisant des mots. Ses « pourquoi » sont le signe de la croissance. Un tout-petit aurait essayé de comprendre en le faisant lui-même ou ne se serait pas posé la question.

Il y a des « pourquoi » auxquels on ne peut répondre parce que l'enfant, bien sûr sans s'en rendre compte, outrepasse les limites des connaissances humaines, ou, plus simplement, des vôtres...

« Pourquoi est-ce qu'il tonne/pleut/ ? »
« Pourquoi est-ce que le vent souffle ? »
« Pourquoi papa est grand/brun ? »
« Pourquoi il y a la dame à la télé ? »
« Pourquoi les lumières s'éteignent ? »
« Pourquoi l'eau coule ? »
« Pourquoi on n'éteint pas le soleil ? »

Ne vous réfugiez pas dans le banal « parce que ». Si vous pouvez répondre, faites-le brièvement ; ne lui racontez pas tout ce que vous connaissez de l'organisation de la télévision, ne lui faites pas une conférence. Sa question est simple : ce qui a retenu son attention, c'est la télévision montrant une image particulière. « Parce que c'est la dame qui est le sujet du programme » est sans doute tout ce qu'il veut savoir. Si la question possède une réponse mais si vous l'ignorez, n'ayez pas honte de le lui avouer. Il n'y a rien de condamnable à dire à un enfant : « C'est une question intéressante, mais je ne puis y répondre moi-même ; demandons à Papa » ou « Regardons dans un livre ». Certains « pourquoi » vous projettent parfois dans l'univers d'*Alice au pays des merveilles* :

« Pourquoi je m'appelle Diane ?

— Parce que, lorsque tu étais toute petite, nous avons décidé que ce nom nous plaisait, si bien que nous t'avons baptisée ainsi.

— Pourquoi ?

— Parce que cela nous paraissait joli pour une belle petite fille.

— Pourquoi ? »

Ces « pourquoi » peuvent être pour l'enfant un moyen de capter votre attention, de faire durer une conversation. Mais il peut aussi cesser d'employer les « pourquoi » dans leur véritable sens pour signifier : « Dis-m'en davantage. » Et dans ce cas, vous pouvez faire cesser l'avalanche en lui demandant : « Veux-tu que je te raconte quand tu étais un tout petit bébé ? » Souvent, les « pourquoi » sont sans issue parce qu'ils ne représentent pas les bonnes questions. Employés à tort, ils perdent leur signification. « Pourquoi y a-t-il des taureaux ? » Ne répondez pas : « Je ne vois pas ce que tu veux dire. » Que veut-il dire en réalité ? : « Qu'est-ce qu'un taureau ? A quoi sert un taureau ? Un taureau est-il dangereux ? As-tu peur des taureaux et dois-je moi-même en avoir peur ? » Si vous répondez : « Je ne vois pas très bien ce que tu veux savoir, mais parlons des taureaux. Voyons. Sais-tu ce que c'est ? C'est le mari de la vache... » Votre réponse l'orientera vers la conversation qu'en réalité il cherchait.

Autocontrôle verbal

Pendant des années, c'est vous qui l'avez contrôlé et conduit, mais maintenant il commence à se prendre lui-même en main (voir p. 402). Vous allez sans doute remarquer cette autodiscipline à la façon dont il se parle à lui-même quand il joue. Il emploie, pour parler à ses jouets ou à ses compagnons de jeu imaginaires, les mêmes phrases que vous : « Doucement ! » « Allez, viens ! » « Ne touche pas ! » Il se conduit en véritable tyran. Vous percevez dans son ton plus de brusquerie que vous n'avez conscience d'en employer.

Plus tard, il commence aussi à se parler sur ce ton-là, mais les avertissements viennent après les événements. Votre fille envoie sa balle dans la plate-bande et se morigène : « Non, Jeanne, pas dans les fleurs ! » Quelque temps après, elle se prévient à l'avance. Au moment de lancer la balle, elle dit : « Non, Jeanne, pas dans les fleurs ! » — et, comme si c'était quelqu'un d'autre qui avait parlé, elle se détourne et lance sa balle dans une autre direction.

Ce comportement montre que l'enfant a bien intériorisé vos leçons et vos instructions et qu'il se les applique tout seul. Mais si vous l'entendez souvent se donner de brusques injonctions, puis le voyez *leur désobéir*, disant : « Il ne faut pas faire de mal au chien, David », tout en lui tirant la queue, observez-vous vous-même pendant quelques jours. Vous l'avez peut-être accablé d'ordres grondeurs et confus ou alors vous ne vous êtes pas assurée qu'un ordre avait été bien compris avant d'en donner un autre.

Contrôler autrui par des mots

Récepteur des contrôles verbaux, l'enfant est conduit à les essayer sur autrui. A quatre ans, en particulier, l'enfant a tendance à se montrer très autoritaire : « Arrête tout de suite ! » hurle-t-il au bébé étonné. « Viens ici tout de suite ! » ordonne-t-il au chien indifférent. Il essaie de découvrir quelqu'un qui soit hiérarchiquement inférieur pour pouvoir le diriger autant qu'il l'est lui-même. Il essaie aussi de voir si ses paroles ont autant de pouvoir sur autrui que les mots des autres en ont sur lui-même. Aussi, durant cette période fatigante, soyez tolérante. Il ne cherche pas à être désagréable. Si son autoritarisme vous exaspère, dites-lui d'adoucir ses ordres et ses exhortations par des « s'il te plaît » et des « merci » et prenez bien garde à votre ton lorsque vous vous adressez à lui.

Se sentir plus important grâce aux mots

La vantardise est un autre trait caractéristique des enfants de quatre ans et ne doit pas être prise trop au sérieux. Entre eux, les enfants ont souvent des séances de fanfaronnade, véritables matchs verbaux, considérés comme un jeu.

« Ma maison est plus grande que la tienne. »
« Ma maison est plus grande. »
« Ma maison est aussi grande qu'un palais. »
« Ma maison est aussi grande qu'un parc. »
« Ma maison est aussi grande que... que... que *tout* ! »

Les témoins adultes sont bien obligés de leur concéder que l'un des deux a réellement une maison, un père ou des revenus plus modestes que l'autre, mais n'ayez crainte : sa sensibilité n'en est pas heurtée. Cette sorte de jeu n'est que verbal.

Si votre enfant se vante sans arrêt, demandez-vous s'il n'a pas besoin de se dire puissant, grand, riche, parce qu'il se sent en réalité obscur, petit et pauvre. Vous l'en corrigerez alors mieux en lui distribuant des preuves d'amour, des félicitations et des éloges que des critiques et des réprimandes.

Se faire approuver grâce aux mots

A quatre ans, l'enfant peut aussi bien se montrer autoritaire que faire son petit saint. « Sophie est bien sage ! » dit votre fille sur un ton suffisant. Ne soyez pas trop caustique envers elle parce qu'elle se veut bien sage. C'est un signe qui montre combien elle désire que vous la voyiez ainsi. Qu'elle veuille utiliser les mots pour en parler est aussi un signe des progrès de son langage. Ne l'écrasez donc pas d'un « Oh oh ! je n'en suis pas très sûre... » Vous la blesseriez et la plongeriez dans la confusion. Quelquefois, ces façons signifient que l'enfant cherche à voir si vous l'aimez, lui, même si vous n'aimez pas ce qu'il fait. Il emploie le langage de façon littérale, aussi ces distinctions sont-elles importantes pour lui. Si son frère et lui font un tapage infernal, ne dites pas : « Vous deux, sortez dans le jardin, vous me rendez folle ! » Séparez-les, eux que vous aimez, de leur vacarme, que vous n'aimez pas, et dites : « Si vous voulez continuer ce jeu, allez au jardin. Ce bruit me rend folle ! »

Les idées abstraites

Maintenant que l'enfant peut se fier aux mots, sait qu'il peut exprimer ce qu'il pense et comprendre les pensées d'autrui, il va commencer à utiliser les mots comme seuls le font les êtres humains : pour échanger des idées. Tous les enfants ne posent pas des questions sur Dieu à quatre ou cinq ans, tous les enfants n'essaient pas, à cinq ou six ans, de vous expliquer ce qu'ils éprouvent en écoutant un morceau de musique. Peu importe si vous ne partagez pas avec votre enfant ce genre de conversation pendant encore longtemps ; en revanche, s'il essaie et si on se moque de lui en famille en riant : « Il nous sort de ces trucs ! », ou si on accueille ses questions avec embarras, c'est important. C'est important parce qu'il peut être réduit au silence. Et, bien que vous puissiez parfois souhaiter qu'il se taise un instant, bavarder et écouter, penser et parler encore, sont des parties essentielles de son éducation, au sens large.

Il est facile de faire taire les petits enfants par une rebuffade, comme cette mère a été tentée de le faire : « C'était l'hiver de ses quatre ans. Je l'ai trouvée devant la fenêtre, les joues sillonnées de larmes. Je lui ai demandé ce qui se passait, pensant qu'elle ne voulait pas aller au lit. Mais elle m'a répondu : ''Oh, Maman, je ne sais quoi penser de la lune...'' C'était si inattendu que j'ai failli éclater de rire et lui dire : ''Ne fais pas la sotte'', ou quelque chose de ce genre. Je suis contente de ne pas l'avoir fait. Nous avons bavardé au sujet des choses qui sont grosses ou trop lointaines, et des raisons pour lesquelles le clair de lune est si beau et si triste... Moi non plus, je ne sais comment penser à la lune. Mais ce qui compte, c'était qu'elle voulait partager. »

Partager des pensées et des sentiments avec quelqu'un qui a une expérience et une capacité de compréhension si limitées n'est pas toujours facile, surtout si vous n'êtes pas coutumière de conversations profondes, même avec des adultes. Mais si vous faites un effort, vous serez surprise de la richesse du résultat. Les conversations « difficiles » les plus fréquentes se regroupent en trois thèmes :

Les conversations sur des faits. Quand votre enfant vous interroge sur des faits complexes, il n'est pas question de prétendre tout savoir. Un des talents propres aux adultes consiste à savoir où trouver la connaissance qu'ils n'ont pas, et l'incomparable valeur que vous avez aux yeux de votre enfant est que vous vous intéressez assez à lui pour chercher à vous informer. S'il remarque des vols d'oiseaux migrateurs au début de l'hiver, s'il ne se contente pas d'apprendre qu'ils se dirigent vers des contrées plus chaudes et demande où ils vont, cherchez ensemble le livre qui vous donnera le renseignement ou demandez à un ami qui en sait plus long que vous sur les oiseaux. Un enfant pose souvent des questions sur des chosees que vous comprenez mais ne savez comment expliquer (les instituteurs sont formés pour cela)...

« Pourquoi les avions ne tombent pas ? » « Pourquoi les feuilles des plantes deviennent jaunes quand on met le pot sur la table et non près de la fenêtre ? « Pourquoi ma dent bouge ? » Vous tâtonnez. Procurez-vous quelques ouvrages de référence spécialement rédigés pour les jeunes enfants. Les bibliothèques publiques en possèdent et les bibliothécaires peuvent vous conseiller.

Conversations sur les croyances. Les questions sur les croyances sont encore plus difficiles. On vous demande d'expliquer vos attitudes et la solution n'est pas dans les livres. Par ailleurs, c'est une précieuse occasion pour vous de transmettre à l'enfant une partie de ce qui forme votre personnalité. Les questions vont surgir de différentes façons. Que la famille pratique ou non une religion, votre enfant va remarquer que d'autres familles se comportent de la même manière, ou autrement. Les petites camarades vont dans d'autres « églises », d'autres jours de la semaine. Son meilleur ami ne peut jamais rester coucher chez vous le vendredi soir. Un camarade plus âgé peut lui déclarer : « Nous n'avons pas de Dieu, idiot ! Nous avons Allah... »

Si votre foi est profonde, partagez-la avec lui, mais expliquez-lui bien que c'est une croyance et non des faits. Cela vous permettra de reconnaître la validité des autres convictions religieuses et d'éviter les discussions à thème religieux si difficiles avec des jeunes enfants. A ce stade, la pensée de l'enfant est encore trop concrète et fondée sur ce qui peut être observé, expérimenté et prouvé, pour qu'il puisse comprendre la notion de foi. Il a aussi tendance à prendre au pied de la lettre les idées de paradis et d'enfer et les images naïves de créatures en robe céleste installées sur des nuages.

Si vous n'avez aucune croyance religieuse, élevez votre enfant comme cela vous convient mais de façon qu'il n'offense pas sa grand-mère en lui lançant au milieu d'un déjeuner dominical : « Dieu n'est qu'un imbécile, c'est Papa qui l'a dit ! »

Conversations sur la mort. Les conversations sur les sujets tabous sont les plus difficiles de toutes. Il y a vingt ans, le tabou le plus général était « le mystère de la vie » ; de nos jours, c'est « le mystère de la mort ». Notre culture a beaucoup de mal à accepter le simple fait que la mort est inévitable et marque la fin de toute vie. Bien des gens passent leur vie entière dans un état de terreur à demi consciente et inavouée d'événements inéluctables : leur propre mort, la mort des êtres qu'ils aiment. Cette même terreur les empêche d'en parler si bien que tabou et peur se transmettent de génération en génération, sauf si ses parents commencent à briser le cycle.

Vous ne pouvez changer les faits de la mort pour votre enfant. Et vous ne pouvez l'empêcher d'y penser parce qu'elle est partout et qu'il va remarquer les plantes, les insectes, les oiseaux, les animaux tués sur la route — ou ailleurs— et se poser des questions. Vous pourriez certes vous protéger contre ses questions en lui laissant entendre la première fois qu'il vous interroge qu'on ne doit pas parler de la mort. Mais ne pensez-vous pas que le laisser se poser des questions l'exposera davantage à l'anxiété et le privera de toute base pour affronter le premier décès qui le concernera directement, que ce soit un animal familier ou une personne qu'il connaît ?

Le plus difficile, c'est de commencer. Une fois que vous aurez reconnu que tous les êtres vivants meurent, votre enfant va certainement demander, s'il sent qu'il peut le faire : « Et moi, je vais mourir ? », ou : « Et toi, tu vas mourir ? » Si vous pouvez faire face à cette idée, laissez-le poursuivre son enquête, à son rythme, et donnez-lui les informations qu'il demande. Lorsque vous affrontez ces premières questions, rappelez-vous qu'un petit enfant n'anticipe pas un chagrin, ne connaît pas l'empathie (voir p. 374) et qu'il ne sait pas vraiment ce que mourir veut dire — c'est ce qu'il est en train d'essayer de découvrir. Même si pour vous le mot à lui seul est douloureux, pour lui, il ne l'est pas. Vous devez lui fournir une réponse claire, mais en l'accompagnant d'autres faits qui l'aideront à garder affectivement ses distances. Il sera très intéressé par les différentes durées de vie des créatures (quelques heures pour le papillon), la brève gestation et la courte vie des petits mammifères — comme sa souris blanche — et la longévité des êtres humains ou des éléphants. Vous pouvez honnêtement lui dire, dans ce contexte, qu'en général les parents ne vivent pas seulement durant l'enfance (à ses yeux si longue) de leurs enfants mais jusqu'à l'époque où les enfants deviennent eux-même des parents.

La mort naturelle est liée à l'âge. Même un petit enfant remarque l'usure des objets, le vieillissement des animaux et des gens. S'il vous demande : « Est-ce que grand-mère va mourir bientôt ? », essayez de réprimer le sursaut horrifié qui réduirait à néant toutes les explications raisonnables que vous lui avez déjà données. Vous le rassurerez et ne ferez pas de mensonge si vous lui répondez : « La plupart des gens vivent jusqu'à soixante-dix ans et certains jusqu'à cent ans. Ne t'inquiète pas. »

Les angoisses enfantines au sujet de la mort sont centrées en général sur la façon de mourir et ce qui arrive ensuite. Dans la mesure où un jeune enfant peut concevoir la mort, c'est le plus souvent la mort violente vue sur les écrans de télévision. Il faut lui dire que la mort naturelle est souvent une plongée paisible dans l'oubli, une cessation et non une privation brutale de la vie. Il peut voir un papillon se poser pour la dernière fois sur une fleur, son poisson rouge flotter inerte à la surface de l'eau, trouver son cochon d'Inde endormi pour toujours en allant lui porter sa nourriture. Cela peut lui paraître affreusement triste, mais il faut lui faire comprendre que pour le cochon d'Inde, cela n'a pas été si terrible. Quoi que vous souhaitiez lui apprendre au sujet d'une possible vie éternelle, il faut qu'il sache que la *mort physique* des insectes, des mammifères, des gens, est inéluctable ; qu'un mort ne ressuscite pas, n'a ni sentiment, ni conscience. Les histoires de fantômes *sont des histoires* et tout l'apparat des funérailles est pour les vivants et non pour les défunts.

S'il est important d'aider les enfants à accepter l'inéluctabilité de la mort naturelle marquant la fin de toute vie, il est encore plus important de leur apprendre à ne pas considérer comme normaux les tueries des téléfilms et les carnages des accidents de la route et des pays en guerre. Si votre enfant vous questionne sur la mort, vous pouvez lui parler, en vous mettant à sa portée, du respect envers la vie, et lui dire combien il est capital que les gens fassent attention à eux-mêmes, à autrui, aux autres créatures vivantes. Et si vous êtes pris au piège par des questions telles que : « Pourquoi est-ce bien de tuer les guêpes ? », le fait de réfléchir pour trouver une réponse clarifiera certainement votre esprit à ce sujet.

Un enfant doit connaître les dangers quotidiens et les moyens de se protéger (voir p. 376), et savoir que des gens ont pour métier d'assurer notre sécurité : médecins, infirmières, policiers, équipes d'ambulanciers. Mais il faut qu'il connaisse aussi et accepte la faillibilité humaine. Il en prendra conscience, d'ailleurs, dès qu'il découvrira, et vous apportera, l'oisillon tombé du nid ou le mulot malmené par le chat. Vous essaierez de les sauver, mais vous ne réussirez pas toujours. Comme l'a dit, à six ans, Jessica à son père : « Je vais te dire ce qui ne va pas, Papa. C'est que les oiseaux ne connaissent pas les ceintures de sécurité et les parachutes... »

Petits et grands problèmes de langage

Comme nous l'avons vu plus haut (voir p. 321), les âges auxquels les enfants abordent les divers stades du langage varient beaucoup. Un enfant peut ne pas parler jusqu'à deux ans et demi, puis, brusquement, prononcer des phrases de trois mots ; un autre connaîtra plusieurs mots à dix mois puis ne fera que peu de progrès durant sa seconde année ; un troisième commencera à parler vers un an puis progressera régulièrement.

La cause la plus fréquente des retards de développement du langage est la surdité avec ses divers degrés (voir p. 150). L'audition des bébés doit être surveillée régulièrement (Inf/OREILLES) mais l'enfant qui ne parle pas du tout à deux ans doit être examiné de nouveau par un médecin qui pourra l'adresser à un spécialiste. Vous devrez peut-être ensuite consulter un service spécialisé dans les troubles du langage. Si les résultats des examens sont normaux (ce qui est le plus souvent le cas), on vous conseillera sans doute de patienter et de revenir en consultation six mois plus tard si l'enfant ne parle toujours pas, ou de le conduire chez un orthophoniste.

Développement plus lent que la moyenne S'il prononce quelques mots, vous n'avez certainement pas à vous tourmenter. Faites-le tester pour vous débarrasser de vos inquiétudes ; mais il est beaucoup plus probable que sa lenteur est due à une des raisons ci-après.

Il emploie son attention et son énergie à acquérir quelque autre technique.	*Il ne peut faire qu'une chose à la fois. Il parlera mieux quand il saura marcher.*
Il a un jumeau ou un frère — une sœur — très proche de lui.	*Le problème ne tient pas à leur « langage intime » mais au manque d'attention personnelle de la part des adultes.*
C'est un garçon, pas une fille.	*Le développement des garçons s'effectue différemment. Ne comparez pas.*
Il a plusieurs frères et sœurs.	*Les enfants plus âgés le comprennent trop bien et il n'a pas besoin (ou le temps) de mieux se faire entendre. Leurs conversations peuvent être si continues qu'il n'a guère de chances de dialoguer avec vous.*
Il est dans un groupe qui manque d'adultes par rapport au nombre d'enfants.	*Il peut être sevré de conversation avec un adulte familier et/ou est malheureux.*
Il est peut-être gardé par une employée étrangère ou une jeune fille au pair.	*Toutes deux trouvent plus facile d'agir que de parler. Il a besoin d'un modèle adulte bavard.*
Sa famille est bilingue.	*C'est plus long d'apprendre deux langues.*

Balbutiement, bégaiement A cet âge, les idées de l'enfant sont plus abondantes que son vocabulaire. Il trouve difficile d'exprimer ses pensées sans à-coups, surtout lorsque le fait d'avoir à chercher le terme exact interrompt son flux verbal. Quand il est excité ou ému, il veut parler mais son débit se hache.

La plupart des enfants ont à cet âge un débit inégal et saccadé mais il est rare que cela devienne un véritable bégaiement. L'important est que vous restiez calme (même si l'un de vous bégayait étant enfant, ce fait vous sensibilisant à l'éventualité du défaut chez votre enfant), et que vous acceptiez sans broncher sa façon de parler. Si vous pouvez l'empêcher de se sentir nerveux ou conscient de sa parole, il se débarrassera presque certainement tout seul de son défaut.

Écoutez ce que dit l'enfant et non la façon dont il le dit. Ne le pressez pas, ne finissez pas ses phrases, ne lui dites pas de parler plus distinctement ou plus lentement. La parole est consciente mais pas le mécanisme de production des sons. Si vous l'obligez à penser à la façon dont il prononce un mot, vous allez le faire hésiter, tout comme votre souffle devient irrégulier lorsque vous prenez conscience des mouvements d'expansion et de contraction de votre thorax.

Qu'il sache que vous appréciez ce qu'il dit. S'il voit qu'il n'est pas capable de vous intéresser, il se sentira mal à l'aise.

Facilitez-lui la communication verbale. S'il doit toujours faire taire son frère et répéter les choses dix fois avant de capter votre attention, il prendra l'habitude de bredouiller.

Si, avant son entrée à l'école, vous commencez à craindre que son balbutiement se transforme en un véritable bégaiement, posez-vous, avant d'envisager une rééducation de la parole qui lui fera prendre intensément conscience de son défaut, ces deux questions :
— Essaie-t-il de contrôler les muscles de son visage, ses lèvres ou sa langue, ce qui le fait grimacer, quand il achoppe sur un mot ? S'il le fait, c'est qu'il a déjà conscience d'une difficulté.
— Se parle-t-il à haute voix sans bégayer quand il est seul ? Si oui, son bégaiement, lorsqu'il s'adresse à autrui, est presque certainement dû à l'anxiété causée par la pression excessive exercée sur lui.

Diminuez le stress dans tous les domaines de sa vie quotidienne. Soyez pour lui pendant un certain temps plus présente, chaleureuse et gaie que d'habitude. Si son bégaiement ne cède pas, demandez à votre médecin l'adresse d'un orthophoniste qui le rééduquera avant que son manque de confiance en cette nouvelle possibilité de communication ne sape sa confiance en ses autres talents.

Le parler enfantin Certains enfants continuent fort longtemps à parler comme des tout-petits. C'est comme s'ils refusaient d'accepter les mots et les expressions adultes dans certains domaines et voulaient continuer à employer les mots de leurs débuts : « Tocholat-à-bébé » demande l'enfant de quatre ans tout à fait capable de dire : « Je veux du chocolat. » Bien souvent, ces enfants-là ont remarqué que les adultes trouvent leur babillage « mignon ». Peut-être les visages des grandes personnes s'adoucissent-ils dès qu'ils s'expriment ainsi. Peut-être vous adressez-vous à eux en ces termes. Peut-être votre fils a-t-il surpris des conversations au cours desquelles vous souteniez à vos visiteurs incrédules que vous comprenez « son moindre mot ».

Et puis, soudain, vous vous apercevez que la plupart des gens ne peuvent pas le comprendre et que cela va lui causer bien des ennuis à l'école. Ou bien, vous le regardez un jour, dans ses nouveaux jeans et son tee-shirt d'Astérix et vous réalisez (un peu tard) que son langage n'est pas du tout adapté à son âge.

Il est évident qu'il serait extrêmement traumatisant pour lui de vous opposer brutalement à des façons que jusqu'alors vous sembliez approuver. Mais prenez la décision de ne plus jamais vous laisser attendrir par ce langage « bébé » ou l'imiter ; traduisez tout ce que l'enfant dit en bon français, afin de comparer sa version à la vôtre. Après quelques mois, l'enfant l'abandonnera complètement.

Quelques autres formes de langage enfantin sont cependant fort utiles. Quand les enfants ne connaissent pas le nom de quelque chose, ils lui attribuent souvent un nom très imagé. Des croquettes au nom compliqué seront baptisées « cra-cra », une couverture adorée « dort-doux ».

Ces termes montrent que l'enfant pense aux mots et les plie à son usage. La famille les adopte souvent et pourquoi pas ? Ils forment un pont entre le langage enfantin et celui des adultes et leur utilisation par autrui prouve à l'enfant qu'il peut inventer des mots sensés et riches. C'est facile de lui apprendre alors les noms appropriés tout en lui laissant tirer plaisir de ceux qu'il a créés.

Le moulin à parole La plupart des bambins de trois ou quatre ans parlent sans arrêt. Avec un vocabulaire de 500 mots, ils prononcent 20 000 mots par jour. Que de répétitions ! Certains parents en sont exaspérés. Mais *il faut* que l'enfant parle, il lui *faut* produire des sons. Il lui faut, avec ses mots, essayer diverses applications et combinaisons.

L'enfant essaie d'utiliser chaque mot en l'accolant à un autre. Il peut dire : « Papa parti » lorsque son père part travailler. Puis il commence à explorer la pièce à la recherche d'autres mots utilisables avec « parti » : « déjeuner parti », « eau partie », « chien parti ». Quand il a épuisé la gamme des choses visibles, il fouille son esprit : « arbre parti, Pierre parti, lit parti, maison partie, moi parti... » C'est absurde, bien sûr, en ce sens que ce qu'il dit n'est pas la vérité, mais cela a un sens tout de même parce qu'il justifie l'usage du mot.

Faites-en un jeu avec lui. Il ne peut réellement penser que l'arbre est parti puisqu'il le regarde en disant cela. Il joue avec les mots. Faites-le, vous aussi. Regardez-le et dites : « Pantalon parti ? » ou cachez-vous à moitié derrière un double rideau et dites : « Maman partie ? » Il rugira sans doute de rire et enchaînera.

Absurdités non-sens grossiers Les mots sont choses puissantes et la possibilité de les manier rend l'enfant de cet âge beaucoup plus capable de contrôler son propre monde.

S'il découvre des mots ayant un pouvoir particulier sur les gens, il peut les employer à longueur de journée. « Pi-pi ! » crie-t-il. S'il obtient une réaction, il ajoute : « Ti-ti », puis « Piss-Piss » pour faire bonne mesure.

Si vous l'ignorez, il ne poussera sans doute pas plus loin. Si vous le grondez, alors là, vous allez un peu loin : pourquoi le grondez-vous ? pour un mot ? Un mot *peut-il* être vilain ? Non bien sûr. Si vous vous lancez dans des explications, à savoir que ce mot est vilain sauf quand il est utilisé dans un contexte convenable, vous allez le troubler profondément.

Il veut communiquer et a besoin que vous participiez

Si ce genre de chose vous ennuie, la meilleure façon de lui répondre est de substituer aux siennes quelque absurdité de votre cru, mais moins « vilaine ».

Tous les enfants de cet âge adorent les comptines du genre « Am stram gram, pic et pic et colegram, bour et bour et ratatam... » S'il vous ressasse la même, apprenez-lui en une autre : « Un éléphant qui se balançait... », par exemple.

L'enfant qui aime les comptines est prêt pour les rythmes et les sons de la poésie, même s'il ne comprend pas tous les mots. Vous pouvez lui lire bien des poésies tendres et charmantes qui l'aideront à écouter, à penser aux mots et à les aimer. Il pourra alors se lancer, à l'école, lorsqu'il devra faire des exercices de création.

Insultes, paroles de colère
Nous essayons d'apprendre aux jeunes enfants à parler au lieu de frapper. L'ennui, c'est que tout en enseignant cela, les parents n'apprécient pas plus les termes de colère que les gestes. L'enfant s'attire des ennuis s'il vous attaque comme s'il voulait vous tuer mais il s'en attire également s'il reste figé sur place en hurlant : « Je te tuerai ! »

Un enfant qui parle ainsi est en général apeuré. La puissance de sa fureur l'effraie et il ne sait pas très bien jusqu'où va son pouvoir. Il ne sait pas qu'il lui serait quasiment impossible de vous faire vraiment mal. Il désire que vous l'en empêchiez, que vous le contrôliez quand il perd sa maîtrise de soi. Si vous vous laissez aller à la colère à cause de ses paroles et que vous lui répondez, vous augmentez sa peur. Vous n'avez aucune raison de vous mettre en colère. Il fait preuve d'une belle maîtrise en se servant de mots au lieu de vous bondir dessus. Gardez votre calme. Dites-lui qu'il ne vous tuera pas, qu'il ne pourrait pas vous tuer, mais que vous comprenez qu'il est très en colère et que vous en êtes désolée pour lui.

Bien souvent, vous pouvez tourner en plaisanterie les insultes moins graves si vous vous rappelez que c'est un tout petit enfant qui vous appelle « Espèce de vieille vache ! » Il n'y a pas là de quoi réagir comme si c'était un adulte qui vous avait offensée. « Si je suis une vieille vache tu es un petit veau drôlement fâché ! » pouvez-vous lui rétorquer, et l'incident se terminera dans un rire.

Il est important de donner à l'enfant l'idée que les mots ne sont pas mauvais en soi. Vous voulez qu'il les utilise et les aime, qu'il jouisse de ses propres paroles et de celles d'autrui. Aussi, essayez d'appliquer et même de lui enseignez ce vieil adage : « Bâtons et pierres peuvent vous briser les os, mais jamais paroles ne vous blesseront. » Ce n'est évidemment pas tout à fait vrai, mais cela l'est bien assez pour un enfant de cet âge.

Jeu et pensée

Du point de vue de l'évolution de ses activités de jeu et de sa pensée, les différentes étapes que va maintenant traverser votre enfant ne seront pas aussi bien délimitées que celles des années précédentes. En tant qu'explorateur découvrant son petit monde, puis d'homme de science se livrant à des expériences de comportement et à des vérifications de ses capacités (voir p. 305), il a appris un nombre fabuleux de faits séparés et d'aspects différents de ces faits. En même temps commençait à se développer en lui la faculté de réfléchir à ses découvertes. Maintenant, c'est sa capacité de penser, d'imaginer, de créer, de « jouer dans sa tête » qui domine ses activités ludiques. Tout se passe comme si, pendant ses premières années, il avait emmagasiné des fragments destinés à garnir un kaléidoscope, les années précédentes le rendant enfin capable de placer ces fragments dans son esprit et de les agiter sans cesse pour former à volonté des modèles nouveaux et différents. Ce n'est pas seulement sa capacité de penser qui mûrit. Son corps, en particulier son habileté manuelle, croît aussi. Il devient de mieux en mieux capable d'accomplir ce à quoi il pense.

Agrandir son monde

Les conditions de jeu proposées dans la partie précédente pour le tout jeune enfant sont encore valables. Il lui faut, comme alors, un endroit adéquat, une compagnie docile, des partenaires de bonne volonté et un matériel varié. Mais ce n'est pas suffisant. Le monde proche lui est devenu familier et il a besoin d'espace. Avec la maison et sa rassurante solidité comme tremplin, il lui faut des expériences nouvelles, des gens et des objets nouveaux pour nourrir son imagination.

Organiser son univers en expansion

Ce sont les circonstances de votre vie qui vont vous dicter quoi faire pour élargir son univers. Si vous vivez à la campagne, si les adultes travaillent à la ferme ou au jardin, l'enfant les accompagnera et, selon les saisons avec leurs changements et leur cortège de drames quotidiens, il avancera à son propre pas, quittant l'abri de la maison pour aller vers les granges et les champs, se mêlant aux activités des adultes, se faisant des amis de tous ceux qui travaillent la terre. Vous n'avez pas besoin de prévoir des voyages pour un enfant qui a, comme programme éducatif, les foins, l'arrachage des pommes de terre, la tonte des moutons ou la cueillette des pommes.

Si vous vivez dans une communauté fermée riche de nombreux enfants, le même processus d'expansion automatique va se mettre en action. Votre enfant va se rapprocher de plus en plus des autres, les suivre dans leurs déplacements de maison en maison, de jardin en jardin. Un jour, vous aurez à donner à goûter à sept enfants. Le lendemain, vous n'aurez personne parce qu'ils seront tous à « camper » dans le jardin des Durand ou à faire un éventaire de fleurs sauvages ou un champ de foire improvisé avec les enfants Robinson...

Mais hélas ! la plupart des enfants vivent en ville et peu d'entre eux peuvent bénéficier des avantages des communautés fermées. Il vous faudra probablement choisir entre agrandir son univers en lui faisant contacter un groupe, quel qu'il soit, ou vous y employer vous-même. Ce qu'il lui faut à la maison, si celle-ci est son seul univers, est totalement différent de ce qui lui est nécessaire si elle ne constitue que les coulisses de l'expérience avec le groupe.

Ce qu'il lui faut à la maison si celle-ci est tout ce qu'il a	Ce qu'il faut à la maison s'il fait partie d'un groupe
L'ensemble de ses plaisirs, de ses occupations, de son apprentissage est entre vos mains. Il ne fera aucune expérience nouvelle si vous ne l'organisez pas pour lui, n'ira nulle part si vous ne l'y emmenez pas, n'aura aucun matériel de jeu si vous ne le lui fournissez pas, aucun ami de son âge si vous ne lui en amenez pas. Chaque jour, vous aurez à vous demander quelle nouvelle nourriture pour son esprit et son activité physique vous lui avez apportée.	*La majeure partie de ses intérêts et de son énergie est absorbée par le groupe. Son institutrice le fournit en expériences, l'envoie en expédition, lui procure de nouveaux matériels de jeu et l'aide à travailler avec un groupe d'enfants du même âge que lui. Il est probablement sollicité jusqu'à ses extrêmes limites. Votre travail consiste à lui garder la maison avec ses objets familiers exactement comme ils étaient auparavant.*
Ses journées ne sont plus coupées par la sieste et il a besoin de divisions et de changements d'activités et de lieux. Les jeux solitaires d'intérieur, le matin pendant que vous êtes occupée, doivent se terminer vers onze heures pour être suivis par quelque chose de complètement différent : une promenade ou un jeu actif d'extérieur. Il lui faut une routine à la fois prévisible et variée.	*Ses journées sont morcelées par la fréquentation du groupe. Le temps du matin, précédant le départ, n'est qu'une attente. Après son retour, à midi, il peut avoir besoin d'une sieste ou au moins d'un petit repos. Pour le reste de la journée, il lui faut du temps, simplement pour être lui-même : regarder, bricoler.*
Vous êtes la personne qui compte le plus dans sa vie, mais vous ne suffisez pas. Il a besoin de rencontrer toutes sortes de gens. Il a besoin d'autres adultes pour se lier avec eux, d'enfants pour s'en faire des amis. Il lui faut aussi des enfants en groupe pour voir à quoi ressemble la vie de groupe et comment elle fonctionne.	*Dans son groupe, il ne vous a pas et il va avoir d'autant plus besoin de votre attention et de votre temps. Il peut être saturé d'autres gens et désirer la paix et la solitude et non des goûters d'enfants.*
Sans votre aide directe et attentive, il ne pourra pas exiger de lui-même assez de persévérance pour mener à bien une tâche difficile et frustrante. Il a besoin de votre compagnie pour maîtriser ce jeu de patience, découper une couronne assez nettement pour en être content ou peindre sa sculpture de terre glaise.	*Les activités de groupe vont inclure tout le travail attentif qu'il est capable de fournir. Aiguillonné par les autres enfants, il va donner son maximum dans ces jeux éducatifs. A la maison, il lui faudra des jeux faciles et amusants.*
Sans vos idées, vos informations, le monde des jeux éducatifs lui restera fermé. Il ne peut concevoir tout seul l'idée de livre, de disque, d'un programme de radio. Il a besoin de vous pour les aborder.	*Selon les groupes, l'accent est mis sur différents secteurs d'activité. Vous devez lui donner ce que le groupe ne lui fournit pas. Il est possible qu'il ait besoin de jeux d'extérieur turbulents. Ou bien, s'il a grimpé, pédalé, s'il s'est balancé toute la matinée, il souhaite peut-être que vous lui racontiez des histoires.*
Tout être humain a besoin de moments intenses et de vacances. Coupez ses semaines, son hiver, son année, comme ses jours. Les mercredis, ou les dimanches, les jours de fête, doivent être particuliers ; les anniversaires sont importants. Même le premier jour du printemps peut être marqué d'une pierre blanche.	*Dans la vie des groupes, il y a de nombreux jours spéciaux : la fête des Mères, le dernier jour du trimestre, la fête de Noël, les expositions de dessins... A la maison, laissez les semaines se dérouler sans heurts.*

Si vous êtes sa seule ressource

Peu à peu, le fait d'élargir les horizons de votre enfant sans beaucoup d'aide extérieure va créer entre vous un nouveau niveau de communication. En l'écoutant, en réfléchissant à ses questions (voir p. 386), vous pouvez suivre les progrès de sa pensée. En lui parlant, vous lui donnez à la fois des informations et des idées et vous pouvez le mêler directement à ce que vous observez et faites ensemble. Si vous restez attentive à la façon dont il est censé penser et éveillée à ses commentaires, vous pouvez transformer pour lui le fait le plus ordinaire en un passionnant événement. Une ambulance, par exemple, va probablement provoquer le commentaire suivant : « Pourquoi elle fait ce bruit ? » Vous pouvez prendre sa question comme prétexte pour rendre vivant le drame de la conduite rapide des malades à l'hôpital. Vous pouvez lui raconter que les ambulances ont priorité sur le reste du trafic. S'il continue à poser des questions, vous pouvez l'emmener, un jour, à l'hôpital le plus proche pour lui montrer des infirmières en uniforme.

Vous pouvez aussi lui faire partager votre routine quotidienne : le supermarché est depuis longtemps un de ses endroits favoris mais maintenant il peut repérer des articles pour vous, aller vous les chercher lorsqu'ils sont à sa portée, pousser le chariot au lieu de se faire voiturer dedans et même vous choisir une marque de gaufrettes.

Avec des mots, vous pouvez l'aider à réfléchir au sujet des gens. Le facteur, pour un tout-petit, est un homme qui a une voiture jaune, une casquette et un tas de paquets et de papiers de formats différents. Pour votre enfant, à présent, c'est aussi quelqu'un qui se lève tôt le matin, remplit sa voiture de mille choses, apporte aux gens leurs journaux et leurs lettres et qui a bien souvent maille à partir avec leurs chiens. Vous aussi devenez réelle pour lui. Laissez-le penser à vous en tant que personne. Parmi tout ce qu'il vous voit faire tous les jours, qu'aimez-vous vraiment faire ? Qu'attendez-vous ? Que faites-vous dans ce mystérieux endroit appelé « travail » ?

Si son imagination et sa curiosité sont bien alimentées par des nouveautés à voir, à sentir et à comprendre, vous verrez ses jeux se modifier. Si vous l'observez et l'écoutez, sans intervenir, vous découvrirez comment il utilise les idées et l'aide que vous lui proposez.

Jeu dramatique

L'enfant de cet âge « joue » souvent à être quelqu'un d'autre. Il essaie tout ce qu'il voit faire par les adultes, pas seulement en les imitant (ce que fait un tout-petit) mais en essayant de se mettre à leur place, d'être eux. S'il est un bâtisseur, il ne pense pas simplement au sable et aux briques, mais à la sueur et au langage.

Bien qu'il puisse adorer se déguiser, il n'a pas besoin de costumes compliqués. C'est dans sa tête que se fait la métamorphose. Les accessoires sont plus utiles que les vêtements. Au détective une énorme loupe, à une marchande un tiroir-caisse, au chevalier une épée.

Il utilise parfois les jeux dramatiques pour revivre des incidents qui ont affectivement compté pour lui. Avec l'habitude, vous pouvez les voir venir. Une nuit à l'hôpital, par exemple, va se traduire par un débordement de jeux d'hôpital et mérite une trousse de médecin ou un uniforme d'infirmière. Vous pouvez l'entendre raconter à son ours que : « C'est juste mon machin pour écouter... reste tranquille, ça ne fait pas mal... pas beaucoup. »

Ne soyez pas trop attentive et ne participez pas à ces jeux-là. C'est une pièce à un seul personnage et ce personnage, c'est l'enfant. S'il joue à l'hôpital, il n'a pas envie que vous soyez l'infirmière et lui le malade. C'est son scénario et c'est lui le docteur. Son malade est une figure vague et plus jeune que lui, une poupée, un jouet en peluche ou un personnage imaginaire. Si par hasard vous jouez un rôle, il est tout à fait secondaire. On fera peut-être appel à vous comme habilleuse, ou fournisseur d'une « petite pilule rose ». Sinon, éloignez-vous discrètement. C'est un univers personnel qu'il se crée pour lui seul à partir du matériel brut formé par le monde réel que vous lui montrez.

Créations et dessins

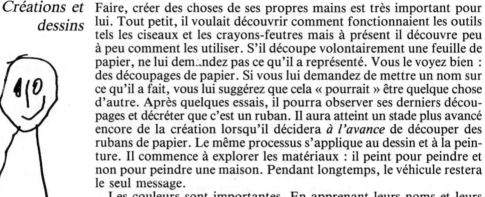

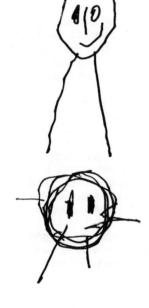

Faire, créer des choses de ses propres mains est très important pour lui. Tout petit, il voulait découvrir comment fonctionnaient les outils tels les ciseaux et les crayons-feutres mais à présent il découvre peu à peu comment les utiliser. S'il découpe volontairement une feuille de papier, ne lui demandez pas ce qu'il a représenté. Vous le voyez bien : des découpages de papier. Si vous lui demandez de mettre un nom sur ce qu'il a fait, vous lui suggérez que cela « pourrait » être quelque chose d'autre. Après quelques essais, il pourra observer ses derniers découpages et décréter que c'est un ruban. Il aura atteint un stade plus avancé encore de la création lorsqu'il décidera *à l'avance* de découper des rubans de papier. Le même processus s'applique au dessin et à la peinture. Il commence à explorer les matériaux : il peint pour peindre et non pour peindre une maison. Pendant longtemps, le véhicule restera le seul message.

Les couleurs sont importantes. En apprenant leurs noms et leurs rapports, découvrant que le rose est quelque peu lié au rouge, il les explore délibérément. Il peut peindre 57 arcs-en-ciel dans sa semaine. Donnez-lui ce qu'il faut et laissez-le en paix. S'il veut des commentaires, tenez-vous-en à ce que vous voyez sur le papier : « J'aime bien cette couleur » est une appréciation sans danger ; tandis que : « Est-ce que c'est Papa ? » est une question qui, ou bien vous fera paraître à ses yeux indiciblement stupide (puisque l'idée de représenter quoi que ce soit ne lui était pas venue à l'esprit) ou bien le fera se sentir mal à l'aise : « Cela devrait-il être Papa ? »

Ses dessins vont passer spontanément par différents stades. A trois ans, il trouve plus facile de tracer des lignes verticales et des cercles que des lignes horizontales et exécute des gribouillis verticaux ou circulaires. Mais bientôt, un jour arrive où il découvre dans son barbouillage quelque chose qui lui rappelle une personne. S'il a fait un rond, il ajoute quelques traits pour les membres et peut-être des points pour les yeux. Puis il baptise son premier dessin figuratif : « Un bonhomme. »

A quatre ans, il décide de dessiner une personne au lieu de gribouiller d'abord et de nommer ensuite. Son bonhomme a une tête arrondie, avec des yeux et parfois un nez et une bouche. De la tête partent les jambes. Le bonhomme n'a pas de corps et probablement pas de bras. Pendant sa cinquième année, son bonhomme devient de plus en plus ressemblant. A cinq ans, il peut avoir une tête et un corps, des jambes avec des pieds, des bras terminés par des mains et même quelques vêtements, matérialisés par des boutons ou une ceinture.

Jeux salissants

L'eau, la terre, la boue, la pâte ou le sable servent bien souvent de base à des jeux dramatiques ou créateurs, parfois aux deux. Dans une certaine mesure, l'enfant peut se livrer à ces activités en utilisant seulement son imagination. Il peut par exemple passer l'après-midi dans son bac à sable mais il ne joue pas avec du sable : il fait du « ciment » dont il remplit consciencieusement toutes les fissures du dallage.

Mais il a besoin d'aide pour développer et appliquer les leçons apprises auprès des matériaux naturels. Sa connaissance des volumes est en progrès, mais il n'a pas besoin d'y penser tandis qu'il verse de l'eau en jouant : le débordement fait partie du jeu. Il a besoin de découvrir que sa boue débordera de la même façon que le lait s'il n'arrête pas à temps de verser.

Il lui faut s'exercer de façon à mêler l'utile à l'agréable : il a tout sali avec de la pâte ; le moment est venu de faire des vrais petits gâteaux. Il a mélangé sable et eau pour en faire des galettes et va poser des questions sans fin sur le « pourquoi elles éclatent dans le four ».

Construire, Il y a pour cela des jeux dits « éducatifs » et c'est sans doute pour cette
compter, raison qu'ils forment la majorité des achats de jouets. Mais bien des
assembler enfants de cet âge les trouvent insipides et, si vous possédez un placard rempli de jouets quasiment neufs réfléchissez bien avant d'en acheter de nouveaux.

Votre enfant n'a aucun besoin de « jeux éducatifs » pour s'éduquer. Il peut se livrer à toutes les activités intellectuelles suscitées par ce genre de jeux s'il a à sa disposition un matériel qui se prête à des utilisations variées et fait appel à son imagination. Il en possède certainement, en particulier des briques ou des Lego.

Développer ce genre de jeux l'exerce à utiliser ses connaissances et son habileté manuelle là où il voit qu'elles sont utiles. Compter sur un boulier est un jeu. Mais compter une par une les cuillers pour le dîner ou les boîtes de nourriture pour le chat au supermarché a aussi son utilité.

Il n'a pas besoin de jeux de construction pour construire. Il peut construire avec ses briques, ranger vos draps propres en piles bien nettes dans l'armoire à linge ou construire un château avec des boîtes de carton.

Assembler avec soin et précision fait partie de l'organisation de sa vie. S'il est capable de ranger les couverts dans le tiroir à comparti- ments et d'apprendre à ouvrir la porte d'entrée avec votre clé, il peut dédaigner les « joujoux ».

Il peut apprendre progressivement à utiliser des outils d'adultes et le fait que vous les lui prêtiez accroîtra son plaisir. Avec vos conseils, il améliorera son adresse et risquera moins d'accidents. Il peut se servir d'un fouet pour battre les œufs de l'omelette, manier un petit couteau, et commencer à se servir d'outils légers de jardi- nage et de menuiserie.

Activité physique Nous l'avons déjà vu : l'enfant essaie à fond ses limites et s'engage tout entier dans ses activités. Mais même là vous pouvez l'aider à déve- lopper ses jeux pour lui donner accès au monde réel et sérieux des gran- des personnes. S'il sait grimper sur une échelle, il peut aussi bien monter sur l'escabeau pour vous attraper l'objet dont vous avez besoin. S'il peut courir vite, il peut se précipiter pour répondre au téléphone avant l'arrêt de la sonnerie. S'il sait sauter, il peut traverser le ruisseau à gué en sautant de pierre en pierre et vous assister de son orgueilleuse jeune force pour porter votre sac à provisions.

L'adresse physique acquise pendant ces années-là ne se perd prati- quement jamais. Réfléchissez : pensez à tout ce qu'il devra être capa- ble de faire plus tard et que vous pouvez lui enseigner maintenant. Avec de l'aide et de la patience, il peut apprendre à monter sur une bicyclette. Il peut adorer jouer à la marelle, sauter à la corde, jeux qui le feront se sentir sûr de lui pendant les récréations à la grande école. Si cela vous est possible, apprenez-lui à faire du ski, à patiner.

Musique Tout être humain a le sens du rythme. La vie entière est d'ailleurs basée sur des rythmes, depuis les saisons jusqu'aux battements de nos cœurs. Mais tandis que tout enfant pourvu d'une audition normale peut percevoir les sons différents qui composent la musique, il a été récemment découvert que l'éducation peut lui apprendre à les interpréter, à les entendre en tant que musique et à les reproduire de la voix. Plus l'enfant entend de musique, plus celle-ci aura de signification pour lui.

Ce n'est pas parce qu'il souffre d'un manque fondamental qu'un enfant ne peut pas retenir un air ou chanter juste : c'est parce qu'on ne le lui a jamais appris. Vous pouvez apprendre à votre enfant à être musicien même si vous ne pouvez lui inculquer ce talent mystérieux nommé « don musical ». Écouter, chanter avec vous des chansons simples fait partie de cet enseignement, mais un enfant a besoin également d'un enseignement plus structuré. Un xylophone (que vous achèterez chez un marchand d'instruments de musique et non de jouets) est un excellent instrument à percussion. Avec ou sans votre aide, l'enfant produira et écoutera des sons purs, doux ou forts, aigus ou graves, qui sont les mêmes ou différents les uns des autres. Il découvrira tout seul que deux notes, à une octave d'écart, sont les mêmes bien que différentes alors que deux notes, à quatre notes d'écart seulement, sont complètement différentes. Au Japon, des enfants de deux ou trois ans apprennent à jouer du violon ; dans les écoles maternelles anglaises, les enfants s'initient au pipeau. Si, à trois ou quatre ans, votre enfant s'intéresse aux sons autant qu'aux couleurs ou aux galipettes, il pourra bientôt apprendre le piano.

Livres Dans ce domaine, l'enfant a absolument besoin de vous. Il ne sait pas ce que sont les livres ni ce qu'ils racontent. Il lui est impossible d'imaginer le plaisir qu'il peut en tirer.

Presque tous les petits adorent regarder les livres d'images et écouter la lecture à haute voix. Mais ce sont ces années-ci, précédant l'école, qui représentent la période idéale pour développer chez votre enfant la connaissance et l'amour des livres et de tout ce qu'ils recèlent.

Il lui faut trois sortes de livres. D'abord, les livres d'images. En « lisant » les images, il se prépare à lire les mots. Les deux sont d'ailleurs des symboles, les mots étant seulement un tout petit peu plus abstraits que les images. Regardez-les avec lui. Aidez-le à examiner chaque illustration dans le détail. Combien d'oiseaux dans cet arbre ? Que fait le petit garçon, là-bas, derrière ? Essayez de trouver des livres munis de grandes illustrations colorées, détaillées, au lieu d'images conventionnelles.

Les histoires très illustrées sont aussi très importantes. Si vous les choisissez bien, il pourra suivre l'histoire que vous lui lirez en regardant les images ou au moins vous arrêter pour bien étudier les points principaux. Vous venez de lire une histoire d'enfants prêts à se rendre à un goûter : maintenant, sur cette page, il peut voir le goûter, examiner comment sont vêtus les enfants et ce qu'on leur sert.

Vos propres livres sont également importants. Il a besoin de sentir que les livres comptent pour vous, les adultes, autant que pour les enfants. Si vous lisez pour votre plaisir, il comprendra cela automatiquement. Sinon, essayez parfois de chercher une réponse à ses questions dans un livre ou de lui trouver à regarder une illustration intéressante. Les livres sont aussi utiles qu'amusants : montrez-le-lui.

Problèmes de jeu

Le monde ludique d'un enfant lui est tout à fait personnel. Il serait idéal que personne ne s'en mêle dans la mesure où l'enfant ne se nuit pas ou ne nuit pas à autrui. Mais certains problèmes peuvent se poser.

Armes, guerre, violence

Dans toutes les civilisations, filles et garçons pratiquent des jeux guerriers à vous glacer le sang. S'il vous est désagréable d'avoir dans votre maison des fusils-jouets et des jeux de guerre vidéo, personne ne vous oblige à en acheter. Mais ne soyez pas surpris ou déçu de voir votre enfant se faire un fusil d'un bâton ou transformer un simple jeu de « chat » en Troisième Guerre mondiale. Même si votre enfant n'entendait que des histoires choisies dans la Bible, il y trouverait des tas d'idées de jeux de guerre.

A ce stade, il vaut mieux accepter les jeux pour ce qu'ils sont : des jeux, en comprenant que l'enfant n'a encore aucune notion des réalités. « Pan, tu es mort », ne signifie ni plus ni moins que : « Je suis le plus fort. » Le comportement des personnes de la famille ou de son entourage est réel pour l'enfant et c'est d'après leur modèle qu'il va se forger une attitude envers la violence ou la non-violence. Vous pourrez aussi l'aider à distinguer la réalité de la fiction, les agents de police et de son quartier des super-héros de la télévision, les comportements que vous approuvez de ceux que vous jugez mauvais. Mais cette éducation se fera par le biais de votre propre comportement et de vos paroles, non en interdisant de façon apparemment arbitraire certains jeux et jouets.

Différences entre les sexes

Le fait que les enfants naissent filles ou garçons ne doit pas les priver d'explorer tous les aspects de l'être humain. Ne faites aucune différence entre les jouets « pour les filles » et ceux « pour les garçons », et proposez à votre enfant tous les jeux ou jouets qui vous paraissent susceptibles de lui plaire sur le moment. C'est plus facile à dire qu'à faire : des familles, ravies de se montrer avec leur fille déguisée en roi, font la grimace à l'idée de sortir dans la rue avec leur fils costumé en reine... Des pères, qui promènent volontiers leur bébé dans sa poussette, rechigneront à l'idée d'être vu en compagnie de leur fils poussant un landau de poupée. L'orientation sexuelle de votre enfant ne sera pas faussée par les jeux de son enfance. Si vous laissez votre fille changer de rôle mais pas votre fils, vous contribuerez inévitablement au maintien des inégalités entre les sexes dans lesquelles nous sommes encore tous empêtrés.

Toutefois, l'antisexisme délibéré dans le domaine des jeux n'est pas plus efficace que le pacifisme délibéré. On ne peut forcer une petite fille à abandonner ses poupées ou ses dînettes pour des trains ou des petites voitures, en bannissant les premiers et en ne lui achetant que les seconds.

Télévision

Il est facile de s'insurger contre la place que la télévision occupe dans la vie des enfants. Image et son, mouvement et couleurs en font un moyen de communication facile, qui nécessite moins de concentration que la lecture ou la radio. Au contraire d'un jeu avec une personne réelle ou des objets, elle n'exige aucune participation physique, aucune manipulation. Aussi, nombreux sont les parents et les éducateurs qui voient la télévision comme une dévoreuse de temps pleine de séduction, un média qui détourne l'enfant d'autres activités tels la lecture, la musique ou le jeu.

Bien sûr, la télévision occupe une place prépondérante, donc négative, dans la vie de certains enfants, mais elle peut aussi jouer un rôle positif. Ces mêmes qualités qui la rendent séduisante font d'elle un magnifique support pour l'éducation dans son sens le plus large. Parce qu'elle est attirante, l'enfant qui ne reste pas encore assis devant un bon livre d'histoire naturelle regardera une émission sur la nature et peuplera son esprit d'images et de merveilles qu'il n'aurait pu concevoir sans elle. Un enfant de la ville peut découvrir d'où viennent les bouteilles de lait et un petit campagnard voir des villes surpeuplées, le président de la République ou la reine d'Angleterre. Et tous les enfants ont la possibilité de prendre conscience de la diversité des peuples et des modes de vie dans ce monde immense et complexe dans lequel ils vivent, ce qu'ils n'auraient jamais pu imaginer sans cela.

Ce qui importe, c'est ce que l'enfant regarde et aussi l'équilibre à préserver entre la télévision et ses autres activités. Et cela dépend des parents. Si vous ne lui permettez de regarder que de courtes émissions que vous approuvez pleinement et résistez à la tentation de le laisser regarder un quart d'heure de plus pendant que vous finissez un travail important, votre enfant acceptera vos programmes choisis avec soin. Et c'est encore mieux si vous pouvez les regarder et en parler avec lui. S'il ne sait pas que la télévision peut être cette source de spectacle permanent et facile, il ne vous harcèlera pas pour la regarder davantage, au moins jusqu'à ce qu'il puisse consulter lui-même les programmes et rejouer les scènes des feuilletons dans la cour de l'école avec ses petits camarades. Et à cette époque-là, avec un peu de chance, sa vie sera déjà bien trop remplie pour que la télévision puisse s'y tailler une place excessive. Mais si vous allumez la télé pour le faire taire et vous réserver une demi-heure de tranquillité, si vous laissez la nourrice ou la baby-sitter l'utiliser pour le « distraire » pendant qu'elles se reposent, si vous la gardez allumée en permanence comme ambiance sonore et visuelle pour compenser l'absence de compagnie, votre enfant aura de plus en plus recours à la télévision dès qu'il aura terminé une activité sans avoir prévu la suivante. Piégé par ces images mal comprises et ces sonorités attirantes, suçant son pouce, à la dérive, il aura de plus en plus de mal à se libérer de son emprise et à reprendre le cours de la vie réelle.

Une programmation sélective peut se trouver facilitée par la vidéo qui vous permet d'enregistrer des émissions enfantines pour les projeter à l'enfant aux heures qui conviennent à la vie familiale. Mais n'employez ce système que si vous êtes certaine de ne pas être son esclave. Une fois que l'enfant aura compris qu'il suffit d'appuyer sur un bouton pour faire apparaître son épisode favori d'une série, il va vous le réclamer indéfiniment. Et si vous vous surprenez à penser : « Pourquoi pas, après tout ? », quand il vous le demandera à dix heures du matin, vous pourrez très bien réagir de la même façon à trois heures de l'après-midi... et permettre ainsi à son comportement télévisuel de se constituer.

Si *vous* ne regardez que les programmes que vous avez envie de voir — et vous donnez la peine de les prévoir —, vous trouverez facile d'apprendre à votre enfant à faire de même. Et si un magnétoscope vous permet d'organiser pour chacun des membres de la famille des programmes qui ne gênent pas les activités familiales, il n'y a pas de raison pour que le sport du week-end prive un enfant de la compagnie de son père ou que les émissions enfantines du mercredi après-midi l'empêchent d'aller jouer avec ses petits camarades.

Éducation

En entrant dans la véritable enfance au sortir de ses premières années, votre enfant doit apprendre à évoluer dans un monde plus vaste que sa propre famille. La société attend des gens d'innombrables modèles de comportement et si, à trois ans, on n'est pas censé les avoir tous acquis, les années précédant l'entrée à l'école représentent la période idéale pour commencer à les assimiler.

Les petits enfants enregistrent presque tout ce que les adultes essaient de leur inculquer. Ils aiment apprendre parce qu'ils veulent savoir et ils veulent tout particulièrement savoir comment se comporter parce qu'ils désirent avant tout vous contenter. Mais ce processus, qui devrait être aussi agréable qu'intéressant pour vous deux, est souvent gâché par le mot terrible de « discipline » avec sa sombre escorte « désobéissance » et « malhonnêteté ».

Si, en tant que parents, vous aimez votre enfant, si vous êtes fiers de lui et contents d'avoir fait jusqu'à présent du bon travail, vous devez pouvoir le guider sans jamais avoir à vous préoccuper de « discipline ». L'enfant a son caractère et vous le vôtre. Tout comme vous, il peut faire des erreurs et, comme tout le monde, fait parfois ce qu'il a envie de faire au lieu de ce qu'il devrait faire. Si tout ce que vous désirez est de continuer à faire bon ménage avec lui en vous considérant l'un l'autre comme des créatures humaines, il se peut que vous n'ayez aucun problème. Ne lisez pas ce chapitre, qui vous ennuierait : il est écrit pour les millions de parents qui ne se sentent pas capables d'avoir cette attitude parce qu'ils ont, eux-mêmes, un problème avec la discipline.

Qu'est-ce que la discipline ? Le dictionnaire la définit comme « ... règles de conduite communes aux membres d'un corps, d'une collectivité... » Une personne disciplinée est définie comme quelqu'un de « soumis à une règle ». Le mot lui-même, avec toutes ses implications menaçantes, punitives, fausse nos tentatives pour montrer aux enfants la meilleure façon de se conduire. Vous pouvez toujours obtenir de votre enfant qu'il vous obéisse, vous dise la vérité, fasse ce que vous lui ordonnez et craigne votre mécontentement ; mais rien de tout cela ne vous aidera à le garder sain et sauf, honnête et bon, si vous n'êtes pas à ses côtés pour lui dire quoi faire. Et vous ne serez pas toujours avec lui.

Une véritable discipline a pour but de construire chez l'enfant ce que nous appelons la « conscience morale ». C'est une autodiscipline qui, un jour, l'empêchera de faire ce dont il a envie et l'incitera à se conduire comme il le doit même s'il n'a aucun témoin pour lui dire quoi faire ou voir s'il fait mal. Dire à l'enfant ce qu'il doit — et ne doit pas — faire est seulement un moyen d'atteindre ce but. Ce que vous lui apprenez n'acquiert sa valeur que lorsqu'il a intériorisé et fait siennes les instructions que vous lui avez données.

S'autodiscipliner prend du temps. Quand il était bébé, vous aviez à être lui. Vous agissiez à sa place chaque fois qu'il ne pouvait agir, vous pensiez pour lui. Plus tard, vous avez dû le laisser commencer à se débrouiller seul tout en veillant étroitement à sa sécurité, sa sauvegarde, son comportement social. A présent, il est prêt à apprendre comment se protéger seul et se conduire convenablement. Vous allez lui montrer comment réagir dans d'innombrables situations et circonstances ; lui apprendre que ces comportements variés se réfèrent tous à quelques rares principes de base d'une importance capitale. Puis, peu à peu, vous allégerez votre contrôle et le laisserez appliquer seul ces principes parce qu'il les aura intériorisés et fait siens.

La première règle d'une discipline efficace est : « Fais aux autres ce que tu voudrais qu'on te fasse. » L'enfant ne vous rendra pas plus de politesse, de considération, de coopération, que vous ne lui en offrirez. Vous pouvez établir là quelques lois d'échange. S'il demande de l'aide pour son jeu de patience et si vous lui répondez que vous êtes trop occupée, s'il vous marche sur le pied et que vous le grondez bruyamment, il ne sera guère disposé à vous aider à mettre la table ou à vous excuser facilement lorsque vous lui tirerez les cheveux en le peignant.

Faites en sorte que le bon comportement soit toujours récompensé et que le mauvais ne le soit pas. Pour évident que cela paraisse, c'est en vérité loin de l'être : si vous emmenez votre enfant faire les courses et s'il pleurniche pour avoir des bonbons, vous pouvez lui en acheter pour avoir la paix. Mais s'il ne vous en réclame pas, le récompensez-vous par un bonbon ou une sortie distrayante ?

Soyez positive : « Fais » est meilleur que « Ne fais pas ». Les petits enfants aiment l'action, détestent l'inaction. Ils réagissent beaucoup mieux si l'ordre qu'on leur donne est positif. « Tu ne peux pas laisser ton tricycle là ! » est un défi. Il pense : « Mais si, je peux, regarde ! » Au contraire : « Range ton tricycle contre le mur pour que personne ne bute dedans » énonce une chose positive qu'il peut faire.

Soyez claire. Même les ordres positifs sont inefficaces s'ils sont vagues. « Sois sage ! » sonne comme quelque chose de positif, mais n'a aucun sens pour un enfant de cet âge. Ce que vous voulez dire, au fond, c'est : « Ne fais rien qui puisse me déplaire », ordre impossible car l'enfant ignore ce que vous n'aimez pas !

Expliquez toujours pourquoi. Sauf urgence, où les explications peuvent attendre, c'est offenser l'intelligence de l'enfant que de lui dire de faire quelque chose sans lui expliquer pourquoi. « Parce que ! » est un genre de réponse qui n'apporte rien d'utile. Sans raison, l'enfant ne peut insérer cet ordre particulier dans le schéma général de bonne conduite qu'il est en train de se construire.

« Repose cette pelle où tu l'as prise », lui dites-vous sèchement. Pourquoi ? Parce que c'est dangereux ? Sale ? Fragile ? Parce que vous voulez être sûre de la trouver lorsque vous en aurez besoin ? Si vous lui dites qu'elle appartient aux maçons qui ont le droit de la retrouver là où ils l'ont rangée, il pourra se servir de cette idée en d'autres occasions. Mais si vous lui dites « Parce que ! » vous ne lui apprendrez rien.

Gardez les « Ne fais pas » pour les véritables interdictions. Dire à l'enfant de « ne pas faire » convient seulement lorsque vous voulez lui interdire une action une fois pour toutes. Si vous voulez simplement lui interdire une façon de faire momentanée, dans une circonstance particulière, tournez votre phrase de façon qu'elle devienne positive. Par exemple : « Ne m'interromps pas quand je parle » n'est pas approprié. Il y a des tas de fois où vous pouvez souhaiter qu'il vous interrompe — pour vous dire que l'eau des pommes de terre déborde, que son frère pleure, qu'il a besoin d'aller aux toilettes.

Les « Ne fais pas » sont des règles absolues. Pour peu qu'elles soient peu nombreuses, l'enfant les acceptera probablement volontiers surtout si vous lui en donnez les raisons.

« Ne grimpe jamais sur cet arbre, il est dangereux. » Si vous insistez et ne le laissez pas essayer, même une fois, cet arbre-là lui sera connu comme défendu.

« Ne traverse jamais sans une grande personne » peut rester une règle tant que vous ne l'envoyez pas seul au kiosque du coin acheter le jour-

nal parce que la rue qu'il doit traverser est peu fréquentée et que vous avez envie de votre quotidien du matin !

Des règles sont très utiles pour assurer sa sécurité mais elles ne le sont guère pour lui apprendre comment se conduire. Elles sont trop rigides et inflexibles pour lui être profitables dans la vie ordinaire ; aussi essayez de les réserver aux circonstances précises et limitées et de ne pas en édicter pour les questions de principes qui compteront toute sa vie.

Faites-lui confiance. Si l'enfant sent que vous êtes toujours derrière son dos, prête à le diriger ou à rectifier ce qu'il fait, il ne va guère se soucier de ce qu'il doit — ou ne doit pas — faire. Aussi, en fonction de son âge et de son développement, laissez-lui le maximum de responsabilité et d'autonomie et montrez-lui que vous lui faites confiance.

S'il va chez des amis, par exemple, ne l'accablez pas de recommandations du genre : « N'oublie pas de dire merci », « N'oublie pas de t'essuyer les pieds ». Si vous voulez vraiment le laisser y aller, laissez-le se prendre en charge. Vos recommandations ne l'inciteraient pas à se conduire gentiment mais elles le mettraient mal à l'aise à l'idée d'y aller.

Soyez logique. Vous ne pouvez évidemment pas montrer à votre enfant comment se conduire si vous n'êtes pas absolument sûre de savoir comment les gens devraient le faire. Mais c'est la seule logique possible. Votre enfant n'est pas un chien de cirque, dressé à répondre toujours de la même façon à un stimulus particulier. C'est un être humain, qui doit répondre le mieux qu'il peut à une vaste gamme de signaux. Il tolérera que les événements soient modifiés par les circonstances. Ce n'est pas parce qu'il a eu des sucreries à volonté pour Noël qu'il va penser que cela va continuer une fois les vacances finies ; ce n'est parce qu'il a eu la permission de sauter sur le lit de sa grand-mère qu'il va vous demander de sauter sur le vôtre — qui lui est interdit d'ordinaire. Même les désaccords entre votre mari et vous n'auront pas d'importance si vous avez soin de discuter honnêtement en sa présence si bien qu'il ne pourra pas ensuite vous opposer l'un à l'autre.

Quand vous avez tort, admettez-le. Comme l'enfant vous observe attentivement et imite votre comportement dans une certaine mesure, il est important que vous soyez disposée à admettre une faute si vous en avez commis une et à vous excuser.

Il existe une expression fort utile qui peut servir en famille pour l'excuse ou le pardon. C'est : « Tout le monde peut se tromper. » Si votre enfant en conçoit la profonde vérité, il n'exigera pas de vous, de lui, de ses amis, une quasi-infaillibilité et ne sera ni déçu ni choqué la première fois qu'il vous surprendra en faute ou en flagrant délit d'injustice ou d'énorme mensonge.

Supposez que vous l'accusiez d'avoir cassé un verre et refusiez de croire à ses dénégations. Plus tard, vous découvrez que vous aviez tort. Selon les critères que vous essayez de lui inculquer, vous lui devez de sincères excuses. Pas d'échappatoire. Pas moyen de sauver la face. Vous avez tort, vous avez été injuste, vous avez refusé de le croire alors qu'il vous disait la vérité. Si vous lui demandez de bien vouloir vous pardonner, son respect pour vous, loin d'en être amoindri, sera augmenté.

Problèmes de comportement

Les enfants sont bruyants, désordonnés, peu soigneux, étourdis, exigeants et toujours là. Ils dévorent le temps des parents. Un visiteur qui s'incruste finit toujours par s'en aller : un enfant, non. Il ne peut être mis de côté pendant quelques semaines quand on a beaucoup de travail, comme un passe-temps un peu trop prenant. On ne peut même pas l'ignorer le temps d'une grasse matinée, comme un animal familier, parce qu'il a le don infaillible de vous culpabiliser.

Ce qui vous tourmente le plus, ce n'est pas toujours les bêtises qu'un enfant a faites, mais l'irritation générale que vous pouvez éprouver à son égard. Nous avons tous des jours où nous entendons nos voix querelleuses lancer sans cesse : « Ne fais pas ça ! » et « Arrête ! » et entendons aussi nos silences maussades bourdonner entre nos éclats de voix. Nous avons tous des moments où nous arrachons les enfants aux objets ou les objets aux enfants sans la moindre patience, sans la moindre tendresse. Mais si vous vous laissez aller à décréter que votre enfant est désobéissant, indiscipliné, trop gâté, vous risquez aussi de vous blâmer d'être de mauvais parents — ce qui vous culpabilisera — et d'enfermer l'enfant dans un rôle, une catégorie — le mauvais enfant. Si vous donnez à un enfant l'impression que vous pensez qu'il est vilain, il confirmera votre façon de voir et probablement la partagera. Mais si vous vous cramponnez à la vérité : qu'il est très jeune et que la vie de famille est dure, il changera parce que la seule chose dont vous pouvez être sûre, et lui aussi, c'est qu'il va grandir.

Désobéissance Si pour vous la « discipline » est simplement le moyen de montrer à l'enfant comment se conduire, vous découvrirez vite que la plupart des problèmes en général suscités par elle n'existent pas pour vous. La désobéissance est une impossiblité puisque vous ne donnez pas d'ordres non justifiés et que vous ne vous offensez pas de questions du genre : « Pourquoi devrais-je faire ça ? »

L'obéissance immédiate et sans discussion a rendu la vie facile aux parents du siècle dernier, mais elle ne fait pas d'enfants qui pensent par eux-mêmes et auxquels on peut faire confiance dès l'âge le plus tendre. Une histoire illustrera ce fait. Trois petites filles sont abordées par un automobiliste en sortant de l'école. L'une d'elles, âgée de quatre ans, s'enfuit, rentre en courant chez elle et donne l'alarme. Quelques heures plus tard, elles sont toutes trois de retour chez leurs parents respectifs. Un des pères, encore bouleversé :

— Chérie, pourquoi es-tu montée dans la voiture du monsieur ? Nous t'avions pourtant dit de ne jamais suivre un étranger...

— Mais le monsieur m'a dit : « Ton papa m'a dit qu'il fallait que tu viennes avec moi. Il m'a envoyé te chercher. » Alors je suis montée dans l'auto. Papa, tu m'as toujours dit : « Fais ce que je te dis. » Tu le dis tout le temps !

L'enfant qui avait donné l'alarme fut interrogée par les policiers :

— Pourquoi es-tu rentrée à la maison au lieu d'aller avec elles ?

— Je ne sais pas ! Mais Papa et Maman me disent tout le temps : « Réfléchis ! » Ils me disent : « Tu as une tête, sers-t'en ! » Alors j'ai réfléchi. Je me suis dit que si Papa voulait vraiment que je rentre, il serait venu. Et j'ai pensé aussi que l'homme parlait d'un papa, et que nous avions trois papas, enfin chacune de nous en avait un. Alors j'ai couru !

Se débarrasser des notions d'obéissance et de désobéissance, et réfléchir au lieu de se soumettre aveuglément, désamorce tout le problème.

Il arrive que l'enfant ne veuille pas faire ce que vous voulez parce qu'il a envie de faire autre chose. Il ne veut pas aller se coucher parce qu'il veut finir de jouer. Il n'y a pas là désobéissance mais conflit d'intérêts. Au lieu de crier : « Fais ce que je dis tout de suite ! » trouvez un compromis : « Bon, alors, cinq minutes ! » Parfois, il ne fait pas ce que vous voulez parce qu'il n'a pas compris ce que vous vouliez de lui. Sommé de rester à table jusqu'à la fin du repas, il saute de sa chaise lorsque son assiette est vide. Il n'avait pas saisi que vous vouliez qu'il reste assis jusqu'à ce que *tout le monde* ait terminé. Il n'a pas désobéi : il n'avait pas compris.

Parfois aussi, il n'obéit pas parce qu'il veut vous contrarier. Il veut montrer son indépendance. Vous lui avez dit de ne pas toucher au livre que vous venez d'acheter et il se dirige droit dessus. C'est un acte d'insubordination caractérisé, une tentative de provocation dont le succès dépend sans doute du dommage infligé au livre. S'il a déchiré la jaquette, vous êtes furieuse contre lui. Comme il serait furieux si vous aviez abîmé un de ses jouets favoris. Il a provoqué une réaction humaine universelle. Mais ce qui mérite votre colère, ce sont les dégâts, pas la « désobéissance ». S'il n'y a pas de mal, déviez le vent de la révolte en refusant de le suivre : « Bizarre que tu fasses le contraire de ce que je t'ai demandé. Tu dois avoir un grain ! » Où est l'affrontement qu'il attendait ?

Mensonge   La catégorie de mensonge la plus fréquente chez l'enfant est la négation des méfaits. Il a cassé la poupée de sa sœur sans le vouloir : placé devant le fait, il nie. Vous êtes en colère beaucoup plus à cause du mensonge que du bris de la poupée.

Mais quelle importance cela a-t-il qu'il reconnaisse sa faute ? L'avouer n'est pas si essentiel.

Si vous avez la conviction que votre enfant doit avouer ce qu'il a fait de mal, facilitez-lui les choses : « Cette poupée est cassée, je me demande ce qui est arrivé ? » va le rendre probablement plus capable de répondre : « C'est moi qui l'ai cassée. Désolée ! » que « C'est toi qui as cassé la poupée, vilaine, vilaine petite fille sans soin ! ».

S'il avoue qu'il a fait quelque chose soit spontanément soit parce que vous l'y avez obligé, ne l'accablez pas de gronderies et de punitions. Vous ne pouvez avoir les deux : si vous voulez qu'il vous avoue qu'il a fait quelque chose de « mal », vous ne pouvez vous laisser aller à votre fureur. Si vous êtes furieuse, il serait fou de vous l'avouer, la prochaine fois. Non ?

Raconter des histoires, fabuler, est aussi une forme de mensonge. A cet âge, l'enfant ne sait pas très bien distinguer la réalité des fantasmes et ce qu'il souhaiterait de ce qui a vraiment eu lieu. Il peut, tout en possédant un vrai chat, croire sans hésiter au Chat botté : l'un n'exclut pas l'autre.

Si vous lui lisez des contes de fées, si vous l'encouragez à croire au Père Noël, il ne serait pas raisonnable de votre part de bondir lorsque, en rentrant de promenade, il vous raconte qu'il a rencontré un lion et lui a enlevé une épine de la patte. Appréciez l'histoire. De telles fantaisies ne sont pas des mensonges au sens moral.

Les parents se plaignent parfois que leurs enfants paraissent n'avoir absolument aucun respect pour la vérité. Ils peuvent les suprendre en train de parler de la nouvelle robe de Maman alors qu'elle n'en a pas, de dire qu'ils ont été malades la nuit précédente alors qu'ils ne l'ont pas été ou d'annoncer à un ami qu'ils vont goûter dehors alors qu'ils restent là.

On peut trouver bien des explications à ce genre d'inexactitudes. L'une des plus importantes est que l'enfant prend exemple sur ses parents. Les adultes mentent par tact, gentillesse et pour éviter de blesser autrui. L'enfant les entend. Il vous entend acquiescer à la réflexion de la vieille Mme Pilon qui pense que la chaleur est insupportable alors que vous venez tout juste de dire combien vous aimez ce temps-là. Sauf si vous lui expliquez les raisons de ces mensonges évidents, vous ne pourrez attendre de lui qu'il comprenne pourquoi, alors que vous le faites, lui ne devrait jamais exagérer ou falsifier ses récits.

Si votre enfant fabule et brode tellement dans les comptes rendus de ses journées que vous n'arrivez plus à démêler le vrai du faux, il va vous falloir lui expliquer *pourquoi la vérité est importante*. Ne lui rabâchez pas qu'il est vilain de mentir, mais racontez-lui l'histoire du « petit garçon qui criait au loup ». C'est une excellente histoire. Elle lui plaira. Après la lui avoir racontée, discutez-en avec lui. Insistez bien sur le fait que si vous êtes incapable de distinguer entre le vrai et le faux, vous ne pourrez vous rendre compte si quelque chose de grave lui arrive ou s'il se sent vraiment malade. Menez la conversation de telle sorte qu'il sente bien que vous voulez qu'il dise la vérité parce que vous vous souciez de lui et parce que vous voulez être sûre de bien prendre soin de lui.

Vol   Avant cinq ans, l'enfant a un sens aussi vague de la propriété que de la vérité. Dans une famille, il y a des quantités de choses qui appartiennent à tout le monde ; certaines qui appartiennent à quelques-uns mais peuvent être empruntées ; quelques-unes sont absolument personnelles. Et hors de la famille, les choses sont aussi très compliquées.

On peut garder la petite balle qu'on a trouvée dans les fourrés du parc mais pas l'argent. C'est bien de rapporter un dessin du jardin d'enfants, mais pas de la pâte à modeler. On peut prendre des prospectus dans les boutiques, mais pas des sachets de soupe.

Naturellement, il est très important pour vous que votre enfant ne soit pas catalogué comme voleur parce que les gens en font en général toute une histoire. Mais vous, n'en faites pas à cet âge une question de moralité. C'est le moment d'édicter quelques règles :

Ne rien prendre chez quelqu'un sans demander. Toujours demander à une grande personne si on peut garder ce qu'on a trouvé.

Ne soyez pas spécialement moralisatrice au sujet de *l'argent*. S'il chipe quelques centimes dans votre sac, demandez-vous ce que vous feriez et diriez s'il avait à la place pris votre rouge à lèvres, et faites et dites-le. Pour lui, c'est exactement la même chose : c'est un trésor. Il sait que l'argent est précieux parce qu'il vous voit l'échanger contre de jolies choses. Mais pour lui, il ne signifie pas plus que ces jetons que vous mettez dans les machines distributrices. Il n'a pas le concept de *l'argent*.

L'enfant qui sans arrêt chaparde des choses, comme une pie, entassant ses rapines dans un tiroir, peut être perturbé. Il essaie symboliquement de s'emparer de choses qu'il sent qu'on lui refuse et dont il se sent privé — amour, approbation. Au lieu d'être fâchée et bouleversée et de le faire se sentir en disgrâce, ne pourriez-vous essayer de lui offrir ce dont il a besoin ? Si vous ne le pouvez pas, s'il continue à voler, vous pouvez en parler à votre pédiatre qui pourra vous aider à éclaircir le problème.

Discussions et marchandages   Certains enfants — en général intelligents — s'accrochent à l'idée que, si vous voulez obtenir d'eux quelque chose qu'ils ne veulent pas faire, ils ont un certain pouvoir pour vous. Au lieu de monter en silence se changer, votre fille peut dire : « Bon, si je mets une robe propre pasque tu veux, est-ce que tu me donneras mes peintures ? » Par malheur, les parents prennent souvent cela pour de l'effronterie. Ils ont le droit de dire à l'enfant ce qu'il doit faire et ils ne lui concèdent pas le même droit : « Fais ce que ta mère te dit, et ne discute pas ! » gronde le père. Nous en sommes revenus à l'obéissance immédiate.

Les marchandages peuvent se révéler comme une forme d'échange très utile, ainsi que l'ont découvert à travers les siècles toutes les sociétés d'adultes. Mais bien entendu, il serait très ennuyeux que votre enfant essaie d'obtenir quelque chose en retour pour chaque demande de votre part. Gardez les marchés pour les circonstances exceptionnelles, ou les requêtes qui lui coûtent vraiment, et proposez-les de vous-même de temps en temps, au lieu d'attendre que l'offre vienne toujours de lui. « Je sais que tu es bien dans ces jeans, mais ils sont si sales que je ne peux plus te voir ainsi. Va te changer et je sors ton vélo pendant ce temps-là. »

Quelques points délicats

Punitions Qui dit discipline dit punitions. Mais est-ce à coups de punition qu'on éduque réellement un enfant ? C'est la peur de la sanction qui peut pousser les aînés à respecter une règle, même s'ils n'en ont aucune envie — par exemple, ils s'efforcent de ne pas bavarder en classe de peur d'avoir une retenue, et les adultes ne dépassent pas la limitation de vitesse pour ne pas attraper de contravention. Les jeunes enfants ne sont pas capables de prévoir les pénalités qui sanctionneront leurs impulsions immédiates. Ils apprennent à vivre avec des gens réels des situations réelles et la seule sanction efficace, dans leur cas, est la désapprobation d'autrui. Quelle que soit la punition que vous lui annoncez lorsque vous êtes fâchée, c'est votre propre colère qui le punit. Si vous avez du mal à le croire parce que votre enfant, manifestement, cherche jusqu'où il peut aller, pensez à la réaction qu'il aurait face à une punition de type classique : être privé de pain au chocolat pour le goûter. Si vous le lui annoncez sur un ton aimable et habituel, il est probable qu'il ne réagira pas. Lui donnez-vous d'habitude un pain au chocolat pour goûter ? Est-ce qu'il désire tout spécialement un pain au chocolat pour son goûter ? Mais si vous lui dites dans un accès de rage : « Très bien. Justement pour ça, tu n'auras pas de pain au chocolat pour ton goûter... », il va faire une colère ou fondre en larmes. Qu'il se soit ou non attendu à manger un pain au chocolat ou même qu'il en ait ou non envie, il n'a certainement pas envie que vous soyez fâché contre lui.

Vous infligez une punition dans le feu de la situation et cela vous permet de clarifier vos sentiments. Mais toute autre méthode aurait été aussi efficace, par exemple : « Je n'aime pas cette promenade parce que tu es vraiment trop stupide aujourd'hui, nous ferions mieux de rentrer à la maison. » L'ennui, avec la version « pas de pain au chocolat », c'est qu'à l'heure du goûter, cet épisode sera oublié depuis longtemps. Pour respecter votre parole, vous devrez réexpliquer toute l'histoire et, en fait, le punir une seconde fois. Punition bien embarrassante et mal venue si, justement, il a été spécialement agréable et gentil.

Votre désapprobation ou votre colère sont vos sanctions les plus efficaces. Si elles vous poussent à « punir » sur-le-champ, si l'enfant voit très clairement que c'est son comportement qui a directement causé la punition, celle-ci consolidera sans doute votre point de vue. Vous n'allez pas faire la queue chez le boulanger parce qu'il se conduit mal, donc il n'aura pas son pain au chocolat. Ainsi, il s'en prive lui-même au lieu d'être « puni » pour son comportement. Vous ne voulez pas qu'il s'empare des boîtes sur les étagères du supermarché et vous l'asseyez dans le caddie : il a abusé de sa liberté et l'a perdue. Vous ne voulez pas qu'il gâche vos produits de maquillage : vous le faites cesser en le mettant à la porte de votre chambre. Tous ces actes seraient des punitions s'ils étaient froidement prémédités, mais en réaction spontanée à une situation, ils sont les conséquences logiques d'une conduite inadmissible.

Beaucoup de jeunes enfants reçoivent des claques parce qu'ils ont poussé leurs parents à bout. S'il doit vous arriver de le frapper, que ce soit ainsi, dans le feu de la colère, surtout si ce geste vous surprend tous les deux, entraîne des excuses, des pardons réciproques et un nouveau départ. Mais restez vigilant et ne laissez pas les gifles devenir un système éducatif. Quand on observe ce qui se passe dans les familles, on s'aperçoit que la plupart des claques reçues par les moins de cinq ans sont lancées à un enfant qui hurle ou qui pleurniche. Il ne paraît pas alors très logique d'attendre de lui qu'il cesse de crier ou se montre plus aimable. Les enfants prennent souvent exemple sur leurs parents : souhaitez-vous apprendre à votre enfant que la violence est légitime pour défendre un argument ? De plus, les gifles, comme tout autre sévice corporel, peuvent être dangereuses. Une gifle, même légère, peut déséquilibrer un enfant et le faire tomber ; un coup sur l'oreille peut crever un tympan ; de vives secousses, tandis que sa tête est encore trop lourde par rapport à son corps, peuvent léser sa colonne vertébrale ou entraîner une commotion cérébrale.

Étant donné que les punitions corporelles n'apprennent pas à l'enfant comment se conduire, leur plus grand danger est de conduire à l'escalade. La plupart des bêtises des enfants sont dues à l'étourderie et à l'impulsivité. Aujourd'hui, vous lui criez toute la journée de ne pas écraser vos fleurs et finalement, vous le gilfez. Le lendemain, il recommence. Logiquement, il vous faut le gifler encore, et plus fort. Si vous entrez dans ce cercle vicieux, la tape ou la demi-heure dans sa chambre seront peut-être devenus l'an prochain une vraie fessée ou une heure dans les W.C. Les chercheurs ont montré que les enfants battus ou enfermés étaient incapables de se rappeler ce pourquoi on les punissait. Ces punitions corporelles laissent les enfants si furieux et si impuissants qu'on les retrouve fous de rage, mais non repentants. Une des raisons qui a fait bannir les punitions corporelles dans les écoles anglaises est qu'on voyait dans les registres toujours les mêmes noms d'enfants : continuellement corrigés, ils n'en tiraient jamais aucune leçon. Que vous soyez ou non de ceux à qui il arrive de donner une tape sur les fesses d'un enfant parce que vous êtes à bout de patience, n'utilisez jamais les punitions corporelles comme méthode éducative. En vous imposant par la force physique, vous n'obtiendrez jamais de lui la coopération dont vous avez besoin.

Par ailleurs, les punitions qui sont censées rendre honteux les enfants et leur faire prendre conscience de leur indignité sont tout aussi inefficaces et dangereuses que les punitions corporelles. Si vous le forcez à porter un bavoir de bébé parce qu'il tache ses vêtements en mangeant, il se sentira impuissant, indigne et incapable d'apprendre ce que vous essayez de lui enseigner. S'il mange salement au point de vous poser des problèmes de blanchisserie, il faut lui montrer comment faire et, peut-être, lui mettre un tablier ou une salopette (qui lui appartiennent) « parce que la purée est trop liquide ».

Pour apprendre à un enfant comment se conduire, on n'a pas besoin de lui faire honte ou de le frapper. C'est surtout les félicitations ou les louanges au sujet de ce qu'il fait bien (vous trouverez bien quelque chose !) qui leur apprendront à bien se comporter, et votre déplaisir devant ce qu'il fait mal, ou même les explosions qui se produisent quand la tension entre vous atteint son paroxysme l'éclaireront bien davantage qu'une paire de gifles.

Tous les châtiments traditionnels envers un enfant de cet âge l'incitent à écouter de moins en moins ce que vous lui dites et à ne plus chercher à vous faire plaisir. Vous essayez de lui apprendre à se maîtriser et à prendre ses responsabilités. Plus tard, quand il devra faire face sans vous aux problèmes, personne ne sera là pour lui rafraîchir la mémoire d'une gifle. Alors, il vaut mieux essayer de vous passer de ce moyen dès maintenant et préserver la bonne volonté de votre enfant et sa confiance en vous.

Corruption et transactions

Les gens qui sont choqués par l'idée de marchander avec un petit enfant vont trouver l'idée de l'acheter encore plus déplaisante. Après tout, il *devrait* faire tout ce qu'on lui dit sans poser de question...

Mais la corruption — ou les transactions, si vous trouvez le terme moins immoral — est très utile. Un petit enfant a un sens aigu de la justice et est clairvoyant quand il s'agit du bon vouloir d'autrui. Si vous tenez à ce qu'il fasse quelque chose qu'il n'aime vraiment pas, proposez-lui une récompense qui d'une part donnera de l'importance à la chose et d'autre part fera comprendre à l'enfant que vous essayez d'adoucir le coup.

Supposez par exemple que, par un bel après-midi chaud, il est en train de patauger dans son bassin. Vous manquez de pommes de terre pour le dîner, il faut aller chez l'épicier. Pas question de le laisser tout seul à la maison. Pourquoi ne pas acheter sa docilité ? « Je sais que tu préférerais rester à la maison, mais c'est impossible parce que nous devons aller chercher des pommes de terre. Si nous passions chez le boulanger pour te choisir une brioche pour le goûter ? Ça te ferait plaisir ? » Certes, vous achetez l'enfant, mais c'est une transaction raisonnable dans la mesure où il a envie de la brioche.

Une récompense peut changer complètement la situation lorsque l'enfant doit subir quelque chose de réellement déplaisant. Une anesthésie, des points de suture à la tête peuvent être rendus supportables par la pensée de la future récompense. Ce n'est pas l'objet qui compte ; c'est obtenir quelque chose d'agréable juste après ces pénibles instants. Mais ne faites pas d'une récompense le prix de la bonne conduite : si vous offrez une récompense « si tu ne fais aucun bruit », vous le mettez dans une situation pénible. Il peut avoir *besoin* de faire un bruit. Et il a absolument besoin de sentir que vous le supporterez quoi qu'il fasse.

Les enfants gâtés

Tout le monde sait qu'un enfant gâté est un fléau pour lui-même et pour autrui et la plupart des gens pensent qu'il est le triste reflet du bon sens de ses parents. Mais bien peu se demandent ce qui leur fait décréter qu'un enfant est gâté ou ce que les parents font pour les gâter. Le résultat, c'est que « l'enfant gâté » est une sorte de spectre qui hante les parents vivant dans la terreur de voir étiqueter ainsi leur enfant — et donc juger leur façon de l'éduquer.

Tout cela est bien triste car la vraie gâterie n'a rien à voir avec les possessions d'un enfant ou la quantité d'attention qu'on lui accorde. Ce n'est pas ce qu'il obtient qui est mis en cause, mais la façon dont il l'obtient. La gâterie est liée à l'équilibre du pouvoir dans la famille.

A cet âge, l'enfant se voit comme un individu parmi d'autres et il s'intéresse profondément à manœuvrer autrui autant qu'il se manœuvre lui-même. C'est l'âge aussi où commencent les jeux d'autorité. Il teste les limites de son pouvoir tout comme celles de sa musculature.

Il est bon qu'il puisse découvrir ce qui a quelque influence sur les gens : il ne peut devenir adulte si vous le tenez complètement soumis ; mais il n'est pas bon qu'il puisse se découvrir capable d'annuler votre pouvoir en vous intimidant. C'est un équilibre à trouver.

Le secret est dans votre choix de ce que vous considérez être raisonnable et sensé pour lui... et dans votre honnêteté. S'il manœuvre pour vous faire changer d'avis en argumentant et en usant de son charme, c'est bien : il utilise de bons moyens pour de bonne fins. Mais si, malgré ses larmes et ses accès de rage, il n'arrive pas à modifier votre opinion, ne cédez pas. Vous êtes seul juge, toujours prête à écouter patiemment votre petit avocat, mais comme un juge au tribunal, vous référant au comportement raisonnable ; et votre verdict final dépend seulement des témoignages. Vous a-t-il convaincue qu'il avait besoin d'une

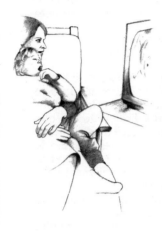

seconde glace parce qu'il avait encore trop chaud et soif ou êtes-vous persuadée que c'est de la pure gourmandise ? Ce n'est pas cette seconde glace qui ferait de lui un enfant gâté mais d'avoir obtenu quelque chose de vous malgré votre intime conviction.

Réagissez plus favorablement à la raison et au charme qu'aux larmes et aux colères. Bien qu'il lui soit encore très difficile de se contrôler, vous voulez que l'enfant comprenne que, alors que vous n'êtes absolument pas disposée à lui céder par peur, vous ne demandez pas mieux que de vous laisser charmer. « Savoir prendre les gens » est une bonne technique à lui apprendre. L'encourager à se servir de sa raison est important aussi. S'il peut concevoir et verbaliser les raisons pour lesquelles il désire tant quelque chose, non seulement il vous laisse une chance de peser ses arguments par rapport aux vôtres, mais il vous rend impossible d'assouplir un « non » éventuel dicté par votre ligne de conduite en vous faisant réfléchir à d'autres façons de satisfaire un besoin si clairement exprimé. S'il pleurniche : « joue avec moi » encore et encore, il va probablement vous irriter sans vous ébranler. Mais s'il vous dit : « J'en ai assez de jouer tout seul ; tu veux jouer avec moi ? » vous pouvez répondre : « Pas maintenant parce que je repasse, mais si c'est ma compagnie que tu veux, tu peux apporter ton nounours ici et repasser ses habits. »

Permettez-lui d'intervenir dans les décisions. Plus il grandit et plus les décisions à prendre concernant une ligne de conduite deviennent nombreuses. Il va découvrir ce qui est permis aux autres enfants de son âge, regarder des programmes de télévision qu'il n'a jamais vus et en général briguer de nouveaux privilèges. En raison de ces fins nouvelles, vous ne pouvez avoir de réponses toutes prêtes. Ne prétendez pas en avoir, ne répondez pas trop vite sans réfléchir. Discutez-en avec votre mari et l'enfant. Que les événements tournent ou non en sa faveur, l'enfant verra que son père et vous êtes d'accord et qu'il aura eu lui aussi sa chance de s'exprimer. Il n'aura pas le sentiment qu'un « non » immédiat et spontané peut sans doute être fléchi par un hurlement tout aussi spontané !

Équilibrez ses droits et les vôtres, tout comme vous équilibreriez ses droits et ceux d'un autre enfant, ou ceux de votre mari et les vôtres. Vous vivez tous ensemble et le mauvais côté de la vie en commun est que chacun doit laisser de l'espace à l'autre et parfois transgresser ce principe pour accorder à l'un un petit peu plus que son dû. Votre enfant n'agira pas toujours comme vous le souhaitez et vous n'avez pas à agir comme il le souhaite, que les choses soient claires entre vous. Si vous avez envie de lire et s'il veut aller se promener, il y a problème. Discutez, honnêtement. Si vous ne pouvez supporter l'idée d'une promenade, dites-le-lui. Il vaut mieux refuser que de sortir avec lui, figure de martyre, traînant les pieds et faisant tout pour qu'il ne s'amuse pas. Mais si vous sentez qu'il a le droit à une promenade comme vous à votre lecture, trouvez un compromis — une demi-heure chacun — et insistez pour qu'il remplisse sa part du contrat.

Aidez-le à comprendre les sentiments d'autrui. Plus vous l'intéresserez aux sentiments des autres et aux rapports qu'ils peuvent avoir avec les siens, plus il deviendra capable d'y être sensible : il sera tout le contraire d'un enfant gâté. Comprendre les sentiments des autres est la racine de l'altruisme. Aussi, quand l'occasion se présente, n'hésitez pas. Parlez-lui de ce que le petit garçon d'à côté a ressenti lorsque les grands lui ont pris sa bicyclette. Si votre enfant répond, sans s'émouvoir, qu'il n'a qu'à en acheter une autre, faites-lui remarquer que, tout désireux qu'ils soient d'acheter les choses à leurs enfants, les parents ne le peuvent pas toujours. Quand vous faites des projets familiaux, partagez avec lui les soucis de l'organisation des distractions et des loisirs de façon que chacun y trouve son plaisir. Vous pouvez même lui faire sentir que, autant il serait injuste pour *lui* de lui servir du chou qu'il déteste à tous les repas du soir, autant cela serait injuste pour son *père* de ne jamais servir ce que celui-ci considère comme son légume favori.

Votre enfant, à cet âge, aspire aux conversations avec les grandes personnes et est avide d'informations. Aussi longtemps que vous n'en ferez pas des conférences, chacune d'elles étant interrompue par quelque incongruité de sa part, il en tirera beaucoup de plaisir. Vous lui faites l'honneur de discuter avec lui de sentiments aussi bien que de choses. Vous lui apprenez, d'une façon adaptée à son âge, à se mettre à la place des autres et vous attirez son attention sur un monde d'expériences qu'il n'aurait jamais remarquées seul. Plus vous agirez en ce sens, plus tôt et plus clairement il arrivera à comprendre qu'il est quelqu'un d'important et d'aimé dans un monde rempli de gens tout aussi importants que lui.

Votre enfant n'est pas un enfant gâté si...

Quoi que vous entendiez dire lorsqu'il fait une colère au supermarché, si coupable que vous vous sentiez à l'idée du monceau de cadeaux que vous lui avez achetés pour son anniversaire, votre enfant n'est pas gâté si vous l'appréciez et s'il apprécie la vie.

Si vous aimez passer du temps avec lui, à lui aménager ses plaisirs et à lui acheter ce dont il a envie, il doit être un très gentil petit bonhomme. Vous le feriez aussi, s'il était gâté, mais par devoir et pour éviter les histoires et non pour le plaisir.

S'il apprécie tout ce que vous lui offrez, que ce soit très joli, joli ou ordinaire, il ne se conduit pas en enfant gâté. S'il l'était, il se passionnerait pour le prochain cadeau au lieu d'apprécier celui que vous venez de lui faire.

S'il accepte — d'habitude — les « non » d'assez bonne grâce, il n'est pas gâté. Quoi qu'il vous demande, il comprend clairement que c'est vous qui décidez.

Si vous changez d'avis, même souvent, en vous rangeant à des arguments raisonnables ou passionnés mais jamais, ou presque jamais, après une scène odieuse, vous ne le gâtez pas. Et si vous n'êtes pas tout à faire sûr de la frontière entre « passionné » et « odieux », réfléchissez : l'enfant vous a persuadé de lui lire un chapitre de plus. Lui faites-vous la lecture de bonne grâce et avec bonne humeur ou pensez-vous que ces dix minutes qu'il exige de vous sont de trop ? Si vous partagez son plaisir, tout va bien.

Si vous pouvez supporter une scène lorsqu'il le faut, vous ne le gâtez pas. Céder de mauvaise grâce plutôt qu'affronter une colère est quelque chose que les parents font parfois mais ne devraient pas faire trop souvent. Vous ne voudriez pas que l'enfant croie que c'est ainsi qu'il faut se conduire !

L'envol

Le monde de votre enfant — vous, sa famille, sa maison, son environnement immédiat — est sûr maintenant. Ses fondations sont basées sur ses relations avec vous et sur ce que vous lui avez enseigné. Elles sont stables, solides, confiantes ; prêtes à supporter le poids et à maintenir en équilibre toutes les structures que vont leur ajouter la vie et la personnalité de l'enfant.

A présent le vaste monde l'attend. Il l'attend pour ajouter sa part à ce que vous avez déjà fait. Avec lui s'annoncent quelques-uns des plus grands plaisirs que vous aurez jamais : plaisir de le regarder, enfant parmi les enfants, chef, disciple, membre de la bande ; plaisir de le voir essayer sur ses instituteurs et sur les autres adultes toutes les techniques qu'il a perfectionnées avec vous : le charme, les cajoleries, les arguments, les explications ; plaisir de voir ce corps agile et bien coordonné que vous avez alimenté et chéri, nettoyé, raccommodé, lancé en l'air pour son premier vol ; que vous avez vu se faufiler et rire nerveusement sur l'aire de départ avant de s'élancer sur ses patins puis parader fièrement en réussissant ses premières figures ; plaisir de le découvrir par le regard d'autrui ; de le voir considéré comme « mon ami », comme « toujours sensible », comme « quel charmant enfant ! » ou simplement comme « le joli petit, là-bas ! » Plaisir, par-dessus tout, tiré de son plaisir à lui, si intimement mêlé au vôtre que vous ne savez plus très bien si vous aimez vraiment le cirque tant il l'aime, lui, avec une force suffisante pour vous deux.

Ses chagrins seront les vôtres, aussi, et ils seront nombreux. Mais même là se niche le bonheur. Parce qu'il vous a, parce que vous veillez, qu'il sait que vous veillez, ses tristesses ne resteront pas solitaires, son désespoir ne deviendra jamais détresse. Quoi que lui fasse le monde, il trouvera en vous un refuge sûr.

Vous avez fait ce qui compte le plus au monde : une nouvelle personne. Tout nouveau qu'il est, il est prêt à devenir une créature parmi les autres, pourvu qu'il vous sache là afin de revenir vers vous. Quand il se traînait par terre, il quittait vos traces pour ramper vers le canapé et vous rapporter une balle. Plus tard, en marchant, il vous a quittée pour explorer la pelouse et vous rapporter une feuille d'arbre. Puis, enfant, il a quitté votre jardin pour le jardin d'à côté et vous rapporter la poupée de la petite voisine. Maintenant, il va aller à l'école et vous rapporter des fragments de son monde nouveau...

Il vous rapportera ses institutrices, vous forçant à des commentaires par son leitmotiv : « La maîtresse a dit... »

Il vous rapportera ses amis et ses ennemis, rendant compte de jeux, d'exploits, de vantardises et attendant de vous que vous l'aidiez à trouver sa place dans le puzzle de l'univers.

Il vous rapportera des faits magnifiques pour que vous l'admiriez, ou décousus pour que vous les ordonniez. Par-dessus tout, il se rendra lui-même à vous, pour que vous le prépariez à son prochain essor.

Ses voyages se font tous à l'extérieur maintenant, dans ce monde qui l'attend. Mais il est conscient de ce lien élastique qui le soutient et le ramène vers vous. Il revient à sa source, qui est vous, pour se reposer et se recharger en énergie avant chaque bond vers la vie.

Informations médicales

Cette partie est un guide sommaire des problèmes médicaux ou para-médicaux susceptibles de jalonner votre vie quotidienne en compagnie d'un jeune enfant.

Elle a pour but de vous préparer à faire face aux urgences, mais aussi à les prévenir ; à vous apprendre à reconnaître les premiers symptômes des maladies les plus courantes pour y réagir de façon appropriée ; à vous familiariser avec les questions de santé et de sécurité.

Ce guide ne répertorie pas toutes les maladies possibles ni les termes médicaux rares et il ne peut en aucune façon se substituer aux conseils de votre médecin.

Urgences

Si la vie de votre enfant était en danger, feriez-vous calmement tout ce qu'il y a à faire ou resteriez-vous figée sur place? Personne ne peut répondre à l'avance à cette question. Par bonheur, la plupart d'entre nous n'auront jamais à se la poser parce qu'ils ne se trouveront jamais confrontés à cette situation, mais ce n'est pas une raison pour ne pas se préparer.

Les techniques des premiers secours sont données dans les pages ci-après. Lisez-les dès maintenant. En cas d'accident, on n'a pas le temps de feuilleter un livre...

L'enfant est inconscient mais il respire

Si l'enfant est évanoui, quelle qu'en soit la raison, il faut avant tout stimuler sa circulation et sa respiration. Sauf s'il est blessé, et s'il y a un risque d'aggraver son état en le bougeant, il faut le placer en position de sécurité, ventrale par exemple, ce qui facilite le travail du cœur, empêche la chute de la langue en arrière et l'obstruction des voies aériennes par du sang ou des vomissures.

☐ Basculez très doucement l'enfant sur le ventre.
☐ Tournez-lui la tête de côté, joue et oreille contre le sol.

☐ Pliez son bras au coude de façon que la main repose à plat au niveau du visage.
☐ Pliez sa jambe au genou de façon que le pied soit à la hauteur de l'autre cuisse.

Il est dangereux de bouger un blessé atteint d'une fracture de la colonne vertébrale à n'importe quel niveau. Ce genre de blessure peut être consécutif à une chute d'un point élevé ou à un accident de la route. Tant que la respiration reste aisée, ne touchez pas l'enfant. Si elle faiblit, si ses vomissements risquent de l'étouffer, placez l'enfant en position de sécurité, en le déplaçant d'un bloc, sans bouger sa colonne vertébrale et son cou.

L'enfant ne respire plus

Un bouche-à-bouche, s'il est commencé immédiatement et prolongé jusqu'à l'arrivée des secours, peut lui sauver la vie.

La technique est facile quand on la connaît mais elle s'apprend par la pratique et non dans un manuel.

☐ Inscrivez-vous à un cours de secourisme (Croix-Rouge, Protection civile, voir Adresses utiles, p. 475) qui organisent des stages et des cours de formation accélérée, durant lesquels vous apprendrez bien d'autres gestes très utiles en cas d'urgence. Faites-le dès à présent car si l'impensable se produit un jour, cette méthode se révélera précieuse.

Appeler une ambulance

Si vous êtes seule avec l'enfant, vous devez avant tout lui donner les premiers secours. Ne le quittez pas, même pour téléphoner, tant qu'il n'est pas en sécurité.

Dès que vous avez pu joindre un centre de secours d'urgence (SAMU : le 15 ; Police : le 17 ; Pompiers : le 18), annoncez tout de suite que vous avez besoin d'une ambulance.

Restez calme, répondez avec précision aux questions. Donnez votre nom, votre adresse complète et exacte, et toutes les informations permettant de localiser votre domicile rapidement.

Si vous avez une voiture, peut-être gagnerez-vous du temps en amenant vous-même l'enfant au lieu d'attendre une ambulance.

La trousse de premiers secours

Si vous suivez les conseils donnés dans cet ouvrage, vous n'aurez pas besoin d'un matériel compliqué dans la pharmacie familiale parce que vous laisserez les professionnels poser les bandages sophistiqués et les écharpes.

Il vous faut cependant regrouper tous les objets dont vous pourriez avoir besoin de façon à ne pas avoir à laisser seul un enfant en larmes pour chercher des ciseaux ou des pansements adhésifs. Assurez-vous que la gardienne et la baby-sitter savent où les trouver.

Une pharmacie murale pourvue d'une serrure est une bonne solution : sa partie fermant à clé doit être assez vaste pour contenir tous les produits dangereux (médicaments, contraceptifs) utilisés par la famille.

Cette armoire peut contenir :
☐ Une grande boîte avec des pansements adhésifs de tailles variées, sous emballages stériles. Ils serviront à couvrir les petites plaies pendant la cicatrisation et à cacher le sang à l'enfant jusqu'à ce qu'il ait dominé sa frayeur.
☐ Des bandes de crêpe de deux largeurs différentes, pour maintenir en place une compresse froide sur une contusion ou envelopper membre ou tête blessés pendant le transport chez le médecin ou à l'hôpital.
☐ Un paquet de gaze stérile : pour nettoyer des écorchures souillées ; pour enlever une poussière logée dans l'œil.
☐ Un paquet de pansements stériles non adhésifs, à poser sur les écorchures trop étendues pour être recouvertes par des pansements stériles prédécoupés.
☐ Un rouleau de sparadrap non stérile pour maintenir les pansements non adhésifs ou pour bloquer l'extrémité des bandes.
N.B. N'entourez jamais un bras, une jambe ou un doigt d'un ruban adhésif serré qui pourrait gêner ou interrompre la circulation.
☐ Un bandage tubulaire pour les doigts avec applicateur. Bien posé, il recouvre parfaitement le doigt ou l'orteil, y compris les coupures des extrémités des doigts et du pouce, si difficiles à panser autrement.
☐ Un grand mouchoir fraîchement lavé et repassé (donc stérile) dans un sac en plastique hermétiquement fermé, pour recouvrir une blessure

sérieuse (brûlure, fracture compliquée) pendant le transport à l'hôpital.
☐ Un flacon de dissolvant ou d'éther pour décoller les pansements adhésifs, surtout sur les régions poilues ; procédé plus commode que de laisser le pansement se détremper et se décoller tout seul dans le bain.
☐ Des ciseaux (pour couper la gaze, etc.).
☐ Une lotion calmante à vaporiser sur les piqûres d'insectes.
☐ Une crème ou une lotion apaisante à la calamine pour les coups de soleil, les éruptions dues à la chaleur, les piqûres d'ortie.
☐ Un thermomètre médical.
☐ Une pince à épiler à bout carré, un paquet d'aiguilles (et les allumettes pour les stériliser) pour enlever les épines et les échardes.
☐ Un analgésique : aspirine ou paracétamol (dosage infantile) sous emballages scellés.
N.B. Respectez la posologie recommandée et la fréquence des prises.
☐ Un médicament contre le mal des transports (antinaupathique) si votre enfant est malade en voiture. Demandez conseil à votre médecin, achetez le produit qu'il vous conseille et respectez le mode d'emploi.
☐ Une lotion antiseptique (pour vous désinfecter les mains).
☐ Un stérilisant pour les thermomètres, etc.
N.B. Vous n'avez pas besoin de laxatif pour votre enfant, car vous ne devez jamais lui en donner.

Ne conservez pas de collyres ou de gouttes nasales qui doivent être jetés lorsque l'affection pour laquelle ils ont été prescrits est guérie.

Ne vous encombrez pas de produits contre la toux : les sirops sont inefficaces (bien qu'adoucissants), quant aux expectorants et aux produits à base de codéine, ils ne doivent être administrés que sur avis médical.

Ne conservez pas le reste des antibiotiques qui ont été prescrits à l'enfant : d'ailleurs, il ne devrait jamais y avoir de reste, sauf si vous avez écourté le traitement. De plus, la plupart des antibiotiques perdent leur efficacité avec le temps et vous ne devez en administrer que sur prescription médicale.

Éléments de base d'une trousse de premiers secours

1. Pansements adhésifs ;
2. Bandes de largeurs variées ;
3. Ciseaux ;
4. Mouchoir stérile ;
5. Fébrifuges, lotion à la calamine, etc. ;
6. Rouleau de ruban adhésif ;
7. Gaze stérile ;
8. Bandage tubulaire et son applicateur ;
9. Thermomètre médical ;
10. Pince à épiler, aiguilles, allumettes.
Vous pouvez également avoir de l'alcool à 60 %, du mercurochrome ou de l'éosine à 2 %, de l'eau oxygénée, de l'hexomédine, du stéristrip.

ACCIDENTS de A à Z :
Premiers secours, conseils de sécurité

Contusions et écorchures font partie de la vie d'un enfant. Si le vôtre n'a jamais aucun accident, c'est sans doute parce que vous êtes hyperprotectrice et le privez de son droit à l'aventure et à l'exploration. C'est évidemment votre rôle de protéger votre enfant des dangers sérieux mais ne vous sentez pas trop coupable chaque fois qu'il se cogne légèrement, car vous ne serez pas capable de faire ce qu'il faut en cas d'urgence : estimer la situation, soigner, réconforter.

Rappelez-vous que si un bébé ou un petit enfant réagit à la douleur, il n'est pas capable d'évaluer son intensité et se base sur votre réaction. Si vous êtes effrayée, il est terrifié. Mais si vous lui assurez tendrement que ce n'est rien et que tout va bientôt s'arranger, l'enfant se calmera et apprendra peu à peu qu'une douleur au genou peut très vite s'oublier.

Petits accidents, petites blessures
La plupart des mésaventures quotidiennes n'ont aucune gravité. Le corps se répare tout seul et certaines interventions peuvent entraver la guérison. Les pommades antiseptiques retardent souvent la cicatrisation des plaies et ne sont guère efficaces pour prévenir une improbable infection. Le sparadrap entretient une humidité nocive alors qu'une coupure guérit plus vite à l'air libre.

Mais l'enfant attend de vous que vous fassiez quelque chose : l'eau froide est votre alliée. Lavez la terre et la poussière des écorchures et des coupures, rafraîchissez une zone contuse sous le robinet d'eau froide tout en les examinant pour vous assurer qu'il n'y a rien de grave. Si la blessure est banale, contentez-vous d'une intervention de confort ; couvrez une écorchure pour éviter le frottement d'un vêtement. Installez l'enfant au calme avec un livre s'il a eu peur. Et les baisers améliorent bien les choses...

Accidents plus sérieux
Les premiers soins que vous pouvez donner à un enfant ne sont réellement que des premiers secours qui permettent d'attendre l'intervention d'un professionnel. Vous pouvez lui sauver la vie ou du moins lui permettre d'arriver à l'hôpital en meilleur état que si vous n'aviez rien fait. Mais les secouristes amateurs ont souvent tendance à trop en faire et, dès que vous avez pris la décision d'emmener l'enfant chez le pharmacien, chez le médecin, ou à l'hôpital, ne perdez pas de temps à essayer de diagnostiquer si son épaule est fracturée ou luxée, ou à nettoyer et panser une plaie profonde et souillée. Car tout ce que vous faites sera à recommencer.
Les articles ci-après devraient vous permettre de savoir si vous avez besoin d'une assistance médicale et vous proposent divers moyens pour secourir l'enfant en attendant, le cas échéant, de le confier à des personnes plus compétentes.

Ampoules

Outre les brûlures, ce sont les frottements qui provoquent le plus fréquemment des «ampoules» (ou phlyctènes). Lorsqu'elles sont grosses, ce sont des bulles ; petites, des vésicules. La couche superficielle de la peau, l'épiderme, se soulève et une sérosité venue du derme sous-jacent remplit la cloque formée. Il arrive que le liquide se résorbe seul, que la peau morte s'élimine, dévoilant une peau toute neuve.

Que faire ?
Ne déchirez pas, ne percez pas l'ampoule. Le derme sous-jacent est à vif et douloureux.
☐ Protégez l'épiderme contre les frottements en plaçant sur l'ampoule un bourrelet annulaire fixé avec du sparadrap (du type pansement pour cor).
☐ Examinez les chaussures responsables. Si leur forme est défectueuse, jetez-les. Si l'enfant les a simplement portées sans chaussettes, essayez-les de nouveau avec des chaussettes, une fois l'ampoule guérie.
Entre-temps, laissez l'enfant marcher pieds nus autant que possible car tout frottement sur l'ampoule va le faire souffrir.

Blessures des doigts et des orteils

Doigts et orteils sont richement innervés et leurs blessures sont très douloureuses. En dehors des brûlures bénignes et des coupures des doigts, les blessures les plus fréquentes entraînent un hématome sous l'ongle. On se prend les doigts dans les portes, les portières de voiture, les chaises pliantes ; des objets lourds tombent sur les orteils.

Premiers soins pour une blessure de l'ongle. Si un hématome apparaît sous l'ongle, signalant un épanchement de sang, l'enfant souffre parce que la zone blessée enfle. Mettez vite le doigt ou l'orteil sous un filet d'eau froide ou maintenez dessus un sac contenant des glaçons. En dix minutes, les petits vaisseaux vont se fermer et le sang va cesser de s'épancher. Ensuite, examinez l'ongle. S'il y a du sang dessous et si l'enfant souffre beaucoup, amenez-le chez le pharmacien, chez le médecin ou à l'hôpital. Là, il se peut qu'on lui perce un trou dans l'ongle pour évacuer le sang, ce qui calme la douleur.
N.B. Ce nettoyage de l'ongle n'est efficace que s'il est effectué tandis que le sang est encore liquide — c'est-à-dire moins d'une heure après l'accident. Dès votre arrivée chez le médecin ou aux urgences, prévenez que le traitement doit être rapide : si l'on doit vous faire patienter deux heures, il est inutile d'attendre.

Premiers soins pour les autres blessures. Les petits os des doigts et des orteils sont fragiles et facilement lésés. Comme tout doigt blessé doit être bien soigné pour qu'il ne persiste aucune déformation, vous devez montrer l'enfant à une personne compétente. Pour un orteil, c'est différent : il ne sera sans doute pas plâtré et on le laissera se guérir tout seul. Mais il vaut tout de même mieux emmener l'enfant chez un médecin qui soulagera la douleur en immobilisant l'orteil blessé : il suffit de l'attacher à son voisin.

CONSEILS DE SÉCURITÉ ET PRÉCAUTIONS :
Blessures des doigts
• Tous les objets qui pincent : chaises pliantes, tables à repasser, séchoirs à linge, sont des pièges. Ne laissez pas l'enfant les manipuler ou jouer avec.
• Le côté charnière des portes pince davantage que le côté pêne et l'enfant peut y glisser les doigts sans qu'on le voie. Équipez vos portes de protège-charnières.

Pansements des doigts et des orteils.
Il faut panser un doigt ou un orteil blessés pour les protéger des chocs et des frottements. Une «poupée» consolidée avec du sparadrap empêchera sans doute l'enfant de se servir de son doigt ou de se chausser. Le pansement tubulaire proposé p. 415 dans le matériel de la pharmacie familiale est une solution commode et confortable.

Blessures de la tête

Les chutes sur la tête et les bosses inquiètent davantage les parents que n'importe quel autre accident banal parce qu'elles paraissent souvent sérieuses et que les parents savent qu'elles peuvent être graves. La plupart ne le sont pas, bien entendu, et quelques signes peuvent vous permettre de savoir si la blessure est grave ou non.

Les blessures à la tête sont souvent effrayantes parce que la peau du cuir chevelu et du visage (surtout au niveau de l'arcade sourcilière) est très vascularisée et si étroitement appliquée sur la boîte crânienne que les écorchures saignent énormément.

☐ Une écorchure au front qui saigne n'est pas plus grave qu'une écorchure au genou. Lavez-la puis appuyez doucement dessus avec une compresse propre pour arrêter le sang.

☐ Vous pouvez arrêter un saignement du cuir chevelu en appuyant sur la blessure, même par-dessus les cheveux; mais si les lèvres de la coupure restent béantes, il faudra peut-être mettre une agrafe, alors qu'en un autre endroit, cela n'aurait pas été nécessaire. Si le sang ne cesse pas de couler après dix minutes, demandez conseil au médecin.

☐ Les coupures du visage doivent être montrées à un médecin. La pose de points de suture, d'agrafes, ou de stéristrip peut atténuer les cicatrices.

☐ Les contusions du front, récoltées par les bébés qui tombent du lit ou les petits enfants qui jouent sous les tables, provoquent parfois d'énormes bosses, mais elles ne sont pas plus dangereuses qu'en une autre région du corps. Ce qui importe, c'est ce qui est arrivé au cerveau, sous l'os.

Commotion cérébrale
On parle de «commotion» quand le cerveau a reçu un choc. Cela est rarement provoqué par un coup direct et arrive beaucoup plus souvent à la suite d'un coup ou d'une chute qui, en ébranlant le cerveau, l'a fait se cogner contre l'intérieur de la boîte crânienne. Sa gravité dépend de l'intensité du choc et de la région du cerveau atteinte, mais, tout enfant ayant subi une commotion doit être montré à un médecin; apprenez à reconnaître les signes qui caractérisent les différents degrés de commotion.

Toute éclipse ou perte de connaissance signifie qu'il y a eu commotion. Demandez une ambulance et, en attendant, allongez l'enfant au chaud, au calme, confortablement installé. Pour qu'il n'inhale pas de sang ou de vomissure, placez-le en position de sécurité (voir p. 414), sauf si vous pensez qu'il a une blessure vertébrale.

☐ Si après l'accident, votre enfant vous paraît troublé, cela vient sans doute de la peur et de la douleur. Réconfortez-le, distrayez-le au calme. Un bébé peut hurler pendant dix minutes; un jeune enfant peut vouloir rester allongé sur le sofa pendant qu'on lui raconte une histoire. S'il est conscient et cohérent, accordez-vous vingt minutes pour voir venir.

Demandez une aide médicale, au moins en téléphonant à votre médecin, si :
☐ L'enfant reste très pâle ou gris (ou le devient).
☐ Sa respiration est bruyante et ronflante, même lorsqu'il a cessé de pleurer.
☐ Il paraît «bizarre», ne vous reconnaît pas, ne paraît pas bien voir, tient des propos incohérents s'il est en âge de parler ou, sinon, émet des bruits étranges.
☐ Il vomit (bien que cela puisse être simplement dû au choc).
☐ Il se plaint d'avoir mal à la tête (bien qu'il puisse confondre avec la douleur de la contusion).

Si aucun de ces symptômes n'apparaît et si l'enfant veut se lever et retourner jouer, laissez-le. S'il a l'air comme d'habitude, c'est que tout va bien.

CONSEILS DE SÉCURITÉ ET PRÉCAUTIONS :
Blessures de la tête
• Les enfants peuvent tomber par la fenêtre. Si vous refusez les barreaux, installez des entrebâilleurs.
• Vérifiez vos balcons. Les barrières de sécurité doivent être hautes et solides, sans traverses entre les pièces verticales : les enfants adorent grimper et les barreaux suffisamment rapprochés pour qu'ils ne puissent pas passer la tête entre deux.
• Attention aux carpettes sur les parquets cirés, notamment près des escaliers.
• Jusqu'à ce que votre enfant sache parfaitement monter et descendre les marches, vous devez barricader le haut et le bas des escaliers. Si vous ne barricadez que le haut, l'enfant peut grimper jusqu'au premier et dégringoler toute la volée de marches.
• Que ce soit dans le jardin ou sur toute autre aire de jeu, les marches sont dangereuses pour les enfants montés sur un tricycle ou sur tout autre jouet roulant. Placez une barrière au haut des marches jusqu'à ce qu'il sache parfaitement freiner et s'arrêter.
• Ne laissez jamais un enfant en chaussettes : elles transforment les sols plastifiés en patinoires.
• Surveillez vos rampes d'escalier : les gamins adorent glisser dessus. S'il y a une forte dénivellation, il faut installer un filet de protection.

N.B. Les bébés et les jeunes enfants s'endorment souvent après un choc, ce qui est une excellente manière de se relaxer et de récupérer. Laissez-le dormir, mais, durant la première heure, surveillez son teint et sa respiration, assurez-vous qu'il dort vraiment et n'a pas perdu connaissance. Si vous n'êtes pas sûre de vous, réveillez-le. En cas de doute, demandez du secours.

Brûlures et échaudures

Les lésions tissulaires qu'elles provoquent ne sont pas toutes apparentes. En effet, la chaleur pénètre jusqu'aux vaisseaux sanguins sous-cutanés qu'elle dilate, provoquant une fuite plasmatique. Dans le cas d'une brûlure superficielle, le plasma, qui est le support fluide incolore du sang, s'accumule dans une phlyctène (la «cloque»), mais lorsque la peau est détruite, il s'écoule à l'extérieur. Cette perte plasmatique réduit le volume de sang circulant; c'est pourquoi les brûlures étendues et les ébouillantements provoquent si souvent des chocs et c'est la raison pour laquelle il est important de rétablir par une perfusion le volume sanguin. La gravité d'une brûlure se juge d'après son étendue, non sa profondeur.

☐ Si la surface brûlée dépasse 3 cm², consultez un médecin.

☐ Si elle dépasse la taille d'une paume, conduisez l'enfant à l'hôpital.

Premiers secours

Empêchez la chaleur de la peau brûlée de diffuser plus profondément, en refroidissant la région : passez les doigts brûlés sous l'eau froide du robinet; plongez un enfant échaudé dans un bain froid. Continuez pendant dix minutes : le froid produit une vaso-constriction qui empêche l'exsudation du plasma; il calme momentanément la douleur.

☐ Sous le robinet d'eau froide, enlevez les vêtements s'ils sont imbibés d'eau ou d'huile bouillante, d'acide, d'ammoniaque : ils diffusent de la chaleur.

☐ Si la brûlure demande des soins spécialisés, enveloppez l'enfant dès qu'il est rafraîchi dans un tissu propre fraîchement repassé (drap, taie d'oreiller, mouchoir), pour protéger sa peau à vif des germes atmosphériques et conduisez-le à l'hôpital.

Pour les brûlures anodines qui peuvent être soignées à la maison, un principe : ne touchez pas aux cloques, elles protègent la peau sous-jacente et empêchent la fuite plasmatique. N'appliquez pas de graisse ou de pommade mais du mercurochrome ou de l'éosine. Posez un pansement protecteur.

Les échaudures peuvent tromper. Devant une large surface de peau rougie sans ampoule, vous pouvez croire qu'il n'y a rien de grave. Attention : la fuite plasmatique peut se produire sous la peau. Refroidissez la région brûlée, amenez l'enfant à l'hôpital. Les brûlures de la bouche sont calmées par un cube de glace. Si vous n'en avez pas, faites aspirer de l'eau glacée avec une paille, ou faites boire l'enfant directement à la bouteille.

Les brûlures électriques semblent bénignes. Comme le choc électrique a obturé le vaisseau sous-jacent, il n'y a pas de cloque, mais un point noirci. Mais sous cette peau apparemment saine, le courant a pu se répandre et brûler de vastes zones tissulaires. Toute brûlure électrique doit être montrée au médecin.

La douleur peut vous surprendre. Elle est beaucoup plus intense que celle d'autres blessures, et même une brûlure banale peut ébranler un enfant. Gardez tout votre calme.

CONSEILS DE SÉCURITÉ ET PRÉCAUTIONS : Brûlures et échaudures

• Tous les foyers doivent être munis de pare-feu de sécurité. N'utilisez pas de radiateurs électriques rayonnants sauf si vous pouvez les placer dans un endroit sûr.

• Même les foyers protégés exigent des précautions. Ne posez rien sur le manteau de la cheminée qui puisse tenter l'enfant. Ne le laissez pas vous regarder tisonner le feu, utiliser un tortillon de papier comme allume-cigarette, ou agiter un journal pour l'attiser ou faire quoi que ce soit qu'il puisse avoir envie d'imiter. Les radiateurs à gaz doivent être munis d'un système de sécurité qui empêche l'enfant d'essayer de les allumer lui-même.

• Les réchauds à pétrole sont, plus que les autres sources de chaleur de la maison, responsables de brûlures graves. Il est presque impossible de les rendre totalement inoffensifs; même les plus perfectionnés peuvent se renverser. Le pétrole est aussi un poison. Les bouteilles de gaz sont moins dangereuses.

• Votre cuisinière : il existe dans le commerce des dispositifs de sécurité en cerceau qui coiffent les brûleurs et mettent les casseroles hors d'atteinte. Si vous n'en possédez pas, tournez toujours les queues des casseroles vers l'intérieur et utilisez de préférence les brûleurs du fond. Rappelez-vous que certaines cuisinières sont mal isolées et que les enfants peuvent se brûler rien qu'en s'appuyant contre la porte. Ne laissez rien frire sur le feu dans une pièce où l'enfant est seul; il peut se produire des projections de graisse chaude; l'huile peut prendre feu : une brûlure faite par l'huile est plus grave qu'un ébouillantement par l'eau.

• Repérez tout ce qui peut pendre à la portée de l'enfant, qu'il pourrait tirer et recevoir sur la tête (le fer à repasser par exemple).

• N'oubliez pas que les fers à repasser et les radiateurs restent chauds une fois débranchés.

• Ne remplissez jamais une bouillotte avec de l'eau trop chaude : elle pourrait fuir ou se casser. Mieux vaut chauffer le lit d'avance et la retirer lorsque l'enfant se couche. Renoncez aux couvertures chauffantes électriques.

• Surveillez la température de votre eau chaude domestique. Si l'eau est trop chaude, les radiateurs du chauffage central et les robinets peuvent être brûlants.

• Si vous fumez, soyez disciplinée. Les brûlures de cigarette sont petites mais douloureuses. Ne laissez pas traîner votre briquet, vos allumettes. Si vous n'avez pas de poche, suspendez votre briquet à une lanière autour de votre cou.

• Le thé et le café peuvent brûler, même s'ils ne sont pas bouillants. Ne posez pas la théière ou la cafetière sur une table basse; l'enfant pourrait la toucher ou les renverser; ni sur une table recouverte d'une nappe : qu'il tire sur la nappe, et le voilà marqué pour la vie au ventre et à la poitrine.

• Les plats qui vont au four restent chauds très longtemps, assez pour être dangereux. Ecartez de la table la chaise haute de bébé; n'utilisez pas de nappe qu'il pourrait agripper; servez-vous d'une desserte.

Choc

Le cerveau contrôle toutes les fonctions de l'organisme, y compris celles du cœur et des poumons. Les fonctions du cerveau lui-même dépendent de son irrigation par un sang suffisamment oxygéné. Une privation de sang entraîne diverses réactions physiologiques. Si la privation est temporaire, comme lors d'une syncope ou d'un choc mineur, la situation est facilement réversible. Mais si le cerveau est privé de sang eu raison d'une défaillance circulatoire accompagnant une hémorragie importante ou des brûlures causant un choc grave, il faut intervenir d'urgence.

Choc mineur

L'annonce d'une mauvaise nouvelle, le spectacle d'un accident sanglant ou une blessure légère mais dans des circonstances impressionnantes peuvent réduire l'afflux du sang au cerveau. L'organisme réagit en contractant les vaisseaux superficiels pour assurer l'irrigation des organes profonds : l'enfant devient très pâle, sa peau est froide et humide. Son système nerveux est ébranlé, il se sent bizarre, tremblant. Il pleure, il peut vomir.

Ces réactions caractérisant le choc mineur peuvent être aggravées par la peur et la douleur. Un enfant peut avoir une réaction de choc après un accident de la route effrayant dont il s'est sorti indemne. Il peut être plus intensément choqué par une petite brûlure très cuisante que par une blessure plus grave mais peu douloureuse.

Plusieurs petites blessures peuvent provoquer une réaction de choc même si elles sont toutes bénignes. Un enfant qui a eu peur en tombant de bicyclette et se retrouve avec une main qui saigne, un genou bien écorché et une bosse sur la tête peut être en état de choc.

Que faire

Allongez l'enfant tête basse pour favoriser l'irrigation cérébrale.
☐ Tournez-lui la tête de côté pour lui éviter de s'étouffer s'il vomit.
☐ Dégrafez ses vêtements pour faciliter les mouvements respiratoires.
☐ Couvrez-le d'un manteau ou d'une couverture pour qu'il n'ait pas froid.
☐ Réconfortez-le, rassurez-le pour dissiper sa peur.
N.B. Ne lui donnez rien à boire de chaud ou de sucré ; rien, en fait, tant qu'il n'est pas redevenu tout à fait normal. Il ne pourrait rien digérer sous l'effet du choc. Ne le réchauffez pas avec des bouillottes ni avec une couverture chauffante : toute chaleur artificielle forcerait les vaisseaux superficiels à se dilater. Ses joues retrouveraient leurs couleurs, mais aux dépens des organes vitaux qui, pour l'instant, ont besoin d'un supplément de sang.
☐ En cinq minutes, l'enfant peut se remettre, ses couleurs revenir, sa tension s'apaiser. Il peut s'endormir (dans ce cas, n'intervenez pas, veillez simplement qu'il ne s'étouffe pas s'il vomit), ou s'asseoir et affirmer qu'il va tout à fait bien. Mais si, au bout d'une demi-heure, il ne vous paraît toujours pas normal, appelez le médecin. Il est fort possible que l'accident ait été plus grave que vous ne le pensiez.

Choc traumatique consécutif à un accident grave ou à une pathologie aiguë. Le cerveau de l'enfant est privé de sang, comme dans le choc mineur, mais cette fois, il ne suffit plus d'allonger le patient pour rétablir l'irrigation, parce que la quantité de sang circulant est diminuée par une hémorragie (interne ou externe), une déshydratation, une brûlure grave, une diarrhée ou des vomissements incoercibles. A l'origine d'une défaillance cardiaque ou respiratoire, on peut aussi retrouver une lésion cérébrale ou des gros troncs nerveux.

En raison de la perte de sang, le cœur travaille plus dur, mais comme il pompe moins de sang, il est moins efficace si bien que le cerveau, insuffisamment irrigué, continue à s'altérer. Non traité, un choc traumatique peut provoquer une défaillance générale des fonctions vitales.

Les signes de ce choc sont, en plus intense, semblables à ceux du choc mineur. L'enfant est effondré. Il semble à peine conscient, presque évanoui. Parfois, il ne reconnaît pas ses proches, délire, prononce des paroles sans suite ; parfois, il est agité et anxieux, comme en proie à une terreur nocturne.
N.B. Lorsque vous l'allongez, il semble aller plus mal.

Que faire
☐ Reconnaissez le choc traumatique.
☐ Demandez des secours d'urgence.
☐ Traitez la cause si elle est évidente (hémorragie par exemple) et soignez l'enfant comme pour un choc mineur en attendant le médecin.

Choc électrique (électrocution)

L'intensité d'un choc électrique dépend de nombreux facteurs, elle est différente si la victime a touché la source de courant avec des mains sèches ou mouillées, ou si elle portait à ce moment-là des chaussures à semelles de caoutchouc.

Quand un enfant touche simplement une prise de courant, il y a de fortes chances pour que la secousse soit si fugace que tout sera terminé avant que vous ayez compris ce qui s'est passé. L'enfant peut être pâle et tremblant et avoir besoin de soins, comme pour un choc, d'être réconforté et allongé, mais s'il va assez bien pour hurler, tout va bien.

Il arrive qu'un fil électrique crée un court-circuit et si l'enfant le touche, il se brûle les doigts. Vous pouvez ne remarquer à cet endroit qu'une trace bleue ; le courant a fermé les petits vaisseaux superficiels. Mais ne vous y trompez pas : sous cette marque, il peut y avoir une zone de tissu lésé beaucoup plus étendue. *Toutes les brûlures électriques doivent être soignées par un médecin.*
☐ Le courant alternatif contracte les muscles. Si la main de l'enfant se referme sur la source de courant (ou si l'enfant s'est entortillé dans des fils électriques, même alimentés par du courant continu), si bien qu'il reçoit encore du courant, ne suivez pas votre

---

CONSEILS DE SÉCURITÉ ET PRÉCAUTIONS :
Choc électrique
• Qu'une de vos quelques rares interdictions absolues soit celle de ne jamais toucher une prise de courant ou un interrupteur.
• N'achetez pas de jouets électriques branchés sur un transformateur, au moins jusqu'à ce que votre enfant soit assez grand pour comprendre comment fonctionne le courant. Les transformateurs peuvent se détraquer.
• Ne permettez pas à l'enfant de se servir d'une couverture électrique : un lit mouillé, un verre d'eau renversé, peuvent la rendre dangereuse.
• Reliez tous vos appareils à la terre : le câble à trois fils, la prise trois trous.
• Gardez les interrupteurs en position fermée. Si l'enfant branche le mixer, l'appareil ne lui hachera pas les doigts.
• Installez des prises à couvercle, ou camouflez toutes les prises inutilisées par des fiches spéciales pour que l'enfant ne puisse rien enfoncer dans les trous.
• Utilisez des fusibles de calibre convenable.
• Ayez toujours les fils de vos appareils en bon état.
• Utilisez des guide-fils pour maintenir hors de portée de main ou de pied les fils qui traînent.

impulsion qui est de l'arracher au danger : son corps est électrisé, et, une fois électrisé vous-même, vous ne seriez plus capable de l'aider. S'il y a un interrupteur, coupez le courant. Sinon, ne perdez pas de temps à chercher le compteur principal. Écartez l'enfant du danger en vous servant de l'objet le plus proche non conducteur d'électricité — une chaise en bois — ou utilisez des bottes, un essuie-pieds en caoutchouc.

☐ Si l'enfant est inconscient, il faut l'emmener immédiatement à l'hôpital. S'il paraît mort, commencez le bouche-à-bouche et le massage cardiaque si vous connaissez la technique. Sinon, ne perdez pas une seconde, rendez-vous à l'hôpital.

Corps étrangers dans les oreilles, les yeux, le nez, le vagin, l'anus

Oreilles
☐ Ne touchez pas à un objet rond (une perle, par exemple) qui bloque le conduit auditif externe. Toute tentative pour le déloger pourrait l'enfoncer davantage et léser le tympan. Emmenez l'enfant à la consultation de l'hôpital.
☐ Un objet mou de forme irrégulière peut être enlevé au moyen d'une pince à épiler. Essayez, très délicatement, de le saisir. Si vous ne pouvez pas, emmenez l'enfant à l'hôpital.
N.B. Si vous remarquez un écoulement autre que du cérumen, amenez l'enfant chez le médecin.

Yeux
☐ La plupart des corps étrangers sont entraînés par l'eau (ou les larmes). Ne laissez pas l'enfant frotter l'œil concerné. Pour l'en dissuader, encouragez-le à frotter l'autre.
☐ Si vous ne pouvez le distraire de l'accident, tournez-le vers la lumière, tirez vers le bas la paupière inférieure, vers le haut la paupière supérieure. Si vous voyez le corps étranger, essayez de l'enlever avec un tissu humide. Même si vous ne voyez rien, le fait d'avoir soulevé les paupières a pu le déloger et lui permettre de partir tout seul.
☐ Si vous voyez quelque chose que vous ne pouvez déloger, n'y touchez plus et emmenez l'enfant chez le médecin ou à l'hôpital. L'élimination d'un corps étranger incrusté est une affaire de professionnel.
☐ Si vous remarquez une éraflure ou une marque sur le blanc de l'œil (une abrasion), emmenez l'enfant chez le médecin ou à l'hôpital. L'œil guérit très bien mais un collyre aux antibiotiques est parfois nécessaire pour éviter une infection.
N.B. Si l'enfant s'est projeté dans l'œil un liquide abrasif ou piquant, lavez-le tout de suite avec beaucoup d'eau courante. Tenez l'enfant sous le robinet, l'œil blessé doit être en bas, sous l'autre pour que le liquide nocif ne coule pas dans l'œil sain. Maintenez l'enfant de force pendant quelques minutes. Écartez bien les paupières pour rincer abondamment chaque repli.
☐ Après ce rinçage, deux attitudes sont à considérer. Si le liquide n'était «que» du détergent, tout est probablement terminé. Si c'était un produit de nettoyage de W.C., de l'eau de Javel, de l'acide de batterie, allez vite à l'hôpital en emportant la bouteille de produit.

Nez
Procédez comme pour les oreilles.

Vagin
Quand une petite fille «égare» quelque chose dans son vagin, vous ne vous en apercevez la plupart du temps que parce que des pertes malodorantes tachent sa culotte ou ses couches.
☐ Si vous pouvez voir l'objet dans le vagin, vous pouvez sans doute aussi l'enlever, avec douceur, sinon allez voir un médecin.

Anus
☐ Vérifiez les selles, si l'objet ne réapparaît pas, consultez votre médecin.

Coups de soleil

Les coups de soleil doivent être pris très au sérieux.

Que faire
☐ Dans les cas banals, la peau est rouge et chaude au toucher. Appliquez une crème calmante, couvrez avec un vêtement ou un linge doux.
N.B. Abritez du soleil la zone atteinte : la moindre exposition à la chaleur est douloureuse.
☐ Dans les cas plus sérieux, il peut se former des ampoules. La douleur est vive. Sauf si la zone atteinte est réduite et si l'enfant semble en très bonne forme, il faut voir le médecin. De même, si l'enfant a de la fièvre et se sent mal. Faites-lui prendre un bain d'une température inférieure d'un degré à celle de son corps et encouragez-le à boire beaucoup d'eau. Par ailleurs, l'aspirine peut soulager la douleur. Le soir venu, étendez votre enfant très doucement dans son lit pour lui épargner les frottements et remplacez draps et couvertures par un tissu de soie si vous en avez un.

Coupures et écorchures

Que faire
Les petites coupures n'ont guère besoin d'être soignées : le sang entraîne les germes, le caillot sanguin ferme la blessure.
☐ Si vous tenez à faire quelque chose, lavez la coupure sous un filet d'eau froide. N'utilisez pas d'antiseptique : s'il tue les germes, il endommage aussi les tissus. Ne mettez pas de pommade : elle retarde la formation de la croûte.
☐ Si vous posez un pansement adhésif pour dissimuler la blessure à l'enfant, enlevez-le dès que possible : elle séchera mieux à l'air.

Coupure du visage
Montrez-la au médecin si elle pénètre au-delà de l'épiderme. Même si elle n'est pas grave, il peut être utile, pour la future cicatrice, de la faire suturer.

Entailles béantes et déchiquetées
Celles qui sont graves seront montrées au médecin mais même les bénignes vont laisser des cicatrices si elles ne sont pas recousues. C'est à vous de voir ce qui vous paraît le plus important, de l'esthétique future ou de la douleur des points de suture. Au genou, une cicatrice n'a guère d'importance. Vous pouvez favoriser la fermeture d'une entaille en la lavant à l'eau courante puis en la recouvrant d'une compresse et en tenant ses bords fermés au moyen de ruban adhésif.

Blessure par pointe
L'enfant a marché sur un clou, sa blessure est punctiforme mais profonde. Elle s'infecte facilement car n'importe quel germe a pu la souiller, elle saigne peu et vous ne pouvez la laver convenablement sous le robinet. Toute blessure profonde, surtout si elle est sale, doit être montrée au médecin qui peut juger nécessaire d'effectuer une injection de sérum antitétanique.

CONSEILS DE SÉCURITÉ ET PRÉCAUTIONS : Coups de soleil

Les coups de soleil ne se voient ou ne font souffrir que lorsque le mal est fait. Pour les prévenir, il est donc vain de surveiller la peau de l'enfant ou d'attendre qu'il se plaigne.

Les bébés

• La peau des bébés brûle très facilement car elle n'est pas endurcie par les frictions ou de longues expositions à l'air, ni protégée par le bronzage. Ne mettez jamais un bébé en plein soleil. Si vous le gardez à l'ombre et utilisez une ombrelle de berceau quand il fait sa sieste dehors, il prendra assez de soleil quand vous le promènerez dehors pour se constituer une certaine protection. Même à l'abri du soleil, prenez l'habitude de lui couvrir la tête d'un chapeau et dès qu'il fait chaud, donnez-lui très souvent de l'eau à boire. A la fin de son premier été, vous pourrez exposer ses jambes enduites d'une crème écran solaire à fort coefficient de protection.

Grands bébés et petits enfants

• Les peaux claires brûlent plus facilement que les peaux brunes et mettent plus longtemps à élaborer les pigments protecteurs.
• L'eau réfracte et réfléchit les rayons solaires : soyez prudent au bord de la mer ou d'un lac, et surtout si vous êtes en bateau.
• La température de l'air n'a pas besoin d'être très élevée pour qu'un coup de soleil se produise. Une brise fraîche peut faire frissonner un enfant pendant que le soleil le brûle. Couvrez-le avec des vêtements légers.
• Ce sont les régions les moins exposées d'ordinaire à l'air et au soleil qui brûlent le plus facilement. Surveillez les fesses nues de votre enfant, tandis qu'il creuse des trous dans le sable. Si vous projetez des vacances très ensoleillées avec un enfant de moins de cinq ans, essayez de l'habituer à jouer nu dans le jardin les jours précédant le départ. Plus sa peau aura été exposée progressivement au soleil, mieux elle supportera un rayonnement intense.
• Les crèmes, lotions, huiles de protection sont utiles. Des produits solaires sont sans cesse mis au point, surtout pour les enfants. Consultez votre pharmacien : mais rappelez-vous qu'une crème ne remplace pas le bon sens, la vigilance et les expositions progressives. Les coefficients représentent la durée d'exposition d'une peau «normale» sans risque. Ainsi, une crème de coefficient 2 est censée doubler la durée d'exposition et une crème à coefficient 15 la multiplier par quinze. Mais un fort soleil de mi-journée peut faire rougir les épaules d'un enfant en deux minutes, si bien que même une crème à fort coefficient de protection ne le protégera pas longtemps. Commencez donc par l'exposer au soleil tôt le matin et tard dans l'après-midi : le rayonnement est moins intense. Remettez-lui de la crème chaque fois qu'il va dans l'eau. Faites-lui porter une chemise de coton légère ou un tee-shirt, sauf pendant le court moment où vous le séchez après chaque bain et veillez, quand il joue assis, qu'il ait de l'ombre. Si vous ne pouvez pas le garder à l'ombre sur la plage, trouvez-lui un autre endroit pour jouer, à l'intérieur des terres.
• Un chapeau à large bord peut protéger sa nuque et ses épaules. Si vous ne pouvez le persuader de le garder, diminuez son temps de présence sur la plage, surtout au moment de midi.
• Humidifiez sa peau, tandis qu'elle fonce peu à peu. Achetez un produit hydratant dont vous l'enduirez soigneusement tous les soirs.
• Encouragez-le à boire beaucoup d'eau.

□ Une blessure plus petite, très propre, comme celle provoquée par un éclat de verre, doit être examinée avec soin. Si elle est profonde, n'hésitez pas, montrez-la au médecin. Les piqûres d'aiguille ou d'épingle ne présentent aucune gravité.

Écorchures

Même bénignes, elles font mal parce qu'elles intéressent une large surface cutanée. Si l'enfant ne se plaint pas, n'y touchez pas : le sang et le plasma exsudé ont tout de suite entraîné les saletés. Ce qui reste sera incorporé à la croûte et éliminé avec elle.

Écorchures incrustées de corps étrangers

Elles résultent de chutes sur des graviers dont quelques-uns se sont enchâssés sous l'épiderme : si vous les voyez, enlevez-les sous un filet d'eau courante, en frottant doucement avec un morceau de coton mouillé. C'est parfois douloureux et bien des enfants préfèrent le faire eux-mêmes.

□ La blessure doit être protégée des frottements, mais plus elle restera à l'air, plus vite elle guérira. Recouvrez-la d'une compresse maintenue par un collant en croix.

□ La croûte sera probablement jaunâtre en raison de l'infection locale et des saletés incrustées, mais c'est sans gravité.

□ Si des gravillons ou de la terre sont enfouis sous des lambeaux de peau, la guérison est impossible. Il faut les enlever : faites-le faire par votre pharmacien, votre médecin ou à l'hôpital.

□ Toute écorchure du visage souillée ou incrustée doit être médicalement soignée car elle risque de laisser une vilaine cicatrice colorée.

Ecchymoses

Lorsqu'il se produit une rupture des vaisseaux sanguins sous-cutanés et une effusion du sang dans les tissus voisins, on voit apparaître en surface une ecchymose. La région, d'abord pourpre, vire au bleu-noir puis, tandis que le sang se dégrade et se résorbe, au vert-jaune. La marque s'atténue peu à peu et disparaît en deux semaines.

Ecchymose banale
C'est le «bleu», qui fait partie de la vie de l'enfant et ne nécessite aucun soin. Si l'enfant accepte de rester tranquille une demi-heure, appliquez sur l'endroit contus un tampon de coton ou de gaze imbibé d'eau glacée.

Ecchymose étendue.
Si la chute a été assez rude pour que l'ecchymose couvre une large surface, il est probable que l'enfant est un peu choqué et il vaut mieux le montrer à un médecin. N'oubliez pas qu'une ecchymose est un signe d'hémorragie, même si le sang ne s'extériorise pas.

Ecchymoses à répétition.
Certains parents s'inquiètent de voir la peau de leur enfant se marquer de bleus même après des heurts minimes. Parlez-en à votre médecin mais, sauf si l'enfant saigne trop facilement ou trop longuement à la moindre écorchure, il est peu probable que les ecchymoses soient provoquées par une maladie du sang. Certaines peaux se marquent de «bleus» plus facilement que d'autres. Et la peau des petits enfants est tendre,

en comparaison de celle des gens plus âgés. Quand elle deviendra plus coriace, elle se marquera moins.

Tenez compte, cependant, des ecchymoses dont l'origine vous demeure mystérieuse. La vie de tous les jours endommage les tibias et les coudes mais des bleus dans le dos, sur les fesses ou le haut du bras peuvent vouloir dire que quelqu'un brutalise l'enfant. Vous devez pouvoir trouver une explication à un œil au beurre noir ou à des ecchymoses sur le visage.

Œil au beurre noir.
Un coup sur le sourcil, le nez ou la pommette peut être rapidement suivi d'un œdème et de l'apparition d'une ecchymose, souvent impressionnante. Il est rare que l'œil lui-même soit touché car il est bien protégé par l'orbite, mais, au moindre doute, menez l'enfant à l'hôpital ou chez le médecin : l'œdème peut être si important qu'il rend l'examen ophtalmologique impossible.

Aucun traitement traditionnel de l'œil au beurre noir (comme le cataplasme de bifteck cru) n'est efficace, mais l'application pendant dix minutes d'un linge trempé dans de l'eau glacée puis essoré, ou d'un gant de toilette rempli de glaçons, peut atténuer l'enflure.

L'enflure d'un œil au beurre noir descend à cause de la gravitation et au moment où l'ecchymose virera au verdâtre, c'est le nez de l'enfant qui sera déformé. *Voir aussi* BLESSURES DES DOIGTS ET DES ORTEILS; BLESSURES DE LA TÊTE; CHOC.

Échardes et épines

Que faire
☐ Votre enfant a une écharde ou une épine plantée dans la peau. Si elle dépasse, ôtez-la avec une pince à épiler.
☐ Si aucun fragment ne dépasse mais si l'écharde est visible sous la peau, notez sa direction : il est possible qu'en appuyant à l'autre extrémité, vous la fassiez ressortir. Sinon, vous pouvez l'extirper avec une aiguille fine, flambée avec une allumette.
☐ Si elle est profondément enfoncée ou piquée perpendiculairement à la peau, la méthode de l'aiguille serait trop douloureuse : mieux vaut ne pas toucher; l'écharde ressortira seule, en son temps.
☐ Les éclats de verre ou de métal doivent être enlevés par un médecin : tous leurs côtés sont coupants et vos tentatives ne feraient que blesser l'enfant.

Entorses et élongations

Elles sont rares chez le bébé et le jeune enfant, dont le poids et l'activité ne favorisent pas ce genre de lésion : une force exercée par une autre personne provoque plutôt chez eux une luxation ou une fracture.

En pratique, vous n'aurez pas à chercher à faire un diagnostic. Il vous suffira de savoir reconnaître une blessure qui requiert l'intervention d'un professionnel et d'amener l'enfant soit chez un médecin, soit à l'hôpital, où des soins rapides peuvent être assurés. En cas d'entorse, certains des ligaments articulaires ont été déchirés. Les articulations les plus souvent affectées sont les chevilles, les genoux, les poignets et les épaules. Les signes sont :
☐ La douleur,
☐ Le gonflement.
En cas d'*élongation*, des fibres musculaires ont été étirées ou déchirées. Les élongations sont en général plus bénignes que les entorses, toutefois, sauf si la douleur est minime et si l'enfant utilise le membre

CONSEILS DE SÉCURITÉ ET PRÉCAUTIONS : Ecchymoses
Prenez toujours un bébé ou un jeune enfant avec vous quand vous quittez une pièce. Mettez-le sous votre bras ou à califourchon sur votre hanche si vous allez répondre à un coup de sonnette. Placez des barrières de sécurité en haut et en bas des escaliers. Évitez les pièges suivants :
• Les meubles fragiles ou instables que l'enfant peut renverser sur lui (les tables à café légères par exemple).
• Les portes battantes ou à fermeture automatique qui heurtent l'enfant incapable de synchroniser ses mouvements avec le retour du battant.

blessé sans difficulté après quelques minutes, n'essayez pas d'établir vous-même le diagnostic.

Que faire
☐ Réconfortez l'enfant — il a peut-être eu peur et tant qu'il n'est pas calmé, vous ne pourrez pas déterminer la part de la peur et celle de la lésion.
☐ Laissez-le installer le membre blessé dans la position qui lui paraît la plus confortable. N'essayez pas de l'obliger à s'en servir. S'il n'est pas sérieusement blessé, il s'en resservira spontanément après quelques minutes.
☐ S'il ne se sert pas du membre blessé une fois calmé, et s'il souffre encore, amenez-le à l'hôpital le plus proche.
N.B. Ne mettez pas de compresse froide, ne bandez pas le membre blessé : s'il y a une fracture associée, vous feriez plus de mal que de bien. S'il y a entorse ou élongation, votre intervention ne sert à rien et le personnel de l'hôpital défera tout dès votre arrivée.

Étouffement

L'étouffement est provoqué par la pénétration d'un liquide, d'un aliment ou d'un corps étranger dans la trachée au lieu de l'œsophage. L'organisme réagit par une toux réflexe, en général efficace pour faire remonter l'élément indésirable dans le gosier.
☐ Aussi longtemps que l'enfant tousse et que son visage ne devient pas bleu ou gris, il n'y a rien à craindre : l'air passe et l'enfant va certainement expulser seul ce qui le gêne. Des tapes sèches dans le dos, entre les omoplates, peuvent faciliter les choses. Parfois, le fragment de nourriture ou le liquide sont si violemment expulsés qu'ils refluent dans le nez. C'est très douloureux, surtout si la substance est acide, mais ce n'est pas dangereux.

L'étouffement causé par un objet peut être plus dangereux parce que les objets ronds (bouton ou bille) risquent de se coincer dans la gorge, bloquant le passage de l'air.

Si l'enfant tousse, ne vous inquiétez pas trop : si

l'air ne passait pas, il ne tousserait pas. Pliez-le sur votre avant-bras ou couchez-le en travers de vos genoux de façon que sa poitrine et sa tête soient plus basses que ses jambes et son bassin, et donnez-lui des tapes vigoureuses entre les omoplates jusqu'à ce que l'objet soit expulsé. Agissez sans tarder parce que si l'enfant continuait à s'étouffer sans réussir à dégager ses voies respiratoires, les muscles de son pharynx pourraient se contracter autour de l'obstruction, ce qui rendrait la respiration plus difficile.
☐ Si l'enfant ne tousse pas mais suffoque, devenant écarlate puis gris, si son regard s'affole, c'est qu'il ne peut plus respirer : agissez rapidement. Ouvrez-lui la bouche et enfoncez votre index dans sa gorge pour essayer d'accrocher l'objet. Si vous déclenchez des nausées, tant mieux ; elles pourront déloger l'élément intrus.
☐ Si cela ne donne rien, essayez la manœuvre de Heimlich. Sachez toutefois qu'elle n'est pas sans danger car elle risque de causer des lésions. Mais elle peut aussi vous permettre de sauver la vie de votre enfant. Demandez à votre médecin, à un secouriste ou à un pompier de vous montrer la technique. Face à un adulte dans la même situation, agissez de la même manière, mais utilisez vos poings et non les doigts.

Quand l'obstacle cède, l'enfant prend une profonde inspiration et son visage se recolore. Même s'il vous paraît remis, appelez les secours. Expliquez ce qui s'est passé. L'enfant sera examiné à l'hôpital.

Fractures de membre

Fracture en bois vert.
C'est une fracture incomplète, moins grave que la fracture de l'adulte. L'os s'est courbé et s'est brisé comme une baguette de bois tendre et non comme une branche sèche. Aucune extrémité osseuse aiguë ne risque d'embrocher vaisseaux ou muscles. L'os ne peut pas se déplacer ; la fracture n'a donc pas besoin d'être réduite. Et les mouvements ne l'aggraveront pas.

Symptômes.
L'enfant souffre et refuse de se servir du membre cassé. Celui-ci est gonflé et contusionné. Mais ces signes étant présents, que la fracture soit grave ou bénigne, il faut faire faire une radio.

Que faire
Si vous voulez éviter d'amener l'enfant à l'hôpital sauf si c'est absolument nécessaire, attendez une demi-heure pour voir s'il se sert à nouveau de son membre blessé.

┌───┐
CONSEILS DE SÉCURITÉ ET PRÉCAUTIONS :
Étouffement
• Ne laissez pas un bébé seul avec de la nourriture ou un biberon. Quand vous le couchez, posez-le sur le ventre pour que, s'il rejette un peu de lait, celui-ci coule hors de sa bouche et ne soit pas inhalé.
• Ne laissez pas un bébé ou un jeune enfant jouer avec des objets qu'il pourrait avaler, surtout s'ils sont ronds et lisses. Une bille peut se coincer dans la gorge, bloquant le passage de l'air, et se montrer trop glissante pour que vous puissiez la saisir. Un petit soldat peut lui faire très mal s'il se coince de la même façon, mais il n'empêchera pas l'air de passer.
• Ne donnez ni grains de raisin, ni cerises, ni fruits à noyaux comme des prunes, à un enfant trop jeune pour bien mâcher et cracher.
• Ne donnez pas de cacahuètes non pilées aux bébés ou aux jeunes enfants. Une cacahuète inhalée ne bloque pas les voies aériennes mais son huile est nocive pour les poumons.
• Ne permettez pas aux petits enfants de manger en jouant et en courant. Plus tard, ne les laissez pas jouer à lancer en l'air des bonbons ou des grains de raisin qu'ils rattrapent avec la bouche.
└───┘

□ Réconfortez l'enfant, allongez-le s'il paraît choqué.
□ Placez le membre blessé dans la position la moins douloureuse. Ne l'incitez pas à s'en servir mais ne l'empêchez pas de le faire.
N.B. Ne lui donnez rien à boire ou à manger car s'il y a fracture, il sera sans doute anesthésié.
□ Si après une demi-heure, il se sert de son membre et ne se plaint plus, il est probable que tout va bien.
□ S'il ne peut s'en servir ou s'il souffre beaucoup en essayant de le mobiliser, amenez-le à l'hôpital. Même si ce n'est qu'une entorse, elle est assez grave pour nécessiter des soins compétents.

Fracture grave.
Si elle est complète, la fracture est plus grave. Les extrémités mobiles de l'os brisé risquent d'endommager les vaisseaux et les muscles voisins. La fracture peut être multiple, parfois ouverte et exposant à l'infection.

Symptômes.
L'enfant souffre beaucoup; il est choqué, incapable de se servir du membre blessé. Conduisez-le immédiatement à l'hôpital.

Que faire
□ Ne le relevez pas, sauf s'il le fait tout seul et si vous êtes certaine qu'il n'a aucune blessure vertébrale ou du bassin, ou du fémur. Calez-le sur place aussi confortablement que vous le pouvez en attendant l'ambulance.
□ Si l'enfant peut marcher mais a un bras, une clavicule ou des côtes cassés, installez-le le mieux possible et ne le remuez pas : plus il bougera, plus les extrémités osseuses risqueront d'endommager les tissus et plus la fracture sera difficile à réduire.
□ S'il vous faut le conduire vous-même à l'hôpital (l'accident a pu se produire dans un lieu très écarté), essayez de solidariser la région blessée avec le reste du corps. S'il s'est cassé la clavicule, il tiendra instinctivement son bras plié contre sa poitrine en le soutenant au coude de son autre main. Fixez-le ainsi. Une jambe cassée doit être attachée à l'autre jambe en plaçant les liens à distance du lieu de la fracture.
□ S'il faut transporter l'enfant, laissez-le à plat comme sur un brancard. Si votre voiture ne possède pas de claie ou de siège amovible pouvant être utilisé pour le transport, couchez l'enfant sur un manteau que votre aide et vous-même tiendrez le plus rigide possible pour que l'enfant reste à plat. Si l'os a perforé la peau ou si une plaie ouverte avoisine la fracture, il y a un grand risque d'infection osseuse.
□ Si vous êtes chez vous, recouvrez toute la blessure d'un morceau de tissu stérile. N'essayez pas de la nettoyer, de la soigner : c'est un travail de professionnel.
□ Si vous êtes à l'extérieur, utilisez un tissu propre, si ce n'est stérile. La face interne d'un grand mouchoir propre récemment repassé convient.
  Votre enfant va presque à coup sûr être choqué. Calmez-le, couchez-le, couvrez-le en attendant les secours (voir CHOC).
N.B. Ne lui donnez rien à boire ou à manger, il va être anesthésié.

Les plâtres.
Lorsqu'il se voit nanti d'un plâtre, l'enfant peut croire qu'on l'a amputé ou que le membre ainsi dissimulé demeurera à jamais raide et lourd. Expliquez-lui d'avance qu'au cours de ses jeux un tel accident peut lui arriver. Et si cela arrive, dites-lui avant qu'on

l'endorme qu'il se réveillera plâtré. Faites-lui remarquer, lorsqu'il reprend conscience, que sa cuisse est visible en haut du plâtre et ses orteils à l'autre bout et que le reste de sa jambe est toujours là, bien qu'invisible.

L'extension continue.
Il arrive qu'après une mauvaise fracture le bras ou la jambe de votre enfant doive être étiré pendant quelque temps afin de maintenir en contact pendant la réparation les extrémités osseuses. Couché à plat dos, la jambe suspendue à une poulie et tirée par des poids, l'enfant est piégé. Il ne peut s'asseoir, se tourner, faire quoi que ce soit tout seul. Au début, il peut souffrir et plus tard ressentir des douleurs musculaires. Il a besoin d'être sans cesse rassuré sur l'intégrité de sa jambe et de savoir que, lorsqu'il la verra de nouveau, elle sera absolument normale. Il faut lui expliquer ce qui lui est arrivé, ce qui se passe, et pourquoi, et lui assurer la compagnie et les distractions qu'il va peut-être réclamer en permanence. Si possible, couchez près de lui, même si le séjour est long.
Voir aussi HÔPITAL.

Hémorragie
Bien que votre enfant puisse détester ce spectacle, le sang qui suinte ou qui coule goutte à goutte d'une plaie ne présente aucun danger ; le saignement se révèle même plutôt utile car il entraîne les saletés et les germes.

Hémorragie abondante.
La quantité de sang qui coule d'une coupure ou ruisselle le long d'un membre blessé n'atteindra pas tout de suite un seuil dangereux. Vous pouvez facilement l'arrêter au moyen d'une compression qui fermera les extrémités des vaisseaux sectionnés tandis que le sang se coagulera en formant un caillot.

Que faire
□ Examinez rapidement la blessure pour déceler tout éclat de verre ou autre corps étranger fiché dedans et qui dépasse. Si vous en voyez un, n'appuyez pas dessus, ne l'arrachez pas. Voyez le médecin.
□ Appuyez fermement sur la blessure avec une compresse ou un mouchoir propre que vous aurez déployé puis replié dans l'autre sens, ou même, en cas d'urgence, à main nue. Si la localisation de la blessure le permet, levez-la au-dessus du niveau du cœur de l'enfant. Si les lèvres de la plaie bâillent, essayez de les refermer tout en maintenant la pression au moins trois minutes.
□ Relâchez prudemment la pression mais n'enlevez pas le tampon : vous risqueriez de détruire le caillot en formation. Si le sang coule encore abondamment, reprenez la compression pendant encore deux minutes. Si l'hémorragie dure, suivez les instructions ci-après et emmenez l'enfant à l'hôpital le plus proche. Le saignement lui-même n'est pas dangereux mais la plaie, sans doute profonde, demande à être suturée.
□ Pansez la blessure, même si le sang continue à suinter, par-dessus le tampon de compression. Si ce pansement s'imbibe, ajoutez-en un autre dessus. N'enlevez pas le tampon qui est sur la blessure tant que l'hémorragie n'est pas complètement arrêtée.

Hémorragie dangereuse.
Si le sang jaillit de la blessure, il est probable qu'une artère a été sectionnée. A chaque contraction

cardiaque, le sang s'échappe par saccades. La pression empêche la formation d'un caillot et la blessure ne peut se refermer.

Que faire
C'est une urgence. Oubliez les principes d'hygiène, négligez la souffrance de l'enfant.
☐ Appuyez fortement sur la blessure. Si vous avez un mouchoir, utilisez-le, sinon, faites-le avec vos mains nues. Levez le membre blessé plus haut que le cœur pour réduire le flux sanguin.

Si le sang gicle malgré la compression, cherchez l'os sous-jacent pour comprimer le vaisseau contre lui. Essayez juste au-dessus de la blessure. Si le flux diminue, vous avez découvert le point de compression. Ne bougez pas les doigts, ne relâchez pas votre effort.
☐ Si la blessure est située à un endroit que vous ne pouvez contrôler du doigt, comme l'aine ou l'aisselle, allongez l'enfant et utilisez votre poing ou un mouchoir roulé en boule pour comprimer la blessure sur le plan osseux sous-jacent.
☐ Si vous ne pouvez transporter l'enfant sans relâcher la pression, portez-le près du téléphone ou à un endroit d'où vous pourrez appeler à l'aide.
☐ Si vous devez le quitter pour aller chercher du secours, remplacez votre pression par un objet dur maintenu par un bandage improvisé avec n'importe quoi (un torchon, une serviette, un pull...). Assurez-vous que votre bandage arrête bien l'hémorragie, puis courez chercher du secours.

N.B. Ne conduisez pas l'enfant à l'hôpital vous-même si vous pouvez faire autrement : si la compression lâchait et si l'hémorragie reprenait, vous seriez obligée de vous arrêter en route.

N'essayez pas de poser un garrot : c'est beaucoup plus difficile à faire que ne le laissent supposer les manuels désuets de secourisme; c'est aussi très dangereux, car un garrot rend exsangue tous les vaisseaux de la région et pas seulement le vaisseau lésé.

CONSEILS DE SÉCURITÉ ET PRÉCAUTIONS :
Hémorragie
Si votre enfant est très jeune, tout ce qui est pointu et qui peut lui faire mal, surtout s'il le porte à la bouche et tombe ainsi, doit être mis hors de sa portée.
• Couteaux, ciseaux et tournevis seront rangés sur un tableau mural hors de portée.
• Les couverts, surtout les fourchettes, seront mis en sûreté dans la salle à manger si l'enfant joue dans la cuisine et vice versa.
• Le matériel de couture, surtout les aiguilles, doit rester dans un tiroir fermé ou un placard inaccessible à un enfant. Un grand coffret fermant à clé est une très bonne solution.
• Faites très attention aux appareils alimentés électriquement comme les tondeuses à gazon ou les cisailles à haie, et aux scies qui peuvent le blesser sérieusement s'il se précipite dessus.
• Les baies entièrement vitrées et les portes en verre peuvent provoquer de terribles blessures. Les portes-fenêtres sont moins dangereuses, mais tous les bas de portes doivent être en panneaux de bois ou en verre de sécurité.

Intoxication

L'enfant qui vient d'avaler une substance toxique doit être soigné d'urgence : plus le poison séjourne dans l'estomac, plus grande est la quantité qui passe dans le sang et plus sérieuse sera l'intoxication. Mais le traitement est très pénible et effrayant pour l'enfant : vomissements provoqués, lavage d'estomac, hospitalisation de vingt-quatre heures au moins. Aussi, avant de vous précipiter à l'hôpital, assurez-vous qu'il a bien ingéré le toxique : il serait navrant de lui faire subir tout ce « grand jeu » si les comprimés que vous croyez dans son estomac ont simplement roulé sur le plancher.

Médicaments, comprimés. Sachez que tout ce que votre enfant peut sortir de l'armoire à pharmacie peut l'empoisonner : il suffit d'une petite dose de somnifère, de tranquillisant, d'antidépresseur, pour tuer un enfant. Des analgésiques comme l'aspirine sont responsables chaque année de morts infantiles. Les antihistaminiques, les médicaments contre le mal des transports contiennent des substances dangereuses. Certaines vitamines, des comprimés de fer, peuvent tuer si l'enfant en prend une forte dose, alors qu'elles lui sont bénéfiques à doses contrôlées.

Produits ménagers. Tous sont dangereux : eau de Javel, ammoniaque, soude caustique, savon noir, désinfectant, détachant, encaustique liquide... Les uns brûlent les muqueuses digestives; les autres dégagent des gaz toxiques qui peuvent être mortels.

Produits de jardinage. Tout insecticide, fongicide ou herbicide est dangereux, voire mortel, même à dose minime.

Garage et bricolage. Citons les peintures, dissolvants, produits de polissage pour carrosserie ou métaux, essence, pétrole, parmi cent autres poisons.

Plantes toxiques. Les baies de l'if, les graines de cytise, les haies de la belladone, de la morelle douce-amère, de la circée, sont très vénéneuses. Les baies de troène, de laurier-cerise et de laurier-rose ne sont pas non plus comestibles.

Plaisirs réservés aux adultes. Ingéré, le tabac est un poison mortel : une seule cigarette peut tuer un bébé d'un an. L'alcool est également terriblement toxique : une bonne lampée d'alcool pur peut tuer un petit enfant.

Que faire
Si votre enfant a avalé comprimés, potion, tabac, alcool ou baies vénéneuses, débarrassez-lui la bouche des débris qu'il n'a pas encore avalés. Couchez-le en travers de vos genoux, tête basse, mettez-lui deux doigts dans la gorge et chatouillez-la jusqu'à ce qu'il vomisse. S'il a des nausées sans pouvoir vomir, faites-lui avaler un grand verre d'eau ou de lait et recommencez. Soyez ferme.

☐ Qu'il ait vomi ou non, cessez vos manœuvres au bout de trois minutes et amenez l'enfant à l'hôpital. Emportez le reste du toxique avec vous.

N.B. N'administrez pas d'émétiques comme du sel ou de la moutarde dans de l'eau. Demandez à votre médecin si vous pouvez avoir dans votre pharmacie, pour les cas d'urgence, du sirop d'ipéca qui est un émétique très efficace. N'allongez pas l'enfant sur le dos pour le faire vomir ou s'il est somnolent : il pourrait s'étouffer avec ses vomissures.

CONSEILS DE SÉCURITÉ ET PRÉCAUTIONS :

Intoxication

Médicaments.
Entre un et cinq ans, tous les enfants mangent les comprimés qu'ils trouvent, et cela bien que vous ayez du mal à leur faire avaler ceux qui leur sont prescrits pour leur bien.
• Que votre armoire à pharmacie soit munie d'une serrure de sécurité. Aucun autre endroit n'est sûr. Un placard haut situé peut paraître un défi à un grimpeur en herbe; un loquet, une serrure ordinaire tentent les jeunes bricoleurs; une cachette excite l'instinct de l'explorateur. Conservez tous les médicaments, même les plus anodins, dans votre armoire à pharmacie, même les vitamines de l'enfant, que vous y replacerez après chaque usage.
• Ne conservez rien à portée de la main — même vos pilules contraceptives — pour vous souvenir de les prendre. Inscrivez le rappel sur un papier.
• Ne gardez pas de médicaments dans votre sac à main, sauf si vous êtes astreinte à un traitement continu. Dans ce cas, placez-les dans une boîte distributrice spéciale.
• Ne laissez pas l'enfant jouer avec des emballages pharmaceutiques vides; il y a toujours un risque de confusion et, de plus, l'enfant apprend à ouvrir les boîtes de médicaments.
• Attention aux maisons des autres. Celles des grands-parents sont particulièrement dangereuses; elles recèlent beaucoup trop souvent des somnifères sur la table de nuit, des pilules pour le cœur dans les poches des vêtements et des laxatifs sur la tablette du lavabo.
• Soyez prudente en voyage : utilisez une mallette qui ferme à clé.
• Protégez-vous contre vos propres erreurs : ne donnez jamais un médicament dans l'obscurité, vérifiez son nom; ne redonnez pas à un enfant malade un produit qui lui avait été prescrit antérieurement. Ne fragmentez pas un comprimé pour adulte en croyant obtenir une dose pour enfant. Récrivez lisiblement sur les flacons tout nom qui commence à s'effacer.

Produits toxiques.
Les produits de nettoyage, de jardinage, de maquillage sont si nombreux qu'il est impossible de savoir exactement ce qu'ils contiennent tous. Par précaution, considérez-les tous comme dangereux pour un enfant.
• Conservez vos produits ménagers dans un placard hors de sa portée (même s'il monte sur un escabeau). Même s'il ne les boit pas, il peut se vaporiser dans l'œil le décapant pour le four ou l'eau de javel, et s'aveugler.
• Les cabanons de jardin, les garages, les ateliers, doivent être fermés à clé. Et, de plus, tous les produits dangereux (insecticides, herbicides, décapants et dissolvants, pétrole, etc.) doivent être sous clé dans un placard, pour le cas où la porte d'entrée resterait ouverte «juste une minute ».
• Les produits de beauté supposés dangereux seront gardés dans l'armoire à pharmacie : imaginez les conséquences d'un bon essai de votre crème dépilatoire.

Ne le faites pas vomir si le toxique est un produit ménager ou un liquide de pulvérisation pour les plantes, un dissolvant pour peinture, de l'essence ou du pétrole, qui lui brûleraient l'œsophage au passage. Il pourrait aussi les inspirer et s'étouffer.
☐ Essayez de diluer le toxique pour l'empêcher de léser plus gravement la muqueuse gastrique : faites boire à l'enfant un grand verre de lait s'il peut l'avaler vite. Ne le forcez pas; il pourrait vomir.
☐ Rincez-lui la bouche, lavez son visage pour éliminer toute trace de produit chimique. Appelez un centre antipoison ou précipitez-vous à l'hôpital le plus proche. Emportez le toxique.

Luxation

En théorie, toute articulation peut se déboîter. L'articulation de la hanche, par exemple, est formée d'une tête fémorale qui s'emboîte et pivote dans une cavité de l'os iliaque. Si la tête sort de la cavité, l'articulation est luxée.

Mais en pratique il est rare d'observer une luxation sans fracture, car les muscles et les ligaments qui les relient sont en général plus résistants que les os eux-mêmes. A deux exceptions près : l'une est l'épaule, qui est très mobile, la tête de l'humérus, os du bras, pouvant sauter hors de la cavité articulaire de l'omoplate dans le cas d'une secousse brusque portant sur le bras étendu, par exemple lors d'une chute : l'enfant tombe et d'instinct lève le bras pour protéger sa tête.

L'autre luxation fréquente est celle de la mâchoire inférieure. Elle se produit plus lors d'un bâillement forcé que d'un coup, ce dernier ayant plutôt pour conséquence une fracture.

Diagnostic. Vous avez peu de chances de faire le diagnostic soit positif, soit différentiel, entre une fracture et une luxation : c'est l'affaire du médecin, sous contrôle radiologique. Réduire une luxation est facile si c'est fait dans les deux ou trois heures qui suivent l'accident; plus on attend, plus les tissus se gonflent d'œdème.

Que faire
☐ L'enfant souffre beaucoup. Il faut le réconforter. L'extrémité osseuse déplacée appuie sur les nerfs, distend au moindre mouvement les ligaments et les muscles. La douleur d'une luxation même non compliquée, peut en fait être plus forte que celle d'une fracture sans déplacement d'un os long. Une mâchoire luxée peut se remettre en place toute seule, sous l'effet des pleurs. S'il en est ainsi et si l'enfant peut de nouveau ouvrir et fermer normalement la bouche, considérez l'incident comme clos.
☐ Si l'enfant s'est luxé l'épaule, il applique son bras atteint contre sa poitrine. Attachez-le avec une écharpe pliée en triangle et nouée sur la nuque. Menez-le à l'hôpital le plus vite possible.
☐ Ne lui donnez rien à boire ou à manger, car il va certainement subir une anesthésie. Empêchez-le de se servir de son bras : tout mouvement endommage les tissus péri-articulaires.

Bien que les fractures soient souvent considérées comme plus sérieuses que les luxations, c'est l'inverse qui est vrai. Même après la réduction, lorsque les os ont repris leur place, il faut que les ligaments étirés et les tissus lésés guérissent. Il est parfois nécessaire d'immobiliser l'articulation pendant plusieurs semaines et cette période est bien souvent plus douloureuse que la période de consolidation d'une fracture. Il peut arriver aussi qu'après une luxation l'articulation reste affaiblie et se luxe ensuite facilement, les ligaments et les muscles de la région ayant perdu leur tonicité et leur solidité. Un traitement spécial devient alors nécessaire.

Morsures et piqûres

Les familles qui partent en voyage doivent se renseigner à l'avance sur les dangers inhérents au pays dans lequel elles se rendent.

Beaucoup d'enfants sont plus impressionnés par de petites morsures ou piqûres que par des blessures plus graves d'une autre origine parce qu'ils se sentent agressés. Ils ont besoin d'être rassurés.

Morsures animales. Chats et chiens. Une morsure ou un coup de griffe ayant seulement déchiré la peau peut être soigné à la maison.
☐ Lavez à l'eau courante froide ; séchez, recouvrez avec un pansement adhésif.
☐ Examinez la blessure le lendemain pour vérifier l'absence de toute rougeur locale qui signalerait l'infection.
☐ Une plaie profonde, une morsure punctiforme dont vous ne pouvez voir le fond ou une griffure importante doivent être d'abord traitées comme il est dit ci-dessus, puis être montrées à un médecin. Un traitement anti-infectieux est nécessaire, ainsi qu'une injection de sérum antitétanique si le vaccin ou un rappel n'a pas été fait récemment.

Cochons d'Inde, hamsters. Ces petits animaux mordent souvent, mais infligent rarement plus qu'une minuscule égratignure ou piqûre cutanée.
☐ Lavez à l'eau courante froide ; séchez, couvrez d'un pansement adhésif.

Chevaux. De nombreux chevaux et poneys «pincent», produisent une meurtrissure mais rarement une brèche cutanée.

Serpents. Plus l'enfant est petit, plus la morsure est dangereuse ; aussi, si vous vous rendez dans une région infestée de serpents venimeux, renseignez-vous localement sur les mesures d'identification et de thérapeutique prévues. Lorsqu'un enfant est mordu, il faut :
☐ Le rassurer, le réconforter. La peur peut provoquer un choc, même si la quantité de venin injectée est faible. La morsure peut être douloureuse.
☐ L'allonger. S'il reste tranquille, le venin diffuse moins vite.
☐ Laver la blessure pour éliminer le venin qui souille la peau. Si vous n'avez pas d'eau, essuyez doucement et utilisez votre salive.
☐ Amener l'enfant à l'hôpital en immobilisant le membre blessé. Après l'injection de sérum antivenimeux et, parfois, de sérum antitétanique, l'hôpital peut décider de garder l'enfant jusqu'au lendemain.
N.B. Gardez-vous de manœuvres héroïques telles qu'ouvrir la blessure avec une lame : vous feriez plus de mal que de bien.

Morsures d'insectes.
Les morsures d'insectes causent un œdème plus important là où la peau est molle (autour des yeux par exemple). Sinon, le problème est principalement lié aux démangeaisons, et aux nuits agitées qu'elles entraînent. Des applications d'eau froide ou d'une lotion à la calamine calment les démangeaisons assez longtemps pour que l'enfant puisse se rendormir.

Piqûres d'insectes.
La frayeur et la panique en sont la pire conséquence.

Que faire
☐ Calmez l'enfant. Dites-lui que la douleur va s'atténuer.
☐ Enlevez l'aiguillon si vous le voyez.
☐ Appliquez un produit calmant spécial (crème ou liquide) si vous en avez un sous la main, sinon mettez une compresse froide. La région va enfler. Si l'œdème est important, conduisez i'enfant chez le médecin.

CONSEILS DE SÉCURITÉ ET PRÉCAUTIONS : Morsures et piqûres

Animaux familiers
• Il arrive souvent que des chiens appartenant depuis longtemps à la maisonnée soient jaloux d'un nouveau-né, parfois au point de l'attaquer... Observez bien le chien lorsque vous tenez le bébé dans vos bras : vous devez le voir manifester son besoin d'attention.
• La somme de tourments que les chiens arrivent à tolérer de la part des petits enfants est variable : certains se résignent à tout. D'autres traitent le bébé comme une poupée (et cela implique quelques mordillements). Pour éliminer tout risque, ne les laissez jamais seuls ensemble.
• Des affections cutanées et des maladies parasitaires peuvent être transmises par les chiens : gardez les vôtres propres et en bonne santé ; vermifugez-les, déparasitez-les ; mentionnez leur existence à votre médecin si votre enfant est malade et qu'il n'arrive pas à savoir ce qu'il a.
• Les chats ne sont en général pas affectivement dérangés par la présence d'un bébé ; mais mettez un filet de protection sur le landau pour éviter que l'animal aille se coucher sur sa tête ; prenez garde aux griffures si votre enfant est plus âgé et le tourmente.
• On ne devrait jamais mettre entre les mains d'un petit enfant, pour le bien des deux parties, des petits mammifères, hamsters ou cochons d'Inde ; laissez les enfants les observer et les caresser, mais que quelqu'un d'autre les tienne.
• Les aquariums ne sont pas hygiéniques : les poissons sont sujets à toutes sortes de maladies dues à des champignons. Ne permettez pas aux enfants de tripoter l'eau.

Insectes
Les morsures et piqûres de moustiques, de puces, etc. sont plus faciles à prévenir qu'à guérir. Dans les régions et aux saisons à risque, il faut :
• Mettre à l'enfant des vêtements à manches longues et à jambes longues, ainsi que des chaussettes.
• Installer des moustiquaires ou des écrans grillagés.
• Appliquer des répellents en crème ou en lotion sur les zones d'épiderme exposées.
Il faut en mettre aussi sur le visage, en évitant le tour des yeux.

Piqûres dans la bouche.
Elles peuvent provoquer un œdème gênant la respiration. Donnez à l'enfant un cube de glace à sucer, emmenez-le à l'hôpital.

Très rarement, l'enfant réagit à la piqûre par un collapsus. Il pâlit, transpire, défaille. C'est un «choc anaphylactique», urgence absolue : précipitez-vous à l'hôpital. Une fois le danger passé, l'enfant subira sans doute un traitement de «désensibilisation» qui le rendra moins sensible aux piqûres ultérieures.

Piqûres multiples.
Elles sont dangereuses en raison de la dose de venin injectée dans l'organisme enfantin. La douleur est vive. Dénudez les régions piquées, enveloppez-les d'un linge imbibé d'eau froide et précipitez-vous à l'hôpital.
Voir aussi ALLERGIE.

Noyade

Un bébé ou un jeune enfant peuvent se noyer dans un faible volume d'eau : les quelques centimètres de profondeur nécessaires pour lui couvrir la bouche et les narines s'il tombe dedans la tête la première. Il se noie parce qu'il ne peut pas dégager ses bras quand il tombe ou retenir son souffle quand il sent son visage recouvert. Quand il ouvre la bouche pour crier, ses poumons se remplissent d'eau.

☐ Sortez l'enfant de l'eau.
☐ Tenez-le la tête en bas pour évacuer l'eau qu'il a dans les poumons et l'estomac. S'il vomit, l'effort appuie sur ses poumons et accélère l'évacuation de l'eau. S'il tousse et crache, il respire et un peu de cet air passe dans son sang : c'est bien.
☐ Si quelqu'un d'autre peut aller téléphoner pour demander des secours, tenez pendant ce temps l'enfant en travers de vos genoux, tête en bas, ou allongé par terre sur le ventre, la figure tournée sur le côté.
☐ Couvrez-le avec des vêtements chauds.
☐ Surveillez-le pour qu'il n'inhale pas l'eau qu'il rejette.
☐ Amenez-le à l'hôpital, même s'il va bien, lorsque les secours arrivent. Si l'eau inhalée ou avalée est polluée, il risque une pneumonie. L'eau douce ou l'eau de piscine qui passe dans la circulation peut, plus que l'eau de mer, perturber l'équilibre biochimique du sang.

Si vous avez sorti l'enfant de l'eau si vite que vous pensez vous en être tirés tous les deux avec une belle peur, demandez-vous s'il a rejeté de l'eau, même une infime quantité. Si oui, emmenez-le à l'hôpital. Sinon, et s'il paraît parfaitement remis de son émotion, tout va bien...

CONSEILS DE SÉCURITÉ ET PRÉCAUTIONS :
Noyade

Plus tôt vous apprendrez à nager à votre enfant, plus tôt il saura retenir son souffle au lieu d'aspirer l'eau et plus tôt il se sentira à son aise dans l'élément liquide, quel qu'il soit. Certaines piscines organisent des séances pour les bébés nageurs et leurs mères. Quelques établissements montent même la température de l'eau de quelques degrés à ces occasions.

Si vous avez dans votre jardin des bassins ou des tonneaux d'eau, barricadez-les avec soin tant que votre enfant est petit. Posez sur le tonneau un lourd couvercle de bois percé d'un trou pour la gouttière d'alimentation; autour du bassin, placez une barrière.
• Les «grenouillères», ou bassins pour patauger, doivent être démontés et vidés à la fin de chaque séance de jeu; ou alors, achetez des bassins aux rebords trop hauts pour que les petits les franchissent sans aide.
• Si vous emmenez votre enfant dans une piscine publique, il faut que vous soyez décidé à barboter avec lui.
• Ne laissez jamais un bébé ou un tout-petit se débrouiller seul dans l'eau : un bébé doit être maintenu jusqu'à ce qu'il sache se tenir fermement assis ; entre le moment où il se tient debout et celui où il marche, ne le quittez pas des yeux. Jusqu'à trois ans et demi, surveillez-le de très près.
• Les sablières, les collecteurs d'eaux d'égouts, les fosses de ferme et même les chantiers de travaux peuvent se remplir d'eau de pluie et devenir dangereux. Les rivières, canaux, lacs et réservoirs appellent irrésistiblement au jeu. Ne laissez pas votre enfant s'en approcher sans être accompagné par un *adulte*. Les enfants plus âgés sont incapables de le secourir.
• A la mer ou sur les bords d'un lac, choisissez pour le bain un endroit proche du poste de sauvetage. Ne faites pas plus que patauger si le pavillon orange est hissé. N'entrez pas dans l'eau si vous voyez le drapeau rouge. Avant de vous baigner sur une plage déserte, renseignez-vous sur les marées, l'inclinaison du littoral.
• Attachez un cordage à vos jouets flottants : la marée et le vent peuvent les entraîner.
• Mettez aux enfants leur gilet de sauvetage chaque fois que vous naviguez sur une eau plus profonde qu'un bassin de navigation pour enfants.
• Si vous passez beaucoup de temps près de l'eau ou sur l'eau, faites donner à votre enfant, ou enseignez-lui, quelques notions de base de sécurité personnelle, même s'il est tout jeune.
• Restez vigilant : un enfant de quatre ans peut nager sans aide dans une piscine d'eau tiède et calme. Mais s'il tombe d'un bateau dans une rivière froide, il ne pourra sans doute pas regagner la rive seul, pas plus qu'il ne surnagera si une vague le renverse.

Sécurité routière

Chaque année, dans tous les pays d'Europe, ce sont les enfants de moins de quinze ans qui paient le plus lourd tribut aux accidents de la circulation. Un quart environ des accidentés ont moins de cinq ans; un quart est accidenté en marchant.

On peut apprendre à un tout-petit que le bord du trottoir est la frontière qui le sépare du danger, mais ne vous fiez pas plus à lui que si vous étiez au bord d'un lac profond. Tenez-le par la main ou par son harnais de marche : en une seconde, il pourrait s'élancer.

Sauf si vous êtes absolument sûr que votre enfant restera sur le trottoir, ne le laissez pas sortir seul. On ne devrait jamais autoriser les moins de cinq ans à traverser seuls les rues. Ils sont imprévisibles, distraits, négligents, impulsifs. Même lorsqu'ils font très attention, ils sont en général incapables de distinguer la gauche de la droite, de juger de la vitesse des véhicules, de la distance à laquelle ils se trouvent. Ils ne peuvent prévoir les manœuvres des conducteurs (demi-tours, virages vers la gauche en coupant le flot du trafic).

Les enfants qui ont l'âge d'aller à l'école ne peuvent apprendre tout cela que peu à peu, par l'expérience. Ils peuvent être tout à fait capables d'apprendre et d'appliquer le code de la circulation tel qu'il leur est enseigné et ne pas pouvoir réagir à une absence inattendue de feux de signalisation ou de l'agent habituel au carrefour. Les enfants sont distraits, versatiles, fatigables, surtout si la journée d'école a été dure. Montrez-leur l'exemple mais ne leur faites confiance qu'après des mois de surveillance.

Code du jeune piéton. Si vous vivez dans un quartier tranquille ou dans un village reculé, votre enfant doit pouvoir appliquer les règles de ce code en toute sécurité. Il n'en est pas de même dans une ville, par exemple, tout simplement parce qu'il n'existe parfois aucun endroit sûr pour traverser et que la rue n'est jamais vide. Vous devrez alors compléter les règles.

Code
• Trouvez un endroit pour traverser : passage pour piétons, passage souterrain, feux de signalisation, agent de la circulation.
• Tenez-vous au bord du trottoir. Regardez à gauche et à droite. Écoutez (il peut y avoir des véhicules partout).
• Si des automobilistes arrivent, laissez-les passer. Regardez de nouveau.
• S'il n'y a rien en vue, traversez (le trafic peut ne pas cesser de tout le jour).
• Regardez et écoutez en traversant.

Adaptez le code à votre enfant. Décidez du nombre de trajets que votre enfant devra régulièrement accomplir seul et établissez :
☐ Où il traversera.
☐ Quand il pourra traverser : donnez à l'enfant des repères utilisables comme : «Ne traverse pas si tu vois un véhicule plus près que la grande maison rose» ou «Ne traverse pas s'il y a quoi que ce soit de ce côté du pont.»
☐ Comment il traversera : s'il y a des voitures arrêtées le long du trottoir, apprenez-lui à s'avancer entre elles et à se tenir à l'extrémité d'un pare-chocs tandis qu'il regarde alentour.
☐ Ce qu'il doit faire s'il ne peut pas traverser en raison de travaux par exemple : doit-il marcher

jusqu'à un croisement doté de feux ou attendre jusqu'à ce qu'un adulte puisse l'aider à traverser ?

Reconnaissez le chemin à plusieurs reprises avec l'enfant. Testez-le sous prétexte de jeu : quand il croit savoir, laissez-le vous guider. Puis suivez-le en restant à portée de vue et de voix. Enfin, laissez-le faire la moitié du trajet seul et accompagnez-le pour l'autre. Continuez jusqu'à ce que vous soyez certain qu'il ne risque pas plus que vous-même d'être écrasé.

Peu à peu, étendez votre méthode à d'autres trajets, d'autres routes et rues. Ne vous souciez pas du temps qui s'écoule entre le moment où il est allé seul pour la première fois à l'école et celui où vous le laissez aller partout où cela lui plaît.

Tricycles. Les tricycles et autres jouets autopropulsés ne sont que des jouets : ils ne sont pas faits pour rouler sur des routes, même tranquilles. Un enfant assis sur son tricycle est beaucoup trop bas pour que même le conducteur le plus prudent le voie à temps.
☐ Sur le trottoir, faites attention : il manœuvre mal, il freine mal (quand il a des freins), il est lent à réagir en cas d'urgence; il peut descendre du trottoir.
☐ Au parc public, attention aux pentes : s'il pose ses deux pieds par terre pour s'arrêter, il peut plonger par-dessus le guidon.
☐ Au jardin, condamnez les marches. Posez une barrière de sécurité ou une bordure de hautes dalles devant la marche supérieure.

Bicyclette-jouet. Vers cinq ans, elle représente le plus cher désir de votre enfant. C'est un symbole fort important. S'il y a au parc une piste réservée aux enfants, apprenez-lui à pousser sa bicyclette sur le trottoir pour y aller. Dites-lui bien que s'il monte dessus sur la route, elle lui sera confisquée.

Bicyclette utilitaire. Il est trop dangereux de circuler à bicyclette dans les grandes villes sauf si elles disposent de pistes spéciales. Quelle que soit la sagesse de votre enfant en tant que piéton, à bicyclette il court un risque. Apprenez-lui plutôt à utiliser seul les transports en commun. Si vous vivez à la campagne et s'il a réellement besoin d'une bicyclette :

☐ Achetez-lui-en une à sa taille et non une trop grande.

☐ Faites-la réviser, même si elle est neuve : bien des vélos sortent de l'usine avec des freins défectueux, etc.

☐ Apprenez à votre enfant à bien monter dessus.

☐ Emmenez-le ou faites-le emmener plusieurs fois en promenade accompagnée avant de le laisser aller seul.

☐ Interdisez-lui de circuler après la tombée de la nuit. Apprenez-lui à vous téléphoner si quelque chose l'a retenu plus tard à l'école en hiver.

☐ Pour parer aux imprévus, assurez-vous que ses lumières sont en état de marche (ne l'obligez pas à acheter sa dynamo sur son propre argent de poche) et cousez des disques réflecteurs sur ses vêtements. On en trouve dans les magasins de sport.

En voiture. Les enfants ne doivent jamais prendre place sur les genoux du passager avant, même si celui-ci porte sa ceinture de sécurité. Cette place est

la plus dangereuse de toutes. En cas d'accident, le corps de l'enfant servirait de bouclier au passager. En France les enfants de moins de dix ans doivent obligatoirement prendre place à l'arrière du véhicule, or à l'arrière, les enfants de moins de dix-huit kilos ont besoin d'un siège-auto. Ce dispositif a l'avantage de surélever le petit passager, si bien qu'il peut voir le paysage sans être tenté de se lever. De 18 à 36 kilos, il faut un harnais spécial, type gilet de sécurité, arrimé aux points d'ancrage des ceintures, mais qui permet de se coucher sur la banquette. Au-delà, l'enfant peut porter une ceinture standard ; mais laissez-le à l'arrière.

☐ N'achetez que des sièges ou des gilets homologués. La plupart des autres ne sont pas assez résistants pour retenir l'enfant lors d'un accident.

☐ Vos amis n'ont peut-être pas de siège de sécurité dans leur voiture : pensez-y avant de leur confier votre enfant.

☐ Ne transportez pas dans votre voiture plus d'enfants que vous n'avez de harnais.

☐ Équipez vos portières arrière de loquets de sécurité.

☐ Il est dangereux pour les enfants de se pencher par la fenêtre, de laisser dépasser un bras.

Suffocation

Un bébé ne peut pas s'asphyxier dans un lit sans oreiller simplement parce que son visage s'applique contre le matelas, ou parce qu'il s'est enfoncé sous ses couvertures. Il tourne la tête quand il a besoin d'air et, même quand il est emberlificoté dans ses draps, l'air traverse assez le tissu pour qu'il respire.

Le plastique

☐ Une feuille de plastique peut causer une asphyxie parce qu'elle ne laisse pas passer l'air et qu'elle colle. Si l'enfant s'applique un sac ou une feuille de plastique sur le visage, la première inhalation va les mouler sur sa bouche et ses narines, et les faire adhérer au point qu'il ne pourra pas les arracher.

Que faire

☐ Agissez vite. Arrachez le plastique. L'enfant va respirer un bon coup, et tout ira bien.

☐ S'il ne respire plus, ne perdez pas une seconde. Commencez le bouche-à-bouche, pratiquez six insufflations. Téléphonez aux pompiers, à la police ou au Samu entre les séries d'insufflations.

Continuez jusqu'à l'arrivée des secours. Si vous ne connaissez pas la technique du bouche-à-bouche, ne perdez pas de temps à essayer, faites ce qui vous paraît le plus rapide : vous précipiter à l'hôpital ou demander des secours par téléphone.

La terre, le sable, le ciment

Des matériaux pulvérulents peuvent tomber sur l'enfant, lui recouvrir la poitrine et la tête, et lui remplir la bouche et les narines. Ses efforts pour respirer ne font qu'aspirer la poudre dans ses voies aériennes.

Que faire

☐ Agissez vite. Dégagez-le, nettoyez sa poitrine aussi bien que son visage : il ne peut pas respirer avec un poids sur la cage thoracique.

☐ Libérez-lui la bouche, la gorge et les narines du sable qui les encombre. S'il commence à suffoquer et à cracher, tant mieux, mais conduisez-le tout de même à l'hôpital parce qu'il peut avoir du sable dans les poumons.

☐ S'il ne respire pas, mais si son visage est normalement coloré, précipitez-vous à l'hôpital.

☐ S'il ne respire pas et si son visage est gris-bleu, commencez le bouche-à-bouche si vous savez le faire. Vous risquez de lui insuffler du sable dans les poumons, mais cela n'a guère d'importance : à ce stade l'oxygène est sa seule chance. Si vous ne connaissez pas la technique du bouche-à-bouche, ruez-vous vers l'hôpital.

Abcès de la gencive

Ce sont de petites bosses dures, rouges et douloureuses, siégeant sur la gencive au niveau du collet d'une dent. Se formant sous la dent, les abcès cherchent à percer. Voyez immédiatement le dentiste, car l'enfant souffre et peut perdre sa dent.

Allergies

Si votre enfant est allergique, son organisme réagit avec excès à une ou plusieurs substances qu'il peut avaler, respirer ou toucher. A l'origine de cette réaction se trouve un allergène. Les allergènes sont en général des protéines, ce qui ne signifie pas qu'ils sont d'origine alimentaire : les milliards de micro-organismes qui partagent la planète avec nous, les cellules des fourrures animales, les spores des végétaux qui en automne sont portées par le vent, sont en partie formés de protéines.

Les malades allergiques réagissent aux allergènes auxquels ils sont sensibles un peu comme nous réagissons aux bactéries et aux virus qui provoquent des maladies : ils fabriquent pour se défendre contre eux des anticorps comme s'ils étaient dangereux. La réaction allergique crée un problème là où une personne non allergique n'en aurait pas ; elle rend dangereuse — ou, tout au moins, nocive — une substance anodine.

On ignore encore pourquoi exactement certains enfants naissent allergiques ou développent ensuite une hypersensibilité de nature allergique. On sait que cette tendance est familiale et qu'un enfant né de deux parents allergiques aura très probablement des problèmes de cet ordre.

L'allergie est un domaine complexe parce que la tendance à présenter des réactions allergiques peut se manifester de façons variées. Les syndromes les plus importants sont décrits ci-après, séparément, dans l'ordre alphabétique, mais ils ont en commun un certain nombre de caractéristiques :

☐ La nature et la gravité des symptômes allergiques ont tendance à se modifier avec l'âge. Par exemple, un bébé qui présente un eczéma infantile peut, en grandissant, en être débarrassé mais développer une rhinite allergique (le rhume des foins) puis un asthme, qui s'améliorera durant l'adolescence. Quels que soient les symptômes de votre enfant à l'heure actuelle, attendez-vous à ce qu'ils changent avec les années.

☐ Bien que la substance à laquelle un sujet est allergique provoque toujours une réaction, l'intensité de cette réaction dépend du degré d'exposition à l'allergène. Ainsi, les symptômes que présente un patient souffrant de rhume des foins sont en relation directe avec le nombre des grains de pollen. Moins évident est l'exemple du bébé qui se révèle allergique aux protéines du lait de vache au moment du sevrage. Bien qu'il continue à être sensible à cette protéine (sauf s'il se débarrasse de son allergie en grandissant), le fait de remplacer ses biberons de lait industriel (à base de lait de vache) par un lait à base de soja peut permettre à son organisme de tolérer de petites quantités de lait de vache dans le reste de sa ration alimentaire.

☐ Les infections jouent un rôle certain (quoique mal élucidé) dans les troubles allergiques. L'enfant asthmatique a de grandes chances d'avoir une crise — et une crise forte — s'il souffre d'un rhume ou d'une autre maladie.

☐ Le stress et l'excitation exacerbent souvent les troubles allergiques, mais des tentatives trop zélées pour éviter les événements stressants sont parfois à double tranchant. La surprotection d'un enfant allergique, qui le fait se sentir différent des autres, peut être source de stress et intensifier ses symptômes.

Quelle attitude avoir avec un enfant allergique ?
L'allergie ne se guérit pas : on ne peut pas persuader l'organisme des allergiques de ne fabriquer des anticorps que contre les substances dangereuses.

☐ Comme il n'y a pas de traitement, cela ne vaut pas toujours la peine de chercher à identifier l'allergène qui provoque les symptômes. Par exemple, un grand nombre d'allergènes peuvent causer de l'asthme chez l'enfant. Lui imposer les innombrables tests nécessaires pour les identifier serait coûteux, long, stressant, pour, à la fin, constater qu'on ne peut pas le désensibiliser ou qu'il ne peut pas tous les éviter. L'attitude intelligente peut consister à lui éviter le contact avec les allergènes les plus probablement responsables et à lui donner, pour son asthme, un traitement symptomatique.

☐ Certains troubles allergiques sont si fugaces qu'aucun diagnostic n'est possible. Les causes d'une urticaire, par exemple, sont rarement élucidées (sauf si elle survient uniquement après la consommation de fraises) parce que les traces de démangeaison s'effacent avant qu'un médecin ait pu les examiner.

☐ Dans certains cas, l'allergie à la pénicilline par exemple, la réaction peut être mortelle et le «traitement» est essentiellement préventif : un enfant allergique à la pénicilline ne doit jamais en recevoir. Ce fait est inscrit sur son dossier médical, son dossier scolaire, et il peut porter un bracelet ou avoir dans son cartable un papier signalant aux médecins qu'ils ne doivent en aucun cas lui administrer de la pénicilline sans avoir consulté ces dossiers.

☐ Il est extrêmement rare que la réaction allergique soit gravissime — comme dans le cas d'une allergie aux piqûres de guêpe (choc anaphylactique) — et qu'il soit impossible d'éviter l'allergène. La désensibilisation est alors vitale. Une série de tests avec du venin très dilué est pratiquée, les dilutions étant de moins en moins grandes mais toujours adaptées à la tolérance croissante de l'enfant. Son organisme peut fabriquer des anticorps qui se lient à l'allergène injecté et empêchent une réaction intense ultérieure en cas de piqûre par une guêpe.

Un médecin allergologue utilise souvent plusieurs méthodes simultanément : le traitement des symptômes, l'essai d'identification des allergènes, les conseils d'évitement des allergènes responsables et une désensibilisation. Les parents doivent savoir que des tentatives acharnées pour éviter l'allergène ne vont pas toujours dans le sens de l'intérêt de l'enfant. Par ailleurs, si un médecin ne réussit pas à identifier l'allergène, cela ne signifie pas pour autant qu'il est un incapable. Il est aussi important de comprendre que les composantes de stress souvent impliquées dans les réactions allergiques rendent nécessaires certaines questions du médecin touchant la vie de la famille, même si ces questions peuvent vous paraître inutiles. Pour s'occuper au mieux de l'enfant, le médecin a besoin de le connaître, lui et son environnement. N'hésitez pas à vous confier à lui.

Allergies et intolérances alimentaires, réactions aux additifs

Un enfant allergique à une protéine présente dans des aliments ou des boissons peut présenter des symptômes qui n'ont apparemment rien à voir avec son système digestif : un eczéma, un asthme, une urticaire.

Quand une boisson ou un aliment provoquant des symptômes de toute évidence digestifs, il est souvent difficile de dire si le problème est dû à une allergie ou à une intolérance. Si le lait de vache déclenche une diarrhée aiguë chez un bébé, il faut chercher à savoir si son organisme fabrique des anticorps pour les protéines du lait de vache ou s'il est tout simplement incapable de digérer ce lait. Si les symptômes sont causés par une allergie, son régime devra être modifié en conséquence, mais s'il n'est pas allergique et si sa diarrhée est due à une intolérance au lactose du lait parce que son organisme manque de l'enzyme appelée lactase, qui dégrade ce sucre, il lui faudra un autre régime. Les allergies et les intolérances alimentaires sont complexes et souvent liées. On ne doit donc pas conclure trop hâtivement mais demander conseil au médecin en sachant que la solution ne sera peut-être pas simple.

Il faut avoir aussi l'esprit très ouvert quand il s'agit de colorants, de saveurs ou d'autres additifs alimentaires. On a accusé ces substances de tous les maux, si bien que de nombreux parents sont prêts à leur imputer tous les problèmes de comportement, depuis les insomnies jusqu'à la nervosité. Il est vrai que certains enfants sont hypersensibles à certains d'entre eux, et s'il y avait moins d'additifs dans les produits alimentaires, cela améliorerait certainement le régime de la plupart des gens, mais il ne faut pas, sans preuve, rendre une substance responsable d'un problème de comportement. On conseille parfois de ne pas donner de boissons à l'orange aux jeunes enfants parce qu'un colorant souvent employé, la tartrazine (E 102), est supposé les énerver le soir et les empêcher de dormir. Peu de parents savent cependant qu'il y a aussi de la tartrazine dans d'autres aliments consommés par les enfants. L'exclusion de ces boissons ne résout donc pas le problème. Une exclusion alimentaire n'est d'ailleurs pas à prendre à la légère parce que non seulement elle prive un enfant de l'aliment, mais elle le fait aussi se sentir différent des autres et crée une anxiété concernant son corps. Si un enfant est réellement allergique aux fraises, intolérant au lait et hypersensible à la tartrazine, il faudra vraiment surveiller son régime alimentaire. Mais efforcez-vous de limiter les restrictions dans le temps et de ne pas les ériger en dogme. Très peu d'enfants ont réellement besoin de se soucier des ingrédients exacts de leur gâteau d'anniversaire ou risquent des ennuis de santé pour avoir grignoté en cachette un carré de chocolat.

Allergie aux piqûres de guêpe et d'abeille (choc anaphylactique)

Il arrive, quoique rarement, que les composants chimiques du venin provoquent une réaction allergique. L'endroit de la piqûre est très enflammé et douloureux, l'enfant se sent mal, bizarre, il pâlit, il a des difficultés respiratoires.

Il faut l'emmener de toute urgence à l'hôpital. Si vous pouvez faire prévenir l'hôpital par téléphone qu'un enfant souffrant d'un choc anaphylactique va arriver, certaines dispositions pourront être prises pour gagner du temps.

Une fois l'urgence passée, une désensibilisation (voir ci-dessus) sera entreprise, car une future piqûre pourrait déclencher une réaction beaucoup plus grave.

Voir aussi ACCIDENTS / Morsures et piqûres.

Asthme bronchique

L'asthme bronchique est une affection allergique. L'allergène étant dans l'air respiré, la réaction antigène-anticorps a lieu au niveau des bronches. Elle provoque une hypersécrétion de mucus qui donne à la respiration une tonalité sifflante caractéristique et déclenche un spasme musculaire qui la rend — surtout au temps expiratoire — difficile. Lorsqu'un enfant souffre d'une forme grave d'asthme, sa respiration peut être sifflante et gênée en permanence mais l'événement dramatique, c'est la crise d'asthme.

La crise.
Elle survient en général la nuit. L'enfant se réveille, incapable d'expirer afin de reprendre son souffle. La peur contracte ses muscles, les larmes l'étouffent.

Que faire

□ Dès que possible, appelez le médecin : il existe en effet d'autres causes à une gêne respiratoire. Le médecin s'assurera que c'est bien une crise d'asthme et la soignera.

□ En l'attendant, asseyez l'enfant, calmez-le. S'il est assez grand pour comprendre, affirmez-lui que, quoi qu'il ressente, l'air ressortira de ses poumons. Expliquez-lui que, plus il se détendra, mieux il se sentira. Faites-lui la lecture.

Après la première crise.

Avec l'aide de votre médecin, identifiez au moins les principaux allergènes responsables afin d'en éviter de fortes concentrations : plumes, duvet d'oie, poils d'animaux, laine, sont les plus communs, mais le plus fréquent de tous est un minuscule acarien qui vit dans la poussière domestique sur les squames de peau humaine, *Dermatophagoïdes pteronyssimus*. Vous ne pouvez éliminer les acariens de votre maison, mais vous pouvez les raréfier, au moins dans la chambre de l'enfant. Employez des matelas et des coussins en mousse de plastique, des carpettes lavables, des rideaux non doublés, un dessus-de-lit en tissu synthétique. Lessivez le plancher une fois par semaine. Humidifiez l'atmosphère pour empêcher les acariens de se répandre dans l'air ; lavez souvent les vêtements pour entraver le développement et la multiplication des animaux. Dans les cas graves, il faut enlever pour la nuit les jouets et les livres de la chambre pour éviter à l'enfant de respirer longuement leur poussière. On est en train de mettre au point une désensibilisation spécifique aux acariens.

Traitement des crises ultérieures.

Une fois le diagnostic fait, il n'est pas nécessaire d'appeler le médecin à chaque crise. Il vous aura appris à administrer les médicaments antispasmodiques, les fluidifiants des sécrétions bronchiques et les calmants. Ils peuvent être administrés par la bouche ; ou si l'enfant ne peut pas avaler, par voie nasale (pulvérisations) ; ou mieux encore, en suppositoire. Le médecin peut, lui, faire des injections, qui agissent encore plus vite.

Traitement de fond.

Des crises graves et répétées peuvent provoquer une atteinte pulmonaire et une déformation thoracique en carène. Il est capital d'entreprendre une physiothérapie pour apprendre à l'enfant à évacuer son mucus. Lorsque les crises sont déclenchées par les infections, votre médecin peut vous demander de ne pas manquer de l'appeler au moindre signe de maladie pour qu'il puisse administrer des antibiotiques s'il le juge bon. L'hiver, un traitement antibiotique préventif à long terme peut être entrepris.

Le médecin peut aussi vouloir discuter avec vous des facteurs déclenchants environnementaux et psychologiques ; aussi, ne vous offusquez pas d'un interrogatoire portant sur vos principes de discipline ou la poussière de votre appartement.

Eczéma

L'eczéma est une manifestation allergique en général familiale. L'enfant atteint a bien souvent un proche parent enclin lui-même à l'eczéma ou à une autre maladie allergique (rhume des foins, asthme). Comme toutes les maladies allergiques, l'eczéma est aggravé par les émotions (l'éloignement du foyer par exemple). Dans la majorité des cas, les enfants guérissent de leur eczéma (mais pas toujours de leur tendance allergique) vers trois ans.

La maladie se manifeste tout d'abord par l'apparition de taches rouges brillantes et squameuses, très prurigineuses, sur les joues. Elles peuvent aussi couvrir le front à la limite des cheveux et apparaître derrière les oreilles, parfois sur le corps entier. Ses lieux de prédilection sont les plis humides de l'aine, du genou. Parfois, les plaques s'enflamment et suintent. L'eczéma démange : l'enfant se gratte sans arrêt, écorche et infecte ses lésions. Il est très malheureux.

Que faire

Aucune guérison n'est possible ; mais vous pouvez soulager l'enfant.

□ Cherchez la cause, avec l'aide de votre médecin. Une enquête poussée et des tests de sensibilisation ne sont pas très utiles, mais il peut arriver que l'enfant soit allergique au lait de vache : pensez-y lorsque l'eczéma est apparu lors de l'arrêt de l'allaitement maternel. Votre médecin peut vous conseiller de lui donner du «lait» de soja au lieu de lait de vache.

□ Évitez l'eau et le savon pour la toilette. Utilisez de l'huile minérale ou un tampon de coton imbibé d'une lotion pour bébé.

□ Éliminez tout vêtement rugueux ou irritant ; il vaut mieux plusieurs vêtements fins et soyeux superposés qu'un seul gros pull-over de laine.

□ Coupez ses ongles très court, tenez-les très propres, pour qu'il ne s'écorche pas en se grattant. N.B. Ne lui mettez pas de gants ; ne lui attachez pas les mains, quel que soit l'état de sa peau. Il serait au supplice de ne pouvoir se gratter.

□ Distrayez-le pour détourner son attention des démangeaisons. Il lui faut quelqu'un qui polarise son attention ; si cela ne peut être vous, trouvez quelqu'un d'autre.

□ Restez en contact avec votre médecin. Si vous êtes à bout ou si l'eczéma s'aggrave, il peut vous aider à passer ce mauvais moment en prescrivant de la cortisone locale ou en donnant à l'enfant un sédatif. Vous pourrez ainsi prendre un peu de repos. Si votre enfant est assez grand, essayez de lui trouver une place dans un atelier d'enfants.

Rhinite allergique

L'enfant est sensibilisé à un allergène présent dans l'air atmosphérique. Sa muqueuse nasale gonfle et sécrète un mucus fluide. Il éternue, ses yeux sont rouges et larmoient.

Rhume des foins.

C'est la forme la plus fréquente, l'allergène étant un pollen présent dans l'atmosphère au printemps et au début de l'été.

Rhinite allergique saisonnière.

Elle survient en automne. L'allergène est une moisissure qui se forme sur les plantes lorsqu'elles se fanent et sur les racines récoltées pour l'hiver.

Rhinite allergique périodique.

Elle peut être due à de nombreux allergènes. Si la maladie s'aggrave en hiver, on doit soupçonner tout particulièrement un acarien présent dans la poussière domestique.

On distingue une rhinite allergique d'un rhume de cerveau d'après l'écoulement nasal. Dans le rhume, le nez est bouché par un mucus épais; dans la rhinite, par un œdème de la muqueuse alors que le mucus est fluide. Dans la majorité des cas, la rhinite est surtout gênante; mais elle peut parfois précéder un asthme chez un enfant enclin aux allergies. Aussi faut-il voir le médecin dès la première atteinte.

Le meilleur traitement est préventif : il consiste à éviter l'allergène. En cas d'accès, le médecin peut prescrire des produits qui décongestionnent le nez et/ou des médicaments antihistaminiques.

Urticaire

C'est une éruption passagère de caractère allergique. Des zébrures blanches et rouges apparaissent sur la peau. Elles sont affreusement prurigineuses. Lorsque la crise est intense, les marques se boursouflent et enflent, défigurant l'enfant ou déformant son corps. En général, les éléments et les démangeaisons s'apaisent en quelques heures mais d'autres éléments peuvent apparaître et les poussées se succéder pendant quelques jours. On ne connaît pas toujours la cause d'une crise d'urticaire qui peut rester unique et d'origine mystérieuse. Si les crises se reproduisent souvent, elles gênent l'enfant et les lésions dues au grattage s'aggravent, si bien qu'il devient nécessaire d'en rechercher l'agent causal. C'est souvent un aliment (coquillage, fraise), un médicament (aspirine, pénicilline), une piqûre ou une morsure d'insecte. Il arrive parfois que la cause prédisposante soit psychologique.

Que faire
☐ Calmez les démangeaisons avec une lotion ou une crème calmante ou un bain contenant deux cuillères à soupe de bicarbonate de soude. Si la crise dure, votre médecin peut prescrire des antihistaminiques. Ils ont un effet double : antiallergique et sédatif.

Œdème de Quincke.
C'est une variété d'urticaire plus rare, mais impressionnante, qui se traduit par l'apparition brusque d'une forte infiltration œdémateuse localisée aux paupières, au pénis, qui régresse en quelques heures. L'allergène est rarement décelé.

Il arrive que l'œdème de Quincke affecte la muqueuse de la gorge et entrave la respiration. Devant une gêne respiratoire, n'attendez pas : conduisez l'enfant à l'hôpital le plus proche.

Prurigo de Hebra (prurigo strophulus).
C'est une urticaire papuleuse, chaque élément blanc sur la peau rougie étant centré par une petite vésicule remplie de liquide. Le strophulus est une réaction allergique aux puces des animaux. L'éruption disparaît en quelques heures mais comme l'enfant s'est gratté et écorché, les vésicules s'infectent et mettent plus longtemps à guérir. Les lotions calmantes sont efficaces, toutefois l'éruption se reproduit dès que l'enfant a un nouveau contact avec des puces. Il lui suffit de les toucher. Il n'a pas besoin d'être piqué.
☐ Déparasitez vos animaux familiers.
☐ Ne laissez pas l'enfant jouer dans les greniers à foin.
☐ Si cette affection si banale devenait gênante, voyez votre médecin qui pourrait essayer un traitement avec des antihistaminiques.

Amygdales et végétations adénoïdes

Les amygdales et les végétations adénoïdes sont deux paires de formations de tissu lymphoïde qui jouent le rôle de filtres pour capter les germes pouvant être dangereux. Elles sont situées sur le trajet des bactéries et des virus entrés dans l'organisme par la bouche et le nez; les amygdales sont situées au fond de la gorge, les végétations sont invisibles, dans le rhinopharynx.

Il y a peu de temps encore, les amygdales et les végétations étaient considérées comme des sites d'infections susceptibles d'entraîner une mauvaise santé. Dès qu'elles grossissaient trop, on les enlevait au moyen d'une opération qui, pour la plupart des enfants, était presque systématique. En réalité, ces formations augmentent toujours de volume après un an — tout comme les autres formations lymphoïdes, par exemple les ganglions cervicaux. C'est durant la petite enfance qu'on a le plus besoin de solides défenses contre les infections des voies respiratoires supérieures. C'est pourquoi les amygdales et les végétations grossissent pour relever le défi : elles s'hypertrophient pour que l'enfant reste en bonne santé. Elles grossissent encore davantage quand elles sont en train de piéger des organismes pathogènes. Si les amygdales de votre enfant grossissent pendant un gros rhume, c'est parce qu'elles font leur travail, qui est d'empêcher les virus de descendre plus loin dans la gorge, vers les bronches ou même les poumons.

Problèmes amygdaliens.
L'amygdalite aiguë peut être provoquée par divers virus et bactéries. Bien que les amygdales soient enflammées et la gorge rouge, les jeunes enfants se plaignent rarement d'avoir mal, au contraire des enfants plus âgés. Il vous arrivera souvent d'emmener votre enfant chez le médecin parce qu'il n'est pas bien, qu'il a des douleurs pseudo-grippales, de la fièvre, qu'il a vomi. Et quand le médecin examinera sa gorge — ce qu'il fait toujours quand un enfant ne se sent pas bien —, il découvrira la cause des troubles.

L'amygdalite est infectieuse, parfois même très contagieuse, car le malade souffle des germes chaque fois qu'il respire. Il vaut mieux éloigner les autres enfants pendant la phase aiguë de la maladie, et protéger un bébé. Une amygdalite ne s'attrape pas, mais les germes qui ont envahi les amygdales d'un enfant peuvent se transmettre et provoquer chez un autre une infection des voies respiratoires.

Une amygdalite aiguë peut entraîner une infection de l'oreille moyenne. Si elle est due à un germe appelé streptocoque, elle peut entraîner des complications au niveau des reins ou du cœur. C'est pourquoi votre médecin prescrira des antibiotiques à l'enfant, avant même que le laboratoire lui ait envoyé les résultats de l'analyse du prélèvement de la gorge.

Un enfant qui souffre d'une amygdalite aiguë est vraiment malade pendant deux jours et doit rester une semaine à la maison.

Problèmes de végétations.
Bien que l'infection des végétations ne provoque pas une maladie spécifique comparable à l'amygdalite, leur infection chronique avec sa conséquence, l'hypertrophie, peut poser des problèmes. Les

végétations peuvent empêcher le drainage du rhino-pharynx vers la gorge, ce qui favorise les infections de l'oreille moyenne. Elles peuvent aussi être à l'origine d'une gêne catarrhale qui se traduit parfois par une respiration bouche ouverte et, comme le croient certains, des troubles de la parole (mots confus).

Lorsqu'un oto-rhino-laryngologiste décide d'enlever les végétations d'un enfant (adénoïdectomie) avant ses quatre ans, il n'enlève en général pas les amygdales qui sont encore d'une grande utilité. Mais lorsqu'un enfant plus âgé subit une amygdalectomie, on lui enlève en général les végétations en même temps.

Amygdalectomie.
La décision de pratiquer une amygdalectomie doit être prise par l'oto-rhino-laryngologiste auquel le pédiatre vous a adressé. Lui seul peut décider si les amygdalites récidivantes et l'état des amygdales au moment de l'examen font à l'enfant plus de mal que de bien. Les amygdalites le rendent malade. Plusieurs rechutes par an le forcent à manquer l'école et le mettent «à plat». Mais si l'action des amygdales empêche l'épisode de se transformer en bronchite, une amygdalite est un moindre mal.

De toute façon, on pratique rarement une amygdalectomie sur un enfant de moins de quatre ans. Le spécialiste propose souvent une solution d'attente jusqu'à sept ou huit ans, quand le rôle des amygdales devient moins important. Parfois, les amygdalites cessent à cet âge, ce qui rend l'intervention inutile.

Il arrive que des adolescents qui avaient, dans leur petite enfance, des amygdalites de temps en temps, souffrent de sérieuses poussées. Dans ce cas, à 16 ou 17 ans, une amygdalectomie peut être une opération tout à fait justifiée.

Une amygdalectomie — qu'on lui associe ou non une adénoïdectomie — n'est pas une opération agréable parce que les endroits à vif dans la gorge saignent presque toujours : l'opéré souffre beaucoup durant trois ou quatre jours. Arrangez-vous pour rester près de lui et le garder à la maison, loin de toute source d'infection, pendant au moins une semaine après sa sortie de l'hôpital.

Appendicite

L'appendice est un petit diverticule du gros intestin. Il paraît ne servir à rien et, comme il est privé de drainage, il est sujet aux infections. L'infection provoque une inflammation accompagnée de douleur, souvent de vomissements, parfois de fièvre. L'enfant a une appendicite.

Quand un médecin est appelé auprès d'un enfant qui souffre de douleurs abdominales aiguës mais présente peu d'autres symptômes, c'est souvent parce que les parents savent que, s'il s'agit d'une appendicite, il est essentiel d'enlever l'appendice avant qu'il soit enflammé et infecté au point d'éclater et de propager l'infection à tout l'abdomen. En fait, l'appendicite est rare chez l'enfant de moins de cinq ans (elle est plus fréquente plus tard et pendant l'adolescence). Chez le très jeune enfant, des symptômes évoquant une appendicite sont souvent causés par une amygdalite, qui provoque l'inflammation et l'hypertrophie des ganglions abdominaux en même temps que ceux de la gorge.

Mais comme tout enfant malade doit être examiné par un médecin, ne retardez pas votre appel sous prétexte qu'une appendicite est peu probable. Le diagnostic d'une appendicite est difficile et, sachant combien une erreur de diagnostic peut être grave, les médecins et les chirurgiens préfèrent prendre leurs précautions. Ne doutez pas de la compétence de votre médecin s'il fait admettre votre enfant à l'hôpital et que l'on n'estime pas ensuite l'opération nécessaire. Ne vous fâchez pas si le chirurgien opère et trouve un appendice parfaitement sain. Mieux vaut une opération non justifiée qu'une péritonite gravissime causée par la perforation d'un appendice enflammé.

Appendicectomie.
Si l'appendice n'est pas perforé, l'intervention est banale et l'enfant se remet rapidement. Bien que son ventre lui fasse très mal pendant les deux ou trois jours qui suivent l'intervention, il faut lui demander de respirer à fond et de tousser volontairement pour écarter tout risque de pneumonie. La constipation représente aussi un problème, car l'enfant refuse de pousser. Si vous résidez à la clinique ou si vous passez au moins vos journées auprès de lui, aidez-le, en collaboration avec les infirmières : elles, elles savent ce qu'il faut faire, mais vous, vous connaissez l'enfant.

Voir aussi HÔPITAL ; AMYGDALES ET VÉGÉTATIONS.

Circoncision

Il n'y a aucune raison de pratiquer l'ablation du prépuce (repli de peau à l'extrémité du pénis) d'un nouveau-né. On sait maintenant qu'à la naissance, le prépuce et le gland sont adhérents et qu'ils ne se séparent que graduellement. Il est parfois impossible (et cela n'est ni nécessaire, ni souhaitable) d'éliminer les sécrétions (sphegma) accumulées sous le prépuce d'un petit garçon, jusqu'à ce qu'il ait quatre ou cinq ans.

La circoncision peut être pratiquée pour des raisons religieuses. Si votre fils est circoncis dans ses quinze premiers jours, l'extrémité de son pénis sera pansé, mais l'acidité de l'urine le fera souffrir. Changez *très* souvent ses couches pour que la plaie reste le moins possible en contact avec l'urine. Demandez à votre médecin s'il peut vous recommander une crème de protection formant écran entre la peau à vif et l'urine.

Il arrive, tout à fait exceptionnellement, que la circoncision se révèle plus tard nécessaire. Il faut dire que ce sont souvent les tentatives malavisées de mobilisation du prépuce avant qu'il se soit assoupli qui ont provoqué la formation d'un tissu cicatriciel fixant désormais le prépuce au gland. Il arrive aussi que la circoncision soit justifiée par des infections sous-préputiales à répétition, douloureuses et difficiles à guérir.

☐ Quand la circoncision est décidée, choisissez bien son moment. Les petits garçons sont fiers de leur pénis, qui leur inspire un sentiment légitime de propriété. Plus ils sont jeunes, plus il leur est difficile de comprendre que l'ablation du prépuce n'endommagera pas l'organe et que cette opération humiliante et douloureuse ne leur est pas infligée comme châtiment pour masturbation ou mauvaise conduite. La circoncision est rarement urgente. Attendez, si possible, que l'enfant ait six ans.

La circoncision est une intervention très

perturbante, bien que bénigne. Arrangez-vous pour que votre fils ne soit pas hospitalisé. Vous lui éviterez le trauma du séjour à l'hôpital et des infirmières examinant ses parties intimes.

☐ Les garçons plus âgés souffrent souvent beaucoup après l'opération. Essayez de soulager la douleur. Une coquille protectrice (comme pour les cyclistes) peut lui permettre de supporter un slip et un pantalon, autrement intolérables.

Voir aussi HÔPITAL.

Constipation

Laissé à lui-même, l'intestin se relâche, par voie réflexe, quand le rectum est plein. Ce réflexe peut être inhibé par le contrôle volontaire d'un enfant éduqué, mais il réapparaîtra, de temps en temps, jusqu'à ce que l'enfant comprenne que c'est le bon moment pour aller aux toilettes.

L'intestin des enfants a son propre rythme et ce rythme n'est quotidien que chez un petit nombre. Deux selles par jour ou une selle tous les quatre jours, c'est parfaitement normal, pourvu que les matières, bien que moulées, soient assez molles pour passer sans difficulté.

☐ Ne vous imaginez pas que l'enfant est constipé parce qu'il n'a pas été à la selle depuis quelques jours.

☐ Pour qu'il y ait constipation, il faut que les selles soient dures et leur passage pénible.

Si votre enfant n'est pas constipé, ne lui donnez pas de laxatif. Quelles que soient vos propres habitudes, évitez-lui bien des ennuis plus tard en refusant à présent de malmener ses intestins. Si vous-même consommez des laxatifs, ou si l'idée que vous vous faites de la santé implique d'aller tous les jours à la selle, consultez le médecin avant d'en donner à un enfant.

Si les selles sont dures, si l'expulsion est pénible :

☐ Augmentez la quantité de fibres dans l'alimentation de votre enfant, en lui proposant des fruits crus, des légumes, des salades, du pain complet.

☐ Donnez-lui davantage à boire.

☐ Faites-lui faire davantage d'exercice physique.

Si rien de tout cela n'a d'effet et si les expulsions restent aussi difficiles, consultez votre médecin. Il pourra prescrire un produit qui ramollit les selles sans désorganiser le rythme naturel du transit digestif.

Voir aussi LAXATIF.

Convulsions

Les convulsions sont d'ordinaire causées chez le jeune enfant par une brusque poussée fébrile au début d'une maladie. La fièvre soudaine irrite son cerveau, qui est plus fragile que celui de l'adulte. Le cerveau délivre alors des messages anormaux aux nerfs qui à leur tour déclenchent des contractions musculaires.

La prédisposition aux convulsions est souvent familiale. La première crise survient en général vers deux ou trois ans et les crises se reproduisent ensuite chaque fois que l'enfant fait un épisode fébrile, mais cette tendance prendra fin lorsqu'il atteindra l'âge scolaire.

Reconnaître des convulsions.

Comme les convulsions sont souvent provoquées par une *soudaine* poussée de fièvre, vous ne pourrez jamais les prévoir. L'enfant peut être saisi par une crise en plein jeu. Cependant, il arrive que vous sachiez qu'il est patraque, il peut être au lit, ou allongé sur le divan, quand les convulsions se déclenchent. Si sa fièvre monte pendant qu'il est endormi, il est possible de provoquer une crise rien qu'en le réveillant ou en le levant.

Dans la convulsion fébrile typique, le corps de l'enfant se raidit, puis les muscles du tronc, des bras et des jambes commencent à se contracter et se détendre alternativement, l'agitant de soubresauts. Parfois, seuls les membres s'agitent. Quand son visage est concerné, il grimace, ses mâchoires se serrent. Une convulsion dure quelques secondes, ou une minute ou deux, mais, longue ou brève, elle va vous paraître durer une éternité. Elle n'est pas dangereuse. Votre enfant ne va pas mourir. Mais ces crises paraissent affreuses et il peut vous arriver d'avoir une envie irraisonnée de fuir, épouvantée.

Que faire

☐ Ne laissez pas seul un enfant en convulsion : il pourrait tomber du lit, ou vomir et s'étouffer. Il peut être terrifié en reprenant ses esprits.

☐ S'il n'est pas déjà étendu, allongez-le par terre, sur le côté si possible, pour qu'il n'inhale pas ses vomissures. S'il est sur un lit ou un divan, empêchez-le d'en tomber mais ne lui tenez pas les membres. Vous pourriez lui froisser un muscle ou lui fracturer un os.

☐ N'essayez pas de lui ouvrir la bouche s'il se mord la langue, vous risqueriez de lui casser une dent ou de lui blesser la mâchoire.

☐ Rappelez-vous qu'il est inconscient tant que dure la convulsion. Cela peut vous réconforter.

Quand la convulsion prendra fin, l'enfant sombrera probablement dans un sommeil profond, mais s'il reprend connaissance, il aura besoin d'être rassuré. Il n'aura aucun souvenir de la crise mais sera peut-être stupéfait de se retrouver par terre.

☐ Dès qu'il est complètement remis et calme, appelez votre médecin.

☐ En attendant, rafraîchissez l'enfant. Ne perdez pas de temps à prendre sa température parce que la crise l'a fait grimper : considérez-la d'emblée comme élevée. Déshabillez l'enfant ou découvrez le lit et refroidissez la pièce, mais n'administrez aucun médicament antifébrile et ne lui passez pas sur le visage ou les membres d'éponge mouillée ; tout dérangement pourrait déclencher la reprise des convulsions.

Une seule convulsion ne présente aucun danger pour l'enfant, mais il n'est pas bon pour lui d'avoir une crise intense tous les deux mois. Le médecin peut vous conseiller de faire baisser sa température quand il est malade et de lui administrer un sédatif dès qu'il commence une maladie. Profitant d'une période où l'enfant n'a pas de crises, le médecin peut faire pratiquer des examens de façon à éliminer un diagnostic d'épilepsie.

Voir aussi FIÈVRE.

Croissance

Tout individu a son plan de croissance inscrit dans ses gènes. Ce plan est lié à la taille des parents, mais sa réalisation dépend de la façon dont l'enfant profite de la nourriture et des soins qui lui sont dispensés ainsi que de sa capacité à surmonter les maladies et les traumatismes.

La croissance intéresse l'organisme tout entier. Surveiller la croissance des os, du cerveau et des viscères n'est pas tâche aisée, mais il est très important de surveiller la taille et le poids. Le gain de poids à lui seul ne peut pas fournir un indice de croissance : par exemple, des prises de poids importantes sans gain de taille incitent à penser que l'enfant devient plus gras que grand.

Même le poids et la taille ne donnent des informations utiles sur la croissance que sur un grand laps de temps. La croissance d'un enfant est limitée. Il atteindra sa taille adulte après une poussée de croissance liée à la puberté, mais les centimètres gagnés durant cette période s'ajoutent aux centimètres acquis durant l'enfance. Toiser et peser un enfant vous renseignent sur ses mensurations et son poids actuels, mais vous devez connaître également le poids et la taille qu'il avait lors de l'examen précédent — pour savoir quel a été son taux réel de croissance — et ce à quoi vous pouvez vous attendre dans l'avenir.

Les courbes de croissance.
(pp. 438-441).
Autrefois, les courbes donnaient une suite de chiffres «moyens» pour les enfants selon leur âge, ce qui conduisait à des constatations bien peu représentatives de la croissance réelle. Par exemple : «Cet enfant est très petit (ou très gros) pour son âge.»

Pour établir les nouveaux diagrammes à percentiles, on pèse et mesure des milliers d'enfants à différents âges puis on divise les chiffres obtenus de façon qu'une proportion donnée de l'échantillon d'enfants se trouve au-dessus et au-dessous des mensurations particulières à chaque âge. Cinq «groupes» serviront à illustrer les distinctions suivantes :

Le 50e percentile (médiane) est placé de façon que 50 pour cent des enfants se trouveront au-dessus et 50 pour cent au-dessous à tout âge donné. Pour le 75e percentile, un quart des enfants se situeront au-dessus et trois quarts au-dessous. Pour le 97e percentile, il y aura 3 pour cent d'enfants au-dessus et 97 pour cent au-dessous. Pour le 25e percentile, trois quarts au-dessus et un quart au-dessous. Pour le 3e percentile, 3 pour cent au-dessous et 97 pour cent au-dessus.

A tous les âges, le 97e percentile représentera les grands enfants : 3 pour cent seulement seront plus grands, 97 pour cent plus petits. A l'autre extrémité, le 3e percentile représentera les enfants petits, 3 pour cent seulement seront plus petits et 97 pour cent seront plus grands.

Les points de repères par percentiles sont cependant statiques : ils ne renseignent pas sur l'allure de la croissance entre deux moments précis. Des diagrammes ou des courbes, élaborés grâce à l'étude effectuée semaine après semaine de la croissance de milliers d'enfants, permettent de calculer le gain de poids et de centimètres, donc le taux de croissance, pendant une période donnée.

Au terme, on obtient un graphique dont les courbes préimprimées donnent une image de la croissance normale depuis le nouveau-né à la naissance jusqu'à l'adulte le plus développé. Les graphiques sont différents pour les garçons et les filles car les garçons sont un peu plus lourds à la naissance et l'allure de leur poussée de croissance terminale est différente de celle des filles, mais un graphique à percentiles permet de prévoir et de vérifier la croissance d'un enfant.

Graphiques pour les bébés.
Aujourd'hui, dans la plupart des maternités on note non seulement la taille et le poids des nouveau-nés, mais d'autres éléments de la croissance, comme la circonférence de la tête, sur des graphiques analogues à ceux qui sont reproduits sur les pages suivantes, mais plus détaillés.

A cet âge, le gain de poids de semaine en semaine indique si le régime alimentaire convient ou non : un bébé qui ne prend pas de poids ne boit pas — ou ne digère pas — assez de lait. Un bébé qui prend le poids prévu — ou plus —, et auquel on propose autant de lait qu'il veut en prendre, peut être jugé bien nourri. La taille change lentement et elle est difficile à mesurer avec exactitude mais, si on la met en relation avec le poids, elle sert à évaluer les risques d'obésité.

Les rattrapages de croissance.
Sous-alimentation, maladie, choc émotionnel, négligence peuvent faire dévier la croissance d'un bébé par rapport à la norme. Il n'arrête pas complètement de croître — il prend du poids à la longue —, mais il croit lentement, sa courbe est plus aplatie que celle des percentiles et, si sa croissance se poursuit lentement, sa courbe peut croiser et passer sous celle des percentiles.

Dès que la situation s'améliore, le bébé entre dans une phase de croissance accélérée : le rattrapage de son retard. Après un bref recul, l'accélération de sa croissance va le ramener au niveau de son ancienne courbe et vous n'observerez sur le graphique qu'un décroché vers le bas puis une remontée. Quand sa croissance aura repris son rythme antérieur, son taux diminuera pour retrouver la norme.

Mais une carence prolongée peut avoir d'autres conséquences. Après plusieurs mois ou années, une amélioration des conditions de vie peut certes déclencher cette phase de rattrapage du retard, mais il arrive aussi que le bébé ne rattrape jamais le développement qui aurait dû être le sien : il est trop tard. C'est pourquoi un bébé qui croît trop lentement, dont la courbe reste aplatie trop longtemps, en dessous du niveau de la courbe des percentiles, doit être examiné par un médecin. En effet, certaines maladies rares peuvent diminuer le taux de croissance pendant une longue période avant que n'apparaissent d'autres symptômes. Il y a des syndromes de malabsorption qui interdisent aux enfants qui en sont atteints de profiter d'un régime normal. Ou encore, certains enfants ne produisent pas assez d'hormone naturelle de croissance. Si un enfant doit être soigné pour une maladie qui ralentit sa croissance, plus le traitement est commencé tôt, mieux c'est. Ce traitement pourra lui permettre d'acquérir les centimètres prévus dans l'avenir, mais il ne lui rendra pas obligatoirement ceux qu'il a déjà manqués.

Graphiques de croissance

Les courbes imprimées sur les quatre pages suivantes indiquent les poids et taille prévus tant chez le garçon que chez la fille de la naissance à cinq ans.

On peut voir qu'ils croissent au même rythme, acquérant des gains analogues aux mêmes périodes.

POIDS DES GARÇONS

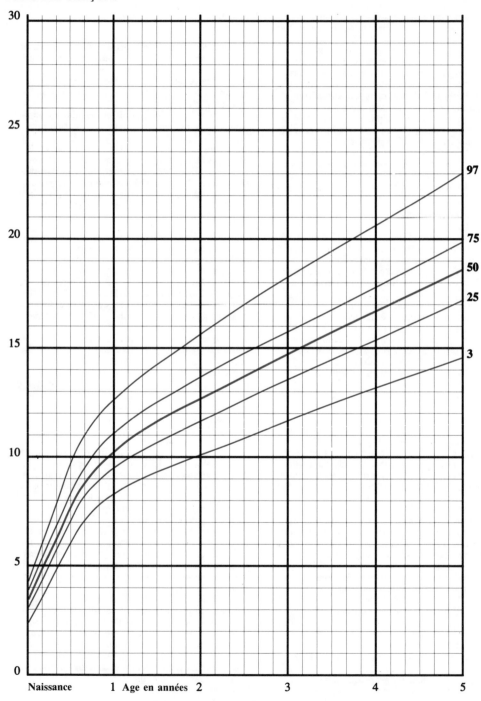

Modèles de croissance

Des mesures prises chaque semaine ne forment pas des courbes régulières. On peut observer des accidents quand la croissance ralentit puis s'accélère. Mais transposée sur un graphique bimensuel comme celui-ci, la forme de la courbe sera similaire, qu'elle commence en bas parce que l'enfant pesait moins de 3 kg à la naissance, ou en haut parce qu'il mesurait 56 cm.

TAILLE DES GARÇONS

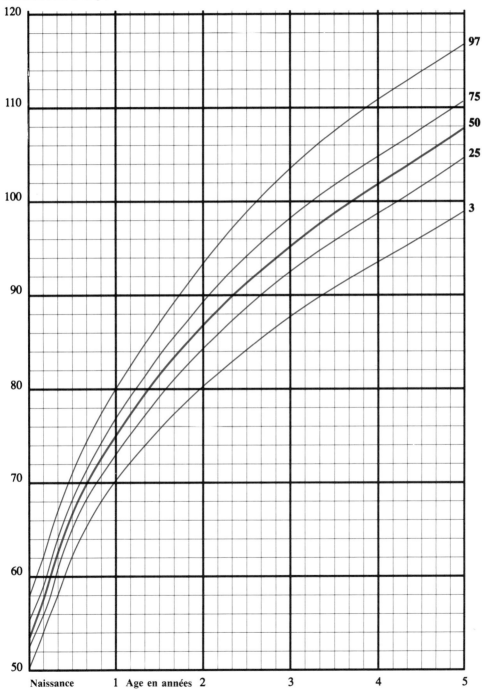

Utilisation des graphiques

Si vous voulez surveiller l'évolution de votre enfant au moyen de sa courbe de croissance, relevez les chiffres de son poids et de sa taille de naissance et inscrivez-les le plus exactement possible. Puis, chaque mois, notez son poids et sa taille, repérez son âge sur le côté horizontal an bas du graphique, son poids ou sa taille sur le côté vertical et marquez d'une croix le point de rencontre.

POIDS DES FILLES

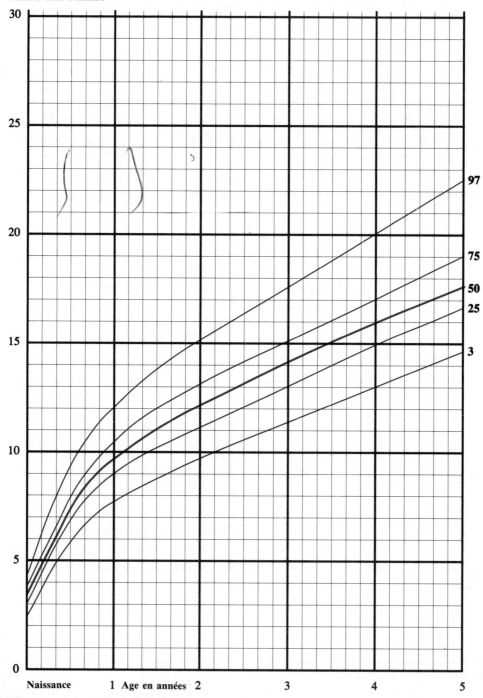

Courbes de croissance

Un bébé prématuré ou malade peut très bien se placer pour commencer sous la ligne du 25e percentile puis se stabiliser au-dessus du 50e. Tout bébé peut glisser d'un peu au-dessus d'une ligne de percentile à juste en dessous. Mais finalement, vous constaterez que la courbe de votre enfant n'est, à la longue, ni plus abrupte ni plus aplatie que les courbes préimprimées. Et si sa courbe a une forme différente, ce graphique vous sera utile pour vous décider à consulter un médecin, que ce soit parce que vous craignez l'obésité ou une insuffisance de croissance en taille.

TAILLE DES FILLES

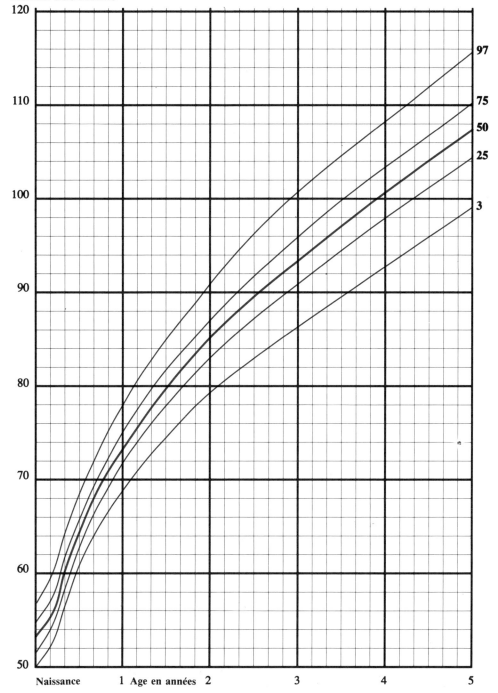

Daltonisme (Dyschromatopsie)

Cette anomalie de la vision des couleurs affecte environ huit garçons sur cent, une fille sur deux cents. La forme plus courante est la confusion du rouge et du vert (daltonisme, une des formes de la dyschromatopsie), vus de la même couleur brunâtre, mais il en existe bien d'autres. Le diagnostic précoce est difficile, car l'enfant, ignorant le nom des couleurs, peut paraître achromate alors qu'il ne l'est pas. C'est vers quatre ans que le trouble peut être précisé.

Avertissez les instituteurs, car l'enseignement (surtout celui des maths) utilise les couleurs et l'enfant peut avoir besoin d'aide. N'oubliez pas que les feux de signalisation sont verts et rouges, que le signal « Danger » est souvent rouge.

Dentiste

Tous les dentistes n'aiment pas soigner les enfants de moins de cinq ans ou ne souhaitent pas consacrer du temps aux examens souvent de pure forme qui permettront à un enfant de deux ans de s'habituer aux soins dentaires. Si votre dentiste personnel n'a pas l'habitude de s'occuper de jeunes enfants, cherchez-en un autre.

Bien des parents retardent la première visite de leur enfant chez le dentiste parce qu'ils en ont gardé eux-mêmes un mauvais souvenir. Les choses ont bien changé. Un enfant qui commence à aller chez le dentiste au cours de sa seconde année et qui retourne ensuite tous les six mois, qu'il ait ou non besoin d'un traitement, peut ne jamais avoir de véritable problème à cet égard. Même s'il a besoin un jour d'une obturation, les progrès techniques font qu'il ne trouvera pas cela plus pénible qu'une vaccination : il n'aimera pas, mais il ne sera pas terrifié.

Certains parents négligent ces premières visites parce qu'ils pensent que ce n'est pas la peine de surveiller des dents qui tomberont et seront remplacées. La santé de ces premières dents est cependant très importante. Elles préparent la place des dents définitives et, en assurant un bon articulé dentaire et en facilitant le développement des mâchoires, rendent moins fréquente la nécessité de traitements orthodontiques.

C'est aussi le dentiste qui peut le mieux vous conseiller au sujet du fluor. Celui-ci renforce l'émail dentaire, qu'il soit donné par la bouche ou appliqué directement sur les dents. Si l'eau potable de votre région est pauvre en fluor, votre dentiste peut vous recommander d'en donner un supplément à votre enfant, ou vous conseiller une pâte dentifrice fluorée, pensant que l'enfant en avale toujours un peu quand il se lave les dents. Il peut aussi appliquer lui-même le fluor en gel sur les dents de l'enfant pour renforcer l'émail et en prévention des caries.

De bonnes relations avec un dentiste — figure investie d'autorité — ont un rôle éducatif non négligeable sur l'enfant, en confirmant ce que vous vous efforcez de lui inculquer en matière d'hygiène alimentaire, notamment en ce qui concerne la limitation des sucreries et des boissons sucrées.

Déshydratation

Il est beaucoup plus important d'avoir suffisamment à boire qu'à manger parce que le corps humain a plus de réserves d'énergie que de liquide. Les bébés ont besoin de boire davantage, par kilo de poids, que leurs aînés, et ils doivent boire plus souvent. Ils éliminent plus rapidement les liquides et ont une marge de protection plus faible contre les conséquences du manque d'eau. On doit donner de l'eau aux nouveau-nés qui pleurent pour cette raison, même s'ils n'ont pas faim.

La déshydratation n'est pas, comme son nom l'indique, un simple assèchement. Un organisme privé d'eau n'est plus capable de préserver l'équilibre délicat des substances chimiques dont dépend son fonctionnement. C'est pourquoi un bébé ou un très jeune enfant qui souffre de déshydratation ne va pas être instantanément guéri s'il boit un peu d'eau : il faudra réinjecter dans son sang un mélange soigneusement dosé de liquide et de substances chimiques.

Comment assurer un apport suffisant de liquide ?
Ne comptez pas sur le bébé pour vous avertir qu'il a besoin de plus de liquide, surtout durant toute la période où le lait constitue à la fois sa nourriture et sa boisson.
☐ N'augmentez jamais la quantité de lait en poudre, n'ajoutez pas de céréales dans un biberon de lait. Proposez toujours un biberon d'eau à un bébé qui refuse un biberon de lait.
☐ Quand un bébé commence à recevoir moins de lait et davantage d'aliments solides, n'oubliez pas de lui offrir de l'eau à boire.
☐ Donnez à boire aux bébés et aux jeunes enfants quand ils ont de la fièvre ou quand il fait très chaud.

Prévention de la déshydratation.
La diarrhée, les vomissements, surtout s'ils sont accompagnés de fièvre, exposent un bébé à la déshydratation parce qu'ils peuvent priver son organisme de plus de liquide que ne lui en a apporté sa dernière tétée.
Plus l'enfant est jeune, plus le risque est grand. Avant six mois, c'est quasiment une urgence médicale. Avant un an, le bébé doit être examiné le jour même où la maladie s'est déclarée. Vous devez consulter votre médecin, au moins par téléphone, si votre enfant de moins de trois ans souffre d'une diarrhée, avec ou sans vomissements, depuis plus de vingt-quatre heures.
Les médecins commencent à prescrire des poudres réhydratantes qui, mélangées à une quantité d'eau précise, fournissent une boisson que l'organisme de l'enfant retient et absorbe facilement et qui corrige la déshydratation. Ces poudres s'achètent en pharmacie. Ne les utilisez pas sans avis médical.

Premiers secours : traitement d'urgence d'une déshydratation.
Si un bébé ou un jeune enfant souffre de déshydratation après une diarrhée ou/et des vomissements, un enfant plus grand ou un adulte se sent mal, est pris d'étourdissements, après un effort violent par temps chaud. Si vous êtes loin de tout médecin et que vous n'avez pas de poudre réhydratante, voici un mélange que l'organisme assimile mieux que l'eau pure :
Un demi-litre d'eau.
Un quart de cuillerée à café de sel.
Une cuillerée à soupe de sucre.
Agitez, donnez à boire par petites quantités à la fois.

Diarrhée

Lorsqu'il y a diarrhée, les produits de la digestion parcourent le tube digestif si rapidement que les liquides ne peuvent être absorbés par la paroi intestinale. Les causes d'une diarrhée sont variées : maladie, intoxication, émotion vive. Si l'enfant semble en forme et mange normalement, ne vous inquiétez pas. Tenez-en compte seulement si :
- L'enfant paraît malade.
- Il a des coliques.
- Il n'a pas d'appétit.
- Il vomit.

Une diarrhée associée à des vomissements produit une perte liquidienne rapide et exige un traitement médical.

Voir aussi DÉSHYDRATATION.

Douleurs abdominales

Chez l'enfant, le «mal au ventre» est d'interprétation difficile parce qu'il peut traduire bien des choses : une urgence abdominale (l'appendicite par exemple), une affection siégeant en un tout autre endroit du corps (une amygdalite) ou rien du tout. N'essayez pas de faire le diagnostic vous-même. Appelez le médecin si :
- La douleur est intense.
- Elle dure.
- L'enfant semble vraiment malade.
- D'autres signes apparaissent.

Le bébé.
Certes il pleure s'il souffre et il remonte vers son ventre ses jambes et ses cuisses; mais il fait cela aussi lorsqu'il est en colère. Dorlotez-le, consolez-le. S'il se calme, attendez un peu, en le surveillant attentivement, pour voir si d'autres symptômes apparaissent.

S'il paraît bien mais si les câlins ne le calment pas, il peut s'agir d'une colique. Parlez-en à votre médecin, mais ce n'est pas une urgence.

S'il a de la fièvre, de la diarrhée, des vomissements, paraît très malade, appelez le médecin.

Le jeune enfant.
Il n'est pas toujours capable de localiser une douleur ou de la distinguer d'une nausée. S'il paraît malade, présente d'autres signes, ou si la douleur est si forte qu'il marche plié en deux ou se couche en ramenant ses cuisses sur son ventre, appelez le médecin sur-le-champ.

Si la douleur est d'intensité moyenne et ne s'accompagne d'aucun autre signe, vous pouvez attendre un peu. Demandez conseil par téléphone à votre médecin, s'il souffre encore après deux ou trois heures.

Invagination intestinale.
C'est une urgence rare mais absolue, qui s'observe chez l'enfant entre trois mois et deux ans. Elle est causée par l'invagination d'une petite portion de l'intestin dans le segment sus-jacent, déterminant une obstruction. Les contractions de l'intestin provoquent une douleur si intense que le teint de l'enfant se plombe, qu'il semble égaré. La poussée douloureuse s'apaise après deux ou trois minutes, mais reprend vingt minutes plus tard. Entre-temps, l'enfant peut vomir. N'attendez pas.

Causes émotionnelles
Certains enfant réagissent aux stress par des maux de ventre ou des vomissements. La première fois, faites-le examiner pour vous assurer de l'absence de toute autre cause. Puis, soyez compréhensive (il a très mal) et essayez d'éliminer la raison du stress. Si l'idée d'un goûter d'enfants lui donne mal au ventre, ne l'obligez pas à s'y rendre. S'il a mal au ventre tous les lundis matin, allez voir son institutrice.

Il est évident que vous ne devez pas déranger votre médecin chaque fois que votre enfant a mal au ventre, mais tout de même, faites attention. La prédisposition qu'a votre enfant à ce genre de douleurs n'élimine pas les autres causes : ne laissez pas passer une crise d'appendicite.

Droitiers et gauchers

Les bébés sont ambidextres et les jeunes enfants traversent des périodes durant lesquelles ils se servent de l'une ou l'autre main selon l'activité exercée. La latéralité ne se décide pas avant la troisième année. Élevez votre enfant comme s'il était droitier, sauf si vous le voyez sans arrêt faire passer son crayon ou sa cuillère de sa main droite dans sa main gauche.

Les gauchers forment dix pour cent de la population. Bien qu'ils soient un peu désavantagés dans un monde organisé pour des droitiers, n'essayez pas de les forcer. La latéralité est contrôlée par la partie du cerveau qui commande le langage, la parole, la lecture, l'écriture. En intervenant, vous risquez de déclencher des problèmes.

Aidez plutôt votre enfant : installez-lui son coin personnel de travail en tenant compte qu'il se sert de sa main gauche : achetez-lui des ciseaux pour gauchers, montrez-lui comment tenir ses crayons et disposer son papier. Prévenez sa nourrice, sa crèche ou son institutrice.

Encoprésie

La maîtrise de l'intestin est plus aisée que celle de la vessie pour tout enfant de bonne volonté désireux de devenir propre. Mais de nombreux enfants ne se montrent pas coopératifs au moment où leurs parents décident de leur proposer un pot à la place des couches, et des problèmes variés apparaissent, beaucoup plus souvent que les familles veulent bien l'avouer. La conspiration du silence n'arrange pas les choses et ne facilite pas la vie d'un enfant que l'on envoie à l'école maternelle où on lui dira : «Tu sens mauvais.»

Peu d'enfants éprouvent un sentiment de propriété envers leur urine; il n'en est pas de même pour les matières fécales. Après tout, celles-ci sont une partie du corps de l'enfant et quand elles émergent, il sent qu'elles lui appartiennent et souhaiterait les tripoter, les examiner, les étaler. Les réactions des adultes — répulsion pour l'odeur, rapidité de l'expulsion, vidage immédiat des W.C. — font plus que surprendre l'enfant : elles blessent ses sentiments. S'il n'est pas particulièrement disposé à satisfaire les exigences des adultes — et notamment s'il cherche un domaine qui pourrait lui permettre de s'opposer à leur pouvoir —, il va découvrir que l'éducation de la propreté constitue un champ de bataille où sa victoire est possible. Quelle que soit la pression exercée, personne ne peut *obliger* un enfant à faire ses besoins dans un pot ou sur une cuvette de W.C. Il peut faire dans sa culotte, manifestant ainsi une résistance active bien qu'inconsciente, ou se retenir pendant de longues périodes, toujours inconsciemment, mais cette fois pour marquer sa résistance passive.

Résistance active et encoprésie.

L'enfant fait ses besoins partout sauf dans un pot ou dans les W.C., et à n'importe quel moment, excepté quand vous essayez de l'en persuader.

☐ Il ne vous résiste pas ouvertement. Toute manifestation de colère — même si vous êtes vraiment en colère — ne fera qu'aggraver les choses.

☐ Au lieu d'accroître la pression pour essayer de le forcer à faire au moment et à l'endroit qui vous convient, relisez le premier paragraphe de cet article et *relâchez la pression*. Au besoin, expliquez-lui clairement votre changement d'attitude : « Tu n'es pas prêt pour cela, c'est évident. Bon, c'est à toi de voir. » Ne perdez pas de vue que l'éducation de la propreté a pour but de rendre l'enfant maître de son excrétion et non de le soumettre à la volonté d'un adulte.

☐ Facilitez-vous la tâche en adoptant des solutions de compromis. Mettez-lui des culottes à fond doublé de plastique (sans faire de commentaires désobligeants) ou demandez-lui de vous prévenir quand il s'est sali pour que vous le changiez aussitôt.

☐ Ne lui remettez pas de couches, sauf si vous venez tout juste de commencer son éducation de la propreté et qu'il en porte encore la plupart du temps : vous n'inciterez pas un enfant à se sentir plus grand en le traitant comme un bébé quand il n'en est pas un.

Résistance passive et encoprésie.

Pour ne pas avoir à faire ses besoins dans un pot ou dans les W.C., l'enfant se retient. Si cette phase de résistance passive n'est pas désamorcée, l'enfant peut se montrer de plus en plus habile et découvrir qu'il peut ainsi éviter d'être grondé pour avoir fait ses besoins là où il ne faut pas, en retenant ses matières fécales dans son corps. N'oubliez pas que cela procure des sensations agréables.

Si l'enfant se retient pendant plusieurs jours après avoir perçu le signal de réplétion rectale, la partie liquide des fèces est peu à peu réabsorbée dans son organisme et les matières fécales durcissent, distendant l'ampoule rectale au point qu'aucun signal de réplétion ne peut plus être envoyé.

L'intestin est alors bloqué. L'enfant ne pourrait plus évacuer normalement son intestin, même s'il le voulait, parce qu'il continue à digérer ses aliments et à produire des déchets. Il va commencer à avoir des fuites semi-liquides venues de plus haut. C'est l'explication physiologique du phénomène observé chez les enfants encoprésiques dont le fond de culotte est toujours un peu souillé mais qui n'expulsent jamais une selle abondante.

☐ Il ne s'oppose pas à vous exprès. Il n'a probablement pas conscience de retenir ses selles et ne voit certainement pas le rapport entre son comportement et le fait de vous défier. Il serait totalement aberrant de vous mettre en colère.

☐ Il serait tout aussi aberrant d'ignorer longtemps la situation. Même peu souillées, les culottes sentent mauvais et les petits camarades ne manqueront pas de s'en apercevoir.

☐ Il vaut sans doute mieux que vous demandiez conseil à votre médecin parce que s'il y a blocage intestinal, il vous expliquera quoi faire. L'époque des lavements à répétition est révolue, ou presque, mais il existe des laxatifs qui ramollissent les fèces. L'enfant aura sans doute besoin d'explications et les

explications sont souvent beaucoup plus convaincantes quand elles sont données par une personne investie d'autorité mais extérieure à la famille. Quand le médecin lui dit que ce n'est pas sa faute, l'enfant le croit : quand c'est vous, c'est moins sûr.

☐ C'est rarement la présence d'une fissure anale minuscule qui, en rendant le passage des fèces douloureux, incite l'enfant à éviter d'aller à la selle. Une fissure se soigne aisément mais il faut que le médecin fasse le diagnostic, puis prescrive un traitement et donne à l'enfant des explications compatissantes.

N.B. Si vous voulez parler à un pédiatre de problèmes d'encoprésie, arrangez-vous pour lui parler par téléphone ou directement, avant de lui amener l'enfant. La description détaillée de ses culottes sales et de l'odeur qu'elles dégagent, faite devant lui à quelqu'un de quasiment étranger, serait blessante pour son amour-propre.

N.B. Bien que l'encoprésie soit souvent décrite comme la conséquence d'un trouble émotionnel — et puisse être en effet une manifestation de ce désordre —, il faut savoir qu'elle peut également provoquer un trouble émotionnel. Tout oublieux que puisse paraître un enfant parvenant à l'âge scolaire, il est tout à fait conscient de son odeur, de sa différence avec les autres enfants et de leurs réactions. Parfois, son « je-m'en-foutisme » est dû au fait qu'il se sent sale, malodorant et différent, et n'est donc pas spécialement offensé de voir les autres partager la triste opinion qu'il a de lui-même.

Éruptions

Les bébés et les jeunes enfants présentent souvent de soudaines éruptions cutanées dépourvues de signes associés. Un grand nombre d'entre elles s'effacent aussi vite qu'elles sont apparues et on ignore ce qui les a causées. D'autres, probablement d'origine allergique, sont provoquées par quelque chose que l'enfant a touché ou mangé ; d'autres encore sont causées par des virus.

Vous pouvez avoir le désir de montrer ces éruptions à votre médecin, ne serait-ce que pour qu'il élimine le diagnostic d'une maladie infantile. Il est par exemple utile de savoir si l'enfant a la rubéole, même s'il n'a pas l'air bien malade.

La plupart du temps, le médecin pourra vous dire si une éruption *n'est pas causée* par une infection connue, mais ne soyez pas surprise s'il ne peut pas vous dire quelle est sa cause réelle. Le diagnostic des syndromes cutanés fugaces est malaisé et il est difficile et sans intérêt souvent, lors d'une première atteinte, d'imposer à un enfant en bonne forme des investigations poussées. Si ces investigations étaient entreprises, l'éruption aurait sans doute disparu longtemps avant qu'un résultat soit obtenu.

Voir aussi ALLERGIE/Urticaire ; MALADIES INFANTILES CONTAGIEUSES.

Fièvre

L'élévation de la température est une des réactions de l'organisme à l'infection et la plupart des parents se fondent sur la présence ou l'absence de fièvre, et sur son degré d'ascension, pour juger si un enfant est malade et appeler le médecin. Ne vous fiez pas trop à ce symptôme :

☐ De petites élévations de la température — jusqu'à 37°2 C, 37°4 C — sont provoquées par une activité normale, par la chaleur de la chambre, etc.

☐ Les bébés peuvent avoir une température très élevée lors de maladies bénignes, ou pas de fièvre (et même une température au-dessous de la normale) au cours d'une maladie grave.

☐ Tout enfant qui se sent malade mérite attention, même si ce «sentiment» de malaise se révèle plus lié à l'école qu'à des microbes. Vous fonder sur l'absence de fièvre pour ignorer ses plaintes n'est pas une bonne solution.

Pendant une maladie, la surveillance de la température d'un enfant est beaucoup plus importante parce que ses hauts et ses bas sont pour vous, ainsi que pour le médecin, une indication sur l'évolution, bonne ou moins bonne, de la maladie.

Prise de la température.

☐ Tenir le thermomètre par son extrémité supérieure, secouer sèchement pour faire descendre le mercure au-dessous de 37° C. Une fois descendu, le mercure ne peut pas monter, si bien que s'il n'est pas suffisamment descendu, vous ne pourrez savoir si la température de l'enfant est normale. Le chiffre normal est 36° C sous l'aisselle et 37° C dans le rectum.

Sous l'aisselle : placez le thermomètre et appliquez le bras de l'enfant contre son thorax en l'entourant de votre propre bras. Attendez trois minutes. Dans le rectum : l'enfant étant couché, à plat ventre en travers de vos genoux, introduisez le réservoir enduit de vaseline dans l'anus ; s'il est plus âgé, faites-le allonger sur le côté, genoux pliés, sur un lit ; attendez une minute. N.B. Le mercure étant toxique, ne prenez jamais la température d'un jeune enfant dans la bouche. Ne le laissez jamais seul, avec un thermomètre en place.

Lecture du thermomètre.

Tenez le thermomètre horizontalement, tournez-le du côté des chiffres. Un léger mouvement rend visible la colonne de mercure ; le chiffre atteint par le sommet de la colonne est la température.
N.B. Il existe des thermomètres incassables à affichage digital dont la lecture est encore plus facile.

Les fortes fièvres

La plupart des enfants peuvent présenter une fièvre élevée sans paraître dans un état anormal, mais il semble y avoir chez eux une sorte de point critique au-delà duquel la fièvre les accable brutalement, affectant leur niveau de conscience et tout leur système nerveux. Une fois dépassée la toute petite enfance, ce point semble avoisiner 40° C.

☐ Une fois son point critique dépassé, chaque enfant, s'il y est prédisposé et si l'accès fébrile est brutal, peut faire une convulsion.

☐ Même s'il n'est pas sujet aux convulsions, il peut trembler et ses membres peuvent être agités de trémulations. Il peut réagir violemment à vos soins, sursauter si vous le touchez, pleurer comme s'il souffrait lorsque vous lui essuyez la bouche.

☐ Sans être vraiment conscient, il est «vacant» et, au milieu d'une conversation normale, il peut dire quelque chose de très anormal.

☐ Il peut parler en dormant et, si vous l'éveillez, se mettre à délirer.

☐ Il peut rejeter tout ce qu'il absorbe (médicaments, boissons).

☐ Il peut vomir spontanément, sans nausée préalable.

☐ Il peut mouiller sa culotte, sauf si cela fait très longtemps qu'il est propre.

Que faire

☐ Si c'est une poussée brusque, vous ne pouviez la prévoir. Mais dès que vous vous en apercevez, vous devez essayer de faire tomber la fièvre. Rafraîchissez sa chambre à 19° C. Ne le couvrez que légèrement.

☐ Restez calme. S'il vous sent anxieuse, il ira plus mal. Soigner un enfant qui délire est facteur d'anxiété, mais en soi la fièvre n'est pas dangereuse. Elle peut tomber d'un coup, puis grimper de nouveau, puis s'apaiser, ou disparaître tandis que l'enfant s'endort.

☐ S'il a déjà eu une crise convulsive, vous avez peur d'une récidive. Sachez que les convulsions ne surviennent qu'au tout début d'un accès de fièvre. Toutefois, si votre enfant a déjà eu des convulsions et présente une forte température, appelez le médecin.

☐ Restez près de votre enfant. Il pourrait se lever et déambuler en délirant ou avoir des nausées ; mais laissez-le dormir ou sommeiller s'il en a envie. Vous vous reposerez mieux si vous dormez dans la même pièce de façon à être près de lui s'il a besoin de vous. Si vous êtes seule à la maison avec lui, et très inquiète, faites venir une amie, quelqu'un de la famille, pour partager les veilles. Donnez à boire à l'enfant, administrez-lui ses médicaments, aux moments où il paraît moins fiévreux.

Faire baisser la fièvre.

☐ La chambre doit être fraîche : ouvrez les fenêtres.

☐ Découvrez le lit. Ne laissez qu'un drap.

☐ Déshabillez l'enfant au maximum. A l'hôpital, on le mettrait nu, mais beaucoup d'enfants n'aiment pas être totalement découverts. Laissez-lui une couche et un haut de pyjama ou un slip et un tee-shirt à manches courtes.

☐ Bassinez son visage, son cou, la face interne de ses bras et de ses jambes avec une éponge imprégnée d'eau tiède. Insistez sur les régions où apparaît en transparence le réseau veineux. N'essuyez pas. L'eau tiède dilate les vaisseaux superficiels (l'eau froide les contracterait) puis rafraîchit le sang circulant en s'évaporant.

☐ Si l'enfant frissonne et pleure (l'épiderme d'un fiévreux est extrêmement sensible), utilisez un ventilateur ou un radiateur soufflant (la plupart peuvent souffler de l'air froid), un ventilateur portatif, ou un éventail.

☐ L'aspirine ou le paracétamol sont utiles, mais ne les administrez pas sans avis médical et jamais plus d'une fois toutes les quatre heures ; n'en donnez pas à un bébé qui vomit ou qui paraît avoir mal au ventre.

Une fois ces mesures prises, toute fièvre dépassant 38,5° C doit tomber : reprenez la température une demi-heure après. Si elle a monté, appelez le médecin. Si elle n'a pas varié, recommencez vos soins une seconde fois mais *ne redonnez ni paracétamol, ni aspirine.*

☐ Si, ensuite, rien n'a changé, appelez le médecin.
Voir aussi CONVULSIONS.

Furoncles et «boutons»

Depuis sa racine jusqu'à la surface cutanée, chaque poil est logé dans un canal, le follicule pileux.

Bouton (pustule).
Si une infection se déclare au niveau de l'orifice cutané du follicule, il se forme une petite élevure blanche contenant une goutte de pus, qui s'élimine spontanément en quarante-huit heures. N'y touchez pas.

Furoncle.
Si l'infection siège plus profondément à la racine du poil, c'est un furoncle. L'inflammation se traduit par une élevure dure, rouge et sensible qui grossit et devient de plus en plus douloureuse. Puis le furoncle mûrit, perce et son pus s'élimine en deux ou trois jours. L'infection se propage aisément d'un follicule à l'autre, si bien qu'on observe souvent une série de furoncles.

Que faire
Amenez l'enfant chez le médecin si :
☐ Le furoncle ne mûrit pas en cinq jours.
☐ Il est mal placé : conduit auditif externe, aisselle, fesses chez un bébé qui porte des couches.
☐ La peau se marque de raies rouges à son voisinage.
☐ Vous observez des tuméfactions ganglionnaires douloureuses.
Vous pouvez :
☐ Nettoyer la peau environnante avec de l'alcool à 90° C. Cela peut éviter la propagation de l'infection.
☐ Protéger le furoncle au moyen d'un pansement adhésif : celui-ci atténue la douleur en empêchant la mobilisation et les tiraillements de la peau.
N.B. Ne pressez jamais un furoncle, vous pourriez faire fuser le pus plus profondément. N'appliquez pas de compresses chaudes : elles font mal et peuvent aussi disséminer les germes. N'utilisez ni antiseptique ni pommade, sauf sur ordre médical ; ils sont nocifs et peuvent aussi propager l'infection.

Herpès

Certaines personnes, enfants ou adultes, hébergent un virus nommé *Herpes simplex*. La plupart du temps, il ne se manifeste pas, bien que le porteur puisse le transmettre, et on ne peut rien faire contre.

Lorsque l'enfant tombe malade (un rhume par exemple), le virus se réveille et son attaque se traduit souvent par un bouquet de petites vésicules fort douloureuses dans la bouche.

Les poussées suivantes se présentent comme des ulcérations siégeant au niveau des lèvres ou des orifices narinaires, commençant par de petites papules rouges qui s'érodent, suintent, se couvrent d'une croûte qui a tendance à se craqueler («bouton de fièvre»).

Que faire
L'herpès s'infecte facilement. Le médecin peut prescrire une pommade grasse antibiotique qui protège à la fois contre le craquèlement des croûtes et l'infection. La guérison s'effectue en une semaine environ.
Si votre enfant ou vous-même souffrez d'herpès récidivant, demandez à votre médecin s'il peut vous prescrire un produit qui, appliqué dès l'apparition des premiers signes (rougeur, prurit), peut enrayer la poussée.

N.B. Le virus responsable de l'herpès buccal est aussi celui de l'herpès génital. Si vous ou votre partenaire souffrez de poussées d'herpès buccal, n'ayez aucune pratique sexuelle orale.
Voir aussi ULCÉRATIONS DE LA BOUCHE.

Homéopathie

L'homéopathie est encore considérée comme une parente pauvre (mais bien portante) par la plupart des médecins traditionnels, mais le public s'y intéresse de plus en plus, souvent par crainte des médicaments trop «puissants», comme les antibiotiques. Les produits homéopathiques sont prescrits selon des principes tout à fait différents de ceux de la médecine traditionnelle. Leur principal intérêt est qu'ils sont administrés en «micro-doses» qui rendent impossible tout surdosage ou effet secondaire non souhaité.

Mais ces micro-doses font-elles de l'effet ? Les homéopathes soutiennent que l'efficacité de leurs médicaments ne peut être vérifiée par les moyens mis en œuvre par la médecine classique — les contrôles en double aveugle — parce que ces contrôles posent de mauvaises questions telles que : «La substance A a-t-elle plus d'effet sur les symptômes présentés par un groupe de patients que la substance B?» La réponse à cette question permet de trancher entre la véritable aspirine et une fausse quand elles sont administrées à un groupe de patients souffrant d'arthrite sans que ni les malades ni leurs médecins sachent laquelle des deux substances leur a été administrée. Mais cela ne «prouve» pas l'effet d'un médicament homéopathique, parce que ces médicaments ne sont pas censés agir de la même façon sur tous les patients. Ils ne sont même pas censés agir directement sur les symptômes, mais plutôt sur l'équilibre physiologique du patient présentant ces symptômes.

Les homéopathes disent que l'efficacité de leurs remèdes doit se juger d'après leurs effets bénéfiques sur chaque patient et de nombreux patients sont favorables à cette façon de voir. Si vous envisagez de faire soigner votre enfant par l'homéopathie, n'achetez jamais de médicaments homéopathiques en vente libre. Ils ne lui feront pas de mal, certes, mais comme l'homéopathie se veut une approche personnalisée et globale du malade, vous devez confier votre enfant à un médecin homéopathe sérieux. Si le traitement homéopathique réussit à l'enfant, il y aura sûrement des gens pour vous parler de «l'effet placebo» dû à l'attention que le médecin a manifestée à l'enfant. Mais si ce qui vous intéresse, c'est que votre enfant soit guéri de son catarrhe chronique et pas de savoir quelle chapelle médicale a raison, il vous est peut-être égal de savoir pourquoi le traitement réussit, pourvu qu'il réussisse.

Hôpital

La plupart des services de pédiatrie sont organisés de façon à permettre aux parents de rester près de leur bébé ou de leur jeune enfant, soit dans des bâtiments spéciaux, soit sur des lits de camp dans des ailes voisines, soit, à côté du lit de l'enfant, sur des lits de fortune ou des fauteuils.

Si votre enfant doit faire un séjour à l'hôpital ou à la clinique (pour une amygdalectomie par exemple), demandez à votre médecin si vous pourrez rendre visite nuit et jour à votre enfant, rester auprès de lui autant que vous le voudrez et même dormir à côté de lui.

Pourquoi est-ce si important de rester avec un enfant hospitalisé ?
Les hôpitaux sont des endroits qui font peur. Un bébé ou un jeune enfant que vous laissez seul à l'hôpital va se sentir effrayé, seul, abandonné. Qu'il ait un, deux ou trois ans, il ne sait pas quand vous allez réapparaître. Il n'est même pas capable de conserver une image de vous quand vous avez disparu ou de concevoir l'idée de « A deux heures demain ! » quand il est dix heures du soir. S'il doit se soumettre en votre absence aux soins de personnes qu'il ne connaît pas, cela accroît encore son désarroi. Il désire prendre son petit déjeuner habituel dans la cuisine, servi par vous. Et voilà qu'on lui offre (ou qu'on lui refuse) un petit déjeuner bizarre, servi par une infirmière, dans une chambre étrange. Et si la terreur des piqûres s'ajoute au reste, son désespoir va redoubler.

Votre présence ne protège pas un enfant contre toutes les frayeurs et les désagréments d'un séjour à l'hôpital. S'il doit subir des examens, des pansements, une opération, il ne les supportera pas de gaieté de cœur. Mais votre présence l'aidera à interpréter les autres aspects de la vie hospitalière de façon qu'un passage aux toilettes devienne une aventure, les coiffes du personnel hospitalier et les plateaux-repas un jeu de devinette. Votre présence ne lui fera pas aimer ce séjour, mais elle le lui rendra tolérable. Vous serez récompensé pour ces dures journées quand, de retour à la maison, il sera aussitôt lui-même, et non l'enfant régressif, pleurnichard et coléreux qu'il aurait été s'il s'était senti abandonné.

L'idéal, c'est que vous restiez avec lui dans sa chambre, bien que cela puisse être difficile à organiser et à supporter. Mais l'hôpital accepte aussi bien les pères que les mères. Si vous devez vous partager entre l'enfant hospitalisé et d'autres enfants à la maison, ou entre l'enfant malade et votre travail, n'hésitez pas à chercher de l'aide auprès de votre famille, de vos amis, de vos collègues.

Ictère

La peau d'un ictérique est jaune ainsi que le « blanc » de ses yeux : c'est pourquoi on dit qu'il a la « jaunisse ». Ce teint est causé par l'augmentation dans son sang de produits de dégradation des globules rouges du sang. Une fois parvenus au terme normal de leur vie — environ trois mois — ces globules sont détruits, libérant leur hémoglobine qui est transformée en bile dans le foie. La bile s'écoule ensuite dans l'intestin, puis est excrétée. Quand le foie ne fonctionne pas parfaitement, il n'élimine pas les globules rouges au fur et à mesure de leur destruction, et il en résulte une jaunisse.

La jaunisse est donc un symptôme lié à la fonction hépatique. Elle n'est pas, en soi, une maladie. Sa gravité ne peut être évaluée que par des examens du foie qui révèlent la raison du mauvais fonctionnement de cet organe.

Ictère physiologique du nouveau-né.
Le foie d'un nouveau-né fonctionne assez mal et de nombreux nouveau-nés sont jaunes, surtout les prématurés.

Au fur et à mesure que le foie devient plus efficace, la jaunisse s'atténue, souvent sans aucun traitement. A l'hôpital, on ne se base pas sur le teint du bébé pour le surveiller mais sur le dosage dans son sang d'une substance appelée bilirubine. Des dosages ultérieurs révèlent une baisse du taux de la bilirubine, donc l'amélioration de l'ictère.

Un bébé dont l'ictère s'efface progressivement de lui-même paraît un peu endormi et lent à se nourrir. Comme il lui faut, pour aider son foie, beaucoup de liquide, on lui donne de l'eau en plus de ce qu'il prend au sein ou au biberon.

Si l'ictère fonce — ou est lent à s'effacer —, le bébé peut être soigné par photothérapie : les yeux bandés, nu, il reste exposé en permanence à une lumière bleue, froide, fluorescente, venue d'une boîte lumineuse installée au-dessus de son berceau. Il suffit souvent de deux ou trois jours d'exposition. Ce traitement n'a rien de désagréable pour lui. Pour vous, c'est différent :
☐ En général, le berceau et son appareillage sont dans la nursery. Demandez s'il est possible qu'on les installe dans votre chambre.
☐ Le fait que le bébé a les yeux bandés vous empêche de bien voir son visage et d'avoir des échanges avec lui. On vous permettra de le prendre dans vos bras et de lui enlever son bandeau pendant les tétées, mais vous serez peut-être malheureuse de ne pas pouvoir le prendre quand vous voulez.
☐ Sa somnolence, l'eau qu'on lui donne en plus peuvent rendre plus difficiles le démarrage de l'alimentation au sein.
☐ Comme les périodes sans bandeau et hors de son berceau sont brèves, le père ne peut avoir que des contacts très restreints avec lui.
☐ L'ictère peut bouleverser tous vos plans d'un retour précoce à la maison.
☐ Ne vous étonnez pas, ne vous en voulez pas, si vous êtes déprimée. Bientôt, le taux de bilirubine va baisser dans le sang du bébé et tout ira bien.

Ictère infectieux.
Les bébés peuvent attraper diverses infections du foie (hépatites), mais c'est assez rare. Autrefois, quand une mère souffrait d'une hépatite infectieuse, on la séparait de son bébé, et le chagrin de la séparation s'ajoutait au désarroi de la maladie. Mais l'incubation d'une hépatite est si variable et souvent si longue que le bébé l'a attrapée, s'il doit l'avoir, bien avant qu'elle se manifeste chez la mère : c'est pourquoi on a renoncé à la séparation.

Une hépatite infectieuse chez un grand bébé ou un petit enfant est un problème sérieux, mais la maladie n'est pas toujours très grave. Le teint jaune n'apparaît souvent que quelque temps après le début de la maladie.

Chez un nourrisson, l'infection de n'importe quel organe peut provoquer un ictère parce qu'une infection générale de l'organisme atteint la fonction hépatique. Un ictère après une période de maladie ne révèle pas forcément une infection du foie mais peut être dû aux effets de l'infection ailleurs.

Ictère dû au lait maternel.
Cette forme rare d'ictère du nouveau-né mérite une explication. Il est provoqué par la présence dans le lait de la mère d'une substance (non nocive pour la mère) qui empêche le foie du bébé d'effectuer correctement sa dégradation des globules rouges.

Le diagnostic ne se fait que par exclusion de toute autre cause possible d'ictère du nouveau-né, et une fois que ce diagnostic est certain, il n'y a aucun souci à se faire car l'ictère ne présente aucun danger.

Le bébé peut rentrer à la maison, même s'il est très jaune. Après quelques semaines, son organisme s'adaptera, sa fonction hépatique deviendra parfaite et l'ictère s'effacera. Cet ictère n'est pas une contre-indication pour l'allaitement au sein.

Malformations congénitales responsables d'un ictère.
Il arrive, bien que ce soit rare, que des malformations des canaux biliaires ou du foie causent un ictère chez le nouveau-né. Il apparaît alors vers le dixième jour. Si c'est seulement le canal biliaire qui est mal formé, les chirurgiens peuvent intervenir. Si la malformation siège au niveau du foie lui-même, la médecine est impuissante.

Impétigo

Il se manifeste par l'apparition sur les parties découvertes (mains, jambes, visage) de petites taches rouges se transformant rapidement en pustules suintantes qui se recouvrent de croûtes brunâtres. Les antibiotiques sont très efficaces, localement ou par la bouche, ou les deux, aussi n'attendez pas pour amener votre enfant chez le médecin. Non traitée, l'affection se propage rapidement. Elle est très contagieuse ; les autres enfants de la famille peuvent l'attraper si vous tardez trop. Séparez le linge de toilette et de table de l'enfant malade de celui des autres personnes.

Infection des plaies

Il est impossible de garder une plaie stérile, car les bactéries sont partout, y compris dans la brèche cutanée et sur l'objet qui l'a produite. Laver la plaie et la recouvrir d'un pansement empêche de nouveaux germes de la souiller, mais ne protège pas de l'infection les écorchures et les petites plaies. La plaie est humide et suinte. Une croûte jaunâtre se forme. Mais l'organisme a mis ses défenses en œuvre : seules les couches cutanées superficielles sont concernées et lorsque la croûte tombe, la guérison s'achève.

Signes d'alarme.
Si l'organisme ne se défend pas, la plaie devient douloureuse, ses bords s'enflamment ; du pus blanc ou jaunâtre s'écoule. Si la plaie est petite, surveillez-la. Si elle est étendue ou ne commence pas à guérir dans les vingt-quatre heures, montrez-la à un médecin.

Attention, danger. Il arrive parfois que les germes, au lieu d'être éliminés et englobés dans la croûte, envahissent le courant sanguin. Cela peut être très grave. Voyez le médecin si :
☐ Des raies rouges strient la peau autour de la plaie.
☐ La peau voisine est tendue, chaude, luisante.
☐ La douleur est constante, pulsatile.
☐ La région est enflée autour de la plaie.
☐ Du pus fuse sous une croûte durcie.

Laryngite striduleuse (faux croup)

Il arrive parfois que les agents d'un rhume, des virus, gagnent le larynx, puis la trachée, produisant chez l'adulte une laryngite banale se manifestant par une irritation de la gorge, un enrouement, de la toux. Mais chez les bébés et les petits enfants, dont les voies respiratoires sont très étroites, cette laryngite, en les rétrécissant encore plus, peut être très grave.

Si un bébé ou un jeune enfant est enroué, si sa respiration fait un bruit rauque, il est sage de l'emmener chez le médecin, même s'il ne vous paraît pas bien malade. Vous lui éviterez peut-être, ainsi qu'à vous, l'épreuve d'un accès de faux croup en plein milieu de la nuit.

Symptômes.
L'enfant est réveillé en pleine nuit par une toux douloureuse et pénible. Il pleure et émet, en reprenant son souffle, une toux aboyante caractéristique. Dans les formes graves, la respiration est laborieuse et chaque inspiration creuse la région sous-costale. La voix de l'enfant est chuchotante et rauque.

Que faire?
Il faut appeler d'urgence le médecin, mais si vous êtes seule à la maison, prenez avant tout les mesures ci-dessous :
☐ Essayez de calmer l'enfant. Il manque d'oxygène, il est affolé ; plus il pleure et se débat, plus il consomme d'oxygène. Si vous pouvez le convaincre de se taire et de rester tranquille (et, mieux encore, de se détendre), il se rendra compte que la quantité d'oxygène dont il dispose est suffisante.
☐ Approchez-le d'une fenêtre ouverte. Laissez-le prendre six inspirations d'air nocturne. L'air froid ou humide atténue assez l'œdème laryngé pour ouvrir un peu plus le passage.
☐ Puis menez-le dans la salle de bains, fermez la fenêtre, ouvrez tous les robinets d'eau chaude jusqu'à ce que la pièce soit saturée de vapeur. Restez dix minutes dans cette atmosphère humide. Si vous ne disposez pas de salle de bains, branchez votre bouilloire électrique dans une petite pièce bien close.

L'air froid, puis l'air humide, doivent soulager l'enfant en dix minutes environ. Appelez alors le médecin si personne ne l'a fait pour vous et restez jusqu'à son arrivée dans la pièce saturée de vapeur, même si l'enfant se sent mieux. Si aucun médecin ne peut venir, transportez l'enfant à l'hôpital le plus proche.

Une fois l'urgence passée.
Votre médecin peut vous dire de laisser l'enfant plusieurs heures dans une atmosphère humide, un retour prématuré en atmosphère sèche pouvant déclencher une autre crise. Vous pouvez improviser une tente avec un drap sous lequel vous pousserez son lit et l'humidifier en branchant une bouilloire électrique ou en plaçant une casserole remplie d'eau sur un camping-gaz. Mais cette solution n'est qu'un pis-aller, car la vapeur est chaude et la chaleur peut faire monter la fièvre. L'enfant doit être surveillé en permanence. S'il faut humidifier plus longtemps l'atmosphère de la chambre, louez un humidificateur qui souffle un courant d'air humide, mais froid.

Si deux alertes successives vous font craindre des récidives, il vaut mieux acheter un humidificateur que vous brancherez chaque nuit près de son lit. Utilisé dans le cas de rhume avec fièvre, il fera bien souvent avorter les crises.

Laxatif

Aucun enfant ne devrait jamais absorber de laxatif sans instruction formelle du médecin. Son intestin se libère de lui-même lorsqu'il le faut, deux fois par jour ou seulement tous les quatre jours... Pour être en bonne santé, l'enfant n'a pas besoin d'aller tous les jours à la selle. L'y obliger au moyen d'un laxatif peut complètement dérégler ses fonctions naturelles et le laxatif devenir une habitude. Exemple : vous lui donnez un laxatif le mardi parce qu'il n'a pas eu de selles depuis le dimanche. Il a donc une selle importante le mercredi. Ses intestins se vident anormalement et il se peut qu'ils ne soient prêts de nouveau à se vider naturellement que le samedi... mais vous lui avez redonné un laxatif le vendredi...

Si l'enfant est vraiment constipé, ses selles ne sont pas seulement rares, mais dures et difficiles à expulser. Le médecin peut alors prescrire un laxatif qui ramollit les selles pour faciliter les choses.

Mal de tête

Un tout petit enfant qui souffre de la tête peut avoir une céphalée, mais aussi mal à l'oreille, à une dent ou à un ganglion du cou. Seul un médecin peut le savoir. Plus tard, l'enfant dira qu'il a « mal aux cheveux » ou utilisera les termes qu'il vous entend employer.

Les maux de tête peuvent signifier tout ou rien. Si l'enfant semble par ailleurs en bonne santé et que la douleur est fugace, consolez-le, sans plus. Si la douleur persiste, observez-le : il a peut-être de la fièvre. Ne lui administrez pas d'analgésiques qui pourraient masquer certains signes de maladie. S'il souffre beaucoup, appelez le médecin.

Lorsqu'une céphalée harcèle un enfant malade, vous pouvez le soulager en lui administrant un analgésique banal (paracétamol).

Une céphalée assez sévère pour que l'enfant désire s'allonger, surtout si elle s'accompagne d'une fièvre élevée, d'une somnolence, d'une phobie de la lumière et d'une raideur de la nuque, doit vous déterminer à appeler le médecin. Bien sûr, cela peut être le prodrome d'une rougeole ou d'une angine mais aussi être la manifestation d'une souffrance méningée.

Les maux de tête sont rarement dus à une fatigue oculaire. L'enfant qui se plaint de la tête juste à l'heure de l'école a certainement besoin d'apprendre à se débrouiller sans vous que de lunettes. Si cela peut vous rassurer, faites examiner ses yeux mais considérez plutôt son mal de tête comme la manifestation d'une tension psychique.
Voir aussi MÉNINGITE, ENCÉPHALITE.

Mal des transports

Il peut arriver à tout le monde d'être malade sur une mer agitée, mais le mal des transports peut affecter un enfant au point d'empêcher tout déplacement en car ou en train, et de transformer une promenade en voiture en cauchemar pour tout le monde.

On pense que le mal des transports est lié à un dérèglement des délicats mécanismes de l'équilibre logés dans l'oreille interne. Il est possible que ce mécanisme soit plus sensible chez l'enfant que chez les adultes. Dans certains cas, le mal des transports, qu'il soit intense ou occasionnel, s'améliore avec le temps.

Si votre enfant est sujet au mal des transports, vous le saurez soit vers ses six mois, soit quand il atteindra deux ans. Dès qu'il aura commencé à être malade en voiture, il le sera probablement jusqu'à sa puberté. Ensuite, cela s'améliorera sans doute.

La prévention.
Il existe des « méthodes de bonne femme » comme laisser traîner une chaîne derrière la voiture ou asseoir l'enfant sur plusieurs couches de papier brun. Si ça marche, tant mieux !
☐ Les caractéristiques du mouvement comptent beaucoup. Un mouvement dur, haché, est souvent supportable, tandis que le roulis rend malade. C'est sans doute pourquoi nous sommes presque tous malades en mer et que peu de personnes le sont en train. Si vous envisagez de changer de voiture à cause de votre enfant, évitez les suspensions trop souples.
☐ Les encombrements de la circulation, avec la succession d'arrêts et de démarrages qu'ils entraînent, provoquent des nausées. Votre famille supportera mieux les voyages en voiture si vous circulez la nuit, quand la circulation est plus fluide, et sur les autoroutes, où la conduite est en général plus régulière.
☐ Dans la voiture, l'agitation de l'enfant peut faire empirer les choses. Dès qu'il s'assied sur la banquette et plus dans son siège-auto, attachez bien sa ceinture pour qu'il ne s'effondre pas dans le coin et conseillez-lui de bien appuyer sa tête. Les jeux, les chahuts sur la banquette arrière risquent de le rendre malade.
N.B. Beaucoup de gens sont malades quand (et seulement quand) ils lisent en voiture. Mieux vaut écouter des cassettes ou la radio.
☐ Un repas lourd et gras pris avant le départ favorise le mal des transports, mais la faim aussi. Avant de voyager, prenez un repas léger ; pour le trajet, prévoyez des bonbons, des biscuits secs et de l'eau glacée.
☐ Il existe des médicaments très efficaces mais ils ont, pour la plupart, des effets secondaires désagréables ; bouche sèche, somnolence intense. Consultez votre médecin avant d'acheter un médicament et faites l'essai du produit à l'occasion d'un petit voyage et non d'un déplacement important. Le médicament doit souvent être administré un certain temps avant le départ.
N.B. Les effets secondaires causeront moins de désagréments si vous vous arrangez pour que la plus grande partie du voyage s'effectue pendant que l'enfant dort.
Si votre enfant, sujet au mal des transports, est assez grand pour détacher sa ceinture de sécurité, verrouillez les portières arrière : des enfants sont morts parce qu'ils ont bondi hors d'un véhicule en marche ou en pleine circulation pour ne pas vomir dans la voiture.

Maladie hémolytique du nouveau-né

Environ 15 pour cent des femmes ont un sang Rhésus négatif (Rh −). Si une de ces femmes a un enfant dont le père est Rhésus positif (Rh +), le groupe sanguin de son bébé ne s'accorde pas avec le sien propre. Tandis que le placenta est sous pression pendant le travail de l'accouchement, quelques globules rouges du bébé passent dans la circulation de la mère : si le sang du bébé est Rh +, l'organisme de la mère va fabriquer des anticorps pour lutter contre ces globules rouges étrangers.

Cet événement ne nuit ni à la mère ni au premier bébé de la famille, si la mère n'a pas subi d'I.V.G. (interruption volontaire de grossesse) auparavant, mais les bébés suivants, s'ils sont Rh +, n'auront pas la même chance : tandis que le sang nourricier de la mère irrigue le placenta, ses anticorps anti-Rh vont détruire les globules rouges du fœtus. Il y a seulement une dizaine d'années, quand la grossesse n'était pas surveillée de près, des bébés mouraient pendant la grossesse et ceux qui naissaient à terme — ou presque — souffraient de dommages cérébraux dus à la privation d'oxygène. Comme les globules rouges tués doivent être dégradés par le foie, ces bébés présentaient aussi un ictère intense.

Prévention de la maladie.

La plupart des problèmes d'incompatibilité Rhésus peuvent être prévenus par une surveillance prénatale. Il est capital que toutes les précautions soient prises et que l'accouchement ait lieu dans une bonne maternité.

Toute femme Rh − dont le nouveau-né est Rh + reçoit une injection d'anticorps anti-Rh préparés à partir du sang d'un donneur. Ces derniers, en neutralisant les globules rouges «étrangers» venus du bébé, lui évitent d'en fabriquer elle-même. Cette injection doit être pratiquée chaque fois qu'une femme Rh accouche d'un bébé Rh + de façon à protéger un éventuel futur enfant, et dans le cas d'un avortement spontané, volontaire ou thérapeutique.

Même si le premier enfant d'une femme Rh − n'est pas mis en danger par une incompatibilité Rh, toutes les femmes Rhésus négatif doivent être suivies et surveillées de près durant leur première grossesse aussi bien que durant les suivantes. Il arrive parfois qu'un avortement spontané précoce ou tardif soit causé par une incompatibilité Rh et que des globules rouges de l'enfant soient passés à cette occasion dans le sang de la mère. Dans ce cas, un premier bébé vivant, plus tard, souffrira de la maladie.

On doit prévenir toute fillette dont le sang est Rhésus − qu'elle aura besoin de soins obstétricaux particuliers.

Traitement de la maladie.

Une femme Rh − doit être surveillée durant sa grossesse et subir des examens sanguins pour la détection d'éventuels anticorps anti-Rh. Elle doit absolument accoucher à l'hôpital. Un nouveau-né souffrant de la maladie hémolytique subit une exsanguino-transfusion, c'est-à-dire une transfusion totale d'un sang frais Rh −. La transfusion a deux buts : d'une part éliminer la plupart des anticorps anti-Rh qui avaient traversé la barrière placentaire pendant la grossesse, et d'autre part lui apporter des globules rouges sains pour lutter contre l'anémie. Cette opération doit être répétée jusqu'à la guérison de l'ictère.

Maladies infantiles contagieuses

On les appelle maladies infantiles car, dès que l'immunité transmise par la mère à son bébé a disparu, l'enfant les attrape l'une après l'autre lorsqu'il se trouve en contact avec l'agent infectieux qui les provoque. Bien que certaines de ces maladies soient extrêmement pénibles pour un enfant — et dangereuses pour un bébé —, elles sont plus sérieuses encore chez l'adulte. C'est pourquoi on dit qu'il vaut mieux laisser un enfant les attraper «une bonne fois pour toutes» en cas d'épidémie locale.

Prévention de la dissémination de ces maladies.

Aujourd'hui, des vaccinations protègent contre la plupart de ces maladies. Il est recommandé de vacciner contre la coqueluche avant sept mois, contre la rougeole, la rubéole et les oreillons à partir d'un an. Il est capital que les petites filles soient vaccinées contre la rubéole avant la puberté, âge à partir duquel une grossesse est possible. Si vous avez une fillette de cet âge qui n'a jamais eu la rubéole et n'est pas vaccinée, faites-la vacciner.

N.B. La rubéole est une maladie bénigne mais si votre enfant l'attrape, éloignez-le de toute femme susceptible d'être enceinte. Éviter les femmes visiblement enceintes est inutile parce que seul est en danger le fœtus au tout début de la gestation, et dans ce cas, la grossesse peut très bien ne pas avoir encore été diagnostiquée. Écartez l'enfant malade des lieux publics et prévenez vos visiteuses.

Il y a vingt ans, les familles et les personnes en contact avec les petits malades contagieux étaient soumises à un isolement très strict. De nos jours, seul l'enfant malade est gardé à la maison parce que les autres mesures sont inutiles. En effet, un enfant qui a, par exemple, la rougeole, est contagieux avant de présenter des signes de la maladie. Quand celle-ci est diagnostiquée, l'enfant l'a déjà transmise aux autres enfants. Pour la même raison, il est inutile de séparer un enfant malade de ses frères et sœurs : s'il a la varicelle, les autres sont déjà en période d'incubation.

Un enfant qui présente une maladie infectieuse fébrile doit être gardé à la maison et il faut prévenir sa crèche, sa nourrice, son école ou son jardin d'enfants pour que les autres parents soient informés et surveillent ses petits camarades susceptibles d'avoir attrapé la maladie.

Les autres enfants de la famille peuvent poursuivre leurs activités habituelles mais vous ne devez pas les emmener dans un endroit où il y a des bébés ou des enfants qui n'ont pas été exposés au même contage. Ne les emmenez pas non plus faire une visite dans un hôpital ou une clinique.

Prévenez les parents des petits amis et laissez-les décider s'ils veulent que leurs enfants continuent à fréquenter les vôtres pendant cette période. Ils peuvent avoir un tout jeune bébé, ou un enfant asthmatique, ou un adolescent en période d'examen et ne pas souhaiter prendre le risque qu'ils soient contaminés.

Si votre enfant commence une maladie infectieuse, prévenez les parents de tous les enfants avec lesquels il a pu être en contact récemment : connaissant la durée de l'incubation de la maladie, ils pourront ainsi prévoir la date où elle se déclarera si leur enfant doit l'avoir.

Coqueluche

Incubation 8 à 14 jours.

Premiers symptômes.

☐ L'enfant est pâle, il tousse; parfois son nez coule. Cette période peut durer plusieurs jours.

Signes cliniques.

☐ La toux empire, devient paroxystique; le temps d'une inspiration, l'enfant tousse plusieurs fois.

☐ Dans la forme typique, les quintes surviennent à l'improviste, ne lui laissent pas le temps de reprendre

son souffle entre les secousses de toux. Il manque d'air et force alors l'air à travers son larynx spasmé, produisant le «chant du coq» (ou «reprise») caractéristique de la maladie.
☐ Les tout petits bébés ne peuvent reprendre leur souffle. A chaque quinte, ils s'asphyxient, leur visage devient gris bleuâtre; puis ils vomissent.
N.B. Chez l'enfant *vacciné*, le diagnostic peut être difficile car les signes typiques manquent.

Gravité de la maladie.
☐ L'enfant est vraiment malade, et cela pendant longtemps, surtout s'il a moins d'un an et n'a pas été vacciné.

Complications éventuelles.
☐ Lorsque les quintes et les vomissements qui les suivent sont fréquents, l'enfant ne garde aucune nourriture ou boisson. L'épuisement, la déshydratation, la prostration le menacent.
☐ Les infections de l'oreille moyenne, les broncho-pneumonies sont fréquentes.

Ce que le médecin peut faire.
☐ Confirmer le diagnostic au moyen d'un prélèvement de gorge et/ou un test sanguin, surtout si l'enfant est vacciné ou s'il est trop jeune pour présenter les «reprises».
☐ Administrer des antibiotiques qui sont efficaces s'ils sont administrés précocement.
☐ Vous montrer comment lui tapoter le thorax, en l'allongeant tête basse, pour lui permettre d'expectorer plus aisément les mucosités qui l'étouffent.
☐ Vous recommander l'hospitalisation surtout si l'enfant (un bébé souvent) est déshydraté ou épuisé, ou si vous ne pouvez pas vous faire aider pour les soins, qui sont continuels.

Ce que vous pouvez faire.
☐ Soyez présente en permanence. Il ne doit jamais rester seul, même la nuit. Rassurez-le. S'il a peur, les quintes sont plus pénibles encore. Veillez qu'il n'inhale pas ses vomissures. Tenez-lui la tête.
☐ Il faut qu'il se tienne très tranquille, surtout pendant la phase aiguë de la maladie. Jouer le ferait tousser.
☐ Donnez-lui à boire et à manger *tout de suite* après une quinte et un vomissement. Il aura quelque chance de ne pas tout rejeter lors de la prochaine quinte. Prenez note de la quantité de liquide absorbé. Même si vous ne connaissez pas exactement ce qui a été rejeté, votre médecin se fera une idée de ce qui a pu être assimilé.
☐ Armez-vous pour une longue période de soins intensifs et, après, pour une convalescence de plusieurs semaines.
☐ Évitez de mettre votre malade en contact avec les bébés ou de petits enfants non vaccinés.

Oreillons

Incubation 14-28 jours.

Invasion.
☐ Pâleur pendant un ou deux jours.

Signes cliniques.
☐ Gonflement douloureux des glandes localisées entre l'oreille et l'angle de la mâchoire.
☐ Bouche sèche (les glandes atteintes sont des glandes salivaires et leur fonctionnement est déficient).

☐ Douleur aiguë à la déglutition des substances acides comme des jus de fruit.
☐ Accroissement de l'enflure déformant le visage.

Gravité de la maladie.
Faible, sauf en cas de complications, mais la déglutition est vraiment douloureuse.

Complications éventuelles.
☐ La maladie peut être bilatérale si bien que le deuxième côté commence à enfler au moment où vous croyez la guérison entamée.
☐ Surdité fréquente : soyez vigilante.
☐ Exceptionnellement, atteinte nerveuse : la «méningite ourlienne» qui débute après une dizaine de jours et s'annonce par une poussée fébrile, un délire et une raideur de la nuque.

Ce que le médecin peut faire.
☐ Le diagnostic, puis un bilan auditif.

Ce que vous pouvez faire.
☐ Empêcher avec tact les petits camarades de s'esclaffer à la vue de son visage en poire sauf s'il le trouve lui-même amusant.
☐ Vous souvenir qu'il lui est pénible d'ouvrir la bouche et d'avaler; offrez-lui des boissons onctueuses et nourrissantes (chocolat, crèmes, etc.) avec une paille. Aidez-le à humecter sa bouche sèche.
☐ Lui donner des analgésiques si la douleur l'empêche de dormir.
☐ Bien le surveiller pendant la deuxième semaine pour déceler l'éventuelle méningite.

Rougeole

Incubation 8-14 jours.

Premiers symptômes.
☐ Un «mauvais rhume», avec le nez qui coule, des yeux rouges et larmoyants, de la toux.
☐ Une fièvre qui continue à grimper au lieu de retomber comme elle le ferait lors d'un rhume banal.
☐ L'enfant se sent vraiment malade.

Signes cliniques.
☐ Le signe de Koplik : apparition vers le troisième ou le quatrième jour de taches rouges centrées par de petits points bleuâtres sur la face interne des joues.
☐ Éruption proprement dite; elle apparaît vers le quatrième ou cinquième jour sous forme de petites taches rouge sombre derrière les oreilles, qui gagnent tout le visage, puis le corps.

Gravité de la maladie.
L'enfant peut être très malade du troisième au cinquième ou au sixième jour, tandis que l'éruption achève de sortir.
☐ La fièvre est élevée, elle s'accompagne souvent de délire.
☐ La toux est très pénible.
☐ Les yeux piquent.

Complications éventuelles.
☐ Une conjonctivite aiguë avec intolérance à la lumière ne produit pas d'atteinte oculaire mais majore le malaise général.
☐ Mal de gorge se propageant à l'oreille moyenne.
☐ Infection secondaire déterminant une bronchite ou une pneumonie.
☐ Inflammation cérébrale provoquant une encéphalite.

Ce que le médecin peut faire.
☐ Confirmer le diagnostic.

□ Prescrire un collyre pour les yeux.
□ Prescrire des antibiotiques pour prévenir ou traiter l'infection secondaire.

Ce que vous pouvez faire.
□ Vous libérer complètement de toute tâche ménagère afin de donner tout votre temps à votre enfant au moins pendant une semaine, plus longtemps si des complications se déclarent.
□ Lotionner ses yeux avec un morceau de ouate imbibée d'eau bouillie ou d'une lotion adoucissante.
□ Faire baisser la fièvre.
□ Prévenir la déshydratation en faisant boire l'enfant fréquemment.
□ Prévenir immédiatement le médecin si l'enfant a mal aux oreilles ; s'il respire difficilement, si la toux devient grasse et s'accompagne d'expectoration ; si la fièvre s'élève brusquement après avoir amorcé une chute ; si l'enfant paraît soudain moins bien après avoir paru mieux ; s'il semble moins lucide ou difficile à sortir de son abattement.
□ Les premiers jours, garder plutôt l'enfant dans la pénombre, lui éviter les lumières vives.

Rubéole
Incubation 14-21 jours.

Invasion. Aucun signe.

Signes cliniques.
□ Taches roses et plates derrière les oreilles qui gagnent le front, s'étalent, convergent et envahissent tout le corps en quelques heures, empourprant uniformément tout l'épiderme. L'éruption s'efface ensuite si vite que bien souvent elle passe inaperçue ou que vous n'avez pas le temps de la montrer au médecin.
□ Les ganglions de la nuque sont gonflés, parfois douloureux lorsque vous les palpez. Ils restent souvent tuméfiés pendant plusieurs semaines.

Gravité de la maladie.
□ Nulle en général ; elle passe souvent inaperçue.

Complications éventuelles.
□ Aucune pour le malade mais si une femme enceinte contracte la rubéole durant les trois premiers mois de sa grossesse, les conséquences peuvent être graves pour son fœtus ; aussi cette affection des plus bénignes est-elle l'objet d'une campagne prônant la vaccination de toutes les filles avant ou au moment de la puberté.

Ce que le médecin peut faire.
□ Rien pour le malade. Prévenez les femmes enceintes qui auraient été en contact avec l'enfant.

Ce que vous pouvez faire.
□ Rien pour le malade. Éloigner toutes les jeunes femmes. Prévenir celles qui ont été en contact avec votre enfant. La période la plus dangereuse pour le fœtus se situe pendant les premières semaines de la gestation.

Scarlatine
Incubation 1-5 jours.

Invasion.
□ La scarlatine est due à une bactérie (un streptocoque) qui, ayant infecté la gorge, peut provoquer une éruption. Les premiers signes sont ceux d'une amygdalite. Il peut y avoir de la fièvre, des vomissements, une perte de l'appétit.
□ L'enfant peut se plaindre de douleurs abdominales dues à un œdème intra-abdominal.

Signes cliniques.
□ Le deuxième ou troisième jour, il apparaît sur la peau de petites taches rouge foncé sur un fond rouge plus clair. Cette éruption débute à la poitrine et au cou puis se propage à tout le corps. Comme elle respecte le tour de la bouche, cette zone apparaît très blanche par rapport au reste du visage. Au bout d'une semaine, quand l'éruption s'efface, la desquamation de la peau commence.

Gravité de la maladie.
□ L'enfant peut être aussi malade que pendant une amygdalite.

Complications éventuelles.
□ Infection de l'oreille moyenne.
□ Non traitée, la maladie peut atteindre les reins (néphrite) ou les articulations (rhumatisme).

Ce que le médecin peut faire.
□ Administrer des antibiotiques ou des sulfonamides pour combattre les germes et éviter des complications. La maladie en soi n'est pas grave mais les complications peuvent l'être.

Ce que vous pouvez faire.
□ Soigner l'enfant comme pour une amygdalite. Veiller à toute douleur d'oreille ou à des signes d'aggravation.

Sixième maladie (roséole infantile)
Incubation 7-14 jours.

Invasion.
□ Fièvre élevée inexplicable pendant environ trois jours.

Signes cliniques.
□ Petites taches parsemant tout le corps mais si fugaces qu'elles peuvent passer inaperçues.

Gravité de la maladie.
□ Dépend de la fièvre et des réactions de l'enfant. Chez un enfant prédisposé, elle peut provoquer des convulsions. Mais une fois l'éruption apparue, l'enfant est guéri.

Complications éventuelles.
□ Aucune.

Ce que le médecin peut faire.
□ Rien, à moins que vous n'ayez eu besoin de lui précocement pour des convulsions.

Ce que vous pouvez faire.
□ Rien d'autre que soigner la fièvre.

Syndrome pied-bouche-main
Incubation 3 à 5 jours.

Invasion.
En général aucun signe.

Signes cliniques.
□ Des petites ulcérations dans la bouche : sur la langue, les lèvres, la gorge, la face interne des joues.
□ Des petites bulles claires sur les doigts, les mains, les orteils et les pieds. Parfois une éruption plus étendue.

Gravité de la maladie.
□ En général nulle ; certains enfants ont une fièvre légère ou modérée.
□ Les nourrissons peuvent être très affectés ; les ulcérations buccales rendent la succion douloureuse et peuvent entraîner une déshydratation.

Ce que peut faire le médecin.
☐ Rien, sauf si le malade est un bébé.

Ce que vous pouvez faire.
☐ Proposer des boissons et des aliments onctueux tant que la bouche est douloureuse.
Voir aussi DÉSHYDRATATION.

Varicelle

Incubation 17-21 jours.

Invasion.
☐ Légère pâleur pendant un ou deux jours mais bien souvent aucun signe.

Signes cliniques.
☐ Apparition de petites taches rouge sombre qui se transforment en quelques heures en vésicules perlées ressemblant à de petites gouttes d'eau parsemant la peau. Les vésicules éclatent laissant la peau à vif, que bientôt recouvrent des croûtes. Tandis que les premiers éléments évoluent, une nouvelle poussée se produit. Cela dure trois ou quatre jours si bien que l'enfant présente des éléments à divers stades d'évolution.

Gravité de la maladie.
☐ Bénigne en général ; certains enfants ne sont pas malades du tout. D'autres présentent un malaise intense avec une forte fièvre.

Complications éventuelles.
☐ Une éruption géante, intéressant le corps entier, y compris le scalp, l'intérieur de la bouche et des oreilles, le vagin, l'anus. Le prurit insupportable peut troubler les nuits de l'enfant et provoquer l'infection des éléments, laissant des lésions de grattage indélébiles.

Ce que le médecin peut faire.
☐ Prescrire une pommade anti-infectieuse à mettre sur les fesses.
☐ Prescrire un sédatif, si nécessaire, pour empêcher les démangeaisons la nuit.

Ce que vous pouvez faire.
☐ Donner à l'enfant des bains tièdes contenant une tasse de bicarbonate de soude pour calmer le prurit. Entre-temps, tamponner les éléments avec une lotion calmante (un enfant déjà grand peut disposer de sa bouteille et du coton nécessaire). Lui permettre de se soigner lui-même peut l'aider à ne pas se gratter.
☐ Ne pas mettre de couches au bébé malade.
☐ Couper les ongles court, les tenir aussi propres que possible.

Médecin

Le médecin qui vous a suivie pendant votre grossesse ne sera sans doute pas celui qui s'occupera de votre bébé. Sans parler des spécialistes, les généralistes ont eux aussi leurs préférences et vous devez en choisir un qui aime et connaît bien les enfants. Changez de médecin si celui qui s'occupe de votre enfant ne vous plaît pas.

Choix d'un médecin.
Renseignez-vous autour de vous. N'hésitez pas à prendre rendez-vous avec le généraliste ou le pédiatre que des amis vont ont recommandé. Demandez-vous si vous vous sentirez plus en confiance avec une femme ou un homme, ou avec un médecin appartenant à une ethnie particulière.

Si votre pédiatre a un ou plusieurs associés, faites leur connaissance : l'un d'eux sera obligatoirement de garde un week-end ou la nuit et remplacera votre médecin pendant ses vacances.

Fréquentation du médecin.
Il est nécessaire que vous ayez de bons rapports avec votre médecin, surtout durant les premières années de votre enfant. Demandez-lui s'il accepte de recevoir des appels de nuit, de faire des visites à domicile et de donner des conseils par téléphone. Vous pourrez aussi lui dire ce que vous, vous attendez de lui, et arriver à un compromis.

Votre médecin doit tout vous expliquer en des termes que vous pouvez comprendre, mais vous, vous avez le devoir de l'écouter et de l'arrêter si vous ne comprenez pas. Un «oui, je vois» soumis, quand vous ne voyez rien, conduit à une confusion dont vous êtes tous deux responsables. Changez de médecin si le vôtre vous donne l'impression que vous êtes idiote ou qu'il n'a jamais le temps de vous donner des explications.

Quand l'appeler ?
Nombreux sont les parents qui ne savent jamais quand il est nécessaire d'appeler le médecin. Vous êtes responsable de la santé de votre enfant et de son bien-être, et si vous vous faites du souci à ce sujet, vous *devez* consulter un médecin. Si votre inquiétude n'était pas fondée (pour cette fois), cela ne signifie pas que vous avez fait «perdre son temps au médecin» parce qu'affirmer que tout va bien fait tout autant partie de son travail que découvrir ce qui ne va pas. Fiez-vous à votre intuition. Si quelque chose vous paraît anormal, consultez votre médecin, même si vous ne pouvez pas lui décrire un symptôme précis ou lui assurer que c'est sérieux.

Pour les nouveau-nés.
Tant que l'organisme du bébé n'est pas encore habitué à une vie indépendante et que les fonctions physiologiques n'ont pas acquis leur rythme, il est difficile d'être sûr que tout se passe bien, et il est presque inévitable que les parents soient anxieux. Le personnel médical et para-médical le sait, tout comme il sait que ce genre de soucis n'est pas fait pour accélérer votre rétablissement après l'accouchement. Si vous êtes anxieuse, demandez de l'aide et laissez vos conseillers médicaux jouer leur rôle d'éducateurs. Si une consultation, aujourd'hui, ne se révèle pas utile du point de vue du bébé, elle peut très bien l'être pour vous et vous avoir appris quelque chose qui vous aidera demain à garder votre calme.

Si vous avez besoin d'une aide plus importante durant les premières semaines, votre médecin peut contacter une assistante sociale ou une puéricultrice, elle-même en relation avec des services d'aides familiales, ou vous donner les coordonnées d'un groupe de soutien aux jeunes mères.

Pour tous les bébés.
Plus un enfant est jeune, plus il faut être vigilant, parce que :
☐ Il ne parle pas et peut vous adresser des signaux contradictoires, si bien que vous confondez le mal à l'oreille avec le mal de dents ou le mal au ventre avec la colère.
☐ Comme son système immunitaire est assez inefficace, il est susceptible d'attraper des infections qui le rendront très malade.
☐ Sa petite taille et ses caractéristiques

physiologiques le rendent très vulnérable : il risque davantage la déshydratation que les enfants plus âgés quand il souffre d'une affection digestive; il peut avoir des convulsions quand il a de la fièvre et des difficultés respiratoires quand il a un rhume.

S'il ne vous paraît pas bien, dites-vous qu'il n'est pas bien, et n'attendez pas le lendemain pour voir si «ça ira mieux», comme vous pourrez le faire quand il sera plus grand. Surveillez-le avec soin s'il ne vous semble pas «normal». Un bébé qui refuse le sein ou le biberon, alors qu'il tète bien d'habitude, couve probablement quelque chose. Un bébé d'ordinaire actif et éveillé qui vous paraît trop tranquille et lointain peut avoir un problème. Un nourrisson d'un naturel sociable et gai peut avoir une bonne raison de hurler pendant deux heures. Chez un tout-petit, les modifications du comportement habituel représentent de précieux indices en matière de maladies et vous êtes la seule personne qui puisse les remarquer avant l'apparition de symptômes plus précis.

Pour tous les enfants.
Ne laissez jamais passer des signes inquiétants, mais tenez compte également de tous ceux qui vous inquiètent, vous ou votre enfant.

Quand l'enfant grandira, vous saurez attendre pour «voir venir» parce que la plupart du temps, cela ne sert pas à grand-chose de montrer au médecin un enfant de six ans qui présente un malaise général avec de la fièvre. Il vaut mieux patienter jusqu'au lendemain. D'autres signes auront peut-être alors apparu ou la fièvre restera le seul symptôme.

Tout en restant vigilant, essayez de donner à votre enfant confiance en la capacité de son organisme à se défendre seul contre la plupart des petits ennuis de santé. S'il vous voit calme et attentive face à la maladie et réussit à ne pas grandir avec l'idée qu'il a besoin d'un comprimé chaque fois qu'il a mal quelque part et d'un traitement chaque fois que son nez coule, vous lui enseignerez à prendre soin de lui-même dans l'avenir, même si c'est vous qui prenez soin de lui à présent.

Les visites à domicile et les appels de nuit.
C'est à son cabinet ou à sa consultation hospitalière que votre médecin est organisé pour faire son travail, bien mieux que chez vous. Ne demandez pas une visite simplement parce que votre enfant est fiévreux et légèrement malade. Si vous avez un moyen de transport, le trajet jusqu'au cabinet de consultation ne lui fera pas de mal. Ne déplacez le médecin que si vous ne pouvez pas aller chez lui ou si vous pensez que l'enfant a une maladie infectieuse.

C'est aux petites heures de la nuit que l'anxiété est la plus forte, mais aucun médecin ne se déplacera volontiers pour vous rassurer à 5 heures du matin ou un dimanche à l'heure du déjeuner. Si vous vous demandez s'il faut téléphoner maintenant ou attendre jusqu'au lendemain, posez-vous les questions suivantes :
☐ Si vous ne pouviez joindre un médecin, appelleriez-vous une ambulance pour conduire votre enfant à l'hôpital?
☐ Si votre médecin venait, examinait l'enfant et rédigeait une ordonnance, vous habilleriez-vous immédiatement et sortiriez-vous pour acheter les médicaments prescrits dans une pharmacie ouverte la nuit?
☐ Si votre médecin venait, examinait l'enfant et

recommandait de l'emmener à l'hôpital, lui obéiriez-vous sans discuter?
☐ Si vous répondez oui à deux de ces questions, appelez le médecin. Sinon, attendez le lendemain matin.

Les conseils par téléphone.
Si vous vous connaissez bien, votre médecin et vous, et si vous vous faites mutuellement confiance, vous pouvez gagner du temps en lui téléphonant, surtout dans le cas d'une maladie déjà diagnostiquée qui suit son cours. Demandez d'abord à votre médecin s'il consent à être appelé au téléphone et quelle heure lui convient. N'oubliez pas que si vous lui parlez d'une maladie nouvelle, il va se sentir professionnellement obligé de voir l'enfant, même si vous ne le lui demandez pas. Aussi, si vous êtes assez inquiète pour vouloir lui parler, peut-être vaut-il mieux encore lui montrer l'enfant.

Médicaments

Si le médecin prescrit des médicaments, c'est que votre enfant en a besoin; et il a besoin de toutes les doses ordonnées. Aussi n'interrompez pas le traitement sous prétexte qu'il va mieux ou qu'il n'aime pas cela. Si vous ne pouvez vraiment pas le lui faire avaler ou s'il le vomit, prévenez votre médecin sans attendre.

La plupart des médicaments, parmi lesquels les antibiotiques, sont censés être administrés à intervalles réguliers de façon que leur taux sanguin demeure constant. Demandez si vous devez les donner aussi la nuit ou si le nombre total de prises doit être distribué dans la journée. Notez les prises : il est facile d'en oublier une ou de s'embrouiller dans les doses lorsqu'on a plusieurs produits à donner.

Si votre enfant termine toujours un traitement qui lui a été prescrit, vous ne devez jamais avoir de restes de médicaments. Jetez les fonds de sirop. La plupart des médicaments sont assez vite périmés. Vous ne devez jamais donner à un enfant un médicament qui a été prescrit à un autre ou le redonner au même enfant pour une autre maladie.

Médicaments pour les bébés.
Il faut donner les doses exactes et les faibles quantités peuvent être difficiles à mesurer. Les médicaments pour les bébés doivent être faciles à mesurer et à administrer.

Médicaments liquides. C'est une forme de prescription souvent préférée aux comprimés pour les petits enfants, mais leur goût est souvent désagréable, leur amertume étant à peine déguisée par une saveur fruitée artificielle. Asseyez l'enfant sur une chaise ou sur vos genoux (ne le laissez jamais allongé, il pourrait s'étouffer) et préparez d'avance un verre de sa boisson favorite pour effacer le mauvais goût. Versez la dose exacte dans une cuiller à soupe (dans une petite, vous risquez de tout renverser). Dites à l'enfant d'ouvrir la bouche et faites vite.

Si le goût est affreux, mélangez le médicament avec quelque chose de doux mais à la saveur prononcée, comme de la crème au chocolat ou de la compote de pommes. Dites à l'enfant que c'est un médicament mais que son goût est moins infect présenté comme cela et faites comme s'il allait l'avaler. Ne lui dites pas que c'est de la compote ou de la crème, vous l'en dégoûteriez. N'essayez pas de le faire absorber dans une boisson : il tomberait au fond ou resterait collé aux parois de verre et, même si l'enfant vidait le verre, il en resterait des parcelles non absorbées.

S'il ne veut rien prendre, essayez :

☐ La force. Agissez dès qu'il ouvre la bouche, soit pour accepter, soit pour protester.

☐ La corruption. L'enfant plus âgé peut se laisser acheter : un bonbon tout de suite après, ou un illustré, ou un jeu.

Changer de médicament. Votre médecin va sans doute prendre un air condescendant si vous lui avouez que vous ne pouvez pas administrer le médicament prescrit. Mais dites-vous qu'il lui est certainement possible de trouver une autre forme d'administration.

Comprimés et gélules. Si l'enfant coopère mais simplement déteste le goût du médicament liquide, essayez les comprimés ou les dragées (enrobées de sucre si possible). Même très jeunes, les enfants peuvent les avaler. On peut humidifier les dragées pour les rendre plus glissantes. Expliquez à l'enfant que comme c'est le bout de la langue qui est le plus sensible au goût, si on pose le comprimé sur la langue au fond de la bouche il ne le percevra pas. Donnez-lui un verre plein à tenir, dites-lui d'ouvrir la bouche, mettez le comprimé au fond et faites-lui vider son verre.

S'il ne veut pas coopérer, éliminez les capsules ou les gélules car on ne peut ni les diviser, ni les ouvrir. Les comprimés peuvent être écrasés ou mélangés à une cuillerée de miel, de confiture, de poudre de chocolat. Enfournez le tout et l'enfant ne sentira pas le goût. Si vous ne le croyez pas capable d'avaler une pareille bouchée, essayez de mélanger le comprimé écrasé avec un peu de levure de bière ou quelque chose de salé ou de fort de façon que le volume reste réduit. Dernier recours : enfouissez le comprimé dans un fragment de banane et dites à l'enfant d'avaler «tout rond». N'employez ni cerise ni grain de raisin. Il y aurait un risque d'étouffement.

Les médicaments en vente libre.

☐ On ne doit donner aucun médicament à un bébé sans avoir demandé conseil au médecin ou au pharmacien.

☐ Si vous voulez savoir quel médicament donner à votre enfant pour le soulager quand il s'est fait mal, souffre du ventre ou fait ses dents, demandez à votre médecin, ou à votre pharmacien, surtout si vous le connaissez bien, de vous recommander des produits et de vous préciser les doses.

☐ Les vitamines, les sels minéraux, etc., sont des médicaments. Demandez conseil avant d'en administrer.

☐ Les pommades sont aussi des médicaments : les produits actifs sont absorbés par la peau et passent dans le sang. La quantité à appliquer chaque fois et la fréquence des applications sont aussi importantes que s'il s'agissait d'un médicament à prendre par la bouche.

☐ Ne divisez jamais un comprimé pour adulte pour en donner un morceau à un enfant : cette technique ne permet pas de connaître la dose exacte administrée.

Méningite, encéphalite

La méningite est une inflammation des méninges, membranes enveloppant le cerveau et la moelle épinière, tandis que l'encéphalite est une inflammation du cerveau lui-même. Aucune de ces «maladies» n'est provoquée par un germe particulier : cette sorte d'inflammation est causée par une grande variété de virus et de bactéries.

Le diagnostic et le traitement sont basés sur l'analyse du liquide céphalo-rachidien qui baigne le cerveau et la moelle épinière. On prélève cet échantillon au moyen d'une ponction lombaire que le médecin effectue sur le patient assis et penché en avant de façon à faire béer les espaces intervertébraux. Après avoir pratiqué une anesthésie locale, une aiguille creuse est plantée très bas dans le canal céphalo-rachidien, au-delà de la terminaison de la moelle épinière. La pression du liquide et son aspect donnent parfois déjà des informations utiles, mais il faut attendre le résultat de l'analyse et de la culture des germes faites par le laboratoire pour établir le diagnostic.

La méningite du nourrisson.
Un bébé atteint de méningite paraît malade, mais il est difficile de déterminer la maladie dont il est atteint. Il peut manquer d'appétit, vomir, avoir des convulsions, paraître triste, irritable, ou replié sur lui-même. Bref, il a l'air d'un bébé atteint d'une affection aiguë.

Aucun des signes classiques de méningite (mal de tête, raideur de la nuque, intolérance à la lumière vive) ne s'observent en général chez le bébé. Parfois, ses fontanelles (espaces mous entre les os de son crâne) sont tendues ou même saillantes. Votre médecin doit les examiner. Par ailleurs, il doit établir son diagnostic en excluant d'autres causes possibles de maladie (surtout une affection des oreilles ou de l'appareil urinaire) puis en faisant entrer le bébé à l'hôpital. Là, une ponction lombaire permettra l'examen de la pression du liquide céphalo-rachidien et des germes qu'il contient.

La méningite des grands bébés et des enfants.
Les signes classiques (mal de tête, raideur de la nuque et intolérance à la lumière) sont peu souvent décrits chez l'enfant de moins de trois ans. Si votre enfant présente un seul de ces signes, n'en concluez pas qu'il a une méningite. Chez l'enfant plus âgé, cette triade complète est beaucoup plus suggestive (quoique pas décisive).

Les petits enfants qui ont une méningite ont l'air malade. Ils peuvent être fiévreux, vomir, avoir des convulsions. Il faut penser aussi à la méningite quand un enfant change brusquement d'humeur, presque de personnalité. Il peut se montrer curieusement irascible, agressif, peureux, ou s'accrocher à vous anormalement. Il n'est plus lui-même. Voyez le médecin.

Quel que soit l'âge de l'enfant, un diagnostic de méningite doit toujours être confirmé par une ponction lombaire mais, tandis que chez les bébés, on pratique assez souvent des ponctions lombaires qui se révèlent négatives, chez l'enfant plus âgé l'éloquence des signes cliniques fait que les ponctions lombaires confirment souvent la méningite ou l'encéphalite.

☐ Ne soyez pas obsédé au point de craindre une méningite ou une encéphalite au moindre mal de tête ou raideur du cou. Le bébé (ou l'enfant) qui a une méningite est manifestement malade. Et quand votre enfant est malade, vous voyez le médecin. Vous ne pouvez donc laisser passer aucune maladie grave.

☐ S'il y a dans votre région des cas de méningite et si vous voulez être sûr de réagir assez vite sans pour autant exercer sur l'enfant une surveillance maniaque, parlez-en avec votre médecin et demandez-lui conseil.

☐ La méningite et l'encéphalite sont parfois causées par un virus responsable d'une maladie infantile, par exemple les oreillons. Si un enfant, atteint d'une de ces maladies, paraît tout à coup plus malade, alors que vous vous attendiez à ce qu'il aille mieux, et surtout si son caractère change ou si vous remarquez un comportement inhabituel, appelez le médecin, même s'il est venu la veille au soir.

☐ Bien que ces maladies soient sérieuses et puissent laisser des séquelles importantes (une surdité partielle, par exemple), la majorité des bébés et des enfants guérit complètement.

Mort subite du nourrisson

Entre un et neuf mois, plus de bébés meurent de ce syndrome que de maladie et d'accidents ; malgré de nombreuses recherches, on n'a toujours pas trouvé d'explication à la mort subite du nourrisson. On est donc mal armé pour la prévenir mais certaines informations peuvent rendre service aux parents anxieux ou même à ceux qui ont eu à faire face à ce deuil inexplicable.

Toutes les morts subites et inexpliquées du nourrisson sont des morts inattendues mais toutes les morts inattendues ne sont pas des morts subites et inexpliquées. Ce point, souvent ignoré des médias, est cependant essentiel à la compréhension de ce phénomène.

Quand on couche un bébé en bonne santé ou simplement un peu enrhumé (le médecin l'a vu et considère que son rhume est bénin), qu'on le retrouve mort, les examens révèlent parfois une maladie insoupçonnée — une affection cardiaque congénitale, une maladie rénale — qui a causé la mort. Une telle mort est tragique et atterrante, mais ce n'est pas une mort subite du nourrisson et il est regrettable qu'elle puisse être comptabilisée dans les statistiques concernant ce syndrome. Il est encore plus regrettable que les médias mélangent les deux catégories si bien qu'on peut lire dans les journaux des titres comme : « La mort subite du nourrisson serait causée par des troubles cardiaques. » Si on a trouvé la cause de la mort, c'est que ce n'était pas une mort subite et inexpliquée.

Si l'on regroupe tous les décès inattendus chez l'enfant, certains facteurs de risque apparaissent, ce qui a conduit les médias à affirmer des choses aussi aberrantes que terrifiantes à propos des morts subites. On a dit, par exemple, qu'elles « surviennent plus souvent dans les familles défavorisées ». Certes, les morts inattendues sont plus fréquentes là où le niveau social, médical et éducatif est bas, mais le risque de vraies morts subites est le même dans toutes les classes sociales. De même, il a été dit que les morts subites étaient plus fréquentes chez les nourrissons nourris au biberon que chez ceux qui étaient nourris au sein. Certes, l'alimentation au sein protège les petits enfants contre beaucoup d'affections infantiles ; les bébés nourris au sein sont susceptibles d'être en meilleure santé, donc

l'incidence des morts inattendues est chez eux un peu plus faible. Mais les enquêtes ont montré qu'il n'y a aucun rapport entre l'alimentation au biberon (ou au sein) et la mort subite du nourrisson. Aussi, ne tenez aucun compte des gros titres du genre : « Mères qui fument ; attention aux morts subites du nourrisson » et, surtout, ne croyez pas que c'est votre tabagisme qui est responsable de la mort de votre enfant. Bien sûr, tout ce que vous pourrez faire pour améliorer votre santé pendant la grossesse (y compris cesser de fumer ou diminuer votre consommation de cigarettes) et pour le bien-être de votre bébé après sa naissance est bon pour votre enfant, mais rien de ce que vous avez fait dans le passé ou pourrez faire dans l'avenir ne peut causer ou prévenir une mort subite. Du moins, pour ce que nous en savons.

Tout décès inattendu doit être déclaré à la police et faire l'objet d'une enquête. Et la douleur des parents, après la mort d'un bébé, se trouve ainsi encore accrue par la culpabilité et l'impression qu'on puisse les soupçonner de quelque chose. Ce sont pourtant ces enquêtes qui doivent permettre aux parents d'espérer qu'on trouvera un jour une explication à la mort de leur bébé. Les autopsies donnent aussi des informations sur les véritables cas de mort subite du nourrisson et permettront peut-être un jour de les prévenir.

En attendant, les parents qui ont perdu un bébé de cette façon et ne supportent pas la pensée torturante que leur second nourrisson puisse lui aussi cesser tout simplement de respirer, peuvent se procurer un respirateur artificiel qui est une version domestique des respirateurs installés dans les services hospitaliers de soins intensifs. Ces alarmes de berceau sonnent dès que l'enfant cesse de respirer et on a rapporté quelques cas de bébés qui ont recommencé à respirer alors que, si on ne s'était pas occupé d'eux, ils seraient morts. Mais certaines familles trouvent la vie en compagnie de cet appareil intolérable et pensent que son utilisation et sa surveillance permanentes perturbent considérablement les premiers mois d'un bébé qui, *a posteriori*, se révèle ne pas avoir été en danger. Les spécialistes remettent eux aussi en question cette méthode de surveillance.

Muguet

Le *Candida albicans* est un champignon, hôte habituel de la bouche, de l'intestin et du vagin. Il est en général non pathogène mais il peut provoquer une affection nommée muguet.

Si vous souffrez d'une infection vaginale à *Candida*, vous pouvez contaminer votre bébé lors de l'accouchement ou, plus tard, par manque d'hygiène (mains malpropres, biberons et tétines mal stérilisés). Le muguet se traduit par des dépôts blanchâtres sur la face interne des joues, sur la langue et le palais. Les dépôts ressemblent à du lait, mais lorsqu'on les enlève, on découvre dessous la muqueuse à vif. La douleur est forte et le bébé a de la peine à téter. Pour faire la différence entre des dépôts de lait et le muguet, coiffez votre index d'une compresse stérile (après nettoyage des mains, bien entendu) imbibée de sérum physiologique et passez le doigt à l'intérieur des joues. Changez de compresse pour l'autre joue et la langue.

Le traitement consiste à tamponner chaque lésion avec du violet de gentiane ou une solution antibiotique. Le bébé doit être changé plus souvent, car ses selles contiennent le champignon qui trouve un milieu favorable à son développement dans l'humidité des fesses. Lotionnez aussi les parages de l'anus avec du violet de gentiane.

Mycose (Pied d'athlète)

C'est une affection cutanée qui siège en général entre les orteils mais peut exceptionnellement se propager au corps et au cuir chevelu. Les lésions sont blanches et humides. Elles démangent intensément et le grattage, en arrachant la peau, révèle des zones à vif.

C'est une affection très contagieuse qui se transmet de sujet à sujet ; les champignons, déposés sur le sol par le malade, contaminent les pieds des autres personnes. Les vestiaires des gymnases et les bords des piscines sont des lieux de contamination privilégiés.

Il faut interdire à toute personne atteinte de mycose de marcher pieds nus, mais comme la transpiration dans des chaussettes et des chaussures fournit un milieu favorable au développement du champignon, il faut recommander des sandales très ouvertes dans la maison tant que l'affection n'est pas guérie.

Que faire ?
Diverses pommades sont disponibles en pharmacie, avec ou sans ordonnance. Demandez conseil à votre pharmacien. Appliquées régulièrement, selon le mode d'emploi, elles guérissent l'affection en deux ou trois jours, apaisant les démangeaisons : l'enfant est ainsi moins susceptible de propager la maladie d'un pied à l'autre.

Il existe aussi des poudres, mais elles semblent moins efficaces. Vous pouvez toutefois poudrer l'intérieur des chaussures de l'enfant comme adjuvant au traitement avec une pommade.
N.B. Le pied d'athlète peut être causé par deux espèces différentes de champignons. L'une reste toujours localisée aux zones interdigitales, l'autre peut gagner d'autres régions du corps, notamment le cuir chevelu. Il faut empêcher l'enfant de se gratter pour qu'il ne propage pas lui-même l'affection.
Voir aussi TRICHOPHYTIE (TEIGNE).

Œil

Le globe oculaire est tapissé par une membrane fine et translucide, la conjonctive, qui double aussi la face interne des paupières. Sous la conjonctive se trouve la sclérotique opaque. Son centre forme la cornée, bombée et transparente, qui aide à courber les rayons lumineux à leur entrée dans l'œil et à protéger les régions de l'œil sous-jacentes. Elle est très sensible, ses vives réactions éliminent les corps étrangers avant qu'ils aient pu nuire.

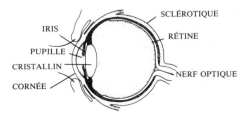

Sous la cornée se trouve l'iris, portion colorée de l'œil (il est bleu-gris à la naissance et sa couleur ne devient définitive que vers six mois). L'iris contient des muscles qui commandent l'ouverture et la fermeture de la pupille, petit trou noir central. C'est par cet orifice que pénètrent les rayons lumineux. Si la lumière est intense, la pupille se contracte ; si elle est faible, elle se dilate.

Derrière la pupille est situé le cristallin, lentille qui se déforme sous l'action de muscles pour faire converger au mieux sur la rétine les rayons lumineux provenant des objets placés à différentes distances. Dans la rétine, des couches de cellules nerveuses transforment les images venues de l'extérieur en impulsions électriques. Des nerfs amènent celles-ci au cerveau qui les interprète et les convertit en images visuelles.

Troubles de la vision

La plupart des troubles de la vision, surtout chez le bébé et le jeune enfant, sont dus à une déformation de l'œil ou à la déficience d'une de ses parties.

Astigmatisme. La cornée du bébé ne courbe pas uniformément les rayons lumineux au moment où ils traversent la pupille et le cristallin. Par exemple, si la courbure de la cornée n'est pas parfaite, les rayons lumineux n'atteignent pas la rétine ponctuellement comme ils le devraient. Les objets sont déformés. Ronds, ils paraissent ovales.

Amétropies sphériques (ou focales). Le cristallin ne peut centrer les rayons lumineux au bon endroit, quelle que soit la distance du foyer lumineux par rapport à l'œil : lorsque l'image se forme en avant de la rétine (œil trop convergent), l'enfant ne voit nettement que les objets proches : il est myope. Lorsque l'image se forme en arrière du plan rétinien, l'enfant ne voit nettement que les objets lointains : il est hypermétrope.

Traitement. Des verres correcteurs redonnent à l'enfant une vision nette. Les petits enfants s'adaptent étonnamment bien aux lunettes, et même aux lentilles de contact. Demandez à votre ophtalmologiste si ces dernières sont indiquées dans le cas de votre enfant.

Strabisme. Bien qu'un bébé puisse pendant de courts instants fixer le regard sur des objets distants de moins de 20 cm, il arrive que sa vision binoculaire soit déficiente, ses muscles étant trop faibles pour maintenir la convergence des deux yeux. Un des deux yeux « tourne ». A trois mois, ce phénomène doit disparaître. S'il persiste, voyez votre médecin.

Les strabismes fixés doivent être soignés très tôt. Les rétines des yeux normaux, la droite et la gauche, reçoivent les images sous deux angles légèrement différents. Les images fusionnent pour transmettre au cerveau une image unique. Lorsqu'il y a strabisme, les deux images ne fusionnent pas : le cerveau de l'enfant reçoit donc deux images mais ne peut tenir compte que de l'une et rejette l'autre, n'interprétant, par exemple, que le message de la voie optique venu du côté gauche. Avec le temps, l'œil droit peut donc perdre la vue à force de ne pas servir.

Si votre enfant a l'œil « qui tourne », prenez cela au sérieux. Il est possible que l'enfant doive fermer son bon œil pour forcer son cerveau à accepter les images fournies par l'autre. Plus tard, une intervention chirurgicale est parfois nécessaire pour ajuster la longueur des muscles des deux côtés et leur permettre d'agir ensemble.

Infections oculaires

Conjonctivite aiguë (œil rouge). La conjonctive qui tapisse le globe oculaire et la face interne de la paupière est enflammée. L'œil est rouge, larmoyant. Au réveil, les cils sont collés par un dépôt jaunâtre. L'enfant souffre ; il a l'impression d'avoir du sable dans les yeux.

La conjonctivite peut avoir pour cause une irritation par la poussière, etc., mais aussi une infection attrapée à l'école ou une allergie. Conduisez votre enfant chez le médecin qui prescrira un collyre ou une pommade. L'infection est contagieuse, aussi assurez-vous que l'enfant se sert de linge de toilette personnel.

Collyres et pommades oculaires.
Les collyres sont utiles lorsqu'il y a une infection ou une irritation de l'œil, mais n'attendez de votre enfant aucune coopération, car, même s'il est plein de bonne volonté et veut bien garder l'œil ouvert, il ne peut qu'obéir au clignement réflexe et au mouvement involontaire de retrait de la tête lorsque vous approchez le compte-gouttes de son œil. Les pommades sont plus faciles à appliquer, mais plus désagréables pour l'enfant.

Pour mettre des gouttes.
☐ Couchez l'enfant sur vos genoux ou, s'il est assez âgé pour comprendre et coopérer, sur un lit.
☐ Aspirez dans le compte-gouttes la quantité de collyre nécessaire.
☐ Entourez de votre bras gauche la tête de l'enfant de façon à empaumer son visage.
☐ Saisissez doucement la paupière entre le pouce et l'index et soulevez-la.
☐ Approchez l'extrémité du compte-gouttes, attendez le clignement réflexe, puis laissez tomber la goutte dans l'angle interne de l'œil.
☐ Gardez l'enfant immobile pendant quelques secondes pour permettre à la solution de baigner l'œil. Agissez de même pour l'autre côté.

Pour appliquer une pommade.
Les pommades oculaires sont en général vendues en tubes de petit format munis d'embouts spéciaux.
Couchez l'enfant, posez l'embout sur l'angle interne de l'œil, pressez le tube pour faire sortir la quantité voulue de pommade. Ne vous inquiétez pas si l'enfant cligne des yeux : la pommade s'étale aussi bien sur les yeux fermés.
☐ Gardez les paupières de l'enfant closes pendant quelques minutes, la sensation étant désagréable. Si vous le laissiez faire, il se frotterait les yeux et enlèverait tout. Lorsqu'il cligne des paupières, vous devez voir la pommade se diluer sur la face interne de celles-ci et s'étaler en film mince sur la face antérieure du globe oculaire.
☐ Si la pommade reste figée dans l'angle interne de l'œil, recommencez. Soignez toujours les deux yeux.
Les collyres et les pommades oculaires ne se conservent pas : ils ne doivent jamais être gardés et réutilisés ultérieurement. De plus, les infections des yeux sont très contagieuses. N'utilisez jamais le même compte-gouttes ou le même tube de pommade pour une autre personne.

Orgelet.
C'est un petit furoncle qui se développe à la base d'un cil et peut se propager d'un cil à l'autre. Soignez-le pour empêcher cette diffusion.

Que faire ?
Il est facile de soulager la douleur si l'enfant est assez grand pour coopérer et se tenir tranquille.
☐ Examinez l'œil avec soin pour localiser le cil infecté.
☐ Tirez-le avec une pince à épiler : il vient aisément, accompagné par une gouttelette de pus et la douleur s'apaise.
☐ Éliminez le reste du pus avec un morceau de coton en protégeant l'autre œil.
☐ Stérilisez la pince à épiler avant de la réutiliser. Veillez que l'enfant ait son linge de toilette personnel.

Blessures de l'œil

Toute blessure oculaire doit être montrée à un médecin. Une petite éraflure du blanc de l'œil est bénigne mais elle doit être soignée pour éviter toute infection. Même la plus petite atteinte de la pupille est grave : faites-la soigner d'urgence.
☐ Occultez l'œil blessé, l'enfant se sentira mieux. Ne faites rien d'autre. Ne baignez pas l'œil ; tout soin oculaire est une affaire d'expert.
Voir aussi ACCIDENTS/Corps étrangers.

Oreille

Le fond du conduit auditif externe est fermé par une membrane, le tympan. De l'autre côté est une petite chambre, l'oreille moyenne, reliée à l'arrière-gorge par un canal, la trompe d'Eustache. Au-delà de l'oreille moyenne se trouve l'oreille interne, qui contient de délicats mécanismes en rapport avec l'audition et l'équilibre.

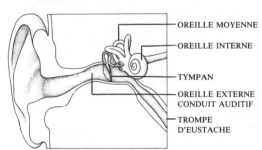

OREILLE MOYENNE
OREILLE INTERNE
TYMPAN
OREILLE EXTERNE CONDUIT AUDITIF
TROMPE D'EUSTACHE

Troubles de l'audition

Surdité.
Un bébé peut naître complètement sourd ou malentendant. Une surdité est particulièrement difficile à déceler parce que jusqu'à six mois au moins, le nourrisson peut émettre divers sons vocaux sans les entendre. C'est ensuite que l'émission des sons par un bébé sourd va commencer à être différente de celle d'un bébé normal du même âge. La surdité d'un nouveau-né peut être due aux bruits perçus in utero, et après la naissance (musique trop forte, etc.).

Plus tôt vous remarquerez une déficience auditive, plus tôt votre bébé pourra être aidé et moins il perdra de temps à un stade de développement capital. C'est pourquoi cela vaut la peine de vous assurer dès les premières semaines qu'il entend normalement.

Vers cinq ou six semaines, un bébé réagit à un bruit en tournant vers lui les yeux et même la tête.

Parlez-lui ou agitez près de lui un hochet sans qu'il vous ait vue vous approcher. Inutile de faire un bruit violent ou brutal, qui lui ferait peur et, de plus, fausserait l'expérience car un enfant malentendant est capable de percevoir des sons perçants tandis qu'il n'entend pas une conversation normale. Vers trois mois, la plupart des bébés vous rendent vos sourires et «répondent» quand on leur parle. Bien sûr, la vivacité de ces réactions dépend de l'humeur de l'enfant et de son état d'esprit et d'éveil, mais si vous avez le moindre doute concernant les résultats de vos « tests», parlez-en à votre médecin.

On observe parfois chez les enfants plus âgés une surdité partielle momentanée après une infection de l'oreille moyenne ou un gros rhume qui a bouché les trompes d'Eustache. Si cela dure plus d'une semaine, voyez votre médecin.

Des infections à répétition de l'oreille moyenne peuvent altérer définitivement l'audition. C'est pourquoi toute douleur aiguë de l'oreille doit être signalée au médecin.

Infections

Oreille moyenne.
Les trompes d'Eustache du petit enfant sont relativement larges et comme il est la plupart du temps couché, les germes ou les parcelles de vomissure peuvent aisément gagner l'oreille moyenne et y provoquer une infection (otite moyenne). Celle-ci peut rendre l'enfant très malade et provoquer une forte fièvre et une douleur intense. Au moindre soupçon, appelez le médecin.

Le traitement, qui utilise en général les antibiotiques empêche la perforation tympanique avec son corollaire l'atteinte possible de l'audition. Il arrive que l'enfant soit malade sans que ses oreilles paraissent en cause : c'est pourquoi les médecins examinent systématiquement les oreilles des enfants, même si elles ne leur font pas mal.
☐ Ne faites rien en attendant le médecin.
☐ Ne donnez pas de calmants de la douleur qui pourraient compliquer le diagnostic.
☐ Ne mettez rien dans l'oreille : les remèdes de bonne femme, comme l'huile tiède, sont inutiles si la douleur vient de l'oreille moyenne et dangereux si elle provient de l'oreille externe.
☐ Ne mettez pas de bouillotte chaude contre l'oreille. Elle peut calmer un peu la douleur mais s'il y a un abcès ou un furoncle, elle pourrait le faire percer.

Oreille externe (otite externe).
Elle peut être due à une infection (corps étranger, écorchure, bain dans une eau malpropre). La douleur est vive, tout geste fait mal : tourner la tête, appuyer sur l'oreille. Vous constatez parfois une inflammation ou un écoulement. Montrez l'enfant immédiatement au médecin.
N.B. Les bébés souffrent parfois d'une grave infection auriculaire sans pouvoir localiser la douleur. Pour compliquer les choses, au cours de la percée dentaire, on peut croire que le bébé se tient la joue parce que ses dents le font souffrir alors qu'il a mal à l'oreille. S'il se tripote le visage, pleurniche, semble pâle; s'il manque d'appétit, a de la fièvre, appelez le médecin.

Otite séro-muqueuse.
Cette forme d'otite devient de plus en plus fréquente. On pense qu'elle résulte des traitements nombreux (et non terminés) d'otites par les antibiotiques. Là où ce genre d'infection aurait autrefois provoqué une perforation tympanique et un écoulement, elle cause maintenant l'accumulation d'un mucus collant stérile dans l'oreille moyenne. Le liquide n'est pas infecté, mais il est prisonnier et, en empêchant le tympan de vibrer normalement, il rend l'enfant à moitié sourd.

Ce liquide est souvent trop collant et trop épais pour s'écouler après une incision dans le tympan (paracentèse) ou par le drain aérateur que l'on insère dans l'oreille. Le rôle de ce «yo-yo» est d'égaliser les pressions de chaque côté du tympan. L'amélioration de l'audition est souvent si spectaculaire que les parents ont du mal à croire que le drain n'est qu'un petit tube et qu'on n'a pas aspiré de liquide.

De nos jours, de nombreux enfants ont ainsi un «yo-yo» dans une ou deux oreilles et certains d'entre eux n'ont pas la permission de nager ou de mettre la tête sous l'eau dans la baignoire ce qui est une contrainte importante. D'autres peuvent nager avec des bouchons protège-oreilles. Les drains s'éliminent en général tout seuls après quelques mois et ceux qui ne tombent pas sont enlevés par le chirurgien après dix-huit mois au maximum. Le petit trou dans le tympan se ferme alors spontanément.

Problèmes divers

Cérumen.
Il est parfois difficile de le distinguer du pus. Le cérumen est une sécrétion normale : c'est un moyen naturel d'éliminer les poussières; mais au moindre doute, appelez le médecin.

Eau dans l'oreille.
C'est très désagréable et cela peut rendre l'enfant momentanément sourd, mais ce n'est pas grave, sauf si l'enfant a déjà une infection du conduit auditif externe. Si cela le gêne beaucoup, dites-lui de se coucher sur l'oreille bouchée : l'eau s'écoulera toute seule.

Oreille bouchée.
Une variation de pression atmosphérique (en voiture, en montagne, en avion) peut bloquer les oreilles et rendre sourd. Il faut déglutir pour égaliser la pression : donnez un bonbon à l'enfant pour l'obliger à déglutir, donnez un biberon — ou le sein — à votre bébé.
Voir aussi ACCIDENTS/Corps étrangers.

Planifier sa vie familiale

Quelles que soient la taille, la forme et la structure de votre famille, le bonheur et la sécurité de chacun de ses membres repose en grande partie sur vous. Si vous appréciez vos enfants, vos enfants s'apprécieront eux-mêmes. Si vous aimez chacun d'eux, chacun d'eux grandira en se sentant digne d'être aimé et capable d'aimer. Donc, si vous planifiez vos projets familiaux de la façon qui vous convient, il y a beaucoup de chances qu'ils conviennent aussi à vos enfants. Si vous ne voulez qu'un enfant, n'ayez qu'un enfant. Vous organiser pour qu'il ne soit ni solitaire, ni gâté, ni trop «précoce» est beaucoup plus facile que d'avoir à élever un second enfant «pour lui tenir compagnie». Il n'y a pas de raison valable pour que vous ayez un enfant dont vous ne voulez pas dans son propre intérêt.

Si vous avez fait une fausse-couche, si vous avez accouché d'un enfant mort-né ou perdu un bébé peu après sa naissance, n'écoutez pas les gens qui essaient de vous persuader de le «remplacer» très vite. Dans votre ventre, dans vos bras, vous avez eu une vraie personne, même si les gens ne s'en rendaient pas compte. Or, toute personne est irremplaçable. Un jour, peut-être même bientôt, il se peut que vous désiriez un autre bébé : il faudra alors que de tout votre être, vous sentiez que c'est vraiment un enfant différent, sinon votre vie et sa vie seront très difficiles.

Si les gens vous inquiètent en vous disant que la position d'enfant unique, de cadet ou de benjamin d'une famille n'est pas agréable, sachez qu'on n'en sait pas assez sur les caractéristiques des enfants selon leur place dans la fratrie pour faire des prédictions à ce sujet. Après tout, tous les premiers bébés sont «uniques» (et le bébé de sa famille). Combien de temps doit-il s'écouler avant l'arrivée d'un second enfant pour qu'il acquière les caractéristiques d'un «aîné»? Et une fois que vous avez ce second enfant, pourquoi se sentirait-il «coincé» par l'arrivée d'un troisième, quels que soient la différence d'âge et les sexes des enfants qui l'encadrent?

Préparer une compagnie à un enfant se révèle aussi très complexe. Des liens intimes avec un frère ou une sœur peuvent illuminer une enfance et enrichir toute la vie d'un adulte. Mais tous les frères et sœurs ne s'entendent pas et ce sont souvent les paires les plus mal assorties qui s'accordent le mieux. Si vous voulez deux enfants ou davantage, vous leur serez plus utile en les aidant à s'apprécier les uns les autres qu'en calculant avec soin leur différence d'âge.

Restez sereine et réfléchissez à l'aspect pratique des choses. Si vous voulez deux enfants ou plus, voulez-vous les avoir dans le minimum de temps pour en terminer assez vite avec les grossesses, ou avez-vous besoin de temps pour former le groupe familial? Avez-vous l'intention de continuer à travailler? C'est probablement plus facile avec un seul bébé qu'avec deux enfants de moins de trois ans. Prévoyez-vous de rester à la maison jusqu'à ce que vos enfants aillent à l'école ou envisagez-vous d'engager une employée à plein temps pendant cette période? Si oui, vous économiserez sans doute efforts et argent en élevant deux enfants en cinq ou six ans, et non en sept ou huit.

Ne négligez pas les problèmes physiques. Si vous voulez avoir deux bébés à dix-huit mois d'intervalle, vous serez de nouveau enceinte quand le premier aura neuf mois : vous exigerez donc de votre corps qu'il assume une nouvelle grossesse alors qu'il est à peine remis de la première. Vous vous sentirez peut-être fatiguée et nauséeuse à l'époque où votre premier enfant sera très exigeant et rampera partout, et vous serez devenue très lourde alors qu'il aura encore besoin d'être souvent porté. Après la naissance, vous aurez deux bébés. Deux bébés à changer, une double poussette, deux berceaux, deux chaises hautes, deux petites personnes dont vous êtes tout l'univers. Et aussi deux bébés à des stades différents de développement et dont les besoins sont différents. Les avantages des faibles différences d'âge n'apparaissent que plus tard. Quand l'aîné oubliera qu'un jour il a été l'unique et que le second se déplacera et parlera, alors vous pourrez *espérer* qu'ils commenceront à être bons amis et à partager.

Les différences d'âge plus grandes, de deux ans et demi à trois ans, sont beaucoup plus commodes physiquement et psychiquement. Entre les deux

grossesses, vous avez eu le temps de retrouver votre corps. Le premier bébé vous a toute à lui jusqu'à ce qu'il soit bien engagé dans la petite enfance et il a des camarades de jeu au jardin d'enfants ou à l'école maternelle. Mais bien que les deux enfants puissent devenir et rester d'excellents amis, les années qui les séparent ne s'effaceront qu'à l'âge adulte. Vous aurez un bébé et un enfant, puis un enfant et un adolescent, un adolescent et un adulte...

Contraception.
Quel que soit l'intervalle souhaité entre les enfants, les plans ne marchent pas toujours. Les trois ans prévus peuvent se transformer en quatre ans pour des raisons inconnues ou en deux, contre toute attente. Mais ne laissez pas ces deux ans devenir dix mois. Par exemple, ne croyez pas que nourrir votre bébé au sein vous protège contre une grossesse ou que vous n'ovulez pas parce que vous n'avez pas vos règles. Certes, donner le sein diminue la probabilité de l'ovulation, donc d'une grossesse, parce que cela fait monter le taux de prolactine dans le sang, mais combien de grossesses ont tout de même commencé ainsi? Si, en ce qui vous concerne, l'ovulation doit avoir lieu pendant la période où vous nourrissez au sein, elle peut se produire pour la première fois avant que vous ayez de nouveau vos règles. N'imaginez donc pas que vous ne pouvez concevoir tant que vous n'avez pas eu votre retour de couches. Surtout si vous allaitez : cela retarde d'autant le retour de couches.

La plupart des contraceptifs oraux réduisent la production de lait. Les pilules minidosées réussissent bien cependant à certaines mères mais d'autres préfèrent éviter les contraceptifs oraux jusqu'à ce que leur bébé soit sevré.

Si vous envisagez un stérilet, il pourra être posé lors de la visite post-natale six semaines après l'accouchement. Mais si vous n'en avez jamais utilisé avant, ce moment est peut-être mal choisi, car certaines femmes saignent et souffrent d'autres effets secondaires.

Un diaphragme doit être choisi et mesuré avec soin : ne vous servez surtout pas de celui que vous utilisiez avant votre grossesse! Cette méthode exige une certaine discipline, et n'est fiable qu'à 80 %.

Si vous reprenez les rapports sexuels avant de passer la visite post-natale ou d'avoir pris conseil auprès d'un centre de planning familial, utilisez des préservatifs.

Poux

Poux de la tête

Les poux de tête vivent sur le cuir chevelu et pondent leurs œufs, les lentes, à la base des cheveux. L'infestation par les poux (pédiculose) est extrêmement fréquente chez les enfants fréquentant une crèche, une garderie ou l'école. Elle s'observe aussi bien dans les quartiers chics que dans les quartiers moins privilégiés. De fréquents shampooings ne sont utiles que si vous profitez de ce moment pour inspecter soigneusement les cheveux : les poux vivent très bien dans les cheveux propres, et les lentes ne sont pas tuées par les shampooings ordinaires. Les poux démangent. Si votre enfant se gratte frénétiquement la tête, jetez donc un coup d'œil.

Que faire?
☐ Examinez toute la tête de l'enfant, raie par raie.

S'il y a des poux, vous verrez les petites bêtes brun pâle courir sur la peau. Ne manifestez pas trop fort votre répulsion.

☐ Si les cheveux de l'enfant sont fréquemment lavés, la plupart des poux peuvent avoir été éliminés, mais vous devez chercher aussi de minuscules points blancs collés à la base des cheveux. Ce sont les lentes, qui résistent à tous les shampooings ordinaires. C'est là qu'elles vont éclore.

☐ Demandez à votre pharmacien la lotion ou le shampooing traitant efficace dans votre région : les poux sont devenus résistants à certains produits. De temps en temps, les écoles envoient des notes aux parents avec des conseils de traitement. En cas de doute, et surtout si en quelques mois c'est la troisième fois que votre enfant est infesté, téléphonez à la directrice de l'école pour lui demander son avis.

☐ La plupart des produits doivent être laissés sur les cheveux et le cuir chevelu pendant deux heures au moins avant de faire un shampooing. Il est sage de traiter en même temps tous les membres de la famille, en particulier les autres enfants.

☐ Après le traitement, les lentes seront mortes, mais toujours là. Vous pouvez les éliminer au moyen d'un peigne fin. La plupart des enfants détestent ce procédé, et puisque les lentes sont mortes, cela ne vaut pas la peine de provoquer une scène tous les soirs.

Poux de corps

Les poux de corps appartiennent à une espèce différente de celle des poux de tête. Ils vivent et pondent dans les vêtements et ne vont sur le corps que pour se nourrir. Ils laissent de minuscules traces rouges de piqûres qui démangent tellement que l'enfant se gratte sans arrêt et peut infecter les plaies.

Que faire ?

☐ Il existe des crèmes et des poudres à base de produits analogues à ceux utilisés contre les poux de tête, mais il faut aussi désinfecter les vêtements et la literie. Demandez conseil à votre pharmacien, ou au centre de P.M.I. (Protection maternelle et infantile) de votre quartier, ou à votre médecin.

Rhume

Le rhume est une infection virale. Rester dans un courant d'air, avoir les pieds mouillés ou sortir sans manteau, cela n'a jamais causé un rhume, bien qu'un refroidissement important puisse diminuer la résistance d'un enfant à une infection que son organisme était déjà en train de combattre.

Les bébés.

Un bébé résiste mal aux rhumes : il les attrape facilement et cela peut le rendre très malade. Au moins pendant ses premiers mois, il faut le protéger contre les rhumes des gens de l'extérieur bien qu'il ne soit pas question d'essayer de le protéger contre les rhumes de la famille.

☐ Amenez l'enfant chez le médecin s'il vous paraît malade, qu'il ait ou non de la fièvre. Un bébé, même très malade, peut avoir une température *au-dessous* de la normale.

☐ Un bébé a du mal à respirer par la bouche et, de toute façon, pour téter, il faudra bien qu'il respire par le nez. Demandez à votre médecin ce qu'il pense de gouttes décongestionnantes avant les tétées (n'en

utilisez jamais sans avis du médecin), ou s'il préconise un autre traitement.

☐ Surveillez la quantité de lait et d'eau absorbée par le bébé pendant qu'il est malade. S'il a de la peine à téter et s'il a moins d'appétit, il peut se déshydrater. N'hésitez pas à le ramener chez son médecin s'il vous paraît léthargique, flasque, si sa peau est sèche, si ses couches sont sèches après deux ou trois heures, ou ne sont mouillées que quatre ou cinq fois par vingt-quatre heures.

Les enfants.

Au commencement d'un rhume, les enfants ont souvent de la fièvre et ils peuvent vomir. Mais une fois que la maladie suit son cours, il est rare qu'ils soient vraiment malades. Ils sont «patraques». Il faut leur apprendre à se moucher en bouchant une narine avec un doigt tout en soufflant par l'autre. S'ils ont l'habitude de sucer leur pouce, un doigt ou une sucette pour s'endormir, il faut leur mettre des gouttes dans le nez au moment du coucher. Mais n'en mettez pas plus souvent que l'ordonnance ne l'indique.

Complications.

Les rhumes s'aggravent souvent juste avant d'aller mieux parce que les virus, une fois bien installés, affaiblissent la résistance de l'enfant et peuvent dès lors se multiplier. C'est alors que les complications se produisent ; elles sont dues à des bactéries pathogènes, agents de surinfection (bronchite, pneumonie, otite). Soupçonnez une complication si la fièvre grimpe ; si l'enfant mouche un mucus épais jaune-vert ; si sa toux devient pénible, ou grasse ; s'il a mal à la gorge, aux oreilles, entend mal, semble souffrant ou apathique, manque d'appétit.

Un médecin ne prescrit pas de médicament contre les virus du rhume mais il peut prescrire des antibiotiques contre les bactéries de surinfection. Appelez-le si un rhume banal vous paraît prendre une allure inhabituelle.

Saignement de nez (Épistaxis)

Lorsque le saignement de nez suit un coup sur la tête ou sur le nez, il faut que le médecin voie l'enfant. Mais il arrive plus souvent que l'épistaxis a pour cause la rupture spontanée d'un petit vaisseau sanguin ou une écorchure que l'enfant s'est faite avec son ongle en mettant le doigt dans son nez.

Que faire ?
☐ Rassurez l'enfant. En général, il déteste voir couler son sang. Penchez-lui la tête en avant sur un lavabo et ouvrez grand le robinet. Empêchez-le de déglutir, il pourrait se donner mal au cœur.
☐ Si le saignement est abondant ou persiste plus de deux minutes, pincez-lui fortement les narines pendant deux minutes ou mettez-lui une mèche suffisamment longue pour que le sang puisse coaguler.
☐ Que l'enfant ne se mouche pas, ne tripote pas ses narines pendant au moins une heure même si le caillot le gêne.
☐ Si les saignements se reproduisent souvent, sans raison évidente, ils sont peut-être dus à la fragilité d'un vaisseau qui demande alors à être cautérisé.

Soins aux enfants malades à domicile

Donner des soins à un bébé fortement enrhumé et fiévreux, ou à un petit enfant qui a la varicelle n'est pas tâche aisée. Il faut s'armer de patience, lutter contre l'ennui et, parfois, contre l'angoisse. Les conseils suivants ont pour but de vous faciliter un peu ces moments difficiles et inévitables de la vie familiale.

Besoins fondamentaux de l'enfant malade.
Un bébé ou un jeune enfant malade a besoin de compagnie. Et si c'est qui le soignez, c'est de vous qu'il a besoin : votre présence, vos distractions, vos bras. Si vous acceptez l'idée d'être indispensable, votre rôle vous paraîtra sans doute moins fastidieux.
☐ Soyez réaliste et, avec l'aide de votre médecin, estimez la durée probable de la maladie. Un enfant qui a un gros rhume peut retourner à l'école deux jours plus tard, mais celui qui a la rougeole va être vraiment malade au moins une semaine.
☐ Modifiez tous vos rendez-vous durant cette période de façon à ne pas avoir tout le temps à vous demander si oui ou non vous pourrez quitter l'enfant le lendemain.
☐ Réclamez toutes les aides possibles : auprès de votre mari, de votre famille, de vos amis, de vos connaissances, non seulement pour pouvoir tenir vos engagements les plus importants et vous ménager quelques pauses, mais aussi pour avoir de la compagnie et un soutien durant les moments difficiles, comme par exemple les petites heures de la nuit si l'enfant délire. Dans certains secteurs professionnels, le père aussi peut demander un congé pour soigner un enfant malade. Pourquoi les maladies d'un enfant ne gêneraient-elles toujours que les vies professionnelles de leurs mères ?
☐ Si vous êtes de celles qui ne peuvent pas supporter de passer des journées entières à bavarder, préparer des boissons, raconter des histoires et faire des découpages, pensez à quelque chose que vous n'avez jamais le temps de faire et qui est possible en ce moment : si vous jouez de la guitare ou du piano, cela distraira l'enfant, ranger vos placards vous ennuiera mais l'intéressera. Quitte à vous morfondre, autant vous retrouver avec des placards en ordre.

Nourriture et boisson.
Un enfant malade doit boire à volonté.
☐ Les boissons sont particulièrement importantes s'il

vomit ou souffre de diarrhée, surtout s'il est fiévreux. Si vous ne savez pas si vous lui donnez assez à boire, demandez au médecin qu'il vous fixe une quantité quotidienne.
☐ La plupart des petits enfants boivent davantage quand on leur donne des petits verres de boissons différentes.
☐ Un bébé presque sevré boira probablement plus si vous lui proposez son biberon, ou votre lait.
☐ Les enfants plus grands boivent souvent plus quand on leur donne une paille. Ils sucent volontiers de la glace.

Température ambiante.
Un enfant malade a besoin de toute son énergie pour guérir. Il ne doit pas en dépenser pour se réchauffer ou pour se rafraîchir. Votre rôle est de lui assurer une température stable.
☐ Ne le laissez pas quitter une pièce chaude pour aller dans une salle de bains glaciale. S'il y fait très froid, il peut se laver dans la cuisine, ou alors, installez un chauffage d'appoint.
☐ Ne l'habillez pas trop chaudement. Au lit, son pyjama habituel convient très bien. Ne couvrez pas trop un enfant fiévreux. Sa peau brûlante ne peut pas dégager de la chaleur si elle est couverte par des couches de vêtements et de couvertures. S'il est levé, ses vêtements d'intérieur ordinaires sont parfaits.

Au lit ou non.
On n'oblige que rarement les enfants à rester au lit parce que les médecins savent qu'ils dépensent plus d'énergie à gigoter d'ennui dans leur lit qu'en jouant dans la salle de séjour. Mais un enfant malade a besoin de repos, même s'il quitte sa chambre. Sauf si vous aimez rester assise auprès de lui dans sa chambre ou supportez de vous ruer dans le couloir ou de monter et descendre l'escalier toutes les cinq minutes, vous pouvez lui installer un «lit» de fortune dans la pièce où vous vous tenez.
☐ Un bébé veut être câliné. Vous ne pouvez le garder sur vos genoux ou dans vos bras toute la journée, mais il veut être auprès de vous. Installez son lit ou son berceau dans la cuisine ou la salle de séjour.
☐ Les grands bébés et les enfants aiment se nicher. Sur le canapé du salon, c'est parfait ; ailleurs, un nid de coussins est très apprécié.
☐ Un enfant plus grand qui se sent mieux couché peut être installé sur un lit de camp ou un matelas

pneumatique. Vous pouvez le changer de place, l'installer devant la télévision ou, l'été, dans le jardin.

Comment traiter l'enfant.
Il est irritable et susceptible. Certes, ne lui laissez pas croire que son statut de malade lui permet tout et lui donne droit à l'exclusivité de votre attention; mais n'attendez pas de lui un comportement normal et raisonnable. Traitez-le comme s'il était plus jeune : un bébé comme un nourrisson, un tout-petit comme un bébé, un enfant de cinq ans comme s'il en avait trois... mais en échange de ces concessions, exigez la politesse habituelle ou, mieux encore, conduisez-vous comme si vous la considériez comme absolument normale.

Toux

L'enfant tousse parce que ses voies respiratoires sont encombrées par du mucus. La toux a pour but de débarrasser l'organisme du mucus en excédent. Elle est utile.

La cause la plus fréquente de la toux est le rhume banal, le trop-plein de mucus qui n'a pas été évacué par les narines s'écoulant dans la gorge qu'il chatouille au passage. Le mucus peut provenir non seulement du nez mais de tout l'appareil broncho-pulmonaire. Il peut aussi être dû à d'autres causes qu'un rhume : asthme, bronchite, coqueluche, laryngite striduleuse, pneumonie... Aussi n'essayez pas de diagnostiquer vous-même la cause d'une toux, laissez faire le médecin.

Toux accompagnée de vomissement.
Elle signifie le plus souvent que la quantité de mucus dégluti par l'enfant lui a donné mal au cœur. Les efforts de vomissement vident de leur mucus non seulement l'estomac mais aussi les voies respiratoires encombrées, si bien que, tout déplaisant qu'il soit, le vomissement est utile.

Toux avec difficultés respiratoires.
Si l'enfant qui tousse respire difficilement et douloureusement, si vous voyez ses narines se dilater ou la partie inférieure de son thorax, sous ses côtes, se creuser, cela peut être grave : appelez le médecin.

Trichophytie (Teigne)

Ce sont des affections, dues à des champignons, dont les localisations sont variées. Certaines sont d'origine animale; aussi, si vous en avez un cas dans la famille, faites examiner votre animal familier par le vétérinaire. Mais elles se transmettent en général d'enfant à enfant.

Trichophytie du cuir chevelu.
On l'appelle aussi teigne tondante car le cuir chevelu de l'enfant est parsemé de petites plaques chauves, rondes ou ovales, recouvertes d'écailles grisâtres parmi lesquelles se trouvent des fragments de cheveux. Le médecin confirme le diagnostic en examinant le cuir chevelu sous une lumière spéciale et/ou en prélevant des écailles pour les examiner au microscope.

Le traitement antibiotique empêche la croissance du champignon responsable. La repousse des cheveux s'effectue en trois semaines environ. Durant cette période, l'enfant ne doit pas retourner à la crèche, au jardin d'enfants ou à l'école. Évidemment les autres enfants de la famille peuvent être contaminés, mais on diminue le risque en mettant à part la brosse et le peigne du petit malade, ses serviettes de toilette, etc. S'il vous paraît avoir honte, coiffez un garçon d'un bonnet ou d'une casquette et une fille d'un foulard.

Trichophytie de la peau glabre.
Elle se traduit par l'apparition de plages arrondies ou ovales cernées d'un léger bourrelet. Votre médecin prescrira sans doute une pommade spéciale ou une lotion. La maladie est plus facile à soigner que la teigne tondante mais ne négligez aucun des endroits atteints (entre les orteils par exemple).
Voir aussi MYCOSE.

Ulcérations de la bouche

Les ulcérations buccales se présentent en général comme des zones douloureuses rouges centrées par un point blanchâtre, qui siègent sur la face interne des joues, sur la gencive ou sous la langue. Elles font réellement très mal et mettent environ une dizaine de jours à se cicatriser. Le traitement le plus courant est de toucher l'ulcération avec un produit à hase de cortisone que prescrira votre médecin.

Une première poussée d'herpès peut se traduire par plusieurs ulcérations sur le palais, les gencives et la face interne des joues, les poussées ultérieures se présentant sous la forme des «boutons de fièvre» classiques. Pendant cette première poussée, qui est très douloureuse, l'enfant refuse en général toute nourriture solide et peut même avoir du mal à boire. Donnez-lui des pailles. Un peu de vaseline appliquée sur chaque ulcération peut la protéger contre le frottement des dents.

Vaccination

Lorsqu'un enfant «attrape» une maladie contagieuse, son organisme lutte contre les germes qui l'envahissent en fabriquant des anticorps. Vacciner un enfant consiste à lui inoculer volontairement la maladie au moyen d'un germe vivant mais atténué, ou tué. Son organisme commence à produire des anticorps comme il le ferait dans le cas de l'affection elle-même, mais la virulence des germes est si faible que la maladie ne se manifeste même pas. Si, ultérieurement, un organisme vacciné entre en contact avec la maladie, il possède déjà les moyens de s'en défendre et, ou bien il ne l'attrapera pas, ou bien il ne souffrira que d'une forme très légère.

Si tous les enfants sont vaccinés, la maladie devient rare, mais son agent demeure. Et lorsque des parents décident de ne pas faire vacciner leur enfant sous prétexte que la maladie concernée a presque disparu, ils assument une part de responsabilité dans l'éventuelle reprise de celle-ci.

Certaines vaccinations sont obligatoires : contre la diphtérie, le tétanos, la poliomyélite, la tuberculose (B.C.G.). D'autres sont fortement conseillées : contre la rougeole, la coqueluche. Étant donné les conséquences graves que peuvent avoir d'autres maladies chez l'adulte, il est sage de vacciner avant la puberté les fillettes qui n'ont pas eu la rubéole, et les garçons qui n'ont pas eu les oreillons.
☐ Ne soyez pas désespérée à l'idée de la douleur que le médecin va infliger à votre bébé. Les injections sont si rapides qu'à peine les bébés ont-ils crié que la piqûre est oubliée. Le pire, c'est vous qui l'endurez.
☐ Ne vous inquiétez pas à l'avance des réactions post-vaccinales : beaucoup de bébés n'en ont aucune. Quelques-uns sont fiévreux, ont un peu mal là où on les a piqués et sont légèrement «patraques», mais tout cela n'est rien par rapport aux maladies contres lesquelles ils seront protégés.
N.B. Ne vous laissez pas influencer par certaines campagnes lancées contre la vaccination anticoquelucheuse à cause de ses effets possibles : la coqueluche a beaucoup plus de chances de tuer ou de handicaper à vie un petit enfant que la vaccination.

Calendrier des vaccinations
Ce calendrier peut varier selon les pays, les médecins et l'état de santé de l'enfant. En France, le plus souvent, il est le suivant :
— A partir de 3 mois : Diphtérie, tétanos, coqueluche, polio
(1re injection)
4 mois : Diphtérie, tétanos, coqueluche, polio
(2e injection)
5 mois : Diphtérie, tétanos, coqueluche, polio
(3e injection)
— Entre 12 et 15 mois : Rougeole, rubéole.
— Entre 12 et 18 mois : Oreillons.
— Entre 15 et 18 mois : Diphtérie, tétanos, coqueluche, polio
(1er rappel).
— Entre 5 et 6 ans : Diphtérie, tétanos, polio (2e rappel).
— Avant 6 ans : BCG.
Si vous êtes en retard pour les seconde ou troisième injections, toute la série ne doit pas être recommencée. Les intervalles minimaux sont à respecter, mais des intervalles plus longs ne diminuent pas la protection efficace : ils ne font que la retarder.
☐ Si une vaccination ne doit pas être retardée pour un simple rhume, elle doit l'être en cas de maladie fébrile aiguë. Si vous vous posez la question, parlez-en à votre médecin.
☐ Les bébés nés avant terme qui ne pèsent pas encore 4,5 kg peuvent être vaccinés selon le calendrier, sauf avis contraire du médecin.

Contre-indications à la vaccination.
Les seules contre-indications, que votre médecin vous expliquera, sont :
☐ Une maladie aiguë.
☐ Une réaction intense à la première injection ayant exigé une intervention médicale (le bébé ne recevra donc que les vaccins antidiphtérique et antitétanique et non le triple vaccin).
☐ Une atteinte cérébrale congénitale, des convulsions, une épilepsie.
☐ Un trouble neurologique.
☐ La présence dans la famille de certaines formes d'épilepsie.

Vaccinations contre d'autres maladies si vous avez l'intention d'emmener votre enfant à l'étranger.
Votre agent de voyage vous dira quelles sont les vaccinations exigées dans les pays où vous allez : typhoïde, paratyphoïde, choléra, fièvre jaune, typhus, mais seul votre médecin peut décider si votre enfant doit les recevoir. Si vous devez séjourner pour votre profession dans un de ces pays, les réactions post-vaccinales n'ont pas à entrer en ligne de compte, mais pour de courtes vacances, elles peuvent ne pas être souhaitables.

Verrues

Les verrues vulgaires sont de petites excroissances cutanées causées par un virus. Elles sont bénignes. La plupart disparaissent toutes seules et ce phénomène intervient probablement dans la plupart des cures miraculeuses des guérisseurs : le «miracle» a coïncidé avec une disparition spontanée des verrues.

A la plante des pieds, elles se nomment verrues plantaires et sont très contagieuses. Comme elles appuient contre le sol pendant la marche, elles sont douloureuses.

L'enfant porteur d'une verrue plantaire ne doit pas marcher pieds nus, mais il n'y a pas de raison de le priver de piscine du moment qu'il porte des chaussons fermés en plastique qui empêchent la contagion.

Pour se débarrasser des verrues, il vaut mieux les faire enlever ou «brûler» par un dermatologue. Consultez votre médecin.

Vers intestinaux

Tout le monde, adulte ou enfant, peut avoir des vers intestinaux. Il n'y a pas de quoi avoir honte. Cela n'a rien à voir avec la malpropreté ou avec «de mauvaises habitudes».

Oxyurose.
C'est la parasitose intestinale la plus fréquente dans les régions non tropicales. Les oxyures sont de petits filaments blancs, visibles sur les matières fécales de l'enfant infesté ou sur la marge de l'anus.

Bien que des milliards d'organismes vivants soient présents dans nos selles, parmi lesquels des bactéries et des champignons, nous ne les voyons pas. Voir sortir de nos corps ces petites choses vivantes, mobiles, nous horrifie. Si vous êtes la première à constater que votre enfant a des oxyures, essayez de contrôler votre répulsion pour que l'enfant ne vous imite pas. Il n'a même pas besoin de voir les vers qu'il a produits. C'est important parce que les symptômes physiques variés (le mal au cœur par exemple) que l'on dit provoqués par les oxyures ne sont pas en fait causés par les vers eux-mêmes mais par le dégoût qu'ils inspirent.

Traitement.
Une dose unique d'un vermifuge spécifique tue en général les oxyures et leurs œufs, mais il est préférable de recommencer le traitement quinze jours après pour être sûr de détruire tout œuf qui aurait pu être épargné la première fois. Consultez votre pharmacien ou votre médecin avant de donner un traitement.
☐ Traitez tous les membres de la famille en même temps. Si vous ne le faites pas, l'infestation va continuer, chez l'un ou l'autre, pendant des mois.
☐ Le médicament doit être pris selon une posologie variant avec le poids corporel et les plus grands membres de la famille peuvent ainsi avoir à prendre une bonne dose de liquide ou un bon nombre de dragées. Certains médicaments provoquent des nausées chez certaines personnes. Une fois que vous avez trouvé un médicament qui vous paraît supportable, notez son nom pour que votre médecin vous prescrive le même la prochaine fois. (Oui, durant la scolarité des enfants, ce genre d'incidents peut se produire plusieurs fois.)
☐ Certains enfants ont une légère diarrhée après avoir pris un vermifuge et si votre enfant vient tout juste d'apprendre à être propre, prévenez-le de cette éventualité.

Prévention.
Vous ne pouvez pas empêcher votre enfant d'attraper des vers parce qu'il s'infeste souvent en tenant par la main d'autres enfants qui ont des œufs sous les ongles et qu'ensuite il se suce les doigts. Mais vous pouvez empêcher l'oxyurose de se propager dans toute la famille.
Les oxyures vivent et fécondent leurs œufs dans l'intestin, mais les femelles descendent pondre sur la marge anale, plus fraîche. C'est pour cela que vous voyez des vers aussi bien à cet endroit que sur les selles.
Les vers chatouillent. Si l'enfant se gratte l'anus puis porte les doigts à sa bouche, il se réinfeste. S'il se gratte puis vous tend un morceau de sa banane, il vous infeste.
☐ Coupez court les ongles d'un enfant, et ras les ongles d'un enfant traité pour une oxyurose.
☐ Persuadez l'enfant de porter un slip très ajusté ou un caleçon de bain pendant quelques nuits jusqu'à ce que le vermifuge ait fini d'agir et que tous les œufs soient éliminés. Il faut que vous soyez sûr que, s'il a envie de se gratter, il ne puisse toucher son anus et récolter des œufs sous ses ongles.
☐ Obligez l'enfant à se laver souvent les mains, surtout après avoir été aux toilettes.

Autres infestations.
L'infestation par le tænia (tæniasis) est assez fréquente en Europe. Elle suit en général la consommation de viande de porc insuffisamment cuite.

Toxocariase.
Les Toxocara sont des vers nématodes qui infestent les chats et les chiens. Leurs œufs sont éliminés dans les selles et un enfant peut être contaminé par un animal familier. Vérifiez donc que chien ou chat ont été vermifugés avant d'entrer dans la famille.
Il peut arriver, quoique plus rarement, que l'enfant soit contaminé en jouant dans l'herbe où des animaux non traités sont passés avant lui.

En Europe, le Toxocara est rarement un problème de médecine humaine et peu de personnes réalisent combien l'infestation est sérieuse. Les œufs, passant dans l'appareil digestif d'un enfant, donnent des larves qui traversent la paroi intestinale et peuvent gagner n'importe quel organe. Où qu'ils aillent, ils causent des troubles sérieux, allant de maladies du foie à la cécité.
Les larves peuvent être tuées par une dose unique de médicament, mais l'élimination des larves ne guérit pas les lésions déjà causées.
Il faut sensibiliser le public au problème des Toxocara, de façon que les propriétaires déparasitent leurs animaux domestiques et que les enfants n'aient pas à jouer sur des terrains peut-être souillés.

Vomissements

L'expulsion violente du contenu de l'estomac a toujours une signification, mais il est souvent malaisé de savoir ce que cela signifie ou si c'est important. En cas de vomissement, il faut considérer les circonstances, l'état de santé de l'enfant et la présence ou l'absence d'autres symptômes.

Vomissement chez les jeunes bébés.
Certains nourrissons vomissent plus facilement que les autres et certains rejettent une partie de toutes leurs tétées (ou presque). Ils rendent leurs parents presque malades d'inquiétude et imprègnent d'une odeur de lait aigre tous les pull-overs de la maisonnée. Ce n'est pas grave : ce ne sont pas des vomissements, mais des régurgitations. Votre médecin doit être averti, mais la courbe de poids de l'enfant vous prouve que tout va bien.
Quelle que soit la quantité de lait que le bébé semble prendre en moins, il n'en rejette pas plus que son organisme ne pourrait en digérer, puisqu'il grossit normalement. Vous pouvez également le surveiller en comptant le nombre de fois dans la journée où il mouille ses couches. S'il rejetait plus de lait que son organisme puisse en assimiler, il manquerait de liquide aussi bien que de nourriture. Si ses couches sont mouillées chaque fois que vous le sortez de son berceau, il ne manque pas de liquide.
Comme les bébés plus âgés et les enfants (voir ci-dessous), les nourrissons peuvent vomir au début d'une infection. Si votre enfant a l'air malade avant ou après un vomissement, voyez votre médecin.

Vomissement en jet (sténose du pylore).
Certains bébés, plus souvent les garçons que les filles, naissent avec une tendance à la sténose du pylore. Durant les quinze premiers jours après la naissance (que le bébé soit né à terme ou prématurément), les muscles de son pylore (anneau situé à la sortie de l'estomac) s'épaississent, ce qui rétrécit le passage entre l'estomac et l'intestin et ralentit l'évacuation du lait. L'estomac se remplit, l'enfant vomit. Après quelques jours, il rejette toute la tétée. Ce vomissement est bien reconnaissable : il est assez violent pour inonder vos vêtements, éclabousser le mur derrière vous.
La sténose du pylore doit être opérée d'urgence parce que, comme le bébé rejette toute l'eau et le lait qu'il prend, il se déshydraterait et perdrait du poids rapidement s'il n'était pas opéré. Le diagnostic est aisé parce que le médecin peut très bien sentir sous

ses doigts l'épaississement du pylore quand le bébé tète. L'intervention chirurgicale est simple.
N.B. Si un bébé doit être atteint d'une sténose du pylore, il l'est dans ses deux premiers mois et bien souvent avant. Ensuite, les vomissements ont d'autres causes et, s'ils sont assez violents pour vous inquiéter, il faut évidemment en parler au médecin.

Vomissement des grands bébés
et des enfants.

Vous trouverez ci-après quelques causes de vomissement. C'est à vous de rassembler les informations, de juger si le vomissement fait partie des symptômes d'une maladie et d'estimer s'il faut appeler le médecin.

☐ Le vomissement peut être une réaction à l'infection. Dans ce cas, l'enfant n'est pas bien. Il peut avoir des nausées qui ne sont pas complètement soulagées par le vomissement. Il peut avoir de la fièvre.

☐ Certains enfants vomissent facilement, en réaction à des «digestions difficiles» — souvent simplement parce que manger quand on s'agite gêne la digestion. Il vomit alors soudainement, sans nausées préalables. S'il a été à une fête d'enfants, il peut vomir au milieu de la nuit. Vous verrez nettement des aliments non digérés dans ses vomissures. S'il se sent très bien ensuite et si l'épisode ne se reproduit pas, soyez rassurée.

N.B. Malgré les apparences, ce vomissement d'indigestion n'est pas dû à des excès alimentaires. Il serait injuste de traiter l'enfant de «goinfre» et lui recommander de mieux se comporter la prochaine fois. La digestion ne peut pas se faire normalement quand l'organisme est en état d'excitation, d'anxiété ou de stress, et, chez l'enfant, l'excitation et les goûters d'enfants vont de pair. En grandissant, il s'habituera à ce genre de réunions, s'excitera moins et saura obéir à son estomac quand celui-ci lui signalera : «assez».

☐ Certains enfants réagissent aux fortes émotions en vomissant, que leur digestion soit ou non concernée par le stress. Un vomissement du lundi matin, par exemple, peut être lié au départ pour la crèche, la nourrice ou l'école; mais un enfant peut aussi toujours vomir quand il doit aller à une fête ou sortir, par exemple, avec son père ou sa mère divorcé. C'est alors plus au stress qu'au vomissement qu'il faut prêter attention.

☐ Le mal des transports peut entraîner des vomissements dès six mois.

Quand consulter un médecin?

Un enfant doit voir le médecin s'il est malade. Un vomissement à lui seul ne signifie pas maladie mais son association avec d'autres signes peut être évocateur. Aussi, voyez un médecin, si :

☐ L'enfant a mal au cœur, vomit et ne se sent pas mieux après.

☐ Il vomit plusieurs fois de suite, trois ou quatre fois en une demi-journée par exemple.

☐ Il a mal au cœur, vomit, a de la fièvre, une diarrhée. Si son malaise est dû à une maladie infectieuse, d'autres symptômes vont apparaître dans les heures qui viennent.

☐ Il est épuisé par le vomissement, abattu, pâle, sans appétit et sans entrain.

N.B. Plus l'enfant est jeune, plus vite il faut demander un avis médical devant l'association vomissement, diarrhée et parfois fièvre. Ensemble, ces trois facteurs privent le bébé de plus de liquide qu'il peut en boire et peuvent causer une déshydratation. Ce syndrome est suffisamment grave pour nécessiter le transport de l'enfant à l'hôpital où une perfusion sera posée. Chez un bébé, le premier signe de déshydratation est souvent la sécheresse de ses couches.

Voir aussi DÉSHYDRATATION, DIARRHÉE, MAL DES TRANSPORTS.

Jouets.

Vous trouverez ci-après des idées de jouets qui intéresseront votre enfant et lui plairont tout en l'éduquant, à tous les stades de son développement.

	Ce dont il a besoin	Pourquoi	Jouets adaptés
Premières semaines	Il lui faut un maximum de contact avec les gens. Les objets ne signifient rien pour lui. Seul compte le contact physique et visuel.	Sa survie dépend des soins qu'il reçoit. Il est programmé pour prêter attention aux visages et aux voix.	Il n'a pas besoin d'objets. Ses investissements, outre la tétée, etc., sont l'audition de votre voix et l'observation de votre visage. Son foyer de convergence est à 20-25 cm de l'arête de son nez.
A partir d'environ cinq semaines	Ses besoins se résument au contact physique et à la vue des visages. Tenez-le tout contre vous, placez son landau ou son berceau près de vous pour qu'il puisse vous observer.	N'ayant jamais rien vu, ce qui compte est la variété, le changement. Il s'habituera à diriger son regard vers les objets placés à des distances variables et commencera à découvrir les choses.	Mobiles, linge, feuilles au vent, vus de son landau. Objets accrochés à un fil tendu en travers de son lit. Ses mains, laissées libres pour qu'il les suce lorsqu'il les trouve.
A partir de trois mois	Il a besoin de tenir des objets à la main, de les observer, de les agiter pour écouter leur bruit. Choisissez des couleurs, des formes différentes.	Quand un de ses gestes provoque un bruit, il regarde et voit l'intéressant phénomène dont il est l'auteur. Il apprend à trouver ses mains par la vue et le toucher : elles sont pour lui le meilleur des jouets ; ne les dissimulez pas sous des moufles, ne les couvrez pas.	Dans des petits pots de plastique ou de métal des pois secs, des morceaux de sucre, des trombones, produisent des sons différents. Fixez bien les couvercles. Une bouteille de plastique remplie d'eau colorée avec du détergent est jolie et produit un glouglou mousseux.
	Il lui faut des objets à attraper et à balayer de la main. Pour ce jeu, calez-le, bien assis sur vos genoux ou dans sa chaise.	Frapper un objet suspendu lui apprend à diriger la main vers ce qu'il voit et lui confère le délicieux pouvoir de le faire bouger.	Pelotons de laine, ballons de baudruche peu gonflés, petites balles légères en plastique, petits animaux en peluche, bandes de papier, hochet.
	Il lui faut des objets à saisir. Il va les porter à la bouche ; veillez aux peintures toxiques, etc., autant qu'aux arêtes coupantes.	Dès qu'il sait les attraper, les porter à la bouche, les manipuler, il commence son exploration du monde objet par objet.	Une bille dans une bouteille de plastique. La bille se déplace et fait rouler la bouteille. Cousez vos propres poupées-sacs ; remplissez-les de céréales soufflées ou de pois secs. Faites des livres à déchirer avec des images de magazine dans des enveloppes de plastique. Donnez-lui des gros objets à saisir : jouets en peluche, coussins.
	Il a besoin de jeux physiques : faites-le jouer à : « Le premier a fait... » pour l'intéresser à ses doigts et à : « Mon petit cheval va au pas... » pour le faire rebondir sur vos genoux.	Il fait l'apprentissage de son corps ; de ses frontières avec le monde extérieur ; de ses sensations ; de ses possibilités.	Vos genoux sont son meilleur gymnase ; son propre corps son parfait jouet de base ; son exercice de prédilection : les culbutes. Faites-le rebondir et rouler sur votre lit : c'est aussi excitant qu'un trampoline. Achetez ou empruntez un harnais élastique qui se suspend au chambranle d'une porte : il servira longtemps.

467

	Ce dont il a besoin	Pourquoi	Jouets adaptés
A partir de six mois La plupart des jouets qu'il possède sont encore d'actualité mais il va maintenant les utiliser, les examiner avec attention. Aussi, donnez-lui au moins quelques jouets qui puissent dès à présent lui servir et qui lui apprennent quelque chose de particulier.	Les objets courants, ceux qui servent pour sa toilette. 	Il vous est profondément attaché et commencera à vous imiter. S'il est encouragé à prendre part à sa toilette, il se sentira moins impuissant et moins intimidé plus tard.	Objets de toilette : serviette, brosse à dents. Ustensiles de table : cuiller, gobelet personnels. Aider maman : brosses, torchons, etc. Vêtements : enfiler ses chaussettes, etc.
	Des jouets à usage défini (cause et effet). 	Il a besoin de sentir son influence sur le monde et de prendre conscience de : « Si je fais ceci, il arrivera cela. Donc, je fais ceci ; et cela se produit. »	Des jouets qui couinent ; une batterie de cuisine ; des tambours ; des tambourins ; des autos miniatures ; du papier à déchirer.
	Des objets variés, au comportement différent bien que pareillement manipulés. 	Dès qu'il a affermi son pouvoir sur les choses, il apprend beaucoup en découvrant que les objets ont des caractéristiques de base qui les différencient les uns des autres, quelle que soit son action sur eux.	Des objets qui roulent lorsqu'il les pousse et d'autres qui ne le font pas : une balle et un cube. Des objets qui se cassent lorsqu'il les frappe et pas d'autres : une biscotte et un morceau de pain.
	Des jouets amusants à regarder, à sucer ou à frapper, mais qui peuvent être aussi utilisés pour des jeux plus complexes.	Il acquerra de nouveaux talents après avoir réussi la première fois par hasard ; si cela lui a semblé amusant, il essaie de le refaire.	Une boîte à musique, des jouets à emboîter, des boîtes avec des choses à mettre dedans et à enlever.
	Vous jouerez avec lui.	Il apprend en observant et en imitant. Ces capacités joueront un rôle très important dans toute son éducation. Cultivez-les dès à présent.	Faites-lui des constructions de cubes pour qu'il les démolisse ; puis, il construira lui-même. Enfilez des balles de ping-pong dans un tube de carton. Il orientera le tube pour que la balle s'en échappe dans diverses directions. Faites rouler une balle vers lui pour qu'il l'attrape. Jouez du piano, qu'il frappe les touches
	Dès qu'il se déplace en se traînant, le jeu consiste à se traîner pour le plaisir. Il existe pour ce stade des jouets idéaux, assez volumineux pour qu'il les voie dans la pièce, se dirige vers eux et qu'ils l'amusent lorsqu'il les atteint.	Se traîner est souvent frustrant : les « bons » objets doivent largement compenser les objets décevants découverts au cours de ses explorations.	Jouets à grosses roues, camions en bois, etc. De gros animaux en peluche, des coussins qui survivent même bourrés de coups de poing. Des ballons de plage qui fuient sous sa poussée ; des palets, des anneaux qu'il peut attraper et jeter.
	Il lui faut des possessions personnelles, comparables à celles des autres. 	Comme il approche de son premier anniversaire, il commence à ressentir sa pleine individualité. Ses possessions l'aident à développer son sens du moi.	Un miroir dans un cadre façonné, muni de trous pour les doigts. Il y voit quelque chose : et ce quelque chose, c'est « moi ». Il peut se faire des grimaces. Des photographies de lui, avec et sans vous.

Jouets à partir d'un an

Votre enfant est prêt maintenant à manipuler des jouets plus élaborés mais sa sécurité est un facteur capital car il commence à s'efforcer de se redresser pour devenir un bipède. Presque tous les enfants apprécient les jouets cités ci-après ; ils sont sans danger et ils les utiliseront assez longtemps pour amortir la dépense.

Chariot de marche. Il est conçu de façon à ne pouvoir se renverser quand l'enfant s'accroche à la poignée, ou se dérober lorsqu'il trottine avec lui. Il lui permet de se déplacer dans la maison et au dehors. Il aura des années d'usage, comme la première voiture de poupée ou la première brouette.

Jouets à traîner. Une fois que ses pas sont assurés, il peut tirer un jouet à roulettes. Les aspirants-propriétaires de chats et de chiens adoreront un chien réaliste.

Jouets à chevaucher. Les jouets faits pour s'asseoir dessus et être propulsés au moyen des pieds doivent être munis d'un traîneau qui répartit également le poids et non de roues qui peuvent s'affaisser.

Patinettes. Dangereuses tant qu'il ne se redresse pas sans appui et n'a pas compris que quand il patine il doit pousser droit avec son pied. Une fois compris cela, il appréciera pleinement un animal à roulettes muni d'un guidon.

Jouets pour chahuter. Les animaux en peluche aussi grands que lui sont agréables à bousculer et représentent d'excellents exutoires affectifs, car ils peuvent être étranglés et bourrés de coups. Economisez en les achetant en prêt-à-coudre.

Jeux d'assemblage. Il aime surtout bouger, mais son contrôle manuel se développe. Il a besoin de quelques jouets qui concentrent son attention lorsqu'il est, pour changer, assis tranquillement. Suivez la règle : plus les mains sont petites, plus gros seront les jouets. Il en existe des quantités ; ci-après, ceux qui combinent au mieux le plaisir et la durabilité.

□ Les bouliers avec de grosses boules enfilables sur les tiges : chaque tige recevant un nombre différent de boules de couleur : premier jouet éducatif pour compter.

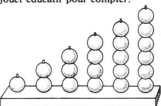

□ Les jouets simples à emboîter : des gobelets gigognes.

□ Une version de l'établi classique : une plaque de bois percée de trous dans lesquels on enfonce des chevilles à coup de maillet. Puis on retourne la planche et on chasse les chevilles.

□ Les jouets démontables simples, par exemple des véhicules en bois avec des pièces mobiles qui peuvent être libérées d'une encoche en enlevant une cheville ; ou plusieurs bonshommes amovibles s'enfonçant dans des trous. Il existe aussi des personnages de plastique moulé vendus avec des véhicules divers dans lesquels ils se placent. Ils sont très polyvalents et peuvent servir à d'autres jeux.

Jouets pour jeunes enfants et enfants d'âge préscolaire

L'ahurissante variété des jouets du commerce qui font tous valoir leurs qualités éducatives, rend le choix ardu. Plus un jouet sert, meilleur il est. Vous pouvez calculer sa valeur en tant que jouet en divisant son prix d'achat par le nombre de minutes d'utilisation et découvrir ainsi qu'un matériel coûteux, comme un échafaudage d'escalade qui sert pendant des années, ou des petits jouets bon marché qui les premiers jours sont manipulés longuement, sont plus intéressants que des jouets de prix moyen comme les jeux de construction. Ces derniers, s'ils ont été utilisés seulement deux heures pendant l'année peuvent vous revenir à 60 F l'heure de jeu...

Choix des jouets. Bien qu'on achète parfois aux enfants un jouet parce qu'ils le désirent passionnément, la majorité des achats obéit à une publicité trompeuse. Faites toujours ouvrir la boîte avant d'acheter : le jouet fonctionne-t-il ? Correspond-il à ce qu'espère l'enfant ? L'enfant pourra-t-il vraiment jouer avec ou nécessite-t-il plus de place que vous n'en avez à la maison, plus d'aide que vous n'avez l'intention d'accorder ou un climat que vous ne pouvez vous attendre à avoir en cette saison ? Le jouet est-il adapté au niveau de votre enfant ? Un avion en plastique utilisé comme projectile peut être une arme mortelle s'il se brise. Une poupée qui parle ne parlera pas longtemps si, dans votre famille, on a l'habitude de donner des bains aux poupées !

Ne refusez jamais d'acheter « la même chose ». Si votre fille aime les poupées, sachez qu'elle n'a pas la même notion que vous de la satiété. Si vous voulez lui acheter quelque chose qu'elle ne connaît pas, choisissez un objet qui convienne particulièrement à un moment de la journée où elle s'ennuie d'habitude : un jouet pour le matin tôt quand, réveillée, elle s'ennuie dans son lit.

N'achetez pas à votre enfant des jouets trop fragiles, trop coûteux ou trop bruyants. Il faut qu'il puisse s'en servir à son gré. Si vous devez dire « chut » chaque fois qu'il joue du tambour ou « attention » lorsqu'il manipule sa maison de poupée, ne les achetez pas.

Pourvu qu'ils soient jolis, l'enfant ne verra aucun inconvénient à ce que ses jouets soient d'occasion ou bricolés à la maison. Acheter dans des ventes de charité, dans des bourses d'échange ou par les annonces de votre journal local peut vous permettre d'offrir à votre enfant plus de jouets et de meilleure qualité. Beaucoup de jouets sont ridiculement hors de prix. Emparez-vous des idées des catalogues et des boutiques et fabriquez les jouets.

Jouets

Ce sont des jouets souvent coûteux dont votre enfant n'a pas *besoin*. Mais chacun d'eux lui dispensera des heures de plaisir pendant des années. En termes de prix de revient, vous rentrerez largement dans vos frais.

Une piscine pour patauger. Achetez la plus grande que vous puissiez trouver. Il vaut mieux prendre un modèle gonflable car ses bords ne blessent pas l'enfant s'il se heurte.

SÉCURITÉ. Restez tout près. Videz-la après chaque séance.

Une piscine pour barboter. Ce modèle (3 m de diamètre sur 0,75 m de profondeur) est économique par rapport au précédent. Il durera des années, vos enfants y apprendront à nager et comme le bord est très haut, vous pourrez la laisser remplie tout l'été sans crainte qu'ils tombent dedans.

SÉCURITÉ. Entrez dedans avec les petits, mettez des bouées aux plus grands qui ne savent pas nager et restez à portée de main.

Un bassin « maison » pour se vautrer. Prenez une grande feuille de plastique (une bâche imperméable), étalez-la sur la pelouse et remontez les bords en les accrochant à des bambous plantés tout autour (ou n'importe quels piquets). Remplissez au moyen du tuyau d'arrosage : vous aurez une vaste surface d'eau peu profonde (2 à 3 cm). Bien sûr, elle va fuir et se vider, mais entre-temps l'enfant se sera bien amusé.

SÉCURITÉ. Cela va glisser. Vérifiez qu'il n'y a rien contre quoi l'enfant puisse se cogner la tête s'il tombe.

Echafaudage d'escalade. Une charpente de ce genre coûte cher mais vaut largement son prix. N'essayez pas de la fabriquer vous-même sauf si vous êtes un charpentier plein d'expérience. La sécurité de l'enfant dépend de sa stabilité. Un artisan pourra vous en construire une sur mesure pour votre jardin (peut-être même en y incorporant un arbre bien placé) pour un prix inférieur à ceux du commerce. Choisissez entre les tubes de métal

et le bois. Le métal dure plus longtemps mais est froid, glissant quand il est mouillé et ne vous permet guère de fabriquer vous-même les accessoires. Le bois durera plus longtemps que votre famille si vous vérifiez les assemblages de temps à autre et passez tous les deux ans environ une couche de produit protecteur. Achetez votre échafaudage le plus grand possible. Placez-le au soleil et bien en vue de la maison : vous pourrez avoir à le surveiller discrètement.

SÉCURITÉ. Placez-le sur une pelouse si vous en avez une.

Accessoires. Au début, laissez seulement l'enfant escalader. Plus tard, vous pourrez adapter une glissière de toboggan.

Plate-forme. Vous pouvez la fabriquer. Mesurez l'espace entre deux montants. Découpez une planche en comptant trois cm de plus. Poncez-la, passez une couche de liquide de protection pour bois. Repérez exactement l'endroit où elle repose sur les barres et vissez-la solidement aux barres au moyen de robustes pattes d'attache. Vous pouvez l'enlever lorsque l'enfant se sert de l'appareil pour grimper.

Balançoire. Vous pouvez attacher au sommet de l'échafaudage une corde de 3,5 cm de diamètre pour grimper. Avec un gros nœud à son extrémité inférieure, elle servira de balançoire. Faites-en une escarpolette en l'enfilant dans une rondelle de bois de 40 cm de diamètre sur 2,5 cm d'épaisseur et en la nouant par-dessous. Vous pouvez aussi suspendre un pneu de petite taille.

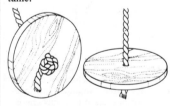

Tente. Si vous recouvrez l'échafaudage, vous le transformez en une superbe maison.

Agrès. Une échelle de corde, un trapèze, des anneaux, peuvent être achetés ensemble ; s'ils sont munis d'anneaux et de mousquetons, vous pouvez les suspendre et les enlever sans peine.

Planche à bascule. Faites vous-même cet accessoire passionnant. Achetez une planche de 2 m de long sur 0,20 m de large et 2,5 cm d'épaisseur. Poncez-la et passez-la au liquide protecteur pour le bois. Vissez dessous des attaches de sécurité afin de pouvoir la fixer

aux tubulures de l'échafaudage. Equilibrée sur une barre inférieure, elle peut servir de balançoire à un tout-petit. Fixée plus haut, elle amusera les grands.

Maisonnettes

Une vraie maisonnette, si elle doit rester en permanence au jardin, coûte aussi cher qu'un cabanon de jardin. Un tissu de plastique ou de coton jeté sur une armature de métal démontable est meilleur marché mais assurez-vous que tous les matériaux sont ininflammables.

Une petite tente constitue un bon abri extérieur. La catégorie tente d'Indien est plus commode car elle ne nécessite pas d'ancrage et peut donc se monter partout, même dans la pièce de séjour. Si vous n'avez pas de problème d'espace ou d'argent, sachez qu'il existe des cabanes de bois qui peuvent servir de maisons, de boutiques, de théâtres de marionnettes.

Un bon bricoleur peut en fabriquer une sans difficulté. Elles sont formées d'un assemblage de panneaux d'isorel et sont munies de fenêtres, de portes et comptoirs. Vous pouvez en fabriquer une simplifiée en remplaçant les fenêtres par des rideaux. Plus rudimentaire encore, la maison « séchoir à linge » dont la charpente est formée d'un séchoir à trois volets.

Si vous achetez une cuisinière,

un réfrigérateur ou un congélateur neufs, utilisez le coffrage de l'ancien comme petite maison pour jouer. Elle ne durera pas toujours, mais avant de s'effondrer, elle procurera mille plaisirs. Si vous aimez le travail manuel, vous pourrez lui donner quelque durée. Passez une couche d'apprêt, puis de peinture ; consolidez les bords et le châssis avec du ruban adhésif. Tapissez-la avec du papier peint imitant des briques, ou des fleurs découpées collées. Ainsi consolidée, la maisonnette durera des mois.

Fabriquer des cubes et des briques

Ils sont indispensables. Votre enfant doit en avoir, et beaucoup. Achetez-en un lot important et complet chez un bon marchand de jouets et pas seulement une petite boîte de cubes colorés de petits formats. Si c'est possible, achetez-en tout de suite suffisamment car vous risquez plus tard de ne plus pouvoir les réassortir exactement ou les compléter et l'enfant perdra la possibilité d'apprendre lorsque le moment sera venu qu'un gros occupe la même place que deux moyens ou quatre petits...

Pour les fabriquer, choisissez votre modèle de base : un cube de 5 cm de côté par exemple. Achetez une barre de bois de section 5 × 5 cm (un découpage par cube). Découpez des standards, quelques doubles (10 × 5 × 5), quelques demis (5 × 5 × 2,5) et quelques plats (1,5 × 10 × 5). Poncez chaque pièce, jusqu'à ce qu'elle soit lisse (il les sucera) et passez-les à la peinture ou au vernis (lavable et non toxique). Ne peignez le dessous que lorsque le dessus est sec. Procurez-vous un récipient qui puisse contenir l'ensemble : panier à linge, sac à fermeture coulissante.

Fabriquer un bac à sable

Si vous avez un jardin, un bac à sable est un bon investissement. Il doit faire au moins 1 m × 1 m et comporter un siège dans deux de ses coins. Il peut être en bois ou en plastique moulé. Vous pouvez faire des économies en le fabriquant en bois, avec quatre planches de 1 m × 0,25 × 2,5 cm. Vissez-les aux angles, consolidez les deux angles de devant avec les pièces triangulaires qui serviront de sièges. Remplissez de sable blanc ou de sable lavé (et non de sable de construction qui colore tout en orange). Ayez un couvercle pour éviter

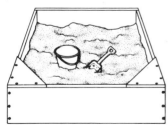

la pollution par les animaux ou les débris végétaux. Une feuille de contreplaqué peut faire l'affaire, ou une feuille de plastique épais bordant bien, munie de crochets de fixation. Disposez-la de façon que

l'eau de pluie ne s'accumule pas dessus. Si votre bac à sable est installé sur du ciment ou un dallage, le drainage se fait bien. Sur de la terre, vous devrez installer dessous une feuille de plastique percée de petits trous. Choisissez un coin ensoleillé dans un endroit fréquenté du jardin. Ajoutez un seau et des pelles, un râteau, un tamis, une grosse cuiller en plastique ou une pelle à farine et plusieurs récipients de plastique de formes variées. Prévoyez un lieu de rangement pour tous ces ustensiles afin de libérer totalement le sable.

SÉCURITÉ. Apprenez à l'enfant à ne jamais creuser profondément et ne laissez jamais plusieurs enfants jouer de concert sans surveillance dans le bac. Le sable dans les yeux peut érailler la cornée.

Jeu et longs voyages

Avec les jeunes enfants, toute forme de transport pose des problèmes, les automobiles posant les pires de tous et les plus fréquents.
La sécurité d'abord. A l'arrière du véhicule, les bébés doivent avoir leur siège-auto, les plus grands une ceinture de sécurité type gilet ou harnais.
Le confort est capital. Séparez les enfants assis à l'arrière par des rouleaux de couvertures ou des oreillers qui serviront de repose-tête lorsqu'ils dormiront et empêcheront les empoignades, sinon les disputes. Mettez-leur des vêtements confortables. Des tee-shirts et des pantalons souples sont plus agréables que des ceintures serrées et des jerseys collants. Donnez à chaque enfant un plateau pour table de jeu et n'oubliez pas nounours.
Un sac à surprises. Cela peut paraître une idée bizarre, mais ce sac à surprise, que vous aurez garni avant le départ de petits objets bon marché, peut transformer le voyage. Selon l'âge des enfants, vous avez accumulé :
▫ Un ballon de baudruche à gonfler qui se dégonfle en couinant.
▫ Un petit carnet et un crayon.
▫ Une auto miniature ou une poupée ou un animal.
▫ De la plasticine ou de la pâte à modeler « maison ».

▫ Un appareil pour faire des bulles de savon.
▫ Un livre neuf ou des bandes dessinées.
▫ Un puzzle ou un livre à colorier.
▫ Un kaléidoscope à braquer vers la fenêtre ou un télescope pour voir le paysage.
▫ De quoi satisfaire les fringales (mais pas de chocolat !).
Utilisation du sac. Si votre enfant est tout jeune, sortez-lui un objet du sac lorsque son ennui est tel que vous n'en pouvez plus. Si votre enfant est plus âgé, inventez un jeu qui durera tout le voyage et qui vous permettra de lui distribuer les jouets : il en aura un chaque fois que vous atteindrez telle ville. Ecrivez les noms sur un papier et faites-lui comparer les lettres avec celles du panneau indicateur quand un jouet doit lui être délivré. Ou donnez-lui chaque objet après un certain nombre de kilomètres et faites-lui vérifier le kilométrage marqué au compteur.
Jouets adaptés pour les voyages en voiture. Les vitres des portières arrière représentent de bonnes surfaces pour dessiner avec des feutres. Cela fait passer le temps et peut être nettoyé d'un coup d'éponge. Des silhouettes de plastique pré-encollées peuvent aussi s'appliquer sur les vitres. Des jeux de patience, avec lesquels l'enfant peut améliorer son record : ceux qui envoient des billes dans des trous dotés de valeurs différentes par exemple : « cette fois, fais 500 avec 3 balles ». Beaucoup d'enfants des deux sexes sont tout à fait ravis si on leur permet de « tuer » les motocyclistes par la vitre de la voiture. Si ce jeu ne vous choque pas, mettez un fusil-jouet dans le sac à surprises.
Jeux de société. Ils dépendent de vos traditions familiales et de votre patience. Essayez le « jeu du silence ». Confiez une vieille montre à un enfant déjà grand ou un réveil de cuisine à un plus jeune : ils jouent à garder le silence pendant toute une minute. Ils regardent le temps passer ; vous avez au moins 20 secondes de tranquillité et peut-être aurez-vous la chance de les voir s'endormir. Une variante : retenir son souffle ou chanter.

Les cassettes. Si vous avez un magnétophone, enregistrez à l'avance pour l'enfant quelque chose de spécial : une histoire lue par un ou les deux parents, quelques chansons de son disque préféré, des histoires amusantes et des devinettes.

Même sans jardin, vous mettrez le monde vivant à la portée de l'enfant en lui apportant à l'intérieur le monde extérieur.

Plantations. Achetez des germoirs pour enfant, préalablement garnis de graines.

Moutarde, cresson, lentilles pousseront sur un lit d'ouate ou de mousse humidifiée. L'enfant peut ainsi dessiner un prénom à l'occasion d'un anniversaire.

Le soja germe et pousse rapidement. Dès le 3e jour, l'enfant peut le voir croître et dès le 5e jour manger sa production.

Haricots et pois. Ils poussent plus vite si vous les placez entre la paroi d'un bocal et un buvard humide. Cela ne se mange pas mais c'est amusant à voir pousser.

Etres vivants. *Un élevage d'escargots.* Ramassez quelques escargots sur les plantes qu'ils sont en train de manger (et identifiez-les, car il est possible qu'ils ne mangent que ces feuilles-là). Gardez-les dans un bac en plastique garni de nourriture, de petites pierres, de verdure.

Un élevage de vers de terre. Vous pouvez acheter un bocal spécial, mais un aquarium ou un grand saladier rempli de terre fera l'affaire. Couvrez-le d'un treillis.

Un élevage de fourmis. Il vaut mieux acheter des récipients spéciaux (grands magasins) car il est difficile de fabriquer soi-même un bac étanche aux fourmis tout en étant aéré. Si vous arrivez à organiser une fourmilière, l'enfant se passionnera pour elle.

Un élevage de têtards. Recueillez des œufs de grenouille et de l'eau. Mettez-les dans un aquarium avec du gravier, des pierres, des herbes aquatiques. Remplissez d'eau de

mare ou d'étang, sinon d'eau de pluie. Une fois qu'ils nagent, donnez-leur à manger en petite quantité de la nourriture spéciale pour poissons nouveau-nés. Quand ils sont devenus grenouilles, rapportez-les dans leur étang.

Avec ou sans jardin, votre enfant sera heureux, surtout l'hiver, d'avoir une installation pour grimper et se balancer.

Matériel d'escalade. Si vous ne pouvez avoir un échafaudage extérieur, vous pouvez arranger quelque chose à l'intérieur. Vous avez besoin d'au moins deux (plus si vous avez la place) caisses en bois solides, assez vastes pour que l'enfant se tienne debout à l'intérieur (caisses à thé par exemple). Avant de les utiliser, enlevez avec soin tous les clous qui dépassent, écrasez tous les morceaux de métal.

Achetez une planche de 2 m × 0,20 m × 2,5 cm d'épaisseur. Poncez-la ; peignez-la avec une bonne peinture de couleur vive, non toxique.

L'enfant utilisera l'ensemble ou chaque élément séparément, pendant des années. Il peut s'y cacher, l'escalader, sauter par-dessus, assembler les caisses pour faire un train ou les empiler pour figurer un pont de navire. Il peut marcher sur la planche posée par terre ou sur les caisses comme un pont, la

franchir d'un bond ou marcher en équilibre dessus. Elle peut servir de planche à bascule, à cheval sur une caisse, ou de glissoire si une de ses extrémités seulement est surélevée. Si vous manquez de place, n'ayez que la planche. Posée sur deux piles de journaux, elle sera planche à rebondir ; avec une de ses extrémités sur une chaise, elle sera glissoire. L'enfant peut s'en servir aussi comme piste pour ses voitures ou asseoir ses poupées dessus.

Crochets au plafond. Vous en avez peut-être déjà installé un pour votre harnais suspendu. Ajoutez-en un second, à 40 cm du premier et vous voilà équipés pour des années. La meilleure façon de les utiliser est d'y accrocher des agrès (échelle de corde, trapèze, anneaux). Des mousquetons facilitent les manipulations. Une bonne corde (4 cm de diamètre) peut porter à un bout un anneau terminal à passer sur le crochet du pla-

fond et son extrémité libre peut être nouée de façon que l'enfant puisse s'y asseoir. Vous pouvez aussi y adapter une rondelle de bois (voir p. 470). Une corde élastique type sandow récupérée de son harnais ou achetée dans un magasin d'accessoires automobiles, peut aussi l'amuser : il peut sauter en s'y cramponnant et défier la pesanteur.

Si le sol est de pierre ou de carrelage, vous pouvez glisser sous les apparaux un tapis de caoutchouc de 2,5 cm d'épaisseur qui garantira des chutes.

Cadeaux. Pour les enfants d'âge préscolaire.

Mille choses peuvent leur être offertes, peu coûteuses, originales, adaptées et infiniment plus amusantes que les jouets des boutiques. Même si votre enfant en possède déjà quelques-unes, il aimera les utiliser avec d'autres de sa collection. Faites les objets de la collection à votre gré, sophistiqués ou très simples.

Jouer à faire la cuisine

Une version sophistiquée des pâtés de sable montre à l'enfant ce qui arrive quand il fait des mélanges et l'habitue à mesurer et à se servir d'ustensiles.

Réunissez des pots en plastique avec leurs couvercles. Grattez les étiquettes. Enlevez les inscriptions sur le plastique avec un tampon.

Remplissez les pots de farine, sucre, céréales, chocolat, vermicelle, bref, de tout ce que vous pouvez trouver d'aspects et de couleurs variés.

Réunissez des petites cuillers en plastique, des mesures, des échantillons de sel, de confiture, etc. Ayez un bol en plastique. Ajoutez des moules à gâteaux, un mixer-jouet, un fouet.

Achetez un plateau de plastique de 75 × 45 × 7,5 cm. Présentez le tout dessus et donnez-le-lui. Le nettoyage fait partie du jeu !

Jouer à la marchande

L'approvisionnement de la boutique, qu'il soit simple ou très élaboré, enchantera tous les enfants de cet âge.

Remplissez les bocaux d'une « boutique de bonbons » avec de vraies sucreries (crottes de chocolat, pâtes de fruit).

Pour constituer une épicerie, remplissez les pots comme pour jouer à faire la cuisine. Collez des étiquettes.

Les gâteaux de la maison de poupée agrémenteront une boulangerie. Pour le pain : de la farine et de l'eau.

Modelez en massepain les fruits pour une fruiterie et colorez-les avec des colorants alimentaires.

Pour un cadeau plus important : une balance, une caisse enregistreuse, du faux argent et une caisse en bois recouverte de plastique adhésif pour tout contenir et se transformer en comptoir.

Jouer à la poste

Votre ensemble, fait de vrai matériel, vous coûtera moins cher qu'un coffret du commerce.

Rassemblez des timbres de bons-primes, du faux argent, des trombones, des étiquettes. Utilisez

des bordereaux postaux, un vrai tampon-encreur.

La pâte à modeler « maison »

Pour la pâte mélangez en quantité égale farine, sel et assez d'eau pour l'assouplir.

Pour colorer : des colorants alimentaires ou de la peinture en poudre mélangée avec la farine. Répartissez dans des pots d'environ une demi-livre

(genre pots de crème à couvercle). Collez des étiquettes. Quelques accessoires de pâtissière et une nappe en plastique. Conservez au réfrigérateur dans une grande boîte.

Les collages

Les éléments de base : des papiers de couleur, un pinceau à colle, des ciseaux à bout rond. Les accessoires : tissus et feuilles de couleur, morceaux de dentelle, feuilles de carton, papier adhésif (brillant et mat). Garnitures : cure-pipes, étoiles, étiquettes adhésives, rubans de papier, pelotons de laine, images à découper.

Peindre avec les doigts

Mélanger peinture en poudre et pâte à encoller le papier peint (non toxique) jusqu'à consistance crémeuse.

Choisissez des couleurs variées, brillantes et nuancées, blanches et noires. Mettez dans des boîtes de plastique bien fermées ou dans des bocaux recouverts de plastique collé (pour que le verre n'éclate pas s'il les brise).

Laissez un regard pour voir la couleur. Conservez au réfrigérateur. Ajoutez un panneau de formica blanc, un carré de plastique ou de linoléum lisse pour peindre dessus, un peigne, une fourchette en plastique, des moules à gâteaux pour varier traits et formes.

Un ensemble de peinture

peinture peut donner des idées à votre enfant. Même s'il est habitué aux peintures classiques, il appréciera :

Les peintures sur papier plié

Vous replierez par le milieu d'épaisses feuilles de papier à dessin.

Procurez-lui un compte-gouttes, une cuiller en plastique, une paille à boisson. Aidez-le à faire tomber la peinture sur

une face puis à replier pour obtenir une double image.

Les coulures de peinture

Avec les mêmes outils, l'enfant laisse tomber des gouttes de peinture sur un carton et l'incline pour faire des coulures.

La vaporisation de peinture

L'enfant laisse tomber des gouttes sur des cartes lisses et souffle dessus au moyen d'un tube en plastique. Il utilise une bouteille souple comme

vaporisateur ou (beaucoup plus passionnant) vaporise la peinture avec un vaporisateur de jardin.

Les impressions de peinture

Achetez des cachets représentant des animaux ou fabriquez-les. Pour cela, sciez des cubes de bois tendre de 1,5 cm de côté. Enlevez, par copeau, la surface, sauf celle d'impression qui restera en relief.

Autre méthode : collez les formes à la surface du cube : anneau de rideau, allumettes, ficelle enroulée, tranches de bois de balsa. Pour les tampons-encreurs, garnissez des boîtes (type boîtes de compresses ou de pansements adhésifs) de lames de caoutchouc mousse. Trempez chacune dans une couleur différente ou dans une encre lavable.
D'autres matériaux :
□ Une éponge trempée dans la peinture et pressée sur le papier.

□ Un roulor, ficelé pour former des raies ou découpé pour former des trous dans le dessin.

Les pochoirs

L'enfant pose sur son papier une forme, couvre le tout de peinture puis enlève la forme qui apparaît en négatif au milieu de la couleur.

Napperons en dentelle, silhouettes de papier, feuilles d'arbre (encollées pour les raidir) font de ravissants modèles.

Le bricolage

Un petit enfant a envie de faire des choses mais est trop jeune pour utiliser la plupart des maquettes du commerce. Préparez-en une adaptée à son niveau d'intérêt et de capacité en vous inspirant des idées ci-après :

Travail du bois

Si vous lui préparez les éléments de base d'un bateau, d'une maison de poupée, à partir de bois tendre (balsa) et les lui offrez avec les agrafes, le papier de verre, la colle et tous les matériaux pour le garnir, il pourra les terminer et les décorer lui-même.

Déguisement

Découpez des masques, des couronnes dans du

carton rigide. Faites des trous pour les yeux. Donnez-les à terminer à l'enfant, avec de la peinture, du papier collant, de l'élastique et des ciseaux pour en modifier la forme.

Couture pour la poupée

Faites des vêtements standard, aux encolures élastiques. Ils iront à plusieurs poupées.

Offrez-les-lui avec de jolis boutons, des galons, des ganses, des rubans. L'enfant peut alors les finir, avec un minimum de couture.

Jouets en peluche ou en feutre

Préparez les formes, assemblez-les. Donnez-les-lui à terminer avec un sac de débris de mousse de plastique, de boutons pour les yeux, de petits morceaux de fourrure.

Le feutre n'a pas besoin d'être ourlé ; on peut le coller. Vous pouvez même découper des formes pré-encollées.

Polystyrène

Donnez-lui des boules et des cubes de polystyrène et des bâtonnets, des chevilles, de la colle, de la peinture, du bois et divers autres matériaux.

Il peut fabriquer des bonshommes en enfonçant des bâtons dans le polystyrène puis leur faire des cheveux et une garde-robe.
Il peut dorer ou argenter les boules pour décorer son arbre de Noël.

Les boîtes

Pour les supercréations, récupérez les jolies boîtes solides (de chocolat, etc.), d'allumettes, des tubes de carton.

Ajoutez colle à papier, crayons-feutres, tubes de peinture, étiquettes, charnières, attaches métalliques, anneaux pour perforation des copies, ficelle de couleur, ruban adhésif et une petite agrafeuse. Aidez-le en lui fournissant un modèle.

Adresses utiles

Accueil aux familles. *Foyers d'accueil pour les familles ayant un enfant hospitalisé.* Demander à l'assistante sociale de l'établissement qui accueille l'enfant. Et aussi :
Foyer d'accueil pour les familles de malades, 38, rue de Laborde, 75008 Paris.
Accueil des familles de malades (ACPFAM), 89, bd Diderot, 75012 Paris.
Le Rosier rouge (Secours catholique), 16, avenue Général-de-Gaulle, 92170 Vanves.
Relais hospitalier, 8, rue de la Tour, 92240 Malakoff.
Le Logis, 23, rue de l'Oratoire, 14000 Caen.
L'Oasis, 13001 Marseille.
Maison d'accueil pour les familles d'hospitalisés, 10, rue Paul-Bert, 33000 Bordeaux.
Le Gué fleuri, 17, rue du Gué-Robert, 44000 Nantes.
Accueil aux familles, maison familiale hospitalière, 59, rue de Loos, 59000 Lille.
Le Tiercelet, 26, rue du Confort, 69000 Lyon.

Aide aux mères
Aide aux mères de famille, 12, rue Chomel, 75007 Paris. Tél. 45 48 46 00.
Pour la province, s'adresser à la Fédération des Associations pour l'aide aux mères de famille, 12, rue Chomel, 75007 Paris. Tél. 42 22 13 91.
Union nationale d'aide à domicile en milieu rural, 184, rue du Fbg St-Denis, 75010 Paris. Tél. 40 35 10 20.
Union nationale des associations familiales, 28, place St-Georges, 75009 Paris. Tél. 49 95 36 00.
Fédération nationale de l'aide familiale à domicile, 48, bd de Sébastopol, 75003 Paris. Tél. 42 72 64 92.
Travailleurs sociaux, aides maternelles, aides ménagères, adresses de crèche, haltes-garderies municipales, jardins d'enfants municipaux : s'adresser aux mairies du domicile, ou à la caisse d'allo-

cations familiales (à Paris, 18, rue Viala, 75015 Paris).
Union des gardes temporaires d'enfants : AIDE (Allô, Information, Dépannage, Écoute).
Pour Paris : tél. 40 20 93 94.
Pour la province : s'adresser au service social des mairies.

Gardes d'enfants
Grands-mères occasionnelles, 82, rue Notre-Dame-des-Champs, 75006 Paris.
Tél. 46 33 28 45 ou 46 70 20 97.
Gardes d'enfants par étudiants :
Centre régional des œuvres universitaires et scolaires de Versailles :
Secteur Nanterre.
Tél. 47 21 48 50.
Secteur Antony.
Tél. 46 61 33 04.
Secteur Orsay.
Tél. 69 41 70 56.
Étudiants de l'Institut catholique. Tél. 45 48 31 70.

Haltes-garderies de la Ville de Paris
Téléphonez au 43 29 21 90 pour connaître la halte-garderie la plus proche de chez vous.

Ateliers pour petits
(activités diverses)
Association des ateliers pour petits, 26, rue Durantin, 75018 Paris.
Tél. 42 51 16 47.

Renseignements généraux, documentation
Centres de protection maternelle et infantile (centres de PMI). *S'adresser à la Direction départementale des affaires sanitaires et sociales (DDASS) dont le siège, pour chaque département, est à la préfecture.* Pour Paris : Préfecture de Paris, Hôtel de ville.
Institut de l'Enfance et de la Famille, 3, rue du Coq-Héron, 75001 Paris.
Tél. 40 39 90 03.
École des Parents et des Éducateurs, 5, Impasse Bon-Secours, 75011 Paris.
Tél. 43 48 00 16.

Centre d'étude et de documentation, d'information et d'action sociale (CEDIAS) 5, rue Las-Cases, 75007 Paris. Tél. 45 51 66 10.
Comité national de l'Enfance, 51, avenue Franklin-Roosevelt, 75008 Paris.
Tél. 43 59 44 41.

Enfants malades ou handicapés
Centres régionaux de l'enfance et de l'adolescence inadaptée (CREAI). *S'adresser à la Direction départementale des affaires sanitaires et sociales (DDASS), à la préfecture de chaque département. Réseau dans toute la France.*
Union nationale des associations de parents d'enfants inadaptés (mentaux) (UNAPEI), 15, rue Coysevox, 75018 Paris. Tél. 42 63 84 33.
Association française de lutte contre la mucoviscidose, 82, bd Massěna, 75013 Paris.
Fondation nationale de cardiologie, 50, rue du Rocher, 75008 Paris.
Association nationale des parents d'enfants aveugles ou gravement déficients visuels, 74, rue de Sèvres, 75007 Paris.
Tél. 45 67 75 68.
Institut national des jeunes aveugles, 56, bd des Invalides, 75007 Paris. Tél. 45 67 35 08.
Institut national des jeunes sourds, 254, rue St-Jacques, 75005 Paris. Tél. 43 29 24 00.
Volontaires (Les) pour enfants handicapés (VEH), Fondation Claude-Pompidou, 42, rue du Louvre, 75001 Paris.
Tél. 45 08 45 15.
Pro Juventute, 8, Seefeldstrasse, Zurich, Suisse.

Enfants en danger
Brigade de protection des mineurs, 12, quai de Gesvres, 75004 Paris. *Préfecture de Police, service officiel.*
Comité français de secours aux enfants, 4, rue Vigée-Lebrun, 75015 Paris. Tél. 42 73 21 44.

Association française pour la sauvegarde de l'enfance et de l'adolescence (AFSEA), 28, place St-Georges, 75009 Paris. Tél. 48 78 13 73.
Enfance et partage, 10, rue des Bluets, 75011 Paris.
Tél. 43 55 85 85 ou 05 05 12 34 (n° gratuit).
Parents anonymes Ile-de-France, 52, rue du Four, 75006 Paris. Tél. 45 49 36 37.
Fondation pour l'enfance Anne-Aymone Giscard d'Estaing, 8, rue Jardins-St-Paul, 75004 Paris.
Tél. 42 74 51 91.

Renseignements sur les produits alimentaires, les objets, les jouets, etc.
Institut national de la Consommation (I.N.C.), 80, rue Lecourbe, 75015 Paris.
Tél. 45 66 20 20.

Cours de secourisme
Protection civile, 10, impasse Bonne-Nouvelle, 75010 Paris.

Croix-Rouge française, 17, rue Quentin-Beauchart, 75008 Paris.

Femmes seules
Syndicat national des femmes chefs de famille, 6, avenue Béatrix, 06000 Nice.

Interservice parents (Allô parent seul),
Paris : 43 48 28 28.
Lyon : 78 85 92 31.
Bordeaux : 56 81 12 19.

Association des mères célibataires, 49, rue Meslay, 75003 Paris.

Fédération syndicale des familles monoparentales, 53, rue Riquet, 75019 Paris.
Tél. 40 35 33 99.

Planning familial
Confédération nationale du mouvement français pour le planning familial (MFPF), 94, bd Massěna - 9, villa d'Este, 75013 Paris. Tél. 45 84 28 25.
Centre de planning familial, 27, rue Curnonsky, 75017 Paris. Tél. 48 88 07 28.

Index

A

abcès, de la gencive 430
  du sein 44
abeille *voir* ALLERGIE,
    MORSURES ET PIQÛRES
accidents
  et conseils de sécurité
    416-430
  dentaires 359
  prédisposition aux 378
  Voir aussi SÉCURITÉ
accouchement 16-21, 23
additifs alimentaires 252
agitation 84-86, 433
agression *voir* DISCIPLINE
alarmes de berceau 456
aliments
  pour bébés 114-115, 170-171
  pour enfants 251-256
aliments solides *voir*
    ALIMENTATION
alimentation
  nouveau-né 39-61 ; bébé
    101-121 ; grand bébé
    166-174 ; petit enfant
    251-264 ; enfant d'âge
    préscolaire 339-344
  aliments à prendre à la
    main 115, 119, 121, 132,
    172, 193
  allergie alimentaire 117,
    432
  eau dans l'alimentation
    109, 112, 286
  « en-cas », collations
    261-262, 342-343
  étouffement 423
  lait dans l'alimentation
    112, 166, 169-170, 254,
    255, 264
  manger seul 115, 119-120,
    121, 171-172, 257-258
  manières de table 119-121,
    171-172, 256-258,
    340-343

obésité 108, 263-264, 344
premiers aliments solides
    113-117
régime varié équilibré 252-256
sevrage 118
sucreries 260-261, 263, 343,
    344
Voir aussi ALIMENTS,
    ALIMENTATION AU
    BIBERON, ALIMENTATION
    AU SEIN
alimentation au biberon
  nouveau-né 40-42, 50-56 ;
    bébé 106-109 ; grand
    bébé 166-169
  choix d'un lait industriel 50
  complémentaire 104,
    105-106
  écoulement du lait 41
  fréquence des tétées 56
  matériel 53
  premières tétées 40-42
  préparation des biberons
    50-54
  réflexe de succion 40-41
  rot 57-58
  sein ou 39-40
  sevrage 118, 167-169
  stérilisation du matériel 53
  sous-alimentation 106-107
  suralimentation 107
  Voir aussi RÉGIME
    ALIMENTAIRE, SOMMEIL
    ET VEILLE
alimentation au sein
  nouveau-né 39-49 ; bébé
    102-105 ; grand bébé
    166-167
  abcès du sein 44
  arrière-douleurs 44
  biberon ou 39-40
  biberons complémentaires
    104, 105-106
  colostrum 40, 42, 50
  contraception orale et 45,
    104, 460
  crevasses 43
  engorgement des seins
    42-43, 49
  expression du lait 45, 49
  ictère du nouveau-né 447
  nouveau-né prématuré et
    32-33
  obstruction des canaux
    galactophores 43

position pour la tétée 46-47
premières tétées 40-42
production de lait 44-45,
    103-105
réflexe d'écoulement 44, 47
réflexe de succion 40-41, 47
régurgitation 58
rot 57-58
sevrage 118, 167-168
soin des mamelons et des
    seins 48
sous-alimentation 102-103
suralimentation 106
tire-lait 32, 49
Voir aussi ALIMENTATION,
    SOMMEIL ET VEILLE
allergie
  à la poussière de maison 433
  réaction allergique aux
    piqûres de guêpe et
    d'abeille 432
  rhinite allergique 431
amour *voir* ATTACHEMENT
ampoules *voir* PHLYCTÈNES
amygdales 434-435
animaux familiers 472
  peur des 291
  hygiène 192
  sécurité 427
antibiotiques *voir*
    MÉDICAMENTS
anticorps
  dans le colostrum 40
  et maladie hémolytique du
    nouveau-né 449
  et vaccination 463
  Voir aussi ALLERGIE
anus
  corps étranger 420
  démangeaison 465
anxiété et stress
  nouveau-né 23-24, 76-80,
    85-86, 90 ; bébé 130,
    153, 158 ; grand bébé
    163-165, 176, 183,
    194-197 ; petit enfant
    245-250, 271-272 ; enfant
    d'âge préscolaire
    347-349, 353-354, 359,
    360-372
  et bégaiement 389-390
  et différence entre les sexes
    380
  et éclatement de la famille
    230-232

de flexion-extension des
membres 89
de « marche » 89
de Moro 90
de préhension 90
de succion 40-41, 47, 55
refroidissement
du nouveau-né 62-63
régime alimentaire 251-256
additifs 252, 432
allergies 117, 432
boissons 126, 186, 252,
256, 263, 287, 344, 354,
442
collations, en-cas 261-262,
342-343
constituants du 113-114,
169-171, 251-256
eau dans le 109, 112, 286
de l'enfant malade 462
de la mère qui allaite 103
lait dans le 112, 166,
169-170, 254, 255, 264
obésité et 108, 263-264, 344
régime varié équilibré 252-256
sevrage 167-169
sucreries 260-261, 263, 343,
344
végétalisme et végétarisme
254
Voir aussi ALIMENTATION,
ALIMENTATION AU
BIBERON, ALIMENTATION
AU SEIN
régurgitation 38, 58, 465
réhydratation
boisson pour la 442
repas, manières de table
119-121, 171-172,
256-258, 340-343
repas, matériel pour le 120
assiettes 120
bavoirs 120, 172
biberons 53
chaise haute 120, 139,
200-201
cuiller 115-116, 169
gobelets, tasses inversables
120, 167, 169
Voir aussi ALIMENTATION
réveils nocturnes *voir*
SOMMEIL ET VEILLE
rhésus, facteur *voir* MALADIE
HÉMOLYTIQUE DU
NOUVEAU-NÉ

rhinite allergique 433-434
rhume 448, 461
rhume des foins 431, 433
rituels 177, 181, 265
Voir aussi HABITUDES DE
RÉCONFORT
roséole infantile 452
rot 57-58
rougeole 451-452
vaccination 464
rubéole 452
vaccination 464
rythmies *voir* HABITUDES DE
RÉCONFORT

S

saignement, sang *voir*
HÉMORRAGIE
saignement de nez 461-462
salle de jeux 219-220
scarlatine 452
second bébé 11-12, 237-243,
459-460
sécurité 376-378
position de 414
à la maison 192, 200-207,
219-220, 285
routière 377, 429-430
Voir aussi ACCIDENTS ET
CONSEILS DE SÉCURITÉ
seins
abcès 44
crevasses 43
du nouveau-né 37
soins des 48
Voir aussi ALIMENTATION
AU SEIN
sel 116, 186, 252
selles
nouveau-né 38, 68-69 ; bébé
126 ; grand bébé 186
Voir aussi EXCRÉTION,
ÉDUCATION DE LA
PROPRETÉ
sels minéraux *voir* VITAMINES
ET SELS MINÉRAUX
sensoriels, organes
du nouveau-né 91-93
séparation *voir* DIVORCE
serpent *voir* MORSURES ET
PIQÛRES

sévices sexuels 375, 376
sevrage 118, 132, 167-169,
193
sexes, différences entre les
29, 38, 380, 399
shampooing
bébé 127 ; grand bébé 190 ;
petit enfant 283 ; enfant
d'âge préscolaire 357
sieste *voir* SOMMEIL ET
VEILLE
sixième maladie *voir* ROSÉOLE
INFANTILE
soins quotidiens
nouveau-né 64-66 ; bébé
127-130 ; grand bébé
188-192 ; petit enfant
281-285 ; enfant d'âge
préscolaire 356-357
soins aux enfants malades
462-463
sommeil et veille
nouveau-né 24, 70-74 ; bébé
122-125 ; grand bébé
175-185 ; petit enfant
265-274 ; enfant d'âge
préscolaire 345-350
et confort thermique 62,
80, 181-182, 271
et coucher 149-150,
175-181, 269-270, 289,
345-347
dans la journée 122-124,
175, 183, 265-266
et lit familial 72, 182, 273
et réveil matinal 124, 183,
274, 350
et réveil nocturne 122,
189-190, 271-273, 350
et tétées de nuit 73-74,
109-111, 124, 168
bébés gros dormeurs 41,
86-87, 108
bébés très éveillés 87-88,
135, 183-184
somniloquie 349
sons, émission de *voir*
LANGAGE
sourire *voir* ATTACHEMENT
sous-alimentation *voir*
ALIMENTATION AU
BIBERON, ALIMENTATION
AU SEIN
sous-vêtements *voir*
HABILLEMENT

Cet ouvrage
a été composé par Charente-Photogravure à Angoulême
et imprimé en avril 1990
sur les presses de Pollina à Luçon
pour les éditions Albin Michel

Numéro d'édition : 10666.
Numéro d'impression : 12380.
Dépôt légal : avril 1990.

Imprimé en France